지혜서와 시편 개론

Copyright © 2005 by Daniel J. Estes
Originally published in English under the title
Handbook on the Wisdom books and Psalms by Daniel J. Estes
Published by Baker Book House Co.,
P.O. Box 6287, Grand Rapids,MI 49516, U.S.A.
All rights reserved.

Translated and used by the permission of Baker Book House
through the arrangement of KCBS, Inc., Seoul, Korea.

Korean Copyright © 2007 Christian Digest Press, Goyang, Korea

이 저작물의 한국어판 저작권은 KCBS Literary Agency를 통하여
Baker Book House Co. 와 독점 계약한 크리스챤다이제스트에 있습니다.
신저작권법에 의하여 한국 내에서 보호를 받는 저작물이므로
무단 전재와 무단 복제를 금합니다.

베이커
구약 개론
시리즈 4

Handbook On The Wisdom Books and Psalm

지혜서와 시편 개론

욥기
시편
잠언
전도서
아가

다니엘 에스테스 | 강성열 옮김

크리스천
다이제스트

차례

서문　　　7

욥기　　　　　　　　　11
시편　　　　　　　　　197
잠언　　　　　　　　　293
전도서　　　　　　　　373
아가서　　　　　　　　547

역자 후기　621

† 서문

　많은 구약 본문들이 시가(詩歌)를 사용하고 있지만, 욥기와 시편과 잠언과 전도서와 아가서 등의 다섯 권은 특히 시적인 언어와 형식을 절묘하게 결합시킨 것으로 널리 알려져 있다. 이 책들은 이를 매개로 하여 모든 인간이 직면하게 마련인 대단히 심오한 문제들을 날카로운 통찰과 인상적인 표현을 통하여 탐구하고 있다. 옛날의 히브리 민족이 성서 외의 다른 기록 문서들을 거의 남기지 않았음에도 불구하고, 이 다섯 권의 구약 시가서들은 세계의 모든 문학작품들 중에서 가장 뛰어난 문학적 걸작품들에 속한 것으로 폭넓게 인정되고 있다. 욥기와 전도서는 끊임없이 제기되는 악과 그 의미에 관한 문제들을 탐구하고 있으며, 아가서는 친밀한 관계에 대한 기쁨의 신학을 전개하고 있다. 그리고 잠언은 삶 속에서 지혜를 실천할 수 있는 다양한 방식들에 대해서 언급하며, 시편은 삶의 온갖 경험들로부터 하나님께 아뢰는 인간의 모습을 그리고 있다.

　이 책의 참고문헌이 보여주는 바와 같이, 많은 학자들이 이미 구약 시가서들의 다양한 측면들을 검토한 바가 있다. 그렇다면 내가 이 책을 쓴 이유는 무엇인가? 이 책은 학부 상급생과 대학원 학생, 목사, 평신도 성서 교사 등을 위하여 쓴 것이다. 20년간 학생들을 가르치는 동안, 나는 시가서들을 열심히 공부하는 학생들과 그들의 손이 미치지 못하는 곳에 있는 광범위한 학술 자료들 사이의 간격을 메워야 할 필요성을 느꼈다. 이 책들에 대하여 그동안 너무도 많은 논문들과 글들과 단행본들과 주석들이 씌어진 까닭에, 학생들은 그 다음 단계의 이해를 향해 나아가고자 할 때 쉽게 혼란과 좌절에 빠질 수 있다. 이 책은 그처럼 그들이 구약 시가서들을 탐구하면서 다음 단계들로 나아가고자 할 때 그들을 안내하려는 목적을 가지고 있다.

　각 장은 다섯 권의 시가서들을 고찰하고 있으며, 모두 세 부분들로 이루어져 있다. 첫째로 나는 각 책들을 소개하는 데 필요한 핵심 쟁점들을 요약함으로써 학생들로 하여금 중요한 학문적인 논의들에 대한 기본적인 정보를 얻을 수 있게 하였다. 둘째로 나는 각 장의 중심부분에서 NIV (New International Version)를 기초 본문으로 사용하면서 각 책에 대한 주해를 시도하였다. 욥기와 전도서와 아가서의 경우에는 주해가 이 책들 전체를 망라하고 있다. 시편의 경우 나는 열 가지 시의 유형들에 대해서 논의한 다음에 각 유형에 속한 사례들에 대한 주해를 제공하고자 하였다. 잠언을 다루는 장에서는 각 수집물이 가지고 있는 핵심 주제들을 종합하려는 개괄적인 접근방식을 시도하였다. 다섯 권의 책 모두를 위하여 나는 최근의 연구에서 얻은 해석상의 주요 입장들을 제시하려고 노력하였다. 지면의 제약으로 인하여 내가 얻은 다수의 결론들을 충분하게 설명할 수는 없지만, 그럼에도 불구하고 나는 각 책들에 대한 주요 주석서들과 최근의 중요한 학술적인 연구들을 충분히 참고하고자 하였다. 나는 단순히 이차 문헌들에 대해서 언급하기보다는 통찰력을 제공하는 일부 내용들을 직접 인용함으로써 학생들로 하여금 학자들 자신의 말을 직접 대할 수 있게 하였다. 셋째로 나는 학생들의 추가 연구를 돕는 폭넓은 참고문헌을 소개함으로써 각 장을 마무리하였다. 나는 일련의 주석들과 세간의 평가를 거친 표준적인 저작들 및 좀 더 최근인 1992년 이후의 주석들까지도 포함시켰다. 논문들과 글들과 단행본들의 경우 나는 나 자신의 연구에 도움을 주는 1992년부터 2004년 초까지의 자료들을 포함시켰다. 1992년 이전의 중요한 이차 문헌들 역시 의심할 여지 없이 주요 주석들의 목록에 포함시킨 까닭에, 학생들은 그것들을 쉽게 접할 수 있을 것이다. 그러나 좀 더 과거에 속한 자료들은 우수한 신학 도서관을 갖지 못한 학생들에게는 쉽게 얻을 수 있는 것이 못될 것이다. 내가 염두에 두고 있는 학생들은 대부분이 전문적인 신학자들이 아닌 까닭에, 나는 참고문헌을 영어로 된 자료들에 한정시켰다. 물론 독일어나 불어, 히브리어 및 다른 언어들로 된 많은 훌륭한 저작들을 그것들에 추가할 수도 있겠지만 말이다.

　나는 이 책을 집필하는 데 도움을 준 많은 사람들의 후원에 깊은 감사를 드린다. 짐 위버(Jim Weaver)는 맨 처음에 나를 찾아와서 이 책을 집필하도록 권하였다. 그의 친절한 도움은 베이커 출판사의 계승자인 짐 키니(Jim Kinney)의 도움에 맞먹는 것이었다. 나의 옛 학생들 중의 한 명인 브라이언 볼거(Brian Bolger)가 이 책의 편집을 도와준 것은 내게 큰 기쁨이었다. 뿐만 아니라 시더빌 대학(Cedarville University)의 학생들과 동료들은 지난 20년 동안 교육을 목적으로 하는 기독교 학술 동아리에서 함께 배우고 생활하는 중에 계속적인 기쁨과 자극의 원천이 되어 주었다. 무엇보다도 나는 나의 가족, 곧 나의 아내 캐롤(Carol)과 나의 세 자녀인 조나단(Jonathan)과 크리스티아나(Christiana; 사위 빌[Bill]) 및 조엘(Joel; 며느리 샤론[Sharon]) 등이 이 책을 집필하는 7년 기간 동안 내내 보여준 사랑과 격려에 깊은 감사를 표한다.

욥기

욥기는 성서 안에서 뿐만 아니라 세계 문학 전체를 통틀어서도 가장 위대한 걸작들 중의 하나로 알려져 있다. 욥기는 모든 것을 풍족하게 누리던 중 하루아침에 완전한 붕괴의 고통을 겪던 한 남자, 곧 욥에 관한 이야기를 하는 중에 모든 인간이 똑같이 직면하게 마련인 매우 심각한 신학적이고도 철학적인 문제들 중의 일부를 언급한다. 욥기의 해석자들은 문학적인 측면에서 그와 평행을 이루는 자료를 찾기 어려운 이 오랜 책의 메시지를 찾기 위해 매우 다양한 시각에서 이 책을 해석해 왔다.

저자와 연대

욥기는 저자와 저작 연대를 주장할 만한 자료를 전혀 가지고 있지 않으며, 그 본래적인 배경을 추적하는 데 도움을 줄 만한 분명한 역사적인 암시도 전혀 포함하고 있지 않다. 머피(Murphy 1996: 6)가 지적한 바와 같이, "이 책의 연대 추정은 시험적인 증거에 의존할 수밖에 없으며, 확실한 것은 하나도 없다." 문제를 더 복잡하게 만드는 것은 이 책이 이스라엘 밖을 배경으로 하고 있다는 점이다. 따라서 구약성서의 역사 이야기(narrative)들을 욥기의 시간적인 배경으로 사용할 수가 없다. 이 모든 정황에 비추어볼 때, 복음주의 학자들조차도 욥기의 연대와 관련하여 매우 다양한 견해를 내세우고 있다는 것은 놀라운 일이 아니다. 모세 시대로부터 주전 8세기에 이르기까지의 다양한 연대가 그렇다(Dillard and Longman 1994: 200). 많은 비복음주의 학자들은 페르시아 시대를 선호하는 편이다. 바벨론 탈무드(Baba Batra 14b)가 이 책을 모세의 저작으로 돌리고 있기는 하지만, 그러한 서술조차도 랍비 학자들이 저자와 연대 문제에 관하여 매우 다양한 견해를 보이고 있다는 점을 암시하고 있다(Dhorme 1967: lxi). 이렇듯이 이 익명의 책은 성서 해석의 출발점에서부터 논쟁을 불러일으키고 있다.

문제를 더욱 어렵게 만드는 것은 이 책의 장르가 확실치 않다는 점이다. 주크(Zuck 1985: 716)는 이 책이 욥의 경험을 실제로 목격한 자의 기록이라고 본다. 만일에 그렇다면, 이 책의 저작 시기는 이 책의 문학적인 배경 연대에 의하여 결정될 것이다. 그러나 이러한 전제에는 의문의 여지가 많다. 수천 년 동안 작가들은 자신의 시대와 다른 역사적인 시기를 배경으로 하는 작품들을 남겨 왔다. 예로써 셰익스피어는 율리우스 시저(Julius Caesar)에 관한 희곡을 실제 사건이 발생한 때보다 1,600년이나 지난 후에 집필하였다. 이와 마찬가지로 창세기 1-11장의 원역사나 역대기 또는 누가복음 등의 집필자와 같은 성서 저자들은 성서 본문들의 저작 시기보다 훨씬 오래 전에 발생한 사건들을 재진술한 것이라고 보아야 옳다. 적어도 우리는 욥이 본문에 언급된 사건들이 발생한 후로부터 140년을 더 살았다고 진술하는 욥기 결론 부분에 비추어볼 때, 이 책이 욥과 그의 친구들 사이의 대화가 이루어진 지 한참 후에 저술되었다는 것을 인정하지 않으면 안 된다. 따라서 욥기 전체는 그것이 묘사하고 있는 사건들보다 한참 후에 기록되었다고 보아야 할 것이다.

많은 해석자들은 욥기의 언어와 주제들을 검토함으로써 욥기의 저작 연대를 확립하고자 애썼지만, 그것들 역시 욥기의 연대를 확립하는 데 필요한 결정적인 단서가 되지 못한다. 욥기가 가나안이나 아람 지역의 문헌들과 평행을 이루는 많은 형식들을 사용하고 있다는 것은 매우 분명한 사실이다. 그러나 하틀리(Hartley 1988: 17-18)가 지적한 바와 같이, 욥기에서 사용되고 있는 것과 똑같은 방언을 반영하는 북서 셈족 문서들은 하나도 남아 있지 않다. 많은 학자들은 지혜문학이 이스라엘 역사에서 포로기 이후의 늦은 시기에 발전된 것이라고 주장하지만, 우리는 욥기의 주제들과 평행을 이루는 바벨론과 이집트 문헌들의 연대가 적어도 주전 1700년의 이른 시기까지 거슬러 올라간다는 점을 염두에 두지 않으면 안 된다(Bullock 1988: 73).

욥기의 연대를 추정하는 데 걸림돌이 되는 또 다른 장애 요소는 욥기가 에돔이나 아람(시리아)이라는 외국을 배경으로 하고 있는 것 같다는 점이다. 현존하는 에돔 지역의 문헌들은 무시해도 좋으며(Harrison 1969: 1023), 초기의 아람어 문헌들은 본문과 언어에 기초한 비교 연구에 조금 더 도움을 주겠지만 그것 역시 아주 미미한 정도에 지나지 않는다.

이렇듯이 저자와 저작 연대를 구체적으로 확정할 수 없음에도 불구하고, 욥기를 저술한 자가 어떤 사람인지에 관한 몇 가지의 일반적인 진술을 할 수는 있다. 욥기의 저자는 익명이지만, 그는 지혜의 언어와 형식들에 친숙한 사람이었음에 틀림이 없다(Hartley 1988: 15). 저자가 인간의 고통에 대하여 상당한 정도의 감수성을 가지고 있고 또 어쩌면 그것을 직접 경험했을 수도 있다는 점은 더욱 분명해 보인다(Pope 1973: xli). 이 저자에게 있어서 고통은 괴로움의 모든 실존적인 차원을 포함하고 있다. 왜냐하면 욥기는 욥의 곤경을 단순한 신학적인 사례 연구 수준으로 떨어뜨리기를 거부하고 있기 때문이다. 이 걸작품에 담겨 있는 통찰들이 깊은 개인적인 고통과 상실의 용광로를 거쳐서 만들어진 것임을 안다는 것은 놀라운 일이 아니다. 그것을 입증하기는 어렵겠지만 말이다. 뿐만 아니라 저자는 인생 경험의 모든 다양한 차원들에 깊은 관심을 가지고 있었음에 틀림이 없다. 이에 대해서 셰인들린 (Scheindlin 1998: 24)은 다음과 같은 점을 지적한 바가 있다: "이 책의 처음부터 분명하게 드러나는 생동감과 풍부함은 책이 끝나갈 때까지 거의 조금도 약화되지 않은 채로 지속되고 있다. 이로써 우리는 괴롭기는 하지만 그러한 삶에 매료된 한 사람, 곧 삶이 우리에게 제시하는 다양성과 생생함에 전혀 지루함을 느끼지 않는 한 사람의 작품을 우리 자신이 읽고 있음을 느끼지 않을 수 없다."

학자들이 주장하는 욥기의 저작 연대는 족장 시대로부터 주전 4세기까지 폭넓게 걸쳐 있다. 해리슨(Harrison 1969: 1040)은 본문의 상세한 내용들로부터 이 책이 주전 2천 년대 초기의 족장 시대와 잘 맞아 떨어진다는 주장을 설득력 있게 제시한 바가 있다. 만일에 욥기가 그 안에 실려 있는 대화들의 필사본을 실제로 포함하고 있다면, 그 저작 연대는 당연히 족장 시대가 되어야 할 것이다. 이러한 추론에 근거한 결론은 탈무드에서 시작하여 유세비우스 같은 교부들을 거친 후 오늘날의 많은 기독교 학자들에 이르기까지 계속되고 있다.

어떤 학자들은 모세를 유력한 저자로 본다. 이러한 가설을 뒷받침할 만한 뚜렷한 증거가 없음에도 불구하고 말이다. 예로써 1637년에 자크 볼드(Jacques Bolduc)는 모세가 초기의 아람어 본문을 히브리어로 번역하였고, 그 결과 욥기가 구약 정경에 포함된 것이라고 주장하였다(Archer 1974: 456). 그러나 욥기는 오경의 문체와 닮은 점이 거의 없다. 따라서 모세와의 관련성을 주장하는 데에는 무리가 따른다. 욥기가 이처럼 색다른 지혜문학의 한 부류에 속하다 보니, 일부 해석자들이 그 저작 연대를 솔로몬 시대에 두는 것도 놀라운 일이 아니다. 아처(Archer 1974: 459)는 솔로몬 시대의 특징들이 욥기의 특징들과 그럴듯하게 일치한다는 점을 들어 솔로몬 시대 저작설을 누차 주장하지만, 자신의 추론이 최종적인 것이 아님을 인정하고 있다. 그 까닭은 그와 동일한 많은 특징들이 그보다 더 이른 저작 연대와 일치할 수도 있기 때문이다.

다수의 학자들은 욥기의 주제들을 이스라엘 역사의 다양한 시대들과 관련시킴으로써 욥기의 연대를 추정하고자 했다. 예로써 월퍼스(Wolfers 1995a: 14-17)는 욥이 주전 8세기에 앗수르의 침공에 직면한 상황에서 기록된 풍유이며, 모세 계약이 더 이상 이스라엘에게 유용하지 않음을 가르치려는 의도를 가지고 있었다고 주장한다. 하틀리(Hartley 1988: 19)는 가나안 종교에 대한 언급들 및 이사야 40-55장과의 평행 요소들을 지적하면서, 주전 8세기 후반의 포로기 이전 시대에 욥기가 기록되었다고 주장한다. 그러나 우리가 기억해야 할 것은 문학적인 의존에 근거한 주장들이 종종 뚜렷한 의존의 방향을 확립하는 데 실패하고 있다는 점이다. 이를테면 라솔(LaSor 1996: 473)은 욥기가 이사야 40-55장이 기록된 후에 생겨난 것임에 틀림이 없다고 주장한다. 욥기가 이사야서의 그 본문에 대하여 언급하고 있기 때문이라는 것이다. 반면에 하틀리는 이사야서가 욥기의 영향을 받았다고 주장한다.

다른 학자들은 욥기를 지배하고 있는 고통의 주제가 예레미야서나 애가와 가장 잘 들어맞는다고 본다. 그 까닭은 이 두 권의 책이 예루살렘의 함락과 바벨론 포로로 인한 고통을 상세하게 기록하고 있기 때문이라는 것이다. 그러나 고통은 세계 문학 전체에 걸쳐서 폭넓게 나타나는 주제이다(Anderson 1976: 62-63). 이보다 더 적절한 지적은, 욥기가 개인의 부당한 고통에 초점을 맞추고 있는 반면에, 바벨론 포로 상황은 하나님을 향한 뻔뻔스러운 죄에 대한 국가적인 징계의 결과로서 생겨난 것이라는 데 있다(Hartley 1988: 19).

돌미(Dhorme 1967: clxix)는 욥기에 대한 치밀한 연구에서 욥기가 스가랴서나 말라기와 일부 유사성을 가지고 있다고 보아 욥기가 포로기 이후 시대, 곧 주전 500년에서 450년 사이에 만들어졌다고 추론한다. 크렌쇼(Crenshaw 1986: 312) 역시 비슷한 결론에 도달하지만 다른 근거에서 그렇다. 그는 아람어와 유사한 특징들과 사탄이라는 인물, 우주의 합리적인 질서에 대한 주장 등이 한결같이 주전 6세기 후반이나 5세기 초의 연대를 지지한다고 주장한다.

아이스펠트(Eissfeldt 1965: 470)는 주로 응보의 주제와 아람어 어투에 근거하여 욥기가 주전 4세기에 기록되었다고 주장한다. 그리고 트레비스(Treves 1995: 268)는 주로 욥기가 헬라 시대 문헌들과 일부 평행되는 내용을 가지고 있다는 점에 기초하여 주전 188-170년경의 아주 늦은 시기를 욥기의 기록 연대로 추정한다. 그럼에도 불구하고 하틀리(Hartley 1988: 18)는 이처럼 늦은 연대를 주장하는 데 사용되는 논점들에 논란의 여지가 있다고 보면서, 욥기의 저작 연대를 해결되지 못한 숙제로 남겨두고 있다. 체니(Cheney 1994: 275)가 결론을 내린 바와 같이, 아람어의 경향을 보이는 언어학적인 요소들은 고대성이나 외래성을 암시하려는 의도에서 비롯된 것일 가능성이 농후하다.

통일성

학자들이 욥기의 저자 및 저작 연대와 관련하여 날카로운 의견 대립을 보이고 있는 것과 마찬가지로, 욥기 본문의 통일성에 관해서도 매우 다양한 입장들이 존재한다. 학자들은 욥기를 단일 저자가 기록했다는 주장으로부터 욥기가 다소 불명료한 방식으로 여러 본문들을 수집해 놓은 것이라는 주장에 이르기까지 다양한 해석상의 편차를 보이고 있다. 이처럼 다양한 견해들에 비추어볼 때 고르디스(1978: 578)의 다음과 같은 방법론적인 조언을 염두에 두는 것이 지혜로운 일일 것이다: "한 권의 욥기가 존재한다는 것은 이미 확정된 사실이다. 반면에 두 권의 책을 전제하는 이론은 가설에 해당하는 것이다. 따라서 입증 책임은 새로운 이론을 주장하는 자들에게 있다. 그들의 주장이 얼마나 설득력 있는 것이냐 하는 것은 그것이 어느 정도 그 자신의 난관들을 극복하느냐에 달려 있다. 이보다 더 중요한 것은 그것이 어느 정도 더 일관성 있는 해석을 제공하느냐 하는 데 있다. 아니면 과학철학의 용어를 빌려 표현하자면, 그것이 과연 탐구 대상에 대한 한층 단순하면서도 세련된 설명을 할 수 있느냐 하는 데 있다."

앤더슨(Andersen 1976: 41-42)은 통일성 문제가 신적인 영감의 본질적인 특징이 아니라고 주장한다. 이렇게 본다면, 욥기의 통일성 문제는 어떤 선험적인 신학적 근거들에 의해 결정되어서는 안 된다. 도리어 그것은 본문 안에 있는 증거를 탐구함으로써 결정되어야 한다. 현재 형태로 완성되어 있는 책이 가지고 있는 가장 주목할 만한 특징은 산문체의 기본 틀과 시문체의 대화가 서로 나누어져 있다는 데 있다. 많은 학자들은 이처럼 두 부분으로 나누어진 욥기의 서술 내용을 서로 화해시킬 수 없다는 결론을 내린 바 있다. 그 까닭은 욥이 산문체의 기본 틀에서는 인내의 표본으로 소개되지만, 대화 부분에서는 하나님께 맞서는 자로 나타나기 때문이다(Crenshaw 1986: 305-6). 뿐만 아니라 28장의 지혜 찬양시와 32-37장에 있는 엘리후의 연설은 자주 대화 부분의 흐름을 방해하는 삽입 본문으로 이해된다(Whybray 1998: 22). 다수의 학자들은 이러한 요인들에 기초하여 욥기의 원 핵심이 욥과 친구들 사이의 대화를 포함하고 있다고 주장한다. 그러다가 어느 정도의 시간이 지난 다음에 나머지의 시문체 부분이 추가되었고, 마지막에는 편집자가 본문의 신학적인 배경과 삶의 자리를 제공하기 위해 옛 시문체 자료를 손질했다(Hartley 1988: 24).

학자들은 일반적으로 욥기가 통일성을 가지고 있지 못하다고 보지만, 통일성을 주장하는 견해들에는 우리가 쉽게 무시할 수 없는 몇 가지 주장들이 있다. 머피(Murphy 1999: 114)는 욥기의 현행 본문 이외의 다른 현존하는 사본상의 증거가 없다는 점을 지적한다. 가장 초기의 본문 증거인 70인역과 욥기 탈굼(Targum)은 현재의 장절 연속을 뒷받침하고 있다. 따라서 입증 책임은 본래의 욥기가 현존하는 전승 기록물이 확인하는 내용과 다르다고 주장하는 자들에게 있다. 학자들이 주장하는 욥기의 편집사는 결정적인 증거보다는 주관적이고 가설적인 주장들을 기본 특징으로 가지고 있다.

사실 욥기를 꼼꼼하게 읽어보면 뚜렷한 줄거리와 통일성이 있음을 알 수 있다. 하벨(Habel 1985: 35)은 욥기의 이야기 구성을 분석한 후에 다음과 같은 결론을 내린 바가 있다: "욥기는 문학적인 단일체로서의 일관성을 드러내는 근원적인 구조를 가지고 있다. 서론과 대화체의 논쟁 부분 및 결론 등은 이러한 이야기 구조를 통하여 하나의 완결된 예술적인 작품으로 통합되어 있다. 그러나 이러한 통일성은 이야기 줄거리를 넘어서서 기본 용어들과 주제와 문학적인 특징들까지도 포괄하고 있다. 욥기의 통일성은 전체적인 구성과 등장인물들의 배경 및 각 부분들의 상호 관계 등에서도 분명하게 드러난다." 그러나 이러한 문학적인 통일성의 증거는 단일 저자가 이처럼 통일된 방식으로 본문을 저작했는지 아니면 최종 편집자가 모든 구성 부분들을 통합된 전체로 교묘하게 짜맞추었는지를 결정해주지 못한다(Dhorme 1967: xcviii-xcix). 그러나 그것은 현재 형태의 본문이 의미 있는 전체를 이루기 위해 재배열되고 서로 결합되었음에 틀림이 없다는 주장을 용납하지 않는다.

산문체로 된 기본 틀과 시문체로 된 대화 부분의 병렬은 변칙적인 것이 아니다. 도리어 그것은 고대 근동 지역을 포함하는 세계 각지의 많은 문헌들이 사용하고 있는 문학 양식에 해당한다. 함무라비 법전이나 바가바드 기타(Bhagavad Gita; 힌두 문헌에 나오는 유명한 서사시 — 역자 주) 또는 데카메론 등과 같은 유명한 작품들도 기본 틀이라는 문학적인 도구를 삽입된 본문의 해석을 위한 맥락으로 사용하고 있다(Harrison 1969: 1039; Habel 1985: 25). 화이브레이(Whybray 1998: 11)가 말한 바와 같이, 산문체의 이야기 안에 확장된 형태의 시를 집어넣는 것은 고대 근동 문헌에서 결코 낯선 것이 아니다. 산문 — 시 — 산문의 구조는 사실상 욥기 전체의 의도적인 통일성을 옹호하는 주장에 해당한다.

　욥기를 주의 깊게 읽어보면 산문체의 기본 틀과 시문체의 대화들이 필연적으로 서로 연결되어 있음을 알 수 있다. 클라인스(Clines 1989: lviii)는 다음과 같은 점을 예리하게 지적하고 있다: "산문체의 이야기들이 하나의 독립적인 전체를 구성한다는 것은 불가능한 일이다. 왜냐하면 세 친구들의 도착을 다루는 2:11-13의 이야기는 대화 부분을 이끌기 위한 분명한 목적을 가지고 있기 때문이다. 그리고 친구들을 향한 야웨의 결론적인 말씀(42:7-8)은 그들이 하나님께서 책망하시는 말들을 하지 않았다면 도무지 의미 없는 것이 되고 말기 때문이다." 이와 마찬가지로 시문체의 대화들은 서론 부분에 마련되어 있는 해석상의 핵심이 없다면 충분한 근거나 전후 문맥을 갖지 못한 것들이 되고 만다. 특히 서론(1:8; 2:3)과 결론(42:7-8)에 있는 야웨의 욥 평가는 대화 부분에서 중점적으로 거론되는 문제들의 기초를 이루고 있으며, 욥기의 중심인물에 대한 정확한 평가는 하나님의 이러한 평가와 밀접하게 관련되어 있다(Janzen 1985: 23).

　28장에 있는 지혜 찬양시와 32-37장에 있는 엘리후의 연설 및 38-41장에 있는 야웨의 말씀 등은 자주 대화 부분에 후대에 추가된 자료들로 간주된다. 그러나 이 부분들은 제각기 욥기의 전체 요지를 뒷받침하는 데 기여하고 있다. 욥기 28장의 시는 세 개의 대화 바퀴들로부터 세 개의 독백들, 곧 욥(29-31장)과 엘리후(32-37장) 및 야웨(38-41장)에 의해 이루어지는 세 개의 독백들로 옮겨가는 길목에 있다. 욥과 친구들 사이의 열띤 논쟁에 이어지는 이 차분한 막간극(interlude)은 일정한 신학적인 관점을 제공한다. 그들 사이의 논쟁이 끝나기는 했지만 그들은 아직 지혜를 발견하지 못했다. 욥기 28장의 마지막 절은 야웨를 경외하는 것이 지혜라고 말함으로써, 38장에서 시작되는 야웨의 말씀을 예비하고 있다. 인간은 자신의 논리로는 하나님의 지혜를 발견하지 못하기에, 지혜라는 것이 정말로 얻을 수 있는 것인지를 묻지 않으면 안 된다. 이로써 욥기 28장은 "오직 야웨만이 우주의 참된 질서에 대한 통찰을 드러내실 수 있다는 점을 분명하게 가르침으로써 욥과 청중으로 하여금 야웨의 말씀을 들을 준비를 하게 하려는 의도를 가지고 있다"(Hartley 1988: 27).

엘리후의 연설 역시 욥기의 통일된 메시지에서 중요한 역할을 수행한다(Waters 199a). 다른 성서 본문들에서는 요셉이나 다니엘 같은 젊은 지혜자들이 공인된 기관이 실패하던 날에 구원을 이루는 바, 엘리후는 그러한 역할을 떠맡고자 한다(Gowan 1992: 92-94). 엘리후는 경험에 기초한 전통적인 지혜를 대표하는 옛 세대에게 경의를 표한 후에 젊은 사람의 통찰을 대표하는 자로서 그 논쟁에 참여한다. 엘리후는 그 대화를 평가하면서 욥이나 그의 친구들 모두가 잘못되었다는 결론을 내린다. 엘리후에 따르면, 욥은 자신을 하나님보다 더 의로운 자로 간주하였으며, 그의 친구들은 욥을 제대로 논박하는 데 실패한다. 엘리후의 과장된 독백이 계속되면서 그의 무수한 언급들과 인용문들이 주로 앞선 논쟁들을 되풀이하고 있음이 분명하게 드러난다. 옛 지혜도 젊은이의 시각도 욥의 문제를 해결하는 데는 충분하지 않다. 그러나 엘리후는 야웨의 말씀을 예비하는 몇 가지의 주제들을 다루고 있기도 하다. 그러면서도 저자는 최종 결론을 분명하게 진술하지 않음으로써, 욥의 곤경에 대한 답을 주어야 한다면 야웨께서 말씀하시지 않으면 안 된다는 암시를 준다. 이와 동시에 "엘리후의 긴 연설로 인하여 해답이 지체되는 만큼 독자들은 야웨의 나타나심을 눈이 빠지게 기다리게 된다. 야웨의 답변을 구하는 욥의 항변이 지체되면 될수록 최종적인 해답이 주어질 가능성은 점점 더 낮아 보인다"(Wilson 1996b: 92). 욥기의 전체 구조에 비추어볼 때 엘리후는 인간의 모든 노력이 허사로 돌아간 후에 야웨께서 나타나실 수 있도록 무대를 준비하는 역할을 수행한다.

38-41장에 있는 야웨의 말씀은 많은 학자들이 주장하는 것처럼 이차적으로 추가된 본문이 아니라 욥기의 극적인 결말에 해당한다. 이 말씀은 욥에게만 전달됨으로써 그것이 욥의 탄원(31:35)에 대한 응답의 성격을 가지고 있음을 드러낸다. 야웨께서는 전통 있는 지혜 교사의 기교를 사용하여 70가지 이상의 질문들을 던지심으로써 욥에게 가르침을 주시는 바, 이는 37:14-20에 있는 엘리후의 말에서 어느 정도 예시된 방법이다. 야웨께서 욥의 죄를 지적하지 않고 계신다는 사실은 욥에 대한 친구들의 평가에 잘못이 있음을 암시한다. 하나님의 연속적인 질문들은 비록 욥이 무죄하다 할지라도 그가 야웨의 길들을 제대로 알지 못한 채로 있음을 분명하게 드러내는 효과를 갖

는다. 이로 인하여 욥은 42:1-6에서 자신의 무지를 인정함과 아울러 야웨를 향한 자신의 탄원을 취소하지 않을 수 없게 된다. 이로 미루어볼 때 야웨의 말씀은 욥기의 구조에 있어서 반드시 필요한 것임이 분명하게 드러난다.

문학 장르

욥기는 세련된 언어와 복잡한 구조를 통하여 몇몇 중요한 주제들을 결합시키고 있다는 점에서, 아마 틀림없이 성서 안에서 가장 탁월한 문학 작품에 해당할 것이다. 그러나 한 편의 문학 작품으로서 욥기는 어떠한 단일 문학 장르에도 어울리지 않는다. 도리어 욥기는 독특한 형태로 이루어진 작품이다. 앤더슨(Andersen 1976: 33)은 "욥기가 구약성서 안에서 발견되는 거의 모든 장르들의 경탄할 만한 결합물"이라는 점을 잘 지적하고 있다. 특히 욥기는 격언과 찬양, 탄식, 자연을 소재로 하는 시, 법적인 표현 및 여타 문학 형식들을 결합시켜 비길 데 없이 뛰어난 하나의 통일된 작품을 이루고 있다. 이에 근거하여 라솔(LaSor 1996: 487)은 다음과 같은 결론을 내리고 있다: "사실 이 책의 장르는 매우 중요한 까닭에 우리가 이미 알고 있는 어떤 틀에 집어넣어서는 안 된다. 욥기는 탄식하면서 울기도 하고, 논쟁 중에 상대방을 설득하기도 하며, 교훈하려는 의도 하에 가르치고, 희극적인 내용으로 흥분시키며, 아이러니로 자극하고, 인간의 경험을 서사시적인 장엄함과 관련시킨다. 그러나 무엇보다도 욥기는 아주 독특한 것이어서, 영감 받은 천재의 문학 작품이라 할 수 있는 것이다." 베스터만(Westermann 1981)은 욥기에 다양한 구성 요소들이 있음을 인정하면서도, 이야기체로 된 기본 틀에 있어서는 탄식이야말로 욥기의 지배적인 장르에 해당함을 강하게 주장한다. 자신의 분석 작업을 통하여 그는 욥기의 내용과 탄식시의 구성 요소들을 서로 비교한 바가 있다.

욥기를 한 권의 통일된 책으로 읽을 경우, 산문체의 기본 틀은 구약성서의 역사서들에서 발견되는 서사시적인 이야기 형식과 크게 평행을 이룬다. 그러나 서사시 장르는 욥기의 논쟁 부분을 지배하는 지혜의 주제들에 의해 크게 변형되어 있다(Hartley 1988: 38). 구약성서의 이야기들을 특징짓는 간결성이나 객관성과는 대조적으로, 욥기의 줄거리는 독자들을 등장인물들의 생각과 느낌 속으로 이끌어 들이는 시문체의 연설들을 통하여 진행된다(Habel 1985: 26).

욥기가 안고 있는 해석상의 난점(難點)은 이야기 부분과 실제 역사 사이의 관계에서 발견된다. 욥기는 특정 시간과 공간에서 욥에게 닥친 재앙을 문학적인 측면에서 서술하되, 욥과 그의 친구들이 그 비극의 문제를 해결하기 위해 노력하는 중에 했던 실제 진술들을 참고했던 것일까? 아니면 도리어 욥기는 상상력에 기초한 문학 작품을 매개로 하여 신학적인 진리를 전달하고자 한 것일까?

우리는 성서에서 신학적인 진실성이 문학 장르와 직접적으로 관련되어 있지 않다는 점을 처음부터 인정하고 들어가지 않으면 안 된다. 예로서 구약성서는 특정 목적을 위해 상상력을 동원하여 만든 비유들을 사용하고 있으며(예: 삼하 12:1-4), 신약성서에서는 특히 예수께서 진리를 전달하기 위해 그러한 비유들을 매우 효과적인 방식으로 사용하신다. 성서는 실제의 역사적인 진술을 통하여 이루기 어려운 전략적인 목적을 위하여 이처럼 문학적으로 꾸며낸 이야기들을 종종 사용한다. 나단은 사랑하는 암양 새끼를 키우던 한 가난한 사람의 이야기를 만들어냄으로써, 검소하게 살아가던 집안에서 소년 시절에 목자 생활을 했던 다윗으로 하여금 자신을 억압적인 이웃의 맞은편에 있는 가난한 목자와 동일시하게 하고자 했다. 이로써 나단은 꾸며낸 이야기를 사용하여 다윗의 죄라는 신학적인 진리를 전달하는 한편으로 그를 회개의 길에 들어서게 할 수 있었다. 욥기가 '마샬'에 해당하는 책임은 당연한 일일 것이다. '마샬'은 "유비를 통하여 어떤 영속적인 상황이나 되풀이 발생하는 경험/상황을 조명하고자 하는 지혜의 격언이나 이야기"를 가리키기 때문이다(Stek 1997: 444).

다른 한편으로 연역적인 추론에 근거하여 욥기의 역사성을 부정해서는 안 된다. 욥에 대해서 언급하는 에스겔 14:14, 20과 야고보서 5:11은 그가 허구적인 인물이라고 말하지 않는다. 도리어 이 본문들은 그를 역사적인 인물로 언급한다. 뿐만 아니라 욥기의 도입부는 역사적인 사건들을 기록하려는 의도를 분명하게 가지고 있는 사무엘상의 서두와 비교될 만하다(Dillard and Longman 1994: 207). 따라서 욥기의 역사적인 사실성의 문제는 욥기 안에 있는 자료들에 대한 세심한 관찰에 의하여 결정되지 않으면 안 된다.

욥기의 서두 부분은 역사적인 이야기(삼상 1:1) 또는 상상력을 동원하여 만들어낸 비유(삼하 12:1)와 크게 평행을 이루는 문학 양식을 사용하고 있다. 그런데 놀라운 것은 저자가 욥기를 이스라엘 밖인 우스(Uz) 땅을 배경으로 삼고 있을 뿐만 아니라 욥을 계약의 가문에 속하지 않은 자로 소개하고 있다는 점이다. 이 도입부는 더 나아가서 욥의 가족과 소유를 이상적인 언어로 묘사하고 있다. 욥 자신은 의의 표본으로 묘사되는 바(1:1), 야웨께서는 이러한 평가를 두 차례에 걸쳐서 인정하신다(1:8; 2:3). 결정적인 증거가 있는 것은 아니지만, 욥기 첫 구절들의 상세한 설명은 욥기를 일종의 비유로 보는 바벨론 탈무드(Baba Batra 15a)의 견해가 옳을 수도 있음을 암시한다.

또 다른 내적인 증거는 시문체로 된 대화 부분에서 발견된다. 돌미(Dhorme 1967: c)는 대화 부분이 실제로 나누는 대화의 어투로 되어 있다고 주장한다. 그 까닭은 말하는 자가 다른 사람이 말하는 것에 상세하게 응답하기보다는 자신의 생각들을 따르고 있다는 점에서 그렇다는 것이다. 이러한 판단이 전체적으로 보아 옳을 수도 있겠지만, 시문체 부분의 예술적인 특징은 자연스러운 기교에서 비롯된 것이라기보다는 의도적인 기교에서 비롯된 것으로 보는 것이 더 타당할 것이다. 아처(Archer 1974: 460)는 다음과 같은 결론을 내리고 있다: "욥기의 본론 부분은 시적이면서도 매우 예술적인 감각이 뛰어난 부분으로서, 실제 삶의 상황에서 즉흥적으로 말하는 자들이 통상적으로 사용할 법하지 않은 언어를 사용하고 있다."

어떤 점에서 보면 대화 부분은 말하는 자들이 동료들과의 논쟁에서 자신의 뛰어난 지적인 능력을 드러내려고 애쓰는 지혜 논쟁 양식과 평행을 이루고 있다. 말하는 자들은 주요 논쟁점들에서 상대방을 이기기 위해 광범위한 문학적· 논리적· 수사학적인 도구들을 활용한다. 욥기의 경우 말하는 자들은 자신의 주장을 강조하기 위해 자연계의 표상과 옛 신화의 세계, 어구상의 아이러니, 다양한 문학적인 기교 등에 크게 의존하고 있다(Habel 1985: 60). 이처럼 다양한 모습들은 욥기가 욥과 친구들 사이의 준비되지 않은 실제 대화를 기록한 책이 아님을 암시한다. 도리어 욥기는 하나님의 영감을 받아 상상력을 동원하여 만들어낸 작품으로 보는 것이 타당할 것이다. 이를 통하여 저자는 악의 문제라는 차원 높은 주제를 탐구하되, 이상적인 사례 연구를 제시하고 그 문제를 해결하려는 최선의 노력들을 대표하는 일련의 연설들을 만들어냈을 것이다. 이로써 욥기는 신학적인 주제를 지극히 포괄적인 차원에서 다루는 과정에서, 실제 사례 속에 감추어져 있는 필연적인 한계를 넘어설 수 있었을 것이다.

구조

비록 많은 비평적인 학자들이 욥기의 구체적인 편집사를 재구성하려고 애써오기는 했지만, 현존하는 욥기의 본문이 실제적인 문서상의 증거에 의해 뒷받침되고 있는 유일한 본문이라는 사실은 여전히 타당하다. 이 본문을 세심하게 읽어보면 그 구조적인 완결성이 분명하게 드러난다. 가장 기본적인 차원에서 본다면 욥기는 아주 흔한 이야기 양식, 곧 서론 부분의 해설과 대화 부분의 복잡한 상황 및 결론 부분의 문제 해결 등을 그대로 따르고 있다(Clines 1989: xxxvi). 더 구체적으로 말하자면, 이 이야기는 "전원풍의 도입부로부터 재난과 거대한 논쟁 지대를 거쳐 변형된 서두 부분이라 할 수 있는 종결부로 옮겨감으로써" 서두의 변형된 전형적인 희극의 양식을 잘 보여주고 있다(Janzen 1985: 4).

산문체의 서론과 결론은 욥의 삶이 그의 경험 속에서 갖는 특징들을 서두 부분과 결말 부분에서 되풀이하고 있다는 점에서 전도서 전체를 둘러싸는 역할을 수행하고 있다. 욥기의 정교하게 만들어진 시문체 부분은 이러한 덮개 구조 속에 있다. 욥과 그의 친구들은 세 개의 순환 논쟁(3-14장; 15-21장; 22-27장)에 참여하고 있는 바, 이 논쟁의 각 바퀴에서 욥은 엘리바스와 빌닷 및 소발의 말이 순서대로 응답하는 자로 나타난다. 세 개의 순환 논쟁이 진행되는 과정에서 말하는 자들 사이의 적대감은 점차 늘어나며, 그들 사이의 견해 차이는 점점 굳어진다. 친구들의 말은 욥이 자기들의 가르침에 반발하고 있음을 그들이 깨닫는 중에 점점 짧아지고, 그럼으로써 그들 사이의 대화는 중단되고 만다(Newsom 2003a: 88). 뿐만 아니라 친구들의 말이 갖는 분절 구조가 무너져 내림으로써 마지막 논쟁 바퀴에서 발견되는 무질서한 모습은, 많은 학자들이 주장하는 것처럼 필연적으로 폭넓은 본문상의 훼손을 드러낸다기보다는, 일정한 의도를 가진 것임을 드러내고 있다(Gladson 1993: 234).

28장에 있는 막간극(interlude)은 하나님의 지혜에 다시금 초점을 맞추려는 의도를 가지고 있다. 대화 바퀴들에 담긴 거친 말들과 감정 분출이 욥기의 주요 논지를 흐리게 만들 수도 있기에, 저자는 오로지 야웨 경외에서만 지혜를 찾을 수 있다는 기본적인 사실을 독자들에게 환기시키고자 한다(28:28). 욥기의 중심축을 이루는 28장은 다음과 같은 저자의 의도를 담고 있다: "28장은 그들 사이의 대화를 뒤돌아보면서 그것의 적절성 여부를 판단함과 아울러, 하나님의 지혜에 관한 38-41장의 말씀에서 절정에 달하는 결론부의 서곡 역할을 수행하고 있다"(Davidson 1990: 4).

시문체 부분의 나머지 내용은 세 개의 확장된 독백들로 이루어져 있다. 29-31장에서 욥은 최종적으로 자신의 무죄를 주장하되, 극적인 부정의(negative) 고백으로 자신의 말을 마무리하며, 마지막에는 자신의 서명을 통하여(31:35) 자기를 벌할 것인지 아니면 면죄할 것인지를 하나님께 촉구한다.

32-37장에서는 그동안 침묵을 지켰던 엘리후가 갑자기 무대에 등장한다. 그의 말은 욥과 친구들의 주장에 부족함이 있음을 발견하면서도, 그들 사이에 이제껏 논의된 것들을 완전히 넘어서지는 못한다. 그러나 욥기의 앞의 구조에 비추어볼 때 그는 야웨의 나타나심을 예비하는 역할을 수행한다. 특히 그의 말 마지막인 37장의 찬양시가 그렇다. 그는 이 시에서 자연을 탐구하는 수사학적인 질문들 — 하나님의 말씀(38-41장)의 중심을 이루는 — 이 이어질 것임을 예고한다(Davidson 1990: 55). 맥커비(McCabe 1997: 80)는 이 점을 다음과 같이 잘 지적하고 있다: "욥기의 저자는 엘리후를 대화 부분으로부터 야웨의 말씀으로 옮겨가는 중간 통로로 활용한다. 중간 통로로서의 엘리후의 말은 대화 부분의 내용을 요약함과 아울러 하나님의 말씀을 예비하려는

이중적인 목적을 가지고 있다. 사실 엘리후가 사용하는 많은 개념들은 그 전에 밝혀진 욥과 친구들의 견해를 되풀이하고 있는 바, 욥기의 저자는 엘리후의 요약자 역할을 통하여 논쟁 부분의 핵심 쟁점들, 곧 욥의 무죄함과 하나님의 정의 문제를 개관한다. 욥기의 저자는 또한 엘리후의 예비자 역할을 통하여 하나님이 자연계를 주관하신다는 하나님 중심의 시각을 드러내는 한편으로 하나님을 돋보이게 하는 하나의 신학적인 논설을 제공한다."

오랜 기다림 끝에 그 모습을 드러내신 야웨의 말씀은 욥기 전체가 지향하는 극적인 결말을 이끌어 들이는 역할을 수행한다. 마침내 야웨께서는 욥이 거듭 요구한 바를 따라 직접 욥에게 나타나 말씀하신다. 여기서 주목할 만한 것은 야웨께서 욥이 던지는 질문들에 대한 답을 주고 있지 않다는 점이다. 도리어 그는 욥에게 질문들을 던지심으로써 그가 처한 상황을 하나님의 신비로운 지혜의 거대한 세계 속에서 바라보게 만드신다. 이를 통하여 욥은 자신이 친구들의 비난과는 달리 무죄함에도 불구하고, 온 세상을 주관하시는 하나님의 친밀한 행동들이 얼마나 폭넓은 것인지를 자신이 모르고 있었음을 깨닫는다. 스텀프(Stump 2001: 522)는 다음과 같은 결론을 내린다:

> 따라서 하나님의 말씀을 단지 피조 세계에 대한 하나님의 통치권을 드러내는 것으로 규정짓는다는 것은 잘못된 것이다. 하나님의 말씀은 분명히 그의 통치권을 보여주고 있다. 그러나 이에 못지않게 중요한 것은 하나님이 자신의 모든 피조물들과 친밀한 상호관계를 가지고 있다는 사실을 그 말씀이 보여주고 있다는 점이다. 그는 말하자면 자신이 직접 만드신 모든 것들과 관계하신다. 또한 하나님은 이러한 친밀한 관계 속에서 바다와 비로부터 까마귀와 나귀 및 심지어는 베헤못(behemoth)과 리워야단(leviathan) 같은 괴물들에 이르기까지 자신이 만든 모든 피조물들을 모성애적인 사랑으로 돌보신다. 그는 그들을 자궁으로부터 나오게 하시고 포대기로 덮어주시며 그들을 먹이시고 인도하시며, 심지어는 그들과 함께 놀기까지 하신다. 무엇보다 중요한 것은 그가 그들에게 말을 거신다는 점이다. 그리고 어떤 의미에서는 그들이 그에게 말을 걸기도 한다. 이렇듯이 하나님의 말씀은 하나님을 한층 권세 있는 분으로 드러내며, 그가 자신의 피조 세계와 인격적이고도 친밀한 관계를 맺고 계심을 보여 준다. 또한 그의 말씀은 그가 자신의 모든 피조물들 — 심지어는 무

생물에 이르기까지 — 을 어머니의 손길로 돌보시는 분임을 드러낸다.

마침내 욥은 하나님께 그 자신의 방식으로 답변해 달라고 요구하던 것을 거두어들인다.

42:7-17에 있는 산문체의 결론 부분은 해답을 제시하는 방식으로 욥기를 끝맺는다. 욥의 재산과 가족, 사회적인 지위, 그리고 하나님과의 친밀한 관계 등 모두가 회복된다. 야웨께서는 욥에게 죄가 있다고 비난하던 친구들 앞에서 욥을 공공연하게 받아들이신다. 욥은 계속 살아남아 4대에 이르기까지 자손을 보며, 늙어 "나이가 차서" — 그 후의 행복한 삶을 가리키는 옛 표현임 — 죽는다.

배경

욥기의 다른 많은 해석상의 쟁점들과 마찬가지로 욥기의 배경에 대해서도 논란이 많다. 지리적인 위치를 두고 본다면 욥기의 이야기는 이스라엘 밖의 미확인 지역인 우스 땅을 배경으로 하고 있다. 얀젠(Janzen 1985: 5)은 이처럼 "오랜 옛날 먼 곳에서"라는 배경이 욥기의 이야기를 이스라엘 바깥 지역을 배경으로 설정함으로써 악의 문제를 보편적인 인간 경험의 차원에서 설명하려는 의도에서 비롯된 것일 수도 있다는 견해를 설득력 있게 제시한다. 우스 땅에 대해 언급하는 성서의 다른 본문은 그곳이 이스라엘 동쪽에 있는 지역이라는 설명과 일치한다. 스믹(Smick 1988: 853)은 욥기에서 드러나는 상당한 아람어적인 풍취나 우스를 아람 사람들과 관련시키는 창세기 10:23과 22:20-22의 언급에 비추어볼 때 욥과 그의 친구들이 아람 — 나하라임 지역 가까이에 이는 북부 메소포타미아 지역에서 살았을 수도 있다고 주장한다. 다른 한편으로 다수의 간접 증거는 욥기의 지리적인 배경이 에돔 지역일 것이라는 추론을 더 그럴 듯하게 만든다(Day 1994: 393-94). 우스와 에돔은 예레미야애가 4:21에서 직접 관련되어 있으며, 예레미야 25:20-21에서는 블레셋, 암몬, 모압 등지의 민족 집단에 포함되어 있다. 70인역의 욥기는 욥기의 배경이 이두매(Idumea)와 아라비아의 경계 지역에 있다고 보는 부록을 포함하고 있다(Reed 2001: 42). 옛 세계에서 에돔은 지혜로 유명한 곳이었다(참조. 욥 8-9절). 따라서 악의 문제를 다루는 이 책의 배경으로 에돔을 지목하는 것은 정당한 것이다. 스텍(Stek 1997: 444)은 다음과 같은 결론을 내린다: "따라서 욥은 먼 과거(옛 족장 시대와 관련된)의 사람이요, 멀리 떨어진 곳(이스라엘 동쪽에 접해 있는 광야 지대)에 살던 사람이다. 이러한 요인들은 욥기의 이야기가 영웅들이 살던 시대에 속한 것으로, '아주 옛날 먼 곳에서'라는 유형의 이야기에 해당하는 것임을 암시한다."

앞서 논한 바와 같이, 욥기의 저작 시기와 시대적인 배경이 반드시 똑같을 필요는 없다. 욥기 안에 있는 많은 구체적인 표현들로 인하여 일부 학자들은 욥기가 사사 시대(27:12; 참조. 삿 21:25)나 솔로몬 시대(1:15의 스바 사람을 스바 지역과 동일시할 경우), 또는 바벨론 시대(갈대아 사람에 대한 1:17의 언급) 등의 다양한 시대를 배경으로 하는 책이라고 주장한다. 그러나 본문상의 증거는 욥기의 시간적인 배경이 족장 시대 내지는 그 이전 시대에 속한 것임을 뒷받침하는 것으로 보인다. 비록 욥기의 하나님이 산문체의 서론 부분과 38-41장의 말씀 속에서 야웨와 동일하신 분임이 분명하게 드러나고 있기는 하지만, 논쟁 부분에서 말하는 자들은 엘(El)이나 엘로아흐(Eloah) 또는 샷다이(Shaddai) 등의 옛 호칭들을 사용하는 바, 이는 야웨께서 모세에게 자신을 계시하시던 때(출 6:2-3)보다 더 이른 시기를 암시할 수도 있다(Habel 1985: 39-40). 욥의 소유와 종자(從者)들은 아브라함과 이삭 및 야곱 등의 그것들과 크게 비슷하며, 그의 수한(壽限) 역시 그들과 비슷하다. 뿐만 아니라 자기 식구들을 위한 그의 제사장적인 중재 역할(1:5)이나 화폐 단위 케시타(42:11) 같은 사소한 내용들 역시 성서의 다른 곳에서는 야곱의 시대에서만 발견되는 바(창 33:19; 참조. 수 24:32), 이는 욥기가 적어도 족장 시대를 시간적인 배경으로 삼고 있음을 의미한다.

목적

욥기는 자신의 목적을 분명하게 밝히고 있지 않다. 그러나 그 목적은 본문 안에 감추어진 단서들을 살펴봄으로써 분별할 수 있다. 우리가 흔히 알아볼 수 있는 욥기의 한 가지 목적은 개인적인 죄가 항상 고통의 원인이라는 잘못된 가정을 물리치려는 데 있다. 딱딱한 보상의 신학을 고수하는 욥의 친구들은 만일에 지혜가 사람을 생명으로 인도하고 어리석음은 사람을 죽음으로 인도한다면 모든 고통은 개인적인 죄에 뒤따르는 것이라는 실천적인 지혜의 근본 전제에 기초하여 추론한다. 워터스(Waters 1999b: 150-51)는 다음과 같은 점을 지적한다: "욥이 살던 시대의 전통적인 지혜는 보상 개념이야말로 한 국가의 상황이나 한 개인의 삶을 판단할 때 필요한 일정불변의 체계적인 원리에 해당한다고 보았다. 그 결과 그것은 자기를 향한 사람들의 반응을 다루시는 하나님을 이미 결정된 행동들에 한정시키고 말았다." 욥은 자신을 죄인으로 간주하는 친구들의 판단을 거부하지만, 실천적인 지혜가 유용한 것이라는 가정에는 그들과 의견을 같이한다. 그러나 욥기의 서론과 결론은 욥과 그의 친구들 모두가 일반적인 차원에서는 옳으면서도 삶의 모든 차원들을 다 설명하지 못하는 편협한 전제를 받아들이고 있었음을 분명하게 밝히고 있다. 하나님의 세계 통치는 딱딱한 보상 신학의 깔끔한 틀로 환원시켜서는 안 되는 것이다.

욥기의 두 번째 목적은 하나님의 정의 문제를 다루면서 인간의 한계를 탐구하려는 데 있다. 욥기의 놀라운 특징들 중 하나는 이야기 전개가 두 개의 무대에서 동시에 이루어지고 있다는 점이다. 욥은 땅 위에서 사는 동안, 처음에는 행복과 번영을 누리다가, 나중에는 파괴적인 고통을 겪는 중에 하늘에서 그와 병행하여 이루어지는 사건들을 전혀 알지 못한다. 서론 부분은 독자들에게 욥이 가진 지식을 넘어서서 야웨와 사탄의 행동들이 인간의 경험 세계에 영향을 준다는 사실을 가르쳐준다. 스믹(Smick 1988: 858)은 이 점을 다음과 같이 설명한다: "독자는 욥기의 드라마를 하나님의 시각에서 봄으로써 하나님의 은밀한 계획이 고발자의 거짓됨을 드러내고 욥의 믿음을 입증하고 있음을 배우게 된다." 욥은 자신의 지성과 신학을 동원하여 자신이 처한 상황과 더불어 씨름하다가 마침내는 자신의 처지를 하나님의 손에 맡긴다(31:35). 이로써 그는 그 해결책이 인간의 이해 능력 밖에 있는 것임을 분명하게 인정한다.

　더 나아가서 욥기는 우주의 주권적인 통치자이신 야웨가 자유로우신 분이요 인간의 이해력을 넘어서는 분임을 드러낸다. 실천적인 지혜의 보상 신학이 하나님께서 어떻게 세상을 이끌어 가시는지를 일반적인 용어로 요약하고 있기는 하지만, 욥기는 하나님의 방법이 때때로 통상적인 활동 양식을 넘어설 수도 있음을 보여준다(Whybray 1999: 243). 달리 말해서 주권적인 하나님은 딱딱한 보상의 법칙에 묶여있는 분이 아니다. 도리어 그는 사람의 눈에 신비로워 보이는 것들을 자유롭게 행하시는 분이다. 사실 라코크(Lacocque 1996: 139)가 지적한 바와 같이 예측할 수 없는 하나님의 개입이야말로 그의 세계 통치의 본질적인 차원에 해당한다: "불변의 법칙들이 지배하는 닫힌 체계가 아니다. 세계와 그 모든 구성 요소들은 살아남기 위하여 하나님의 개인적인 개입을 필요로 한다. 보상적인 정의는 그 자신의 기만적인 단순성으로 인하여 단순한 우주를 전제한다. 욥조차도 자신이 선과 악이 우주의 뼈대를 이루는 '완성된' 세계 안에서 살고 있다고 생각했다. 야웨께서는 세계의 복잡성에 대해 설명하심으로써 응답하신다. 세상일들은 눈에 보이는 것들이 전부가 아니다. 아무리 중요한 것이라 할지라도 말이다." 이러한 사실은 은총에 대한 기대를 가능케 한다. 그러한 기대감 속에서 하나님은 심판을 받아 마땅한 자들에게 은혜를 베푸신다. 하나님의 자유는 또한 욥의 경험과 같은 예외적인 경우들, 곧 하나님의 복을 당연히 기대할 정도의 삶을 살았던 자에게 고통이 임하는 경우들을 넘어선다.

　앤더슨(Anderson 1986: 594-95)은 욥기가 자신이 다루는 신학적이고 철학적인 쟁점들에 더하여 신(神)-인(人) 관계의 본질적인 측면을 탐구하려는 목적을 가지고 있다는 점을 적절하게 잘 지적하고 있다. 서론 부분에서 사탄은 야웨께 깊은 인상을 준 욥의 선함이 순전히 자기 삶에 하나님의 복을 이끌어 들이려는 책략에 지나지 않는다고 빈정대는 투로 비난한다. 사탄은 만일에 욥에게서 복을 가져가 버린다면 그가 야웨를 저주할 것이라고 주장한다. 이렇듯이 욥기의 기초를 이루는 쟁점은 하나님을 향한 욥의 관계가 참으로 자신이 받은 복에 의존하는 것인지 아니면 그가 확실하게 버림받은 상황에서도 하나님을 굳게 붙들 것인지에 초점을 맞추고 있다. 욥의 시각에서 볼 때 하나님께서는 그를 버리신 것처럼 보이며, 그로 인한 고통은 그에게 닥친 다른 모든 손실을 능가한다. 야웨께서 38-41장에서 자신의 침묵을 깨뜨리시자 욥은 하나님과 자신 사이의 관계가 참으로 순전한 것임을 깨닫는다. 욥이 자신의 무지함을 고백(42:1-6)했다는 것은 사탄의 비난이 불법적인 것이었음을 입증하는 효과를 갖는다. 그 후에야 비로소 야웨께서는 욥의 운명을 회복시키신다.

주제

욥기는 폭넓고 깊은 주제들을 특징으로 가지고 있다. 개인 윤리와 사회 윤리의 실천적인 문제들에 초점을 맞추고 있는 잠언과는 달리 욥기는 매우 심오한 신학적이고 철학적인 문제를 탐구함으로써 구약 지혜의 보편적인 차원을 반영하고 있다. 하벨(Habel 1985: 61)은 이를 다음과 같이 설명한다: "욥과 그의 친구들은 자기들이 살던 세계의 다양한 현실들, 곧 지식의 기초와 악인들의 본성 및 인간의 본질, 친구들의 역할, 자연의 유비, 하나님의 통치, 도덕적인 질서 등을 탐구한다." 확실히 이집트와 메소포타미아에서도 이처럼 다양한 항구적인 문제들을 다루는 다른 문헌들을 찾아볼 수 있다. 그러나 욥기는 그 문학적인 탁월성과 신학적인 통찰력에 있어서 여타의 추종을 불허한다.

욥기 전체를 주의 깊게 읽어보면 야웨께서 지혜로 자신의 우주를 다스리실 때 인간이 세운 범주들을 초월하신다는 것을 알 수 있다. 욥과 그의 친구들은 욥이 처한 상황을 실천적인 지혜의 보상 신학 개념으로 설명하려고 애쓰지만 성공하지 못한다. 욥기는 실천적인 지혜가 어느 정도까지는 믿을 만한 것이지만 그것을 신적인 지혜의 총합으로 간주해서는 안 된다는 것을 보여준다. 야웨의 지혜는 또한 유한한 인간에게 신비로운 것으로 여겨지는 측면들을 포함하고 있다. 따라서 인간은 야웨를 그들 자신의 깔끔한 신학적인 공식이나 논리적인 구조물에 가두려고 해서는 안 된다. 차일즈(Childs 1979: 540)는 38-41장에 있는 야웨의 말씀에 대하여 설명하면서 다음과 같은 점을

지적한다: "하나님의 답변은 독자의 관심 — 그가 지금 처해 있는 상황과는 무관하게 — 을 인간의 온갖 지식과는 구별되는 지혜를 가지신 하나님의 성품으로 돌리게 만든다. 하나님의 답변은 이로써 지혜에 대한 궁극적인 비판적 평가를 제공한다." 38-41장에 있는 야웨의 질문들이 자연계 안에는 인간의 이해력을 넘어서는 것들이 많이 있음을 욥에게 확신시킨 것처럼, 하나님의 계획 안에도 인간의 이해력을 넘어서는 것들이 많이 있다. 클라인스(Clines 1995: 70-71)는 이 점을 다음과 같이 잘 추론하고 있다: "만일에 우리가 욥의 시각을 받아들인다면, 친구들의 말은 전적으로 잘못된 것이다. 그리고 만일에 우리가 마지막 장에 있는 하나님의 시각을 받아들인다면, 친구들의 주장에 대한 분명한 평가는 그들이 '나에 대하여 올바른 것을 말하지 않았다'(42:7)는 데 있다. 그리고 만일에 우리가 해설자의 시각을 받아들인다면, 모두가 잘못된 것이다. 왜냐하면 욥과 그의 친구들은 그의 고통이 그의 죄 — 그것이 실재하는 것이건 추정되는 것이건 간에 관계없이 — 와 관련되어 있다는 착각에 사로잡혀 있었던 반면에, 욥기의 서론 부분은 욥이 고통당하는 것은 순전히 그의 경건 때문이지 그의 잘못 때문이 아님을 분명하게 밝히고 있기 때문이다."

구약 지혜의 다른 유명한 사례들과 비교해 본다면, 욥기는 전도자가 해 아래서 스스로 연구하고자 애썼듯이 인생의 당혹스런 차원들이 인간의 시각만으로는 해결될 수 없는 것들이요, 잠언의 언어가 암시하고 있는 것처럼 그것들이 실천적인 지혜의 범주들만으로 해결될 수 있는 것들이 아님을 가르치고 있다. 도리어 욥기는 야웨의 세계 안에 신비로움과 경이로움이 있으며, 참된 지혜는 현실의 그러한 측면을 인정하고 받아들여야 한다는 것을 보여주고 있다. 욥기가 율법과 역사, 예언, 실천적 지혜 등을 다루는 구약의 많은 본문들에 널리 퍼져 있는 보상의 신학을 완전히 배척하고 있다는 결론을 내리는 것은 잘못된 것이다. 욥기 — 특히 욥에게 복이 회복된다고 보는 결론 부분의 경우(Dhorme 1967: cli) — 는 야웨께서 의로운 자들에게 복을 주시고 악한 자들은 징계하신다는 보편적인 진리를 지지하고 있으면서도, 유한한 인간 정신의 눈으로 볼 때 보상의 원리와 갈등을 일으키는 것으로 보이는 방식으로 일하시는 하나님의 자유를 그처럼 전형적인 사고방식에 추가하고 있다. 맥칸(McCann 1997: 20)은 욥기가 신학의 중요한 딜레마를 다루고 있음을 다음과 같이 예리하게 지적하고 있다: "자신을 하나님의 백성과 분명하게 동일시하는 자들을 포함하는 모든 인간은 하나님을 길들이고 하나님을 깔끔하게 잘 정돈된 보상 개념에 가두려는 — 간단히 말해서 신학을 인간론으로 바꾸려는 — 필연적인 경향을 가지고 있다. 전통적인 보상 이론이 바로 그러한 경향을 보이고 있다. 아이러니컬하게도 그것은 하나님의 주권을 강조하려고 하면서도 하나님에 관하여 말해야 할 필요성을 없애버린다. 모든 것들이 **인간**의 행동에 의하여 최종적으로 결정된다고 보기 때문이다. 하나님께서는 자신의 자유를 잃게 되며, **은총**과 같은 것에 관하여 말하는 것 자체가 불가능해진다. 이처럼 큰 딜레마가 어디 있는가! 바로 이러한 딜레마야말로 욥기를 계속 중요한 의미를 갖는 책으로 만들어준다." 성서의 입장을 충분히 이해하기 위해서는 욥기의 사변적인 지혜와 잠언의 실천적인 지혜를 한데 묶어서 읽어야 한다. 이 둘은 제각기 야웨께서 어떻게 세상을 통치하시는지에 관한 올바른 통찰들을 제공하기 때문이다(Perdue 1994: 137-38을 보라).

야웨가 마지막 발언자요 그가 최종적인 답변을 주시기보다는 질문들을 던지신다는 사실은 욥기의 강조점이 하나님께 있음을 암시한다. 욥기는 깔끔하고 딱딱한 답변으로 끝을 맺기보다는 도리어 야웨를 향한 믿음으로 되돌아간다. 인간의 이해력을 넘어서는 의문들을 포함하는 모든 질문들은 하나님 안에서 궁극적인 해답을 얻는다. 욥이 배운 바와 같이, 모든 인간은 하나님을 신뢰할 수 있으며, 또 마땅히 하나님을 신뢰해야 한다. 자신이 그의 신비로운 방식들을 이해하지 못한다 할지라도 말이다. 차일즈(Childs 1979: 539)는 다음과 같은 결론을 내린다: "하나님의 답변은 욥의 불평들을 직접 다루려는 의도를 가지고 있지 않으며 왜 무죄한 자가 고통을 당하는지의 문제를 논하려는 의도도 가지고 있지 않다. 도리어 욥이 하나님께서 하시는 일을 이해하지 못한다는 한 가지의 사실이 거듭 강조된다. 욥기는 인간 지혜의 한계를 분명하게 드러낸다. 하나님의 차원을 자신의 경험에 비추어 이해하려는 욥의 노력이 그렇다."

욥기는 또한 드물게나마 하나님과 그의 백성 사이를 이간질시키려는 사탄의 행동들을 들여다볼 수 있게 해주기도 한다. 서론 부분은 어떻게 해서 사탄(문자적으로는 "그 사탄")이 하나님을 공경하는 방식으로 살려고 애쓰는 욥과 같은 사람들의 순전함을 의심하게 만드는 고소자로 나타나는지를 설명해준다. 욥의 경우가 보여주고 있는 바와 같이, 주권자이신 야웨께서 주신 자유의 범위 안에서 활동하는 이 대적자는 믿음의 토대를 침식시킴과 아울러 하나님을 위해 살아가는 자들의 기쁨을 파괴하고자 한다. 고통의 한 가지 원인은 이렇듯이 하나님의 백성을 괴롭힘으로써 하나님의 계획에 맞서고자 하는 사탄의 악의적인 행동에서 비롯되기도 한다. 이로써 욥기는 신약성서에서 한층 분명하게 서술되는 사탄론의 윤곽을 가볍게 보여준다.

오랜 역사를 거치는 동안 욥기는 무엇보다도 신학자들과 철학자들에 의하여 읽히고 연구되어 왔다. 왜냐하면 이 책은 항구적인 악의 문제를 다루고 있기 때문이다: 선하고 전능하신 하나님이 정말 계시다면 왜 그가 다스리시는 세계에서 무죄한 자들이 고통을 당하는가? 실천적인 지혜의 여러 양태들을 딱딱한 공식으로 정형화시킨 보상의 신학은 고통을 항상 선행하는 개인적인 죄로 설명하기 때문에 악의 문제 자체를 인정하지 않는다. 욥의 친구들이 바로 이러한 입장을 취하면서 그것을 말로 표현하고 있다. 그러나 욥은 그것이 자신의 상황에 맞지 않는다고 주장한다. 하나님이 선하시다거나 전능하시다는 점을 부정함으로써 악의 문제를 해결할 수 있다는 입장을 취하는 학자들도 있다. 어느 경우에든 하나님은 절대적인 도덕적 정확성이나 최고 통치권을 잃게 된다.

욥기가 정밀한 신학적인 언어나 철학적인 언어로 악의 문제에 대한 답을 주고 있지는 않지만, 본문을 세심하게 읽어보면 해결책을 가능케 하는 몇 가지의 통찰들을 얻을 수 있다. 첫째로, 욥기는 보상 개념이 미치지 못하는 곳에도 고통이 존재할 수 있다는 것을 보여준다. 욥의 친구들은 이중 보상 개념을 주장한다. 그 하나는 의로운 자들이 보상을 받는 반면에 악한 자들은 벌을 받는다는 것이요, 다른 하나는 "고통을 당하는 자들은 마땅히 그 고통을 받아야만 하는 죄인들임에 틀림이 없다"는 것이다(Habel 1985: 61). 그러나 서론 부분과 결론 부분에서 드러나는 야웨의 욥 평가는 이것이 욥의 상황에 맞지 않다는 것을 분명하게 보여준다. 욥기는 어떤 상황들에서는 인간이 당하는 고통이 개인적인 죄의 결과가 아닐 수 있다는 것을 가르쳐준다.

악의 문제에 대한 두 번째 해답은 사탄이 하나님의 백성에게 있는 믿음을 파괴하기 위해 고통을 사용한다는 데 있다. 욥기에서 사탄은 욥이 순전히 야웨께로부터 받은 복 때문에 그를 섬기는 것이라고 주장한다. 사탄은 만일에 욥이 고통을 당한다면 하나님을 섬기기보다는 그를 저주할 것이라고 주장한다. 하나님께로부터 자신의 주장을 입증해 보라는 허락을 받은 사탄은 욥의 소유와 가정과 건강과 친족 관계 등을 모두 파괴한다. 사탄의 궁극적인 목적은 극심한 고통과 상실을 매개로 하여 야웨를 향한 욥의 신앙을 무너뜨리려는 데 있다.

욥의 신앙을 파괴하려는 사탄의 악의적인 책동에도 불구하고, 하나님은 사탄이 파괴적인 목적을 위하여 사용코자 하던 고통과 시련을 도리어 욥의 개인적인 경건을 강화시키는 데 활용하신다. 요셉이 자기 삶을 돌이켜보면서 자기 형제들이 악한 목적을 가지고서 시도했던 것을 도리어 하나님께서 많은 사람들을 구원하시려고 선으로 바꾸셨다는 것을 깨달은 것처럼(창 50:20), 욥 또한 자신의 고통스러운 경험을 통하여 세상을 이끌어 가시는 야웨의 방법을 이전보다 한층 더 깊이 이해하게 된다. 따라서 고통은 항상 징계의 의미만을 가지고 있는 것이 아니다. 도리어 그것은 교훈적인 목적을 가진 것일 수도 있다(Andersen 1976: 69).

마지막으로, 욥기는 인간이 하나님의 길들을 완전하게 이해하지 못한다는 점을 강조함으로써 악의 문제에 대한 답을 주고자 한다. 욥기는 하나님으로 하여금 인간의 논리가 앞세우는 깔끔한 요구들에 맞추어 행동하도록 강요하기보다는, 신비로우신 하나님의 모습을 우리에게 보여준다. 욥은 자신이 38-41장에 있는 야웨의 질문 공세에 답변할 수 없다는 것을 깨닫는 것과 마찬가지로, 자신의 인간의 유한성으로 인하여 주권자이신 하나님의 길들을 알 수 없다는 것을 인정한다(42:1-6). 데이치스(Daiches 1988: 57)는 이 점을 다음과 같이 잘 설명하고 있다: "하나님의 목소리는 장대한 우주의 모습을 시문체 언어로 강렬하게 묘사하면서 우주 안에서 진행되는 일들이 인간의 이해력을 훨씬 넘어서며, 자연계는 인간을 위해 창조된 것이 아니요, 인간이 결코 깨달을 수 없는 그 자신의 독립성과 신비로움을 가지고 있다는 점을 분명하게 밝히고 있다. 인간이 겪는 고통의 문제는 이처럼 인간을 작아보이게 만드는 기적과 신비를 배경으로 하여 그 해답을 구하지 않으면 안 된다." 욥기는 딱딱한 보상 개념을 내세우거나 하나님의 선하심을 축소시키는 방식으로 또는 하나님의 권능을 약화시키는 방식으로 악의 문제라는 수수께끼를 해결하고자 하지 않는다. 도리어 욥기는 정직하게 이 문제를 유한한 인간 정신이 도달하지 못하는 하나님의 신비로운 영역에 남겨두고자 한다. 그렇게 함으로써 욥기는 욥과 마찬가지로 독자들로 하여금 신학적이거나 철학적인 해결책보다는 하나님 자신에게 시선을 돌리게 만든다.

서론 (욥 1-2장)

산문체의 서론은 욥기의 나머지 부분들을 이해할 수 있게 해주는 해석상의 틀을 제공한다. 서론 부분은 욥의 성품에 대한 객관적인 평가를 제공함으로써 욥이 부당하게 고통을 당하고 있음을 분명하게 밝힌다. 반면에 대화 부분만을 따로 읽어본다면 욥이 자기 의에 사로잡혀 있다고 오해할 수도 있다 (Smick 1988: 878). 더 나아가서 서론 부분은 하늘과 땅에서 이루어지는 일들을 두 단계에 걸쳐서 소개함으로써, 독자들로 하여금 고통스러운 상황을 헤쳐 나가는 욥 자신조차도 가지고 있지 못한 정보를 얻게 한다.

욥의 성품(1:1-5)

서론 부분은 역사적인 이야기나 상상력에 의존한 소설에서 똑같이 사용될 수 있는 단순한 언어로써 주인공과 그의 생활 양식을 소개한다. 욥의 이야기는 하란 부근 지역 또는 더 정확하게는 에돔 일대를 가리킨다고 할 수 있는 우스 땅을 배경으로 하고 있다. 여기서 특히 중요한 것은 우스가 이스라엘 밖에 있는 지역이라는 점이다. 이것은 욥기의 배경과 그 메시지가 계약 백성의 테두리를 넘어서고 있음을 의미한다(Moberly 1999: 10). 클라인스(Clines 1989: 10)는 다음과 같이 추론한다: "그가 어느 민족에 속해 있는지를 미해결의 문제로 남겨둠으로써 욥기는 그의 경험이 이스라엘 사람과 비이스라엘 사람 내지는 유대인과 비유대인 사이의 차이를 넘어서는 것임을 효과적으로

전달하고 있다." 이와 마찬가지 방식으로 욥기는 역사적인 이야기들에서 주
인공을 무대에 등장시킬 때 흔히 사용하는 족보 자료 없이 욥을 소개한다.
이를테면 창세기 11:26-30에서 아브라함이 소개될 때의 상황과 많이 다르다
는 얘기다. 이러한 상세한 가족 정보의 부재는 저자가 의로운 자가 당하는
고통의 문제를 욥의 경험을 매개로 하여 설명함에 있어서 욥이 보편적인 인
간을 대표하고 있다는 암시를 주는 것으로 보인다(Scheindlin 1998: 11).

　욥의 가문이 전혀 소개되어 있지 않지만, 서론의 도입부는 그의 성품을 자
세하게 설명하고 있다. 욥이 자신의 개인적인 삶과 가정 생활 및 사회 생활
에 있어서 깊은 경건을 드러내고 있는 사람임은 분명하다. 1:1의 네 가지 설
명은 나중에 야웨께서 1:8과 2:3에서 거듭 확증하신 것으로서, 실천적인 지
혜의 요체를 서술하는 언어로 욥의 경건한 도덕적 성품에 대해서 묘사하고
있다. 그는 나무랄 데가 없는(히브리어로는 '탐'; 개역개정판은 "온전한"으
로 번역함 — 역자 주) 사람이요, 도덕적인 흠이 없는 순전한 사람이요, 경건
하고 선한 일에 완전히 헌신한 사람이다. 창세기 17:1에서 "나무랄 데가 없
다"(히브리어로는 '타밈'; 개역개정판은 "완전하다"로 번역함 — 역자 주)는
것은 하나님 앞에서 행하는 것과 관련하여 사용되는 바, 이는 주님과의 친밀
한 교제 속에 있는 삶을 가리킨다. 더 나아가서 욥은 하나님의 뜻을 따라 살
고 있다는 점에서 정직한 사람이기도 하다. 욥은 또한 하나님을 경외하는 사
람이다. 왜냐하면 그의 삶 속에서 이루어지는 선택들과 그의 생활 태도는 하
나님의 성품과 기준들을 존중하는 모습을 보이고 있기 때문이다. 이러한 경
향은 지혜문학에서 지혜의 근본("시작"을 뜻함 — 역자 주)으로 여겨진다(잠
9:10; 전 12:13; 욥 28:28). 뿐만 아니라 욥은 악에서 떠난 사람이다. 이는 그
가 하나님께서 미워하시는 것을 멀리하는 사람임을 뜻한다(참조. 잠 16:17;
시 1:1). 욥에 대한 이 신뢰할 만한 표현이 반드시 무죄함을 뜻하는 것은 아
니다. 그렇지만 그것은 확실히 그를 놀랍도록 높은 도덕성을 가지고 있는 사
람으로 칭하는 것에 다름 아니다. 성서 전체의 좀 더 큰 맥락에서 볼 경우, 만
일에 욥이 역사적인 인물이라면, 그는 어느 정도 죄인임에 틀림이 없다. 그
렇다면 욥기는 욥의 본질적인 의로움과 그가 당하는 고통 사이에 불균형이
있다는 점을 문제 삼고자 했을 것이다. 그러나 만일에 욥기가 상상력에 기초

한 문학작품이라면, 저자는 욥의 이야기를 하나의 선례가 되는 사례로 진술코자 했을 것이다. 이 경우에 완전히 의로운 사람인 욥이 최악의 고통을 당한 것은 악의 문제에 의하여 제기된 의문들을 이론적으로 최대한 폭넓게 검토하려는 의도에서 비롯된 것이다.

욥은 표본적인 성품으로 널리 알려진 것(1:1)과 마찬가지로 소유 재산에 있어서도 견줄 데가 없는 사람이다(1:2-3). 그는 일곱 아들과 세 딸을 포함하는 대가족을 거느리고 있다. 그의 재산은 무수히 많은 농사용 황소들과 무역상단을 위한 낙타들, 야곱이 소유한 것보다 더 많은 양과 나귀 및 매우 많은 종들을 포함하고 있다. 이러한 재산 목록으로 인하여 욥은 동방의 모든 사람들 중 가장 부요한 자로 묘사된다. 욥이 하나님의 복을 누리며 살고 있다는 것은 직접 서술되어 있지는 않으나 실천적인 지혜의 전제들에 의하여 분명하게 암시되어 있다. 이는 잠언 10:22이 말하고 있는 바와 같다: "야웨께서 주시는 복은 사람을 부하게 하고 근심을 겸하여 주지 아니하시느니라."

4-5절은 욥의 흠 없는 경건의 한 사례를 보여준다. 욥의 아들들은 돌아가면서 잔치를 열곤 했으며, 누이들도 그들과 함께 먹고 마셨다. 욥은 그들을 위하여 정기적으로 희생제사를 드렸다. 그들이 마음으로 하나님을 저주했을까 염려하였기 때문이다. 하나님을 저주한다는 주제는 하나님께서 욥에게서 복을 거두어가시고 그를 돌보아주지 않으신다면 욥이 하나님을 저주할 것이라는 사탄의 주장(1:11; 2:5)이나 하나님을 저주하고 죽음으로써 고통으로부터 벗어나라고 도발하는 욥의 아내의 행동(2:9)을 예시하고 있다. 자기 식구들을 위한 욥의 제사장 역할은 또한 친구들을 위해 희생제사를 드림으로써 야웨께서 그들을 받아들일 수 있게 하는 욥의 중재자 역할(42:8-9)을 예고한다.

목가적인 분위기를 풍기는 도입부의 이러한 내용은 다가올 엄청난 재난을 위한 배경 설정에 해당한다. 모든 면에서 욥은 야웨의 은총과 복을 받은 표본적인 삶을 살았지만, 그처럼 행복한 삶은 전혀 예상치 못한 대재앙을 겪게 될 것이다.

욥에게 닥친 재난(1:6-22)

서론 부분의 무대는 욥이 살고 있는 지상 세계와 욥은 모르고 있으나 독자들은 알고 있는 하늘 사이를 오가고 있다. 그런데 하늘의 무대에서는 욥의 삶에 광범위한 영향을 미치는 일들이 벌어지고 있다. 욥은 자신의 경험이 갖는 우주적인 차원을 알지 못한 채로 있다. 그의 친구들 역시 마찬가지일 것이다. 이러한 무지로 인하여 그들 모두는 왜 욥이 고통을 당하고 있으며 그가 자신의 고통에 대하여 어떠한 반응을 보여야 하는지를 올바로 깨닫지 못한다.

고발(1:6-12)

하늘의 이 장면은 천사들의 무리를 가리키고 있음이 분명한(Clines 1989: 18; 참조. 왕상 22:19-22; 단 7:9-14) "하나님의 아들들"이 야웨 앞에 나아오는 모습과 더불어 시작된다. 문자적으로는 "대적자" 또는 "고발자"를 뜻하는 사탄 역시 그들과 자리를 같이한다. 야웨께서 사탄에게 그가 어디에 있었는지를 묻자, 사탄은 땅을 두루 돌아다녔다고 둘러댄다(1:7). 야웨께서는 탁월한 경건의 사람인 욥을 눈여겨보았는지를 사탄에게 계속하여 묻는다(1:8). 야웨께서는 욥을 평가하면서 1:1의 해설자가 사용한 것과 똑같이 그의 경건한 삶을 네 가지로 나누어 설명하신다. 더 나아가서 그는 욥을 "나의 종"으로 부르시는 바, 이로써 그는 "욥이 신실한 사람이요, 순종하면서 그의 뜻을 따르는 자"라고 선언하신다(Hartley 1988: 73). 욥의 성품에 대한 이러한 무조건적인 승인은 야웨께서 욥의 경건을 완전히 인정하시고 전적으로 그를 신뢰하고 있음을 분명하게 보여준다(Whybray 1996: 104-5).

사탄은 욥기의 주제를 이루는 질문을 던짐으로써 빈정대는 듯한 반응을 보인다: "욥이 어찌 까닭 없이 하나님을 경외하리이까?"(1:9). 이 물음에는 욥의 경건이 순전히 그의 이기심을 가장한 것이라는 비난이 감추어져 있다. 그가 하나님을 섬기는 것은 단지 그가 하나님의 복을 대가로 받기 위해서일 뿐이라는 것이다. 로울리(Rowley 1976: 31)는 이 점을 다음과 같이 설명한다: "사탄은 욥에게서 어떠한 흠도 발견하지 못하지만, 그의 번성함이 보상으로 받은 것임을 지적하면서 그의 순전함이 단지 이기적인 욕심에서 비롯된 것일 뿐이라고 말한다. 이로써 그는 욥의 분명한 경건을 하나님 사랑이 아니라 자기 사랑에 기초하고 있는 것으로 묘사한다." 이어서 사탄은 야웨께서 욥과 짜고서 사기를 치고 있다고 비난한다. 그는 야웨께서 욥의 예배를 갈망하신 까닭에 욥의 주변에 울타리를 치셨다고 주장한다(1:10). 달리 말해서 하나님이나 욥이 똑같이 이기적인 동기에 의해 움직인다는 것이다: 하나님께서 욥에게 복을 주시는 것은 그의 예배를 받기 위함이요, 욥이 하나님을 섬기는 것은 그의 복을 받기 위함이라는 얘기다. 사탄이 생각하기에 "이기심이야말로 인간의 도덕적인 행동을 가능케 한다"(Dhorme 1967: 7). 그리하여 사탄은 욥이 대놓고 하나님을 저주하는 모습을 모두가 볼 수 있게끔 욥에게서 보호와 복의 울타리를 치워버릴 것을 야웨께 요구한다(1:11).

야웨께서는 사탄에게 욥에게 속한 모든 것을 알아서 처리할 것을 허용하되 욥의 몸만큼은 손대지 말 것을 조건으로 내세움으로써, 욥의 순전함에 대한, 그리고 암묵적으로는 하나님 자신의 순전함에 대한 사탄의 도발을 받아들이신다(1:12). 이것은 이제껏 한데 묶여 있던 경건과 형통함을 분리시킴으로써, 과연 사탄이 주장하는 것처럼 하나님을 섬기는 욥의 행동이 이기심에서 비롯된 것인지, 아니면 야웨께서 주장하신 것처럼 그것이 진정한 것이요 이타적인 것인지를 모든 사람들로 하여금 분명하게 알 수 있게 해줄 것이다(Clines 1989: 27-28). 욥은 과연 고통을 당할 때조차도 선 자체를 위하여 자신의 선함을 유지할 수 있을 것인가?

공격(1:13-19)

이제 다시금 장면은 지상 세계로 이동한다. 욥의 자녀들이 맏아들의 집에서 잔치를 벌이던 날에 동시다발적인 일련의 재앙들이 욥이 살던 세계를 진동시킨다. 욥이 이전에 경건의 표본으로 묘사되었던 것과 마찬가지로, 이제는 그에게 닥친 네 가지의 재앙이 상실의 표본으로 묘사된다. 이로써 악의 문제는 가장 극단적인 형태로 그 모습을 드러낸다(Wharton 1999: 20).

네 가지의 재앙들은 네 방향으로부터 비롯된다(Hartley 1988: 77). 그것들은 강도떼에 의한 두 차례의 약탈 행동과 두 가지의 기상 현상을 포함하고 있다. 전자의 경우, 처음에는 스바 사람들이 욥의 황소들과 나귀들을 훔치며(1:14-15), 나중에는 갈대아 사람들이 그의 낙타들을 가져간다(1:17). 그리고 후자의 경우, 처음에는 번개가 쳐서 욥의 양떼를 죽이며(1:16), 나중에는 큰 바람이 불어 욥의 자녀들이 잔치하는 집을 덮쳐 그들을 죽인다(1:18-19). 어느 경우에든 한 명의 종이 살아남아 욥에게 그 슬픈 소식을 전한다. 저자는 욥의 자녀들이 죽는 데서 정점에 도달하는 삭막한 이야기 언어를 사용함으로써, 욥 개인과 이러한 일련의 재앙들에 대하여 그가 보일 반응에 관심의 초점을 맞춘다(Clines 1989: 30).

이 짧은 기간 동안에 욥은 하나님께서 은혜로 주신 구체적인 복들이 사라지는 것을 경험한다. 욥은 하늘에서 이루어지는 하나님과 사탄 사이의 대화를 알지 못하며, 그것이 어떻게 그에게 재앙을 불러일으켰는지도 알지 못한다. 그는 단지 자신의 생계 수단과 식구들이 모두 사라졌다는 것만을 알고 있다. 여기서 제기되는 문제는 하나님을 향한 그의 믿음에 어떠한 일이 벌어질까 하는 것이다. 하나님을 향한 욥의 헌신은 사탄이 주장한 것처럼 그의 재산과 같은 운명을 겪을 것인가? 아니면 욥의 경건은 자신의 형통함이 사라질 때조차도 그대로 유지될 것인가?

반응(1:20-22)

이처럼 예기치 못한 불행한 재앙에 대한 욥의 반응은 명백하다. 그는 겸손하면서도 절망하지 않은 채로 죽은 자들을 위한 관례적인 애곡 의식을 행한다(1:20). 이러한 슬픔의 한 표시로 욥은 자기 옷을 찢으며(참조. 창 37:34), 머리털을 밀어버린다(참조. 사 15:2; 렘 7:29). 그러나 여기서 특별히 중요한 것은 그가 땅에 엎드려 하나님께 경배했다는 점이다. 하나님을 향한 이러한 겸손한 경배와 헌신의 자세는 그의 믿음이 고통에 의하여 붕괴되지 않았음을 보여준다(Habel 1985: 93; 반대 견해로는 Vogels 1994b: 359).

욥은 21절에서 자신의 행동에 몇 마디의 말을 추가한다. 재앙의 이차적인 대리인들보다는 재앙의 궁극적인 원인을 더 중히 여기는 욥은 "주신 이도 야웨시요 거두신 이도 야웨시니 야웨의 이름이 찬송을 받으실지니이다"라고 말한다. 이러한 고백은 야웨야말로 선악 간에 모든 생명을 주관하시는 분인 까닭에 세상에는 우연이라는 것이 존재하지 않는다는 것을 욥이 알고 있음을 보여준다(Andersen 1976: 86). 더 나아가서 욥은 하나님의 이름인 "야웨"

를 세 차례나 사용함으로써 그가 주님과의 개인적인 관계를 포기하지 않았음을 드러낸다. 욥의 이러한 반응은 1:11에서 사탄이 예견한 것과 정반대되는 것이다. 욥은 야웨를 대놓고 저주하는 대신에 주의 이름을 찬미한다. 그는 일련의 재앙들이 야웨, 곧 자신이 신실하게 섬기는 하나님께로부터 비롯되었음을 겸손하게 받아들인다.

해설자는 22절에서 욥이 자신의 반응을 통하여 범죄하지도 않았고 하나님을 비난하지도 않았다는 결론을 내린다. 욥은 견디기 어려운 엄청난 고통을 겪었음에도 불구하고 죄를 범하지 않은 것이다. 욥은 하나님을 배척하지 않음으로써 그의 첫 번째 시험을 죄 없이 통과한다.

욥의 만족(2:1-10)

서론 부분의 구조에 비추어볼 때 2:1-10은 1:6-22의 내용과 크게 평행을 이루면서도 그것을 한층 강화시킨 두 번째의 재앙을 다루고 있다. 첫 번째 장에서와 마찬가지로 사탄은 욥과 야웨가 뜻을 같이하여 이기적인 모습을 보이고 있다고 비난하며, 욥에게서 하나님을 향한 저주를 이끌어내기 위해 그를 공격한다. 이에 욥은 하나님을 향한 자신의 경건을 재확증함으로써 재앙에 대한 자신의 반응을 보인다.

고발(2:1-6)

2:1-3에 있는 사탄의 고발은 1:6-8과 거의 같지만, 세 가지 요소를 추가로 가지고 있다. 2:1은 사탄이 하나님의 아들들 중에 나아온 분명한 목적이 야웨 앞에 자신을 드러내려는 데 있다고 설명한다. 달리 말해서 그는 욥에 대하여 야웨와 더불어 계속 논쟁을 벌이려는 속셈으로 자신의 모습을 드러낸 것이다. 3절에서 야웨는 욥에 대한 자신의 높은 평가를 되풀이하시면서, 욥이 까닭 없이('힌남'; 1:9에서 사탄이 다른 의미로 사용한 것과 동일한 낱말임) 재앙을 당한 후에도 자신의 순전함을 굳게 붙들고 있다는 설명을 추가하신다. 사탄은 악의적인 행동을 취하였음에도 불구하고 욥의 믿음을 무너뜨리는 데 실패한다. 그 결과 사탄의 비꼬는 말은 근거 없는 것임이 밝혀진다.

3절에서 또한 야웨께서는 사탄이 욥을 괴롭힐 재앙을 허용해줄 것을 요구하였다고 말씀하신다. 그것이 야웨께서 흔히 세상을 통치하시는 방식이 아님에도 불구하고 말이다(Hartley 1988: 79-80). 반복과 변형을 특징으로 갖는 이러한 이야기 서술 방식은 성서와 비성서 문헌 모두에게 친숙한 것으로서, 독자들에게 긴장감과 흥미를 가져다준다(Whybray 1998: 33).

사탄은 내기에 건 돈을 올려 야웨와의 대결을 더 강화시키기로 결심한다. 사탄은 격언적인 표현을 사용하는 듯이 "가죽으로 가죽을 바꾸오니 사람이 그의 모든 소유물로 자기의 생명을 바꾸올지라"(2:4)고 주장한다. 사탄의 사고방식에 따르면 욥은 매우 이기적이기 때문에 오로지 자기 자신의 가죽(몸을 가리킴 — 역자 주)에만 관심이 있다. 자신의 재산과 자녀들을 잃어버린 것은 진정한 시험이 아니었다. 왜냐하면 그의 몸을 직접 치는 것만이 그의 무정한 이기주의를 꿰뚫을 것이기 때문이다(Smick 1988: 884-85). 사탄은 모든 인간의 본성, 특히 욥의 본성에 관한 자신의 냉소주의를 확신한다. 그 까닭에 그는 만일에 야웨께서 욥의 뼈와 살에 고통을 안긴다면 욥이 확실히 그를 대놓고 저주할 것이라고 말한다(2:5). 이로써 욥의 진정한 성품이 모든 사람들의 눈 앞에 드러나게 될 것이다(Habel 1985: 95).

1:12에서처럼 야웨께서는 주권적으로 욥을 사탄의 수중에 넘기신다. 그러나 야웨께서는 이번에는 사탄에게 욥의 몸에까지 활동 반경을 넓히도록 허용하시되, 욥의 생명만은 손대지 말라는 한 가지 조건을 붙이신다(2:6). 그렇게 되면 욥은 시험의 진정한 맛을 보게 될 것이다. 왜냐하면 그의 믿음은 맨 안쪽에 이르기까지 완전하게 시험을 받을 것이기 때문이다(Hartley 1988: 81). 욥기의 나머지 부분 전체의 내용을 지배하게 될 이 엄청난 시련은 욥이 과연 하나님보다 자기 생명을 더 소중히 여길 것인지 그렇지 않은지를 판가름하려는 목적을 가지고 있다. 극심한 고통과 임박한 죽음에 직면한 욥은 과연 사탄이 주장한 것처럼 하나님을 부정할 것인가?

공격(2:7-9)

욥의 몸에 대한 사탄의 공격은 신속하고도 강하게 이루어진다. 사탄이 그의 몸 전체에 종기가 나도록 치자 욥은 자신의 건강을 잃고 만다(2:7). 이 특수한 질병이 무엇인지는 알 길이 없지만, 여기에 사용된 용어('쉐힌')는 심각한 피부병에 대해서 설명하는 레위기 13:18-20에서도 사용되고 있다. 욥기 전체에서 발견되는 추가 암시들에 의하면 욥은 지독한 고통에 시달리며 끔찍한 외모를 드러낸다(Hartley 1988: 82).

욥은 또한 자신의 명예도 잃고 만다(2:8). 피부병에 의하여 초래된 고통으로 인하여 그는 쓰레기 더미의 재 가운데 앉아서 질그릇 조각으로 종기가 있는 데를 긁어댄다. 욥은 호사스런 자기 집에 거하는 대신에 이제는 거지들과 나환자들과 고대 세계의 다른 버림받은 자들이 자주 찾는 곳으로 밀려난다. 존경받는 민간 지도자의 신분으로부터 크게 멀어진 그는 이제 공동체 생활로부터 떨어져 나와 배척당하고 빈곤한 자들과 더불어 살아가게 된다(Clines 1989: 50).

무엇보다도 고통스러운 것은 욥이 자신의 조력자인 아내를 잃게 되었다는 점이다(2:9). 그 까닭은 그의 아내가 그에게 "당신이 그래도 자기의 온전함을 굳게 지키느냐? 하나님을 욕하고 죽을" 것을 요구하고 있기 때문이다. 그녀는 그 자신이 묻고 답해야만 하는 바로 그 질문으로 욥을 압박한다: 이러한 고통 속에서 언제까지 하나님을 향한 자신의 신실함을 굳게 붙들 것인가? 욥의 아내는 욥에게 야웨께로부터 돌아서라고 윽박지름으로써 자신도 의식하지 못하는 사이에 사탄의 주장(1:11; 2:5)에 동조하기에 이른다. 의심할 여지없이 그녀는 남편이 계속해서 고통당하는 것을 원치 않았던 탓에, 그가 수긍할 만한 동정심을 가지고서 최선의 의도 하에 그렇게 응답한 것이다. 그러나 그녀의 조언에서 분명하게 드러나는 것은 그녀가 고통의 경감을 위해 순전함을 포기하기를 원하고 있다는 점이다. 그렇지만 욥은 그렇게 하기를 거부한다. 펜천스키(Penchansky 2000: 27)는 이를 다음과 같이 설명한다: "그녀는 욥을 용납하지 않고서는 하나님을 저주하고 죽으라고 강요함으로써 욥의 가장 약한 부분 — 그에게 남은 유일한 것, 곧 그의 순전함 — 을 공격한다. 순전함에 대한 그의 생각은 어떠한 상황에서도 하나님을 저주하지 않으려는 그의 경건과 불가분의 관계를 가지고 있다. 그런데도 욥의 아내는 그의 순전함을 도리어 그를 치신 하나님을 반드시 거부해야 하는 것과 관련시켜야 한다고 주장한다." 그 결과 욥은 이미 겪었던 모든 고통에 더하여 이제는 아내에게서조차 버림받았다는 느낌을 갖기에 이른다.

반응(2:10)

아내의 도발에 맞서 욥이 흥분하면서 보인 반응은 그가 하나님을 저주하는 어리석은 행동을 하지 않았음을 보여준다. 앞서 보인 반응(1:21)과 마찬가지로 그는 하나님께서 자신에게 주시는 모든 것에 겸손하게 순복하며 "우리가 하나님께 복을 받았은즉 화도 받지 아니하겠느냐?"라는 수사학적인 질문을 던진다. 그의 모든 인간 관계가 깨뜨려졌거나 심하게 뒤틀려졌음에도 불구하고 하나님과의 관계만큼은 그대로 남아 있다. 그 까닭은 욥이 하나님께서 자신의 삶 속에 허락하신 모든 것들을 순전한 마음으로 받아들이고 있기 때문이다(Smick 1988: 886). 욥의 영적인 상태를 강조하기 위하여 해설자는 욥이 이 반응에서 입술로 범죄하지 않았다는 점을 추가로 서술한다. 이것을 두고서 일부 해석자들은 욥이 비록 입술로 범죄하지 않았다 할지라도 그의 마음 속에 범죄자의 태도를 숨겨두었을 수도 있다고 본다. 그러나 지혜문학에서 드러나는 증거는 입술이 인간의 지체 중에서 가장 다스리기 어려운 것임을 분명하게 보여 준다. 따라서 "자신의 말을 다스리는 자는 자신의 삶 전체를 다스리는 것이나 마찬가지이다"(Hartley 1988: 84; 참조. 잠 13:3; 18:4; 21:23). 뿐만 아니라 만일에 욥의 말이 그의 마음속에 있는 진실한 감정과 정반대되는 것이라면, 그가 입술로 범죄하지 않았다는 말을 해설자가 할 수는 없을 것이다. 왜냐하면 그럴 경우 그의 말은 위선적인 것이 되고 말 것이기 때문이다.

욥의 친구들의 등장(2:11-13)

욥이 당한 재앙의 소식은 그 일대에 빠른 속도로 퍼져 나갔음에 틀림이 없다. 욥의 동료들 중 세 사람이 욥을 동정하기 위하여 한데 모인다. 그들은 욥기가 끝날 때까지 계속 욥과 함께 있으면서, 그가 처한 상황을 이해하려고 애쓰며, 어떻게 하면 그 고통으로부터 벗어날 수 있는지에 대해서 그에게 조언한다.

친구를 뜻하는 낱말('레아')은 이웃이나 친구 또는 동료 등을 가리킨다. 어떤 문맥에서는 그것이 계약 관계를 뜻할 수도 있다. 욥은 6:14-15에서 그러한 의도를 내비치는 것으로 보인다(Hartley 1988: 85). 세 친구들은 모두 에돔 지역을 암시하는 듯한 이름들과 지명들을 가지고 있다(Clines 1989: 59). 또한 이들 셋은 모두 지혜 사상에 정통한 자들로 보인다. 따라서 그들을 욥의 개인적인 친구들이나 친척들로 보기보다는 욥의 지적인 동료들로 보는 것이 가장 무난할 것이다. 만일에 그렇다면, 그들은 욥이 처한 상황을 설명하려는 지혜 전승의 온갖 노력들을 대표하는 셈이다. 이러한 해석이야말로 악의 문제를 최대한으로 광범위한 차원에서 검토하려는 욥기의 의도에 가장 부합되는 것이라 할 수 있다.

엘리바스와 빌닷 및 소발 등은 선량한 의도를 가지고서 욥에게 나아간 것임이 분명하다. 왜냐하면 그들은 그를 동정하고 위로하려고 그를 찾아온 것이기 때문이다(2:11). 옛 지혜의 관례에 따른다면, "위로라는 것은 어떠한 재앙이든 간에 예견 가능한 보편적인 양식에 들어맞는 것임을 고통당하는 자에게 확신시키려는 것을 뜻한다"(Scheindlin 1998: 21). 그들은 욥을 보는 순간 그가 형체를 거의 알아볼 수 없을 정도로 큰 고통을 겪고 있음을 멀리서 알아챘다(2:12). 그들은 슬픔을 이기지 못한 나머지 울면서 옷을 찢으며, 티끌을 머리에 뿌리는 바, 이는 전통적으로 슬픔과 애곡을 표현하는 행동을 가리킨다(참조. 수 7:6; 삼상 4:12; 삼하 13:19).

욥의 고통이 극심하다는 것을 알게 된 세 친구들은 그와 함께 땅 위에 앉은 채로 7일을 보낸다(2:13). 그들은 그에게 해줄 말이 없었다. 그들은 단지 침묵 중에 그와 함께 앉아 있을 뿐이었다. 어떤 점에서 본다면 그들은 그가 죽은 것이나 다름이 없기에 그를 위하여 애곡하는 것처럼 행동한 셈이다(Clines 1989: 64). 7일 동안 극적인 긴장감이 조성된다. 욥의 고통과 분노가 3장의 탄식에서 폭발하기 전까지 말이다(Habel 1985: 97-98).

욥기의 서론은 이렇듯이 욥의 고통에서 구체화된 악의 문제를 철저하게 논하기 위한 무대를 마련하는 부분이라 할 수 있다. 지상의 모든 등장인물들에게 감추어진 하늘의 무대에서 야웨께서는 욥을 흠이 없고 순전한 사람으로 묘사하시며, 사탄은 욥이 순전히 야웨께로부터 복을 받았기 때문에 선한 것이라고 욥을 깎아내린다. 지상의 무대에서는 욥이 재산 붕괴, 자녀들의 죽음, 건강과 명예 및 아내의 후원 상실 등을 경험한다. 지혜의 전문가로 알려진 세 친구들은 욥의 재난 앞에서 침묵을 지키고 만다. 그들은 욥과 더불어 거룩하신 하나님께서 다스리시는 세계에서 그가 당하는 극심한 고통을 이해하려고 노력한다.

욥과 친구들 사이의 논쟁 주기(욥 3-31장)

욥기의 이 부분은 욥이 세 친구들과 번갈아가면서 대화를 나누는 세 개의 논쟁 바퀴들로 이루어져 있다. 비록 그들 사이의 논쟁이 대화의 형식을 취하고 있기는 하지만, 그 대화들을 주의 깊게 읽어보면, 말하는 자들이 다른 친구들이 말하는 구체적인 것들을 단지 가끔씩만 언급하고 있을 뿐임을 알 수 있다. 그들은 복잡한 논리적인 주장을 전개하기보다는 독자를 설득하기 위하여 이성과 감정 모두를 활용함으로써, 서로 자신의 상황 설명이 더 설득력이 있다는 느낌을 주고자 한다. 그렇게 함으로써 욥의 친구들은 오로지 하나님에 관해서만 그에게 말한다. 반면에 욥은 자신의 경험을 이해하려고 애쓰는 중에 자주 하나님에 관해 직접 언급한다(Andersen 1976: 97-98; Smick 1988: 887-88).

첫 번째 주기(3-14장)

첫 번째의 논쟁 주기에서 욥은 서두의 탄식으로 자신의 말을 시작한다. 그 후로 엘리바스와 빌닷과 소발이 번갈아가면서 말하며, 욥은 그들 모두에게 돌아가면서 응답한다. 이 첫 번째 논쟁에서는 말하는 자들의 입장이 선명하게 드러나며, 그들의 후속 발언은 첫 번째 논쟁에서 얘기된 것을 거의 되풀이하면서 조금 확대되는 형태로 이루어진다.

욥(3장)

도입부의 이 탄식에서 욥은 자신의 생일을 저주하며(3:1-10), 태어날 때에 죽었더라면 좋았을 것이라는 소원을 말한다(3:11-19). 그러면서 그는 고통당하는 자들의 삶에 어떠한 가치가 있는지를 묻는다(3:20-26). 욥이 자신의 고통을 밝히는 이 독백은 대화 부분에 앞서 이루어지며, 그 후에 이어질 세 친구들의 응답을 유발한다(Hartley 1988: 89).

욥은 자신이 당하는 고통에 대하여 계속 묵상하던 중에 정신을 잃을 정도의 충격을 받은 것임이 분명하다(3:1). 그는 자신의 고통이 하나님의 통제 영역 밖에 있다는 것을 부정하지는 않지만, 왜 자기가 그러한 고통을 당해야 하는지를 이해하지 못한다. 그 결과 그가 2:10에서 분명하게 보여주었던 마음의 평정이 이제는 흥분 상태로 바뀌고 만다. 이러한 변화는 몇 가지 요인들로써 설명할 수 있다. 의심할 여지 없이 시간이 지나면서 극심한 상실에 대한 아픔이 그의 의식을 지배한 것으로 보인다. 그 전에 그는 아마도 충격 상태에 놓여 있었을 것이다. 더 나아가서 그는 하나님의 복을 나타낼 만한 모든 확실한 증거가 어떻게 자신의 삶 속에서 빠져나가버렸는지를 생각하다 보니 자신이 처한 상황의 불의함에 관심을 기울이게 된다(Whybray 1998: 18). 뿐만 아니라 욥이 오랜 침묵 끝에 말을 한 까닭에 그의 솔직한 감정이 겉으로 드러나기에 이른다. 욥은 극기주의자가 아니다. 그는 쓰라린 경험에서 비롯된 고통을 믿음으로 이겨내면서도, 자신의 깊은 감정을 숨김없이 표현한다. 바로 여기에서 욥의 경건은 탄식과 저주의 시편에서 보는 것과 똑같이 투명한 모습을 보인다. 스미스(D. Smith 1992: 3)는 이에 대하여 다음과 같이 언급한다: "이처럼 무절제한 감정의 표출은 카타르시스의 효과를 갖는다. 그는 자신의 생명에 대한 혐오감을 쏟아냄으로써 자신에게 닥친 모든 것들을 감당치 못함으로 인하여 느끼는 좌절감과 분노를 상당 부분 밖으로 분출시킨다."

사탄은 욥이 재앙을 만나게 되면 하나님을 대놓고 저주할 것이라고 예견한 바가 있다(1:11; 2:5). 그러나 욥은 그렇게 하지 않는다. 도리어 그는 자신의 생일을 저주한다. 아니면 더 일반적인 용어를 빌려 표현하자면, 자신의 생명 또는 운명을 저주한다(Clines 1989: 78-79). 이와 평행을 이루는 예레미야 20:14-18과 애가 3:1-18의 저주들은 그러한 말들이 불의한 감정을 표현한 것이 아님을 암시한다. 도리어 그것은 깊은 경건심이 반드시 감정에 대한 이성의 승리를 수반하는 것이 아님을 분명하게 보여 준다. 이것은 마치 올바른 신학이 하나님께 대한 경건한 응답으로부터 감정을 배출시키는 것과도 같은 이치에 속한다. 앤더슨(Andersen 1976: 100)은 이 점을 다음과 같이 날카롭게 지적한다: "욥은 아무런 감정도 없이 순전한 정신만을 유지하고자 애쓰는 극기주의자가 아니다. 성서는 그처럼 비인간적인 철학을 전혀 알지 못한다. 그러나 우리는 고상하면서도 이교적인 극기주의의 윤리와 기독교 신앙을 동일시한 창백한 경건의 오랜 전승 줄기에 속해 있다."

3절에 있는 욥의 서두는 4-10절에 서술되어 있는 내용을 요약된 형태로 보여주고 있다. "내가 난 날이 멸망하였더라면!"이라는 부르짖음은 3:4-5에서 확대되어 나타나고, "'사내 아이를 배었다' 하던 그 밤도 그러하였더라면!"이라는 외침은 3:6-10에서 확대되어 나타난다. 그의 신체적인 기원을 이루는 이 순간들은 흔히 기쁨의 날로 간주되지만, 욥은 과거에 일어난 일들을 되돌려놓을 수 있다면 얼마나 좋을까 하는 안타까움에 사로잡혀 있다(Clines 1989: 79).

4절에서 욥은 창세기 1:3의 창조 명령을 뒤집어엎는 듯한 언어를 사용하여, 문자 그대로 "빛도 그 날을 비추지 않았더라면!"이라고 말한다. 그는 하나님께서 그 날에 빛을 비추지 않으셨더라면 좋았을 것이라고 말하면서, 도리어 자기 생일이 혼돈의 어둠 속에 삼키움을 당했으면 좋았을 뻔했다고 탄식한다(Hartley 1988: 93). 자신이 잉태되던 날과 관련하여(3:6) 욥은 그 날이 그 해의 특별한 날로 즐거워해야 할 날이 아니라, 즐거운 외침소리가 없는 불임(不姙)의 날이 되었더라면 좋았을 것이라고 말한다(3:7). 사실 그는 그 밤이 "날을 저주하는 자들 곧 리워야단을 격동시킬 만큼" 큰 소리로 저주를 받았으면 좋았을 것이라는 희망을 표현한다(3:8; Jacobsen and Nielsen 1992: 201). 가나안의 신화 세계로부터 빌려온 이 표현은 41장의 전조가 되는 바, 41장에 의하면 야웨께서는 리워야단을 완전히 인간의 이해 능력이나 통제력을 넘어선 곳에 있는 신비로운 존재들 중의 하나로 묘사하신다. 리워야단을 격동시키기로 예비된 자는 혼돈을 활성화시킬 힘을 가지고 있었을 것이다(Habel 1985: 108-9). 그 까닭에 욥은 엄청나게 강한 이 존재에게 자신의 임신 사실을 없던 것으로 만들기를 요청하고 있는 것이다.

욥은 헛되이 자신의 출생을 되돌려놓으려고 애쓰면서, 하늘의 빛에 관한 세 가지 표상들을 사용하여(3:9) 자신이 출생하던 날의 새벽이 밝아오지 않았으면 좋았을 뻔했다는 자신의 심정을 밝힌다. 욥이 볼 때, 밤에 빛나는 마지막 별들의 모습과 동트기 전의 여명 및 그의 생일을 경축하는 새 날의 첫 번째 햇빛(Andersen 1976: 104-5)은 경축되어야 하는 것이 아니라 도리어 재앙으로 간주되어야 한다. 그런데도 그 날은 그의 어머니의 태를 닫지 않았으며, 그의 출생을 막지도 않았다. 그랬더라면 그 날이 욥이 겪었던 괴로움이나 고역('아말')을 감추어 주었을텐데 말이다(3:10). 만일에 그가 삶의 괴로움과 고통에 예속되기보다는 단지 어머니의 태중에 안전하게 머물러 있을 수만 있다면, 그것은 욥에게 있어서 얼마나 덜 고통스러운 것이겠는가.

3:11-19에서 욥은 설령 자신의 출생을 막을 수 없다 할지라도 출생하는 순간에 죽을 수 있었더라면 좋았을 것이라고 말한다. 이 탄식의 순간에 그는 자신의 생일을 저주하던 태도로부터 출생의 때에 왜 자기가 죽지 않았는지의 문제 — 3장의 나머지 부분에서 계속 반복되어 나타나는 — 로 옮겨간다(Habel 1985: 104-5). 이러한 일련의 수사학적인 질문들 역시 야웨의 나타나심을 예고하고 있다. 그 까닭은 답변이 불가능한 38-41장의 일흔 가지 질문들로 인하여 욥이 인간의 한계를 깨닫게 되기 때문이다. 욥은 3장 서두의 탄식에서 이러한 질문들을 던짐으로써 부지중에 자신의 무지를 인정하게 된다. 자신이 깨닫게 된 불의야말로 자신을 괴롭히던 것이었음을 분명하게 밝히고자 하던 것이 그의 분명한 의도였음에도 불구하고 말이다.

앤더슨(Andersen 1976: 106)은 욥의 질문들에 담긴 일련의 일반적인 의도들을 다음과 같이 잘 지적하고 있다: "우리는 이 질문들에서 사상의 발전을 엿볼 수 있다. 그는 자신이 잉태되지 않았더라면 좋았을 것이라고 말한다. 아니면 잉태되었다 할지라도 태중에서 죽었으면 좋았을 것이요, 그렇지 않더라도 태어나지 않았으면 좋았을 것이요, 태어났다 할지라도 한순간에 죽었으면 좋았을 것이요, 성인이 될 때까지 자랐다 할지라도 일찍 죽었으면 좋았을 것이라고 말한다." 욥이 생각하기에 만일에 그가 태어날 때 죽었더라면 그는 그 순간에 안식을 누릴 수 있었을 것이다(3:13). 욥은 스올을 일반적인 의미에서의 어둠과 흑암의 자리로 보지 않는다. 도리어 그는 무덤이야말로 안식을 향한 문이라고 본다. 왜냐하면 그것은 삶의 온갖 불행들을 끝내주기 때문이다. 하틀리(Hartley 1994: 81)는 이 점을 다음과 같이 설명한다: "그는 이 영역을 모든 분쟁으로부터 벗어날 수 있는 이상적인 피난처로 묘사하는 바, 그곳에는 더 이상 소란도 없고, 더 이상 탁월함도 없으며, 귀에 거슬리는 주인의 계속적인 명령들에 순종할 필요도 없다." 스올에 대한 그의 묘사는 그곳을 흔히 티끌로 가득한 어둡고 황량한 곳으로, 약한 귀신들이 처량한 삶을 이끌어가는 곳으로 묘사하는 것과는 정반대되는 것이다. 이렇게 말함으로써 욥은 다시금 창세기 1-2장의 창조 이야기를 화두로 삼는다. 창세기 2:1-3에 의하면, 하나님께서 자신의 모든 창조 사역을 마무리하시고 그것을 선한 것으로 선언하신 후에 안식이 주어진다. 욥에게 있어서 생명은 선한 것이 아니요, 안식은 죽음으로 인하여 생명이 소진될 때에야 비로소 찾아오는 것이다. 달리 말해서 고통당하는 자에게 안식을 주는 것은 창조가 아니라 혼돈인 것이다.

3:14-15에서 욥은 죽음이야말로 지상의 모든 불의한 것들을 평등한 것으로 바꾸는 거대한 사회적 수평기라고 본다. 이로써 그는 자신의 한시적인 권력과 탁월함과 소유 등을 뒷전으로 넘긴 왕들과 모사들 및 부요한 군주들을 자신과 관련시킨다(참조. 시 49:16-20). 욥은 자신이 죽음을 통하여 가장 뛰어난 사람들과 어깨를 나란히 할 수 있다는 사실에서 위로를 찾는다(Whybray 1998: 39). 그것은 그가 잿더미 위에서 느끼는 사회적인 고립감과 극명한 대조를 이룬다.

16절은 욥이 3:14-15에서 다루었고 3:17-19에서 계속 다루고자 하던 것, 곧 죽음 앞에서 드러나는 사회적인 평등의 주제를 다소 약화시킨다. 욥은 자신이 태어날 때 죽었더라면 좋았을 것이라는 11절의 내용을 16절에서 다시금 취하되, 유산당하는 것조차도 살아있는 것보다는 낫다고 말한다. 그 까닭은 자신이 삶의 고통을 겪기 전에 이미 버려진 바 될 것이기 때문이다.

죽음의 유익에 관한 독백을 재개하면서 욥은 3:17에서 지상에서는 안식을 얻을 수 없는 것과는 달리 스올에서는 안식을 누릴 수 있다고 주장한다. 클라인스(Clines 1989: 105)는 욥이 희망하는 안식이 자신의 현세적인 경험 속에서 찾아지지 않는 우주적인 도덕 질서 개념임을 설득력있게 제시한다. 이렇듯이 욥은 "자신의 혼란스러운 경험 속에서 방향을 잃은 나머지 스올을 질서가 지배하는 곳으로 갈망하게 된다. 물론 여기서 말하는 질서는 참으로 무위(無爲)에서 비롯되는 질서요, 지상세계와의 관련성을 배제한 질서이다. 확실히 그러한 질서 안에서는 불합리한 것들로부터 비롯되는 온갖 갈등이 평화로운 무의미성에게 집어삼키움을 당하고 만다." 욥은 스올이 갖는 명백한 한계들을 무시한 채로, 스올에는 사회적인 혼란이 존재하지 않는다는 사실에만 관심을 기울이기로 작정한다(3:18-19). 스올에서는 어느 누구도 다른 사람을 압제할 수 없다. 도리어 모든 이들이 동등한 사회적인 위치에 서 있게 된다. 죽음은 모든 인간 계층들을 분노의 주요 원인인 삶의 불평등성으로부터 해방시켜준다.

"어찌하여?"라는 질문을 되풀이하던(3:11-12) 욥은 20-26절의 클라이맥스에서 죽음의 유익들에 대한 생각으로부터 물러섬과 동시에 고통당하는 자들에게 있어서 삶이 갖는 의미를 묻는다. 스올에서 누릴 안식에 대한 기대감과는 대조적으로, 현세의 삶은 고통당하는 자들과 심령이 아픈 자들에게 비참함을 안겨줄 뿐이다(3:20). 그는 고통 중에 왜 인간의 삶이 이러해야 하는지에 대한 수사학적인 질문을 던진다. 암묵적으로 요셉의 이러한 질문은 하나님을 향한 불평에 해당하는 것이다. 왜냐하면 "그들에게 생명을 주시고 또 그들에게 고통을 당하도록 허용하시는 하나님께서 조금이라도 그들을 긍휼히 여기신다면 그들의 이 서글픈 상황을 감찰하시고서 그들을 죽게 내버려두셔야 하기 때문이다"(Hartley 1988: 99). 이 점에서 볼 때에 욥의 질문은 고통당하는 중에 하나님께 항변하는 시편 기자들의 통절한 부르짖음들과 평행을 이루는 것이라 할 수 있다(Clines 1989: 99). 욥은 고통당하는 자가 죽음을 찾지만 그것을 찾지 못한다고 말함으로써 보물을 찾는 채굴자의 표상을 사용한다(3:21). 그러나 마침내 무덤을 찾게 되면, 그는 크게 기뻐하며 즐거워한다(3:22).

23절에서 욥은 질문을 계속 하는 중에 특히 중요한 두 가지의 낱말을 사용한다. 그는 왜 빛이나 생명이 자신의 길('데렉')을 알지 못하는 인간에게 주어지는 것인지를 묻는다. 하벨(Habel 1985: 111-12)이 설명한 바와 같이, 지혜문학에서 '데렉'은 인간의 행동, 개개인의 운명, 하나님께서 세우신 질서를 뒷받침하는 원리 등을 가리킨다. 그러나 욥은 고통당하는 자의 '데렉'이

흐려지게 됨으로써 인생을 목표 없는 것으로, 그리고 무익한 것으로 만들고 말았다고 주장한다. 그리고나서 욥은 하나님께서 자신의 길을 알지 못하는 한 사람 주위에 울타리를 쳐서 꼼짝못하게 하셨다고 말한다. 1:10에서 사탄은 하나님께서 욥과 그의 재산 주위에 울타리를 쳐서 보호해 주심으로써 그로 하여금 하나님의 선하심을 의심하게 만들 만한 그 어떤 것도 이겨낼 수 있게 하셨다고 비난한 바가 있다. 욥은 이와 똑같은 은유를 사용하되, 이제는 하나님께서 마치 죄인을 다루듯이 어떠한 종류의 도움이나 구원도 얻을 수 없게끔 자신에게 울타리를 치셨다고 말한다. 그는 함정에 빠진 듯한 느낌을 받는다. 왜냐하면 "하나님께서 그를 혼란 속에 가두어 두고서는 열쇠를 던져버리신 것처럼 보이기 때문이다"(Hartley 1988: 89). 이러한 울타리는 고통당하는 자에게 어떠한 한시적인 도움도 주지 못하게 막으며, 죽음이 제공할 수도 있는 고통으로부터의 해방조차도 막아버린다.

3:20-23에서 욥은 포괄적인 언어로 고통당하는 자에 관해서 말하지만, 24절에서는 1인칭 대명사를 사용하여 자신의 특수한 개인 경험을 설명한다. 그가 당하는 고통은 너무도 소모적인 것이어서 그는 비명을 지르며 고통 속에서 부르짖는다(Hartley 1988: 100). 육체의 고통에 더하여 그는 두려움에 사로잡히기까지 한다. 왜냐하면 욥 자신이 어떻게든 피하고자 했던(1:5) 하나님의 냉대가 그에게 임했기 때문이다(3:25). 욥은 자신이 겪는 고통과 좌절을 네 가지의 칼로 찌르는 행동으로 표현함으로써 서두의 이러한 탄식을 26절에서 다음과 같이 마무리한다: "나에게는 평온도 없고 안일도 없고 휴식도 없고 다만 불안만이 있구나." 스올의 질서가 안식을 준다는 욥의 생각과는 너무도 대조적으로 자신의 현재적인 경험 속에서 그의 "내적인 존재는 혼돈에 빠져 있으며 그의 세계는 혼란에 빠져 있다"(Habel 1985: 112).

3장에 있는 욥의 서론적인 탄식에서 분명하게 드러나는 것은, 그에게 닥친 경험이 이전에 그가 가지고 있던 확신을 크게 뒤흔들어버렸다는 점이다. 욥은 자신의 생일을 저주하면서 자신이 느끼던 것을 솔직하게 표현하면서도, 사탄이 부정확하게 예견한 것처럼 하나님을 저주하는 데까지 나아가지는 않는다. 욥은 지금 자신에게 닥친 혼란 상황을 죽음이 자신에게 가져다줄 것과 비교하는 중에, 죽음이 안식을 제공한다고 설명하며, 죽음의 안식이야말로 지금 자신을 괴롭히는 고통보다도 더 나은 것이라고 생각한다. 그러나 여기서 중요한 의미를 갖는 것은, 죽음에 대한 욥의 낙관적인 생각이 그를 자살로 몰아가지는 않는다는 점이다. 왜냐하면 자살은 그가 하나님께 대한 희망을 완전히 포기했음을 뜻할 것이기 때문이다(Hartley 1988: 92).

엘리바스(4-5장)

욥의 친구들 중에 가장 먼저 말하는 자는 데만 사람 엘리바스이다. 엘리바스가 세 사람들 중에 가장 먼저 말하는 자로 나타나는 이유는 그가 각 논쟁 주기에서 항상 가장 먼저 반응을 보이는 자로 나타나기 때문이요, 욥의 친구들이 주장하는 핵심 주제들의 대부분을 그가 소개하고 있기 때문이다(Wharton 1999: 27). 엘리바스는 실천적인 지혜의 전통, 곧 보상의 교리에 확고하게 뿌리박고 있는 입장에서 욥에게 조언한다. 간단하게 말해서 보상의 교리는 질서 있는 하나님의 세계에서 의가 복에 이르는 반면에 악은 징벌을 초래한다고 주장하는 바, 이것은 잠언에서 계속 반복되는 주제이기도 하다. 엘리바스는 이로부터 개개인의 삶 속에 있는 복의 증거는 그 사람이 의로운 자임을 나타내지만, 욥의 경우에 보는 것과도 같은 재앙의 증거는 그가 죄를 범했음을 분명하게 드러낸다는 결론을 유추한다. 그리고나서 그는 욥에게 자신의 죄를 뉘우침으로써 하나님의 징계에 응답함으로써 복받은 상태를 회복할 것을 촉구한다. 엘리바스에 따르면, 모든 인간은 죄를 범하지만 하나님께서는 회개하는 자에게 복을 주신다. 따라서 욥은 "불행이라는 것이 고통당하는 자에게 감추어진 죄를 발견케 하고 또 그것을 뉘우침으로써 하나님의 긍휼을 구할 수 있게 하는 기회를 제공한다"(Hartley 1988: 104)는 사실을 깨닫지 않으면 안 된다는 것이다.

엘리바스는 모든 위로자들 중에서 가장 온정적인 태도를 가지고서 자신의 말을 시작한다. 그는 대놓고 욥의 잘못을 비난하지 않는다. 도리어 그는 자기 자신에 대한 욥의 잘못된 생각을 교정하려는 목적에서 한층 간접적인 어조로 욥에 대한 자신의 반대 의견과 불만을 부드럽게 암시한다(Clines 1989: 121). 인생 경험에 대한 관찰과 특별 계시를 권위의 근거로 삼은(4:12-21) 엘리바스는 달래는 듯한 어조로 욥에게 조언하려고 애쓴다. 그렇지만 좋은 의도를 가지고 있음에도 불구하고 그의 책망이 결함을 가지고 있다는 사실이 금방 분명하게 드러나게 될 것이다(Habel 1985: 123).

  3장에 있는 욥의 탄식을 들은 엘리바스는 그의 불평에 응답할 필요성을 강하게 느낀다(4:2). 그는 조심스럽게 욥에게 접근하여 달래는 듯한 어조로 자신의 말을 시작한다(Course 1994: 23): "누가 네게 말하면 네가 싫증을 내겠느냐?" 엘리바스는 욥이 과거에 매우 자주 조언의 말로써 다른 사람들을 훈계하고 그들의 기운을 돋우어 주었다는 사실을 인정한다(4:3-4). 이제 엘리바스는 욥을 견고한 터 위에 자리잡도록 하기 위해 그와 동일한 친절함을 그에게 베풀고자 한다. 욥이 처한 상황이 일상적인 것이어서 보상 교리에 기초한 지혜의 가르침으로 쉽게 설명될 수 있는 것이라고 생각한 엘리바스는 욥이 동일한 상황에 처한 자들에게 베풀던 조언을 정작 자기 자신은 따르지 않는다는 점을 들어 그를 비난한다(4:5). 엘리바스에 따르면, 욥은 자신의 재능을 발휘하여 그러한 위기에 대처하지 않은 까닭에 좌절감에 사로잡히게 된 것이다. 그가 단지 다른 사람들에게 훈계하던 것을 그대로 실천하기만 한다면, 그는 자신에게 닥친 재앙을 이겨낼 수 있을 것이다(Andersen 1976: 111). 그리고나서 엘리바스는 6절에서 욥에게 다음과 같은 수사학적인 질문을 던진다: "네 경외함이 네 자랑이 아니냐? 네 소망이 네 온전한 길이 아니냐?" 엘리바스는 야웨 경외라는 핵심적인 지혜 개념을 사용하되, 실천적인 지혜의 기본 전제들에 기초하여 욥을 설득하려고 노력한다. 그러나 욥기 전체의 맥락에 비추어볼 때 이 질문은 매우 아이러니컬한 것이다. 앞서 살핀 서론 부분은 욥이 참으로 하나님을 경외하는 사람이요, 순전함을 특징으로 갖는 사람임을 여러 차례 되풀이 강조한 바가 있다(1:1, 8, 9, 2:3). 결론 부분인 42:7-8에서도 야웨께서는 욥이야말로 바른 말을 한 사람이요, 그의 친구들은 바른 말을 하지 않았다고 말씀하신다. 실천적인 지혜의 기본 가정들에 뿌리박고 있는 엘리바스의 신학 체계는 욥이 처한 상황을 제대로 설명해주지 못한다. 그는 하늘에서 야웨와 사탄 사이에 오간 대화를 알지 못함에도 불구하고 욥을 딱딱한 보상 교리라는 프로크루스테스(Procrustes)의 침대(메가라와 아테네의 길가에 살던 노상 강도로서 여행자를 잡아 자기 침대에 눕힌 다음에 자기보다 키가 큰 사람은 다리를 자르고 작은 사람은 잡아 늘였다고 함 — 역자 주)에

눕히려고 애쓴다. 클라인스(Clines 1989: 124)는 이 점을 다음과 같이 잘 설명하고 있다: "엘리바스는 욥을 돕는 데 실패한다. 그 까닭은 그의 신학이 욥처럼 의로운 사람, 곧 더 이상 확신의 근거를 갖지 못한 사람 내지는 올바른 경건을 가지고 있음에도 불구하고 확신을 잃은 채로 좌절감에 빠진 사람의 현실을 있는 그대로 받아들이지 못하기 때문이다."

엘리바스의 입장과 주장은 4:7-8의 다음 표현에 잘 정리되어 있다: "생각하여 보라. 죄 없이 망한 자가 누구인가? 정직한 자의 끊어짐이 어디 있는가? 내가 보건대 악을 밭 갈고 독을 뿌리는 자는 그대로 거두나니." 그는 삶에 대한 관찰로부터 얻은 보편적인 보상의 법칙(참조. 시 37편)에 대해서 진술한다. 성서는 확실히 행위와 결과 사이에 있는 일반적인 상관관계를 인정한다(Clines 1989: 125). 그러나 엘리바스가 깨닫지 못한 것은 삶에 대한 그의 관찰이 모든 관련 자료들을 낱낱이 살피지 않았다는 사실이다. 왜냐하면 욥은 의로운 자로 묘사되고 있음에도 불구하고(1:1, 8; 2:3), 온갖 종류의 불행을 다 겪었기 때문이다. 사실 무죄함이 복을 가져다주는 반면에 죄는 징벌을 초래한다는 가정은 일반적인 차원에서는 옳지만 모든 구체적인 경우들에 이르기까지 치밀하게 적용되지 않는다. 따라서 엘리바스가 비록 욥을 격려하기 위하여 자신의 말을 했다 할지라도, 그의 말은 그를 위로하는 데 완전히 실패한다.

자신의 논지를 강화하기 위하여 엘리바스는 9-11절에서 화려한 수사학적인 표현들을 사용하여 악인들을 멸하시는 하나님의 권능을 송축한다. 죄인들을 사나운 사자들이 비교하면서 엘리바스는 하나님의 입 기운이 그들을 끝장내실 것이라고 말한다. 그의 언어가 화려하기는 하지만, 엘리바스는 결국 설득력 있는 모습을 보이기보다는 거만한 모습을 보이고 만다. 10-11절에서 하나님께서 멸하시는 사자들에 대한 다섯 가지 표현을 사용하면서 그는 자신의 주장에 빛을 더하는 대신에 열을 더하는 수사학적인 무리수를 둔다.

엘리바스는 욥이 자신의 딱딱한 보상 교리에 설득당하지도 않고 자신의 시적인 언어에 감동하지도 않음을 알고 있는 까닭에, 그리고 마찬가지로 오로지 삶에 대한 관찰에만 근거한 자신의 주장이 취약하다는 것을 느끼고 있는 까닭에, 4:12-21에서 자신이 꿈 속에서 개인적으로 받았다고 주장하는 하나님의 계시에 의지한다. 그러나 그것은 사실상 사탄에 의해 주어진 속임수일 수도 있다(Fyall 2002: 146-47). 하나님의 분명한 말씀을 포함하고 있는 예언 메시지(Habel 1985: 126-27)와는 달리 엘리바스가 받았다고 주장하는 메시지는 은밀하게 또는 귀엣말로 주어진 것이다(Hartley 1988: 112). 17절에서 시작되는 실제 메시지를 소개하기 전까지 엘리바스는 전통적인 계시의 방법들을 기괴한 표현들을 혼합시켜 사용한다(4:13-16)(Cotter 1992: 180-83). 예로서 깊은 잠과 두려움에 관한 13-14절의 설명은 그 분위기에 비추어볼 때 아브라함에게 임한 야웨의 계시(창 15:12)와 평행을 이루고 있다. 초자연적인 하나님 앞에서 느끼는 신비감은 15-16절의 섬뜩한 장면으로 곧바로 이어진다. 여기서 엘리바스는 알아챌 수 없는 하나님의 영이 자신의 곁을 지날 때 자신의 머리카락이 어떻게 곤두섰는지를 회상한다.

서두 부분의 이처럼 인상적인 표현들에 이어 4:17에서 계시의 목소리가 들린다: "사람이 어찌 하나님보다 의롭겠느냐? 사람이 어찌 그 창조하신 이보다 깨끗하겠느냐?" 부정적인 답변을 기대하고 있는 이 두 질문은 엘리바스의 신학에 담겨 있는 핵심 논지를 잘 반영하고 있다: 어떤 인간도 하나님 앞에서는 의롭지 못하다. 동료들에 비해서 상대적으로 의로운 자들이라 할지라도 거룩하신 하나님 앞에서 절대적으로 완전하게 의로울 수는 없다. 따라서 모든 인간은 하나님의 징계를 받을 수밖에 없다. 이렇게 말함으로써 엘리바스는 사실상 지혜로운 자와 어리석은 자를 구별하는 전통적인 지혜의 이분법(참조. 시 1편)을 포기하며, 모든 인간은 똑같이 하나님의 심판을 피할 수 없다는 단일 개념으로 그것을 대체한다(Clines 1989: 132). 따라서 엘리바스에 따르면 죄는 근본적으로 인간의 피조성을 구성하는 필수 요소들 중의 하나이다. 욥이나 다른 인간이 자신을 창조하신 하나님 앞에서 의롭다는 것은 불가능한 일이다. 시저(Caesar 1999: 438-39)는 엘리바스의 주장에 감추어져 있는 결함을 다음과 같이 지적한다: "하나님 앞에 선 인간에 대한 엘리바스의 낮은 평가는 그가 받은 특별 계시에 기초한 것으로서, 하나님의 형상을 따라 그의 지상(地上) 부대리인으로 창조되었을 뿐만 아니라 하나님으로부터 모든 피조물들에 대한 통치권을 위임받은(창 1:26-29; 시 8편) 인간에 대한 성서의 다른 설명들과 대조를 이룬다. 인간의 도덕적인 타락은 이러한 특권을 부정하거나 감소시키지 않는다. 홍수 직후인 창세기 9장의 복이 보여주는 것처럼 말이다."

자신의 주장을 뒷받침하기 위하여 엘리바스는 4:18에서 천사들조차도 하나님 앞에서는 의롭지 못하다는 논지를 전개한다. 그 까닭은 그들 역시 하나님의 책망을 들을 수밖에 없는 피조물이기 때문이라는 것이다. 설령 하나님 앞에서 섬기는 지위 높은 천사들이 인간보다 우월한 지위를 가지고 있다 해도, 형이상학적인 차원에서나 도덕적인 차원에서 볼 경우에 천사들과 인간은 똑같이 하나님의 유일한 완전성에 미치지 못한다. 하나님께서 천사들의 잘못을 책망하시는 터에, 자신의 연약함과 유한성으로 인하여 하나님께로부터 한층 멀리 떨어져 있는 인간은 훨씬 더 많은 하나님의 책망을 받을 수밖에 없다(4:19). 티끌로 만들어진 인간(참조. 창 2:7; 3:19)은 본질적으로 하나님의 정밀한 검사 앞에서는 똑바로 설 수가 없다.

엘리바스는 인간이 연약한 존재이기 때문에 필연적으로 초월적인 하나님 앞에서 부정할 수밖에 없다고 주장한다(4:20). 인간은 자신의 약함으로 인하여 갑작스런 재난을 만나게 되면 아무도 모르게 멸망당할 수도 있다. 그들은 연약한 한 개의 줄로 지탱되고 있는 장막처럼 취약한 존재이다(4:21). 그들은 그들 자신의 명철을 의지하는 까닭에 역풍(逆風)이 불어닥치게 되면 무너질 수밖에 없다.

욥과 엘리바스는 똑같이 하나님이 인간보다 훨씬 더 뛰어나신 분이라는 점에 동의한다. 왜냐하면 욥은 나중에 하나님이 욥 자신과 같은 인간이 아니시라는 사실을 인정하고 있기 때문이다(9:32). 욥은 하나님의 초월성에 기초하여 그의 정의로우심이 그의 모든 피조물들보다 우세할 수밖에 없다고 주장한다. 바로 이 점에 근거하여 욥은 계속해서 하나님께 호소한다. 그러나 엘리바스와 다른 친구들은 하나님의 정의로우심이 그의 피조물들에게는 불가해한 것이요, 따라서 인간은 그가 행하시는 일들을 의심할 필요 없이 단순하게 그의 길들에 순복하지 않으면 안 된다고 주장한다(Andersen 1976: 116). 그들이 볼 때 욥의 질문들과 불평들은 그의 죄를 더할 뿐인 불순종의 태도를 암시한다.

엘리바스는 똑바로 욥을 겨냥하여 말하면서 그를 공격한다: "너는 부르짖어 보라. 네게 응답할 자가 있겠느냐?" 이 수사학적인 질문을 통하여 엘리바스는 욥이 기도로 부르짖어 보아야 소용이 없다고 주장한다. 그 까닭은 그의 죄가 하나님의 도우심을 받을 수 있는 자격을 그에게서 박탈하였기 때문이라는 것이다. 뿐만 아니라 욥이 기댈 수 있는 중재자도 없다. 왜냐하면 천사들 중의 어느 누구도(참조. 4:18) 그의 사정을 받아주려 하지 않을 것이요 그렇게 할 수도 없을 것이기 때문이다. 나중에 9:33과 16:19-21에서 욥은 그러한 중재자가 나타나서 자신의 상황을 하나님 앞에 고해주기를 바라는 간절한 마음을 표현한다.

엘리바스는 전통적인 지혜의 격언적인 언어를 사용하여 욥에게 어리석은 자를 죽이는 분노에 사로잡히지 말 것을 경고한다(5:2). 그는 욥이 3장의 탄식에서 그러했던 것처럼 자신의 죄에 대한 하나님의 분명한 심판에 맞서기보다는 겸허한 자세로 그것을 받아들일 필요가 있음을 확신하고 있다. 분노를 품는 것은 의로우신 하나님 앞에서 자신의 죄악을 늘어나게 할 뿐이다.

전통적인 지혜 사유에서 지혜와 의는 공히 어리석음과 악함의 맞은편에 있는 것으로 이해되는 바, 이러한 이분법은 잠언에서 자주 발견된다. 엘리바스는 이 점을 염두에 두고서 어리석은 자들이 당하는 불행에 대한 자신의 개인적인 관찰의 결과를 3-7절에서 구체적으로 설명한다. 엘리바스는 어리석음을 단호하게 반대한다. 그 까닭에 그는 어리석은 자들이 나무처럼 뿌리를 내리는 것을 보고서 하나님의 심판이 그들에게 임하기를 간구한다(5:3). 그의 경험에 비추어볼 때 어리석은 자의 자식들은 압제를 당하며, 안전을 누리지도 못하고 자기들을 도울 구원자를 얻지도 못한다(5:4). 엘리바스가 욥이 처한 상황을 직접 언급하지는 않고 있지만, 자식들에 대한 그의 언급은 무심코 한 것이라 할지라도 은연중에 욥의 자녀들이 죽은 것을 가리킨 것이라 할 수 있다(참조. 1:19). 엘리바스는 욥을 바로잡기 위하여 애쓰는 중에 그의 상처에 소금을 뿌리는 것과도 같은 행동을 취하고 있는 셈이다.

전통적인 지혜는 의로운 자의 자녀들이 양식을 위하여 구걸하지 않아도 되며(시 37:25), 악인의 자녀들은 그가 쌓아놓은 것을 누리지 못한다고 가르친다(잠 13:22). 엘리바스는 이러한 견해에 동의하고 있기에, 굶주리고 목마른 자들이 어리석은 자의 재산을 가져갈 것이라고 말한다(5:5). 어리석은 자들은 자신이 당하는 고통이 그들 자신의 물리적인 환경으로부터 비롯된 것이라고 불평할 것이 아니라, 그 괴로움의 원인이 다른 데 있다는 것을 인정해야 한다(5:6-7). 우가릿 문서에서 전염병의 신으로 나타나는 레셉(Reshepf)의 표상을 사용하는 것으로 보이는 엘리바스는 레셉의 자식들이 하늘로 올라가는 것과도 같이 모든 인간은 괴로움을 당하는 존재로 태어난다는 결론을 내린다. 다른 곳에서 불꽃이나 번개를 가리키는 데 사용되는(Smick 1988: 896) 이 표상은 인간을 괴롭히는 강한 악의 영향력을 뜻한다. 엘리바스는 모든 인간이 괴로움을 당하는 존재로 태어나는 까닭에 "전염병이 크게 성공을 거두는" 것이라고 말한다(Wolfers 1995b: 8) 엘리바스는 강한 반어법을 사용하여 8절에서 욥에게 하나님의 법적인 보호를 받을 것을 훈계한다. 엘리바스는 간접적으로 1인칭 화법을 빌려 이렇게 말한다: "나라면 하나님을 찾겠고 내 일을 하나님께 의탁하리라." 엘리바스는 하나님께 맞서기보다는 — 그는 욥이 이렇게 행동하고 있다고 잘못 해석하고 있다 — 자신의 법적인 상황을 하나님께 아뢰라고 말한 것이다. 그런데 이것은 욥이 장차 그렇게 하고자 한 바로 그것이다(31:35).

하나님에 대한 엘리바스의 언급(8절)은 자연을 찬미하는 시편 29편과 104편 등과 마찬가지로 자연과 인간에 대한 하나님의 권능을 노래하는 아름다운 찬미가로 이어진다(5:9-16). 엘리바스는 하나님의 위대하고 선한 행동들을 열거하면서 의지할 데 없는 자는 희망을 갖게 되지만 불의한 자는 침묵을 지킬 수밖에 없다는 것을 강조한다(5:16). 달리 말해서 하나님의 행동들이 그의 의로우심에 대한 확신을 가능케 한다는 얘기다.

찬미가의 서두인 9절은 하나님을 헤아릴 수 없이 큰 일들과 수없이 많은 기적들을 행하시는 분으로 묘사한다. 자신이 말하는 바의 의미를 알지 못하는 것으로 보이는 엘리바스는 인간의 이해를 뛰어넘는 경이로운 행동들에 초점을 맞춘다. 다른 곳에서 엘리바스는 하나님께서 구부러지지 않는 보상의 원리를 가지고서 세상을 통치하신다고 주장하며(4:7-8), 이러한 기본 전제로부터 그는 욥의 고통이 그가 죄를 범했음에 틀림이 없다는 추론을 가능케 한다고 주장한다. 그러나 만일에 하나님의 행동들이 참으로 헤아릴 수 없는 것이라면, 논리적인 측면에서 볼 때 엘리바스는 욥이 처한 상황을 적절하게 설명할 수 있는 하나님의 신비로운 활동 영역이 있을 수도 있다는 점을 인정해야만 할 것이다.

　하나님께서 행하시는 경이로운 일들의 한 구체적인 사례로 엘리바스는 10절에서 하나님께서 땅 위에 내리시는 비에 대해서 언급한다. 고대 근동 지역에서 비의 선물은 메마른 계절의 명백한 황량함을 풍성한 수확으로 바꾸어 준다(Clines 1989: 145). 이것은 이스라엘 백성에게 약속된 복들 중의 하나이다. 만일에 그들이 야웨께 순종한다면 말이다(신 28:1, 12).

　물질계로부터 시작하여 인생살이의 영역으로 옮겨가면서 하나님께서는 비천한 자들을 높이시고 애곡하는 자들을 안전하게 지켜주심으로써, 종종 인간 세상을 더럽히는 불평등함을 역전시키신다(5:11). 그는 무가치한 자들이 자기들보다 더 고결한 자들을 압제하는 사회적인 폐단들을 뒤엎으실 수 있는 분이다. 악한 자들이 간교하게 음모를 꾸밈에도 불구하고 하나님께서는 직접 개입하셔서 그들의 악한 계획들을 좌절시키시고 훼방놓으심으로써 그들이 악을 행하는 데 성공하지 못하게 막으신다(5:12-13). 교활하게 지혜를 모방하는 자들은 모든 참된 지혜의 근원이신 하나님께서 다스리시는 세계에서 번성하지 못한다(Habel 1985: 133). 악인들이 분명하게 잘 볼 수 있다고 여기는 때조차도 하나님께서는 그들을 눈멀게 하시며, 그들의 날을 어둠으로, 그리고 그들의 대낮을 밤으로 바꾸어버리신다(5:14).

　다른 한편으로 하나님께서는 가난한 자들을 구원하시되, 그들을 괴롭히는 자들의 협박하는 말과 압제적인 힘으로부터 그들을 구원하신다(5:15). 이처럼 위대하고 은혜로운 하나님의 온갖 행동들은 의지할 데 없는 자들에게 희망을 안겨주는 효과를 갖는다. 그 까닭은 하나님께서 불의한 자들의 입을 막아주시기 때문이다(5:16). 엘리바스가 욥의 상황을 직접 언급하고 있지 않음에도 불구하고, 그가 신학적인 성격이 분명한 이 찬미가를 암묵적으로 욥을 어리석은 자들의 부류에 속한 자로 간주하는 5:1-7과 대조되는 것으로 여기고 있다는 사실이 문맥에서 분명하게 드러나고 있다. 뿐만 아니라 다음에 이어지는 구절(5:17-27)에서 엘리바스는 욥에게 하나님의 자비로운 징계에 순복할 것을 조언한다. 확실히 엘리바스는 욥이 자신의 죄로 인하여 하나님의 심판을 받고 있다고 여기고 있지만, 만일에 그가 회개하면서 하나님을 구한다면, 하나님의 복을 받는 자리로 되돌아갈 수 있는 희망이 그에게 있을 것이라고 생각한다.

엘리바스는 앞서 4:1-6과 5:1에서 했던 것처럼 5:17에서도 일반적인 서술 방식으로부터 욥을 직접 칭하는 서술 방식으로 방향을 바꾼다. 여기서 그는 욥에게 하나님의 징계를 받아들일 것을 촉구한다. 왜냐하면 하나님의 징계는 복의 통로가 되기 때문이다. 이렇게 함으로써 엘리바스는 강연자의 입장에서 욥에게 훈계하는 상담자의 입장으로 자리를 바꾼다. 욥 자신이 다른 사람들을 훈계했던 것처럼 말이다(4:3). 엘리바스에 따르면, 하나님께서는 죄인을 회개케 하기 위한 교육적인 수단으로 징계를 사용하신다. 이 점을 하틀리(Hartley 1988: 125)는 다음과 같이 잘 지적하고 있다: "불행은 하나님께서 사용하시는 징계의 막대기이다. 그것은 어떤 사람을 무덤으로 데리고 가지 않는다는 점에서 인간을 향한 하나님의 자비로운 사랑을 잘 보여준다. 이는 큰 힘을 쓰지 않고서도 그 사람으로 하여금 자신이 저지른 범죄 행동들의 결과를 알 수 있게 한다는 점에서 그렇다." 만일에 욥이 하나님의 징계를 받아들인다면, 그는 형통함을 누리던 이전의 상태로 되돌아갈 수 있을 것이다.

엘리바스는 계속하여 하나님의 징계가 어떻게 하여 형통함에 이르는지를 5:18-26에서 구체적으로 설명한다. 그는 18절에서 상처를 주시는 하나님이 치료하기도 하시는 분이라고 말한다. 이는 신명기 32:39에 있는 야웨의 말씀을 반영하는 것이라 할 수 있다. 욥이 지금은 하나님의 징계로 인하여 고통을 당하고 있지만, 오로지 하나님에 의해서만 치료가 가능하다는 점을 그는 기억하지 않으면 안 된다.

엘리바스는 욥을 격려하는 중에 그가 경험하게 될 하나님 복들을 예고한다. 엘리바스는 전통적인 지혜에서 흔히 발견되는 숫자 격언(참조. 잠 30:18-31)을 사용함으로써, 욥에게 악이 그를 침범치 못하게끔 하나님께서 그를 구원하실 것임을 재확증시키고자 한다(5:19). 하나님께서는 기근과 전쟁의 때에 그를 보호하실 것이요(5:20), 언어 폭력과 신체적인 폭력으로부터 그를 구원하심으로써(5:21), 욥으로 하여금 확신을 가지고서 재앙의 상황들을 대처해 나갈 수 있게 하실 것이다(5:22). 이 복은 자연과의 조화를 가능케 할 만큼 포괄적인 것이다(5:23).

엘리바스는 여러 가지 점에서 욥이 실제로 경험했던 것들을 그대로 반영하고 있는 복의 실상들을 예고하고 있음이 분명하다. 24절에서 그는 욥의 장막이 안전하게 될 것이요 그가 상실을 두려워하지 않을 것이라고 말하면서, 욥이 당하고 있는 재앙과의 뚜렷한 대조를 더 이상 언급하지 않는다. 수사학적인 표현들을 통하여 자신의 신학적인 입장을 따라 움직이는 중에 엘리바스는 놀랍게도 욥의 고통에 대하여 무감각하게 된 것이다. 그는 단지 25절에서 다음과 같이 말함으로써 복의 상황을 한층 강화시키고 있을 따름이다: "네 자손이 많아지며 네 후손이 땅의 풀과 같이 될 줄을 네가 알 것이라." 죽은 지 얼마 되지 않은 욥의 자녀들에 대한 이처럼 꾸밈없는 표현은 욥에게 특히 상처를 주었음에 틀림이 없다. 그럼에도 불구하고 엘리바스는 욥이 기력이 왕성한 중에 무덤으로 가게 될 것이라고 예언함으로써 낙관적인 결론을 향해 계속 나아간다(5:26). 자신의 친구가 무너져 내린 건강과 황량하게 된 심령으로 인하여 고통을 겪고 있다는 사실을 무시한 채로 말이다.

엘리바스는 27절의 날카로운 말로써 욥을 향한 자신의 충고를 마무리한다: "볼지어다. 우리가 연구한 바가 이와 같으니 너는 들어 보라. 그러면 네가 알리라." 세 친구들과 일반적인 지혜 교사들을 대표하여 말하는 엘리바스는 관찰자의 목소리를 대변하려고 애쓴다(참조. 4:8; 5:3). 그는 진지하면서도 거만한 태도로 자신이 내리는 처방이 욥에게 필요한 유일한 처방이라고 그에게 말한다. 이는 사실상 그가 욥에게 다음과 같이 말한 것이나 다름이 없다: "전통적인 지혜는 그가 처한 곤경에 대하여 완전히 만족할 만한 답을 주었다. 그가 이제 해야 할 일은 자신의 힘으로 더 이상의 연구를 할 필요가 없이 그 진리를 있는 그대로 받아들이는 데에 있다"(Whybray 1998: 49).

엘리바스가 욥이 처한 상황에 대하여 정직하게 전통적인 지혜의 테두리 안에서 답을 주려고 노력하고 있음에도 불구하고, 욥기 전체의 맥락에서 본다면 그가 말한 내용의 상당 부분은 명백하게도 아이러니컬한 성격을 가지고 있다. 예로서 욥이 기력이 왕성한 중에 무덤으로 가게 될 것이라는 그의 예언(5:26)은 참으로 욥이 자기 이야기의 마지막에 경험하게 된 것과 똑같다: "욥이 늙어 나이가 차서 죽었더라"(42:17). 그러나 이러한 복은 욥이 엘리바스의 충고를 따라 자신의 죄를 회개하고 하나님의 징계를 받아들인 결과 그에게 주어진 것이 아니다. 도리어 욥은 자신이 범하지도 않은 죄를 받아들이기를 거부하며, 마침내는 그의 무죄함이 친구들 앞에서 야웨 하나님에 의해 입증된다(42:7-9).

칭찬할 만한 의도를 가지고 있었음에도 불구하고 엘리바스는 욥에게 조언하는 중에 몇 가지 결점을 드러낸다. 상담자로서 그는 자비로운 마음보다는 순전히 인식론적인 언어로만 욥에게 말함으로써 욥의 고통에 대하여 무신경한 태도를 보인다. 엘리바스는 욥이 처한 상황을 특이한 사례로 보기보다는 그것을 순전히 실천적인 지혜의 보상 교리를 통해서만 살핀다. 그러한 렌즈를 통해서 볼 때 인간의 삶은 삶과 하나님을 예견 가능케 하는 원인 — 결과의 관계들로 이루어져 있음을 알 수 있다. 앤더슨(Andersen 1976: 124)은 이 점을 다음과 같이 설명한다: "엘리바스는 예견 가능한(관리 가능하다는 의미가 어느 정도 포함되어 있음) 하나님과 더불어 어떻게 편한 관계를 유지할 수 있는지를 자신이 알고 있다고 생각한다. 그러나 이러한 생각을 전혀 가지고 있지 않은 욥은 자신이 절대적으로 다룰 수도 없고 영향력을 행사할 수도 없는 하나님과 어떻게 편한 관계를 유지해야 하는지의 문제로 고민한다. 하나님의 권능과 정의에 관한 일반적인 진술의 성격을 갖는 엘리바스의 말 — 따라서 욥은 그의 말에 딴지를 걸 필요가 전혀 없다 — 은 과녁을 벗어난 것이다. 왜냐하면 그것은 욥이 처한 상황에 전혀 들어맞지 않기 때문이다." 엘리바스는 재앙이 필연적으로 죄를 전제한다는 잘못된 가정에 사로잡혀 있는 까닭에, 욥이 처한 상황을 그의 개인적인 죄에 대한 하나님의 징계로 간주한다. 그 결과 그는 욥기의 서론 부분에서 언급한 바 있는 고통의 우주적인 차원을 올바로 이해하는 데 실패한다.

코터(Cotter 1992: 239)는 이 점을 다음과 같이 설명한다: "엘리바스는 자신의 경직된 사유에 사로잡혀 있다. 왜냐하면 그는 정의가 보상적인 성격을 가지고 있으며 악이 징계를 받는 것과 마찬가지로 선도 보상을 받는다는 것을 진지하게 믿고 있기 때문이다. 그가 느끼는 어려움은 욥이 징계를 받은 것처럼 보인다는 데 있다. 그의 재산과 가족과 건강 등 일체가 빠른 속도로 그에게서 사라져버렸다. 엘리바스가 욥의 무죄 항변에 대하여 회의적인 시각을 가지고 있을 것이라는 점은 충분히 이해할 만한 일이다. 그리고 그러한 회의주의는 욥을 위로하는 그의 말을 통하여 조금씩 묻어나오기 시작한다."

욥(6-7장)

욥과 세 친구들이 번갈아 가면서 말을 하고 있음에도 불구하고 그들의 말은 공식적인 논쟁의 성격을 가지고 있지 않다. 욥은 엘리바스에게 답변하는 중에 때때로 자신의 친구가 말한 내용을 언급하지만(6:2-7과 4:2-6; 5:2-7을 비교), 직접 그를 논박하지는 않는다. 욥은 엘리바스의 신학적인 전제들 중 많은 것들에 동의하려는 태도를 보이고 있음에도 불구하고, 신학을 자신의 경험에 적용함에 있어서 다른 방향으로 움직인다. 6장에서 욥은 자기 방어의 감정을 터뜨리면서, "강하게 자신을 방어하며, 자기 삶의 어느 한 구석에 교정이 필요한 잘못이 있음에 틀림이 없다고 암시하는 듯한 친구의 말에 항의한다"(Andersen 1976: 127). 욥은 자신의 친구로부터 더 긍정적인 반응을 기대했던 것으로 보인다. 왜냐하면 엘리바스는 그에게 참된 위로자로서가 아니라 도리어 욥을 고발하는 자로 자신을 드러냈기 때문이다.

욥은 6:2-7에서 자신의 감정 분출이 정당하다고 주장한다. 사실 엘리바스가 경솔한 것으로 폄하하는 그의 말은 적절한 것이다. 그 까닭은 부당한 고통 앞에서 분출되는 감정은 측량할 수가 없는 것이기 때문이다. 그에게 닥친 고통과 불행을 한데 모아 저울에 달아보면 바다의 모래보다 더 무거울 것이다(6:2-3). 욥은 하나님을 자신을 공격하는 전사(戰士)로 묘사하며, 그가 순전히 자기를 독이 묻은 화살의 과녁으로 삼으신다고 말한다(6:4). 욥은 두 개의 수사학적인 질문을 던짐으로써 엘리바스의 말이 불합리한 것임을 입증하려고 노력한다(6:5-6). 욥은 정당한 이유가 없었다면 결코 자기가 불평하지 않았을 것이라는 암시를 준다. 어떤 음식물이 맛이 없어서 먹을 수 없는 것과 마찬가지로, 엘리바스의 말 역시 그에게 올바른 교훈으로 자양분을 공급해주는 일을 하지 못한다. 따라서 욥의 "항변은 전적으로 건강에 좋은 영양소 대신에 그가 받은 것의 구역질나는 맛으로부터 비롯된 것이다"(Clines 1989: 172). 그는 자신이 겪는 고통과 자신이 받은 무익한 조언으로 인하여 불쾌감을 느낀다(6:7).

3장에서 표현한 바 있는 열망을 한층 강화시킨 욥은 하나님께서 자기를 짓밟으시기를 간구한다(6:8-9). 그는 자살을 선택하려고 하기보다는 하나님께서 자기 생명을 거두어 가시기를 희망한다. 마치 그가 베틀로부터 실을 가위로 싹둑 잘라버리듯이 말이다. 욥은 하나님의 섭리에 의한 구원을 희망하기보다는 하나님께서 자기를 없애버리시기를 희망한다. 욥은 다음과 같은 방식으로 자신의 희망을 표현하고 있는 것으로 보인다: "만일에 그가 죽어야 하고 그것이 그의 가장 강한 열망에 해당하는 것이라면, 일격에 그를 쓰러뜨리는 분은 하나님이어야 마땅하다. 하나님께서는 욥에게 그러한 유형의 실존을 허락하신 분이다. 따라서 그것을 마무리해야 할 자는 욥이 아니라 하나님이신 것이다"(Clines 1989: 173). 이와 아울러 그는 하나님 앞에서 자신의 무죄함을 내세운다. 자신을 겨냥한 엘리바스의 비난과는 대조적으로 말이다(6:10).

엘리바스에 관한 이야기로 되돌아온 욥은 자신의 친구들이 고통 중에 있는 자신을 돕기보다는 해치고 있다고 불평한다(6:11-23). 그는 자신을 지탱할 내적인 힘이 전혀 없다는 것을 느낀다. 그 까닭에 그는 그들의 격려를 크게 필요로 하고 있다. 자신의 한계에 초점을 맞춘 일련의 수사학적인 질문들을 사용함으로써 욥은 자기가 더 이상 기다릴 수 없으며, 더 이상 버틸 힘도 가지고 있지 못하고, 구원의 희망도 자신에게 없음을 밝힌다(6:11-13). 욥은 누군가가 자신에게 신실한 사랑('헤세드')을 보여줌으로써 자신의 믿음을 굳게 붙들어줄 필요성을 느꼈으나 엘리바스는 정반대의 반응을 보인 바가 있다(Balentine 2003b: 391). 엘리바스는 욥이 다른 사람들을 위로하는 사역을 수행해 왔음을 직접 증거했음에도 불구하고(4:3-4), 정작 자신은 욥을 위로하는 일을 올바로 수행하지 못한다(6:14).

사실 욥의 친구들은 와디(wadi; 개역개정판은 "개울"로 번역함 — 역자 주) — 계절에 따라 물이 흐르는 하천 — 처럼 믿을 수 없는 행동을 취하였다. 왜냐하면 그들의 실제 행동은 마땅히 그들에게 기대되던 수준에 미치지 못했기 때문이다. 욥은 그들이 형제들처럼 자신을 섬기기를 기대했지만, 그들은 눈이 녹아 넘쳐나는 봄철의 물길 역할을 수행하기보다는 여름철의 메마른 와디와도 같은 역할을 수행했다(6:15-16). 사실 욥이 그들의 격려와 도움을 절실하게 필요로 하던 때에 그들은 어디에도 없었다: "시련의 열기가 욥에게 닥칠 때 그들은 메말라 있었다. 그들은 의지할 수 없는 자들이었다"(Hartley 1988: 138). 그 결과 메마른 와디들이 그것들을 의지하던 여행객들을 실망시키는 것과 마찬가지로, 욥의 친구들은 그가 그들에게서 기대하던 도움을 주는 데 실패하고 만 것이다(6:18-20).

욥은 겨우 엘리바스의 첫 번째 말을 들었을 뿐이지만, 친구들의 논리가 자신의 죄를 고발하는 쪽으로 진행될 것임을 예견할 수 있다. 그 까닭에 욥은 친구들이 방금 전에 자신이 비교했던 와디와도 같이 의지할 수 없는 자들이라고 직설적으로 비난한다(6:21-23). 욥은 그들이 용감하게 고통 중에 있는 자신과 함께 서는 대신에 두려움에 사로잡혀 있다고 말한다. 클라인스는 이 점을 다음과 같이 설명한다: "일반적으로 사람들은 어떤 놀라운 일을 목격하면 그러한 일을 이룬 강한 자를 두려워한다. 다른 한편으로 욥의 친구들은 그에게 닥친 재앙을 목격하지만, 감염을 염려한 나머지 그 재앙 곁으로 가까이 나아가는 것을 두려워한다." 욥은 자신에 대한 그들의 냉담한 반응을 정당화시켜줄 구체적인 증거 — 그가 범죄했음을 나타내는 — 를 그들에게 요구함으로써, 자기를 돕는 일을 망설이는 그들의 태도를 공격한다.

긴장된 상황을 부드럽게 하여 그것을 건설적인 방향으로 이끌고자 애쓰는 욥은 6:26-30에서 친구들에게 정직해질 것을 요구한다. 왜냐하면 그는 그들의 솔직한 조언을 원하기 때문이다. 만일에 그들이 그를 가르치고자 한다면, 그는 그들의 말에 귀를 기울일 것이다. 그 까닭에 그는 그들에게 자기가 어떠한 잘못을 저질렀는지를 알려달라고 요청한다(6:24). 욥이 여기서 사용하는 낱말('샤가')은 부지중에 범한 죄를 가리킨다. 그러한 죄에 대해서는 속죄가 가능하다. 악질적인 범죄 행위가 아니기 때문이다. 만일에 욥이 부지중에 범죄하였음을 그들이 입증할 수 있다면, 그는 그들의 솔직한 책망을 그대로 받아들일 수 있을 것이다. 그러나 그들은 그를 겨냥한 자기들의 주장을 입증하지 못한다(6:25). 클라인스(Clines 1989: 181)는 이 점을 다음과 같이 설명한다: "만일에 욥의 친구들이 그의 허물들을 나열하고 그의 범죄 행위들을 진술할 수 있다면, 그는 당연히 그것이 참으로 비참한 경험임을 깨닫게 될 것이다. 그러나 친구들의 비난 — 아직까지는 엘리바스의 비난만 소개되어 있을 뿐인 비난 — 은 인간은 누구나 필연적으로 범죄하게 되어 있다는 보편적인 사실을 지적하는 것에 다름 아니다. 엘리바스는 결코 구체적인 증거를 내놓지 못한다. 따라서 그는 많은 말을 했음에도 불구하고 자신이 무죄한 자요 부당한 취급을 받았다는 욥의 생각을 제대로 받아치지 못한다." 그들은 정직한 말로써 욥을 돕기보다는 그의 진정한 감정을 제대로 이해하지 못한다(6:26). 그들의 말은 그가 참으로 필요로 하는 것들을 제대로 맞추지 못한다. 그들의 답변으로 인하여 모욕감을 느낀 욥은 6:27에서 그들의 무감각함과 불의를 지적함으로써 자신이 직접 그들에게 모욕감을 안겨준다: "너희는 고아를 제비 뽑으며 너희 친구를 팔아넘기는구나."

앤더슨(Andersen 1976: 133)은 이를 다음과 같이 설명한다: "만일에 그것이 이유 없는 비난이라면, 욥은 지지 않고 그것을 되받아칠 수 있다. 이제 그는 자신이 직접 그들을 비난함으로써 그들에게 보복하고 있는 것으로 보인다 … 이것은 참으로 난감한 문제가 아닐 수 없다. 욥의 친구들이 고아들을 위하여 도박을 했다는 증거가 없는 것과 마찬가지로 욥이 뇌물을 요구했다는 증거도 없다. 욥은 아마도 바로 이 점을 암시하고 있을 것이다. 그러나 그들이 이미 이같은 모욕을 서로 주고받고 있는 것이라면, 그들 사이의 관계는 뒤틀려진 것임에 틀림이 없다." 욥은 친구들이 자기를 단순한 일용품처럼 다루고 있음을 느낀다. 그리하여 그는 그들에게 자신을 한 인간으로 똑바로 쳐다볼 것을 간청한다(6:28). 욥은 자신의 의로움을 주장함과 아울러 자신의 말 속에 불의함이 없음을 강조하면서, 그들로 하여금 자신의 무죄함을 받아들이도록 하기 위하여 그들의 우정과 정의감에 호소한다(6:29-30).

6:24-30에서 친구들에게 말한 욥은 7:1-6에서 혼자 말하면서 죽음이야말로 자신에게 유일한 위로가 된다는 자신의 느낌을 밝힌다. 그는 자신의 고통스러운 경험에 대하여 묵상하면서, 그것을 모든 인간의 보편적인 상황과 결부시킴으로써, 인간의 삶이 강요된 고통으로 이루어져 있다는 결론을 내린다(7:1-3). 욥은 군사적인 징집과 노역의 언어를 사용하여 인간의 삶이 종으로서의 삶을 뜻한다고 주장한다. 퍼듀(Perdue 1994: 148-49)는 이 점을 다음과 같이 설명한다:

욥과 그의 세 대적자들은 논쟁이 계속되는 동안 한 가지 점에 동의한다: 모든 인간은 하나님을 섬기도록 태어난다는 것이 그렇다. 인간은 하나님께서 자신의 대리인으로 피조 세계를 다스리도록 선택하신 존귀한 피조물이 아니다(창 1:26-28; 시 8편과는 대조를 이룸). 도리어 인간은 주권자이신 주님의 다스림을 받는 비천한 종이다. 욥기에서 논쟁에 참여하는 자들이 직면한 문제는 과연 그 종이 어떠한 대우를 받건 간에 유순하게 의심 없이 하나님을 섬길 것이냐 아니면 과연 비천한 종이라 할지라도 잔인하고 불의한 신에게 반역을 일으킬 것이냐 하는 데 있다. 엘리바스의 말에 대한 응답인 자신의 두 번째 발언에서 욥이 사용하는 수사학은 상상력에 기초한 세계를 만들어내는 바, 그 세계에서는 인간이 비천한 종들로서 거룩한 전사이신 하나님의 공격을 받는다. 욥은 왜 그러한지를 묻기 시작하며, 전통에 매이지 않는 답변들을 내어놓기 시작한다.

밤중에 욥은 불면증에 시달리며(7:4), 불쾌하면서도 고통스러운 신체적 고통을 감수하지 않으면 안 된다(7:5). 자신의 삶이 덧없다는 느낌은 그에게 미래에 대한 희망을 진혀 남겨두지 않는다(7:6). 그는 자기가 옷이 완성된 후에 베틀로부터 끊긴 실의 작은 끄트머리와도 같다는 느낌을 받는다(Szpek 1994: 289). 뉴섬(Newsom 1999: 243-44)은 여기서 욥이 '티크봐' 라는 낱말을 사용하고 있다는 점을 주목한다. 이 낱말은 "희망"과 "실" 모두를 뜻하는 것으로, 그의 삶이 갑자기 "실의 끄트머리에서" 중단되었음을 뜻하는 바, 이는 "희망이 없다"고 말하는 것이나 다름이 없다(참조. Noegel 1996: 315-16).

자신의 생명이 한 호흡 같음을 기억해 달라고 하나님께 호소하는(7:7) 욥은 시편 기자들이 탄식 중에 하나님께로 방향을 돌이킬 때 자주 사용하는 언어를 활용한다(Whybray 1998: 55). 그런데 욥은 하나님께 처음으로 직접 말을 걸면서 아이러니컬한 표현을 사용한다. 이는 그가 죽음을 하나님의 정밀한 검사로부터 건짐 받는 것으로 이해하고 있기 때문이다: "나를 본 자의 눈이 다시는 나를 보지 못할 것이고 주의 눈이 나를 향하실지라도 내가 있지 아니하리이다"(7:8). 욥의 사고방식에 비추어볼 때 죽음은 끝이다. 왜냐하면 죽는 일은 돌이킬 수 없는 것이기 때문이다(7:9-10). 그 까닭에 이어지는 그의 요청은 긴박할 수밖에 없다.

욥은 죽음의 불가피성을 수동적으로 받아들이지만은 않는다. 도리어 그는 열정적이고도 용감하게 하나님께로 돌이키며, 심령의 괴로움으로 인하여 그에게 말한다(7:11). 앤더슨(Andersen 1976: 136)은 이러한 감정 분출을 촉발하는 동기에 대해서 다음과 같이 설명한다: "어떤 사람에게는 죽음이 모든 것의 끝이라는 서글픈 사실을 받아들임과 아울러 덧없고 무상한 삶을 견뎌낸다는 것이 철학적인 의미를 가진 것으로 이해된다. 그러나 욥에게는 그렇지 않다. 그는 삶이 하나님과의 올바른 관계 속에서 비로소 의미를 갖는다는 사실을 이미 충분하게 경험한 바가 있다. 그 관계는 여기서 영혼과 하나님 사이의 감추어진 영적인 관계를 뜻하기보다는, 가정과 일과 신체적인 건강 등과 같은 구체적인 것들로 표현되는 피조성을 포함하는 관계를 뜻한다. 오직 하나님만이 그러한 관계를 허락하실 수 있고 또 그 관계를 유지하실 수 있다." 욥은 저주 시편의 저자들과 마찬가지로 거친 경건의 수사학을 사용하여 자신의 솔직한 심정을 하나님 앞에 털어놓는다. 7:12에서 그는 가나안의 신화 세계에 속한 언어 — 바다(Yam)와 바다 괴물(Tannin)은 바알의 다스림을 받는 혼돈의 상징물들로 간주된다 — 로부터 비롯된 은유들을 사용함으로써, 하나님에 의해 에워싸이고 포위된 듯한 자신의 느낌을 표현한다(Janzen 1989: 113). 욥의 시각에서 볼 때, 그를 다루는 하나님의 방식은 전혀 균형이 맞지 않는 것으로 보인다.

4절의 불평을 되풀이하는 욥은 7:13-14에서 잠조차도 고통으로부터 자신을 구해내지 못한다고 말한다. 도리어 밤의 악몽은 그를 질식시키는 듯한 느낌을 주며, 그에게 자신이 겪는 고통보다는 차라리 죽음을 택하게 만든다(7:15). 자신의 생명이 소진되고 있으며 자신의 날들이 한 호흡('헤벨'; 전도서에서 종종 이러한 의미로 사용됨) 같음을 알고 있는 욥은 하나님께 자신을 혼자 있게 내버려 두시라고 청한다(7:16). 욥은 시편 8편을 의도적으로 모방하여 자신의 심정을 표현함으로써(Fishbane 1992: 87-90; Mettinger 1993: 266-69) 자신의 의문들을 하나님께 아뢴다(7:17-19): "사람이 무엇이기에 주께서 그를 크게 만드사 그에게 마음을 두시고 아침마다 권징하시며 순간마다 단련하시나이까? 주께서 내게서 눈을 돌이키지 아니하시며 내가 침을 삼킬 동안도 나를 놓지 아니하시기를 어느 때까지 하시리이까?" 하나님께서 자기를 주목하시는 까닭에 자신이 존귀히 여김을 받았다고 느끼는 시편 기자와는 달리, 욥은 자신이 평가절하되고 압제당하고 있다는 느낌을 주시는 하나님께로부터 냉혹하게 감시당하고 있다고 생각한다. 욥의 이러한 생각에 대하여 리쾨르(Ricoeur 1988: 13)는 다음과 같이 설명한다: "하나님 앞에 선 인간은 자신을 공격하고 대적하는 자 앞에 선 인간으로 묘사된다. 이스라엘에 대하여 절대적인 죄의 평가 기준을 뜻하는 하나님의 눈은 계속 주시하시고 자비를 베푸시는 하나님의 모습과 마찬가지로 두려움의 근원이 된다."

욥은 자신의 개인적인 상황을 설명하기 위하여 던지는 질문들의 요지를 한층 날카롭게 다듬어 하나님께 묻는다: "사람을 감찰하시는 이여 내가 범죄하였던들 주께 무슨 해가 되오리이까? 어찌하여 나를 당신의 과녁으로 삼으셔서 내게 무거운 짐이 되게 하셨나이까? 주께서 어찌하여 내 허물을 사하여 주지 아니하시며 내 죄악을 제거하여 버리지 아니하시나이까?"(7:20-21a). 욥은 징계가 인간의 죄에 대한 하나님의 응답이라는 전통적인 지혜의 기본 입장에 서서, 하나님께 그의 공격을 정당화시켜주는 자신의 범죄 행위가 무엇인지를 알게 해달라고 요청한다. 욥은 자신이 아무런 죄도 범하지 않았다고 주장할 만큼 뻔뻔스럽지 않다. 왜냐하면 그는 인간이 마음 속에서부터 죄를 범할 수 있다는 것을 알고 있기 때문이다(참조. 1:5). 그럼에도 불구하고 그는 자신이 아직 고백하지 않음으로 인하여 자신을 죄인으로 만드는 죄가 무엇인지를 알지 못한 채로 있다. 그 까닭에 그는 자신에게 계속되는 고통을 이해하지 못한다. 만일에 하나님이 그의 자비하심으로 자기를 찾고자 하신다면, 욥의 임박한 죽음은 하나님께 너무 늦기 전에 즉시 그 일을 하시도록 촉구하는 것이나 마찬가지가 된다(7:21b). 욥기 전체의 맥락에서 본다면, 욥이 하나님의 방법을 이해하지 못하고 있다는 것은 분명한 일이다. 욥의 이해 능력에 한계가 있기 때문에, "그는 하나님께서 시험이 완전히 끝날 때까지, 곧 하나님 자신의 승인을 공적으로 발표할 때까지(42:8) 침묵하시면서 긍휼과 경탄의 자세로 자기를 주시하고 계신다는 사실을 알지 못한다"(Andersen 1976: 139).

빌닷(8장)

두 번째 위로자인 빌닷의 말은 경직된 이원론적인 사유를 특징으로 갖는다. 엄격한 이중 보상 개념을 강조하는 빌닷은 하나님이 결코 정의를 굽게 하지 않으신다고 주장한다. 한편으로 하나님께서는 악인들을 멸하신다: "하나님을 잊어버리는 자의 길은 다 이와 같고 저속한 자의 희망은 무너지리니"(8:13). 다른 한편으로 하나님은 의인들을 형통케 하신다: "하나님은 순전한 사람을 버리지 아니하시고 악한 자를 붙들어 주지 아니하시므로"(8:20). 빌닷의 교조주의는 자신의 굳어진 교리에 적용되지 않는 경험을 인정하지 않는다. 하틀리(Hartley 1988: 164)는 빌닷의 입장을 다음과 같이 요약한다: "빌닷은 하나님이 자신을 부당하게 대우하고 있다고 말하는 욥의 불평을 거부한 후에, 욥에게 이중 보상 교리의 정확성을 가르친다. 보상 교리에는 예외가 없다. 흠 없는 자는 항상 하나님의 복을 받으며 악한 자는 항상 징계를 받는다. 이와 상반되는 상황은 어떤 것이건 간에 환각에 지나지 않으며 일시적인 것이다. 이것은 조상들의 가르침을 통해서, 그리고 자연계의 일정한 양식에 의해서 입증할 수 있다. 빌닷의 주장에 의하면 하나님께서 정의를 굽게 하지 않으신다는 것은 불변의 진리이다. 이로써 그는 정의를 이중 보상 개념과 동일시한다." 욥을 향한 긍정적인 말로써 자신의 발언을 시작하는 엘리바스(4:3-4)와는 달리 빌닷은 욥을 바람 주머니로 칭함으로써 자신의 발언을 시작한다(8:2). 빌닷이 중요하게 생각하는 쟁점은 간단하고 분명하다. 그는 전통적인 지혜에 완전히 몰두하고 있는 까닭에 하나님이 정의를 굽게 하실 수도 있다는 것은 그에게 있어서 상상조차도 할 수 없는 일이다(8:3). 수사학적인 질문을 통하여 빌닷은 욥의 불평이 하나님의 의로운 성품을 헐뜯고 있다고 비난한다(Course 1994: 48).

빌닷은 엄격한 보상 교리의 렌즈를 통하여 욥이 처한 상황을 바라보기 때문에, 거꾸로 결과로부터 원인을 추론하되, 욥의 재앙을 초래했음에 틀림이 없는 기본 전제들을 찾는 데 주력한다(8:4). 먼저 욥의 자녀들의 죽음에 주목한 그는 그들이 범죄한 탓에 하나님께서 그들을 죄의 권세 안으로 넘기셨을 것이라고 주장한다. 또는 하나님께서 그들의 죄를 벌하신 이유는 그들이 하나님께 범죄했기 때문이라고 주장한다(Habel 1985: 169). 이처럼 무감각한 주장은 빌닷이 그 문제를 이론 신학의 냉혹하고도 분석적인 시각에서 바라보고 있음을 암시한다. 자신의 말이 욥에게 줄 것임에 틀림이 없는 큰 상처는 전혀 아랑곳하지 않은 채로 말이다. 뿐만 아니라 욥기의 나머지 내용들은 빌닷이 그릇된 평가를 내리고 있음을 분명하게 보여준다. 클라인스(Clines 1989: 203)는 이 점을 다음과 같이 설명한다: "그의 세계관은 철저하게 보상 교리의 지배를 받고 있는 까닭에 그는 욥의 자녀들의 죽음을 사실상 하나님의 징계로 간주한다. 그는 자기가 자기 자신을 속이고 있다는 것을 알지 못한다. 또한 그는 인식과 추론 사이를 구분할 줄도 모른다. 그는 보상 교리의 보편적인 적용을 거부한다고 해서 하나님의 의로우심까지도 거부하는 것은 아니라는 사실을 인정하지 않는다."

빌닷은 욥이 하나님께서 자기를 찾으시기를 기다리기보다는(참조. 7:21) 먼저 자신의 죄를 하나님께 고백함으로써 하나님을 찾을 필요가 있다고 주장한다(8:5). 그는 계속해서 6-7절에서 만일에 욥이 순전하고 올바르다면 틀림없이 하나님께서 그의 의로운 재산을 크게 회복시켜주실 것이라고 말한다. 야웨께서 욥을 흠 없고 정직한 사람으로 칭찬하신 것(1:8; 2:3)에 비추어 볼 때, 빌닷의 말은 아이러니컬한 데가 있다. 사실상 그는 자신의 논지를 공격하고 있는 것이나 마찬가지이기 때문이다. 이렇게 함으로써 그는 욥이 직면하고 있는 문제를 자신이 제대로 이해하지 못하고 있음을 분명하게 드러낸다. 빌닷의 엄격한 보상 신학에 의하면, 하나님의 복은 의에 대한 보상이다. 따라서 욥이 다시금 형통함을 얻을 수 있는 유일한 길은 죄를 고백하는 것밖에 없다. 빌닷은 욥이 참으로 복을 받는 자리를 회복할 것이지만(42:10-17), 그것이 재앙을 초래한 죄를 회개함으로써 얻은 것이 아니라는 사실을 알지 못한다. 하틀리(Hartley 1988: 157)는 이 점을 다음과 같이 설명한다: "저자는 친구들의 발언을 사용하여 그 일의 최종 결과를 설명하고자 하며, 경건한 태도와 자신의 신실한 종 욥을 다루시는 하나님의 방식 사이의 뚜렷한 대조를 돋보이게 하고자 한다. 친구들은 욥이 자기들의 요구를 따르지 않았는데도 자기들이 언급한 약속들이 성취되었다는 사실에 깜짝 놀라게 될 것이다."

자신의 논지를 뒷받침하기 위하여 빌닷은 전통, 곧 지혜자들의 축적된 지식에 의존한다. 전통적인 지혜에 따르면, 하나님께서 우주 안에 심어두신 질서는 관찰을 통하여 분별할 수 있다. 지혜 교사들은 오랜 세월 동안 전승된 선임자들의 통찰들에 그들 자신의 관찰들을 추가하였다. 빌닷이 9절에서 지적하는 바와 같이, 모든 인간의 수명이 정해진 까닭에, 그는 각 개인이 혼자서 얻을 수 있는 것보다 더 넓은 시각을 제공하기 위해 과거의 세대들에 의존한다. 그는 조상들이 욥에게 올바른 길을 가르쳐줄 것이라고 확신한다. 욥 자신이 혼자서는 깨달을 수 없는 길을 말이다(8:10). 화이브레이(Whybray 1998: 60)는 이를 다음과 같이 설명한다: "욥은 그들 자신의 깊은 통찰에 근거하여 말하는 그러한 교사들에게서 배워야 한다. 빌닷은 욥을 매우 둔한 학생으로, 그리고 자신의 개인적인 경험을 통하여 배움을 얻어야 한다는 것을 무시하는 자로 이해한다."

8:11-19에서 빌닷은 세 가지의 사례들을 들어 자신의 주장을 뒷받침하고자 한다. 첫째로, 그는 하나님을 잊어버린 탓에 멸망당하는 불경건한 자의 모습을 물이 없어 시들어버리는 파피루스(개역개정판은 "왕골"로 번역함—역자 주)에 비교한다(8:11-13). 빌닷은 여기서 욥이 하나님을 향한 이전의 경건을 포기한 까닭에 생명의 근원으로부터 멀어져서 하나님의 심판을 받게 된 것이라고 생각하는 듯한 느낌을 준다. 그는 두 번째로 거미의 집을 예로 들면서, 그것이 너무도 약한 탓에 의지와 신뢰의 대상이 될 수 없다고 말한다(8:14-15). 이러한 그림을 통하여 빌닷은 굳게 서지 못하는 집을 의지하는 불경건한 자의 모습을 그려내고자 한다. 자신의 소유물 속에서 안전을 누리고자 한다는 것은 거미줄을 붙잡았다가 땅바닥에 떨어지는 것이나 다름이 없다. 그가 사용한 이 비유는 식구들을 잃어버린 욥의 비극적인 경험을 빗댄 것인 바, 이는 욥에게 특별한 고통을 안겨주었음에 틀림이 없다. 8:16-19에 있는 세 번째 사례는 정원의 식물을 소재로 한 것으로, 번영을 누리는 자들이라 할지라도 형통함의 자리로부터 옮겨짐으로써 그들의 기쁨이 금방 끝날 수도 있음을 뜻하는 데 사용된다. 클라인스(Clines 1989: 209)는 이를 다음과 같이 설명한다: "불경건한 자를 가리키는 식물이 땅 속에 아무리 깊이 뿌리를 내리고 있다 할지라도, 그것은 뿌리뽑혀 버려질 수도 있다." 빌닷이 이러한 사례들을 직접 욥에게 적용하고 있지는 않지만, 그의 의도는 명백하다: 욥은 사실상 하나님을 신뢰하지 않은 까닭에 하나님의 심판을 받아 뿌리째

뽑히게 되었다는 것이다.

빌닷은 자신의 말을 요약하면서 자신이 내세우는 원리를 분명하게 진술한다(8:20-22). 엄격한 보상 교리에 기초하여 그는 "하나님은 순전한 사람을 버리지 아니하시고 악한 자를 붙들어 주지 않으신다"(8:20)고 말한다. 그럼에도 불구하고 그는 21-22절에서 희망이 섞인 말을 하면서, 만일에 욥이 자신의 죄를 회개한다면 하나님께서 그의 기쁨을 회복시켜 주시고 그의 대적들을 멸하실 것이라고 생각하는 듯하다. 이로써 그는 부지중에 하나님께서 마침내 욥에게 복을 주실 일을 예견하지만, 그러한 형통함의 회복을 가능하게 할 수단이 무엇인지를 잘못 해석한다.

욥을 향한 빌닷의 공격은 원인과 결과 사이의 필연적인 관계를 강조하는 엄격한 보상의 신학에 기초하고 있다. 빌닷은 인간의 모든 경험을 이러한 신학 체계 안에 밀어넣음으로써, 그리고 개개인의 행동과 그로부터 경험되는 결과들 사이에 1대 1의 상관관계가 있다고 생각함으로써, 하나님의 신비가 끼어들 틈새를 허용하지 않는다. 뿐만 아니라 욥을 향한 그의 냉담하면서도 생색내는 듯한 가르침은 욥이 처한 특수한 상황과 전혀 맞지 않는다. 주크(Zuck 1978: 46)는 이 점을 다음과 같이 날카롭게 잘 지적하고 있다: "빌닷의 말은 표적을 맞추지 못한다. 그것은 위로를 주지도 못하고 죄의 고백을 이끌어내지도 못한다. 그의 역사 회고는 욥에게 아무런 도움도 주지 못한다. 왜냐하면 욥의 경험은 조상들이 남긴 지혜의 정반대편에 있기 때문이다. 빌닷이 현실 상황으로부터 이끌어낸 사례들은 욥의 의로운 상태와 전혀 어울리지 않는다. 그리고 장차 있을 회복에 대한 빌닷의 전망은 현재의 욥을 위로하는 데 실패한다." 스믹의 명쾌한 분석에 의한다면, "그는 욥의 말을 귀로만 들었지 그의 마음은 아무것도 듣지 못했다"(Smick 1988: 905).

욥(9-10장)

욥은 9-10장의 발언에서 자신이 처한 상황과 자신의 무죄함을 이해하지 못하는 친구들의 태도에 대한 좌절감이 점점 커지고 있음을 드러낸다. 그의 감정은 확신과 절망 사이를 오가며, "그의 조급한 모습은 그가 자신에게 닥친 재난의 이유를 전혀 알지 못함으로 인하여 좌절감을 느끼고 있음을 드러낸다"(Hartley 1988: 165). 이 단락 전체에서 욥은 하나님 앞에 선 자신의 법적인 지위에 초점을 맞춘다. 일반적인 차원에서 말한다면, 욥은 9장에서 자신이 하나님과의 법정 소송에 뛰어들어야 하는지를 물으며, 10장에서는 하나님에 의한 사면의 기회를 전혀 갖지 못한 것을 두고서 탄식한다.

욥은 8:3에 있는 빌닷의 논지, 곧 하나님이 정의를 굽게 하지 않으신다는 주장에 동의함으로써 자신의 발언을 시작하며, 사람이 어떻게 하나님과의 법정 소송에서 이길 수 있겠는가를 묻는 바(9:2), 이는 엘리바스가 4:17에서 던진 질문을 연상시킨다. 욥은 전통적인 지혜의 보상 신학을 위로자들과 공유하고 있음에도 불구하고, 자신이 처한 상황으로 인하여 정해진 공식을 넘어서서 한층 복잡하게 하나님의 성품과 정의를 탐구해야만 하는 처지에 놓이게 된다. 앤더슨(Andersen 1976: 143-44)은 이를 다음과 같이 설명한다: "우리는 욥과 그의 친구들이 하나님의 성품에 관하여 기본적으로 같은 견해를 가지고 있다고 주장한 바가 있다. 그러나 그것이 그들 사이에 오가는 논쟁의 중심점은 아니다. 그들은 하나님께서 왜 무엇 때문에 욥을 그렇게 다루시는지에 관하여 의견의 불일치를 보인다. 마치 이야기의 서두에서 하나님과 사탄이 욥의 성품에 관하여 의견의 불일치를 보이고 있는 것처럼 말이다. 그러나 욥의 믿음은 그들의 믿음보다 더 견고하고 더 상상력이 풍부하며 더 대담하고, 따라서 더 힘들고 고통스럽다. 욥은 하나님 안에서 자신의 길을 찾고자 하지만, 그의 친구들은 단순히 바라보면서 말할 뿐이다. 욥은 그들이 말한 것을 받아들이고서는 그것을 훨씬 넘어선다. 그는 빌닷의 발언에 하나님의 위대하심에 대한 찬사로써 응답한다. 그런데 너무도 쉽게 말하여지는 빌닷의 하나님은 욥이 찬미하는 하나님에 비해 초라하고 보잘것없어 보인다." 욥은 하나님과의 법정 소송이 어떻게 될 것인지에 대해 묵상하는 중에, 인간이 자신의 유한성으로 인하여 하나님 앞에서 결정적으로 불리한 입장에 있다는 사실을 즉시 깨닫게 된다(9:3). 욥은 하나님의 정의와 위엄에 대한 깊은 경외심을 표시하며, 어느 누구도 아무런 해도 받지 않은 채로 하나님께 맞서지 못한다는 것을 깨닫는다(9:4).

이러한 생각은 하나님의 창조 사역을 크게 찬미하는 노래로 이어진다(9:5-10). 이 노래는 자연을 찬미하는 노래들과 마찬가지로 하나님의 불가해성과 통치 주권을 강조한다. 이 노래는 생생한 언어로 산들을 옮기시고 뒤엎으시는 하나님에 대해서 묘사하는 바(9:5-6), 이는 어쩌면 시편 18:7; 97:5에서 보듯이 하나님의 구원 임재에 대한 응답으로서의 화산 분출을 가리킬 것이다(Clines 1989: 229). 하나님은 너무도 강한 권능을 가지고 계신 분이어서, 해와 별들에게 빛을 비추지 못하도록 명하실 수 있으며, 그들을 태초의 어둠으로 되돌리실 수도 있다(9:7). 오직 그만이 하늘을 펼치시고 바다를 제어하시며 별들을 만드실 수 있다(9:8-9). 간단히 말해서 그의 위대하심은 측량할 수 없는 것이다(9:10). 10절에 있는 욥의 말은 5:9에 있는 엘리바스의 말을 연상시키지만, 욥은 하나님의 위대하심을 신학적인 추상 개념으로 보지 않고 도리어 자신의 개인적인 곤경에 비추어 설명한다. 그는 자신이 직면한 법정 소송이 우주의 초월적인 주권자를 대상으로 해야 한다는 사실로 인하여 좌절감을 느낀다. 이 점을 클라인스(Clines 1989: 232)는 이 점을 다음과 같이 설명한다: "욥은 창조와 자연계에서 드러나는 하나님의 우주적인 활동 전체를 전적으로 그러한 활동이 자신에게 어떠한 영향을 주었는가 하는 시각에서 묘사한다. 그는 하나님의 우주 통치에 관한 질문들에 관심을 가지고 있지 않다. 도리어 그는 자신을 대하시는 하나님의 태도에 깊은 관심을 가지고 있다." 이 점에 대해서 묵상하는 욥은 9:11-12에서 이러한 결론을 내린다: "그가 내 앞으로 지나시나 내가 보지 못하며 그가 내 앞에서 움직이시나 내가 깨닫지 못하느니라. 하나님이 빼앗으시면 누가 막을 수 있으며 '무엇을 하시나이까?' 하고 누가 물을 수 있으랴?" 위대하시고 장엄하신 하나님은 너무도 크신 분이어서 인간의 인식 범위를 넘어서신다. 인간은 그에게 성공적으로 저항할 수도 없고 도전할 수도 없다.

욥은 하나님의 압도적인 위대하심에 관해 고찰하는 중에 세상을 심판하시는 하나님의 주권을 자유재량권의 측면에서 이해하고자 한다(9:13-24). 하나님은 너무도 위대하신 분이기에 창조의 모든 구성 요소들은 그의 냉혹한 진노 앞에서 몸을 웅크리지 않으면 안 된다. 이 점을 강조하기 위하여 욥은 9:13에서 가나안 신화의 언어를 채용하되, 혼돈 세력의 상징인 라합(참조. 26:12; 시 89:10)을 돕는 자들조차도 하나님의 진노의 막아낼 수 없는 힘 앞에서 굴복할 수밖에 없다고 말한다. 하틀리(Hartley 1988: 173)는 라합이 리워야단이나 탄닌과 마찬가지로 종종 구약성서에서 하나님을 대적하는 혼돈의 세력을 상징하는 데 사용된다는 점을 지적한다. 하틀리는 이렇게 말한다: "하나님께서는 자신이 모든 우주적인 힘들 — 자신을 대적하는 자들을 포함하는 — 을 다스리는 분이라는 믿음에 대한 증거로 그들을 물리치시는 바, 우리는 이를 구약성서 안에서 항상 확인할 수 있다." 초월적인 하나님은 답변을 요청하기에는 너무도 위협적인 분이시다. 그 까닭에 욥은 재판 중에 하나님 앞에서 자신을 제대로 변호하지 못한다(9:14-15). 설령 욥이 자신이 옳음을 확신하고 있다 할지라도, 그에게는 재판관이신 하나님의 자비를 구하는 수밖에는 달리 방도가 없다. 그렇지만 그가 보기에 그것은 자신의 순전함에 대한 주장을 포기하는 것이나 다름이 없다(Clines 1989: 234).

욥은 설령 자기가 하나님께 부르짖는다 해도 주권자이신 하나님께서는 공평하게 귀를 기울여주지 않으실 것이라고 생각한다(9:16). 왜냐하면 "기껏해야 그는 슬픔을 늘어놓을 기회를 얻을 수 있을 뿐이기 때문이다. 그러나 그것은 법정 판결을 이길 진정한 기회라 할 수 없다"(Hartley 1988: 176). 곤경에 빠진 상황 속에서 욥은 자신이 하나님에 의해 무력하게 되었음을 느낀다. 하나님은 폭풍우로 그를 상하게 하시며, 까닭 없이('힌남'; 참조. 1:9) 그에게 상처를 입히신다(9:17). 이해력에 한계를 느끼는 욥은 자신의 행동과 하나님의 응답 사이에 어떠한 인과관계가 있는지를 알지 못한다. 그 대신에 그는 하나님께서 자신의 삶을 쓰라린 것들로 가득 채우시고 계신다는 느낌을 받는다(9:18). 욥은 하나님과 논쟁하는 과정에서 자신이 약자의 자리에 있음을 잘 알고 있다. 왜냐하면 어느 누구도 힘으로나 법정 소송으로 하나님을 이길 수 없기 때문이다(9:19-20). 인간과 하나님은 대등한 위치에서 자신의 역할을 수행하지 못한다. 그들은 현실적으로 서로 다른 차원에 속해 있다. 돌미(Dhorme 1967: 138)는 이 점을 다음과 같이 잘 설명하고 있다: "욥은 인간과 하나님 사이에 있는 불균형을 강조한다. 인간이 어떻게 최고 통치권자이신 하나님과 제대로 맞설 수 있겠는가? 그리고 누가 경솔하게 하나님을 법정에 소환할 수 있겠는가?" 그리하여 욥은 자신이 법정 소송에서 이길 수 없다는 결론을 내린다. 왜냐하면 설령 자신이 옳다 해도 그 자신의 증거가 그를 정죄할 뿐만 아니라, 초월자이신 하나님께서 그를 죄인으로 선언하실 것이기 때문이다. 욥은 자신이 무죄하다는 것을 확신하면서도, 자신의 무죄를 입증하지 못하며, 하나님께 자신의 소송을 처리해 달라고 영향력을 행사할 수도 없다(9:21-22). 이러한 깨달음은 욥의 마음속에서 현저한 불협화음이 생겨나게 만든다. 앤더슨(Andersen 1976: 148)은 이 점을 다음과 같이 설명한다: "그는 자신이 옳다는 것을 믿고 있지만, 그것을 어떻게 확인시켜야 할지를 알지 못한다. 이제까지는 그의 비난을 하나님이나 사람 어느 쪽도 그의 죄로 인정하지 않았다. 참으로 그가 귀를 기울여야 할 유일한 비난은 하나님 자신으로부터 비롯되는 비난일 뿐이다. 그러나 욥은 하나님께서 법정 소송을 받아들이지 않으신다면, 자기가 성공적으로 자신을 변호할 수 없다는 점을 걱정한다."

주권자이신 하나님께서 다스리시는 세계를 바라보면서 욥은 하나님이 무죄한 자들과 범죄한 자들을 똑같이 멸하신다는 점에 주목한다(9:22-24). 만일에 하나님이 진정으로 세상에 대한 통치권을 행사하신다면, 8:20에 있는 빌닷의 주장, 곧 하나님이 순전한 사람을 물리치지도 않고 악을 행하는 자들의 편을 들어주지도 않으신다는 주장은 지극히 단순하고도 부정확한 것으로 무시되지 않으면 안 된다. 하나님은 예측 가능한 보상 교리의 속박을 받기는커녕 인간의 악함이나 의로움과는 무관하게 행동하시는 분으로 나타난다. 여기서 욥은 하나님이 악을 두둔하시고 의를 억압하심으로써 정의를 굽게 하시는 분이라고 비난하지 않는다. 도리어 그의 입장에서 볼 때 하나님은 인간을 향한 반응을 보임에 있어서 자유 재량권을 가지고 계신 것으로 보인다. 여기서 욥의 하나님 인식은 그의 개인적인 경험의 영향을 많이 받고 있음이 분명하다. 그는 자신의 무죄를 확신하고 있다. 그가 자신에게 닥친 재앙을 이해할 수 있는 유일한 길은 하나님을 선악을 초월하시는 분으로 인식하는 데 있다. 24절이 보여주는 바와 같이, 욥에게 있어서 하나님이 세상을 다스리지 않으신다는 것은 생각할 수도 없는 일이다. 욥은 하나님이 자신의 세계에 대하여 주권을 행사하시는 분이요, 따라서 그 안에 있는 불의에 대하여 궁극적인 책임을 지셔야 한다는 것을 확신하고 있다. 하나님의 주권과 욥이 하나님의 심판으로 인식하는 경험 사이에 있는 논리적인 긴장이야말로 그의 마음속에 그러한 신학적이고 심리학적인 불협화음을 만들어낸다. 그는 하나님의 주권이나 악의 진정한 존재를 부정하지 않지만, 여기서 그는 이 둘을 조화시키지 못한다. 그러나 욥기 전체의 맥락에서 볼 경우에, "이처럼 과격한 유일신 신앙은 사람들을 삶의 모든 측면으로부터 마침내는 하나님께로 이끄는 것으로서, 때가 되면 욥으로 하여금 그가 지금은 단지 적으로 간주할 수밖에 없는 자를 만나게 할 것이다"(Clines 1989: 239).

9:25-35에서 자신의 문제를 해결하려고 애쓰는 중에 욥은 하나님께 말씀을 드리고 싶어하지만, 하나님께서 자기를 사면해주지 않으실 것이라는 느낌을 받는다. 그러기에 그가 처한 상황은 절망적이다. 그가 보는 자신의 삶은 짧고도 보잘것없는 것으로 여겨진다(9:25-26). 그는 자신이 잠을 자지 못한 채로 밤새도록 뒤척인다고 불평하면서도(7:4) "자신의 삶이 뚜렷하게 나아지는 것도 없이 빠른 속도로 날아가다가 곧장 끝날 것"이라고 느낀다(Hartley 1988: 179).

욥은 자신에게 세 가지의 선택권이 있음을 깨닫는다. 그들 중에 어느 것도 그를 만족시키지 못하지만 말이다. 그의 첫 번째 선택은 하나님을 향한 불평을 내던지고서 삶을 즐기는 것이다(9:27-28). 그러나 그가 겪고 있는 고통은 하나님께서 이미 그를 죄인으로 선언하셨다는 암시를 그에게 준다. 따라서 그는 하나님이 자신을 사면해 주지 않으실 것임을 알고 있다. 클라인스(Clines 1989: 241)는 이 점을 다음과 같이 설명한다: "그의 결심은 자신을 위해 예비된 새로운 고통이 있을지도 모른다는 두려움으로 인하여 침식당한다. 왜냐하면 그는 하나님께서 자신을 무죄한 자로 간주하지 않으시며 자신의 고통을 연장시키려 하신다는 것을 확신하고 있기 때문이다."

욥이 직면하고 있는 두 번째의 선택권은 자신을 정결케 하려고 애쓰는 일이다(9:29-31). 그러나 그는 그것이 헛된 수고일 것임을 느끼고 있다. 설령 그가 정결 의식 — 엄숙한 정결의 맹세를 수반하는 — 을 따라 자신을 눈과 잿물로 만든 비누로 씻는다 할지라도, 하나님께서는 자신의 심판을 누그러뜨리지 않으실 것이다. 하나님께서는 그의 무죄함을 선언하기는커녕 철저하게 그를 불명예스럽게 만드실 것이다(Hartley 1988: 181).

세 번째의 선택 가능성으로 욥은 자신의 사례를 공평하게 중재할 자를 찾아 나설 수도 있다(9:32-35). 그는 인간의 영역과 하나님의 영역 사이에 있는 간격으로 인하여 자신과 하나님이 동등한 법적인 지위를 누리지 못한다는 것을 잘 알고 있다. 그 까닭에 그들의 논쟁은 그들 모두에게 대하여 재판권을 가지고 있는 법정에서 해결을 보지 못한다. 얀젠(Janzen 1985: 94)은 이를 다음과 같이 설명한다: "욥과 그를 대적하는 자가 모두 인간이라면, 그들은 함께 법정으로 갈 수 있으며, 거기서 폭력이나 간교한 수단을 통해서가 아니라 보편적으로 받아들여지고 있는 기준들과 가치 체계들을 통하여 논쟁의 해결을 볼 수 있을 것이다. 왜냐하면 인간 법정의 기능들 중 하나가 불의를 초래한 불평등 조건들을 무력화시키고, 논쟁자들에게 보편적으로 통용되는 기준을 따라서 문제를 해결하도록 허용하는 데 있기 때문이다. 만일에 하나님이 인간이시라면, 그들의 논쟁을 들어줄 수 있는 법정(일종의 판결자 역할을 수행하는)이 이미 존재하는 것이나 다름없다. 그러나 하나님은 인간이 아니시다." 창조자와 인간 사이의 간격을 잘 알고 있는 욥은 "우리 사이에 손을 얹을 판결자도 없다"는 결론을 내린다(9:33). 그는 자신과 하나님 사이의 문제를 해결할 중재자를 찾지 못한다. "그의 무죄함을 입증해 주고 또 무한한 권능과 지혜를 가지고 계신 하나님께 영향력을 행사할 수 있는"(Smick 1988: 912) 자도 그에게는 없다. 이렇듯이 욥은 자신의 무죄를 입증할 방도를 가지고 있지 못하며, 하나님으로 하여금 동등한 입장에서 그를 만나도록 강제할 수단도 가지고 있지 않다. 욥은 이제 하나님께 위협당하는 듯한 느낌을 받으며, 자신의 무죄함을 변호하시는 하나님께 두려움 없이 말할 수 있기 전에 먼저 하나님께서 자신을 괴롭히는 고통의 막대기를 제거하셔야 한다고 생각한다(9:34-35).

10장에서 욥은 두려움과 좌절감과 분노와 실망감 등의 감정이 뒤범벅된 채로 하나님께 직접 말을 걸고자 한다. 욥은 탄식시의 흔적을 보이는 낱말들을 사용하여 자기 심령의 괴로움을 토로한다(10:1; 참조. 7:11). 그에게 자신의 삶을 미워하게 만드는 강한 감정은 그로 하여금 하나님께 말을 걸도록 결심하게 만든다. 그 이유를 클라인스(Clines 1989: 244)는 이렇게 설명한다: "자기 삶에 대한 혐오감이야말로 그의 자유로운 발언의 필수 조건에 해당한다. 삶 속에서 기쁨을 발견하지 못하는 자만이, 욥이 하나님께 하듯이, 용감하게 말할 수 있을 것이다. 그의 말은 긴장된 그의 마음가짐이 한층 강화되었음을 뜻한다."

욥이 가장 중요하게 생각하는 문제는 왜 하나님이 자신과 논쟁하시느냐 하는 것이다(10:2). 독자들은 서론 부분에 서술되어 있는 욥의 재앙이 어떠한 배경 아래에서 주어졌는지를 잘 알고 있지만, 욥은 그러한 내용을 전혀 모른다. 그는 하나님의 저주가 자신에게 임했다는 느낌을 받는다. 그래서 그는 징계를 초래한 하나님의 고발에 대해서 알고 싶어한다. 하틀리(Hartley 1988: 183)는 욥의 마음속에 있는 혼란스러움을 다음과 같이 잘 설명하고 있다: "하나님의 계획을 모르는 욥은 하나님이 변덕스럽게 행동하신다고 생각한다. 만일에 욥이 서론 부분에 기록되어 있는 사건, 곧 하늘에서 이루어진 일들을 알고 있었다면, 그는 자신에게 닥친 시련을 좀 더 쉽게 이겨낼 수 있었을 것이다. 사실 그는 자기에 대한 하나님의 신뢰를 입증하기 위하여 그 시험을 기꺼이 받아들였을 가능성이 매우 높다. 그러나 그에게 닥친 시험이 가능한 한 가혹하게 여겨지기 위해서는 욥이 하나님의 신뢰를 모르고 있어야 마땅하다. 왜냐하면 하나님을 향한 신뢰는, 만일에 정황 증거가 하나님을 향한 순전한 경건을 의심하게 만든다면, 끝까지 시험을 받는 것이 당연하기 때문이다. 하나님의 침묵은 한 개인에게 닥친 시험을 신체적이고 감정적인 고통보다 훨씬 더 강화시킨다."

욥은 자신이 처한 상황을 충분히 이해하지 못하는 까닭에 하나님께 이렇게 묻는다: "주께서 주의 손으로 지으신 것을 학대하시며 멸시하시고 악인의 꾀에 빛을 비추시기를 선히 여기시나이까?"(10:3). 하나님께서 자신의 창조 사역을 선하게 평가하신 창세기 1장과는 대조적으로 그는 이제 욥을 걷어차시는 것으로 보인다. 뿐만 아니라 하나님께서는 악한 자들의 계획을 형통케 하심으로써 자신의 의로운 성품에 반하는 행동을 하시는 것으로 보인다. 욥은 수사학적인 질문들을 통하여 하나님이 죄를 벌하실 때 마치 시간에 쫓기는 사람처럼 행동하시는 것으로 보인다는 암시를 준다(10:4-6). 물론 그는 하나님이 시간과 지식에 있어서 한계를 보이는 보통의 인간이 아니라고 본다. 그 까닭에 욥에게 닥친 징벌은 쉽게 이해가 되지 않는 것이다. 따라서 욥은 10:7에서 이렇게 불평한다: "주께서는 내가 악하지 않은 줄을 아시나이다. 주의 손에서 나를 벗어나게 할 자도 없나이다." 욥은 전지(全知)하신 하나님께서 자신의 무죄함을 알고 계신다고 확신하고 있기 때문에, 그는 왜 하나님께서 자신을 고통으로부터 건져주지 않으시는지를 이해하지 못한다.

욥은 자신이 마땅히 받아야 할 것이 있다고 믿는 것과는 대조적으로, 하나님의 징계의 손길이 계속해서 자신을 압박하고 있음을 경험한다(10:8-17). 매우 조심스럽게 욥을 빚어 만드신 바로 그 하나님의 손길이 이제는 그를 멸하려고 위협한다. 인간의 인식 능력과 태중에서의 성장 과정을 놀랍도록 시적인 언어로 묘사하면서 욥은 10:9-12에서 자신이 처한 상황에 대한 하나님의 계획이 무엇인지를 다음과 같이 묻는다: "주께서 나를 젖과 같이 쏟으셨으며 엉긴 젖처럼 엉기게 하지 아니하셨나이까? 피부와 살을 내게 입히시며 뼈와 힘줄로 나를 엮으시고 생명과 은혜를 내게 주시고 나를 보살피심으로 내 영을 지키셨나이다"(10:9-12). 욥은 하나님께서 정성들여 만드신 누군가를 왜 멸하려 하시는지를 크게 의아스럽게 생각한다. 욥은 시편 139:15의 언어를 연상시키는 10:13에서 하나님의 분명한 사랑과 돌보심이 인간을 자세하게 조사하여 그들의 잘못을 찾아내려는 그의 진정한 의도를 감추어줄 수도 있지 않느냐고 불평한다(Habel 1985: 199). 브라운(Brown 2000: 117)은 이 점을 다음과 같이 설명한다: "한 무더기의 아이러니를 사용함에 있어서 욥은 시편 139:15에 있는 '출생의 비밀' 주제에 의존한다. 태어나기 전의 신체 발달 과정은 오로지 하나님만이 아시는 것으로, 모든 인간의 눈에는 감추어져 있다. 그러나 시편 기자가 볼 때 출생의 비밀은 온 세상으로 하여금 보고 확증할 수 있게 하는 지극히 개인적인 하나님과의 관계를 분명하게 드러내고 있다. 그러나 욥은 하나님께서 자기를 공개적으로 멸하려는 목표를 가지고서 의도적으로 자신의 출생에 얽힌 비밀을 감추셨다고 불평한다(13절). 자신의 태아 시절의 골격이 하나님의 눈에는 감추어지지 못하지만, 욥은 하나님께서 자신의 출생에 관한 모든 증거 및 그의 성품과 호의를 감추신 것에 대해서 불평한다(12-13절)." 만일에 그것이 옳다면, 그리고 만일에 욥에게 죄가 있는 것이라면, 그는 자신을 감찰하시는 하나님 앞에서 아무런 희망도 가질 수 없다(10:14-15a). 그가 사실상 의롭다 할지라도, 그는 자신이 수치를 당한 채로 모든 위엄을 상실했다는 느낌을 받는다. 왜냐하면 하나님께서는 그에게 죄를 뒤집어씌우기 위한 증거를 계속해서 수집하고 계신 것처럼 보이기 때문이다(10:15b-16). 욥은 마치 하나님이 자신을 향하여 공격을 퍼붓는 것과도 같은 느낌을 받는다: "주께서 자주자주 증거하는 자를 바꾸어 나를 치시며 나를 향하여 진노를 더하시니 군대가 번갈아서 치는 것 같으니이다"(10:17). 하벨(Habel 1985: 200)은 욥의 느낌을 이렇게 요약한다: "이렇듯이 욥은 한 변덕스런 대적자와 마주하고 있다. 그는 대단한 열심을 가진 자로서, 빈틈없이 무장을 하고서 욥을 죄인으로 만들어 천상의 공격을 받게 하려는 의도 하에 부도덕한 방법을 사용하고 있다."

 욥은 10:18-22에서 하나님의 매정한 태도에 대한 좌절감을 표현함으로써 자신의 발언을 끝맺는다. 그는 3:11-16의 감정을 확대시켜, 왜 하나님께서 자신을 태로부터 나오게 하셨는지를 묻는다. 죽어서 나왔더라면 지금 겪고 있는 고통을 사전에 막을 수 있었을텐데도 말이다(10:18-19). 설령 하나님께서 이러한 상황을 막고자 아니하셨다 할지라도, 그는 적어도 마음이 약해져서 욥이 죽기 전에 며칠 간의 평화를 그에게 주실 수도 있지 않겠는가(10:20)? 욥은 어둠으로 표상되는 죽음을 제외한 어떠한 미래도 기대하지 않는다: "내가 돌아오지 못할 땅, 곧 어둡고 죽음의 그늘진 땅으로 가기 전에 그리하옵소서. 땅은 어두워서 흑암 같고 죽음의 그늘이 져서 아무 구별이 없고 광명도 흑암 같으니이다"(10:21-22). 그럼에도 불구하고 죽음에 대한 서글픈 전망조차도 욥이 이생에서 경험하는 것들보다는 낫다. 욥은 하나님의 긍휼을 불러일으키려는 듯이(Hartley 1988: 191) 이처럼 서글픈 어조로 빌닷을 향한 자신의 응답을 끝맺는다.

소발(11장)

 11장에서는 세 번째 친구인 소발이 욥에게 말한다. 경험과 개인적인 계시에 의존하는 엘리바스나 전통에 의거하여 자신의 주장을 전개하는 빌닷과는 달리 소발은 욥이 처한 상황을 평가하면서 연역적인 논리를 사용한다. 그는 욥의 탄식을 조금도 동정하지 않는다. 도리어 "그는 징계를 받고 있는 욥의 현재 상황이 단지 부분적인 것일 뿐이요, 하나님의 풍성한 자비에 의하여 경감된 것이라고 냉정하게 추론한다"(Hartley 1988: 193). 소발은 회개하면서 하나님을 예배하는 자들과 그를 대적하는 교만한 죄인들 사이에 분명한 차이가 있다는 것을 알고 있다. 그는 누구든 징계라는 결과로부터 죄의 필연적인 원인을 확실하게 추론할 수 있다고 주장함으로써 보상 신학의 논리적인 결론에 도달한다. 이러한 접근 방식에 의한다면, 욥은 고통을 겪고 있는 까닭에 그가 당하는 괴로움은 지극히 당연한 것이 아닐 수 없다. 따라서 그는 회개하지 않으면 안 된다. 만일에 그가 자신의 죄를 회개한다면, 그는 의로우신 하나님께서 그를 회복시키실 것임을 확신할 수 있다. 쿠르스(Course 1994: 75)는 소발이 욥을 단순한 수다쟁이로 간주함으로써 "특별히 욥을 후원하려는 태도를 보이고" 있다는 점을 정확하게 지적하고 있다.

소발은 11:1-6에서 욥을 책망함으로써 자신의 발언을 시작한다. 곧바로 공격에 들어간 그는 욥이 말은 많이 하지만 지혜롭게 말하지는 못한다는 점을 지적한다(11:2). 소발의 평가에 따르면, 엘리바스와 빌닷은 욥의 많은 말들에 대하여 적절한 답을 주지 않았다. 따라서 그는 자신이 그 짐을 떠맡기로 한다. 사실 그는 욥을 논리적인 주장을 통하여 침묵시킴으로써 하나님의 정의를 세우는 일이야말로 자신의 도덕적인 의무라고 생각한다. 소발은 욥이 자신의 말로 다른 사람들을 침묵시키고자 함으로써 지혜를 멸시할 뿐만 아니라, 그렇게 함으로써 불성실한 태도로 자신의 논지를 관철시키려 한다고 비난한다(11:3). 클라인스(Clines 1989: 259-60)는 이 점을 다음과 같이 설명한다: "법적인 논증의 전 과정은 어느 한쪽이 양보할 때까지 논쟁 참여자들이 계속해서 발언해야 한다는 원칙을 따른다. 만일에 욥이 엘리바스와 빌닷의 논지를 받아들일 수 없다면, 그는 그들의 오류를 지적함으로써 그들을 침묵시켜야 한다. 소발의 불만은 욥이 단순히 너무 말을 많이 한다는 데 있는 것이 아니라, 거짓을 말하고 심지어는 자신의 주장을 제외한 모든 주장들을 매도하려고까지 한다는 데 있다. 이는 곧 그가 법적인 논쟁의 규칙들을 공정하게 지키지 않고 있음을 뜻한다."

11:4에서 소발은 본격적으로 나서서 자신의 입장을 풍자적으로 표현함으로써 욥에게 죄가 있음을 비난한다: "네 말에 의하면 '내 도는 정결하고 나는 주께서 보시기에 깨끗하다' 하는구나." 앞서 9:20-21에서 욥은 자신을 "흠 없는"('탐') 자로 묘사한 바가 있다. 이 낱말은 개개인의 순전함을 가리키는 바, 소발은 이 낱말을 '바르' — 도덕적인 순결함이나 무죄함을 가리키는 —

로 바꿈으로써 욥이 말한 것을 다분히 과장되게 표현한다. 뿐만 아니라 그는 욥이 자신의 가르침을 "순전한"('자크') 것으로 간주함으로써 자신의 지혜가 다른 사람들 것보다 더 우월함을 내세우고 있다고 주장한다. 화이브레이(Whybray 1998: 68)는 욥의 입장을 자기 식으로 정리한 소발의 말이 어떠한 의미를 갖는지를 다음과 같이 설명한다: "달리 표현하자면, 소발은 욥이 덕행에 있어서나 정통 신앙에 있어서 자기가 친구들보다 더 낫다는 주장을 내세운다고 말한다. 그러나 자칭 현자(賢者)인 소발은 그의 주장을 받아들일 준비가 되어 있지 않다. 욥의 말이 트집 잡기 좋아하는 교사의 말이라기보다는 자신을 변호하기 위해 필사적으로 노력하는 자의 말이라는 사실을 소발은 놓치고 있다. 그는 욥이 하나님의 본성을 이해하지 못하는 까닭에 현자로 불릴 수 없다고 주장한다. 그에게는 지혜가 부족하다는 것이다." 소발은 욥과 마찬가지로 하나님께서 침묵을 깨뜨리시기를 원하지만, 동시에 그는 하나님께서 욥의 잘못을 비판하는 말을 해주시기를 원한다(11:5). 소발은 하나님께서 자신의 지혜의 비밀들을 분명하게 밝히심으로써 욥이 사실상 자신이 받은 징계보다 더 나쁜 일을 저지르고 있음을 드러내 주실 것이라고 믿고 있다(11:6). 욥의 의로운 삶이나 그의 깊은 고통 때문에 마음이 움직인 나머지 욥이 범했으리라고 여겨지는 죄에 대한 견해를 누그러뜨리는 엘리바스나 빌닷과는 달리, 소발은 주변 정황을 살필 필요도 없이 욥이 범한 죄의 논리적인 필연에 초점을 맞춘다(Clines 1989: 258).

앤더슨(Andersen 1976: 156)은 욥을 비난하는 소발의 말에 결함이 있음을 올바로 지적한다: "소발의 냉정한 반대 의견은 그가 욥의 마음을 얼마나 적게 알고 있는지를 보여준다. 트집 잡는 듯한 그의 책망은 그가 그의 상처를 얼마나 적게 느끼고 있는지를 보여 준다. 욥의 당혹감과 감정 분출은 자연스러운 것이다. 그것으로부터 우리는 그의 인간성과 우리 자신의 인간성을 배운다. 소발은 그의 말을 그에게서 분리시키며, 그 말을 단지 허튼 소리와 놀림의 대상으로만 듣는다. 이것은 매우 불공평한 것이다. 소발의 지혜는 냉혹한 이론의 세계 속으로 물러서고 만다."

소발은 11:7-12에서 하나님의 무한한 지혜를 찬미하는 바, 그 목적은 비교를 통하여 욥의 어리석음을 지적하려는 데 있다. 10:13에서 욥은 자신을 향한 하나님의 숨은 의도를 알고 싶어했다. 소발이 11:7-8에서 던지는 강한 수사학적인 질문들은 욥이 하나님의 깊은 지혜를 발견하지 못했음을 암시한다: "네가 하나님의 오묘함을 어찌 능히 측량하며 전능자를 어찌 능히 완전히 알겠느냐? 하늘보다 높으시니 네가 무엇을 하겠으며 스올보다 깊으시니 네가 어찌 알겠느냐?" 하벨(Habel 1985: 208)은 이를 다음과 같이 설명한다: "정통파의 지혜 교사인 소발은 특히 욥의 대담한 주장, 곧 자신이 하나님의 섭리 행동들의 배후에 있는 감추어진 목적을 '알고' 있다는 주장에 반응을 보이고 있다. 욥은 하나님의 숨은 동기가 사람들을 감시하고 멸시하는 데 있다고 주장한 바가 있다(10:3). 소발은 욥과 같이 애처로운 사람은 하나님의 지혜가 안고 있는 신비를 깨달을 수 없으며, 감추어진 동기들은 더 말할 것도 없다는 반대 주장을 내세운다."

욥기 전체의 맥락에서 볼 경우에 소발의 질문들은 아이러니컬하게도 38-41장에 있는 하나님의 질문들을 예고하는 것들로 여겨질 수밖에 없다. 그러나 야웨께서 마침내 욥에게 질문하실 때, 그의 의도는 욥을 짓밟는 데 있지 않고 도리어 그의 눈을 열어 하나님의 세계 통치 안에 인간의 눈에 신비롭게 비치는 것들이 매우 많다는 사실을 알게 하려는 데 있다. 욥기의 대화 부분에서 자주 드러나는 바와 같이, 친구들과 욥은 자기들이 알고 있거나 의도하는 것 이상으로 올바른 말을 할 때가 종종 있다.

11:10-11에서 소발은 9:11-12에 있는 욥의 주장에 대하여 답을 준다. 소발은 확신에 찬 모습으로 하나님의 길들이 측량할 수 없으며 그의 행동들은 불가항력적이라고 말한다. 하나님은 범죄한 자들을 아시며, 일일이 조사하지 않고도 그들의 죄를 알고 계신다. 소발은 간접적이면서도 분명하게 욥이 당하는 고통이야말로 하나님께서 그를 죄인으로 인정하고 계심을 나타내는 증거라고 주장한다. 그는 자신의 결함 있는 논리를 따라 욥이 처한 상황을 판단하되, 11:12에 있는 싱거운 수사학적인 표현으로 그리한다. 이 표현에서 그는 사실상 욥이 치유 불가능한 바보라고 말한다: "허망한 사람은 지각이 없나니 그의 출생함이 들나귀 새끼 같으니라." 하틀리(Hartley 1988: 199)는 이 말의 의미를 다음과 같이 설명한다: "당나귀가 들나귀의 새끼를 낳을 수 없는 것과 마찬가지로 완악한 사람은 그 자신의 노력으로 지혜로운 사람이

될 수 없다. 이 격언을 통하여 소발은 욥을 어리석은 자로부터 지혜로운 사람으로 바꿀 수 있는 자연스러운 방법이 없다고 말한다. 아니면 4절로 되돌아가서 보더라도 단순한 인간일 뿐인 욥이 하나님 보시기에 도덕적으로 정결해질 수 있다는 것은 전적으로 불가능하다. 따라서 그에게 있어서 하나님께 나아갈 수 있는 유일한 길은 법적인 논쟁을 벌이는 길이 아니라 회개하는 길이다."

거친 언어를 사용하고 있음에도 불구하고 소발은 욥에 대한 희망을 완전히 포기하지는 않는다. 하나님이 어떤 감추어진 죄 때문에 욥을 징계하심에 틀림이 없다고 생각하는 소발은 11:13-20에서 욥에게 회개할 것을 촉구한다. 또한 그는 만일에 그가 회개한다면 모든 것이 잘될 것이라는 말로 그를 설득하고자 한다. 그는 11:13-14에서 회개의 조건들을 나열한다. 욥의 회개는 그의 마음이 대표하는 그의 사적인 삶과 그의 손과 장막이 표상하는 그의 공적인 삶 모두를 포괄하지 않으면 안 된다. 욥은 죄를 내던지고 하나님을 향하여 움직임으로써 자신의 삶을 재정립하고 난 후에야 비로소 도덕적인 결함이 없이 얼굴을 쳐들 수 있을 것이요, 하나님 앞에서 두려움 없이 굳게 설 수 있을 것이다(11:15). 다시금 소발은 욥의 말(참조. 10:15)을 받아 그를 공격하는데 활용하되, 욥의 고통스러운 상황에 대하여 지극히 단순한 신학적인 해결책을 제시한다. 그는 무감각한 태도로 말할 뿐만 아니라 욥에 대한 그의 평가는 욥에 대한 야웨의 평가와 뚜렷한 대조를 이룬다: "그와 같이 온전하고 정직하여 하나님을 경외하며 악에서 떠난 자는 세상에 없느니라" (1:8; 2:3). 그럼에도 불구하고 소발은 욥이 자신의 죄를 회개하면 그가 당하는 모든 괴로움이 과거로 내던져져서 잊혀질 것이요, 10:21-22에 표현되어 있는 욥의 두려움과는 대조적으로 그의 삶이 빛으로 가득하게 될 것임을 확신에 찬 모습으로 예언한다(11:16-17). 소발은 욥을 설득하면서 그에게 평화와 번영과 위엄 등을 회복할 수 있는 희망이 있지만(11:18-19), 악한 자에게는 죽음 이외의 다른 어떠한 희망도 있을 수 없다고 말한다(11:20). 자신이 욥의 상황을 잘못 이해하고 있음을 알지 못하는 소발은 욥이 회개해야 마땅하며, 그렇게 할 경우에야 비로소 모든 것이 좋아질 것이라고 주장하며, 만일에 욥이 감추어진 죄 안에 계속 머물러 있다면, 죽음 이외에는 어떠한 희망도 가질 수 없다고 말한다. 이처럼 은근한 협박의 말을 통하여 소발은 다른 두 친구들보다 훨씬 더 거친 어조로 욥을 공격한다. 클라인스(Clines 1989: 267)은 이 점을 다음과 같이 설명한다: "엘리바스와 빌닷은 악한 자의 운명과 경건한 자의 운명 — 그들이 욥에게서 기대하는 — 을 대비시키면서도, 욥의 행복을 바라는 긍정적인 어조로 자기들의 발언을 마무리한다(참조. 5:25-26; 8:20-22). 반면에 소발은 전반적으로 낙관적인 분위기를 유지하면서도, 날카로운 경고의 말로써 자신의 발언을 마무리한다. 마치 악행에 대한 위협을 추가로 얘기하지 않고서는 덕행에 대한 보상의 약속이 참으로 효력을 발하지 않을지도 모른다는 두려움을 가지고 있는 것처럼 말이다."

욥(12-14장)

욥의 이 긴 발언은 첫 번째 대화 주기를 마무리하면서 요약하고 있다. 전반부에서 욥은 자신의 친구들을 대하여 말하지만, 후반부에서는 하나님께로 관심의 방향을 바꾼다. 이러한 방향 전환은 욥이 엘리바스와 빌닷과 소발의 주장에 의해 설득당하지 않았음을 암시한다. 욥은 관찰과 전통과 특별 계시에 기초한 지식을 앞세운 그들의 주장을 거부하며, 자신의 유일한 희망은 자신의 억울한 상황을 하나님 앞에 내어놓는 데 있다고 생각한다. 하틀리(Hartley 1988: 204-5)는 이 점을 다음과 같이 설명한다: "그는 이제껏 하나님께로부터 긍정적인 결정을 이끌어낼 수 있다는 확신을 매우 대담한 어조로 표현해 왔다 ⋯ 욥이 자신의 상황과 맞서 싸우기 시작했다는 점은 그가 자신의 곤경에 대하여 이론적인 해결책을 생각하면서도 탄식하는 중에 그것을 거부할 수 있다는 사실에서 분명하게 드러난다. 하나님과의 대면을 통하여 해결책을 얻고자 하는 그의 강한 결심은 그를 굳게 붙들어줌과 동시에 눈물을 흘리는 중에도 자신의 혼란스러운 생각들을 일정한 초점에 맞출 수 있게 해준다."

대놓고 자신의 친구들에게 말하는 욥은 그들의 멸시에 대하여 그 자신의 멸시로 되갚고자 한다: "너희만 참으로 백성이로구나. 너희가 죽으면 지혜도 죽겠구나"(12:2). 경멸과 풍자의 의도를 담아 욥은 오직 자기들만이 지혜를 소유하고 있다고 생각하는 그들의 태도를 비난한다. 실제로는 그 자신이 명철에 있어서 그들보다 뒤떨어질 것이 없는데도 말이다(12:3). 사실 그들은 욥이 처한 상황을 그들에게 꼭 필요한 정확한 통찰로써 평가하기보다는 흔해 빠진 얘기들을 욥에게 하고 있다.

12장의 나머지 부분에서 욥은 그들의 보상 신학 개념이 자신의 경험과는 맞지 않는다고 주장한다. 인간의 삶에 대한 그들의 관찰은 피상적이다. 그들은 인간의 삶이 가지고 있는 생생한 현실들을 신중하게 검토하지 않는다. 그 증거로 욥은 몇 가지의 증거 자료들을 제시한다. 첫째로 그는 자신의 개인적인 상황을 제시한다(12:4). 욥은 자신의 실제적인 경건과 다른 사람들이 느끼는 바를 대비시킨다. 전자를 그는 자신에 대한 야웨의 평가(1:8; 2:3)를 연상시키는 표현들, 곧 "의로운"이라는 낱말과 "온전한"이라는 낱말로 묘사한다. 반면에 다른 사람들은 그를 웃음거리로 간주한다. 클라인스(Clines 1989: 289-90)는 이러한 표현을 사용했다고 해서 그의 친구들이 그를 대놓고 조롱한 것은 아니며, 도리어 그것은 그들의 생각, 곧 "그가 당하는 괴로움은 그가 하나님께 멸시를 당하였으며 그 결과 경건한 자들의 조롱의 대상이 되었음을 나타내는 표지이다"라고 하는 그들의 생각을 가리킨다고 주장한다.

두 번째의 반증 자료로 욥은 불경건한 방식으로 행동하면서도 형통함을 누리는 부요한 압제자들이 있다는 사실을 언급한다: "평안한 자의 마음은 재앙을 멸시하나 재앙이 실족하는 자를 기다리는구나. 강도의 장막은 형통하고 하나님을 진노하게 하는 자는 평안하니 하나님이 그의 손에 후히 주심이니라"(12:5-6). 시편 123:4를 연상시키는 감정을 담아 욥은 하나님과 무죄한 자를 멸시하는 자들을 비난한다. 이렇게 함으로써 욥은 11:15-20에 있는 소발의 주장, 곧 하나님께 대하여 정직한 자들에게만 안전이 보장된다는 주장을 반격한다. 하틀리(Hartley 1988: 208)는 이 점을 다음과 같이 설명한다: "욥은 고대 근동 지역에서 널리 두려움의 대상이 되고 있는 약탈자들의 자유와 성공을 살펴본다면, 의로운 자들이 항상 안전한 것은 아니라는 사실을 알 수 있다고 말한다. 사실 악한 자들은 하나님께로부터 아무런 방해도 받지 않은 채로 안식을 누린다."

12:7-10에서 욥은 동물 세계를 세 번째 증거 자료로 제시한다. 욥은 38-41장에 있는 하나님의 질문들을 예고하는 듯한 언어를 사용하여 동물들도 차

별 없는 하나님의 권능과 지혜를 경험한다고 주장한다. 주권자이신 야웨는 자신의 세계 안에서 발생하는 모든 일들의 궁극적인 원인이시다. 만일에 동물들이 말을 할 수만 있다면, 그들은 하나님께서 자신의 세계 안에서 어떻게 활동하시는지에 관하여 욥의 친구들이 깨닫지 못하는 것들을 그들에게 많이 가르쳐줄 수 있을 것이다. 하벨(Habel 1985: 219)이 지적한 바와 같이, 욥은 여기서 11:7-12에 있는 소발의 주장, 곧 하나님이 인간의 이해를 뛰어넘는 분이라는 주장을 공격하고 있다: "욥의 이 말이 비꼬는 듯한 어조를 담고 있다는 점을 고려한다면, 욥은 … 지혜 안에 욥이 그 자신의 무지함으로 인하여 이해하지 못하는 감추어진 신비들로 가득 차 있다는 소발의 주장을 공격하고 있는 것으로 보인다. 욥은 말 못하는 피조물들조차도 욥의 입장을 확증해 줄 정도로 그것이 너무도 확실하다는 논지로 소발의 말을 반격한다." 욥은 모든 것이 하나님의 주권 아래 있다는 점을 확신하고 있다(12:10). 그러나 그는 이것을 친구들이 한 것처럼 딱딱한 보상 신학의 방향으로 정리하기보다는, 그들이 배워야 할 것들이 아직도 많이 있다는 말로써 표현한다. 욥이 깨닫지 못하고 있는 것은 야웨께서 욥으로 하여금 하나님의 신비로운 길들 — 그가 마지막에 욥에게 자연계를 돌아보도록 이끄는 질문들을 통하여 말씀하시는 — 에 대한 자신의 제한된 지식을 깨닫도록 함에 있어서 동일한 전략을 사용하신다는 점이다.

네 번째의 증거로 욥은 인간 세계를 주시한다(12:11-12). 부분적으로 친구들의 논지에 공감하는 욥은 하나님께서 지식을 얻기 위한 수단으로 인간에게 이성과 경험을 주신다는 사실을 지적한다: "입이 음식의 맛을 구별함 같이 귀가 말을 분간하지 아니하느냐? 늙은 자에게는 지혜가 있고 장수하는 자에게는 명철이 있느니라." 욥이 친구들과 다른 점은 그가 내린 결론에서 드러난다. 그는 명석한 사유와 꼼꼼한 관찰이 자신의 상황을 평가하는 데 도움이 되지 못한다고 생각한다. 그들은 그에 관하여 그릇된 결론을 내린다. 세심한 평가는 당연히 지혜로운 판단으로 귀결될 것이겠지만 말이다. 달리 말해서 친구들은 자신들이 사용할 수 있는 믿을 만한 지식 자료들을 효율적으로 사용하는 데 실패한 것이다.

자신의 마지막 주장으로 욥은 12:13-25에서 하나님의 활동들에 대해서 논한다. 욥은 선과 악의 정확한 차이를 알지 못하겠다고 말한다. 그 까닭에 그는 하나님께서 지혜와 권능을 가지고 계심에도 불구하고 욥의 친구들이 사용한 엄격한 보상 교리에 따라 행동하지 않으신다는 결론을 내린다. 하나님의 파괴적인 행동들은 인간의 노력으로 거스를 수 있는 것이 아니다(12:14). 그가 기근의 때와 마찬가지로 비를 거두어 가시거나, 창세기의 홍수에서처럼 물을 내보내시면, 설령 그것들이 땅에 넘쳐흐른다 해도 그것들은 전적으로 하나님의 통제 하에 있다(12:15). 하나님께서는 모든 인간을 다스리신다. 그들의 성품이 어떠하건 간에 관계없이 말이다. 가장 탁월한 지도자들이라 할지라도 하나님의 무대 위에서는 보잘것없는 인물들에 지나지 않는다 (12:16-21). 하벨(Habel 1985: 221)이 지적한 바에 의하면, 이 구절의 의미는 이렇다: "하나님께서는 모든 부류의 지도자들이 정치적으로 무기력하게 되거나 정신적으로 무력하게 되게끔 사회를 완전히 혼란스럽게 만드실 수도 있는 분이다." 하나님의 지혜는 인간의 이해를 뛰어넘는 어두운 비밀들에까지 미친다(12:22). 하나님께서는 자신의 지혜를 통하여 열방을 일어서게도 하시고 넘어지게도 하신다(12:23). 그리고 그가 사람들에게서 지혜를 빼앗아 가시면, 그들은 지식이 없는 어둠 속에서 길을 잃고서 방황하게 된다(12:24-25).

13:1-6에서 욥은 자신의 능력과 관심사를 친구들의 그것들과 비교한다. 그는 자신이 인생을 주의 깊게 관찰하였음을 자신하고 있으며, 그들 못지않게 전통적인 지혜를 잘 알고 있다(13:1-2). 따라서 그는 증인으로서의 법적인 지위를 충분히 가지고 있다(Greenstein 1996: 245; 참조. 레 5:1). 욥이 진정으로 원하는 것은 하나님께 직접 말씀을 드리는 일이요, 하나님과의 관계를 뒤틀리게 만든 오해를 제거하는 일이다(13:3). 클라인스(Clines 1989: 305)는 이 점을 다음과 같이 설명한다: "그가 사용하는 언어는 철저하게 법적인 것이요 의례적인 것이다. 그러나 이스라엘의 일반적인 법 관행에서와 마찬가지로, 여기서 욥이 염두에 두고 있는 법정 소송의 핵심은 소송에서 승리를 거두는 데 있지 않고 도리어 불화를 해결하는 데 있다. 그것의 목표는 승리가 아니라 화해인 것이다." 욥은 이러한 관심사에 비추어 친구들이 부정확하고 부적절한 방해물에 지나지 않는다고 생각한다. 또한 그는 그들이 그저 침

묵을 지키고서 자기 말에 귀를 기울여주기를 바란다(13:4-6). 그들은 자기들이 욥의 문제를 제대로 이해하지 못하고 있다는 사실을 받아들이려고 하기보다는, 거짓말을 함으로써 주요 쟁점을 흐리게 만들고자 하며, 그의 고통에 대하여 무가치한 처방을 내린다. 하틀리(Hartley 1988: 219)는 다음과 같은 점을 지적한다: "이 협잡꾼들은 아픈 상처에 헛되이 쓸모없는 연고를 바르는 자들로 묘사된다. 그들은 단순히 시늉으로만 환자를 위로하려고 할 따름이다. 기껏해야 그들은 거짓된 희망을 안겨줄 뿐이다. 이처럼 거친 비난의 어조는 욥과 친구들 사이의 간격이 돌이킬 수 없을 정도로 크게 벌어지고 있음을 보여준다." 잠언 17:28을 언급하는 듯한 욥은 친구들이 아무런 말도 하지 않는 것이 도리어 그들을 더 지혜로운 자들로 여겨지게 할 것이라고 말한다. 그는 그들이 자신과 하나님 사이의 논쟁에 귀를 기울여 주기를 원한다. 그는 13절과 17절에서 거듭 그러한 요구를 되풀이한다.

    13:7-12에서 욥은 자기 친구들이 하나님에 대한 거짓된 증인들이라고 비난한다. 강한 수사학적인 질문들을 통하여 욥은 그들이 자신의 변명에 대하여 하나님을 정당화하는 과정에서 거짓을 말하고 편파적인 모습을 보임으로써 거짓 맹세의 죄를 범하고 있다고 주장한다(13:7-8). 그는 그들이 "증거에 입각해서가 아니라 하나님의 명성을 보호하기 위하여" 자기를 죄인으로 간주하고 있다고 비난한다(Wharton 1999: 69). 욥은 그들이 하나님을 위하여 말하는 것을 하나님 자신이 어떻게 평가하시겠는지를 그들에게 묻는다(13:9). 또한 그는 만일에 그들이 진실을 말하지 않고 도리어 편파적인 태도를 보인다면 하나님께서 확실히 그들을 책망하실 것이라는 점을 그들에게 확신시킨다(13:10). 마침내 하나님께서 말씀하실 때 그들이 결과적으로 보일 반응을 기대하면서, 욥은 하나님의 위엄이 그들을 두려움에 사로잡히게 만들 것이요, 그들의 주장은 재 같은 격언이요, 무가치하고 공허한 단조로움을 특징으로 갖는 격언임이 드러나게 될 것이라고 예언한다(13:11-12). 욥이 평가한 바와 같이, 그들은 그의 말에 분명하게 귀를 기울이지 않으며, 하나님을 올바로 알고 있지도 않다. 그리고 그를 향한 그들의 비난은 취할 점이 하나도 없다. 클라인스(Clines 1989: 309)는 이 점을 다음과 같이 설명한다: "아이러니컬하게도 마지막에 가서 옳다 인정함을 받는 이는 욥이 될 것이요, 그

의 친구들은 그릇된 자들로 여겨질 것이다. 하나님의 진노가 그들 위에 쏟아지는 이유는 그들이 하나님에 관하여 올바른 것을 말하지 않았기 때문이다(42:7)."

욥은 친구들에게 침묵을 지킬 것을 간청한다. 그래야만 그가 그들의 방해를 받지 않고서 하나님께 말할 수 있기 때문이다(13:13). 그는 자기 삶이 위태롭다는 것을 알고 있음에도 불구하고, 자기 보존의 문제보다는 하나님의 정의 문제에 더 관심을 기울이고 있다(13:14-15). 15절은 중요하면서도 해결하기 어려운 본문상의 문제점을 안고 있다. 모음 부호를 붙인 본문은 "나는 그를 의뢰하리니"로 읽히지만, 자음 본문은 "나에게는 희망이 없노라"로 읽힌다. 화튼(Wharton 1999: 69-70)은 본문 해석의 역사와 다양한 해석 방법들의 의미를 다음과 같이 간략하게 개관하고 있다:

> 욥기에서 가장 유명한 구절들 중의 하나는 13:15a이다. 1611년 이후로 제임스 왕 역본(KJV)을 사용하는 모든 시대의 독자들은 다음과 같이 대담한 욥의 신앙고백을 듣는다: "그가 나를 죽이신다 할지라도 나는 그를 의뢰하리니." 이러한 해석의 가능성은 주후 1세기 정도의 이른 시기에 거룩한 히브리어 본문을 필사하고 주석하기 시작하던 유대인 학자들의 옛 난외주에 근거하고 있다. 이 학자들은 NRSV에서 보는 것과도 같은 번역을 암시하는 형태의 기록 본문을 보존하였다: "보라, [하나님께서는] 나를 죽이실 것이니 내게 희망이 없노라." 그러나 필사자들은 여백 부분에 기록 본문과는 다르게 읽히는 철자법을 제시함으로써 "그가 나를 죽이실지라도 나는 그를 의뢰하리니[또는 '기다리리니'나 '희망하리니']"로 읽을 수 있는 가능성을 열어두고 있다. 오늘날의 성서학자들은 옛 난외주의 제안보다는 기록 본문을 따르는 경향이 있다. 그 이유에는 세 가지가 있다:(1) 기록 본문이 난외주의 설명보다 더 오래된 것임이 거의 확실하다;(2) 기록 본문이 전후 문맥 — 욥은 이 말을 함으로써 자기 생명이 그의 손에 맡겨져 있음을 알고 있다고 말한다 — 에 더 어울린다;(3) 난외주의 설명은 기록 본문의 크게 거슬리는 듯한 의미를 피하는 경건한 해석으로 여겨질 수 있다.

대부분의 학자들이 내린 결론을 따라 "내게는 희망이 없노라"로 읽기 위해서는 욥기에서 크게 기억할 만한 표현들 중의 하나를 포기해야 하겠지만, 그 다음에 이어지는 욥의 결심에 비추어 본다면 확실히 기록 본문의 의미가 더 잘 이해된다: "그러나 그의 앞에서 내 행위를 아뢰리라." 포프(Pope 1973: 100)는 이를 다음과 같이 설명한다: "욥은 자신이 희망하는 또는 어떻게든 그가 기대하는 죽음을 무릅쓰고서라도 하나님 앞에서 자신의 무죄함을 변호하고 주장하고 탄원할 것이다. 그의 관심사는 자신의 생명을 건지거나 고통으로부터 건짐 받거나 형통함을 회복하는 데 있지 않다. 도리어 그의 관심사는 자신의 순전함을 지키고 하나님과 사람 앞에서 무죄함을 입증받는 데 있다."

욥은 불경건한 사람은 거룩하신 하나님 앞에 나타날 수 없다면서, 그 까닭에 만일에 그가 하나님 앞에 설 수 있다면, 그것은 곧 그의 무죄를 증거하는 것이라고 추론한다(13:16)(Hartley 1988: 223). 자신의 확신이 무너져 내리는 것을 거부하는 욥은 다시금 친구들에게 자기 말에 주의를 기울여줄 것을 요청한다(13:17). 왜냐하면 그는 자신의 소송을 미리 준비해 왔고, 또 다른 사람들이 공평무사하게 자기 말에 귀를 기울여 준다면 자신의 무죄가 입증될 수 있을 것임을 알고 있기 때문이다(13:18). 이러한 열심에 사로잡힌 욥은 어느 누구도 자신의 유죄를 입증할 수 없다는 것을 확신하고 있는 까닭에, 어떠한 대적자하고도 논쟁을 벌일 준비가 되어 있다고 말한다(13:19). 클라인스(Clines 1989: 315)는 이 점을 다음과 같이 설명한다: "전후 문맥을 살펴볼 때 이 구절 전체는 욥이 어느 누구도, 심지어는 하나님까지도 그의 유죄를 입증할 수 있다는 것을 믿지 않으며, 그처럼 있을 법하지 않은 사건에 직면하여 그가 자신의 소송을 포기하고서 주어진 현실에 순복하여 목숨을 끊으리라고 생각하지도 않는다는 것을 의미할 뿐이다." 욥기 전체의 보다 큰 맥락 — 하나님께서 마침내 말씀하시는 장면을 포함하는 — 에서 살펴본다면, 욥은 침묵을 지키면서도 자기 목숨을 끊지는 않는다. 도리어 그는 사면과 회복의 은총을 누린다(참조. 40:3-5; 42:1-6).

욥은 하나님의 정의를 절실하게 원한다. 그러나 그는 먼저 공판 전에 두 가지 조건이 충족되기를 희망한다. 그는 하나님께 무거운 고통의 짐을 벗겨 주시고, 자신을 두렵게 만드는 무서운 공포감을 제거해 주실 것을 요청한다(13:20-21). 욥은 하나님과의 사귐을 원하며, 하나님의 질문들에 답할 피고

인 내지는 하나님께 자신의 불만을 얘기할 고소인의 역할을 기꺼이 수행하고자 한다(13:22). 어느 경우에든 욥은 하나님께 말씀을 드리고 하나님께서 자기 말을 들어주시게끔 할 기회를 얻을 수 있을 것이요, 공포감을 느끼게 하는 하나님의 침묵도 깨뜨려질 것이다. 클라인스(Clines 1989: 317)는 이를 다음과 같이 잘 설명하고 있다: "욥의 시각에서 볼 경우에, 그 법정 소송은 마치 정의가 그의 주요 목표인 것처럼 그 자체로서 끝나는 것이 아니다. 정의에 관한 논쟁은 단지 더 나은 목표, 곧 화해라는 목표를 향해 가는 수단일 뿐이다. 그런 점에서 본다면 법적인 분쟁은 아무런 접촉도 없는 것보다는 낫다." 그러나 바로 이 지점에서 하나님께서는 아무 말도 하지 않으심으로써 욥의 초청에 응답하지 않으신다. 그는 참으로 38장에 이르기까지는 한 마디의 말씀도 하지 않는다. 그 결과 욥은 하나님께 고발자의 역할을 수행해 주시고 자기 죄가 무엇이고 자기를 향한 구체적인 고발의 내용이 무엇인지를 설명해 주실 것을 요청한다(13:23). 욥은 자기가 범한 것으로 여겨지는 죄, 곧 자신이 겪고 있는 고통을 정당화시켜 줄 죄에 관하여 알고 있는 것이 하나도 없다. 그러면서도 그는 자기가 자신도 모르는 방법으로 하나님의 율법을 범했을 수도 있다는 것을 배제하지는 않는다. 전능하신 하나님 앞에서 무기력함과 덧없음을 느끼는 욥은 다음과 같은 질문을 던진다: "주께서 어찌하여 얼굴을 가리시고 나를 주의 원수로 여기시나이까? 주께서 어찌하여 날리는 낙엽을 놀라게 하시며 마른 검불을 뒤쫓으시나이까?"(13:24-25). 그는 자기가 젊은 시절에 죄를 범하였음을 인정한다. 그런데 그것은 의심할 여지 없이 그가 그 죄들을 이미 오래 전에 고백하여 용서받았음을 의미한다. 그러면서도 욥은 하나님께서 자기에게 주신 고통이 젊은 시절에 범했던 죄들에 대한 때늦은 처벌이 아닌가 하고 생각한다(13:26). 하벨(Habel 1985: 232)은 이 점을 다음과 같이 말한다: "하나님의 감시 방법은 이미 부당하게 고통을 당하고 있는 자를 계속해서 부당하게 괴롭히는 방식을 취하고 있다. 하나님의 감시에 담긴 부정적인 측면은 하나님께서 낙인찍힌 종에게 하듯이 욥의 발에 인장을 찍어 그가 어디로 가든 그의 발자국을 추적할 수 있게 한다는 점에서 그 추한 모습을 드러낸다." 고통 속에서 그는 자신의 생명이 좀 먹은 의복처럼 썩어가고 있다는 느낌을 받는다(13:28).

14:1-6에서 탄식의 범위를 넓히고 있는 욥은 인생살이의 불행을 슬퍼한다. 그는 단명한 인생이야말로 궁극적인 멸시의 대상이라고 주장한다: "여인에게서 태어난 사람은 생애가 짧고 걱정이 가득하며"(14:1). 인간은 날수와 복이 많은 대신에 본질적으로 허약하고 단지 짧은 생명을 누릴 뿐이며, 짧은 생애조차도 괴로움으로 가득 차 있다. 그들은 잠시 피었다가 지는 봄철의 꽃들이나 빨리 지나가는 그림자들과 같다(14:2). 연약한 인간은 하나님의 심판 앞에 바로 서지 못한다. 그 까닭은 그들이 본질적으로 부정하기 때문이다(14:3-4). 하나님께서는 인간의 삶을 단명하게 정하셨다. 그래서인지 욥은 자신이 다소 간에 안식을 얻을 수 있도록 하나님께 감시의 눈길을 거두어 주실 것을 요청한다(14:5-6). 머피(Murphy 1999: 42)는 이 점을 다음과 같이 잘 설명하고 있다: "6절에서 욥은 하나님께 '눈을 돌이켜' 사람들을 혼자 있게 두어서 그들로 하여금 살아있는 동안에 약간의 기쁨을 누릴 수 있게 해달라고 요청한다 … 이는 욥 자신이 약간의 휴식을 얻으려는 목적에서 비롯된 것이다. 그는 암암리에 자신을 위한 안식을 하나님께 간구한다. 비록 그가 모든 인간에 관해 그런 얘기를 하고 있기는 하지만 말이다. 인간은 매일의 노동 속에서 충분히 고생하는 고용인과도 같은 존재이다(참조. 7:1-2)."

욥은 이러한 간구에 이어 죽어야 할 운명의 두 가지 사례를 자연계에서 찾는다(14:7-12). 먼저 그는 사람의 손에 의해 잘려질지라도 다시금 자랄 수 있다는 사실로 인하여 희망을 가지고 있는 나무를 예로 든다(14:7-9). 메마른 뿌리라 할지라도 물의 기운으로 소생하게 되면 새롭게 성장할 수 있다. 그러나 인간은 죽은 뒤에는 다시 살아나지 못한다. 도리어 엎드러져 죽을 수밖에 없다(14:10). 욥은 죽을 수밖에 없는 인간에게서 아무런 희망도 발견하지 못하지만, 10절의 마지막 진술("그가 어디 있느냐?")은 사후의 삶에 관한 추가 계시의 가능성을 남겨둔 것으로 이해될 수도 있다. 왜냐하면 14:13-17에서 욥은 죽음 이후에 있을 부활의 가능성에 대해서 생각하고 있기 때문이다. 두 번째 그림은 인간을 말라버린 호수나 강 — 소생될 가망이 전혀 없는 — 에 비교한다(14:11-12). 이 그림에 의하면, 인간은 마치 증발하는 것처럼 죽는다. 왜냐하면 그들은 하늘이 사라질 때까지 죽은 상태 그대로 남아있을 것이기 때문이다. 여기서 "욥은 개개인이 죽은 자들의 세계로부터 되돌아와 부당한 고통을 당한 것에 대한 보상으로 지상에서 두 번째 삶을 살 수 있을 가능성을 인정하지 않는다"(Hartley 1988: 235).

14:13-17에서 욥은 미래의 어렴풋한 희망을 다소 모호한 언어로 표현한다. 하벨(Habel 1985: 236)은 이 단락이 그가 말하는 내용의 중심축에 해당한다고 본다. 여기서 "욥은 인간이 정해진 수명을 가지고 있는데다가 사후 심판을 위해 무덤으로부터 되돌아오지 못하는 덧없는 피조물이라는 보편적인 믿음에도 아랑곳없이 미래의 소송에 대한 희망과 더불어 새롭게 싸운다." 욥은 하나님의 진노가 영원히 지속될 것이라고 믿고 싶어하지 않는다(참조. 사 54:8). 욥은 절망에 굴복하는 대신에 하나님께서 자기를 기억해 주실 것이라는 가능성을 암시한다. 욥은 하나님께서 자신의 진노가 멈출 때까지 스올에서 자기에게 한시적인 피난처를 제공해 주실 것을 기대한다(14:13). 스올이 되돌아올 수 없는 곳으로 여겨지고 있음에도 불구하고, 욥은 사실상 하나님께서 욥에게 내린 고통을 감해 주시고 그에게 법적인 항변의 기회를 주실 때까지 무덤 속에서 자기를 숨겨 주시기를 기대한다. 욥은 죽을 수밖에 없는 인간이 다시 살 것임을 나타내는 증거를 가지고 있지 않다. 그런데도 그는 자기가 기대하는 바 하나님 앞에서의 상태 변화가 이루어질 때까지 기다리기로 결심한다. 이것은 사실상 욥이 부활의 가능성을 마음속에 그리고 있음을 암시한다. 그 때가 되면 하나님께서는 그에게 말할 기회를 주실 것이요, 욥은 그에게 대답할 것이다(14:15). 이러한 언어는 38-42장에 있는 야웨와 욥 사이의 대화를 예견케 하는 것으로서, 법적인 논쟁보다는 하나님과의 사이에 있는 관계의 갱신 — 욥이 특히 갈망해 마지않는 — 을 가리킨다. 클라인스(Clines 1989: 333)는 이 점을 다음과 같이 설명한다: "관계를 깨뜨리신 분이 하나님이시기 때문에 그것이 재개되기 위해서는 하나님의 주도권이 필요할 것이다. 따라서 이 본문에서 욥을 부르시는 분은 하나님이시고, 그에게 답변하는 자는 욥이다." 그러나 현재로서는 욥을 죄인으로 보는 하나님의 입장은 확고한 것으로 보인다. 욥이 그의 정죄하심을 이해하거나 그에 동의하지 않음에도 불구하고 말이다(14:16-17).

13-17절의 가상적인 꿈과는 대조적으로, 욥은 14:18-19에서 자연계 안에 있는 또 다른 그림으로 되돌아온다. 침식된 산이 결코 회복될 수 없는 것과

마찬가지로 죽음을 피할 수 없는 인간 역시 하나님 앞에서는 어떠한 희망도 발견하지 못한다. "자연계 안에 있는 것들 중 가장 강한 것들, 이를테면 산들이나 바위들조차도 몇몇 불변의 법들에 맞서지 못한다. 하물며 인간에게 있는 희망은 얼마나 더 덧없는 것이겠는가?"(Murphy 1999: 44). 욥은 앞 단락의 갈망으로부터 경험 세계에 대한 한층 냉정한 견해로 되돌아오면서, 하나님이 영원토록 인간을 다스리시고 그들에게 죽음을 주신다는 사실을 인식한다(14:20). 그는 죽음이 식구들에 대한 지식으로부터의 단절을 뜻하고 인간을 심각한 고립 상태에 빠뜨린다는 절망적인 현실 인식을 통하여 자신의 긴 발언을 마무리한다(14:21-22).

앤더슨(Andersen 1976: 174)은 욥의 감정을 다음과 같이 요약한다: "죽음이 서글픈 것은 그것이 외로움을 뜻하기 때문이다. 임종 직전에 조상들과의 만남을 기대하는 것으로 보이는 족장들과는 달리, 욥은 삶의 다양한 관계들 속에서 자신의 인간다움을 느끼게 해주는 식구들과의 이별에 대해서만 생각한다 … 스올에서 인간은 더 이상 그들과 함께 기뻐할 수도 없고 슬퍼할 수도 없다. 그는 단지 혼자서만 애곡할 뿐이다. 소멸에 대한 암시는 없다. 만일에 이러한 상태가 끝이라면, 그것은 궁극적인 공포에 해당하는 것이다."

두 번째 주기(15-21장)

두 번째 논쟁 주기에서 다시금 엘리바스와 빌닷과 소발이 차례대로 말을 하며, 욥은 그들 모두에게 제각기 답변한다. 그러나 그들의 대화는 그들 모두가 욥이 처한 상황을 이해하려고 노력하는 중에 더 긴장감이 넘치고 더 난폭하며 더 날카로운 것으로 바뀐다. 하틀리(Hartley 1988: 242)는 그들이 나아가고 있는 곤경을 다음과 같이 잘 요약하고 있다: "이 두 번째 주기에서 친구들은 욥을 용납하지 못한다. 왜냐하면 그들은 그가 당하는 고통이 그가 범한 어떤 심각한 죄로부터 비롯되었다고 생각하기 때문이다. 따라서 그들은 수사학적인 표현의 초점을 악인에게 임한 무서운 운명에 맞춘다. 그들은 만일에 그가 회개하지 않는다면 더 큰 시련을 겪게 될 것임을 욥에게 확신시키고자 애쓴다. 그러나 욥은 그들의 회개 촉구를 단호하게 거절한다 … 욥이 위로자들에 의해 표현되는 전통적인 신학으로부터 벗어나 있음은 확실하다. 자신의 무죄함을 여전히 확신하고 있는 욥은 하나님과의 화해를 위해 회개하는 방법 이외의 다른 방법을 부지런히 찾는다."

엘리바스(15장)

자신의 두 번째 발언에서 엘리바스는 4-5장에서 맨 처음 욥에게 말할 때와 같이 동정적인 태도를 보이지 않는다. 그는 매우 악한 사람이 받아 마땅한 운명을 욥이 겪고 있다고 비난한다. 엘리바스는 욥의 주장을 개인적으로 거부하는 분노의 언어로써 다음과 같은 질문을 던진다: "지혜로운 자가 어찌 헛된 지식으로 대답하겠느냐? 어찌 동풍을 그의 복부에 채우겠느냐? 어찌 도움이 되지 아니하는 이야기, 무익한 말로 변론하겠느냐?"(15:2-3). 엘리바스는 참으로 지혜로운 자는 욥처럼 강하게 말하지 않는다고 주장한다. 그에게 있어서 지혜라는 것은 뜨겁고 격렬한 감정의 영향을 받기보다는 신학적인 주장들을 냉정하게 다룬다. 엘리바스에 따르면, 욥은 하나님 경외라는 지혜의 윤리를 부정한다(15:4). 왜냐하면 "욥의 하나님 비판과 특히 하나님을 향한 그의 법정 소송은 하나님께 마땅히 돌려드려야 할 경외심을 포기할 뿐만 아니라, 진정으로 경건한 자의 인내하며 묵상하는 태도를 거부하거나 얕보는 것을 뜻하기 때문이다"(Clines 1989: 347-48). 엘리바스는 9:20에 있는 욥의 말을 원래의 의도로부터 빗나가게 만들면서, 욥 자신의 말이 그를 범죄한 자로, 그리고 하나님을 거역하는 거만한 죄인으로 정죄한다고 주장한다 (15:5-6).

엘리바스는 창피를 주는 질문들을 연속적으로 던져대면서 욥의 지혜가 헛된 것임을 수사학적인 측면에서 분명하게 확인시키려고 노력한다. 이 질문들은 그 형식에 있어서 38-41장에 있는 야웨의 질문을 예견케 하지만, 그 질문들에 수반되는 정신은 현저하게 다르다. 야웨의 질문들이 교육적인 목적을 가지고 있는데다가 욥이 하나님의 신비로운 길들을 알지 못한다는 점을 입증하려는 의도를 가지고 있는 반면에, 엘리바스는 욥의 유죄를 입증하려고 애쓰는 고소인의 역할을 수행하고 있다. 그는 욥에게 과연 하나님께서 세상을 자신의 지혜로 창조하셨을 때 그가 그 자리에 있었던 최초의 인간이었는지를 묻는다(15:7). 그는 욥에게 과연 그가 하나님의 회의에 참여하여 하나님의 은밀한 계획들에 관해 듣고서 지혜에 대한 배타적인 소유권을 갖게 되었는지를 묻는다(15:8). 이러한 수사학적인 질문을 통하여 그는 욥이 하나님께서 행하시는 것에 대한 특별한 이해를 가지고 있지 않다고 주장한다. 사실 엘리바스는 욥이 세 친구들보다 더 많이 알고 있다고 보지 않는다(15:9). 도리어 그는 그들의 더 많은 나이가 그들을 그가 소유한 것보다 더 많은 지혜를 얻게 해준다고 주장한다(15:10). 4:12-16에서 자기가 주장한 바 있는 특별 계시에 대해서 언급하는 엘리바스는 자신이 하나님께로부터 받은 위로의 말씀을 무시했다고 본다(15:11). 화이브레이(Whybray 1998: 82)는 이를 다음과 같이 설명한다: 엘리바스는 "왜 욥이 이 건전한 교리를 받아들이지 않는지를 이해하지 못하지만, 그가 그것을 자신의 상황과 무관한 빈약한 것으로 여기고 있음을 인정한다." 엘리바스에 의하면, 욥은 자신이 처한 상황을 제대로 이해하지 못한다. 왜냐하면 그의 감정이 그의 생각을 지배하고 있기 때문이다(15:12-13). 욥의 상처 입은 자존심은 분노를 일으키며, 그것은 그에게 하나님께로부터 등을 돌리게 만들고, 그로 하여금 하나님을 원수로 인식하게 만든다. 엘리바스는 7:17에서 욥이 던지는 질문의 의미를 변형시켜 다음과 같은 질문을 던진다: "사람이 어찌 깨끗하겠느냐? 여인에게서 난 자가 어찌 의롭겠느냐?"(15:14). 엘리바스가 보기에 인간이 하나님 앞에서 정결하게 된다는 것은 불가능하다. 그 까닭에 그는 욥을 비롯한 모든 인간을 본질적으로 부패한 존재로, 그리고 하나님의 심판을 받아 마땅한 존재로 간주한다.

스믹(Smick 1988: 939)은 이를 다음과 같이 설명한다: "그의 말 속에는 하나님이 죄인인 인간을 사랑하신다는 결론을 이끌게 해줄 만한 것이 전혀 없다. 참으로 엘리바스가 섬기는 신은 기계적인 신이다. 그는 자연 법칙과도 같은 방식으로 행동한다. 따라서 죄인들은 어떠한 자비도 기대할 수 없다. 죄인들은 항상 고통과 어둠, 두려움과 괴로움, 불길과 칼 등을 충분히 대가로 지불받는다. 하나님께서는 그 일을 처리하실 것이다." 자신의 논지를 뒷받침하기 위해 엘리바스는 하늘의 천사들조차도 하나님 보시기에는 정결하지 못하며, 그 까닭에 인간은 하나님 앞에서 한층 더 혐오스러운 존재일 수밖에 없다고 주장한다(15:15-16). 그는 인간이 죄악을 물처럼 마시는 바, 이는 그들의 존재에 대하여 치명적인 것이라고 주장한다.

엘리바스는 강연을 진행하는 중에 욥에게 자신의 개인적인 관찰 — 그에게 전승되어온 전통적인 옛 지혜에 의해 확증된 — 로부터 비롯된 자기 말에 귀를 기울여줄 것을 촉구한다(15:17-18). 그 옛 지혜는 이방 나라의 영향력에 의해 오염된 것이 아니요, 옛적부터 정확하게 전승되어온 지혜이다(15:19). 이전에(13:5, 13, 17) 욥은 자기 친구들에게 침묵을 지키고서 자기 말에 귀를 기울여줄 것을 요청했었으나, "엘리바스는 반대로 욥이야말로 청취자의 자리에 서서 자신을 향해 주어지는 옛 지혜에 귀를 기울여야 할 사람이라고 생각한다"(Clines 1989: 355). 충격요법을 전략적으로 사용하는 엘리바스는 사람들의 눈에 정반대의 현상이 보임에도 불구하고 악인들은 불행한 삶을 누리고 임박한 심판을 고통스럽게 인식하고 있다고 주장한다(15:20-24). 하벨(Habel 1985: 258)은 이 점을 다음과 같이 설명한다: "심판이 예정된 사람은 자신의 운명에 닥칠 징조들에 관해 들으면서 자신의 미래를 결정할 능력에 대한 믿음을 잃게 되고, 자신이 방향을 잃었음을 발견하며, 자신의 파멸이 결정되었음을 확신하게 되고, 자신의 정해진 종말을 볼 것에 대한 두려움으로 인하여 마비 상태에 빠진다." 그는 악인들의 곤경이 중무장하신 용사이신 하나님을 정면에서 필사적으로 공격하는 것이나 마찬가지로 무익한 것이라고 설명한다(15:25-26).

엘리바스는 일반적인 인간 조건과 구체적인 욥의 상황을 평가하면서, 쾌락과 자기 탐닉에 의하여 생겨난 파괴적인 결과들에 대해서 언급한다(15:27). 그는 욥이 이전에 누리던 풍요로운 삶으로 인하여 하나님을 향한 거만한 태도를 갖게 되었고, 그 결과 파멸에 빠지게 되었다고 생각한다(참조. 시 73:3-4). 하나님께서는 그러한 태도를 심판하심으로써 악한 자들로 하여금 황량한 성읍들의 폐허가 되기로 작정된 집에서 살게 하신다(15:28). 교만한 죄인들은 부를 누리는 대신에 하나님의 심판의 불길에 의해 말라비틀어진 포도덩굴이나 나무와도 같게 될 것이다(15:29-30). 엘리바스는 욥에게 헛된 생각을 의지하려 하지 말고 도리어 불경건함이 황폐함에 이른다는 사실을 인식할 것을 경고한다(15:31-34). 하벨(Habel 1985: 260)은 이를 다음과 같이 설명한다: "성취가 없고 충만함의 표현이 없는 삶은 황량한 것이다. 복

받은 자들은 자기들의 삶이 넉넉한 수확물을 거두어들이는 것과도 같음을 경험한다(참조. 5:26). 반면에 악인들은 수확이 시작되기 오래 전에 자기들의 농작물이 시들고 꽃들이 떨어지는 어려움을 겪는다. 그들의 삶은 공허하며, 궁극적으로 그들은 아무것도 성취하지 못한다. 그들은 그 꽃들이 성숙해지기도 전에 무수히 떨어지는 올리브 나무들과도 같다." 악인들은 자기들의 꾀에 스스로 넘어간다(15:35). 왜냐하면 하나님의 질서가 지배하는 세계에서는 사람들이 스스로 뿌린 것을 거두기 때문이다. 그러나 엘리바스는 많은 악한 사람들이 형통함을 누리고 많은 선한 사람들이 고통당하는 주목할 만한 사실을 무시한다. 자신이 욥에게 있다고 비난하는 것과 같은 종류의 헛된 지식(참조. 15:2)에 사로잡혀 있는 엘리바스는, 욥에게 그의 고통이 그가 하나님 앞에서 범한 죄의 확실한 증거임을 확신시키고자 하는 과정에서, 설득력 있는 주장을 전개하기보다는 똑같은 주장을 되풀이한다(Andersen 1976: 179).

욥(16-17장)

두 번째 대화 수기의 답변에서 욥은 친구들의 구체적인 비난들을 내부분 공격함으로써 그들의 회개 촉구를 거부한다. 그는 자기들이 더 상급의 지식을 가지고 있다고 말하는 그들의 주장을 반격하며, 그들의 주장을 자신의 상황과는 전혀 무관한 것으로 무시한다. 앤더슨(Andersen 1976: 179)은 이 점을 다음과 같이 설명한다: "욥은 엘리바스의 마지막 말에 거의 감추어지지 않은 채로 드러나 있는 그러한 암시들을 비난하면서 크게 분노한다. 그는 두 가지 사실들에 더욱 강하게 집착한다. 그 하나는 그 자신이 중대한 죄를 범한 적이 없다는 것이요, 다른 하나는 하나님께는 자신이 원하시는 일을 할 권리가 있다는 점이다. 그러나 하나님이 어떤 이유에서인지 마치 원수처럼 행동하신다는 사실은 욥에게 견디기 어려운 고통을 안겨준다. 엘리바스의 진부한 말들은 이 두려운 사실에 조금도 근접하지 못한 것으로 보인다."

욥은 16:1-6에서 친구들에 대한 혐오감을 표현한다. 그는 이렇게 말한다: "이런 말은 내가 많이 들었나니 너희는 다 재난을 주는 위로자들이로구나. 헛된 말이 어찌 끝이 있으랴? 네가 무엇에 자극을 받아 이같이 대답하는가?"(16:2-3). 15:2에 있는 엘리바스의 비난과는 정반대로 욥은 엘리바스야말로 수다쟁이라고 말한다. 엘리바스는 그가 말하는 바를 잘 알지 못하는 까닭에, 욥의 짐을 같이 지기보다는 그의 불행을 더해줄 뿐이다. 욥은 만일에 그들의 역할이 바뀌었더라면 자기가 그들이 자기에게 행한 것보다 더 그들에게 잘 해주었을 것이라고 주장한다. 아마도 그는 그들의 고통을 덜어줄 위로의 말로써 그들의 기운을 북돋아 주었을 것이다(16:4-5). 클라인스(Clines 1989: 379)는 이 점을 다음과 같이 잘 설명하고 있다: "그것은 외부로부터 지적이고 도덕적이고 정신적인 도움을 갈망했으나 자신의 친구들에게서 자기 안에 있는 것 이상의 것을 발견하지 못한 탓에 환멸감을 느낀 자의 부르짖음이라 할 수 있다." 아무런 도움도 받지 못한 채로 고립되어 있음을 느끼는 욥은, 자신이 말을 하거나 침묵을 지키는 것과는 무관하게, 자신의 고통이 조금도 줄어들지 않았다고 생각한다(16:6).

욥의 고민은 하나님이 자신을 대적하고 계신다는 강한 느낌에 뿌리박고 있다. 하나님은 욥의 친구들이 그를 포기하기에 이를 정도로까지 그를 괴롭히신다(16:7). 그들은 욥의 쇠약해진 몸을 보면서(16:8), 그것을 그의 죄에 대한 증거로 간주한다. 하벨(Habel 1985: 271)은 이를 다음과 같이 설명한다: "일그러진 외모는 과거의 방탕한 삶 내지는 현재 진행되고 있는 하나님의 심판을 드러내는 공적인 증거로 간주되었다. 수사학적인 재능을 가진 욥은 자신의 참된 자아의 유령같이 수척한 모습이 법정에서 '일어나서' ('쿰'; 참조. 신 19:15-16) 자신에게 불리한 증거를 제시하고 있다고 설명한다. 사람들은 그의 무죄한 내적 자아에 주의를 기울이지 않는다. 그 까닭은 법정은 오로지 그의 수척한 외적 자아만을 보기 때문이다." 욥의 시각에서 볼 때 하나님은 대단히 적대적인 원수와도 같고, 들짐승이나 폭력적인 용사와도 같다(16:9). 욥을 공격함에 있어서 주변 사람들을 활용하시는 하나님께서는 무자비하게 욥을 습격하신다. 16:12-14에서 욥은 탄식시의 언어를 연상시키는 생생한 표상들을 동원하여 자신이 처한 곤경을 묘사한다. 클라인스(Clines 1989: 385)의 명쾌한 설명을 빌자면, "욥은 포위당한 성읍과도 같고, 하나님은 그의 방어벽을 무너뜨리려는 돌격대원과도 같다." 이처럼 강력한 공격에 직면한 욥은 자신의 주장을 포기하지 않고 도리어 부당한 고통에 대한 겸손한 응답의 태도로 베옷을 걸쳐 입는다. 이것은 죄의 고백이 아니라 애곡의 표현이다. 왜냐하면 그는 이 후로도 계속해서 자신의 무죄함을 주장하기 때문이다(16:15-17). 8:6에서 빌닷의 평가를 거부하고 15:4-5에서는 엘리바스의 비난을 거부한 욥은 하나님을 향한 자신의 하소연이 순수한 것이라고 주장한다.

욥은 자기 친구들이 자신의 죄를 강조함에도 불구하고 자기가 사면 받아 마땅한 사람임을 확신하고 있는 까닭에, 땅에게 자신이 아벨(참조. 창 4:10)과 마찬가지로 무죄한 자임을 증거해 달라고 호소한다(16:18). 뿐만 아니라 그는 자신이 자기를 고발하는 자들을 공격할 변호인을 하늘로부터 받을 것이라고 주장한다(16:19). 하틀리(Hartley 1988: 264)는 이 진술의 의미를 다음과 같이 설명한다:

> 여기서 욥은 하나님께서 자신의 무죄 주장이 참된 것임을 증거해 주시기를 바라는 간절한 희망을 표현함에 있어서 하나님의 거룩하심과 순전하심에 호소한다. 그러한 증거가 하나님 자신의 행동에 반하는 것으로 보이겠지만 말이다. 그러한 모험이야말로 신앙의 진수에 해당한다. 한순간 욥은 하나님을 자신의 믿음직한 후원자로 인식한다. 이 간구에서 그는 서론 부분에서 하나님이 그에게 보여주신 신뢰감을 표현한다. 왜냐하면 그는 자신의 괴로움을 뛰어넘어 참된 하나님께로 나아가고 있기 때문이다. 그는 근본적으로 하나님을 자신과 더불어 싸우게 하고 있지 않다. 도리어 그는 하나님께서 자신을 다루시는 방식이 어떠한지와는 무관하게 하나님을 향한 자신의 진정한 확신을 분명하게 밝힌다. 욥은 자신의 친구들과는 달리 진리가 겉으로 드러난 것과 동일하다고 생각하지 않기 때문에, 자신의 불평에 대한 참된 해결책을 하나님 자신으로부터 구하고자 한다.

이 구절이 종종 19:25와 더불어 기독론적인 시각에서 해석되고 있기는 하지만, 그것은 욥의 신학적인 개념들을 지나치게 앞질러 해석한 것이라 할 수 있다. 이 구절은 욥의 무죄 주장에 응답하시는 하나님의 정의로운 성품에 대한 욥의 확신을 표현한 것으로 보는 것이 더 낫다. 클라인스(Clines 1989: 390)가 추론한 바와 같이, "욥은 하늘을 향해 말함으로써 자신의 무죄와 관련된 진실이 하늘 법정에 기록되어 있음을 확신한다. 비록 아직 답변을 얻지 못했고 자기 생전에 답변을 기대하지 못할 수도 있겠지만 말이다. 그 진실은 하늘에 수록되어 있으며, 자신의 성품에 대한 욥의 항구적인 증언으로 남아 있을 것이다." 욥은 자기 친구들이 자신을 조롱하고 또 긍휼함으로 자신을 대하지 않고 있음을 느낀다(참조. 6:14). 그 까닭에 그는 하나님의 긍휼에 호소한다(16:20). 그러나 하나님께서는 멀리 떨어져 계신 것처럼 보이며, 욥이 자신의 법정 소송을 하나님께 제시하는 데 필요한 보편적인 근거도 없는 것으로 보인다(16:21). 설상가상으로 욥은 죽기 전에 자신의 문제가 해결될 수 있는 시간이 충분치 않다는 것을 느낀다: "수년이 지나면 나는 돌아오지 못할 길로 갈 것임이니라"(16:21). 그는 더 이상 삶에 대한 애착을 가지고 있지 않다. 왜냐하면 그는 자신을 위해 무덤이 예비되어 있음을 느끼고 있기 때문이다(17:1). 욥은 친구들이 말한 것을 묵상하는 중에, 그들의 말이 조롱이나 다름이 없다고 보며, 수치와 좌절감을 느낀다(17:2).

상법에서 통용되는 언어를 사용하는 욥은 하나님께 친구들의 유죄 비난에 맞서 자기를 위한 담보물을 받아달라고 호소한다(17:3). 화이브레이(Whybray 1998: 87)는 이러한 호소의 의미를 다음과 같이 설명한다: "이것은 차용금에 대한 담보물을 가리키는 전문 용어이다. 이스라엘의 법적인 관행에 비추어볼 때, 즉시 빚을 갚을 수 없는 채무자는 자기 소유에 속한 어떤 물건을 나중에 반드시 빚을 갚겠다는 것을 보증하는 담보물로 맡겨야 했다. 욥은 자신이 채무자 — 자신의 순전함을 보증할 담보물을 제출해야 하는 — 의 위치에 있다고 생각한다. 만일에 하나님이 그것을 받지 않으신다면, 그는 패소하는 것이 된다." 욥은 하나님께서 자기 친구들에게 자신의 곤경을 이해하도록 허락하지 않으셨다고 주장한다. 그 까닭에 그는 그들의 오류를 분명하게 지적할 수가 없다(17:4). 사실 그들은 욥을 비난하는 잘못을 저지름으로써 위증죄를 범하고 있다(17:5). 그 결과 욥은 공동체 전체에 의해 수치를 당한다(17:6-7). 이와는 대조적으로 참으로 의로운 사람들은 욥이 처한 상황 앞에서 섬뜩함을 느낄 것이다(17:8).

하틀리(Hartley 1989: 269)는 이를 다음과 같이 설명한다: "정직한 사람은 죄 없는 희생자가 당하는 학대로 인하여 섬뜩함을 느낀다. 그 까닭에 그는 무죄한 사람과 마찬가지로 분연히 일어서서 불경건한 자들의 이러한 행동에 맞선다. 그는 무죄한 자를 변호하고 범죄자를 정죄한다. 그러나 욥의 친구들은 이러한 표준적인 행동 기준을 따르지 않는다. 도리어 그들은 조롱하는 자들과 보조를 같이하면서 그의 고통을 더 늘어나게 만든다." 욥은 자신의 동료들로부터 충분한 지지를 받지 못함에도 불구하고 자신의 무죄를 확신하며, 새로운 힘을 얻어 자신의 주장을 내세우고자 한다(17:9). 욥의 견해에 의하면, 그에게 조언하는 자들은 지혜롭지 못하다. 왜냐하면 그들은 그를 논박하려고 애쓰면서도 자기들이 무엇을 주장하는지를 알지 못하기 때문이다(17:10).

17:11-16에서 욥은 죽음의 필연성에 자신을 내맡기면서 자신의 절망감을 표현한다. 그는 이렇게 탄식한다: "나의 날이 지나갔고 내 계획, 내 마음의 소원이 다 끊어졌구나"(17:11). 그는 고통의 어둠을 대신할 하나님의 은총의 빛이 되돌아오기를 갈망한다(17:12). 그러나 그는 그 일이 어떻게 가능할지를 알지 못한다. 조건절(13-14절)과 부정적인 답변을 예상하는 네 개의 수사학적인 질문들(15-16절)을 사용하는 강력한 문학적 구조를 통하여 욥은 자신의 희망을 죽음 속에서 발견하지 못한다고 말한다. 왜냐하면 무덤은 그에게 식구들 간의 끈끈한 유대감을 주지 못하기 때문이다. 시편 49:17이 암시하는 바와 같이, "희망과 행복은 땅 위의 세계, 곧 살아있는 자들의 땅에게만 속한 것이다. 이 둘은 스올의 세계와는 아무런 공통점도 가지고 있지 않다"(Clines 1989: 400).

빌닷(18장)

욥의 말에 대한 두 번째 응답에서 빌닷은 엘리바스가 15장에서 언급한 논점들의 상당수를 되풀이한다. 빌닷은 자신의 사유에서 엄격한 태도를 보이며, 욥을 위로하는 말은 한 마디도 하지 않는다. 하틀리(Hartley 1988: 272)는 이를 다음과 같이 설명한다: "그는 밝은 색이 조금도 없는 칙칙한 그림을 그린다. 그는 욥에게 어떠한 희망도 주지 않는다. 왜냐하면 그는 하나님을 의심하는 것은 잘못된 것이요 그에 상응하는 즉각적인 결과를 얻게 될 것임을 욥에게 설득하고자 하기 때문이다." 빌닷은 욥의 감정을 거의 고려하지 않은 채로 보편적인 인간의 삶과 욥의 특수한 상황을 순전히 이론적인 차원에서만 설명할 뿐이다.

빌닷은 욥이 쓸데없이 할 말을 찾아 헤매면서 터무니없는 말을 한다고 비난한다(18:2). 빌닷의 시각에서 본다면, 욥은 말놀이를 즐기면서, 자신의 상황에 대한 진지한 논의를 재기 넘치면서도 무의미한 논쟁으로 바꾸려고 한다(Habel 1985: 285). 17:10에 있는 욥의 도발에 대한 응답으로 빌닷은 방어적이면서도 예민한 태도로 이러한 질문을 던진다: "어찌하여 우리를 짐승으로 여기며 부정하게 보느냐?"(18:3). 빌닷은 매몰차게도 14:18과 16:9에 있는 욥의 말을 그에게 되돌리면서, 욥이 자신의 상황에 맞추기 위해 하나님의 도덕적인 질서를 뒤엎어야 한다고 주장한다고 비난한다(18:4). 클라인스(Clines 1989: 411)는 이러한 비난의 배후에 있는 생각을 다음과 같이 설명한다: "만일에 욥이 자신을 위하여서라도 그렇게 해야 한다고 요구하는 바를 따라 도덕적인 세계의 보상 원칙을 포기한다면, 안정된 세계 질서 역시 그것과 함께 포기해야 한다. 세계 질서와 도덕적인 질서 사이에는 단순한 유비만이 있는 게 아니다. 도리어 도덕적인 보상의 원리는 세계 질서의 본질에 속한 것이다. 보상의 원리에 대한 욥의 공격, 곧 자신의 무죄 주장을 유지해야 한다는 주장은 세계에 대한 공격이나 다름이 없고, 혼돈을 이끌어 들이려는 시도에 다름 아니다."

빌닷은 이러한 비난의 말에 이어 18:5-21의 산만해 보이는 시에서 이 세상이 엄격한 인과율을 따라 움직인다고 주장한다. 고도의 상상력에 기초한 이 한 편의 시는 악인의 파멸은 그가 스스로 초래한 것이라는 엄격한 보상 개념을 강조한다. 빌닷은 욥의 곤경과 그가 이전에 했던 말들을 여러 차례 언급하면서(Habel 1985: 284), 자신이 묘사하는 재앙이야말로 욥이 자신의 악함에 대한 징벌로 받게 될 것임을 분명하게 밝힌다. 클라인스(Clines 1989: 413)가 지적한 바와 같이, 이 시가 마지막 부분에서 단지 간접적으로만 하나님에 관해 언급하고 있다는 것은 의미심장한 일이다. 빌닷은 세계가 조금도 예외를 허용하지 않는 자동 제어 기계나 다름이 없다고 본다. 빌닷은 연상 작용을 일으키는 다양한 표상들을 사용하여 악인의 운명을 지하계를 특징짓는 어둠으로 묘사한다(18:5-6; 17:13에 있는 욥의 말을 참조). 악인은 그들 자신의 신체적인 기력을 잃을 것이요, 그들의 보폭은 줄어들 것이다(18:7). 이는 그들이 악을 꾀하는 중에 사냥꾼의 올무에 빠져들 것이기 때문이다(18:8-

11). 하틀리(Hartley 1988: 276)는 이를 다음과 같이 설명한다: "그는 사냥꾼의 올무를 설명함에 있어서 여섯 가지의 상이한 낱말들을 사용한다. 그러한 사람의 길에는 마치 오늘날의 지뢰밭처럼 무수히 많은 올무들이 놓여져 있다. 악인은 성공을 거두기 위해 거만하게 머리를 쳐든 채로 자신의 길을 따라 여행하지만, 그의 발은 생각지도 않게 감추어진 함정에 빠져들 것이요, 그는 사로잡힐 것이다." 악인은 또한 질병(18:12-13)과 불치병(18:14; Habel 1985: 288)과 하나님께서 내리신 심판의 불(18:15)과 가뭄(18:16) 등으로 고통을 당할 것이다. 욥이 당하는 재앙에 대해 솔직하게 언급하면서 그가 처한 상황에 한층 분명하게 논의의 초점을 맞춘 빌닷은 악인이 자신의 명성이 사라지고(18:17), 공동체 안에서 자신의 자리가 치워지며(18:18), 자녀를 얻지 못하는(18:19) 불행을 겪게 될 것이라고 말한다.

빌닷은 이 짧막한 시를 마무리하면서 이제까지 얘기한 것을 다음과 같이 요약한다: "그의 운명에 서쪽에서 오는 자와 동쪽에서 오는 자가 깜짝 놀라리라. 참으로 불의한 자의 집이 이러하고 하나님을 알지 못하는 자의 처소도 이러하니라"(18:20-21). 그가 보기에, 정의가 승리를 거두기 위해서는 불경건함에 반드시 고통이 수반되어야 한다. 빌닷은 욥의 다른 친구들과 마찬가지로 욥기 전체에 묘사되어 있는 욥의 상황을 설명해주지 못하는 보상 개념을 굳게 붙들고 있다. 욥기 전체에 비추어 그의 말을 평가한 파이얼(Fyall 2002: 123)은 다음과 같은 결론을 내린다: "여기서 분명하게 드러나는 것은 빌닷이 욥이 처한 상황을 전적으로 잘못 이해하고 있다는 점이다. 하나님께서는 참으로 죽음의 권세가 욥에게 임하게 하셨지만, 그러한 모든 공격 앞에서 자신의 종이 순전한 사람임을 알리려는 수단으로 그렇게 하신 것이다."

욥(19장)

욥은 빌닷의 두 번째 발언에 답변하면서, 하나님을 포함한 모든 이들에게서 버림받았다는 느낌을 분명하게 드러낸다. 먼저 자신의 친구들을 향하여 말하는 욥은 자신의 버림받은 감정을 표현함에 있어서 탄식의 언어와 법정 언어를 뒤섞어 사용한다. 그는 친구들이 자기를 이해하지 못하고 도리어 그들 자신의 말로써 계속해서 자기에게 상처를 입히고 자기에게 창피를 주었다는 신랄한 비난의 말로 이 단락을 시작한다(19:2-3). "어느 때까지?"(참조. 8:2; 18:2)라는 표현에 비추어볼 때 욥은 특히 빌닷을 겨냥하여 답변을 주는 것처럼 보이지만, 히브리어의 동사 복수형은 그가 친구들 모두를 겨냥하여 말하고 있음을 보여준다. 뿐만 아니라 그들은 나설 필요가 없는 곳에서까지 자신을 드러내곤 했다. 설령 욥에게 죄가 있다 할지라도 — 욥 자신은 이를 받아들이지 않지만 — 그의 잘못은 오로지 그의 문제일 뿐이지, 그들이 앙갚음할 권리를 가지고 있는 어떤 것이 아니다(19:4). 욥은 사실상 그 문제가 자신과 하나님 사이의 문제라고 말한다(19:5-6). 다음 단락으로 넘어가면서 욥은 자신에 대한 변명으로 하나님께 호소했음에도 불구하고 그가 사면 행위를 늦추시는 잘못을 범하셨다고 믿는다. 앤더슨(Andersen 1976: 191)은 이를 다음과 같이 추론한다: "재판관은 욥을 범죄자로 선포한 적이 없다. 그것은 단지 그의 친구들이 욥의 경험에 자신들의 이론을 적용하는 과정에서 이끌어낸 결론일 뿐이다. 욥은 여전히 하나님의 응답을 기다리고 있으며, 하나님께서 말씀하신다면(설령 그 답을 얻기 위해 죽음 이후의 순간까지 기다려야 한다고 할지라도) 틀림없이 욥 자신을 무죄한 자로 선언하실 것이라고 줄기차게 주장한다. 욥이 견뎌내야 하는 것은 잘못된 판결이나 정의의 왜곡이 아니라 정의가 더디 이루어진다는 점이다."

욥은 하나님의 도우심과 정의에 호소하지만, 단지 침묵을 응답으로 받을 뿐이다(19:7). 그의 친구들이 정작 그가 원하는 도움을 주기보다는 그를 모욕하는 것처럼, 하나님께서도 욥의 혐의를 풀어주기보다는 그를 원수처럼 공격하시는 것으로 보인다(19:8-12). 하벨(Habel 1985: 295)이 지적한 바와 같이, 욥은 하나님이 자신을 포위하셨다고 본다: "욥은 외롭게 하나님의 군대에 의해 포위당한 사람이다. 포위 공격에 관한 은유를 사용하는 욥은 하나님께서 모든 진입로를 막으셨고, 자기 주변에 있는 모든 담벼락을 허무셨으며, 감옥에 갇힌 왕의 경우처럼 그의 직위를 나타내는 기장(記章)을 빼앗으셨고, 자신의 군대를 위해 성벽을 세우시고서는 자기를 죽이려고 공격하신다고 설명한다." 욥이 가는 길은 사탄이 1:10에서 주장한 바와 같이, 하나님이 쳐두신 울타리에 의해 보호를 받지 못하고, 도리어 하나님께서 세우신 어둠의 벽에 의해 가로막힌다(19:8). 시편 8:5를 분명하게 언급하면서, 하나님께서 자신의 영광을 거두어 가심으로써 공동체 안에서의 그의 고귀한 신분이 완전히 사라졌다고 말한다(19:9)(Whybray 1998: 93). 앞서 14:7-9에서 표현한 희망과는 대조적으로 욥은 이제 자신을 하나님에 의해 뿌리가 뽑힌 나무로 간주한다(19:10). 그는 이제 하나님께서 그의 군대를 소집하여 공격하고자 하는 원수로 여겨진다(19:11-12). 하나님의 공격에 직면한 욥의 삶은 생존의 가능성이 거의 없는 연약한 장막과도 같다. 발렌타인(Balentine 1999b: 270)은 욥이 18장에서 빌닷이 사용한 바 있는 장막의 은유를 사용하여 자신의 처지를 살피는 쪽으로 논의의 방향을 바꾸었음을 지적한다: "이제 욥은 만일에 도덕적인 세계 질서가 믿을 만한 것으로 평가되어야 한다면, 그 안에 있는 자신의 지위를 그에 비추어 판단하지 않으면 안 된다고 주장한다. 그는 빌닷과 자기 친구들에게 자신의 '장막'을 가까이 들여다볼 것을 청한다 … 하나님에 의해 포위당한 자신의 장막을 말이다. 또한 그는 자신의 위로자들과 의문의 여지가 없는 그들의 세계관에 도전장을 내미는 거친 질문들을 던진다."

욥에 대한 하나님의 공격은 그 결과로서 일어나는 사회적인 고립을 핵심 요소로 가지고 있다. 욥은 이를 19:13-14에서 이렇게 표현한다: "나의 형제들이 나를 멀리 떠나게 하시니 나를 아는 모든 사람이 내게 낯선 사람이 되었구나. 내 친척은 나를 버렸으며 가까운 친지들은 나를 잊었구나." 뿐만 아니라 그는 자신의 종들(19:15-16)에게도 무시를 당하며, 그의 아내와 형제들도 그를 멀리한다(19:17). 그리고 그는 자신이 속한 공동체의 모든 구성원들에게도 버림을 받는다(19:18-19). 클라인스(Clines 1989: 446)는 이 단락의 흐름이 욥의 공동체가 얼마나 철저하게 그를 공격하여 그를 고통 중에 홀로 내버려두었는지를 강조하고 있다고 본다: "자신의 주변 사람들을 둘러본 욥은 시야를 점점 안쪽으로 돌리면서 친족들과 친구들(13-14절)로부터 집안의 종들(15-16절)을 거쳐 그의 아내와 형제들(17절)에게로 시선을 옮기며, 다시금 바깥쪽으로 시선을 돌려 이웃의 자녀들(18절)을 거쳐 가까이 지내던 모든 사람들(19절)에게로 초점을 맞춘다. 어느 곳에서도 욥은 자신의 고립감을 여기에서처럼 설득력 있게 표현한 적이 없다." 욥은 자신을 뼈만 앙상하게 남은 사람으로 만들어버린 고통 속에서 동정심을 바라는 애처로운 마음으로 외치면서, 친구들에게 하나님께서 자기 삶에게 안겨주신 고통을 더하려고 하기보다는 자기를 도와달라고 청한다(19:20-22).

욥이 행한 이 발언의 마지막 단락은 욥기에서 가장 유명한 본문들 중의 하나이지만, 이 단락(19:23-29)은 가장 해석하기가 어려운 본문들 중의 하나이기도 하다. 욥이 23절에서 언급하는 "오 … 했더라면"이라는 표현은 욥기에서 자주 나타나는 양식이다(Habel 1985: 303). 여기서 그것은 그의 무죄 주장이 항구적으로 기록되기를 바라는 희망을 가리킨다. 그는 이렇게 말한다: "나의 말이 곧 기록되었으면, 책에 씌어졌으면, 철필과 납으로 영원히 돌에 새겨졌으면 좋겠노라"(19:23-24). 화튼(Wharton 1999: 88)은 욥의 소원이 갖는 의미를 다음과 같이 잘 설명하고 있다: "자신의 주장을 뒷받침할 도움을 사람들에게서 전혀 받지 못함으로 인하여 절망에 빠진 욥은 어떤 불멸의 기록을 남길 것을 갈망하면서 부르짖는다. 모든 시간의 횡포와 인간의 필멸성을 넘어서서 자신의 무죄함에 대해서 증거할 수 있는 기록 말이다. 24절이 금속제 철필로 납을 입힌 동판에 글을 새기는 행동을 가리키는지 아니면 이와 유사한 행동, 곧 펴서 늘일 수 있는 납을 이전에 돌에 새겨진 문자들로 변형시키는 행동을 가리키는지는 알 수 없지만, 그 일반적인 의도는 분명하다. 죽음의 문턱에서(19:20) 욥은 자신의 정의로운 주장이 '자신의 뼈와 함께 묻히는' 일을 원치 않는다."

25절은 자주 신약성서의 부활 교리에 비추어 해석되지만, 여기서는 욥의 의도에 비추어 해석하는 것이 더 옳다. 물론 욥이 그 자신이나 욥기의 저자가 이해한 것 이상의 의미를 가지고서 그 얘기를 했을 수도 있다는 것은 사실이다. 그러나 우리로서는 이 구절이 전후 문맥에서 어떠한 의미를 전달하고 있느냐 하는 것에 일차적인 관심을 기울이지 않으면 안 된다. 욥은 친족 중에 있는 구속자('고엘')이 장차 자신의 정당함을 입증해줄 것이라는 희망을 굳게 붙든다. 물론 여기서 말하는 구속자는 욥이 13-22절에서 언급한 사람들과는 달리, 그를 위한 증인 역할을 감당함으로써 그의 입장을 대변하고 또 그를 비난하는 자들 앞에서 그의 무죄함을 선포할 자를 일컫는다(Deuel 1994: 97). 이 고엘은 "욥의 주장이 반드시 청취될 것임을 보증하고, 욥이 법정에 있건 없건 관계없이 그의 주장을 변호하는" 역할을 수행한다(Habel 1985: 306). 이 구절을 그리스도의 중재자 내지는 구속자 역할에 관한 분명한 진술로 이해해서는 안 되겠지만, 욥은 자신의 불행한 처지를 넘어서서 한층 밝은 미래의 빛을 얼핏 발견한 것으로 보인다. 종종 탄식시의 어둠을 관통하는 신뢰의 고백과 유사한 방식으로 말이다(Gibson 1999: 53-54). 그는 자신이 죽을 것이라는 사실을 받아들이지만, 그와 동시에 자기가 하나님을 볼 것이라는 확신을 세 번에 걸쳐서 진술한다: "내 가죽이 벗김을 당한 뒤에도 내가 육체 밖에서 하나님을 보리라. 내가 그를 보리니 내 눈으로 그를 보기를 낯선 사람처럼 하지 않을 것이라"(19:26-27). 욥기 전체의 맥락에 비추어볼 때 욥은 여기서 자신이 생각하는 것보다 더 진실하게 말하고 있다. 왜냐하면 42:5에서 그는 "내가 주께 대하여 귀로 듣기만 하였사오나 이제는 눈으로 주를 뵈옵나이다"라고 말한 바가 있기 때문이다. 머피(Murphy 1999: 56)는 이 두 구절의 의미를 다음과 같이 잘 지적하고 있다: "이 본문에 관하여 많은 논의가 진행되고 있지만, 그 중에서도 본문이 확실하게 언급하고 있는 것만큼은 놓쳐서는 안 된다. 본문은 눈으로 보는 행동을 세 번에 걸쳐서 강조한다. 욥은 자신이 하나님을 볼 것이라고 주장한다(26-27절). 하나님을 볼 자는 욥이지 어떤 낯선 사람이 아닌 것이다. 바로 그의 눈이 그러한 광경을 목격할 것이다. 욥은 이것을 두려움 속에서가 아니라 확신 속에서 진술하며, 자신의 정당함이 입증될 것이라는 느낌을 전달한다. 그의 이 말은 하나님을 만날 수 없는 현실 — 23장에 생생하게 묘사된 바 있는 — 에 대한 응답의 성격을 갖는 것으로 보인다. 이와 동시에 그것은 38:1에 묘사된 야웨의 현현을 예비하는 것이기도 하다." 욥은 마침내 자신의 정당함이 입증될 것임을 확신하고 있는 까닭에, 자기 친구들에게 그들이 자기를 잘못 비난한 것으로 인하여 하나님의 심판에 직면하게 될 것이라고 경고한다(19:28-29).

소발(20장)

소발의 두 번째이면서도 마지막 발언은 그가 욥을 불쾌하게 생각하고 있음을 보여준다. 욥의 이전 발언들을 여러 차례 언급하면서, 그리고 특히 19:28-29에 있는 결론적인 비난에 대해 응답하면서 소발은 욥에게 모욕당했다는 생각으로 인하여 흥분한 상태에서 말을 한다(20:1-3). 자신을 향한 욥의 불평을 인용하는 강한 언어로 소발은 자신이 욥의 상황을 올바로 이해하고 있음을 강하게 주장한다. 왜냐하면 욥은 악인이 받아 마땅한 운명을 겪고 있기 때문이다. 화이브레이(Whybray 1998: 100)는 이를 다음과 같이 설명한다: "욥은 하나님께서 자신을 다루시는 방식을 지금 소발이 악인의 운명에 대해서 묘사하는 데 사용하는 것과 똑같은 언어로 묘사한 바가 있다. 예로서 욥은 하나님께서 독이 묻은 화살로 자신을 쏘았으며(6:4), 하나님의 화살들이 그의 쓸개즙을 땅에 쏟아지게 만들었다고 묘사한다(16:13). 그는 하늘에 있는 자신의 변호인에 관해서도 말한 바가 있다. 그런데 이제 소발은 하늘이 그 악인에게 등을 돌린다고 선언한다. 그가 자신의 발언 전체에서 욥을 염두에 두고 있다는 것은 부정할 수가 없다. 비록 그가 욥을 한 번도 직접 언급한 적은 없지만 말이다."

소발은 19:25에 있는 욥의 주장을 배척하면서 20:4-5에서 그를 이렇게 공격한다: "네가 알지 못하느냐? 예로부터 사람이 이 세상에 생긴 때로부터 악인이 이긴다는 자랑도 잠시요 경건하지 못한 자의 즐거움도 잠깐이니라." 욥은 거짓된 희망에 미혹되어 있다. 왜냐하면 악인이 즐기는 행복은 일시적인 것이기 때문이다. 그들은 하나님의 심판을 받을 것이다. 소발은 그 자신이 전통적인 지혜에 의하여 확립되어 있다고 생각하는 엄격한 보상 교리에 입각하여 악한 자들이 반드시 징계를 받을 것이라고 주장한다. 빌닷의 두 번째 발언을 연상시키는 중에 "소발은 심판과 징벌이 도덕적인 악에 필연적으로 수반되는 것이요, 피할 수 있는 것이 아니라는 점을 보여주려고 애쓴다" (Janzen 1985: 151). 그러나 소발은 악인들이 일시적으로나마 형통함을 누릴 수도 있다는 점을 인정하는 중에, 자기도 모르게 흠 없음과 복, 그리고 완악함과 징벌 사이에 완전한 상관관계가 있는 것은 아니라는 욥의 주장을 부분적으로 인정한다.

이어서 소발은 악인이 높이 올라가면 갈수록 더 강렬하게 떨어질 것이라고 주장한다(20:6-11). 그의 이 주장은 미묘한 어조로 형통함을 누리던 시절에 동방에서 가장 큰 자였던(1:3) 욥을 비난하는 것으로 보인다. 하나님께서는 악인을 징계하시면, 그 악인은 불을 피우는 데 사용되는 똥과 같이 없어질 것이요, 꿈과 같이 사라질 것이다. 어느 누구도 그를 알아보지 못할 것이다. 그의 재산이 그에게서 사라질 것이요, 그의 자녀들은 구걸해야 할 것이다. 그리고 그의 몸의 기력은 정해진 때가 되기 전에 사라질 것이다. 이것은 교만에 빠진 악인이 하나님을 거역한 까닭에 정의의 원칙에 의하여 수치를 당하게 될 것임을 의미한다(Habel 1985: 316).

20:12-19에서 소발은 하나님께서 악인들의 죄악을 이용하여 그들을 멸하실 것이라는 주장을 전개한다. 소발은 먹는 것에 관한 은유를 반복적으로 사용함으로써, 악이 그 자신의 형벌을 포함하고 있다고 주장한다. 하틀리(Hartley 1988: 305-6)는 이를 다음과 같이 설명한다: "악인은 … 악의 단맛을 즐기겠지만, 때가 되면 자신의 악행을 삼켜야 할 것이다. 그렇게 되면 그것은 그의 위장 속에서 그를 향한 저주를 풀어놓을 것이다. 그것은 독이 든 음식물과도 같다. 좋은 맛을 내도록 설탕 성분이 들어가 있긴 하지만, 그것은 위장 속에서 확실하게 자신의 독을 풀어놓을 것이다." 하나님께서는 악인으로 하여금 그가 불의한 방법으로 축적한 재물을 토하게 하신다(20:15). 그 결과 그는 자신이 쌓아올린 재물을 즐기지 못할 것이다(20:17-18). 압제를 수단으로 하여 얻은 것들을 그는 빼앗기게 될 것이다(20:19).

소발은 악인들에게는 운명의 비극적인 전환이 있을 것이라고 주장한다. 왜냐하면 그들의 탐욕이 그들을 메마른 땅으로 만들 것이기 때문이다(20:20-22). 그가 보기에 욥은 악하기 때문에 불행한 사람이다. 욥이 알지 못하고 있는 것은 하나님께서 그를 음식물이 아닌 맹렬한 진노로 배부르게 하실 것이라는 점이다(20:23). 소발은 전능자의 화살이 자기 몸에 박혀 있다는 욥의 불만(6:4)에 대해 언급하면서, 악인이 하나님의 다양한 징계 수단들을 피하지 못할 것이요, 도리어 그의 몸을 꿰뚫는 청동 화살에 찔릴 것이라고 말한다(20:24-25). 또한 그는 욥의 수면을 방해한 하나님의 불(1:16)에 대해 언급하면서, 다음과 같이 선언한다(20:26): "큰 어둠이 그를 위하여 예비되어 있고 사람이 피우지 않은 불이 그를 멸하며 그 장막에 남은 것을 해치리라." 욥은 자신의 무죄함을 뒷받침하기 위해 전통적으로 국제 조약에서 증인으로 소환되는 하늘과 땅에게 호소하지만(16:18-19), 소발은 그것들이 사실은 악인의 죄악을 드러낼 것이라고 주장한다. 악행자들에게 임할 재앙 예언의 결말 부분에서 소발은 하나님께서 진노하시는 날에 그들의 모든 재물이 파괴될 것이라고 말한다(20:28).

마지막 요약 진술 — 욥의 몇몇 발언들의 특징을 이루는(참조. 18:21) — 에서 소발은 "이는 악인이 하나님께 받을 분깃이요 하나님이 그에게 정하신 기업이니라"(20:29)라는 결론을 내린다. 그는 욥에게 회개할 것을 촉구하지 않는다. 왜냐하면 그는 욥에게 아무런 희망도 없다고 생각하기 때문이다. 앤더슨(Andersen 1976: 197)이 지적한 바와 같이, "소발은 그를 전혀 가엾게 생각하지 않으며, 그의 하나님 역시 전혀 자비를 베풀지 않는다." 에누리 없는 보상 신학에 집착한 탓에 소발은 하나님의 도덕적인 질서가 악을 행하는 욥에게 재앙을 내릴 것을 요구하는 까닭에 그의 운명이 이미 정해져 있다는 결론을 내린다. 그 결과 그는 욥에게 더 이상 말하지 않는다. 26장 이후로 자신에게 세 번째로 말할 기회가 돌아오지만, 소발은 침묵을 지킨다.

욥(21장)

본장에서 욥은 하나님을 향해 말하거나 혼자 말하던 앞의 발언들과는 달리, 세 친구들이 내세우는 다양한 주장들에 맞서는 주장을 전개한다. 욥은 분노와 이성을 뒤섞은 채로 지극히 단순하게 고정되어 있는 그들의 보상 개념을 공격한다. 화이브레이(Whybray 1998: 101)는 욥이 전개하는 반격의 내용을 다음과 같이 잘 요약하고 있다: "그는 그들의 주장과 정반대되는 것을 주장한다. 그는 한 집단으로서의 악인들이 그들에게 예견된 끔찍한 운명에 직면하기는커녕, 도리어 욥의 친구들이 주장하는 바 의인들에게 예정된 행복과 형통함을 악인들이 누린다고 주장한다. 그는 하나님이 마땅히 보상을 받아야 할 자에게 무관심한 까닭에 그에게 상급을 주지 않으신다고 주장하지 않는다. 오히려 그는 하나님이 일부러 정의의 원리들을 무시하시되, 몇몇 한정된 경우들에만 그런 것이 아니라 줄기차게 보편적으로 그러하신다고 주장한다." 친구들의 논지에 대해서 언급하고 그들을 논박하는 과정에서 욥은 그들과의 공식적인 논쟁에 근접하기에 이른다(Smick 1988: 949).

욥은 확실히 자신에 대한 그들의 무감각함에 불편함을 느낀다. 그는 21:2-3에서 그들에게 호소한다: "너희는 내 말을 자세히 들으라. 이것이 너희의 위로가 될 것이니라. 나를 용납하여 말하게 하라. 내가 말한 후에 너희가 조롱할지니라." 그들이 자신을 글러먹은 인간으로 단념하였다고 생각한 욥은 그들에게 말하기를 중단하고서 이전처럼 침묵함으로써(참조. 2:13) 조용히 자신의 말에 귀를 기울여줄 것을 요청한다. 욥은 자신의 진정한 불만이 사람을 향한 것이 아니라고 말한다. 만일에 그랬더라면 그는 그러한 상황을 해결하기 위해 법적인 절차에 호소하였을 것이다. 그러나 욥은 하나님께로부터 법적인 해결책을 구하고 있기 때문에, 자신의 소송을 어떻게 또는 언제 해결해야 하는지를 잘 알지 못한다(21:4). 조바심을 가지고 기다리는 동안에 그는 친구들에게, 그들의 말로써 자신의 고통을 더하려고 하기보다는 자신의 곤경에 신경을 써줄 것을 간청한다(21:5-6).

욥은 친구들이 보상 신학에 너무 집착하는 바람에 인간의 삶에 수반되는 주목할 만한 사실들을 제대로 알지 못한다고 주장한다. 의인에 대한 엘리바스의 표현(5:15-27)을 연상시키는 언어를 사용하는 욥은, 악인들이 일시적인 즐거움을 누릴 뿐이라는 소발의 주장(20:5-11)과는 달리 왜 그들이 실제로는 살아서 형통함을 누리는지를 묻는다(21:7-16). 하벨(Habel 1985: 325)은 이를 다음과 같이 설명한다: "욥은 악인에 대한 주장을 전개함에 있어서 일부러 친구들의 악인 묘사에서 사용되는 중심 주제들과 인상적인 언어를 그대로 사용한다." 욥은 보상 교리와는 대조적으로 악인들이 장수와 형통함을 누리고(21:7), 행복한 가정생활을 영위하면서 그들의 재물을 안전하게 지키며(21:8-9), 그들의 짐승들은 새끼를 많이 낳고(21:10), 그들은 가정의 평화를 누리면서(21:11-12), 몸을 쇠약하게 만드는 질병에 시달리지도 않는다는 점(21:13)을 지적한다. 이상의 모든 복은 악인들에게 자연스럽게 따라붙는다. 그들이 의도적으로 뻔뻔스럽게 하나님을 배척하면서 다음과 같이 말하고 있음에도 불구하고 말이다: "그러할지라도 그들은 하나님께 말하기를 '우리를 떠나소서. 우리가 주의 도리 알기를 바라지 아니하나이다. 전능자가 누구이기에 우리가 섬기며 우리가 그에게 기도한들 무슨 소용이 있으랴?' 하는구나"(21:14-15). 욥은 악인들이 하나님께 대하여 보이는 이러한 교만한 태도 — 악인들의 특징을 이루는 — 를 강하게 배척한다(21:16).

17절에서 다음과 같은 질문을 던짐으로써 욥은 악인의 빛이 꺼지고 만다는 빌닷의 주장(18:5-6)을 직접 반박한다: "악인의 등불이 꺼짐과 재앙이 그들에게 닥침과 하나님이 진노하사 그들을 곤고하게 하심이 몇 번인가?" 뿐만 아니라 하나님께서 악인들에게 자신의 진노를 쏟아 부으신다는 소발의 주장(20:23) 역시 실제 경험에서는 고정된 법칙이 아니다(21:17c-18). 엘리바스가 5:4에서 말한 것과는 대조적으로, 하나님께서는 조상들의 죄로 인하여 그 자손들을 계속해서 괴롭히지 않으시며, 설령 그가 그렇게 하신다 할지라도, 여전히 악인들에게는 정의가 이루어지지 않는다(21:19-21). 이러한 수사학적인 질문을 통하여 욥은 실제의 경험에서는 이처럼 불공평해 보이는 일들이 아주 드물게 예외적으로 일어나는 것이 아니라 도리어 빈번하게 이루어진다고 주장한다. 그 까닭에 그는 자기 친구들에게 그들의 잘못된 보상 교리를 재고할 것을 청한다. 베스터만(Westermann 1981: 89-90)은 이를 다음과 같이 설명한다: "잠언에서 연이어 선포되는 지혜 유형, 곧 의인들에게는 모든 일들이 잘 될 것이지만, 범죄자에게는 해로운 일이 발생할 수밖에 없다는 가르침이 여기서는 여러 모로 도전을 받는다. 친구들의 시각에서 본다면, 그것은 신성모독 행위나 다름이 없다. 그러한 견해에 부딪힐 경우 그들이 추종하는 신학의 근본은 무너질 수밖에 없을 것이다."

터무니없는 질문을 사용함으로써 욥은 하나님의 심판 행동이 인간의 지식을 넘어선다는 결론을 내린다(21:22). 이것은 친구들이 선포하는 엄격한 보상 교리가 하나님께서 일반적으로 어떻게 행동하시며, 구체적인 상황 속에서는 또 어떻게 행동하시는지를 설명하는 데 부적절하다는 것을 뜻한다. 하벨(Habel 1985: 329)이 지적한 바와 같이, "만일에 하나님께서 하늘에 있는 자들의 운명을 정하신다면, 사람들은 그가 자기들의 개별적인 성향에 따라 지상에서 그들의 운명을 정하실 것이라고 기대할 수 없다."

친구들의 입장에 대한 반격을 계속하면서 욥은 도덕성과 형통함 사이에는 엄격한 상관관계가 존재하지 않는다고 주장한다(21:23-26). 보상의 신학은 삶을 검은 색과 흰 색으로만 칠하려고 하지만, 개개인의 성품이 항상 그의 삶의 질에 따라서 결정될 수 있는 것은 아니다. 자세히 조사해 보면, 인간의 행동과 그 결과로서 나타나는 결과 사이의 상관관계는 유지되기 어렵다. 로울리(Rowley 1976: 151)는 이를 다음과 같이 설명한다: "욥은 악인들이 항상 형통함을 누리고 의인들이 항상 불행하다고 주장하지 않는다. 도리어 그는 공적과 경험이 직접적으로 서로 상응하지 않는다고 주장한다. 어떤 사람은 형통함을 누리다가 죽지만, 또 어떤 사람은 불행하게 죽는다. 이 두 사람은 악할 수도 있고 선할 수도 있을 것이다. 그들의 성품은 그들이 겪는 운명으로부터 추론될 수 있는 것이 아니다." 욥은 두 종류의 사람을 비교하는 중에, 한 사람은 삶 속에서 복을 누리며, 다른 사람은 좋은 것을 전혀 맛보지 못한다는 사실에 근거하여, 그들의 삶이 죽을 때에 서로 엇갈린다는 점을 주목한다: "이 둘이 매한가지로 흙 속에 눕고 그들 위에 구더기가 덮이는구나"(21:26). 성품과 결과가 항상, 아니면 자주, 일치하지 않는 세계에서 유일하게 확실한 것은 모두가 죽는다는 사실이다.

두 번째 대화 주기가 끝나가는 중에 욥은 자신의 곤경에 대한 친구들의 판단을 대놓고 거부한다(21:27-34). 욥은 자신의 삶이 이전의 형통함을 잃어버린 것에 대한 친구들의 설명이 부정직한 동기에서 비롯된 것이라고 본다. 왜냐하면 그는 그들이 의도적으로 자기를 해하려는 속셈을 가지고 있다고 생각하기 때문이다(21:27-28). 따라서 그는 "자기를 돕기보다는 해하려는 친구들의 약삭빠른 추론을 사용하여 그들을 비난한다"(Hartley 1988: 320). 욥은 친구들에게 많은 지역을 여행해 본 자들을 향하여 그들이 관찰한 것들에 대해서 증거할 것을 요청하도록 촉구함으로써 그들의 주장을 공격한다. 그는 보편적인 경험이 자신의 입장을 지지할 것이요, 세상이 어떻게 돌아가는지에 관한 소발의 견해는 그렇지 않다고 주장한다(21:29; 참조. 20:4). 사실 악인들은 종종 장례식에서조차 존중히 여김을 받는다(21:30-33).

고르디스(Gordis 1978: 235)는 이 점을 다음과 같이 설명한다: "지혜 저자들은 부당한 형통함을 누리던 삶을 결산해 보면 악인들에게는 끝까지 한순간도 진리가 통용되지 않는다는 사실에 익숙하다. 그들의 참된 성품은 그 때에 가서도 드러나지 않지만, 그들이 무덤에 묻히기 전에 그들의 삶에 대한 찬미는 완전히 사라지고 만다." 욥이 보기에 그의 친구들은 인간의 경험 세계를 너무도 크게 잘못 해석한 까닭에, 그리고 그들이 자기가 처한 상황을 철저하게 잘못 이해한 까닭에, 그는 그들의 위로를 헛되고 그릇된 것으로 거부한다(21:34). 이처럼 날카로운 말로써 욥은 두 번째 대화 주기를 끝맺는다. 친구들에 의해 위로받지도 못하고 설득당하지도 않은 욥은 사실의 측면에서 바라볼 때 그들의 말이 무가치하고 부정확하다는 것을 발견한다.

세 번째 주기(22-26장)

욥과 그의 친구들은 해답 없는 막다른 골목에 도달했음이 분명하다. 세 번째 주기에 있는 발언들은 앞의 경우보다 더 짧다. 빌닷은 단지 몇 마디의 말만을 할 뿐이요, 소발은 아예 한 마디도 말하지 않는다. 뿐만 아니라 발언자들이 점점 서로에게 환멸감을 느끼게 되면서, 맨 처음에 있었던 위로의 분위기는 정죄의 분위기로 바뀌고 만다. 발렌타인(Balentine 2003b: 387)은 이 마지막 주기에서 욥의 친구들이 취하고 있는 입장을 다음과 같이 잘 요약하고 있다: "세 번째의 발언록(22-27장)에서 친구들은 욥에게서 억지로라도 죄의 고백을 이끌어내고자 했던 노력을 중단한다. 이제 그들은 단지 그가 죄를 범한 자임을 선언할 뿐이다. 모든 시련에는 정당한 이유가 있고 증거가 너무도 확실하기에 피고는 그저 굴복하고서 자신의 죄를 인정하는 수밖에 없다고 보는 그들의 입장은 더 이상 통용되지 않는다. 그러나 욥의 친구들이 하나님과 욥 사이의 분쟁에서 자기들이 재판관과 배심원의 권리를 가지고 있다고 주장하는 한, 여전히 그들은 단순히 재판석에 앉아서 판결함으로써 욥이 의심할 여지 없이 죄를 범한 자라는 결과를 얻을 수 있다."

엘리바스(22장)

욥을 향한 자신의 마지막 발언에서 엘리바스는 적대적인 대결의 분위기를 보인다. 그는 욥과 공감하지 못한다. 왜냐하면 그는 욥의 순전함을 공격함으로써 욥의 비난에 대한 자신의 신념을 보호하는 데 더 많은 관심을 기울이고 있기 때문이다. 하틀리(Hartley 1988: 336)는 이를 다음과 같이 설명한다: "자신의 신념에 대한 애착으로 인하여 그는 욥의 짐을 같이 지려하기보다는 욥을 비난하는 데 열중한다. 그 결과 그의 발언은 욥의 역동적인 믿음을 약화시키며, 부당한 고통과 씨름하는 욥의 괴로움을 증대시킨다." 거의 예언자적인 어투로 엘리바스는 일련의 수사학적인 질문들(참조. 4:7; 15:2-3)을 욥에게 던진다. 이처럼 간접적인 수단을 통하여 그는 하나님께서 사람에게 있는 것으로 여겨지는 덕행을 그렇게 크게 마음에 두지 않으신다고 주장한다. 왜냐하면 초월적인 차원에 속한 그는 공평하고 정의로우신 분이기 때문이다

(22:2-3). 화이브레이(Whybray 1998: 104)는 엘리바스의 논지를 다음과 같이 설명한다: "하나님께서는 인간의 행동에 의해 영향을 받는 분도 아니요, 그로부터 어떠한 유익을 얻는 분도 아니다. 그는 스스로 충만하신 분이요, 지극히 공평하신 분이요, 결코 세속적인 동기에 의하여 마음이 흔들리는 분이 아니다. 따라서 만일에 그가 욥을 책망하시고 그의 대적자가 되셨다면, 욥은 그 자신이 주장하는 것처럼 결백할 수가 없다." 욥의 경건에 대한 하나님의 칭찬(1:8; 2:3)을 알 턱이 없는 엘리바스는 부지중에 아이러니컬한 질문을 던진다: "하나님이 너를 책망하시며 너를 심문하심이 너의 경건함 때문이냐?"(22:4). 이전에 4:3-4에서 욥을 칭찬하던 것과는 대조적으로 그는 욥이 매우 악한 자라고 비난한다(22:5).

하벨(Habel 1985: 338)은 그 뒤에 이어지는 근거없는 구체적인 비난의 목록이 욥이 처한 상황에 대한 엘리바스의 처방의 정점에 해당한다고 본다: "처음에 엘리바스는 욥에게 자신의 운명을 전능자의 징계로 받아들일 것을 촉구한 바가 있다(5:17). 그 후에 그는 욥이 자신의 언어와 지혜를 왜곡시킨 죄를 범하였다고 비난한다(15:2-6). 이제 그는 욥이 큰 죄인이라고 비난하며, 그를 향하여 구체적인 죄의 목록을 나열한다(6-9절)." 욥이 저지른 것으로 여겨지는 죄목들은 한결같이 그가 다른 사람들을 다룬 것과 관련되어 있다. 그 죄목에 대하여 욥은 31장에서 명확한 어조로 자신을 방어한다. 엘리바스가 나열한 가혹하면서도 그릇된 죄목들 중에는 욥이 친족에게서 폭리를 취하고(22:6), 궁핍한 자에게 자비를 베풀지 않으며(22:7), 권력을 이용하여 사리사욕을 추구하고(22:8), 과부들과 고아들을 압제하는 행동(22:9) 등이 포함되어 있다. 그리고나서 엘리바스는 욥의 불행이 응분의 대가를 받은 것이라는 결론을 내린다. 왜냐하면 그는 자기 죄에 스스로 빠져든 결과 하나님의 심판을 받게 된 것이기 때문이다(22:10-11)(Moore 1993: 672).

엘리바스는 수사학적인 질문을 연이어 던지면서, 하나님이 자신의 곤경을 잘 알고 있는 것처럼 행동하지 않으시는 것처럼 보인다는 욥의 주장을, 욥이 마치 하나님께서 자기를 감찰하실 수 없는 것처럼 행동한 결과 벌을 받지 않은 채로 죄를 범할 수도 있다는 비난으로 바꾼다(22:12-14). 엘리바스에 따르면, 욥이 하나님의 초월성에 관심을 둔 탓에 하나님의 내재성 — 욥이 이

전에(7:17-20) 하나님께서 자기를 너무도 꼼꼼하게 감찰하신다고 불평하던 태도와 사실상 일치하지 않는 입장 — 을 사실상 부정하게 된 셈이다. 엘리바스는 욥을 노아 시대의 죄인들과 비교한다. 왜냐하면 그들은 당시에 교만에 사로잡힌 나머지 하나님으로부터의 독립을 꾀함으로써 하나님의 심판을 자초했기 때문이다. 비록 그들로서는 자기들이 하나님의 보복이 미치지 않는 곳에 있다고 생각했겠지만 말이다(22:15-17). 하틀리(Hartley 1988: 330)는 이를 다음과 같이 설명한다: "욥의 이러한 태도를 두려워한 엘리바스는 비밀스럽고 어두운 길 — 과거의 악명 높은 사람들이 밟던 — 을 따라 사는 삶의 결과에 관한 수사학적인 질문을 던짐으로써 그에게 경고한다. 그처럼 악한 사람들에게 임한 파괴적인 징계에 관해 묘사하면서 그는 하나님의 징계를 나타내는 과거의 전설적인 재앙 사건들을 큰 죄는 반드시 엄하게 벌을 받는다는 일반적인 주제를 나타내는 근거 자료로 활용한다." 죄인들의 풍족한 삶이 하나님의 징계성 심판에 의해 무너지는 것과 마찬가지로, 모든 의로운 자들은 하나님께서 형통함을 누리는 악인들을 벌하시는 것을 자기들의 눈으로 볼 것임을 확신을 갖고서 기대할 수 있다(22:18-20). 이것이 욥에게 대하여 갖는 의미는 분명하다: 그가 누리던 과거의 형통함은 그의 의로움에 대한 하나님의 복에 기인하는 것이 아니다. 왜냐하면 현재 당하는 재앙으로 인하여 그는 하나님을 무시하려다가 도리어 그 하나님에 의해 재산을 모두 잃어버린 자들 중의 한 사람이 되고 말았기 때문이다.

엘리바스는 이러한 전망에 비추어 욥에게 회개할 것을 진지하게 촉구한다(22:21-30). 의심할 여지 없이 그것은 욥에 대한 진정한 관심의 일부를 반영하고 있다. 그러나 불행하게도 욥이 처한 상황에 대한 그의 판단은 과녁을 벗어난 것이다. 엘리바스가 말하는 것은 일반적인 원리로서는 옳은 것이지만, 욥의 구체적인 사례에는 맞지 않는다. 자신이 하나님의 말씀을 알고서 말한다고 생각하는(22:22) 엘리바스는 욥에게 "너는 하나님과 화목하고 평안하라. 그리하면 복이 네게 임하리라"고 충고한다(22:21). 엘리바스에 따르면, 욥은 회개하면서 하나님께로 돌아올 필요가 있다. 그는 욥의 문제가 하나님보다는 자신의 재물을 그가 더 신뢰한다는 데 있다고 말한다(22:23-24). 앤더슨(Andersen 1976: 205)는 이를 다음과 같이 설명한다: "욥의 관심을 끌기 위해 단지 금덩이에 대해서만 언급하는 엘리바스는 재물이야말로 파멸의 원인이요, 욥이 하나님과의 바른 관계를 회복하려면 그것을 포기하고 오직 하나님만을 자신의 보화로 삼아야 함을 강조한다." 그는 계속하여 욥에게, 만일에 그가 회개한다면 큰 복을 누리게 될 것임을 확신시키고자 한다. 하나님께서는 그의 참된 금과 은이 되어주실 것이요(22:25), 욥은 하나님의 은총을 회복할 것이다(22:26). 그리고 하나님께서는 그의 기도를 들어주실 것이요(22:27), 그는 하나님의 빛과 권세를 받을 것이요(22:28), 하나님 앞에서 다른 사람들을 위하여 중재자로 섬길 것이다(22:29).

하벨(Habel 1985: 337)은 엘리바스의 말에 담긴 아이러니를 다음과 같이 잘 지적하고 있다: "엘리바스는 크게 생색을 내는 투로 욥에게 그가 다시금 완전해지고 하나님의 은총을 회복할 날이 올 것임을 약속한다. 그러나 그것은 욥을 불신앙으로 숨막히게 만들 수밖에 없는 약속이다. 엘리바스는 그 자신이 그러한 은총을 받아야 할 자라는 것을 거의 알지 못한다. 엘리바스는 여기서 뛰어난 시인의 재능을 발휘하여 자신도 모르게 그 자신이 욥 — '무죄함'을 주장하는 교만한 죄인으로 바로 전에 정죄 받은 — 에 의해 구속의 은총을 입게 될 것임을 예고한다(42:7-10)."

욥(23-24장)

이 단락에서 욥은 3장에서 보는 것과도 같은 독백 형태의 발언으로 되돌아온다. 욥은 하나님이나 친구들을 직접 언급하지 않는다. 도리어 그의 내적인 대화는 그가 자신의 상황 속에서 얼마나 크게 외로움을 느끼고 있는지를 잘 보여준다(Janzen 1985: 165). 극심한 고통 속에서 그는 하나님과의 화해를 원하지만, 하나님께서는 정의를 이루어달라는 그의 호소에 대하여 아무런 반응도 보이지 않으신다(23:2). 자신도 잘 알고 있는 간구 양식("어찌하면")을 사용하여 욥은 하나님과 대면함으로써 자신의 입장을 하나님 앞에 진술하기를 원하는 강한 열망을 표현한다(23:3-4). 하벨(Habel 1985: 348-49)은 이를 다음과 같이 설명한다: "자신의 고충을 단번에 해결하기 위해 욥은 하나님과의 직접적인 대면을 희망한다. 그는 자신의 입장을 전달하기 위해 하나님과 대면하기를 원한다. 자신의 거듭되는 요구와 호소에도 하나님께서 여전히 숨어 계시는 까닭에, 욥은 대화의 주도권을 쥐고서 직접 하나님의 천상(天上) 법정으로 나아가서 자신의 입장을 전달하기를 희망한다." 자신이 범하지 않은 것임에 틀림이 없는 죄를 억지로 회개하려는 대신에, 욥은 친구들의 그릇된 고발로부터 자신의 명예를 회복시켜 줄 정의롭고도 공정한 재판을 원한다. 하나님께서 자신을 숨기신 채로 침묵을 지키시고 계심에도 불구하고 욥은 하나님께서 자신에게 하실 말씀을 직접 듣고자 원한다(23:5). 그는 하나님께서 자신의 권능 뒤로 물러서신 후에 욥을 괴롭혀서 굴복시키려는 분이 아님을 확신한다(23:6). 도리어 그는 하나님의 정의로운 성품이야말로 욥이 부당한 고발로부터 건짐받을 것임을 보증하는 것임을 확신하고 있다(23:7). "욥은 자기 친구들이 말하는 것과는 대조되는 하나님의 확인을 구하고 있다. 그것은 곧 하나님께서 그와의 올바른 관계가 욥 자신의 평생에 걸쳐서 '하나님 경외'에 뿌리박고 있는 것이지, 그 자신의 선행과 업적에 뿌리박고 있는 것이 아니며, 지금껏 조금도 손상을 입지 않은 채로 있다는 사실을 확인해 달라는 것이다"(Andersen 1976: 209).

욥은 자신의 소송 건을 해결하기 위해서는 하나님을 만나야만 한다. 그러나 하나님은 도무지 그를 가까이 해주지 않으시는 것으로 보인다. 그가 어느 쪽 방향으로 그를 찾으려고 한다 할지라도 말이다(23:8-9). 그러나 욥은 하나님의 숨어 계심을 확실하게 느끼고 있으면서도, 자신의 행동 일체를 하나님이 알고 계신다는 점을 굳게 확신하고 있다. 그는 문자 그대로 욥의 모든 것을 아시는 분이다: "내가 가는 길을 그가 아시나니"(23:10). 앤더슨(Andersen 1976: 210)은 이 진술의 의미를 다음과 같이 설명한다:

> 히브리어로 "길"('데레크')이라는 낱말은 정관사도 접미사도 가지고 있지 않다. 그것은 전통적으로 욥의 행동을 가리키는 것으로 이해되어 왔는 바, 옛 번역본들은 이 낱말을 한결같이 "나의 길"로 읽는다. 그러나 "내가 가는 길을 그가 아신다"는 번역이 수 세기 동안 경건의 표본을 나타내는 것으로 통용되어 왔음에도 불구하고, 그것은 히브리어 "나와 함께"(히브리어 '데레크 임마디'를 흔히 "나의 길" 또는 "내가 가는 길"로 번역함— 역자 주)라는 표현을 전혀 고려하지 않고 있다. 생략되어 있는 접미사는 동사의 주어인 하나님을 가

리킬 가능성이 높다. 따라서 그 "길"은 11절의 "그의 길"과 같은 것이다. 따라서 10절을 좀 더 문자적으로 번역한다면 이렇다: "그러나 그(하나님)는 나와 함께 하는(그의) 길을 아신다." 하나님께서 자신이 욥에게 하시는 일을 알고 계시기 때문에, 욥은 하나님께서 자신의 기이한 행동의 이유를 전혀 설명하지 않으심에도 불구하고 어느 정도 만족감을 느끼고 있다.

욥은 22:24-25에 있는 엘리바스의 예언을 무시하면서 그것이 하나님의 징계도 아니요, 자기 삶을 순화시키는 과정도 아니며, 도리어 욥의 성품이 순금과도 같음을 하나님께서 보여주시는 것이라고 믿는다. 왜냐하면 자신의 고통스러운 경험을 통하여 그는 하나님의 길에서 벗어나지 않은 채로 그 길을 계속 따라왔기 때문이다(23:11-12). 이와 동시에 욥은 하나님께서 자신의 주권적인 계획에 맞추어 행동하시며, 어느 누구도 그의 손을 강제하거나 그를 강요하여 엄격한 보상 교리에 따라 행동하시게끔 할 수 없다는 것을 알고 있다(23:13-14). 하나님의 통치 주권은 욥의 마음속에 확신과 두려움의 혼합된 감정을 불러일으킨다: "그러므로 내가 그 앞에서 떨며 지각을 얻어 그를 두려워하리라. 하나님이 나의 마음을 약하게 하시며 전능자가 나를 두렵게 하셨나니, 이는 내가 두려워하는 것이 어둠 때문이나 흑암이 내 얼굴을 가렸기 때문이 아니로다"(23:15-17). 자신을 감추시는 하나님의 불가해한 측면들은 욥에게 당혹감을 안겨주지만, 그렇다고 해서 자신을 감추시는 하나님에 대한 그의 믿음이 무너지는 것은 아니다. 하틀리(Hartley 1988: 341)는 이 점을 다음과 같이 잘 설명하고 있다: "욥은 하나님의 율법에 대한 자신의 개인적인 순종과 관련하여 하나님의 정의 문제를 숙고하는 중에 더 큰 용기와 확신을 갖게 된다. 그러나 그의 마음이 하나님의 주권적인 자유와 위엄에 찬 그의 거룩하심을 생각할 때면 두려움이 그를 사로잡는다. 이처럼 강하게 상반되는 감정은 욥이 왜 확신과 불확실성 사이에서 일희일비(一喜一悲)하는지를 잘 설명해 준다. 하나님께 대한 신뢰를 쌓아올리기 위해서는 고통에 의해 생겨나는 두려움에 맞서 싸우지 않으면 안 된다."

24장에서 욥은 인간의 삶을 치밀하게 관찰해 본 결과 범죄하는 사람들이 형통함을 누리고 있음을 알 수 있다고 주장함으로써, 친구들의 논리정연한 보상 교리를 서서히 침식해 들어간다. 그는 24:1의 수사학적인 질문으로 시작한다. 이 질문에서 그는, 왜 하나님께서 심판의 때를 정하지 않으시는지를 묻는다. 사실 욥은 하나님께서 정말로 엄격한 보상의 법칙으로 세상을 통치하신다면, 그가 자신의 기준들을 강요하지 않으시는 것으로 보인다고 말한다. 클라인스(Clines 1998: 242)는 욥의 이러한 진술을 날짜가 정해진 영국의 4대 기념일(Lady Day, 3월 25일; Midsummer Day, 6월 24일; Michaelmas, 9월 29일; Christmas, 12월 25일 — 역자 주)과 비교하면서 다음과 같이 말한다: "욥의 불만은 하나님께서 그러한 심판날을 정하지도 않으실 뿐더러, 잘못된 행동들이 저지되지 않은 채로 계속 행해지게 하시고, 또 범죄자들을 전혀 벌하지 않으신다는 데 있다. 하나님께서 정기적인 심판날을 정하지 않으심으로 인하여 두 가지의 해로운 결과가 발생한다. 그것은 경건한 삶을 살면서도 압제를 당하는 자들을 낙담시키며, 결코 벌을 받지 않으리라는 믿음으로 악을 행하는 자들에게 용기를 불어넣어 준다. 욥은 하나님이 인간 세계의 부재(不在) 통치자로서 소란스러운 인간사의 한복판에서 멀리 떨어져 계실 뿐만 아니라 무책임하게도 세계를 잘못 이끌어가고 계신다고 비난한다."

욥은 가난한 자들이 악인들에 의해 무자비하게 압제당하고 있다고 진술한다(24:2-4). 이처럼 잔인한 행동은 성서의 율법과 고대 근동의 법들에서 똑같이 정죄의 대상이 되는 것으로서, 공동체 안에 있는 약자들의 기본권을 무시한다. 욥이 특히 당혹감을 느끼는 것은 "하나님의 법들과 가르침들이 그러한 사회적인 압제를 분명하게 금하고 있음에도 불구하고, 하나님께서는 자신의 법을 무시하면서 깨뜨린 악행자들의 책임을 묻지 않으신다는 데 있다"(Hartley 1988: 347). 욥은 압제당하는 자들의 곤경을 24:5-8에서 묘사하는 중에, 가엾은 희생자들의 아픔을 충분히 공감한다. 욥은 그들이 빈곤한 자들로서 자신의 삶을 지탱해줄 최소한의 음식물과 의복과 피난처를 구하기 위해 사력을 다하는 모습을 생생하게 묘사한다. 궁핍한 자들을 향한 무자비한 폭력에 대한 묘사는 24:9-12에서도 계속된다. 그러한 폭력에 의해 고아들마저도 사로잡히고, 가난한 자들은 착취를 당한다. 그러나 압제당하는 자들이 도움을 호소함에도 불구하고 하나님께서는 모든 불의의 문제에 대하여 아무런 관심도 기울이지 않으시는 것으로 보인다. 욥은 삶 속에서 관찰되는 것이 우리 삶의 전부라면 하나님은 참으로 불공평하거나 무능한 것이 아닌가 하고 생각하는 듯하다.

다음 단락은 2-12절에서 욥이 묘사한 것에 기초하고 있다. 욥은 악독한 방식으로 하나님의 기준들을 위반하는 자들의 방해받지 않는 사악함에 대해서 묘사한다(24:13-17). 악한 의도를 가지고서 살아가는 살인자들과 간음자들과 도적들은 처벌받지 않은 채로 범죄를 계획하고 또 그것을 실행에 옮긴다. 그들은 하나님의 법에 대하여 아무런 제약도 느끼지 않으며, 자기들의 행동에 대하여 책임을 지도록 요구받을 일을 두려워하지도 않는다. 욥은 그들의 악한 행동에 대하여 생각하면서, 시편 109편의 저주와 평행을 이루는 생생한 언어와 강렬한 감정을 담아, 24:18-24에서 그러한 범죄자들이 하나님의 심판을 맛보게 되기를 간절히 열망한다(Balentine 1999a: 291). 욥은 그 자신이 극심한 고통을 겪고 있음에도 불구하고 냉소주의적인 태도를 보이지 않으며, 도리어 하나님께 인간의 죄를 분명하게 벌하실 것을 요청한다. 하틀리(Hartley 1988: 354)는 삶 속에서 경험되는 악에 대한 욥의 반응을 다음과 같이 잘 요약하고 있다:

> 욥이 하나님의 답변을 기다리는 동안에, 그의 마음은 자기 잇속만 차리는 잔인한 폭력 행위들에 익숙한 악인들로 하여금 약하고 힘없는 자들을 압제하게 만드는 혼란스러운 세상사에 관심을 갖는다. 그는 자신의 고통으로 인하여 널리 퍼져 있는 인간의 고통 문제에 한층 더 깊은 관심을 갖게 되었다. 그는 하나님께서 지상의 모든 문제들을 교정해 주실 것을 갈망한다. 그는 사회적인 악에 대하여 슬픔을 느끼면서도, 하나님께서 언젠가는 정의를 행하실 것임을 굳게 믿고 있기에, 악인들을 향한 일련의 저주를 선포한다. 불의에 대한 관심으로 인하여 욥은 자기 시대의 신학에 도전하지만, 그와 동시에 하나님을 향한 강한 믿음 때문에 그의 탄식은 하나님의 답변을 요구하게 만든다. 그는 하나님께서 악인들을 저주하시고 그들에게 자기들의 악한 행동들에 대하여 책임을 지도록 요구하실 것을 열망한다.

이어서 친구들에게로 방향을 돌린 욥은 만일에 그들이 자기보다 삶을 더 잘 이해할 자신이 있다면 자기를 논박해 보라고 촉구한다(24:25). 그는 주권자이신 하나님께서 다스리시는 세상 안에도 불의가 있다고 주장한다. 그러면서도 그는 하나님께서 마침내 정의의 저울이 균형을 잡게끔 하실 것임을 굳게 믿고 있다. 이 마지막 말로써 욥은 친구들에게 자신의 주장이 잘못된 것임을 입증해 보라고 요청한다. 만일에 그들이 그렇게 할 수 없다면, 그들은 그가 옳다는 것을 암암리에 인정하는 것이 될 것이다.

빌닷(25장)

빌닷의 마지막 세 번째 발언은 매우 짧으며, 소발은 자기 차례가 돌아오지만 아무런 말도 하지 않는다. 이로써 저자는 친구들에게 있던 통찰이 소진되면서 그들의 주장이 마무리되어가고 있다는 암시를 준다. 뿐만 아니라 이 짤막한 발언 안에 있는 빌닷의 말은 논의의 진전에 아무런 도움도 주지 못하는 진부한 소재들로 이루어져 있다. 26-27장에 있는 욥의 말이 보여주듯이, 실제적인 유익을 얻기 위해 진행해온 대화는 이제 끝났다. 돌미(Dhorme 1967: 368)는 이를 다음과 같이 설명한다: "욥은 이제껏 하나님께서 이 세상에서 이루어지는 사건들에 대하여 무관심하다는 점을 불평해 왔다. 빌닷은 이와 반대되는 이론을 제시하지 않는다. 그는 헤아릴 수 없는 하나님의 완전성에 의존하는 것으로 만족한다. 그는 자신에게 제공된 기회를 활용하여, 인간의 비천함과 하나님의 위대하심을 대비시킨다."

빌닷은 하나님이 모든 우주적인 힘들에 대하여 주권을 가지고 계신 분이라고 본다: "하나님은 주권과 위엄을 가지셨고 높은 곳에서 화평을 베푸시느니라"(25:2). 빌닷은 하나님이 자신의 세상에 있는 모든 반역 요인들을 다스리시는 분이라고 묘사함으로써, 이 세상 안에 주목할 만한 불의의 사례들이 존재한다는 욥의 주장(24:1-12)을 반박하려고 애쓴다. 빌닷에 의하면, 하나님은 자신의 세계를 다스릴 무한한 자원들을 가지고 있다(25:3). 두려움을 불러일으키는 하나님의 초월성과 정의에 비추어볼 때, 인간은 보잘것없는 존재요, 그의 기준을 충족시키지 못하는 존재이다. 빌닷은 인간에 대한 시편 8편의 묘사를 뒤틀어서 다음과 같은 결론을 내린다: "그런즉 하나님 앞에서 사람이 어찌 의롭다 하며 여자에게서 난 자가 어찌 깨끗하다 하랴? 보라, 그의 눈에는 달이라도 빛을 발하지 못하고 별도 빛나지 못하거든, 하물며 구더기 같은 사람, 벌레 같은 인생이랴?"(25:4-6). 인간은 너무도 부패하고 보잘 것없어서 하나님 앞에서 의로울 수가 없으며, 하나님의 정의를 문제 삼을 수도 없다. 따라서 법적인 사면을 요구하는 욥의 주장은 빌닷의 눈으로 볼 때 도덕적으로 불가능한 것으로 기각될 수밖에 없는 것이다. 인간을 가장 천한 존재로 보는 견해를 크게 희생시키지 않는 한에 있어서는 말이다.

니콜슨(Nicholson 1995: 76-77)은 이 점을 다음과 같이 설명한다: "어떤 사람의 고통에 대한 모든 다른 설명들이 그의 무죄를 입증하는 증거로 인하여 실패한다해도, 그 사람이 단순히 인간이기 때문에 도덕적인 흠을 가지고 있고 따라서 그는 하나님의 진노와 징계를 받을 수밖에 없다는 믿음은 포괄주의의 입장에 해당하는 것이다. 그러나 그러한 입장이 가게 되는 길은 대화 부분 저자가 위에서 개관한 방식을 따라 서술된다. 그러한 신정론은 인간의 가치를 크게 평가절하할 때에만 유지될 수 있다."

욥(26장)

26:2-4에서 그가 사용하는 히브리어 남성 단수 대명사에서 분명하게 드러나듯이, 욥은 빌닷에게 직접 응답함으로써 이 발언을 시작한다. 온통 빈정대는 투로 욥은 빌닷이 실제적인 도움을 하나도 주지 않았으며, 어떠한 통찰도 보여주지 못했고, 자신이 말한 내용을 통하여 하나님의 영감을 분명하게 드러내지도 못했다. 따라서 욥은 그의 주장을 무력한 것으로, 그리고 그의 조언을 꾸며낸 것으로 물리친다.

자연계에서 빌려온 생생한 표상을 사용함으로써, 그리고 가나안 신화의 언어를 자주 사용함으로써(Wharton 1999: 108) 욥은 26:5-14에서 하나님의 창조 권능을 찬미한다. 하나님의 위대하심을 인간의 무가치함의 이유로 간주하는 빌닷(25:6)과는 달리, 욥은 하나님의 위대하심이 인간에게 경외감을 불러일으킨다고 주장한다. 이 멋진 시에서 욥은 자신과 세 친구들 사이의 대화를 지배하던 악의 문제보다는 하나님 자신에게 초점을 맞춘다. 하나님 앞에서는 어떠한 곳도 감추어지지 못한다. 왜냐하면 지하계조차도 하나님 앞에서는 떨기 때문이다(26:5-6). 가나안 사람들이 하나님의 회의가 열리는 장소로 간주하는 북쪽(참조. 시 48:2; 사 14:13-14)을 하나님께서는 주권자의 자격으로 펼치신다. 땅을 아무것도 없는 곳에 매다시는 것처럼 말이다(26:7). 뿐만 아니라 그는 궁창의 물들을 구름으로 감싸신다(26:8). 스믹(Smick 1988: 967)이 지적하는 바와 같이, 이 진술은 인간으로 하여금 그의 권능에 대한 경외감을 느끼게 만든다: "하나님께서 빈 공간에 하늘을 펼치시고 아무것도 없는 곳에 땅을 매다시며 구름을 터지지 않게끔 물로 채우실 수 있다는 사실은 우리에게 두려움을 불러일으킨다. 욥은 경이롭고 위대한 하나님의 권능을 대담하게 시적인 언어로 표현하고 있다." 하나님의 설계도에 따르면, 구름은 또한 보름달의 밝은 빛을 감추기도 한다(26:9). 인간이 그의 행사의 일부만을 인식할 수 있게끔 말이다(26:14). 더 나아가서 하나님은 지평선을 빛과 어둠을 나누는 경계선으로 활용하신다(26:10). 그것은 질서와 혼돈 사이를 나누는 경계선을 뜻할 수도 있다(Whybray 1998: 116). 우람한 산들조차도 하나님의 꾸짖으시는 말씀에 떠는 바(26:11), 이는 세계를 통치하시는 그의 지혜와 권능이 비길 데 없는 것이기 때문이다(26:12-13). 욥은 피조 세계 전체에 대한 하나님의 견줄 데 없는 권세를 숨넘어가는 듯한 어조로 선포한다: "보라, 이런 것들은 그의 행사의 단편일 뿐이요, 우리가 그에게서 들은 것도 속삭이는 소리일 뿐이니, 그의 큰 능력의 우렛소리를 누가 능히 헤아리랴?"(26:14). 욥이 제시하는 증거들은 단지 하나님의 위대하심을 암시하는 것들로서만 충분하다. 그것들은 그를 자세하게 묘사하지는 못한다. 38-41장에 있는 야웨의 교육적인 질문들을 예고하는 듯한 언어로 욥은 하나님의 길들이 인간 인식의 지평 너머에 있다고 묘사한다. 욥과 친구들이 이해하지 못하는 많은 것들이 신비의 영역 속에 머물러 있음에 틀림이 없다.

화이브레이(Whybray 1998: 117)는 이를 다음과 같이 잘 설명하고 있다: "친구들의 발언 도중에 아무리 박식한 대화가 이루어진다 할지라도, 그리고 그들이 아무리 많이 하나님을 이해하고 있다고 공언해도, 그들은 사실상 모든 다른 사람들과 마찬가지로 그에 관하여 아무것도 모르는 것이나 다름이 없다. 그들은 자기들이 그의 '길들'을 알고 있다고 생각할 것이다 … 그러나 그러한 지식은 사실 하찮은 것이다. 그것은 하나님의 실재나 그의 굉장한 권능을 이해할 수 있는 것이 못 된다. 그들에게 부여된 것이 '속삭이는 소리'에 해당한다면, 하나님의 실재나 권능은 '우렛소리'에 해당하는 것이다."

대화 부분의 결론(27장)

소발의 세 번째 발언 대신에 나타나는 1절의 색다른 도입부("욥이 또 풍자하여 이르되")는 욥이 소발의 말을 기다렸으나 그가 대답을 않자 욥이 자신의 발언을 재개하였음을 암시한다. 굿(Good 1990: 283-84)은 세 번째 대화 주기에서 친구들이 세 가지의 전형적인 방식들 — 사람들이 성공하지 못한 주장들에 대하여 응답하는 — 을 통하여 반응을 보이고 있음을 그럴듯하게 설명한다. 엘리바스는 거칠면서도 그릇되게 욥을 비난하며, 빌닷은 욥이 문제제기하지도 않은 하나님의 권능에 대해서 어설프게 논한다. 그리고 소발은 침묵으로 빠져들고 만다. 욥의 발언을 묘사하는 데 사용되는 낱말은 '마샬'인 바, 이 낱말은 법정에서의 공식 판결을 가리킨다(Habel 1985: 379). 그 뒤에 이어지는 맹세에서 욥은 자신의 소송을 하나님께 맡기면서 그의 정의를 구한다. 욥은 야웨께서 자신의 정당함을 공적으로 인정하실 때(42:7)까지는 자신의 소송이 어떻게 처리될지를 알지 못할 것이다.

욥은 매우 특이한 방식으로 표현하면서, 지극히 엄숙한 맹세로써 하나님께 호소한다. 하나님께서 자신을 배척하신 것으로 보임에도 불구하고 말이다(27:2). 제3자가 나타나서 자신에게 도움을 주기를 바라던 이전의 희망(9:33)을 포기한 욥은 하나님을 향하여 하나님 자신의 이름으로 맹세한다(Hartley 1988: 369). 그는 자신의 생명이 하나님께 달려 있다는 것을 알고 있다(27:3). 그는 하나님께 말씀드리는 것을 통하여 자신의 순전함을 계속 유지하기로 결심한다(27:4-5). 그러면서 그는 자신의 무죄 주장을 포기하지 않겠다고 말한다(27:6). 욥의 양심은 죄의식을 전혀 느끼지 않는다. 욥은 고발자들 앞에서, 그리고 하나님 자신의 명백한 심판 앞에서 자신의 의로움을 선포해 달라고 하나님께 호소하는 중에 신학의 새로운 영역에 발을 들여놓는다. 야웨의 응답은 그의 세계 통치에 굉장한 신비가 포함되어 있음을 분명하게 보여줄 것이다. 그리스도의 대속에 관한 신약성서의 후속 계시는 욥의 무죄와 그의 고통 사이에 있는 긴장관계를 쉽게 해결해줄 것이다.

스믹(Smick 1988: 971)은 이를 다음과 같이 잘 설명하고 있다: "악의 문제의 바로 한복판에서 욥기는 욥의 믿음이 기대하고는 있으나 욥 자신이 완전하게 알지 못하는 답변을 위해 신학적인 기초를 놓는다. 주권자요 따라서 우주 만물에 대하여 책임을 지시는 창조주이신 하나님께서는 친히 자신의 영원한 아들로 하여금 인류의 죄짐을 대신 지도록 하심으로써 인간에게 있는 이 난관을 해결해주실 것이요, 그럼으로써 자신이 의로우신 분이요 동시에 자신을 믿는 모든 자들을 의롭다 하시는(그들의 정당함을 입증하시는) 분임을 분명하게 보여주실 것이다(롬 3:26)."

하나님께서 언젠가는 자신의 정당함을 입증하시리라는 것을 굳게 믿고 있는 욥은 27:7-10에서 그릇된 고발자들에게 저주를 선포한다. 그는 하나님께서 자신의 원수를 악하고 불의한 자 — 하나님의 심판을 받아 마땅한 — 로 다루어 주시기를 원한다. 욥을 대적하는 자는 자신의 불경건함으로 인하여 하나님의 도우심을 호소할 권리를 빼앗기고 만다(Andersen 1976: 221). 욥은 하나님의 정의가 반드시 이루어질 것임을 굳게 믿는다. 그 까닭에 그는 자신을 고발하는 자들에게 맞서 하나님 편에 서기로 다짐한다. 친구들에게 주는 마지막 말에서 그는 이렇게 말한다: "하나님의 솜씨를 내가 너희에게 가르칠 것이요 전능자에게 있는 것을 내가 숨기지 아니하리라. 너희가 다 이것을 보았거늘 어찌하여 그토록 무익한 사람이 되었는고?"(27:11-12). 하틀리(Hartley 1988: 372)는 이를 다음과 같이 설명한다: "욥은 하나님의 권능과 계획에 대해서 잘 알고 있는 친구들이 왜 그토록 쓸데없는 말을 하는지를 의아스럽게 생각한다. 그가 보기에 그들의 발언은 무익한 것이요, 믿을 수 없는 것이다. 그리하여 욥은 마침내 친구들의 지혜를 완전히 거부하겠다는 결론을 내린다."

욥은 소발의 두 번째 발언(참조. 20:29)과 상당 부분 동일한 근거에 기초하고 있는 말로서 악인이 하나님께로부터 받을 징벌에 대해서 묘사한다(27:13-23). 세 번째의 대화 주기가 혼란으로 끝났기 때문에 욥은 아마도 침묵하는 소발이 발언했음직한 말을 하고자 했을 것이다. 얀젠(Janzen 1985: 174)은 27:13-23 단락에 대한 이러한 견해를 다음과 같은 논증으로 잘 뒷받침하고 있다: "마침내 욥은 소발의 마지막 발언을 대신함으로써 그것을 완전히 자신의 몫으로 돌린다. 13-23절은 의심할 여지 없이 소발의 정서를 잘 반영하고 있다. 서두 부분은 20:29(참조. 27:13)의 결론 부분을 이어 받고 있으며, 악인이 받을 벌에 대한 은유를 계속 이어간다. 이 발언은 소발의 것이나 다름이 없다. 그러나 욥은 그것을 자신의 것으로 만든다. 발언자인 욥은 어느 성서학자 못지않게 확실히 소발의 말을 재현할 수 있게 된 것이다." 사실 이 단락은 악인의 심판에 관한 소발의 말을 정확하게 대변하고 있다. 왜냐하면 욥은 여기서 악인의 가족이 그들의 죄로 인하여 고통을 당할 것이요(27:14-15), 그가 벌어들인 것들이 의로운 자에게로 돌아갈 것이요(27:16-17), 분명해 보이는 그의 형통함이 일시적이고 덧없는 것으로 끝날 것이요(27:18-19), 그가 자연 재해로 인하여 파멸에 빠질 것이요(27:20-22), 그가 조롱하는 구경꾼들에 의해 수치를 당할 것(27:23)이라고 말하고 있기 때문이다. 확실히 이러한 묘사와 이전에 욥을 비난한 소발의 말 사이에는 강한 상관관계가 있다. 그러나 동시에 우리는 욥 또한 보상 교리를 굳게 믿고 있으며, 악인들이 이 구절에 나열되어 있는 모든 재앙들을 받아 마땅한 자들이라고 주장하지 않는다는 점을 주목하지 않으면 안 된다.

욥과 소발의 다른 점은 그들이 욥을 어떠한 사람으로 보느냐에 있다. 욥은 자신을 의로운 사로 간주하며, 따라서 악인들이 받아 마땅한 징계 내지는 친구들의 비난을 받을 필요가 없다고 생각한다. 그의 시각에서 볼 때, 친구들은 참으로 비뚤어진 대적자들이요, 악인들의 몫을 받아 마땅한 자들이다. 다른 한편으로 소발은 욥을 하나님께서 악인들에게 베푸시는 심판을 받은 자로 간주한다. 그 결과 그는 욥에게 임한 하나님의 심판이라는 분명한 증거야말로 그가 악한 자임에 틀림이 없음을 보여준다는 결론을 내린다.

막간극(28장)

28장은 세 차례에 걸친 대화(3-27장)로부터 세 차례에 걸친 욥의 긴 독백(29-31장)과 엘리후의 말(32-37장) 및 야웨의 말씀(38-41장) 등으로 옮겨가는 길목에 자리잡고 있다. 많은 학자들이 28장을 바깥으로부터 삽입된 본문으로 간주하지만, 그것은 사실 욥기 전체의 논지에서 매우 중요한 역할을 수행한다. 그 앞뒤에 있는 격앙된 욥의 발언들과는 대조적으로 28장은 해설자의 말을 담고 있으며, 중요한 신학적인 요점을 전달하는 차분한 막간극 역할을 수행한다. 머피(Murphy 1999: 67)는 다음과 같은 점을 지적한다: "28장은 욥의 말로 여겨지는 27장에 뒤이어 나오지만, 이 두 장 사이에 연속성이 있음을 나타내는 증거는 어디에도 없다. 이 두 장은 서로 다른 문제들을 다루고 있다. 27장이 악인이 받을 몫을 다루고 있다면, 28장은 지혜의 자리를 논하고 있는 것이다. 28장은 29-31장에 있는 욥의 독백과 쉽게 연결되지 않는다. 29장 서두는 27:1과 동일한 표현으로 시작한다. 마치 욥이 28장의 말을 하지 않은 것처럼 말이다." 세 번째 논쟁 주기의 흐트러진 구조에 분명하게 보듯이 욥과 친구들이 논쟁하느라 지쳐 있는 이 중요한 지점에서, 해설자는 독자들을 대화 부분의 과장된 언어에 의해 흐릿하게 된 중요한 쟁점으로 되돌아가게 만들며, 이야기의 흐름을 곧 이어질 야웨의 말씀을 향해 나아가게 만든다(Cheney 1994: 43). 헌터(Hunter 1992: 151)는 28장에 대하여 다음과 같이 설명한다: "28장은 아주 적절한 부분에서 논쟁 전체의 기초를 이루는 원리에 초점을 맞춘다. 합리적인 대화가 욥과 그의 친구들이 직면한 난제를 해결하는 데 성공할 수 있다는 믿음, 곧 간단히 말해서 지혜('하캄')라는 것이 인간의 인식 범위 안에 있다는 믿음이 그렇다." 본장이 보여주듯이, 오직 하나님만이 욥과 친구들이 찾아낼 수 없는 지혜의 길을 알고 계신다.

    욥과 엘리후가 계속해서 말을 하고 있기는 하지만, 논쟁은 이미 끝난 상태이다. 말하는 자들 중의 어느 누구도 욥이 처한 상황을 설명하는 데 적절한 지혜를 찾지 못한다. 본장은 인간이 아무리 최선을 다한다고 해도 하나님의 지혜를 찾지 못한다는 것을 확실하게 상기시켜 준다. 막간극에 해당하는 28장은 오직 하나님만이 지혜를 소유하고 계신다는 사실에 주의를 환기시킴으로써, 38-41장에 있는 야웨의 말씀의 기초를 놓는다. 전통적인 지혜의 가르침, 곧 욥과 친구들 모두가 동의하고 있는 보상 교리는 욥이 겪고 있는 것을 포함할 만큼 포괄적이지 않다. 지혜는 온갖 지혜의 소유자이신 하나님만이 드러내실 수 있는 신비이다. 베스터만(Westermann 1981: 137)은 이러한 결론을 내린다: "이 주제는 생각과 행동의 기준들을 완전히 장악할 수 있다는 생각의 확실성을 겨냥하고 있음이 분명하다. 그 확실성 앞에 던져진 메시지는 그러한 지혜 장악 능력이 오로지 창조주에게만 있고 피조물에게는 결코 불가능한 것이라는 점이다."

막간극에 해당하는 28장은 인간의 탐구 활동이 지혜를 찾지 못한다는 가르침으로 시작한다(28:1-12). 이 점을 강조하기 위하여 해설자는 귀금속을 채굴하는 옛 기술을 생생하게 묘사한다. 인간은 자신의 재능과 명철을 통하여 위험을 무릅쓰고서 각종 금속이나 보석류와 같은 감추어진 보물들을 파낼 수 있다(van Wolde 2003: 11-22). 그들은 땅 속 깊이 파묻힌 보물들을 캐내기 위해(28:5-6) 매우 깊은 곳까지 파고들어간다(28:3-4). 그들은 도저히 갈 수 없는 곳들을 살핌으로써, 뛰어난 시력을 가지고 있으면서 두려움을 모르는 짐승들조차도 능가한다(28:7-8). 뿐만 아니라 인간은 감추어진 것을 드러내고자 할 때 다양한 공학 기술들을 사용한다(28:9-11). 파이얼(Fyall 2002: 69)은 채굴 과정에 대한 이러한 묘사야말로 "창조 세계의 배후에 감추어진 하나님의 지혜를 찾는 욥의 모습을 잘 표현해주고 있는 은유"라는 점을 날카롭게 지적한다. 부를 획득하기 위한 인간의 이러한 모든 기술적인 재능은 12절에 있는 욥의 질문을 한층 더 날카롭게 만들어준다: "그러나 지혜는 어디서 얻으며 명철이 있는 곳은 어디인고?" 20절에서 다소 변형된 채로 되풀이되고 있는 이 질문은 28장의 중심 문제에 해당하는 것이다. 왜냐하면 그것은 하나님이 사람의 손길이 미치지 못하는 곳에 있는 지혜의 자리를 알고 계신다고 말하는 28:23-28을 앞질러 보여주고 있기 때문이다.

아트킨슨(Atkinson 1991: 121)은 이를 다음과 같이 설명한다: "참된 지혜는 오직 하나님께만 있는 것이다. 이는 그것이 오직 그에게서만 비롯된다는 것을 의미한다. 욥에게 주는 답변을 포함하게 될 지혜는 오직 하나님께로부터만 올 수 있다. 28장은 이렇듯이 욥기 전체에서 세 친구들의 논지를 따라 더 이상 생각하는 것이 무익함을 경고하는 메시지를 전달한다. 막다른 골목을 빠져나오는 길은 아래로부터 위로 가는 데 있지 않고, 위로부터 아래로 가는 데 있다. 그것은 인간에게 있는 신앙 체계의 일부로서 오는 것이 아니라 오로지 하나님의 선물로서만 온다."

인간의 탐구 활동이 지혜를 발견하지 못하는 것처럼, 재물 역시 지혜를 얻는 데는 무익하다(28:13-22). 잠언 4:5, 7의 지혜로운 아버지는 자기 아들에게 자기가 소유한 모든 것을 희생해서라도 지혜를 얻으라고 촉구하지만, 현재의 본문은 지혜가 자연계나 인간계 어디에서도 발견되지 않는다고 말한다

(28:13-14). 이렇듯이 지혜는 피조 세계 안에 뿌리를 두고 있지 않다. 그것은 피조 세계 너머에 있다. 28장의 결론 부분에서 보듯이, 지혜는 세계를 지혜로 창조하신 창조주 하나님에게서만 발견된다(참조. 잠 8:22-31). 해설자는 무수한 귀금속 종류들을 나열함으로써 가장 귀한 보석으로도 지혜를 살 수 없다고 분명하게 말한다(28:15-19). 하틀리(Hartley 1988: 380)는 이 구절이 전후 문맥에서 갖는 의미를 다음과 같이 설명한다: "물론 어떤 사람들은 만일에 지혜가 탐구 활동을 통하여 얻어질 수 있는 것이라면 광산에서 캐낸 귀금속으로도 그것을 사들일 수 있다고 생각할 것이다. 그러나 인간은 지혜가 지상의 온갖 보석들과 귀금속들을 능가하는 것이라는 사실을 알지 못한다. 지혜의 시장에서는 그처럼 귀한 것들조차도 아무 쓸모가 없다. 아무리 많은 귀금속이나 보석을 가지고서도 지혜를 사들일 수는 없다." 재물로 지혜를 사들일 수 없다고 말하는 해설자는 20절에서 중요한 의미를 갖는 질문을 다시 던진다: "그런즉 지혜는 어디서 오며 명철이 머무는 곳은 어디인고?" 살아있는 사람이건 죽은 사람이건 어느 누구도 자기 힘으로 지혜를 얻지 못했다. 그것이 존재한다는 소식은 들었겠지만 말이다(28:21-22). 화튼(Wharton 1999: 116)은 이를 다음과 같이 설명한다: "초월적인 지혜가 머무는 곳은 지극히 날카로운 눈을 가진 자 ― 그가 사람이건 다른 어떤 존재이건 상관없이 ― 에게도 영원히 감추어져 있다(20-21절). 여기서 의인화되고 있는 죽음과 혼돈의 지하계조차도 기껏해야 지혜의 자리나 기원에 관한 소문을 들었을 뿐이다(22절)."

28:23-28에서 해설자는 마침내 자신이 12절과 20절에서 두 차례에 걸쳐서 던진 질문들에 대한 답을 준다. 욥과 친구들을 포함하는 모든 피조물들과는 대조적으로(Dumbrell 2000: 92), 오직 하나님만이 지혜의 길과 자리를 아신다(28:23). "땅 끝까지 감찰하시며 온 천하를 살피시는" 전능하신 하나님만이 그것을 아신다(28:24). 25-27절은 38-41장에 있는 야웨의 말씀을 예고하는 언어로 우주 만물을 창조하시고 자연계를 다스리시는 하나님의 활동 ― 인간의 이해를 넘어서는 ― 에 대해서 묘사한다. 화이브레이(Whybray 1998: 124)는 27절의 의미를 다음과 같이 설명한다: "요컨대 본절이 꼭 하나님께서 지혜를 창조하셨다고 말하는 것은 아니다. 도리어 본절은 지혜가 하나님의

특별한 소유에 속한 것이라고 말하며, 그가 세상을 창조하실 때 지혜를 도구로 사용하셨음을 암시한다(참조. 잠 3:19-20). 지혜는 어떤 특별한 장소에 한정된 것이 아니라 우주 전체에 널리 퍼져 있는 것이다."

28:28의 막간극은 사람들을 전통적인 지혜 개념에 주목하게 함으로써 끝을 맺는다. 해설자는 하나님이 침묵을 깨뜨리고서 사람들에게 말씀하시는 모습(야웨께서는 실제로 38:1에서 욥에게 말씀하신다)을 다음과 같이 묘사한다: "주를 경외함이 지혜요 악을 떠남이 명철이니라." 지혜는 세상에 관한 모든 것을 다 안다고 해서 찾아지는 것이 아니다. 왜냐하면 그것은 인간계의 영역을 넘어서는 곳에 있기 때문이다. 오히려 지혜는 하나님을 경외하고 그에게 순종함으로서 얻을 수 있는 것이다. 주크(Zuck 1978: 126)는 이 점을 다음과 같이 잘 설명하고 있다: "하나님을 두려워하고 악으로부터 떠나는 삶은 하나님을 경배하고 하나님께 순종하는 삶으로 요약될 수 있을 것이다. 따라서 참으로 지혜로운 사람은 자기 삶의 초점을 자기 자신에게가 아니라 하나님께 맞추는 사람이요, 그의 삶이 하나님의 다스림을 받는 사람이다. 하나님과의 올바른 관계 속에서 그를 예배하고 그를 섬기며 그에게 순종하는 자가 바로 지혜와 명철을 가진 사람인 것이다!" 지혜는 하나님을 제쳐놓은 채로 인간의 노력에 의해서 얻을 수 있는 것이 아니다. 도리어 그것은 하나님 안에 있는 것이요, 그와의 관계 속에서 발견될 수 있는 것이다(Habel 1992: 33). 해설자가 분명하게 밝히고 있지는 않으나 욥에 대한 야웨의 설명(1:8; 2:3)은 욥이 자신의 경건과 성품으로 인하여 지혜와 명철에 이르는 길 위에 있다는 메시지를 암묵적으로 전달하고 있다. 야웨께서는 42:7-8에서 엘리바스를 책망하실 때 욥에 대한 이러한 긍정적인 평가를 공표하신다.

마지막 무죄 주장(29-31장)

최선의 노력을 다했음에도 불구하고 욥의 친구들은 욥을 침묵시키지 못한다. 29장에서 시작되는 독백은 그 친구들이 자기들의 지혜로 욥에게 답변하는 데 실패했음을 보여준다(Cheney 1994: 146). 이 단락에서 욥은 하나님께 자기 이름에 얽힌 오해를 풀게 해달라고 호소함으로써 하나님 앞에 공식적인 무죄의 증거('마샬')를 제시한다. 이 발언은 확대된 탄식의 구조를 가지고 있으며(Whybray 1998: 125), 욥과 친구들 사이에 오가던 대화의 기본 틀을 구성함으로써 욥의 맨 처음 탄식(3장)과 균형을 이루고 있다. 하틀리(Hartley 1988: 386)는 이러한 문학적인 역동성을 다음과 같이 명료하게 설명하고 있다: "이 두 발언에서 욥은 자신의 매우 강한 확신을 표현하고 있다. 저주-탄식은 그가 자신의 불행 앞에서 느낀 절망감의 깊이를 분명하게 보여주지만, 그의 무죄 공언은 자신의 무죄에 대한 그의 확고한 신념을 대변하고 있다. 저주-탄식은 세 명의 위로자들을 난처하게 만들며, 그들로 하여금 욥에게 회개할 것을 촉구하게 만든다. 반면에 그의 무죄 공언은 너무도 강한 것이어서 욥의 순전함에 관한 주제가 하나님과 정면으로 맞서게 되자 친구들은 침묵을 지키고 만다. 이 발언이 끝난 후에는 오직 하나님만이 답변을 주실 수 있다."

욥은 자신이 이전에 누렸던 행복에 관해 묘사함으로써 29장을 시작한다. 특히 그는 다양한 관계 영역 속에서 이루어진 자신의 모범적인 행동에 초점을 맞춘다. 29:2-6에서 그는 하나님과의 관계에 대해서, 그리고 하나님께로부터 받은 복들에 대해서 말한다. 그는 "나는 지난 세월(months)과 하나님이 나를 보호하시던 때가 다시 오기를 원하노라"(29:2)라고 외친다. 세월에 대한 언급은 아마도 그가 겪은 시련의 기간을 가리킬 것이다. 재앙을 만나기 전 행복한 삶을 살던 때에 욥은 하나님의 자비로운 돌보심에 힘입어 형통함을 누렸다(참조. 시 91:11; 121:7-8). 그 때에 욥은 하나님을 자기 길을 비추어 주신 빛으로, 그리고 자기 장막을 보살피신 자비로운 보호자로 경험하였다 (29:3-4). 당시의 평화로운 시절에 그는 하나님과 자녀들로 더불어 친근한 관계를 누렸으며(29:5), 하나님께서는 자신의 종에게 은총을 베풀어 주셨다 (29:6). 젖(butter)과 기름의 표상을 사용하여 "욥이 강조하고자 한 것은 단순히 그가 크림과 올리브 기름을 가지고 있었다는 점이 아니라, 과장법을 사용하지 않으면 안 될 정도로 그가 그것들을 풍성하게 가지고 있었다는 점이다. 크림과 올리브 기름의 시냇물에 흠뻑 젖어 있을 만큼 말이다"(Smick 1988: 981).

재앙을 만나기 전에는 욥도 공동체 안에서 대단히 존경받는 지위를 누리고 있었다(29:7-10). 그 자신이 탁월한 지위를 누리고 있는 성문으로 갈 때마다 욥은 방백들과 귀족들에 의해서조차 크게 존경을 받았다. 이러한 존경심은 지극히 당연한 것이었다. 왜냐하면 욥의 삶은 정직한 행동을 특징으로 가지고 있었기 때문이다(29:11-17). 돌미(Dhorme 1967: 423)는 이 점을 다음과 같이 잘 설명하고 있다: "욥의 형통함은 질투심을 자극하는 대신에 복을 불러일으킨다. 왜냐하면 그것은 은총과 짝을 이루는 것이기 때문이다." 22:6-9에 있는 엘리바스의 비난과는 대조적으로 욥은 자신이 의와 정의로 옷을 입었다고 주장한다(29:14). 궁핍한 자들에게 자비와 긍휼을 베풀고 악독한 압제자들을 적극적으로 물리침으로써 말이다. 이러한 행동들을 통하여 욥은 하나님께서 정하신 통치자의 기준(시 72:12-14)에 부합되는 삶을 살았다.

자신의 이전 상황에 관해 생각하던 욥은 하나님이 계속해서 그의 전 생애를 통하여 그를 존중히 여기시고 그에게 복을 주실 것이라는 확신을 회상한다(29:18-20). 이것은 그의 교만함과 뻔뻔스러움을 뜻한다기보다는 도리어 실천적인 지혜의 가르침들에 뒤따르는 것이다. 하틀리(Hartley 1988: 392-93)는 이를 다음과 같이 잘 설명하고 있다: "하나님의 율법에 순종하는 삶이 장수를 가능케 한다는 교리를 확신하고 있던 욥은 행복한 세월이 지난 후에 자신의 가족과 함께 편안히 죽게 될 것이라는 기대감을 가지고 있었다." 욥은 자신이 흠 없는 삶을 살고 있다는 것을 알고 있었기 때문에, 자신을 뿌리가 깊이 박힌 나무로, 그리고 원기 왕성한 전사로 묘사하였다.

21-25절에서 욥은 자신이 공동체 안에서 누리던 영향력 있는 지위의 주제로 되돌아온다. 다른 사람들은 그가 말하기를 기다렸다. 그 까닭은 그의 조언이야말로 믿을 만한 것이었기 때문이다. 욥은 자신의 공동체 안에서 사랑과 존경을 한 몸에 받는 왕이나 된 것처럼 지내면서(29:25), 하나님의 복을 백성에게 전하는 통로 역할을 수행하였다(29:24). 아이러니컬하게도 그는 자신이 슬퍼하는 자들을 위로하는 일에 몰두했다고 말함으로써 자신의 회상을 마무리한다. 현재의 상황 속에서 욥은 그 자신이 고통을 이겨내도록 돕는 바로 그 일을 필요로 하고 있다.

30장은 앞 장과 뚜렷한 대조를 이룬다. 29장에서 자신이 과거에 누렸던 행복에 관해 묘사한 욥은 이제 자신이 느끼는 슬픔을 자신의 현재 상황 — 과

거의 온갖 관계들을 뒤엎는 — 을 반영하는 한 편의 매우 감동적인 시에 담아 표현한다. 1, 9, 16절에서 반복되는 "이제는"이라는 낱말은 "이전에 이상적인 통치자로서 높임 받던 욥의 지위(29장)와 하나님께서 주신 고통에 의해 초래된 비천한 처지 사이의 강한 대립관계에 초점을 맞추고 있다"(Habel 1985: 418).

욥은 과거에 받았던 높은 존경심과는 달리 이제는 사회적으로 버림받은 자로서 멸시의 대상이 된다(30:1-15). 욥은 1절에서 이렇게 말한다: "그러나 이제는 나보다 젊은 자들이 나를 비웃는구나. 그들의 아비들은 내가 보기에 내 양 떼를 지키는 개 중에도 둘 만하지 못한 자들이니라." 앤더슨(Andersen 1976: 235)이 지적한 바와 같이, "욥은 가장 존경할 만한 자의 존경심을 가장 멸시받을 만한 자의 멸시로 바꾸고 말았다." 욥은 자신을 멸시하는 자들이 본래 불량한 행동들로 인하여 사회의 변두리로 밀려난 비열한 자들이라는 사실 때문에 특히 괴로워한다(30:2-8). 사회적인 차원에서 본다면 그들은 무명한 자들이다(30:8). 얀젠(Janzen 1985: 205)은 이 개념을 다음과 같이 잘 설명하고 있다: "사회적인 관계들이 중요한 공감 정서 — 도덕적이고 종교적인 의미를 가진 — 에 뿌리박고 있는 인간 사회 안에서, 그리고 각 개인의 정체성이 부분적이나마 그러한 가치들과 감수성을 구체화하고 법제화할 특징적인 방법을 통하여 드러나게 되는 인간 사회 안에서, 어느 누가 바보('나발')에게서 인격적인 또는 개인적인 요소를 발견하거나 그러한 요소와 접촉할 수 있겠는가? 그의 사적인 이름을 주는 것은 차치하고서라도 말이다. 그러한 부류의 사람들에게서 발견되는 익명성은 그들이 이미 공동체로부터 소외되어 있음을 나타내는 증거가 아닐 수 없다."

욥은 자신이 궁핍한 자들에게 긍휼을 베풀었음에도 불구하고(참조. 30:25), 자신의 긍휼함이 멸시를 대가로 받게 되었다고 불평한다. 그는 이렇게 말한다: "이제는 그들이 나를 노래로 조롱하며 내가 그들의 놀림거리가 되었으며, 그들이 나를 미워하여 멀리 하고 서슴지 않고 내 얼굴에 침을 뱉는도다"(30:9-10). 하나님께서 욥을 무방비 상태로 만드신 것을 보고서(Whybray 1998: 129) 사람들은 거리낌 없이 그를 조롱한다(30:11).

욥은 그들의 조롱을 포위된 성읍을 향한 공격으로 묘사한다(30:12-15).

29:12와는 대조적으로 욥에게는 그의 압제자들을 제어할 구원자가 전혀 없다. 왜냐하면 "궁핍한 자들을 도우시고 구원하시는 하나님께서 욥을 재앙에 내맡기셨기 때문이다"(Habel 1985: 420). 욥은 자신의 명예가 인간 조롱자들의 연합 세력과 공포를 불러일으키는 죽음의 힘에 의해 공격당하고 있음을 본다. 그 결과 "욥은 공동체 지도자인 장로로서의 권위가 손상되고 자신의 거대한 재산이 제공하는 평온함까지도 무너진 것에 대해 탄식한다"(Hartley 1988: 401).

욥은 자신이 하나님에게서 버림받았다는 느낌을 강하게 받는다. 그리하여 그는 하나님을 자신과 더불어 싸우는 괴물로 묘사한다(30:16-23). 자신의 생기가 물처럼 쏟아지는 바람에(30:16), 그는 질식사할 듯한 느낌을 받는다(30:17). 하나님께서는 그를 수렁 속에 던지시는가 하면 그를 단순한 티끌과 재로 만드심으로써 그를 욕보이신다(30:19). 얀젠(Janzen 1985: 208)은 이를 다음과 같이 설명한다: "자신을 다루시는 하나님의 방법에서 실마리를 얻은 욥은 우주 만물 가운데 있는 인간의 유한한 지위를 새삼스럽게 절감한다." 욥은 하나님께서 자신의 도움 호소를 무시하신다고 불평한다(30:20). 1-2장에서 욥의 대적자로 나오는 '사탄'과 발음이 크게 비슷한 낱말을 사용하여 욥은 이렇게 말한다: "주께서 돌이켜 내게 잔혹하게 하시고 힘 있는 손으로 나를 대적하시나이다 '사탐'"(30:21). 그는 하나님께서 자신을 다루시는 태도야말로 자신을 확실한 죽음으로 내모는 잔혹한 고통이라고 생각한다(30:22-23).

그리하여 욥은 위안을 전혀 느끼지 못한 채로 절망감에 사로잡히는 바, 이는 29장에 묘사된 이전의 행복한 삶과 현저한 대조를 이룬다. 자신의 비참한 곤경 속에서 욥은 도움을 호소하지만 하나님께서는 아무런 도움도 주지 않으신다. 욥 자신이 과거에 비슷한 곤경에 처한 자들을 도와주었음에도 불구하고 말이다(30:24-25). 그의 현재 상황은 과거에 그가 바라던 상황, 곧 자신의 삶이 선함과 빛의 복을 받을 것이라는 기대와 대조를 이룬다(30:26). 하벨(Habel 1985: 422)은 이를 다음과 같이 설명한다: "욥은 한때 긍휼과 정의에 대한 관심이 보상을 받게 마련이라는 믿음을 가지고 있었다(참조. 29:18-20). 그는 친구들이 신봉하는 보상과 징벌의 법칙을 따라 살아왔다(4:7-8).

그는 정의의 보존과 유지를 위해 헌신한 삶이 행복을 상급으로 받을 것이라 기대했지만, 도리어 재앙에 짓눌리고 말았다." 바로 이 때문에 욥은 내적인 혼란(30:27)과 심한 외로움(30:28-29)을 강하게 느낀다. 그는 자신에게 닥친 시련으로 인하여 신체적이고 정신적인 고통의 극한 상황에까지 내몰린다. 하틀리(Hartley 1988: 406)는 이를 다음과 같이 잘 요약하고 있다: "욥은 완전한 고통을 체험한다. 그의 몸은 고통으로 인하여 꺾여진 채로 있다. 그의 감정은 혼란에 빠져 있다. 그는 수치를 당하며, 공동체 안의 쓰레기 같은 사람들에게까지 멸시를 당한다. 그가 이전에 누리던 영광과 현재의 수치스러운 상황은 서로 뚜렷한 대조를 이루고 있다. 모든 사람들에게서 버림받은 욥은 자신에게 닥친 끔찍한 불행으로 인하여 탄식한다. 이러한 배경 속에서 욥은 자신의 무죄를 맹세하고자 한다. 탄식은 욥에게 있는 강한 확신과 무죄의 맹세를 할 정도로 필사적인 욥의 모습을 강조하는 효과를 갖는다."

욥은 31장에서 친구들의 비난을 공격하기 위하여 마지막으로 무죄의 맹세를 함으로써 자신의 소송을 마무리한다. 부정(否定)의 고백(negative confession)이라는 옛날의 사법 관습을 사용함으로써(Whybray 1998: 132; Wharton 1999: 130-31) 구체적인 고발의 목록을 나열하면서 그것들 모두를 논박하며, 자신이 삶의 모든 영역 속에서 올바른 관계들을 지속해 왔음을 강조한다. 욥은 친구들의 고발이 적법한 것임을 부정하면서, 몇 차례에 걸쳐서 만일에 자신이 참으로 죄인이라면 하나님께서 자신을 벌하셔서 충분한 정의를 이루실 것이라고 말한다(Smick 1988: 990-91). 사실 그의 맹세는 하나님께서 자신의 정당함을 입증해 주시든 아니면 자신을 정죄하시든 궁극적인 심판관으로서의 역할을 수행해줄 것을 요청하고 있다. 그런데 이 요청은 만일에 하나님이 그처럼 고의적인 범죄 행동을 심판하지 않으신다면, 하나님의 침묵은 암묵적으로 욥의 무죄를 인정하는 것이라는 기본 전제를 은연중에 암시하고 있다(Tsevat 1966: 79).

머피(Murphy 1999: 63-64)는 본장에 있는 욥의 말이 갖는 중요성을 다음과 같이 설명하고 있다: "욥은 무죄의 맹세를 통하여 하나님께 도전한다. 그처럼 대담한 행동을 통하여 그는 자신의 생명을 하나님의 손에 맡긴다. 만일에 그가 죄인이라면, 하나님께서는 갑작스런 재앙들로써 그를 치셔야만 한다. 그 재앙들의 많은 것들을 그는 끔찍할 정도로 상세하게 묘사한다. 옛 세계의 신앙 체계에서는 의로우신 하나님이 응답의 맹세에 매여 있는 분으로 묘사된다. 만일에 하나님이 적절한 재앙들로써 응답하지 않으신다면, 살아남은 인간은 죄의 용서함을 받게 될 것이다. 저자의 의도에 비추어볼 때, 하나님의 행동을 촉구하는 것은 청중이 충분히 생각해볼 수 있는 선택권으로 이해된다." 따라서 그것은 욥의 강력한 무죄 선언 — 야웨께서 그를 나무랄 데 없이 순전한 자로 묘사하시는 것(1:8; 2:3)에 상응하는 — 이나 다름이 없다.

욥은 자신이 육욕의 죄를 범한 적이 없다고 주장함으로써, 자신의 마지막 무죄 맹세를 시작한다(31:1-4). 그는 자신의 순전함을 유지하기로 충분히 다짐한 까닭에 탐욕에 가득 찬 눈으로 처녀를 주시하지 않는다. 욥은 하나님께서 불의한 자에게 재앙을 주시고, 죄를 행하는 자들에게 불행을 안겨주시며, 욥이 행하는 모든 길들을 다 아신다고 주장한다. 하나님은 욥을 너무도 꼼꼼하게 살피신 까닭에, 욥이 무죄하다는 것을 알고 계심에 틀림이 없다. 욥이 겪고 있는 재앙들이 다른 암시를 줄 수도 있겠지만 말이다.

31:5-8에서 욥은 자신이 거짓과 속임수를 쓰지 않았다고 말한다. 5절의 가정법 문장은 하나님께 정확한 저울을 사용하심으로써 자신의 순전함을 밝혀달라고 항변하는 말(6절)과 더불어, 간접적으로 욥이 허위와 속임수를 행하지 않았다는 것을 주장하는 효과를 갖는다. 도리어 그는 자신의 행동에 있어서 의롭고 흠 없는 사람이다. 그는 만일에 궁극적인 진리의 기준으로 자신을 평가해야 한다면, 자신이 순전한 사람으로 판명되었을 것임을 확신한다(Habel 1985: 433). 7-8절의 비슷한 구문에서 욥은 자신의 눈이 본 바를 따르기 위해 하나님의 길로부터 벗어난 적이 결코 없다고 주장한다. 욥은 만일에 자기가 참으로 죄를 범한 자라면, 자신의 수확물들을 뿌리째 뽑아 다른 사람에게 주라고 하나님께 청한다.

다음 단락(31:9-12)에서 욥은 간음죄를 부인하며, "문"과 "맷돌" 및 "무릎 꿇다" 등과 같이 두 가지 뜻으로 해석되는 몇몇 낱말들 — 다른 곳에서는 성행위를 나타내는 완곡어법으로 사용되는 — 을 사용한다(Whybray 1998: 134). 충격적인 언어를 사용하여 욥은 만일에 자신이 간음죄를 범했다면, 자기 아내가 자신의 범죄 행위에 따른 처벌을 받아 성적인 학대를 당해도 좋다고 말한다. 하틀리(Hartley 1988: 413 [참조. Gordis 1978: 346-47])는 당시의 상황에서 욥이 말한 바의 의미를 다음과 같이 잘 밝혀주고 있다: "이 저주가 오늘날의 청중에게는 낯선 것이지만, 옛날에는 그것이 그녀의 남편을 향한 신랄한 저주로 여겨졌을 것이다. 왜냐하면 아내는 자기 남편과 너무도 긴밀한 관계 속에 있는 탓에, 그처럼 중대한 불의가 아내에게 행해짐으로써 아내가 수치를 당하는 것은 곧 남편이 수치를 당하는 것이나 다름이 없기 때문이다." 이어서 욥은 간음죄의 가증스러움과 그로 인해 초래되는 재앙들에 관해서 말한다.

화제를 바꾸어 종들을 대하는 자신의 태도에 초점을 맞춘 욥은 종들을 순전히 재산으로만 생각하는 옛 세계의 기준들을 훨씬 능가하는 윤리에 대해서 언급한다(31:13-15). 욥은 자신이 종들을 인간적으로, 그리고 법적인 고소권을 포함하는 기본권을 가진 자들로 대하였음을 강조한다. 왜냐하면 그는 자신과 그들 모두를 동등하게 하나님에 의해서 만들어진 존재로 간주했기 때문이다. 하나님께서 그에게 종들을 어떻게 대했는지를 설명할 것을 요청하신다면, 그는 맑은 양심을 가지고서 대답할 수 있을 것이다. 하벨(Habel 1985: 434)은 이를 다음과 같이 설명한다: "욥은 많은 다른 고대 근동의 통치자들이 흔히 하듯이 자기 종들을 소유물로 대하기보다는, 인간으로서 법적인 권리들을 가진 개인들로 간주하였다."

욥은 또한 22:7-9에 있는 엘리바스의 비난과는 대조적으로 자신이 인색함의 죄를 범한 적이 없다고 주장한다(31:16-23). 옛 세계에서는 가난한 자들과 고아들이 특히 압제에 대하여 취약한 자들이었지만, 욥은 그들의 약점을 이용하려고 하기보다는 그들의 곤경에 개인적인 관심을 기울여 주었다(31:16-18). 사실 그는 고아들을 자신의 자녀들처럼 대하였다. "따라서 그에게 있어서 고아들을 괴롭힌다는 것은 자신의 자녀들을 괴롭히는 것이나 마찬가지였다"(Habel 1985: 435). 욥은 자신의 법적인 권한을 남용하여 힘없는 자들을 공적으로 정죄하는 일을 행하지도 않았다(31:19-21). 왜냐하면 그는 하나님 경외를 모든 행동의 기본 동기로 삼았기 때문이다(31:22-23). 하틀리(Hartley 1988: 417)는 욥의 이러한 기본 동기가 지혜의 다양한 원리들 중의

하나라고 설명한다: "하나님의 위엄과 거룩함에 대한 분명한 인식은 사람들로 하여금 의를 추구하고 악을 피하게 만든다. 이 점을 굳게 믿는 자라면 모든 일에 있어서 하나님께 직접 책임을 져야 하는 자로 행동하게 마련이다. 욥은 만일에 자신이 불행한 자들을 도우려고 하지 않았다면, 자신이 하나님의 위엄을 감당치 못했을 것임을 알고 있다. 하나님 앞에서 그는 정죄함을 면치 못했을 것이다."

31:24-28에서 욥은 자신이 탐욕이나 우상숭배의 죄를 범한 적이 없다고 선언한다. 욥은 22:23-26에 있는 엘리바스의 은근한 비난을 거부하면서, 조건절을 사용하여 자신이 물질적인 부를 도무지 의뢰하지 않았다고 주장한다 (31:24-25). 비록 서론 부분이 욥을 대단한 부자로 밝히고 있기는 하지만, 그의 황금이 그의 신이 되지는 않았다. 뿐만 아니라 그의 부가 우상숭배로 바뀐 것도 아니었다. 왜냐하면 욥은 당시에 널리 퍼져 있던 이방인들의 태양숭배나 달 숭배를 받아들이지 않았기 때문이다(31:26-28). 그는 그것이 하나님을 부정하는 죄에 해당한다고 생각했다.

욥은 또한 자신의 원수들이 괴로움을 당할 때 기뻐하는 방식의 복수에 탐닉하지도 않았다(31:29-30). 겉으로 드러나는 말들과 마음속의 내적인 태도 — 오직 하나님만이 알고 계시는 — 모두에서 욥은 자신에게 잘못한 자들을 관용하는 모습을 보였다. 앤더슨(Andersen 1976: 243-44)이 잘 설명한 바와 같이, 욥의 이처럼 대담한 주장은 그가 정말로 비난의 여지가 없는 순전한 사람이 아닐 경우에는 하나님의 정죄를 불가피하게 만드는 것이었다: "욥은 놀랍도록 확신하고 있다. 지극히 영적인 사람이라 할지라도 원수의 파멸을 보고서 순간적으로 크게 즐거워하지 않는다는 것은 불가능하다. 하나님의 정의가 실현된 것에 대하여 감사하는 마음을 정당화하면서 말이다. 잠시 그것을 억제할 수는 있겠지만, 그것의 독은 오래도록 남아 있다. 예수의 기준들을 성취한 자(마 5:43-48)라면 당연히 하나님처럼 완전해야 한다. 욥은 자신의 마음속에서조차 가장 악한 자들이 다치는 것을 원치 않았다. 그것을 주장하는 것은 악한 길들을 찾아 가장 깊은 곳에까지라도 가서 그를 추적할 것을 감히 하나님께 요구하는 것이나 다름이 없다(시 139:23f.). 여기서 그것은 매우 맑은 양심에서 비롯된 것이거나 대단히 무감각한 양심에서 비롯된 것이라 할 수 있다."

후한 대접을 엄숙한 의무로 간주하던 옛 세계에서 욥의 삶은 낯선 이들을 향한 관대함을 특징으로 가지고 있었다(31:31-32). 그는 여행자들에게 자기 집을 개방하였으며, 심지어는 그들에게 흔히 아주 특별한 경우를 위해 남겨 놓는 고기를 대접하기까지 했다.

더 나아가서 욥은 친구들의 비난과는 대조적으로 자기 죄를 감추려는 위선의 죄를 범한 적도 없었다(31:33-34). 죄를 범한 후에 하나님 앞으로부터 숨었던 아담(창 3:8-10)과는 달리 욥은 자신의 죄를 남들 앞에서 감추어야 할 정도로 남들의 멸시를 두려워할 필요가 없었다. 욥의 이러한 주장은 만일에 그가 죄를 범했다면 "자신의 잘못을 고백하고 공적으로 그러한 잘못의 책임을 지겠다"는 것을 의미한다(Hartley 1988: 421).

무죄의 맹세를 길게 언급한 후에 욥은, 바울이 사도행전 25:10-11에서 가이사에게 마지막으로 호소하는 것과 평행을 이루는 방식으로, 자신의 소송을 하나님께 맡긴다: "누구든지 나의 변명을 들어다오. 나의 서명이 여기 있으니 전능자가 내게 대답하시기를 바라노라. 나를 고발하는 자가 있다면 그에게 고소장을 쓰게 하라"(31:35). 그 시련이 심신을 지키게 함에도 불구하고 욥은 답변을 얻지 못한 채로 여전히 자신의 무죄를 확신하고 있다. 앤더슨(Andersen 1976: 244)은 이를 다음과 같이 설명한다: "부끄러움을 느끼기는커녕 욥은 끝까지 투쟁적인 모습을 보이며, 자신의 소송을 해결하기 위해 애쓰는 중에 그 결과를 확신한다. 그는 자신의 삶 전체를 낱낱이 설명하는 것도 불사하고자 한다." 욥은 하나님께 그의 침묵을 깨뜨리시고 자신의 결백함을 밝혀주실 것을 요청한다. 욥은 이것이 자신의 법정 소송의 마지막 발언임을 나타내기 위해, 자신의 무죄 맹세를 뒷받침하는 구술(口述) 주장에 자신의 서명 — 문자적으로는 히브리어 마지막 알파벳('타우') — 을 날인하는 상상력을 발휘한다. 이어서 그는 자신의 무죄를 너무도 확신하는 까닭에, 하나님의 무죄 선언을 왕관처럼 머리에 쓴 채로 하나님께 나아갈 때를 기대한다고 말한다(31:36-37; Muenchow 1989: 606).

욥이 마지막으로 하나님께 호소한 후에 나오는 31장의 마지막 세 구절은 일찍이 필사 중에 생겨난 서기관의 실수로 이곳에 잘못 배치된 것으로 보임에도 불구하고(Gordis 1978: 545), 욥의 무죄 선언과 관련된 추가 진술의 성격을 가지고 있기도 하다. 이 단락에서 욥은 자신의 순전함이 땅에 대한 자신의 처신에까지 확장된다고 주장한다(31:38-40). 그는 이전에 자기가 자신의 종들을 인간적으로 대우해 주었다고 주장한 바가 있었는데, 이제는 자신이 하나님의 땅에 대한 청지기직을 악용하지 않았다고 주장한다. 그 까닭에 땅이 욥에게 불리한 증언을 창조주께 하지 않는다는 것이다. 원죄의 결과 땅이 저주를 받은 것(창 3:17-19)에 대해서 언급하는(Janzen 1985: 216) 욥은 만일에 자신이 땅을 학대하였다면 자신 역시 비슷한 종류의 심판을 받아 마땅하다고 말한다. 하벨(Habel 1985: 440)은 이를 다음과 같이 설명한다: "욥은 기꺼이 아담이 태초에 받은 저주를 받겠다고 말한다. 만일에 욥 자신이 자신과 자신의 근원에 해당하는 '땅'과의 사이에 있는 근본적인 관계를 깨뜨렸다면 말이다." 이상의 말로써 욥은 자신의 소송과 관련된 발언을 끝맺는다. 그 다음 상황은 하나님에 의해서 전개되지 않으면 안 된다. 욥의 유죄 고백을 유도함으로써 그의 죄를 심판하든지, 아니면 그가 부정의 고백에서 언급한 심판을 그에게 내리지 않음으로써 암묵적으로 그의 무죄를 선언하든지 말이다. 그러나 하나님께서 말씀하시기 전에 또 다른 사람이 생각지 않게 무대에 등장한다.

엘리후의 말(욥 32-37장)

독자들은 31장 이후에 욥을 향한 하나님의 답변을 들을 마음의 준비를 하지만, 하나님의 말씀은 38장에 가서야 나온다. 그 대신에 이전에 한 번도 언급된 적이 없고 다음 단락에 이어지는 야웨의 말씀에서도 확인되지 않는 한 사람, 곧 엘리후라는 이름을 가진 젊은 사람이 갑작스럽게 무대에 나타난다. 그는 나이든 사람들의 대화가 끝나기를 기다렸지만, 그들이 말한 것에 만족하지는 않는다. 답변이 주어지지 않는 네 개의 발언(32-37장)에서 엘리후는 친구들과 욥의 논지를 요약하면서, 종종 그들의 말을 인용하거나 언급한다(Smick 1988: 998-99; Waters 1997: 445는 이에 반대함). 그의 주된 논지는 하나님께서 사람들을 훈련시키고 바로잡기 위해 고통을 보내심으로써 그들의 성품을 순수하게 만드실 수 있다는 데 있다(참조. 33:14-30). 기래르츠(Geeraerts 2003: 48)는 욥이나 친구들의 입장과 비교되는 엘리후의 입장이 사실은 야웨 앞에서 욥이 부적절하게 처신했음을 겨냥하고 있다고 날카롭게 지적한다: "간단히 말해서 엘리후는 자기 앞에 있는 어른들이 마땅히 서지 않아야 할 자리에 섰다고 비판한다. 그러나 아이러니컬하게도 그것은 욥이 하나님께 대하여 제기했던 바로 그 비판과 맥을 같이한다. 욥과 그의 친구들에 대한 엘리후의 입장은 구조적으로 욥이 하나님께 대하여 가지고 있는 입장과 유사하다."

욥기 전체의 구조에 비추어볼 때 엘리후는 욥이 처한 상황에 대한 사람들의 평가를 한데 모으는 바, 이는 38-41장에 있는 야웨의 평가를 예비하는 역할을 수행한다. 엘리후는 다른 모든 사람들이 맞추지 못한 해답을 자신이 가지고 있다는 판단 하에 그들의 논쟁을 끝맺고자 한다. 그러나 사실은 야웨야 말로 마지막 마무리 말씀을 주실 분으로 나타난다. 엘리후가 계시에 근거하여 발언하고 있다지만(32:8), "38-41장에 있는 하나님의 말씀은 엘리후가 하나님의 이름으로 주장한 모든 것을 소급하여 무효화시킨다"(Janzen 1985: 219). 그가 욥의 소송을 끝맺지 못했다는 것은 노인들의 지혜나 젊은 사람들의 지혜가 똑같이 욥의 문제를 해결하지 못한다는 사실을 분명히 보여준다.

서론(32:1-5)

31장에 있는 욥의 마지막 발언을 끝으로 그들 사이의 대화가 완전한 교착상태에 빠졌음이 분명하다. 한편으로 욥은 줄기차게 자신을 의로운 자로 간주한다. 하벨(Habel 1985: 447)은 이를 다음과 같이 말한다: "욥은 모든 반대 증거와 반대 주장들에 맞서서 자신의 순전함과 의로움을 지켰다. 그는 논박당하지 않은 채로 외로이 굳게 서 있다." 다른 한편으로 세 친구들은 이제까지의 논쟁이 무익하다는 것을 알고서 논쟁을 포기한다.

이러한 상황을 바라보던 엘리후는 화를 낸다. 해설자가 이 단락에서 네 차례에 걸쳐서 언급하는 것처럼 말이다(32:2 [2회], 3, 5). 그가 특히 흥분하는 이유는 욥이 자신을 하나님보다 더 의로운 자로 여기고 있음에도 불구하고

— "하나님보다 자신을 더 의롭다 여기므로"로 번역된 구절의 히브리어 낱말은 이러한 의미를 가지고 있는 것으로 보인다(32:2) — 욥의 친구들이 그들의 주장을 포기한 것으로 보였기 때문이다.

하틀리(Hartley 1988: 429-30)는 엘리후의 강한 감정 배후에 무엇이 있는지를 다음과 같이 잘 설명하고 있다: "그의 분노는 의로운 분노이다. 왜냐하면 그는 욥과 세 친구들 사이의 대화 전체가 양쪽 모두의 불충분한 주장에 따라 전개되었다고 보기 때문이다. 그는 특히 욥에게 화를 낸다. 이는 욥이 자신의 무죄를 주장함에 있어서 자신을 하나님보다 더 의로운 자로 여겼기 때문이다. 엘리후는 누군가가 하나님의 의로움에 어두운 그림자를 드리우는 것을 참지 못한다." 어른들이 말할 때 침묵을 지키고 있다가 욥의 친구들이 침묵하는 것을 욥의 변명이 정당함을 인정한 것으로 간주한 엘리후는 이제 억누를 수 없는 젊음의 열기를 가지고서 논쟁의 한복판으로 뛰어든다(32:4-5). 그는 모든 논쟁 참가자들에게 맞서 하나님의 정당하심을 방어하기로 결심한다. 그러나 그의 분노와 그가 젊다는 사실에 대한 관심은 독자들에게 엘리후의 말이 욥이 처한 상황에 대한 믿을 만한 평가를 제공하지 못할 것이라는 미묘한 암시를 준다.

엘리후가 발언하는 이유(32:6-22)

엘리후의 첫 번째 발언 — 사실상 33:1에서 시작되는 — 의 확대된 서두에 반영되어 있는 그의 장황한 언어는 그가 경솔하게 논쟁에 끼여들었음을 보여준다. 그는 "연륜이 많은 자가 지혜를 가르칠 것"이라고 생각했기에 자신이 욥과 세 친구들의 연로함에 경의를 표했다고 주장한다(32:7). 그러나 그는 자신이 들은 말들에 실망한 까닭에 이제는 관례를 무시하고서 논쟁에 뛰어든다. 하벨(Habel 1985: 450)은 어떤 점에서 엘리후의 논쟁 참여 결심이 옛 관행에 어긋나는 것인지를 다음과 같이 설명한다: "전통적인 인간 지혜는 통찰과 경험을 가진 자들이 나누어줄 수 있는 세심한 현실 인식을 일컫는다. 그것은 열정적인 교육과 훈계 — 이스라엘과 고대 근동에서 통용되던 옛 지혜의 특징을 이루는 — 를 포함한다. 지혜는 젊고 단순한 자들에게 가르쳐져야 한다. 그것은 선생이 학생에게 어떻게 해야만 통찰을 얻고 명철을 발견할 수 있는지를 가르치는 기술을 의미한다." 엘리후는 자신이 명철의 영을 가지고 있다고 주장한다. 이는 하나님의 신이 그를 가르치기 때문이거나(참조. 33:4와 4:12-5:7에 있는 엘리바스의 주장), 아니면 그의 인간적인 영이 하나님의 형상을 따라 만들어졌기 때문이다(32:8). 따라서 나이가 더 많다는 것이 반드시 더 지혜롭다는 것을 뜻하지는 않는다. 왜냐하면 젊은 사람도 노인들 못지않은 지혜를 가지고 있기 때문이다(32:9). 바로 이 때문에 그는 욥의 친구들에게 "내 말을 들으라. 나도 내 의견을 말하리라"(32:10)고 나선다. 15절부터 그는 욥에게 직접 말한다.

32:11-14에서 세 친구들에게 말하는 동안에 엘리후는 계속해서 화를 낸다. 체니(Cheney 1994: 174)는 이를 다음과 같이 설명한다: "엘리후의 독백에 반영되어 있는 반복 구조는 그가 똑똑하고 구변이 좋은 연설가라기보다는 장광설을 늘어놓는 사람임을 보여준다." 그는 기다리는 중에 그들의 말에 귀를 기울였지만, 그들은 자기들의 명철로 욥을 논박하는 데 실패하고 말았다(32:11-12). 그가 판단하건대, 친구들은 하나님께서 욥을 논박하실 것이라는 자기들의 지혜를 믿어서는 안 되었다(32:13). 엘리후는 그들이 욥에게 했던 것보다 훨씬 더 설득력 있게 욥을 논박하려고 계획한다(32:14). 공평한 인간 중재자 내지는 심판관 역할을 떠맡음으로써 말이다(McCabe 1997: 50-51).

15절에서 친구들로부터 방향을 돌이켜 욥을 향한 엘리후는 이미 욥에게 말한 바 있던 세 사람의 부적절함을 자신의 기술과 대비시킨다. 그는 더 이상 그들을 기다리지 않을 것이다. 이는 그들의 말이 그들을 비참하게 만들었기 때문이다(32:15-16). 그 대신에 그는 자기 속에서 넘치는 자신의 견해를 밝히고자 한다(32:17-20). 15:2에 있는 엘리바스의 수사학적인 질문을 빗댄 것 같지는 않지만, 엘리후는 해방감을 얻으려면 말을 하지 않으면 안 되는 바람 주머니로 자신을 재미있게 표현한다(Whybray 1998: 140)! 그는 아이러니컬한 자기 확신을 가지고서 자신이야말로 공평함을 유지할 수 있다고 주장한다: "나는 결코 사람의 낯을 보지 아니하며 사람에게 영광을 돌리지 아니하리니, 이는 아첨할 줄을 알지 못함이라. 만일 그리하면 나를 지으신 이가 속히 나를 데려가시리로다"(32:21-22). 엘리후를 이런 식으로 소개한 저자는 독자들이 엘리후의 말을 에누리해서 듣지 않으면 안 된다는 미묘한 암시를 준다. 윌슨(Wilson 1996b: 88)은 날카롭게 다음과 같은 점을 지적한다: "엘리후가 일단 말을 시작하자, 아이러니컬하게도 엘리후가 의도한 바와 그의 말이 독자들에게 주는 의미 사이에 틈새가 발생한다. 엘리후는 이전에 경멸하는 투로 말하던 자들이 사용하던 용어를 자신의 것으로 활용한다(32:17, 18; 15:2). 그는 거만한 태도로 자신의 주장을 전개한다(33:5-7, 31-33; 34:2-4, 31-33; 36:2-4; 37:19-20). 그는 자신과 하나님을 똑같이 '완전한 지식을 가진 자'로 묘사한다(36:4; 37:16). 고통이 교육적인 목적을 가질 수도 있다는 그의 견해조차도 서론 부분에서는 욥이 당하는 고통의 이유로 설명되지 않는다." 로울리(Rowley 1976: 209)와 비비어스(Viviers 1997: 141)도 이와 동일한 논지를 전개한다.

첫 번째 발언(33장)

엘리후는 이제 욥의 이름을 불러가면서 그에게 말하며, 그에게 자신이 말하는 법정 소송에 귀를 기울일 것을 촉구한다; "그런즉 욥이여, 내 말을 들으며 내 모든 말에 귀를 기울이기를 원하노라"(33:1). 앞장의 논지를 계속 이어가고 있는 엘리후의 발언 서두는 자신이 하나님의 계시를 좇아 지혜롭게 말한다는 주장으로 부풀려져 있다(33:2-4). 화이브레이(Whybray 1998: 141)는 이를 다음과 같이 설명한다: "4절에서 엘리후는 앞서 자신이 말한 32:8의 진술을 상기시킴으로써 자신이 특별한 지식에 기초하여 말하고 있다는 주장을 정당화한다. 여기서 그는 자기가 곧 지혜 자신의 목소리라고 암시하고 있는 것일 수도 있다(참조. 잠 8장, 특히 7-8절)." 엘리후는 고발자의 입장에 서서 자신이 상상하는 지성으로 인하여 과도하게 좋은 평가를 받고 있는 자의 생색내는 듯한 태도를 드러낸다(33:5). 그는 자신을 하나님 앞에서 욥과 대등한 자로 간주한다(33:6). 엘리후는 또한 다소 불성실한 태도로 자기가 욥에게 두려움을 느끼게 할 수 없다고 말한다(33:7; 9:34와 13:21에 있는 욥의 하나님 경외와는 대조를 이룸).

욥을 논박하려고 애쓰는 중에, 엘리후는 하나님이 불의하게도 자신을 공격한다고 주장하는 욥의 입장에 대한 정확하고도 결정적인 비판으로 여겨지는 바를 얘기한다. 의도적으로 욥 자신의 말을 인용하는 엘리후의 평가에 의하면, 욥은 자신을 무죄한 자로 간주하는 바, 이 점은 9절에서 네 번이나 되풀이된다. 뿐만 아니라 엘리후가 10-11절에서 네 차례에 걸쳐서 강조하고 있는 바와 같이, 욥은 하나님이 불의하시다고 생각한다. 사실 엘리후는 퉁명스럽게 욥에게 잘못이 있다고 말한다. 왜냐하면 초월자이신 하나님은 사람보다 크신 분이기 때문이다(33:12). 수사학적인 점층법이 끝난 후에 이어지는 엘리후의 최종 평가는 다소 공허하게 울린다. 하나님의 위대하심은 논쟁에 참여한 어느 누구도 이의를 제기할 수 없는 진리이기 때문이다.

33:13-22에서 엘리후는 하나님이 자신에게 대답하지 않으셨다는 욥의 불평을 논박하고자 한다. 욥이 죄인이라고 생각하는 엘리후는 참으로 하나님이 특징적이게도 인간의 죄를 책망하시면서 그들에게 말씀하실 때 사용하시는 두 가지 방식으로 대답하셨다고 주장한다. 첫째로 하나님은 꿈이나 환상을 통하여 말씀하심으로써 인간의 잘못을 드러내신다(33:15-18). 인간과 교통하기 위해 이러한 방법을 사용하시는 하나님께서는 그들을 교만으로부터 빠져나오게 하려고 애쓰시며, 그들이 죄로 인하여 스올로 내려가는 일이 없게 하려고 애쓰신다. 화이브레이(Whybray 1998: 143)는 이를 다음과 같이 설명한다: "하나님께서는 꿈을 사용하셔서 잠에 빠진 자들을 두렵게 하시고, 그들에게 자기들의 길들을 고칠 것을 경고하신다. 교만의 죄는 그러한 '길들'의 주목할 만한 사례로 인용된다. 그러한 개혁은 그들을 죽음으로부터 건져줄 것이다." 둘째로 하나님께서는 고통을 사용하셔서 인간을 징계하시되(33:19-22), 사실상 그의 법정 소송이 죄를 범한 자의 뼛속에까지 스며들게 하신다(32:19). 이로써 하나님께서는 사람들을 죽음 가까이에까지 이끄신다. 그들을 일깨워서 자기들의 위험스러운 영적 위기를 깨달을 수 있게 하기 위해서 말이다(32:22). 이 두 가지 점을 지적하면서 엘리후는 하나님께서 꿈과 고통을 통하여 욥에게 말씀하신다고 주장한다. 그 까닭은 욥이 자신의 죄로 인한 임박한 심판에 대하여 경고를 받을 필요가 있기 때문이다. 그러나 엘리후는 세 친구들과 마찬가지로 욥을 평가함에 있어서 표적을 크게 벗어나는 모습을 보인다.

엘리후는 또한 자신의 소송을 하나님 앞에 가지고 갈 중재자를 갈망하는 욥의 모습(참조. 16:19; 19:25)에 초점을 맞추면서, 사람들을 위하여 하나님 앞에서 그들을 중재해 줄 특별한 천사가 있다고 주장한다(33:23-28). 하틀리(Hartley 1988: 447)는 이를 다음과 같이 추론한다: "이 천사는 하나님께서 자신의 높은 초월성에 손상을 입지 않은 채로 친히 지상의 사건들에 영향을 미치시도록 허용하는 역할을 수행한다. 엘리후의 가르침에 의하면 이 특별한 천사는 올바른 길에서 벗어난 자들을 회복시키기 위해 일한다. 이는 하나님께서 죄를 범한 자신의 종들을 즉각 포기하지 않으신다는 것을 뜻한다. 그 반대가 사실이다. 그는 그들이 신실한 봉사를 완전히 회복하도록 열심히 도와주신다." 그 천사는 구체화되지 않은 어떤 한 방법을 통하여 죄인을 죽음의 수렁에서 건져주고 그의 젊음의 힘을 회복시켜 줄 대속물을 찾아줄 수 있는 자이다(24-25절). 그러나 이러한 과정이 제대로 이루어지기 위해서는 인간이 자신의 죄를 고백하되, 먼저 하나님께 고백하고 이어서 공동체 앞에서 공개적으로 고백하는 일이 필요하다. 그래야만 그는 하나님께로부터 인정받아 복을 회복할 수 있다(26-28절). 화튼(Wharton 1999: 145)이 지적한 바와 같이, 이곳에 소개되어 있는 엘리후의 입장은 욥의 친구들이 얘기하던 것이나 욥이 줄기차게 거부하던 것과 완전히 똑같다: "세 친구들은 계속해서 욥을 강제하여 그로 하여금 하나님은 옳지만 욥 자신은 그르다는 사실을 인정하게 하려고 노력하였다."

다시금 욥에게 직접 말하는 엘리후는 자신의 논지를 13-28절에서 요약한 후, 하나님께서 죄인들을 심판의 위기로부터 건져내기 위해 꿈과 고통을 통하여 일하신다고 말한다(33:29-30). 이어서 그는 욥에게 자신이 전하는 지혜로운 충고에 귀를 기울일 것을 호소한다(32:31-33). 욥이 자신을 침묵시키려 한다는 것을 느낀 듯한 엘리후는 이렇게 말한다: "내 말을 귀담아 들으라. 잠잠하라. 내가 말하리라. 만일 할 말이 있거든 대답하라. 내가 기쁜 마음으로 그대를 의롭다 하리니 그대는 말하라. 만일 없으면 내 말을 들으라. 잠잠하라. 내가 지혜로 그대를 가르치리라." 엘리후는 이처럼 무한한 자기 확신에 찬 말로써 다시금 독자들에게 자신이 욥의 명철과 분별력을 과대평가했었다는 암시를 준다.

두 번째 발언(34장)

자신의 두 번째 발언에서 엘리후는 첫 번째 발언보다 더 완고한 어조로 말을 한다. 엘리후는 욥의 친구들이 사용한 것과 동일한 논리를 사용하여 욥이 처한 상황을 개인적인 비극으로 보기보다는 선례가 되는 법정 소송으로 엄격하게 간주한다. 그의 시각에서 볼 때 하나님은 자신의 절대 권력과 정의로 세계를 통치하시기 때문에 그의 길들을 의심한다는 것은 있을 수 없는 일이다. 그런데 욥은 하나님의 통치를 의심하는 까닭에 필연적으로 그가 불경건한 사람이라는 결론에 이를 수밖에 없다. 앤더슨(Andersen 1976: 251)은 엘리후가 욥의 곤경에 대하여 한층 덜 민감하다고 말한다: "그는 더 이상 욥을 돕기 위하여 논쟁을 벌이지 않는다. 그는 논쟁에서 이기기 위해 욥을 공격한다. 그의 말은 분명하게 이해됨에도 불구하고 목회적인 돌봄의 정신이 결여되어 있다. 그의 말은 자신의 수사학 솜씨를 연습하는 것처럼 들린다. 이는 그의 말이 화려한 장식물들을 너무 많이 가지고 있음을 뜻하지 않는다. 그 반대로 엘리후의 신학적인 격언들은 욥기의 다른 발언들보다 덜 매력적이다. 이로 인하여 그의 말은 차갑고 냉정한 듯한 느낌을 준다."

엘리후는 법적인 판결을 내릴 수 있는 공동체의 지혜로운 자들에게 말하면서, 욥의 법정 소송에서 무엇이 옳은지를 함께 판단하자고 호소한다(34:2-4). 이어서 그는 욥이 하나님을 불의하신 분으로 비난한다는 투로 욥의 말을 인용함으로써 그가 처한 상황을 과장되게 표현한다: "욥이 말하기를, '내가 의로우나 하나님이 내 의를 부인하셨고, 내가 정당함에도 거짓말쟁이라 하였고, 나는 허물이 없으나 화살로 상처를 입었노라' 하니"(34:5-6). 그리고나서 엘리후는 욥이 악인들과 어울려 다닌다고 주장함으로써 그의 무죄 주장을 공격한다(34:7-8). 그는 욥이 하나님을 기뻐하는 것에 아무 유익이 없다고 말했다는 결론을 내린다. 경건이 무익한 것이기 때문이라는 것이다(34:9).

엘리후는 자신이 보기에 하나님의 정의를 부정하는 듯한 욥의 태도를 강하게 배척한다(34:10-15). 그는 하나님이 절대 주권자이시기 때문에 잘못을 행하실 수 없다고 주장한다. 8:3에 있는 빌닷의 질문을 반영하는 엄격한 보상 교리를 따르고 있는 엘리후는, 자신이 판단하기에 전능하신 하나님이 정의를 왜곡하실 수도 있다고 보는 듯한 욥의 견해를 거부한다(34:11-12). 이어서 그는 누가 하나님께 땅을 다스릴 권세를 주셨는지를 묻는 수사학적인 질문을 던진다(34:13). 그의 논지는 창조주가 자신의 피조 세계에 대하여 책임을 지실 필요가 없으며, 따라서 그는 자신이 만든 세계에 대하여 자신이 원하는 것을 하실 수 있다는 데 있다(34:13-15). 자신의 주장을 이렇게 정리함으로써 엘리후는 존재하는 모든 것이 순전히 하나님의 초월적인 권능에 힘입어 올바를 수밖에 없다는 추론에 거의 근접한다.

이어지는 단락에서 엘리후는 하나님이 자신의 탁월한 지위로 인하여 필연적으로 의로우신 분일 수밖에 없다는 내용으로 욥을 설득시키고자 노력한다(34:16-30). 엘리후는 불의한 자가 통치권을 행사한다는 것은 상상할 수 없는 일이요, 따라서 욥은 사실상 의로우시고 전능하신 하나님을 정죄하려는 것이나 다름이 없다고 말함으로써 욥의 불평을 배척한다(34:17). 이어서 그는 하나님의 행동이 완전히 공평하며(34:18-19), 가장 뛰어난 인간들까지도 다스리시는 무제한의 권세가 그에게 있다는 추론을 전개한다(34:20). 욥이 이 단락에서 엘리후가 말하는 것에 상당 부분 동의한다 할지라도, 화이브레이(Whybray 1998: 147)가 지적한 바와 같이, 그의 주장은 욥이 처한 상황과 맞지 않는다: "18-20절에서 엘리후는 하나님께서 선을 행하기 위하여 어떻게 자신의 권세를 사용하시는지, 그리고 사람을 다루실 때 어떻게 자신의 공평함을 보여주시는지를 나타내는 사례들을 제시함으로써 자신의 주장을 뒷받침하려고 노력한다. 부자와 힘 있는 자, 그리고 가난한 자와 힘 없는 자를 모두 창조하신 분으로서 그는 그들에게 합당한 바를 따라 그들 모두를 공평하게 대하신다 … 하나님의 파괴적인 권세를 잘 알고 있고 또 자신이 하나님의 불의의 희생물임도 알고 있는 욥은 그러한 주장들에 의해 거의 감동을 받지 않는 것으로 보인다."

엘리후는 이어서 하나님이 인간의 모든 행동을 감찰하고 계시기 때문에(34:21-22), 그의 전지(全知)하심은 자신의 참된 상황을 확인할 수 있는 재판을 요구하는 욥의 주장을 불필요하게 만든다고 말한다(34:23-25). 욥은 하나님과의 법적인 소송을 시작하려고 하기보다는 하나님이 악한 자들을 공적으로 멸하신다는 점을 인식할 필요가 있는 바(34:26-28), 이는 욥이 범죄하였음을 드러내는 명백한 증거로 이해될 수도 있다. 하벨(Habel 1985: 485)은 이를 다음과 같이 설명한다: "하나님이 누군가를 벌하실 때 그 결과로 인하여 생겨나는 고통은 모든 사람이 볼 수 있는 공적인 경고나 다름이 없다. 욥이 잿더미에 앉아 고통당하는 모습은 바로 그러한 하나님의 징계의 증거에 해당한다." 그러나 개개인과 인류 전체를 향한 우주적인 통치권을 행사함에 있어서 하나님이 항상 즉각적으로 개입하시는 것은 아니다. 때때로 그는 자신의 목적을 이루시기 위해 불경건한 자들을 사용하실 수도 있다(34:29-30). 따라서 욥은 자신이 이전에 누리던 형통함이 하나님 앞에서의 자신의 의를 나타내는 것이라고 생각해서는 안 된다. 도리어 그가 지금 당하고 있는 곤경은 그의 죄에 대한 하나님의 정확한 조치에 해당하는 것이다.

직접 욥에게 초점을 맞춘 엘리후는 그에게 자신의 흠 있는 법정 소송을 밀어붙이려고 하기보다는 자기 죄를 하나님께 자백할 것을 촉구한다(34:31-32). 하나님께서는 자신의 길들을 바꾸지 않으실 것이다. 단순히 욥이 그것들에 반대한다고 해서 말이다(34:33). 따라서 욥은 자신이 알고 있는 자기 죄의 진실을 고백하는 길을 선택하지 않으면 안 된다. 엘리후는 모든 지혜로운 자들이 자신과 마찬가지로 욥이 지식과 지혜가 없이 말하고 있다는 결론에 동의할 것임을 확신한다(34:34-35). 따라서 욥은 철저한 징계를 받을 수밖에 없다. 왜냐하면 그는 하나님을 향한 자신의 소송을 철회하기를 거부함으로써 자신의 원죄에 하나님께 맞서는 죄를 추가하였기 때문이다(34:36-37). 굿(Good 1990: 328-29)은 엘리후의 이 발언을 실패작으로 규정한다: "엘리후의 발언 전체는 자신의 주장을 전개하기보다는 욥을 비판하고 자신의 신학적인 용맹성을 드러내고자 한다는 점에서 본래의 목적에서 벗어난 것으로 보인다. 그러나 서투른 인용의 오류들과 종종 이해하기 어려운 언어로 인하여 그의 발언을 완전한 불발탄으로 끝나고 만다."

세 번째 발언(35장)

이 세 번째 발언에서 엘리후는 자신이 들은 욥의 주장을 요약, 반격하고자 한다. 엘리후는 욥이 하나님을 상대로 하여 법정 소송을 제기할 근거를 전혀 가지고 있지 못하다는 점을 확신한다. 왜냐하면 인간은 자신의 죄를 통해서 나 자신의 의로운 행동을 통해서 초월적인 존재인 하나님께 어떠한 영향도 줄 수 없기 때문이다. 엘리후는 욥의 입장에 대한 자신의 견해를 35:2-3에서 다음과 같이 밝힌다: "그대는 이것을 합당하게 여기느냐? 그대는 그대의 의가 하나님께로부터 왔다는 말이냐? 그대는 그것이 내게 무슨 소용이 있으며 범죄하지 않는 것이 내게 무슨 유익이 있겠느냐고 묻지마는." 달리 말해서, 엘리후에 따르면 욥은 자신이 하나님보다 더 의롭다고 생각하며, 의로운 것이 아무런 유익도 주지 못한다고 생각한다. 화튼(Wharton 1999: 149)은 이 점을 다음과 같이 날카롭게 지적한다: "엘리후의 관점에서 볼 때, 욥이 자신의 소송이 정당하게 판결될 수 있는 재판을 하나님께 요구하는 것은 하나님의 절대적인 초월성에 대한 심각한 오해에서 비롯된 것이다. 하나님은 모든 사소한 인간사를 훨씬 뛰어넘는 분이시기에 개개인의 행동이나 태도가 하나님을 어떻게든 움직일 수 있는 것은 아니다."

엘리후는 자신이 생각하는 욥의 입장을 거부하면서, 다시금 확신에 찬 어조로 사신의 우월힌 지식 — 욥과 그의 친구들에게 답변할 수 있게 하는 — 을 앞세운다(35:4). 지혜 교사의 역할을 자임하는 엘리후는 자신의 가상(假想) 학생들에게 하늘을 바라보고 하나님과 사람 사이에 있는 거대한 간격을 깨달으라고 말한다(35:5). 이 점에서 본다면, 그는 하나님이 너무도 높이 계신 분이어서 인간이 행하는 악이나 선의 영향을 전혀 받지 않으신다고 말하는 엘리바스의 주장(참조. 22:2-3)을 그대로 되풀이하고 있는 셈이다(35:6-7). 엘리후는 이렇게 결론을 내린다: "그대의 악은 그대와 같은 사람에게나 있는 것이요, 그대의 공의는 어떤 인생에게도 있느니라"(35:8). 그의 시각에서 본다면, 인간의 행동은 오로지 다른 사람들에게만 의미가 있는 것이다. 왜냐하면 그것은 하나님께 대하여 아무런 의미도 갖지 못하기 때문이다. 하벨(Habel 1985: 492)은 엘리후의 결론이 갖는 의미를 이렇게 설명한다: "엘리후의 주장은 지상(地上)의 영역이 그 자체로서 독립된 우주 — 인간의 행동이 그 세계에 속한 다른 사람들에게만 영향을 주는 — 라는 우주관을 함축하고 있다. 하나님은 이 세상과는 무관한 높으신 하나님이 되고 만다 … 따라서 욥의 소송이 하늘을 움직일 수 있고 하나님을 지상의 재판정에 임하시게 할 수 있다는 것은 엘리후의 신학이 차지하고 있는 유리한 시각에서 볼 때 상상할 수 없는 일이다."

엘리후는 하나님이 죄인들에게는 응답하지 않으신다고 주장한다. 왜냐하면 그를 향한 그들의 부르짖음은 진정한 간구가 아니기 때문이요, 그들은 순전히 자기들의 이기적인 욕심에 따라 움직이기 때문이다(35:9). 그는 그들이 겸손하게 회개하면서 진심으로 하나님을 찾지 않고 도리어 그들 자신의 죄로 인하여 초래된 고통으로부터 놓임 받기만을 바란다고 주장한다(35:10-11). 그리하여 그는 하나님이 악인의 공허한 부르짖음에는 주의를 기울이지 않으신다는 결론을 내린다(35:12-13). 앤더슨(Andersen 1976: 257)은 엘리후의 논지가 진부한 것이요, 욥이 처한 상황에 대한 응답으로는 적절치 않다는 점을 다음과 같이 지적한다: "기도하는 자는 누구든지 자신의 약함을 알고 있다. 조금이라도 자기 자신을 아는 자라면 자신의 행동 동기가 항상 복합적이라는 것을 알고 있다. 자신의 양심을 살피는 자는 누구든지 처리되어야 할 새로운 죄가 끊이지 않는다는 것을 알고 있다. 만일에 기도하지 않는 자들이 도움을 구하나 모든 조건들이 충족될 때까지 아무런 응답을 받지 못한다면, 어느 누구도 도움을 구하여 응답을 구하려 하지 않을 것이다." 사실 엘리후는 욥의 불평에 맞지 않는 매우 단순한 답변을 만들어낸 것이나 마찬가지이다. 그의 답변은 철저하게 예견 가능한 하나님을 전제함으로써 악의 문제를 교묘하게 피해간다. 그는 욥의 말을 곡해함으로써 욥이 하나님 앞에 뻔뻔스런 모습을 가진 자처럼 보이게 만들며(35:14), 욥의 기도를 헛된 것('헤벨')으로 묘사한다(35:15-16). 그 결과 하나님의 침묵은 순전히 엘리후가 생각하는 욥의 죄와 관련해서만 설명된다. 이로써 엘리후는 확실하게 보상 개념을 주장하는 신학자들의 대열에 합류하게 된다.

네 번째 발언(36-37장)

36-37장을 포함하는 자신의 마지막 발언에서 엘리후는 좀 더 온정적인 어조를 취한다. 그는 이제 고통의 원인에 초점을 맞추기보다는 고통의 결과에 관심을 기울인다. 이 단락에서 엘리후는 고통을 유발하는 원인을 분석하기

보다는 고통이 만들어내는 결과를 분석한다. 이처럼 상이한 시각에서 고통을 바라봄으로써 엘리후는 사람을 대하시는 하나님의 방법이 교육적인 것이요, 반드시 징계를 목적으로 하는 것만은 아니라고 주장한다. 달리 말해서 고통은 사람들을 일으켜 세우려는 의도를 가진 하나님의 훈련이기도 하다는 것이다. 지혜로운 자는 고통을 받아들임으로써 더 큰 이득을 본다. 그러나 어리석은 사람은 고통에 맞서며, 그 결과 역경으로 인하여 파멸에 빠진다. 엘리후의 주장을 욥이 처한 상황에 적용하기에는 문제가 있지만, 욥기 전체의 구조에 비추어 본다면 그것은 38-41장에 있는 야웨의 말씀을 예비하는 효과를 갖는다.

엘리후는 이 지점에서 욥과 친구들이 자기가 말하는 것에 흥미를 잃었다는 사실을 감지했을 수도 있다. 그래서인지 그는 그들에게 자신의 발언이 계속될 터이니 인내심을 가질 것을 촉구한다(36:2). 그는 자신이 하나님을 위하여 발언한다고 주장하며, 욥이 아니라 하나님이 의로우신 분임을 입증하겠다고 말한다(36:3). 다시금 그는 확신에 찬 어조로 자신을 천거한다: "진실로 내 말은 거짓이 아니라. 온전한 지식을 가진 이가 그대와 함께 있느니라" (36:4). 하벨(Habel 1985: 506)은 엘리후가 자신을 묘사하는 데 사용하는 언어가 욥기 전체에서 특별한 의미를 갖는다고 본다; "욥은 하나님 앞에서 '완전한/흠 없는'(히브리어로는 '탐') 자로 칭하여진다. 그런가 하면 엘리후는 욥을 위한 중재인 역할을 정당화시켜주는 자신의 완전함을 강조한다. 이렇게 함으로써 그는 나중에 하나님께 돌려지는 '완전한 지식'이 자신에게 있다고 주장한다(37:16). 이로써 시인은 엘리후가 하나님의 정당함을 입증하려고 노력하는 중에 하나님을 가지고 노는 함정에 빠졌음을 암시하는 것으로 보인다."

엘리후에 따르면, 하나님께서 사람에게 주시는 괴로움들은 자기 백성을 훈련시키기 위한 목적을 가지고 있다. 보상 신학의 정당함을 주장하는 그는 전능하신 하나님께서 명철과 정의로 자신의 세계를 통치하고 계신다고 진술한다(36:5-6). 이러한 주장을 통하여 엘리후는 죄인들이 종종 형통함을 누린다는 욥의 생각(참조. 21:7-16)을 배격하며, 그 대신에 하나님께서 의인에게 복을 주시고 그를 크게 높여주신다고 주장한다(36:7). 그러나 그렇게 높임을 받는 중에 하나님께서 자기 백성의 죄를 드러내어 정화시키기 위하여 고통을 사용하시는 일이 생겨날 수도 있다(36:8-9). 하나님께서는 그들이 얼마나 크게 자만심에 사로잡혀 있는지를 알게 함으로써 그들로 하여금 겸손하게 자신의 말에 귀를 기울이도록 하기 위해 시련을 안겨주신다(36:10-11). 하틀리(Hartley 1988: 471)는 이 점을 다음과 같이 설명한다: "하나님께서는 훈련을 통하여 범죄한 의인들로 하여금 자기들의 잘못된 행실들을 제거하고서 다시금 신실한 마음으로 그를 섬기게 하신다." 하나님께 저항하고 그에게서 배우는 것을 거부하는 자들은 수치스러운 종말을 맞게 될 것이다(36:12-14). 그러나 하나님께서는 고통당하는 중에도 자신의 훈련을 달게 받는 자들을 구원하신다(36:15).

이어서 엘리후는 36:16-25에서 욥을 비난하면서, 하나님께서 그의 삶 속에 행하신 일들을 진지하게 받아들일 것을 촉구한다. 엘리후에 따르면, 하나님께서는 욥을 고통으로부터 인도하여내어 형통함으로 이끌고자 하신다(36:16). 그러나 욥은 여전히 법정 공판을 고집한다(36:17). 욥은 법정 소송을 지나치게 고집한 결과 하나님을 조롱하는 잘못을 범해서는 안 된다. 아니면 자신의 능력이 역경으로부터 자신을 구해낼 것이라고 생각해서도 안 된다(36:18-19). 하벨(Habel 1985: 509)이 지적한 바와 같이, "욥은 엘리후의 판단을 받아들이고 민사 재판에 대한 고집을 버리는 것 이외에는 달리 방도가 없다." 뿐만 아니라 욥은 밤의 혼돈 세력이나 보편적인 악으로부터 도움을 기대해서는 안 된다(36:20-21). 왜냐하면 자신의 지혜와 권능으로 세상을 통치하시는 하나님은 어떤 사람에게도 책임을 질 필요가 없는 분이시기 때문이다(36:22-23). 욥은 하나님께 이의를 제기하기보다는 다른 사람들의 하나님 찬양에 참여하면서 높으신 하나님을 멀리서 우러러 보아야 한다(36:24-25). 하틀리(Hartley 1988: 475)는 이 점을 다음과 같이 잘 설명하고 있다: "하나님께서는 자신이 하신 일들을 드러내심으로써 모든 사람들로 하여금 자연의 아름다운 모습을 바라보면서 경이로움과 기쁨을 느끼게 하신다. 사람들은 하나님의 놀라운 창조 사역들 앞에서 압도당한다. 설령 그것들을 멀리서 본다고 할지라도 말이다. 욥은 하나님을 찬미해야 한다는 것을 기억함으로써 자신의 불평을 멈추게 될 것이다. 그 때가 되면 그는 고통의 온갖 유익들을 수확하게 될 것이다."

　엘리후가 36:26-37:5에서 폭풍 속에 있는 하나님의 권능에 관해 말하기 시작하는 순간, 그의 말은 폭풍 속에 임하시는 야웨의 말씀(38-41장)을 예비하는 역할을 수행한다. 폭풍우에 관한 이 시적인 묘사는 하나님의 위대하심과 그의 신비가 어떠한지를 분명하게 보여준다. 특히 엘리후가 외치는 36:26이 그렇다: "하나님은 높으시니 우리가 그를 알 수 없고 그의 햇수를 헤아릴 수 없느니라." 엘리후는 이러한 강조점의 변화를 통하여 인간의 이해 능력을 넘어서는 하나님의 신비로운 권능을 강조하는 쪽으로 논지 전개의 방향을 바꾼다(36:29). 인간의 이해 능력이 통하지 않는 바로 이 영역에서, 하나님은 사람들을 심판하시고 자신의 복을 그들에게 주신다(36:31). 엘리후는 형언할 수 없는 하나님의 위대하심에 대해 생각하는 중에, 폭풍 속에서 드러나는 하나님의 권능을 보고서 두려워 떤다(37:1; 참조. 합 3:6; 시 29편). 그는 청중들에게 순종하는 자세로 천둥소리 속에 담긴 하나님의 목소리에 귀를 기울일 것을 촉구한다. 왜냐하면 하나님께서는 자연계 안에서 인간의 이해 능력을 넘어서는 위대한 일들을 하신다는 것을 분명하게 보여주시기 때문이다(37:2-5).

　엘리후는 기상 현상들을 주관하시는 하나님의 권능에 관하여 폭넓게 언급하면서, 그가 눈과 비로 하여금 땅에 내리게 하신다고 설명한다(37:6). 하나님께서는 예측할 수 없는 요소들을 가진 날씨를 주관하심으로써 인간과 짐승의 행동에 영향을 주신다(37:7-12). 이처럼 불가사의한 수단들을 통하여 하나님께서는 자신의 다양한 의도들을 성취하신다. 때때로 그는 악을 교정하려는 의도를 드러내시며, 또 때로는 인간을 배제한 채로 자신만의 계획을 성취하려 하신다. 그리고 또 다른 경우들에 그는 자기 백성을 향한 계약의 신실하심('헤세드')에 기초하여 행동하신다(37:13). 화이브레이(Whybray 1998: 154)는 다음과 같은 결론을 내린다: "13절이 분명하게 밝히고 있는 바와 같이, 하나님의 권능의 이러한 현시는 단순한 기상 현상들만을 뜻하지 않는다. 도리어 그것들은 그가 사람들에게 복을 내리거나 그들을 징계하기 위하여 사용하시는 도구들이다. 바로 이 때문에 사람들은 그러한 현상들이 그 자체로서 인간의 이해 능력을 넘어서는 것들임에도 불구하고 하나님의 목소리에 주의를 기울이지 않으면 안 된다."

엘리후는 하나님의 오묘한 일들에 주의를 기울이라고 욥에게 직접 충고함으로써 자신의 발언을 끝맺는다(37:14). 그리고나서 그는 37:15-20에서 답변이 불가능한 일련의 질문들을 던짐으로써 욥을 향한 야웨의 답변(38-41장)을 예고한다. 이 질문들은 욥이 자연계 안에서 이루어지는 하나님의 활동을 이해하지도 못하면서 어떻게 인간을 다루시는 하나님의 활동을 이해할 수 있을 것으로 기대할 수 있겠느냐는 의미를 함축하고 있다. 욥과는 달리 하나님은 완전한 지식을 가지신 분이다(37:16). 이는 엘리후가 36:4에서 자신을 위해서 내세웠던 주장이기도 하다(Habel 1985: 514). 엘리후에 따르면, 욥은 하나님을 향하여 자신의 법정 소송을 제기할 근거를 전혀 가지고 있지 못하다. 따라서 그는 자신이 제어할 수 없는 것들을 겸손하게 받아들이지 않으면 안 된다(37:17-20).

37:21-24에 담긴 엘리후의 언어는 폭풍이 몰아치는가 하면 구름 사이로 햇빛이 비치는 광경을 묘사한다. 그는 이것이 두려움을 불러일으키는 전능하신 하나님의 위엄을 묘사하는 것이라고 본다. 사람들이 태양빛을 정면에서 마주볼 수 없는 것과 마찬가지로, 하나님의 주권 역시 인간의 인식 능력을 넘어서는 곳에 있다(Wharton 1999: 155). 그러나 그는 또한 정의롭고 의로운 분이시다. 그 까닭에 그는 올바른 일을 하실 것으로 믿을 수 있는 분이시다. 하나님께서는 사람에게 답변하실 필요가 없지만, 모든 인간은 그를 두려워해야만 한다. 만일에 24절에 대한 앤더슨(Andersen 1976: 268)의 번역—"그러므로 사람들은 그를 경외하고 참으로 마음이 지혜로운 모든 사람들은 그를 경외할지니라!"—이 옳다면, 엘리후는 주를 경외함이 지혜요 악을 떠남이 명철이라고 말하는 28:28의 내용을 되풀이하고 있는 것이라 할 수 있다. 그러나 그가 욥을 지혜로운 자들의 무리에 속한 자로 여기지 않고 있음은 분명하다. 왜냐하면 그는 하나님과 논쟁하는 욥의 모습이 진정한 하나님 경외와 양립할 수 없다고 생각하기 때문이다.

이 마지막 발언을 통하여 욥이 처한 상황에 대한 다른 사람들의 모든 시각이 모두 소개된다. 이제 말할 분은 하나님 한 분밖에 없다.

야웨의 말씀(38:1-42:6)

마침내 하나님의 침묵이 끝나고 이스라엘과 더불어 계약을 맺으신 야웨 하나님께서 폭풍우 가운데에서 욥에게 답변하신다. 하벨(Habel 1985: 535)은 이곳의 문맥에서 하나님의 이름을 사용하는 것이 어떠한 의미를 갖는지를 다음과 같이 설명한다: "여러 차례에 걸쳐 소개된 대화와 엘리후의 발언 전체에서 하나님은 논쟁 참여자들에 의하여 엘, 샤다이, 또는 엘로아흐 등으로는 소개되지만, 야웨로는 소개되지 않는다. 이제 해설자는 하나님께서 욥에게 자신을 드러내실 때 과거에 자신의 계약 백성 이스라엘에게 자신을 드러내신 것과 마찬가지의 신현 방식을 사용하셨다는 자신의 믿음을 분명하게 밝힌다." 하나님께서 욥에게 답변하시기 위하여 그를 찾으시는 40:1-2에서 잠시 맥이 끊김으로써 두 부분으로 나누어지는 야웨의 말씀은 장엄함과 생기에 가득 찬 한 편의 뛰어난 시로 되어 있다. 알터(Alter 1988: 65)는 욥기의 이 마지막 발언에 담긴 멋진 언어를 다음과 같이 잘 설명하고 있다: "욥의 말을 구성하는 시가 ⋯ 문학적인 기교나 순수한 표현력에 있어서 성서 안의 다른 모든 시들을 능가한다고 한다면, 하나님께서 폭풍우 가운데에서 말씀하시는 완결부의 시는 그 앞에 있는 욥기의 다른 모든 시들을 훨씬 능가한다. 시인은 여기서 욥의 입을 통하여 표현했던 것보다 훨씬 더 부요하고 근사한 시적인 관용구들을 만들어내고 있다. 완결부의 발언은 최상급의 시적인 표현들을 사용함으로써 우리로 하여금 하나님의 눈으로 창조의 전경을 엿볼 수 있게 한다. 비록 시를 통해서만 그렇게 할 수 있을 뿐이지만 말이다."

두 개의 말씀은 31:35에 있는 욥의 요청("전능자가 내게 대답하시기를 바라노라")에 대한 답변의 성격을 갖는 것으로, 욥을 직접 겨냥하고 있다. 야웨께서는 엘리후를 완전히 무시한 채로, 모든 사람들의 기대를 무너뜨리신다. 욥의 요구와는 대조적으로 야웨께서는 그의 무죄를 분명하게 밝히지 않으신다. 친구들의 예고와는 달리 그는 욥을 고발하지 않으신다. 도리어 야웨께서는 욥에게 답변하시는 중에 욥의 무죄를 나타내는 암묵적인 증거들 — 친구들이 제기한 비난들을 뒤엎는 — 을 제시하신다. 하나님께서 욥에게 답변하시는 행동 자체는 둘 사이의 관계에 전혀 이상이 없음을 분명하게 드러낸다.

스믹(Smick 1988: 1029)은 이를 다음과 같이 설명한다: "신현 체험을 통하여 욥은 하나님께서 자기를 버리지 않으셨다는 사실을 배운다. 그리고 욥은 서서히 자신이 왜 고통을 당하는지를 모른다 할지라도 그것을 견뎌낼 수 있다고 생각한다. 하나님께서 자신의 친구이시라는 점을 확신하는 한에 있어서는 말이다." 논쟁 참여자 모두를 당혹케 하신 야웨께서는 욥을 위해 새로운 깨달음의 차원을 열어주신다. 야웨께서는 최고의 지혜자 입장에 서서 답변이 불가능한 칠십 개 이상의 질문들을 통하여 교훈을 주신다. 욥의 구두 요청과는 전혀 별도로 야웨께서는 수사학적인 질문들을 강력한 설득의 수단으로 활용하심으로써 자신의 종을 가르치고자 하신다(de Regt 1996: 52).

야웨께서 욥에게 던지신 일련의 질문들은 욥을 위축시키거나 욕보이거나 정죄하려는 의도를 가진 것들로 여겨져서는 안 된다. 도리어 야웨께서는 자기 아들에게 창조된 세계의 오묘함을 가르치려는 아버지의 모습으로 욥에게 말씀하신다. 아이러니와 유머를 넌지시 활용하심으로써 야웨께서는 징계가 아닌 교육의 목적을 가지고서 경탄을 자아내는 때(창조의 때를 가리킴 — 역자 주)로 욥을 초청하신다. 앤더슨(Andersen 1976: 271)은 이 말씀의 논지를 다음과 같이 정확하게 짚어내고 있다: "야웨의 말씀에 담긴 친절함과 쾌활함은 긴장감을 풀어주는 역할을 수행한다. 야웨의 말씀은 욥으로 하여금 하나님의 무한한 권능과 뚜렷한 대조를 이루는 자신의 보잘것없음을 느끼게 함으로써 욥을 짓밟거나, 하나님의 거대한 지식과 욥의 미천한 정신을 대비시킴으로써 그를 조롱하려는 의도를 가지고 있지 않다. 그 반대로 하나님께서 그와 대화를 나누신다는 사실은 하나님이 온갖 새들이나 짐승들을 넘어서는 권위를 그에게 주셨음을 의미한다. 인간이 된다는 것이 참으로 멋진 일임을 그에게 확신시킴으로써 말이다. 새들이나 꽃들 — 이 세상에는 얼마나 많은 새들과 꽃들이 있는가! — 을 바라본다는 것은 자신이 창조하신 세계를 끊임없이 돌보시는 하나님의 손길을 느끼게 하는 것이나 다름이 없다."

야웨께서는 욥으로 하여금 자신이 창조하시고 양육하시는 자연계에 관심의 초점을 맞추게 함으로써, 그에게 "들의 백합화를 살펴보도록" 격려하시고(참조. 마 6:28-30), 자연계 안에서 하나님의 권능과 지혜의 계시를 보게 하신다. 하나님의 질문들은 야웨의 솜씨에 의하여 세계가 질서 있는 구조를 갖게 되었고, 세계가 자신을 지탱하시는 하나님의 섭리에 의해 움직이며, 세계가 뜻밖의 발견을 통하여 하나님을 송축케 하는 요소를 그 안에 가지고 있다는 점을 간접적으로 욥에게 가르쳐준다(Newsom 1993b: 134). 하벨(Habel 1992: 38)은 다음과 같은 결론을 내린다: "하나님의 말씀은 하나님의 길들을 잘 알고 있다고 자부하는 일군(一群)의 지혜로운 비판자들 앞에서 욥을 지켜주는 역할을 수행한다. 하나님께서는 욥에게, 그리고 자신의 말에 귀를 기울일 모든 자들에게 하나님을 이 세상을 만드신 지혜자로, 곧 다양한 리듬들, 역설들, 균형 잡힌 짝들, 통제된 양 극단들, 신비로운 질서, 변화무쌍한 양식들, 자유와 한계들, 삶과 죽음 등으로 가득한 세계를 만드신 지혜자로 인식할 것을 요청함으로써 욥을 보호하신다. 이처럼 복잡한 우주 안에서 하나님은 복잡하게 얽힌 세계를 자유롭게 감찰하시고 그 흥망성쇠를 조절하시며 상반된 요구들의 균형을 잡아주신다."

이처럼 확대된 실물 교육의 배후에는 우주가 근본적으로 하나님 중심적인 것으로서, 오로지 그러한 시각에서만 이해될 수 있다는 중심 논지가 깔려 있다. 만일에 욥이 하나님께서 어떻게 자연계를 다스리시는지를 이해하지 못한다면(실제로 그는 그것을 이해하지 못한다), 그가 어떻게 인간을 다루시는 하나님의 활동을 제대로 이해할 것으로 기대할 수 있겠는가? 유한한 인간은 피조 세계의 작동 원리를 이해하지 못하기 때문에, 창조주께 그것을 설명해 달라고 요구해서는 안 된다(Gordis 1978: xxx). 하벨(Habel 1985: 535)은 이를 다음과 같이 잘 지적하고 있다: "그가 창조하신 세계 안에는 익살스런 것과 억제된 것, 기괴한 것과 아름다운 것, 우연한 것과 진지한 것 등이 조금씩 뒤섞여 있다. 야웨께서는 욥에게 이처럼 역설적인 세계의 균형을 이루는 데 필요한 분별력을 보여달라고 청하신다. 자연계 안에 있는 이러한 평행 관계들로부터 욥은 자신의 개인적인 세계와 관련하여 꼭 필요한 결론을 내려야만 하는 처지에 놓여 있다. 무죄한 자가 부당하게 고통을 당하고 있다는 욥의 불평은 결코 논박되지 않는다. 그것은 야웨의 답변과 함께 나란히 피조된 세계의 역설의 한 부분을 구성하고 있다.

야웨께서는 욥의 무죄 주장이나 욥이 죄를 범했다는 친구들의 비난에 직접적인 답을 주기보다는 한층 어렵고 심원한 차원의 대화를 향해 나아가신다. 욥과 친구들은 잘못된 의문들을 제기했다고 할 수 있다. 왜냐하면 그들은 욥이 처한 상황을 오로지 보상 신학의 기준으로만 평가하려고 고집했기 때문이다. 야웨의 시각에서 볼 때 참으로 필요한 질문은 "하나님은 어떠한 분이신가? 그가 세상 안에서 행하시는 일들은 믿을 만한 것인가?"로 요약된다. 자신의 세계를 통치하시는 야웨는 인간 이해의 유한한 범주들을 모두 뛰어넘으시는 분이다. 자연 현상에 대한 세밀한 관찰에서 드러나듯이, 세계 안에는 인간의 이해 능력을 넘어서는 하나님의 다양한 활동 양상들이 존재한다. 따라서 그의 답변은 "욥의 세계관을 변화시키려는 목표"를 가지고 있는 셈이다(Brown 1999: 234).

제1회전(38:1-40:5)

야웨(38:1-40:2)

하나님의 오랜 침묵이 끝난 후 폭풍우 가운데에서 욥에게 답변하시는 분은 엘리후 샤다이가 아니라 야웨이시다(38:1). 욥기의 초반부에서는 강한 바람이 욥의 자녀들(1:19)을 멸하였으며, 욥은 하나님의 폭풍우야말로 자신에게 닥친 고통의 원인이라고 말한 바가 있다(9:17). 그런데 이제는 야웨께서 욥에게 상실과 두려움을 가져다준 바로 그 동일한 곳으로부터 마침내 욥에게 나타나 그가 원하였던 대로 말씀을 주신다. 야웨께서는 욥의 죄를 고발하는 대신에 전혀 생각지 못한 질문을 그에게 던지신다: "무지한 말로 생각을 어둡게 하는 자가 누구냐?"(38:2). 이 질문의 배후에는 욥이 세계를 위한 하나님의 계획을 알지 못한 채로 발언했다는 지적이 함축되어 있다(Brown 1996: 92). 그는 하나님이 자신의 창조 세계를 어떻게 운영하시는지에 관한 그 나름의 시각을 제시하였지만, 그에게는 그러한 판단을 내릴 만한 자격이 없다. 그리하여 야웨께서는 욥에게 그의 정신의 허리를 묶고서 격한 운동을 할 준비를 하라고 지시하신다. 이는 삶이 어떻게 움직여 가는지를 가르치려는 욥의 능력이 얼마나 부적절한지를 야웨께서 반대 신문을 통하여 분명하게 보여주실 것이기 때문이다(38:3). 퍼듀(Perdue 1993: 93)는 이 점을 다음과 같이 설명한다: "하나님의 첫 번째 말씀은 욥을 향한 질문들의 긴 목록을 가지고 있다. 그 질문들은 과연 욥이 우주의 작동 원리를 이해할 수 있는 지혜를 가지고 있는지, 그리고 과연 그가 우주를 다스릴 힘을 소유하고 있는지를 묻는다. 그러면서도 그 질문들은 욥에게는 우주를 다스릴 지식과 힘이 없겠지만 하나님은 그렇지 않다는 것을 강조하려는 목적을 가지고 있다. 이렇듯 이 첫 번째 말씀은 우주와 삶의 질서를 창조하시고 이끄시는 하나님의 지혜와 권능에 대해서 증거할 뿐만 아니라, 욥이 유한한 인간 피조물로서 분명한 한계를 가지고 있음을 분명하게 보여주기도 한다."

첫 번째 범주에 속한 질문들은, 과연 욥이 야웨께서 세계를 창조하실 때 사용하신 수단들을 알고 있는지를 묻는다(38:4-7). 하나님의 창조 사역의 결과는 금방 눈에 띄는 것이다. 그러나 세계의 기원은 인간이 관찰할 수 있는 범위를 넘어선다. 잠언 8:22-31이 가르치는 바와 같이, 지혜는 창조의 때에 야웨의 동역자로 나타나지만, 인간은 천사들이 기뻐하는(38:7) 이 놀라운 일을 그가 어떻게 이루셨는지를 알 길이 없다. 욥에게 답변 불가능한 질문들, 곧 창조가 이루어질 때 그가 어디에 있었고 피조 세계가 어떻게 만들어졌는지에 관한 질문들을 던짐으로써, 야웨께서는 자신과 욥 사이에 있는 엄청난 차이를 강조하신다. 만일에 욥이 그러한 질문들에 대하여 적절한 답변을 주지 못한다면, 어떻게 그가 자신의 현재 상황에 대하여 하나님께 해명을 요구할 만큼의 이해 능력을 가지고 있다고 주장할 수 있겠는가?

38:8-11에서 야웨께서는 출생과 관련된 시적인 표상을 사용하여 바다의 기원에 관한 질문을 욥에게 던지신다(Balentine 1998: 267). 고대 근동 지역의 사고에서 종종 혼돈의 화신으로 여겨지던 바다(참조. 창 1:2)는 야웨의 다스림을 받는 존재로 나타난다. 그는 바다를 울타리로 막으시고(38:8) 그 위에 견고한 문빗장을 지르심으로써(38:10-11) 그것이 넘쳐흘러서 마른 땅에 넘치지 못하게 하시는 분이다. 하벨(Habel 1992: 35)은 이를 다음과 같이 설명한다: "우주의 설계는 자연스러운 바다의 넘침을 제거하는 데 있지 않고 그 경계선을 고정시키는 데 있다. 이 세계를 창조하신 분은 폭력을 조장하기보다는 그것을 포함시키시는 지혜자이시다. 이 하나님은 지상의 생명을 공격하시는 용사('깁보르')가 아니라 혼돈 세력을 굴복시키고 정리하심으로써 생명력 있는 세계로 하여금 소멸의 위협을 당하지 않은 채로 존속하게 하시

는 분이다."

오직 하나님만이 창조의 때에 "빛이 있으라!"(창 1:3)고 말씀하실 수 있는 것처럼, 오직 그만이 각 날의 빛을 불러내실 수 있다(38:12-15). 빛을 명하심으로써 야웨께서는 또한 특징적이게도 어둠 속에서 활동하는 악인들을 간접적으로 좌절시키신다. 그가 욥에게 던지시는 질문, 곧 "네가 너의 날에 아침에게 명령하였느냐? 새벽에게 그 자리를 일러 주었느냐?"(38:12)는 질문은 확실히 3:3-10에 있는 욥의 저주를 부정하는 부정적인 답변을 요구하고 있다. 왜냐하면 모든 새로운 날들의 나타남은 인간의 통제 능력을 넘어서는 곳에 있기 때문이다.

야웨께서는 다시금 가나안 신화의 언어를 사용하시면서, 38:16-18에서 욥에게 지하계의 영역들에 관한 지식을 제시해 보라고 촉구하신다. 바다의 샘들과 죽음의 문들을 포함하는 땅의 깊숙한 곳들은 욥의 지식과 명철로서도 미칠 수 없는 곳에 있는 바, 이는 욥이 우주의 다양한 측면들을 충분히 알지도 못한 채로 발언하면서 야웨께 자신이 처한 상황에 관하여 의문을 제기했음을 더욱 분명하게 보여준다. 스올에 대한 욥의 갈망(3:16-19; 14:13-15)은 무엇인가를 알고서 한 말이 아니라, 사실상 무지에서 비롯된 표현이라고 보아야 옳다(Habel 1985: 541).

탐색하려는 목적의 질문을 계속 던지시면서 야웨께서는 아이러니컬하게도 38:19-21에서 욥에게 빛과 어둠을 향해 가는 길을 제시해 보라고 촉구하신다. 왜냐하면 그의 비판적인 입장은 자신이 그러한 것들을 알고 있다는 입장을 취하는 것으로 보이기 때문이다. 명시적인 야웨의 말씀이 없으나 이는 욥이 자신의 인간적인 한계를 인정하고 받아들일 필요가 있음을 암시하고 있다. 욥은 야웨를 향하여 논쟁을 벌일 것이 아니라 하나님을 하나님 되게 해야 하고, 그럼으로써 자신이 피조물로서 갖는 한계를 인정하지 않으면 안 된다.

이어서 야웨께서는 욥의 통제 능력이나 이해 능력을 넘어서는 몇몇 기상 현상들에 초점을 맞추신다. 그는 욥에게 야웨 자신이 자신의 전쟁을 위해 우주적인 힘들로 예비해둔 눈과 우박에 관한 지식을 가지고 있는지를 물으신다(38:22-23; 참조. 사 30:30). 달리 표현하자면, 과연 욥은 야웨께서 자신의 거룩한 뜻을 이루기 위해 폭풍우를 어떻게 사용하시는지를 설명할 수 있는가? 하나님께서는 인간의 이해 능력 — 번개를 임의적이고 통제 불가능한 것으로 간주하는 — 을 뛰어넘는 방식으로 천둥번개의 길을 정하신다(38:24-25). 신비로운 현상을 또 하나 추가한다면, 그는 유익을 얻을 사람이 전혀 없는 곳에 비를 내리시는 바(38:26-27)(van Wolde 2002: 22), 이는 그가 특히 인간의 관심사를 당연히 넘어서는 자신의 목적을 이루기 위해 지혜롭게 행동하심을 암시한다. 욥기 전체의 맥락에 비추어볼 때 이러한 원리는 매우 중요한 의미를 갖는다. 서론 부분이 독자에게 암시한 바와 같이, 그리고 욥이 아직껏 이해하지 못한 바와 같이, 하나님의 길들은 사람의 길들보다 더 높으며 그의 생각들은 인간의 명철을 훨씬 뛰어넘는다. 이 때문에 유한한 인간의 눈으로 볼 때에는 하나님의 세계 통치 안에 신비로운 요소가 있을 수밖에 없다. 화이브레이(Whybray 1998: 160)는 이 점을 다음과 같이 잘 설명하고 있는 바, 이는 욥기의 결론 부분으로 가면 갈수록 더욱 분명하게 드러난다: "야웨께서는 사람의 눈으로 볼 때 단순한 낭비인 것처럼 보이는 방식으로 행동하시지만, 그것은 그가 상상할 수 없을 정도로 광범위한 관심사를 가지고 계심을 분명하게 보여주며, 그가 보시기에 순수한 인간의 관심사들이 보잘것없는 것들임을 암시한다." 뿐만 아니라 상상력을 발휘하여 출산과 관련된 언어로 표현하고 있는 비와 얼음의 형성 과정은 오로지 야웨 하나님에 의해서만 가능한 것으로(Vall 1995: 513), 욥의 이해 능력과 통제력을 넘어서는 곳에 있다(38:28-30).

이제 천체 현상으로 눈을 돌린 야웨께서는 욥에게 별들의 움직임을 지시하거나 하늘을 지배하는 질서와 법칙들을 알아낼 수 있는지를 물으신다(38:31-33). 이는 야웨의 지배 하에 있는 별들(참조. 사 40:26)이 욥의 손이 미칠 수 없는 곳에 있음을 분명하게 암시한다.

물질계에 관한 마지막 질문들에서 야웨께서는 이전에 다루었던 구름의 주제로 되돌아가신다(38:34-38). 답변이 불가능한 그의 질문들은 욥이 비를 불러낼 수도 없고 폭풍우를 내보낼 수도 없다는 것을 분명하게 보여준다. 야웨께서는 욥에게 세계를 다스릴 충분한 지혜와 명철을 가진 분이 누구인지를 생각해 보라고 촉구하신다. 욥은 마음속으로 이러한 질문들에 답을 하면서,

욥 자신을 포함한 어떠한 인간도 하늘의 물주머니를 기울여 땅 위에 비가 내리게 할 수 없다는 것을 분명하게 깨닫지 않으면 안 된다. 오로지 야웨만이 그러한 일들을 하실 수 있다.

야웨께서는 물질계를 살피는 일(38:4-38)로부터 돌이켜 이제 동물계 쪽으로 관심의 방향을 돌린다(38:39-39:30). 좀 더 멀리 떨어진 세계의 여러 모습들로부터 더 가까이에 있는 동물계로 관심의 초점을 옮김으로써 야웨께서는 서서히 욥에게로 가까이 나아가신다. 야웨의 지혜와 통제력이 욥의 지식이나 권위가 미치지 못하는 곳에 있는 물질계의 여러 영역들을 포함하는 것과 마찬가지로, 생물계에도 욥이 자신의 무지를 인정할 수밖에 없는 영역들이 많이 있다. 고르디스(Gordis 1965: 118)는 이 점을 다음과 같이 설명한다: "시인이 찬미하는 피조물들은 임의로 선택된 것들이 아니다. 그들은 지극히 다양한 종류들로 이루어져 있으면서도 한 가지 공통점을 가지고 있다. 그것은 곧 그들이 인간의 지배 하에 있지 않으며, 인간의 사용에 내맡겨져 있지도 않다는 점이다. 이는 우주와 창조주를 순전히 인간에게 유리한 관점을 통해서만 판단해서는 안 되며, 인간의 한정된 시각을 통해서 이해해서도 안 된다는 것을 분명하게 보여준다."

서로 대비되는 들짐승의 두 가지 사례들에 초점을 맞추신 야웨께서는 욥이 과연 사나운 사자들의 식욕을 충족시킬 수 있는지, 아니면 까마귀 새끼가 어떻게 먹이를 얻는지를 그가 설명할 수 있는지를 물으신다(38:39-41). 여기서 다시금 야웨께서 돌보시는 대상이 인간의 통제 범위를 넘어서는 것으로 확대되고 있음이 분명하게 드러난다. 그는 인간이 다스릴 수 없는 것들을 다스릴 수 있는 분이다. 그리고 그의 관심사는 순전히 인간적인 관심사보다 훨씬 더 포괄적이다. 야웨께서는 욥의 관심을 산염소나 암사슴 쪽으로 돌리시면서, 파악하기 어려운 이 동물의 출산 과정을 설명할 수 있는지를 욥에게 물으신다(39:1-4). 그것은 집짐승들처럼 사람의 양육이나 보살핌을 받지 못함에도 불구하고, 하나님께서 주신 본능에 힘입어 스스로의 삶을 잘 이끌어 가고 있다. 여기서 우리는 하나님께서 만드신 세계 안에는 인간의 지식이나 통제력을 벗어나는 것들이 많다는 감추어진 원리를 분명하게 깨닫게 된다. 스믹(Smick 1988: 1038)은 이를 다음과 같이 설명한다: "들짐승들의 세계와 그 다양한 종류들을 통하여 하나님께서는 그 모든 것들을 창조하시고 지탱하시는 자신의 활동에 대해서 욥에게 가르침을 주신다. 그는 짐승의 각 종류들에게 그들 나름의 임신 시기를 허락하시고 들판에서 새끼를 칠 수 있는 능력을 주신다. 아울러 그는 그들에게 아무런 도움도 받지 않은 채로 하나님께서 정하신 지혜를 따라 자신들과 새끼들에게 먹을 것을 공급할 수 있게 하신다."

야웨께서는 이 주제를 계속 이어가시면서 욥에게 들나귀에 관한 질문을 던지신다(39:5-8). 야웨께서는 그것을 인간의 통제로부터 풀어주셨으며, 그것으로 하여금 황량한 광야 지대에서 충분히 생존할 수 있게 하셨다. 인간의 영향권으로부터 완전히 벗어나 있음에도 불구하고 들나귀는 자신에게 필요한 먹이를 찾는 데 성공한다. 이와 마찬가지로, 고대 이집트의 왕실 사냥놀이에서 최고의 사냥감이었고 구약성서에서 힘을 상징하는 데 자주 사용되던 들소(Andersen 1976: 281)는 제어하기 어렵고 예측하기 어려운 짐승이다(39:9-12). 다시금 이것은 하나님의 피조물들 중에서 인간이 자신의 유익을 위하여 쉽게 이용할 수도 없고 다스릴 수도 없는 또 하나의 표본에 해당한다. 체밧(Tsevat 1996: 88)은 야웨께서 욥에게 전달하고자 하시는 논지를 다음과 같이 잘 설명하고 있다: "들소는 자신에게 있는 힘으로 인하여 정말 유익한 짐승이 될 수도 있다. 그러나 너는 길들이지 못한다. 너는 세계에 대하여 아는 것이 거의 없으며, 그것에 대하여 할 수 있는 것도 별로 없다. 너는 창조된 세계의 질서 안에서 아주 조그마한 변화도 줄 수 없다. 들짐승을 길들일 수 없는 것처럼 말이다."

39:13-18에 언급된 타조의 모습은 비효율성과 어리석음의 경향을 보이는 짐승으로 묘사되어 있다는 점에서 다소 희극적인 느낌을 준다. 타조는 쉽게 미혹을 당하며, 자신의 새끼를 부주의하게 내버려둔다. 타조는 자신을 위험으로부터 건져줄 정도로 빠른 속도를 자랑하지만, 헤아릴 수 없는 계획을 가지신 하나님께서는 타조에게 지혜를 허락하지 않으셨다. 이러한 지혜의 부족은 야웨께서 38:4에서 욥에게 던지시는 질문을 암시하는 듯하다: "내가 땅의 기초를 놓을 때에 네가 어디 있었느냐? 네가 깨달아 알았거든 말할지니라." 스믹(Smick 1988: 1039)은 이러한 타조의 모습이 갖는 의미를 다음과 같

이 잘 설명하고 있다: "여기서 우리는 하나님께서 자신이 원하는 바를 따라 피조물들을 우리 눈에 이상하게 보이게 하실 수도 있고 또 얼빠진 것처럼 보이게 하실 수도 있다는 교훈을 얻는다. 날지 못하는 새를 상상해 보라. 타조는 날개를 가지고 있으면서도 말보다 더 빨리 달릴 수 있다(18절). 욥은 하나님께서 자신의 삶 속에 행하신 일의 의미를 제대로 이해하지 못한다. 하나님께서는 창조된 세계가 합리적으로 설명할 수 없을 정도로 난해한 것임을 욥에게 말씀하고 계신 것이다." 보상 신학의 잘 정리된 체계와는 대조적으로 야웨의 계획은 효율성이나 합리성의 차원을 넘어서는 특징들 — 타조에게서 보는 것과도 같은 — 을 포함하고 있다.

다음 단락(38:19-25)에서 야웨께서는 군마(軍馬)에게 힘을 주고 그것의 행동들을 제어할 수 있겠는지를 욥에게 물으신 다음, 두려움을 불러일으키는 이 짐승에 대하여 멋진 시적인 표현들로 묘사하신다. 이 구절이 주는 암묵적인 교훈은, 설령 말이 인간에 의해 훈련을 받는다 할지라도 전쟁의 한복판에서 그것이 보여주는 놀라운 재주는 그것이 말을 타는 자에 의해 완전히 길들여지지 않는다는 사실을 분명하게 보여준다는 점이다. 머피(Murphy 1999: 94)는 이 점을 다음과 같이 적절하게 잘 지적하고 있다: "말은 길들여지지 않는 야생 동물이 아니지만, 전쟁과 모험의 상황 속에서는 불요불굴의 야생적인 어떤 모습을 보여주기도 한다. 욥은 여기서 또 다른 신비에 직면하게 된다."

첫 번째 회전의 질문들을 마무리하면서 야웨께서는 욥에게 매와 독수리의 비행을 제어할 능력을 가지고 있는지를 물으신다(38:26-30). 특히 그는 매가 이동할 때 본능을 따라 어떻게 하늘로 나는지를 아느냐고 욥에게 물으신다. 이 물음은 38:4의 질문과 더불어 야웨의 창조 세계에 대한 욥의 이해 능력을 묻는 수미쌍관(首尾雙關) 구조(inclusio)의 기본 틀을 구성한다. 욥의 지식은 하나님께서 창조하신 세계의 기원과 운행 과정을 설명하기에는 한참이나 부족하다. 더 나아가서 야웨께서는 욥에게 "독수리가 공중에 떠서 높은 곳에 보금자리를 만드는 것이 어찌 네 명령을 따름이냐?"(38:27)라고 물으신다. 이에 대해서는 독수리의 탁월한 능력이 욥에게서가 아니라 야웨께로부터 비롯된 것이라는 답변이 예상된다. 다시금 욥은 하나님의 계획 속에는 그 자신이 알지도 못하고 제어할 수도 없는 것들이 매우 많다는 것을 깨닫지 않을 수 없다. 3-31장에서 욥은 세계가 하나님의 통치 아래에서 어떻게 운행되는지를 정확하게 알고 있는 것처럼 말했었다. 그러나 이제 야웨의 질문 공세를 받고난 후에는, 인간의 눈으로 볼 때에 신비의 영역에 속한 것들이 아직도 많이 남아있을 수밖에 없다는 것을 인정하지 않을 수 없게 된다(Nam 2003: 145).

야웨께서는 38:1-3을 연상시키는 어투로 40:2에서 욥에게 이렇게 직접 말씀하신다: "트집잡는 자가 전능자와 다투겠느냐? 하나님을 탓하는 자는 대답할지니라." 야웨께서는 29-31장에 있는 욥의 무죄 주장에 대하여 자신을 방어하고자 하는 태도를 거부하신다. 도리어 그는 욥에게 하나님께서 친히 그에게 던지신 질문들이나 주장들에 대하여 답변함으로써 욥 자신에게 과연 하나님을 비난할 자격이 있는지를 보여달라고 반격하신다(Johnson 2002: 280). 이제 욥은 두 가지 중에 하나를 선택해야 한다. 그 하나는 자신이 그 질문들에 답변할 수 없다는 것을 인정하고서, 야웨의 탁월한 지혜를 신뢰하지 않으면 안 된다는 점을 인정하는 것이요, 다른 하나는 그 질문들에 답변함으로써 자신이 야웨에게 책임을 물을 수 있을 정도로 충분한 명철을 가지고 있음을 입증하는 것이다.

욥의 답변(40:3-5)

욥은 이렇게 답변한다: "보소서, 나는 비천하오니 무엇이라 주께 대답하리이까? 손으로 내 입을 가릴 뿐이로소이다. 내가 한 번 말하였사온즉 다시는 더 대답하지 아니하겠나이다"(40:4-5). 이 답변은 두 가지의 대조적인 방식으로 해석되어 왔다. 어떤 이들은 욥의 말이 자신의 잘못을 겸손하게 인정한 것이라고 생각한다. 화튼(Wharton 1999: 169)은 이 입장을 다음과 같이 요약하여 설명한다: "40:3-5에 있는 욥의 항복은 하나님께서 자신의 초월적인 지혜와 권능을 화려하게 보여주신 것에 욥이 완전히 압도당했음을 보여준다. 욥이 자신을 '비천한' 자로 고백했다는 것은 그의 모든 무죄 주장과 불의에 대한 그의 모든 항의 및 하나님의 답변을 바라던 그의 모든 요구 등이 교만에서 비롯된 것들이요 대단치 않은 것들로 판명되었음을 암시한다. 하나님은 지극히 지혜로우시고 강한 분이시기 때문에, 인간의 그러한 모든 하찮은 관심사들은 하나님의 초월적인 권위 아래에 놓일 수밖에 없다. 욥은 어리석게도 그것들에 주의를 기울여달라고 하나님께 요청했던 것이다." 이러한 본문 이해는 야웨께서 욥이 잘못했다고 보는 친구들의 견해에 동의하셨음을 의미한다. 그러나 이러한 견해는 야웨께서 친구들 앞에서 욥을 긍정적으로 평가하신 것(42:7-9)과 어긋난다.

욥의 답변에 대한 더 나은 해석은 그가 야웨와 논쟁을 벌이는 태도로부터 돌이켜서 그 앞에서 침묵을 지키는 태도로 전환하기 시작했다고 보는 것이다. 이러한 해석은 왜 야웨께서 40:6-41:34에서 제2회전의 질문들을 시작하셨고, 그에 대한 욥의 또 다른 답변이 42:1-6에 이어지는지를 설명하는 데 도움을 준다. 더 이상 답변하지 않겠다는 표시로 자신의 입에 손을 댄 욥은 자신이 이미 여러 차례 발언하였으니 이제는 더 이상 이전에 말한 것에 더하여 추가로 발언하지 않겠다고 말한다. 욥은 자신을 의인이나 악인으로 묘사하지 않고 도리어 비천한 자로 묘사함으로써, 자신이 앞서 말한 것들을 취소하지도 않을 것이요, 자신의 무죄 주장을 되풀이하지도 않을 것임을 암시하는 것으로 보인다. 욥은 아마도 야웨의 질문들이 사람을 겸손하게 만드는 힘을 가지고 있다는 것을 느끼기 시작했을 것이다. 그 결과 "그는 자신의 거친 논쟁을 계속하는 대신에 조용한 묵상의 길을 선택한다. 그는 세계를 다스리시는 하나님의 정의 문제를 놓고서 공적인 논쟁을 벌이던 이전의 외향적인 태도로부터 돌이켜, 이제는 자신에게 다가온 하나님과 우주에 대한 내면적인 자기 성찰 쪽으로 관심의 방향을 옮긴다"(Dailey 1994a: 116). 욥은 야웨의 세계 안에 자신의 이해 능력을 넘어서는 광대한 차원들이 존재한다는 것을 깨닫기 시작한다. 아마도 그는 자신이 처한 상황도 그처럼 신비로운 영역에 속한다는 것을 감지하였을 것이다. 욥은 더 이상 자신의 이전 주장들을 확신에 찬 어조로 내세우고 싶어하지 않는다. 그러면서도 그는 친구들이 비난한 것처럼 자신이 범죄한 자임을 확신하고 있지도 않다.

제2회전(40:6-42:6)

야웨(40:6-41:34)

욥을 향한 자신의 첫 번째 발언에서 야웨께서는 사람들에게 친숙한 피조물들과 기상 현상들의 헤아리기 어려운 특징들에 관심을 갖도록 욥을 이끄신다. 하나님께서 그에게 던지신 질문들은 욥이 눈에 보이는 모든 것들을 다 올바르게 이해할 수 없다는 것을 함축하고 있다. 야웨의 두 번째 발언은 이 점을 공상적이거나 전설적인 피조물들의 헤아릴 수 없는 특징들에까지 확장시킨다. 야웨께서는 다소 과장된 언어와 표상을 사용하심으로써 욥이 훨씬 더 큰 신비를 간직하고 있는 영역들을 얼마나 이해하고 있는지를 물으신다. 한 가지 중요한 것은 야웨께서 종종 언급하시는 피조물들이 옛 세계에서는 통제 불가능한 혼돈의 상징으로 여겨졌으나, 여기서는 야웨의 전지(全知)하심과 주권의 영역 안에 있는 것들로 간주되고 있다는 점이다. 뿐만 아니라 이 두 번째 발언은 많은 짐승들을 간략하게 개관하기보다는 두 종류의 짐승들에게만 집중함으로써 첫 번째 발언보다 더 집약적인 모습을 보이고 있다. 뉴섬(Newsom 2003a: 2480)은 이 점을 다음과 같이 설명한다: "하나님의 첫 번째 발언은 생생하면서도 간결한 일련의 표상들을 순식간에 보여줌으로써 우주의 전경을 만들어내지만, 하나님의 두 번째 발언은 욥으로 하여금 주의를 집중하여 친근하면서도 정밀한 묵상 작업을 수행하도록 이끈다."

38:3에서와 마찬가지로 야웨께서는 욥에게 "너는 대장부처럼 허리를 묶고 내가 네게 묻겠으니 내게 대답할지니라"(40:7)고 강권하신다. 사실 그는 욥에게 인간이 과연 야웨께 답변을 하거나 그를 가르칠 수 있겠는지를 알기 위해 최선을 다해 보라고 요구하신다. 여기서 가장 중요한 쟁점은 40:8-14에 잘 진술되어 있다: 하나님이 욥의 정당성을 인정하기 위하여 불의하게 되셔야만 하는가? 보상 신학의 입장을 취하고 있는 욥은 하나님께서 자신의 의를 빼앗아가셨다고 말함으로써(27:2) 하나님을 희생시키고서 자신을 정당화시키려고 노력한다. 그러나 야웨께서는 욥이 가진 기본 전제의 정당성에 의문을 제기하신다(40:8). 야웨께서는 자신의 질문들을 통하여 욥이 자연계를 통제할 수 없는 것과 마찬가지로 도덕적인 판단 역시 행사할 수 없다는 것을 암시하신다(40:9). 38-39장은 그러한 영역에 있어서 욥에게 부족함이 있다는 것을 이미 분명하게 보여준 바가 있다. 욥은 정의로 세상을 통치할 수 없다.

왜냐하면 그는 하나님과 맞먹는 존재가 아니기 때문이다(40:10-13). 따라서 욥은 자신의 세계 안에서 엄격한 보상 개념을 적용하지 않은 잘못이 야웨께 있다고 말해서는 안 된다. 아울러 그는 확실히 야웨께서 자신의 의견을 존중해 주실 것이라는 기대를 해서도 안 된다(40:14). 스믹(Smick 1988: 1050)은 이 점을 다음과 같이 잘 지적하고 있다: "욥은 왜 하나님께서 첫 번째 발언에서 자신을 이끌어 자연계의 경이로움을 느끼게 하셨는지를 깨닫기 시작한다. 욥이 과연 자신의 힘과 영광으로 그 모든 것들을 창조하고 지탱할 수 있겠는가? 명백하게 그렇지 않다. 욥은 도덕적인 영역에 있어서 창조주 하나님의 최고 주권에 자신을 내맡길 필요가 있다. 욥은 악을 최종적으로 붕괴시킬 힘을 전혀 가지고 있지 않다. 따라서 그는 그러한 정의의 궁극적인 실현을 하나님께 내맡겨야 한다. 그는 하나님을 하나님 되게 할 필요가 있다. 그는 하나님께서 행하시는 것들에 대한 흥분을 가라앉히는 한편으로 그에게 바른 일을 하시도록 내맡길 필요가 있다."

40:15-24에서 야웨께서는 욥에게 베헤못(Behemoth)을 바라볼 것을 지시하신다. 이 짐승의 정체에 대해서는 많은 논란이 있었다. 왜냐하면 이 구절의 표상은 어떤 점에서 보면 가나안의 바다 신인 얌(Yam)과 유사하기 때문이다(Whybray 1998: 168). 그러나 이 언어는 또한 실제 짐승들에 관한 38-39장의 묘사들과 평행을 이루고 있기도 하다. 많은 학자들이 베헤못을 하마나 물소와 동일시하려고 하지만, 본문 자체에 비추어볼 때 이러한 동일시는 분명하게 확정하기 어렵다. 사실 이 낱말은 어떤 짐승을 가리키는 속명(屬名)의 복수형으로, 어떤 거대한 짐승을 염두에 둔 것일 수도 있다(Smick 1988: 1050). 그러나 여기서 분명한 것은 베헤못과 욥이 똑같이 야웨의 피조물이라는 점이다. 왜냐하면 야웨께서는 "이제 소 같이 풀을 먹는 베헤못을 볼지어다. 내가 너를 지은 것 같이 그것도 지었느니라"(40:15). 이 거대한 피조물은 강력한 신체적인 특징들을 가지고 있는데다가(40:16-18), 짐승들 중의 왕으로 묘사되고 있고(40:20-22), 노호하는 강물 앞에서도 두려움을 느끼지 않으며(40:23), 인간의 힘으로 통제할 수 없는 짐승으로 이해됨에도 불구하고(40:24), 여전히 창조주이신 야웨의 지배 하에 있다(40:19). 야웨는 자신이 창조하신 모든 것들을 다스리시는 분이다. 설령 베헤못이 인간에 의해 길들여

질 수 없는 존재라 할지라도, 야웨께서는 정복할 수 없는 것으로 여겨지는 이 짐승을 만드신 분이요, 다스리시는 분이다. 야웨께서는 인간이 첫 번째 발언에서 언급된 짐승들보다 더 잘 이해하지도 못하고 더 잘 조종하지도 못하는 베헤못에 대해 언급하심으로써, 오직 하나님만이 세계를 통치할 충분한 권능과 지혜를 소유하고 계신다는 교훈을 더욱 확실하게 욥에게 전달하신다. 40장의 이러한 묘사와 이어지는 41장의 묘사를 함께 고찰한 화튼(Wharton 1999: 174)은 다음과 같은 날카로운 결론을 내린다: "욥은 이러한 존재들이 가지고 있는 힘과 공포심에 압도될 것으로 기대된다. 그러나 그는 그들이 훨씬 강한 하나님의 힘 — 혼돈 세력으로서 공포심을 불러일으키는 그들을 포함하면서 동시에 그들을 통치하시는 — 을 대변하는 존재들이라는 사실로 인하여 더 큰 두려움에 사로잡힌다."

41장 전체를 리워야단(Leviathan)에 대한 언급으로 가득 채우시는 야웨께서는 마침내 욥의 저항을 무너뜨리심으로써 그로 하여금 42:1-6에서 긍정적인 답변을 할 수 있도록 준비시키신다. 리워야단이라는 피조물의 정확한 정체에 대해서는 논란이 많다. 많은 학자들은 그것이 악어를 가리킬 수도 있다고 본다. 그러나 옛 신화 문헌들에 나타나는 리워야단이나 로탄(Lotan)이 혼돈 세력을 대표하는 일곱 머리 용으로 널리 알려져 있었다는 점을 주목하지 않으면 안 된다(Williams 2001: 67). 시편 74:14와 이사야 27:1과 같은 성서 구절들은 고대 근동 지역에서 널리 알려진 이 피조물을 언급하고 있는 것으로 보인다. 깁슨(Gibson 1992: 130)은 이에 대해서 다음과 같이 추론한다: "욥은 자기 이름을 제목으로 하여 집필된 책의 결말 부분에서 공상적이면서도 지상에 존재하는 이 괴물이 야웨의 헤아릴 수 없는 섭리에 굴복하고 있다는 사실에 대한 생각에 사로잡히지 않는다. 도리어 그는 자신이 당하는 고통의 진정한 원인이 무엇인지의 문제로 이끌림을 받는다. 오직 야웨께서만 통제할 수 있는 악의 세력이 어떻게 하여 야웨의 선한 세계 안에 있느냐의 문제가 그렇다." 실재하는 짐승이건 신화 속에서 나오는 짐승이건 관계없이 리워야단은 사람의 손에 잡히지 않는다. 그것은 확실히 욥의 통제 능력을 넘어서는 곳에 있으며 욥이 길들일 수 없는 짐승이다(41:1-9).

야웨께서는 다음과 같은 말씀을 통하여 욥을 마주하신다: "아무도 그것을 격동시킬 만큼 담대하지 못하거든 누가 내게 감히 대항할 수 있겠느냐? 누가 먼저 내게 주고 나로 하여금 갚게 하겠느냐? 온 천하에 있는 것이 다 내 것이니라"(41:10-11). 이 말씀을 약한 주장으로부터 점점 강한 주장을 향해 나아간다. 만일에 어떠한 인간도 리워야단을 길들일 수 없다면, 욥을 포함하여 대체 어느 누가 통제 불가능한 리워야단보다 훨씬 더 큰 두려움을 불러일으키는 야웨를 미리 정해진 방식대로 행동하시게끔 강제할 수 있겠는가? 야웨께서 10절에서 사용하시는 "대항하다"('야찹')라는 뜻의 히브리어 낱말은 누군가가 법정 소송을 제기하는 모습을 가리키는 법적인 표현이다(참조 33:5). 따라서 그는 자신의 무죄 주장에 대하여 야웨께서 답변하셔야 한다고 보는 욥의 주장을 빗대고 계신 것으로 보인다. 이러한 수사학적인 질문들을 통하여 야웨께서는 자신이 어떠한 인간의 소환장에도 굴복할 필요가 없다는 점을 주장하고 계신 셈이다.

야웨께서는 다시금 오직 자신만이 통제하실 수 있는 리워야단의 놀라운 특징들을 상세하게 묘사하신다. 욥과 독자들에게 충격과 두려움을 불러일으키기 위해 이처럼 상세한 묘사를 거듭하심으로써(Bernat 2004: 336-37) 야웨께서는 자신의 우주 통치 능력이 하찮은 인간의 노력을 한층 뛰어넘는다는 사실을 주지시키신다. 41장의 마지막 말씀은 야웨께서 하신 말씀의 정점에 해당하는 것으로서 욥에게 두려움을 불러일으킨다: "세상에는 그것과 비할 것이 없으니 그것은 두려움이 없는 것으로 지음 받았구나. 그것은 모든 높은 자를 내려다보며 모든 교만한 자들에게 군림하는 왕이니라"(41:33-34). 여기서 분명한 것은 욥이 지극히 강한 리워야단을 길들이지 못한다는 사실이다. 그러나 리워야단이 지상에서 견줄 바가 없는 짐승이라 할지라도, 그것은 야웨께서 만드신 피조물에 지나지 않는다. 이러한 사실은 만일에 리워야단이 욥에 의해 통제될 수 없는 존재라면 욥이 자신의 유한한 이해의 틀 속에 야웨를 집어넣으려고 해서는 안 된다는 점을 암시한다. 만일에 야웨가 욥이 길들이지 못하는 리워야단을 다스리시는 주님이시라면, 욥은 자신 역시 하나님 앞에서 자신의 종속적인 지위를 받아들이지 않으면 안 된다는 점을 분명하게 인식해야 한다. 툉싱(Tönsing 1996: 446)은 야웨께서 이러한 말씀을 통하여 암묵적으로 주장하시는 바를 다음과 같이 잘 요약하고 있다:

그의 사랑과 돌보심 및 아름다움에 대한 기쁨이야말로 창조 안에 있는 모든 것 — 베헤못과 리워야단 같은 혼돈의 세력조차도 포함하는 — 의 근원이다. 따라서 야웨의 말씀은 야웨께서 만드신 세계 안에 일정한 질서가 있다는 것을 보여 준다. 그것은 보상적인 공의의 원리가 가정하는 단순하고도 기계적인 질서보다 더 미묘하고 더 위대한 질서이다. 그것은 갈등의 요소를 허용하면서도 그러한 갈등에 한계를 두는 질서이다. 이 질서는 혼돈의 세력들이 활동할 공간을 허용하며, 자유와 불필요한 아름다움의 요소까지도 허용한다. 그것은 놀이와 기쁨의 요소를 허용한다. 왜냐하면 그것은 야웨의 자유에 대한 너그러운 사랑과 존경심에 그 뿌리를 두고 있기 때문이다. 그것은 의인의 편협한 시각보다 더 큰 관심사를 가지고 있는 질서이다.

욥의 답변(42:1-6)

두 번째로(참조. 40:3-5) 욥은 연달아 터지는 야웨의 수사학적인 질문들에 답한다. 욥은 이렇게 말한다: "주께서는 못 하실 일이 없사오며 무슨 계획이든지 못 이루실 것이 없는 줄 아오니"(42:2). 하나님의 질문들로 인하여 욥은 하나님의 지혜와 권능에 대한 심화된 이해를 갖지 않을 수 없다. 2-3절에서 다섯 차례에 걸쳐서 욥은 지식, 조언, 명철 등의 낱말들을 사용하는 바, 이처럼 집중적인 낱말 사용은 야웨의 질문들이 욥의 생각에 어떠한 영향을 주었는지를 잘 설명해 준다. 하벨(Habel 1985: 578-89)은 이러한 용례의 의미를 다음과 같이 정리한다: "욥이 주는 답변의 이 첫 번째 부분(2-3절)에서 반복되어 나타나는 핵심 낱말은 '알다' ('야다')라는 뜻을 가진 동사이다. 욥은 하나님께서 최고의 힘을 소유하고 있다는 것을 '안다.' 그는 자신이 태곳적부터 만물의 '이치'를 좌우하는 감추어진 지혜에 대하여 무지함을 고백한다. 이렇듯이 욥기 결말부의 첫 번째 관심사는 야웨께서 우주의 질서를 주관하시는 주님으로서 완전하신 분임을 분명하게 인정하는 고백에서 찾아진다. 욥기의 주인공인 욥은 야웨의 탁월한 지혜를 인정하며, 자신이 무지한 상태에서 발언하였다고 고백한다." 욥은 야웨께서 창조하신 세계의 신비로움에 대해서 묵상하는 중에, 그 어떤 것도 하나님의 계획을 왜곡시킬 수 없다는 것을 깨닫는다. 그러나 이로써 욥이 자신을 무가치한 존재로 생각하게 되는 것은 아니다. 도리어 그는 경이로운 느낌을 갖게 된다.

3절은 38:2에 있던 야웨의 질문을 되풀이함으로써 시작한다: "무지한 말로 이치를 가리는 자가 누구니이까?" 이 질문에 대한 답변으로 욥은 자신이 스스로 알 수 없는 일을 말하였음을 인정한다. 왜냐하면 그에게는 사실상 하나님의 길들을 헤아릴 수 있는 능력이 없기 때문이다(Newell 1984: 311). 욥의 답변에는 그의 주장들을 책망하시는 야웨가 옳음을 인정한다는 의미가 함축되어 있다(Bimson 2000: 126). 그러나 욥은 자신이 범죄했다는 고백을 하지는 않는다. 도리어 그는 자기가 자신의 실제적인 지식의 범위를 넘어서는 내용을 확신에 찬 어조로 선언했다는 점을 고백한다.

다시금 욥은 4절에서 38:3과 40:7에 있는 야웨의 반대 신문을 인용한다: "내가 말하겠사오니 주는 들으시고 내가 주께 묻겠사오니 주여 내게 알게 하옵소서." 42:5에 있는 욥의 답변은 하나님을 보고자 하던 자신의 희망(19:26-27)이 성취되었음을 암시한다. 욥은 이전에 자신이 가지고 있던 지식이 전통적인 지혜로부터 비롯된 불완전한 풍문에 지나지 않았음을 인정한다. 이제 그가 새롭게 얻게 된 하나님 이해는 논쟁 중이던 문제들에 대한 그의 인식을 극적으로 확장시켜준다. 욥이 지금 보는 것은 자신의 재앙과 관련된 이야기 전체가 아니다. 도리어 그는 야웨가 누구인지에 대한 한층 정확한 이해에 도달하게 된다. 야웨의 세계 통치에서 드러나는 하나님의 지혜와 권능의 다양한 차원들을 이전보다 훨씬 더 폭넓은 시각에서 인식하게 됨에 따라서 말이다. 머피(Murphy 1999: 99-100)는 5절의 의미를 다음과 같이 잘 요약하여 설명한다: "욥은 신현이 전달해준 좀 더 친밀한 하나님 경험에 의하여 변화된다. 그가 이전에 경험한 하나님과의 교통은 모두가 풍문에 의존하는 것이었다. 죄와 정의와 불의와 고발과 역고발 등의 문제들이 사라졌다는 사실에 비추어 본다면, 그는 현저한 변화를 경험한 것이라 할 수 있다."

욥은 다양한 해석을 가능케 한 말로써 자신의 응답을 마무리한다: "그러므로 내가 스스로 거두어들이고 티끌과 재 가운데에서 회개하나이다"(42:6)(참조. van Wolde 1994: 242-50; Knight 2001: 753). '니함티'라는 동사는 종종 자신이 생각하는 죄를 욥이 회개했음을 가리키는 것으로 이해된다. 그의 친구들이 요구했던 것처럼 말이다. 그러나 이러한 해석은 나중에 야웨께서 친구들의 비난에 맞서서 욥의 편을 들어주신 것(42:7)과 상충된다.

하벨(Habel 1985: 583)은 '나함' 동사와 전치사 '알'의 결합 형태가 "보통은 '마음을 바꾸다'는 뜻을 가진 표현('회개하다')을 가리킨다고 주장한다. 욥은 법정 소송을 벌이거나 탄식에 빠져들 행동에 관한 '자신의 마음을 바꾸기로' 결심하며, 다시금 일상적인 삶으로 되돌아갈 준비를 한다. 야웨의 임하심과 답변은 욥의 무죄를 뒷받침해 주며, 보상과 징벌이라는 도덕적인 법칙에 기초하여 법정 소송을 벌이는 것이 무익하다는 것을 보여준다. 욥은 자신의 죄나 범죄 행위나 교만함을 자백하지 않는다. 그의 순전함에는 하자가 없다." 티끌과 재를 무릅쓰고서 회개한다는 욥의 말(참조. 2:8. 12)은 초월자이신 야웨 앞에서 그가 단순한 인간 피조물로서 겸손한 모습을 가지고 있음을 암시한다. 이는 아브라함이 창세기 18:27에서 이와 비슷한 말을 한 것과 마찬가지이다(Janzen 1985: 256; Davis 1992: 218). 욥은 이제 자신의 피조성을 인정하는 바, 이는 창조주 하나님에 비추어본 자신의 무지함을 사실상 받아들인 것이나 다름이 없다. 야웨의 질문들은 욥에게 헤아릴 수 없는 하나님의 주권을 새롭게 인식할 수 있게 해주었다(Scholnick 1982: 529). 욥은 야웨의 선지하심에 비추어볼 때 자신이 얼마나 무지한지를 깨닫고 있는 끼닭에, 야웨께서 답변해 주시기를 바라는 자신의 주장을 철회한다.

결론(욥 42:7-17)

욥기의 마지막 단락은 1-2장의 서론 부분과 여러 가지 점에서 서로 연결되며, 결론부의 기본 틀을 구성하고 있다. 결론 부분에서 야웨께서는 주요 등장인물들에 대한 자신의 평가를 소개하심으로써, 이 단락이 욥기 전체를 해석하는 기준이 되게 만든다. 욥기의 주요 시문체 단락이 보상 신학을 적용하는 일의 적법성을 점검하고서 그것을 수정하고 있음에도 불구하고, 산문체의 결론 부분은 야웨 경외야말로 지혜의 출발점이라는 기본 전제를 여러 가지 방식으로 재확인하고 있다. 하틀리(Hartley 1988: 544)는 결론 부분이 대화 부분과 어떻게 결합하여 통전적인 지혜 개념을 드러내고 있는지를 다음과 같이 잘 요약하고 있다:

결론 부분은 … 야웨 신앙의 본질적인 진술을 잘 보존하고 있다: 야웨 경외는 풍성한 삶을 가능케 한다. 만일에 야웨 경외가 필연적으로 시련과 고통을 수반하는 것이라면, 그러한 신앙은 가학적인 것이다. 고통은 경건에 대한 최고의 표현이 될 것이요, 신앙의 영웅들은 극심한 고통을 견뎌낸 자들이어야 마땅할 것이다. 그러나 실제 상황은 그렇지 않다. 결론 부분이 이를 잘 가르쳐 주고 있다. 야웨께서는 때가 되면 고통과 시련을 이겨내는 자신의 종에게 도움을 주신다. 욥기는 보상 교리를 결코 배척하지는 않지만, 그 교리의 잘못된 적용을 바로잡기 위해서 상당한 노력을 기울인다. 특히 고통은 그 고통을 겪는 자가 범죄했음을 나타내는 최종적인 증거라고 보는 견해와, 의인은 항상 형통함을 누리지만 악인은 자신의 악한 행동으로 인하여 신속하게 처벌을 받는다는 견해가 그렇다. 대화 부분이 고통을 죄의 필연적인 결과로 보지 않으려는 입장을 취하고 있는 반면에, 결론 부분은 욥의 형통함이 야웨의 자유로운 선물이지 믿음으로 고통을 이겨낸 것에 대한 보상이 아니라고 설명한다.

야웨의 판결(42:7-9)

주로 질문들을 통하여 욥에게 말씀하신 야웨께서는 욥의 세 친구들을 책망하시지만, 설명되지 않은 어떤 이유로 하여 엘리후는 철저히 무시하신다. 빔슨(Bimson 2000: 128)의 다음과 같은 결론은 당연히 옳은 것이다: "그러나 이것을 당혹스러운 난관으로 취급한다는 것은 분명해 보이는 해답을 놓치는 것이나 다름이 없을 것이다. 엘리후를 향한 하나님의 침묵은 그 자체로서 해답이 주어진 것이라 할 수 있다. 자신이 하나님의 대변인이라고 분명하게(그리고 그릇되게) 주장하는 자(33:6; 36:2, 4)에게 하나님께서는 더 이상 아무 말씀도 주지 않으신다"(참조. Zuckerman 1991: 163).

이처럼 동료들 앞에서 욥의 정당함을 공적으로 인정하신 야웨께서는 그들이 욥처럼 하나님에 대하여 진실하게 말하지 않았다는 점을 명확하게 지적하신다(42:7). 그들은 하나님께서 오로지 예견 가능한 보상 신학의 틀 속에서만 활동하실 수 있다고 주장함으로써, 그의 무한한 지혜와 주권적인 통치를 크게 희생시키는 대가로 그의 명성을 지키려고 노력한 바가 있다. 특히 야웨께서는 엘리바스만을 골라서 그에게 말씀하신다. 왜냐하면 22:26-27에서 그는 만일에 욥이 그들이 생각하는 죄를 뉘우친다면, 그 때에야 비로소 그가 다른 사람들을 위해 중재할 수 있다고 말한 바가 있기 때문이다(Gordis 1978: 494).

야웨께서는 욥이 당하는 고통이 그의 죄에 대한 징벌이 아니라는 것을 확증하는 차원에서, 욥의 친구들에게 하나님에 관하여 어리석게 말한 죄를 위하여 희생제사를 드리라고 지시하신다(42:8). 놀라운 역할 반전이 이루어진 결과(Wharton 1999: 179) 욥은 자신을 고발한 자들을 위해 중보 기도를 드림으로써 중재자로서의 역할을 재개할 것이다(참조. 1:5). 엘리바스와 빌닷과 소발이 야웨께서 지시하신 대로 하자, 그는 그들을 위한 욥의 중재 기도를 받아들이신다(42:9).

욥의 회복(42:10-17)

야웨께서는 욥과 자신 사이의 수직적인 관계를 재확증하심과 아울러 욥과 주변 사람들 — 욥과 소원하게 된 — 사이의 사회적인 관계들까지도 회복시켜 주시며, 욥의 모든 재산이 두 배로 늘어나게 하는 은혜를 베푸신다 (42:10). 이처럼 회복된 복들은 친구들이 주장하는 것처럼 욥이 죄를 고백한 결과로서 생겨난 것이 아니다. 도리어 그 복들은 욥이 야웨의 가르침을 따라 자신의 친구들을 위하여 중재 기도를 드린 후에 그에게 주어진 것이다. 오래도록 지속된 고통과 위기가 지나가자 야웨께서는 자신이 선택한 종에게 은혜와 자비를 부어 주신다. 하틀리(Hartley 1988: 540)는 이 점을 다음과 같이 잘 설명하고 있다: "욥이 받은 복은 야웨가 생명을 주시는 하나님이시지 자기를 경외하는 자들이 당하는 고통을 즐거워하는 변덕스러운 하나님이 아니라는 점을 뒷받침한다. 그가 자신의 주권적인 뜻 안에서 신실한 종으로 하여금 일정 기간 동안 불행을 당하도록 허용하실 수는 있지만, 때가 되면 완전한 치유를 선물로 주실 것이다. 뿐만 아니라 두 배로 주어진 복은 야웨께서 욥을 완전히 받으셨음을 상징한다."

이러한 복은, 보상 신학의 기본 틀을 엄격한 교리 체계로서 개개인의 구체적인 경험에 적용해서는 안 되지만, 야웨께서 자신의 계획이라는 큰 틀에 비추어 의로운 자에게 상급을 주신다는 것을 암시한다. 복은 야웨의 세계 안에서 지혜롭게 행하는 자들에게 예정되어 있는 것이지만, 욥의 경건 배후에 숨어있는 동기라고 사탄이 비난하는 이기적인 목적(1:9-11)과 동일하지는 않다.

    욥은 자신의 개인적이고 사회적이며 물질적인 행복이 회복되었음에도 불구하고, 극심한 시련을 당하던 중에 감당해야 했던 모든 자들 앞에서 자신을 도와줄 위로를 여전히 필요로 한다. 그가 당한 재앙은 그의 가족과 친구들로 하여금 그가 고통을 당하던 때에 그를 피하게 만들었지만(19:13-19), 마침내 그들은 그의 자녀들이 이전에 그러했던 것처럼(참조. 1:5) 다시금 그와의 관계를 회복하게 되며, 뒤늦게나마 욥을 위로하고 격려한다(42:11).

    더 나아가서 야웨께서는 그의 짐승 소유물(42:12)을 두 배로 늘려주심으로써, 그리고 태풍에 휩쓸려 죽은 자녀들(1:18-19) 대신에 일곱 명의 아들들과 특히 아름다운 세 명의 딸들을 그에게 주심으로써(42:13-15), 욥의 말년에 은혜와 복을 베풀어 주신다. 욥은 140세까지 수명을 이어감으로써 보통 사람의 수명(참조. 시 90:10)보다 두 배나 더 오래 산다. 그 결과 그는 옛날 사람들이 이상으로 생각하던 장수를 누릴 수 있었다. 4대에 걸쳐서 자손을 보게 된 것이다(42:16; 참조. 시 91:16). 욥기의 마지막 말씀인 "욥이 늙어 나이가 차서 죽었더라"는 구절(42:17)은 하나님의 복을 받은 아브라함과 이삭의 삶을 연상시킨다. 하벨(Habel 1985: 586)은 다음과 같이 적절한 결론을 내리고 있다: "욥기의 서두는 욥을 노아나 아브라함처럼(창 6:9; 17:1) '흠없는' 사람으로 소개하며, '나이가 높고 늙어서' 죽은 아브라함이나 이삭(창 25:8; 35:29)과 같은 족장 시대 영웅들의 죽음을 연상시키는 욥의 죽음에 대해 언급함으로써 끝을 맺는다."

    이처럼 장엄한 연주를 끝으로 욥기라는 거대한 교향곡은 대미를 장식한다. 도입부의 목가적인 광경으로부터 시작하여 다소 부풀려진 중간 전개 과정을 거친 후 결말 부분의 만족스러운 요약에 이르기까지, 예술적 감각이 뛰어난 이 명작은 인간에게 있는 가장 근본적인 질문들 중의 하나를 뛰어난 필체로 잘 묘사하고 있다. 악의 문제를 놓고서 고민하는 자들을 위하여 욥은 사람들이 흔히 제시하는 부적절한 답변을 넘어서서 야웨의 초월적인 힘과 지혜의 신비에 초점을 맞춘다. 욥기는 모든 문제들에 대한 답을 주지 않고, 도리어 사람들이 흔히 얻을 수 없는 답변을 유일하게 잘 아시는 야웨께 관심을 쏟게 만든다. 요컨대 욥은 독자들로 하여금 그들이 그의 길들을 이해할 수 없는 때조차도 야웨의 성품을 신뢰하게 만든다.

주크(Zuck 1978: 190)는 이러한 시각을 다음과 같이 잘 요약하고 있다: "인간은 충분한 설명이 없을 때조차도 하나님을 신뢰할 수 있다. 인간은 신비로운 차원과 더불어 살아가지 않으면 안 된다. 그는 자신의 질문들이 답을 얻지 못할 수도 있으며, 하나님께서 부당한 고통의 이유에 대한 자신의 질문들에 침묵으로 답을 주실 수도 있고, 하나님께서 부당한 비극의 문제를 탐구하고자 하는 노력에 대하여 침묵을 지키실 수도 있음을 인정하지 않으면 안 된다. 기독교인은 자신이 이해하지 못하는 문제들에 만족하는 법을 배우지 않으면 안 된다. 자신이 인간의 유한성으로 인하여 영원의 시각을 가질 수 없다는 사실을 인정하면서 말이다. 욥과 마찬가지로 우리는 하나님의 침묵이 그의 부재를 뜻하지는 않는다는 사실을 배울 수 있다."

참고문헌

주석

Andersen, Francis I. 1976. *Job*. Tyndale Old Testament Commentaries 13. London: Inter-Varsity Press.

Atkinson, David. 1991. *The Message of Job*. The Bible Speaks Today. Downers Grove, IL: InterVarsity Press.

Clines, David J. A. 1989. *Job 1–20*. Word Biblical Commentary 17. Dallas: Word.

Dhorme, Édouard. 1967 [1926]. *A Commentary on the Book of Job*. Trans. Harold Knight. Nashville: Thomas Nelson.

Good, Edwin M. 1990. *In Turns of Tempest: A Reading of Job*. Stanford, CA: Stanford University Press.

Gordis, Robert. 1978. *The Book of Job*. New York: Jewish Theological Seminary of America.

Habel, Norman C. 1985. *The Book of Job*. Old Testament Library. Philadelphia: Westminster.

Hartley, John E. 1988. *The Book of Job*. New International Commentary on the Old Testament. Grand Rapids: Eerdmans.

Janzen, J. Gerald. 1985. *Job*. Interpretation. Atlanta: John Knox.

Murphy, Roland E. 1999. *The Book of Job: A Short Reading*. New York: Paulist Press.

Newsom, Carol A. 1996. "The Book of Job." Pp. 317–637 in *The New Interpreter's Bible*, vol. 4. Ed. Leander E. Keck. Nashville: Abingdon.

Pope, Marvin H. 1973. *Job*. 3rd ed. Anchor Bible 15. Garden City, NY: Doubleday.

Reyburn, William D. 1992. *A Handbook on the Book of Job*. New York: United Bible Societies.

Rowley, H. H. 1976. *Job*. Rev. ed. New Century Bible. London: Oliphants.

Scheindlin, Raymond P. 1998. *The Book of Job*. New York: W. W. Norton.

Smick, Elmer B. 1988. "Job." Pp. 843–1060 in *The Expositor's Bible Commentary*, vol. 4. Ed. Frank E. Gaebelein. Grand Rapids: Zondervan.

Wharton, James A. 1999. *Job*. Westminster Bible Companion. Louisville: Westminster John Knox.

Whybray, R. N. 1998. *Job*. Readings. Sheffield: Sheffield Academic Press.

Zuck, Roy B. 1978. *Job*. Everyman's Bible Commentary. Chicago: Moody.

———. 1985. "Job." Pp. 715–77 in *The Bible Knowledge Commentary*, vol. 1. Ed. John F. Walvoord and Roy B. Zuck. Wheaton, IL: Victor.

논문들

Aimers, Geoffrey J. 2000. "The Rhetoric of Social Conscience in the Book of Job." *Journal for the Study of the Old Testament* 91:99–107.

Alter, Robert. 1988. "Truth and Poetry in the Book of Job." Pp. 63–89 in *The Book of Job*. Ed. Harold Bloom. Modern Critical Interpretations. New York: Chelsea House.

Anderson, Bernhard W. 1986. *Understanding the Old Testament*. 4th ed. Englewood Cliffs, NJ: Prentice-Hall.

Anderson, William H. U. 1999. "What Is Scepticism and Can It Be Found in the Hebrew Bible?" *Scandinavian Journal of the Old Testament* 13:225–57.

Archer, Gleason L. 1974. *A Survey of Old Testament Introduction*. Rev. ed. Chicago: Moody.

Bakon, Shimon. 1993. "God and Man on Trial." *Jewish Bible Quarterly* 21:226–35.

Balentine, Samuel E. 1998. "What Are Human Beings, That You Make So Much of Them?" Pp. 259–78 in *God in the Fray: A Tribute to Walter Brueggemann*. Ed. Tod Linafelt and Timothy K. Beal. Minneapolis: Fortress.

———. 1999a. "Job 23:1–9, 16–17." *Interpretation* 53:290–93.

———. 1999b. "Who Will Be Job's Redeemer?" *Perspectives in Religious Studies* 26:269–89.

———. 2002. "My Servant Job Shall Pray for You." *Theology Today* 58:502–18.

———. 2003a "For No Reason." *Interpretation* 57:349–69.

———. 2003b. "Let Love Clasp Grief Lest Both Be Drowned." *Perspectives in Religious Studies* 30:381-97.

Berfalk, Bradley J. 1997. "When God Speaks: God and Nature in the Divine Speeches of Job." *Covenant Quarterly* 55:75-82.

Bernat, David. 2004. "Biblical Wa*ṣf*s beyond the Song of Songs." *Journal for the Study of the Old Testament* 28:327-49.

Beuken, Willem A. M. 1994. "Job's Imprecation as the Cradle of a New Religious Discourse." Pp. 41-78 in *The Book of Job*. Ed. W. A. M. Beuken. Bibliotheca ephemeridum theologicarum lovaniensium 114. Leuven: Leuven University Press.

Bimson, John J. 2000. "Who Is 'This' in '"Who Is This . . . ?"' (Job 38.2)? A Response to Karl G. Wilcox." *Journal for the Study of the Old Testament* 87:125-28.

Bloom, Harold, ed. 1988. *The Book of Job*. Modern Critical Interpretations. New York: Chelsea House.

Boorer, Suzanne. 1997. "The Dark Side of God? A Dialogue with Jung's Interpretation of the Book of Job." *Pacifica* 10:277-97.

Boström, Lennart. 2000. "Patriarchal Models for Piety." Pp. 57-72 in *Shall Not the Judge of All the Earth Do What Is Right? Studies on the Nature of God in Tribute to James L. Crenshaw*. Ed. David Penchansky and Paul L. Redditt. Winona Lake, IN: Eisenbrauns.

Brown, William P. 1996. *Character in Crisis: A Fresh Approach to the Wisdom Literature of the Old Testament*. Grand Rapids: Eerdmans.

———. 1999. "Introducing Job: A Journey of Transformation." *Interpretation* 53:228-38.

———. 2000. "*Creatio Corporis* and the Rhetoric of Defense in Job 10 and Psalm 139." Pp. 107-24 in *God Who Creates: Essays in Honor of W. Sibley Towner*. Ed. William P. Brown and S. Dean McBride. Grand Rapids: Eerdmans.

Bullock, C. Hassell. 1988. *An Introduction to the Poetic Books of the Old Testament*. Rev. ed. Chicago: Moody.

Caesar, Lael O. 1999. "Job: Another New Thesis." *Vetus Testamentum* 49:441-50.

Camp, Claudia V. 2003. "Job." Pp. 223-36 in *Chalice Introduction to the Old Testament*. Ed. Marti J. Steussy. St. Louis: Chalice.

Caquot, A. 1992. "Le Léviathan de Job 40,25-41,26." *Revue biblique* 99:40-69.

Cheney, Michael. 1994. *Dust, Wind and Agony: Character, Speech and Genre in Job*. Coniectanea biblica: Old Testament Series 36. Stockholm: Almqvist & Wiksell.

Childs, Brevard S. 1979. *Introduction to the Old Testament as Scripture*. Philadelphia: Fortress.

Chin, Catherine. 1994. "Job and the Injustice of God: Implicit Arguments in Job 13.17-14.12." *Journal for the Study of the Old Testament* 64:91-101.

Clines, David J. A. 1994. "Why Is There a Book of Job, and What Does It Do to You If You Read It?" Pp. 1-20 in *The Book of Job*. Ed. W. A. M. Beuken. Bibliotheca ephemeridum theologicarum lovaniensium 114. Leuven: Leuven University Press.

———. 1995. "Job and the Spirituality of the Reformation." Pp. 49-72 in *The Bible, the Reformation and the Church*. Ed. W. P. Stephens. Journal for the Study of the New Testament: Supplement Series 105. Sheffield: Sheffield Academic Press.

———. 1998. "Quarter Days Gone: Job 24 and the Absence of God." Pp. 242–58 in *God in the Fray: A Tribute to Walter Brueggemann*. Ed. Tod Linafelt and Timothy K. Beal. Minneapolis: Fortress.

———. 2003. "'The Fear of the Lord Is Wisdom' (Job 28:28): A Semantic and Contextual Study." Pp. 57–92 in *Job 28: Cognition in Context*. Ed. Ellen van Wolde. Biblical Interpretation Series 64. Leiden: Brill.

Cooper, Alan. 1997. "The Sense of the Book of Job." *Prooftexts* 17:227–44.

Cotter, David W. 1992. *A Study of Job 4–5 in the Light of Contemporary Literary Theory*. Society of Biblical Literature Dissertation Series 124. Atlanta: Scholars Press.

Course, John E. 1994. *Speech and Response: A Rhetorical Analysis of the Introductions to the Speeches of the Book of Job (Chaps. 4–24)*. Catholic Biblical Quarterly Monograph Series 25. Washington, DC: Catholic Biblical Association of America.

Crenshaw, James L. 1984. *A Whirlpool of Torment: Israelite Traditions of God as an Oppressive Presence*. Overtures to Biblical Theology 12. Philadelphia: Fortress.

———. 1986. *Story and Faith: A Guide to the Old Testament*. New York: Macmillan.

———. 1992. "When Form and Content Clash: The Theology of Job 38:1–40:5." Pp. 70–84 in *Creation in the Biblical Traditions*. Ed. Richard J. Clifford and John J. Collins. Catholic Biblical Quarterly Monograph Series 24. Washington, DC: Catholic Biblical Association of America.

Daiches, David. 1988. "God under Attack." Pp. 37–61 in *The Book of Job*. Ed. Harold Bloom. Modern Critical Interpretations. New York: Chelsea House.

Dailey, Thomas F. 1993a. "And Yet He Repents—On Job 42,6." *Zeitschrift für die alttestamentliche Wissenschaft* 105:205–9.

———. 1993b. "The Aesthetics of Repentance: Re-reading the Phenomenon of Job." *Biblical Theology Bulletin* 23:64–70.

———. 1993c. "Theophanic Bluster: Job and the Wind of Change." *Studies in Religion/Sciences Religieuses* 22:187–95.

———. 1994a. "The Wisdom of Divine Disputation? On Job 40, 2–5." *Journal for the Study of the Old Testament* 63:105–19.

———. 1994b. *The Repentant Job: A Ricoeurian Icon for Biblical Theology*. Lanham, MD: University Press of America.

———. 1996. "Job as an Icon for Theology." *Perspectives in Religious Studies* 23:247–54.

———. 1997. "The Wisdom of Job: Moral Maturity or Religious Reckoning." *Union Seminary Quarterly Review* 51:45–55.

Davidson, Robert. 1990. *Wisdom and Worship*. London: SCM; Philadelphia: Trinity Press International.

Davis, Ellen F. 1992. "Job and Jacob: The Integrity of Faith." Pp. 203–24 in *Reading between Texts: Intertextuality and the Hebrew Bible*. Ed. Danna Nolan Fewell. Literary Currents in Biblical Interpretation. Louisville: Westminster John Knox.

Day, John. 1994. "How Could Job Be an Edomite?" Pp. 392–99 in *The Book of Job*. Ed. W. A. M. Beuken. Bibliotheca ephemeridum theologicarum lovaniensium 114. Leuven: Leuven University Press.

Dell, Katharine J. 1991. *The Book of Job as Sceptical Literature*. Beihefte zur Zeitschrift für die alttestamentliche Wissenschaft 197. Berlin: de Gruyter.

———. 2000. *Get Wisdom, Get Insight: An Introduction to Israel's Wisdom Literature*. Macon, GA: Smith & Helwys.

de Regt, Lénart J. 1996. "Discourse Implications of Rhetorical Questions in Job, Deuteronomy and the Minor Prophets." Pp. 51–78 in *Literary Structure and Rhetorical Strategies in the Hebrew Bible*. Ed. L. J. de Regt, J. de Waard, and J. P. Fokkelman. Assen: Van Gorcum.

Deuel, David C. 1994. "Job 19:25 and Job 23:10 Revisited." *The Master's Seminary Journal* 5:97–99.

Dick, Michael Brennan. 1979. "The Legal Metaphor in Job 31." *Catholic Biblical Quarterly* 41:37–50.

Dillard, Raymond B., and Tremper Longman. 1994. *An Introduction to the Old Testament*. Grand Rapids: Zondervan.

Dumbrell, William J. 2000. "The Purpose of the Book of Job." Pp. 91–105 in *The Way of Wisdom: Essays in Honor of Bruce K. Waltke*. Ed. J. I. Packer and Sven K. Soderlund. Grand Rapids: Zondervan.

Eissfeldt, Otto. 1965 [1964]. *The Old Testament: An Introduction*. Trans. P. R. Ackroyd. New York: Harper & Row.

Farmer, Kathleen A. 1998. "The Wisdom Books: Job, Proverbs, Ecclesiastes." Pp. 129–51 in *The Hebrew Bible Today: An Introduction to Critical Issues*. Ed. Steven L. McKenzie and M. Patrick Graham. Louisville: Westminster John Knox.

Fishbane, Michael. 1992. "The Book of Job and Inner-Biblical Discourse." Pp. 86–98, 240 in *The Voice from the Whirlwind: Interpreting the Book of Job*. Ed. Leo G. Perdue and W. Clark Gilpin. Nashville: Abingdon.

Fleming, Daniel E. 1994. "Job: The Tale of Patient Faith and the Book of God's Dilemma." *Vetus Testamentum* 44:468–92.

Fretheim, Terence E. 1999. "God in the Book of Job." *Currents in Theology and Mission* 26:85–93.

Frieden, Ken. 1988. "Job's Encounters with the Adversary." Pp. 7–20 in *The Book of Job*. Ed. Harold Bloom. Modern Critical Interpretations. New York: Chelsea House.

Frye, Northrop. 1988. "Blake's Reading of the Book of Job." Pp. 21–35 in *The Book of Job*. Ed. Harold Bloom. Modern Critical Interpretations. New York: Chelsea House.

Fyall, Robert S. 2002. *Now My Eyes Have Seen You: Images of Creation and Evil in the Book of Job*. New Studies in Biblical Theology 12. Downers Grove, IL: InterVarsity Press.

Garrett, Susan R. 1999. "The Patience of Job and the Patience of Jesus." *Interpretation* 53:254–64.

Geeraerts, Dirk. 2003. "Caught in a Web of Irony: Job and His Embarrassed God." Pp. 37–55 in *Job 28: Cognition in Context*. Ed. Ellen van Wolde. Biblical Interpretation Series 64. Leiden: Brill.

Gibson, J. C. L. 1992. "A New Look at Job 41.1–4 (English 41.9–12)." Pp. 129–39 in *Text as Pretext: Essays in Honour of Robert Davidson*. Ed. Robert P. Carroll. Journal for the Study of the Old Testament: Supplement Series 138. Sheffield: Sheffield Academic Press.

---. 1999. "I Know That My Redeemer Liveth." Pp. 53–59 in *New Heaven and New Earth: Prophecy and the Millennium*. Ed. P. J. Harland and C. T. R. Hayward. Supplements to Vetus Testamentum 77. Leiden: Brill.

Gilkey, Langdon. 1992. "Power, Order, Justice, and Redemption: Theological Comments on Job." Pp. 159–71 in *The Voice from the Whirlwind: Interpreting the Book of Job*. Ed. Leo G. Perdue and W. Clark Gilpin. Nashville: Abingdon.

Girard, René. 1988. "'The Ancient Trail Trodden by the Wicked': Job as Scapegoat." Pp. 103–34 in *The Book of Job*. Ed. Harold Bloom. Modern Critical Interpretations. New York: Chelsea House.

---. 1992. "Job as Failed Scapegoat." Pp. 185–207, 251–52 in *The Voice from the Whirlwind: Interpreting the Book of Job*. Ed. Leo G. Perdue and W. Clark Gilpin. Nashville: Abingdon.

Gladson, Jerry A. 1993. "Job." Pp. 230–44 in *A Complete Literary Guide to the Bible*. Ed. Leland Ryken and Tremper Longman. Grand Rapids: Zondervan.

Glazov, Gregory Yuri. 2002. "The Significance of the 'Hand on the Mouth' Gesture in Job XL 4." *Vetus Testamentum* 52:30–41.

Good, Edwin M. 1992. "The Problem of Evil in the Book of Job." Pp. 50–69, 236–38 in *The Voice from the Whirlwind: Interpreting the Book of Job*. Ed. Leo G. Perdue and W. Clark Gilpin. Nashville: Abingdon.

Gordis, Robert. 1965. *The Book of God and Man: A Study of Job*. Chicago: University of Chicago Press.

Gowan, Donald E. 1992. "Reading Job as a 'Wisdom Script.'" *Journal for the Study of the Old Testament* 55:85–96.

Greenstein, Edward L. 1996. "A Forensic Understanding of the Speech from the Whirlwind." Pp. 241–58 in *Texts, Temples and Traditions: A Tribute to Menahem Haran*. Ed. Michael V. Fox et al. Winona Lake, IN: Eisenbrauns.

---. 2003. "The Language of Job and Its Poetic Function." *Journal of Biblical Literature* 122:651–66.

Gruber, Mayer I. 1998. "Human and Divine Wisdom in the Book of Job." Pp. 88–102 in *Boundaries of the Ancient Near Eastern World: A Tribute to Cyrus H. Gordon*. Ed. Meir Lubetski, Claire Gottlieb, and Sharon Keller. Journal for the Study of the Old Testament: Supplement Series 273. Sheffield: Sheffield Academic Press.

Gustafson, James M. 1992. "A Response to the Book of Job." Pp. 172–82, 251 in *The Voice from the Whirlwind: Interpreting the Book of Job*. Ed. Leo G. Perdue and W. Clark Gilpin. Nashville: Abingdon.

Habel, Norman C. 1992. "In Defense of God the Sage." Pp. 21–38, 232–33 in *The Voice from the Whirlwind: Interpreting the Book of Job*. Ed. Leo G. Perdue and W. Clark Gilpin. Nashville: Abingdon.

---. 2003. "The Implications of God Discovering Wisdom in Earth." Pp. 281–97 in *Job 28: Cognition in Context*. Ed. Ellen van Wolde. Biblical Interpretation Series 64. Leiden: Brill.

Halpern, Baruch. 2002. "Assyrian and Pre-Socratic Astronomies and the Location of the Book of Job." Pp. 255–64 in *Kein Land für sich allein: Studien zum Kulturkontakt in Kanaan, Israel/Palästina und Ebirnari für Manfred Weippert zum 65. Geburtstag*. Ed. Ulrich Hübner and Ernst Axel Knauf. Orbis biblicus et orientalis 186. Göttingen: Vandenhoeck & Ruprecht.

Harrison, Roland Kenneth. 1969. *Introduction to the Old Testament.* Grand Rapids: Eerdmans.

Hartley, John E. 1994. "From Lament to Oath: A Study of Progression in the Speeches of Job." Pp. 79–100 in *The Book of Job.* Ed. W. A. M. Beuken. Bibliotheca ephemeridum theologicarum lovaniensium 114. Leuven: Leuven University Press.

Hill, Andrew E., and John H. Walton. 2000. *A Survey of the Old Testament.* 2nd ed. Grand Rapids: Zondervan.

Hunter, Alastair G. 1992. "Could Not the Universe Have Come into Existence 200 Yards to the Left? A Thematic Study of Job." Pp. 140–59 in *Text as Pretext: Essays in Honour of Robert Davidson.* Ed. Robert P. Carroll. Journal for the Study of the Old Testament: Supplement Series 138. Sheffield: Sheffield Academic Press.

Jacobsen, Thorkild, and Kirsten Nielsen. 1992. "Cursing the Day." *Scandinavian Journal of the Old Testament* 6:187–204.

Janzen, J. Gerald. 1989. "Another Look at God's Watch over Job (7:12)." *Journal of Biblical Literature* 108:109–16.

―――. 1998. "Lust for Life and the Bitterness of Job." *Theology Today* 55:152–62.

Johnson, Timothy. 2002. "Implied Antecedents in Job XL 2B and Proverbs III 6A." *Vetus Testamentum* 52:278–84.

Kepnes, Steven. 2000. "Job and Post-Holocaust Theodicy." Pp. 252–66 in *Strange Fire: Reading the Bible after the Holocaust.* Ed. Tod Linafelt. Washington Square, NY: New York University Press.

―――. 2002. "Rereading Job as Textual Theodicy." Pp. 36–55 in *Suffering Religion.* Ed. Robert Gibbs and Elliot R. Wolfson. London: Routledge.

Knight, Henry F. 2001. "Facing the Whirlwind Anew: Looking over Job's Shoulders from the Shadows of the Storm." Pp. 745–59 in *Remembering for the Future: The Holocaust in an Age of Genocide*, vol. 2. Ed. Margot Levy. New York: Palgrave.

Lacocque, Andre. 1996. "Job and Religion at Its Best." *Biblical Interpretation* 4:131–53.

LaSor, William Sanford, et al. 1996. *Old Testament Survey: The Message, Form, and Background of the Old Testament.* 2nd ed. Grand Rapids: Eerdmans.

Linafelt, Tod. 1996. "The Undecidability of *brk* in the Prologue to Job and Beyond." *Biblical Interpretation* 4:154–72.

Luc, Alex. 2000. "Storm and the Message of Job." *Journal for the Study of the Old Testament* 87:111–23.

McCabe, Robert V. 1997. "Elihu's Contribution to the Thought of the Book of Job." *Detroit Baptist Seminary Journal* 2:47–80.

McCann, J. Clinton. 1997. "Wisdom's Dilemma: The Book of Job, the Final Form of the Book of Psalms, and the Entire Bible." Pp. 18–30 in *Wisdom, You Are My Sister: Studies in Honor of Roland E. Murphy, O. Carm, on the Occasion of His Eightieth Birthday.* Ed. Michael L. Barré. Catholic Biblical Quarterly Monograph Series 29. Washington, DC: Catholic Biblical Association of America.

Meier, Samuel A. 1999. "Job and the Unanswered Question." *Prooftexts* 19:265–76.

Melchert, C. F. 2001. "The Book of Job: Education through and by Diversity." *Religious Education* 92:9–23.

Mettinger, Tryggve N. D. 1992. "The God of Job: Avenger, Tyrant, or Victor?" Pp. 39–49, 233–36 in *The Voice from the Whirlwind: Interpreting the Book of Job*. Ed. Leo G. Perdue and W. Clark Gilpin. Nashville: Abingdon.

———. 1993. "Intertextuality: Allusion and Vertical Context Systems in Some Job Passages." Pp. 257–80 in *Of Prophets' Visions and the Wisdom of Sages*. Ed. Heather A. McKay and David J. A. Clines. Journal for the Study of the Old Testament: Supplement Series 162. Sheffield: Sheffield Academic Press.

Michel, Walter L. 1994. "Confidence and Despair: Job 19,25–27 in the Light of Northwest Semitic Studies." Pp. 157–81 in *The Book of Job*. Ed. W. A. M. Beuken. Bibliotheca ephemeridum theologicarum lovaniensium 114. Leuven: Leuven University Press.

Moberly, R. W. L. 1999. "Solomon and Job: Divine Wisdom in Human Life." Pp. 3–17 in *Where Shall Wisdom Be Found? Wisdom in the Bible, the Church and the Contemporary World*. Ed. Stephen C. Barton. Edinburgh: T&T Clark.

Moore, Michael S. 1993. "Job's Texts of Terror." *Catholic Biblical Quarterly* 55:662–75.

Morriston, Wesley. 1996. "God's Answer to Job." *Religious Studies* 32:339–56.

Muenchow, Charles. 1989. "Dust and Dirt in Job 42:6." *Journal of Biblical Literature* 108:597–611.

Nam, Duck-Woo. 2003. *Talking about God: Job 42:7-9 and the Nature of God in the Book of Job*. Studies in Biblical Literature 49. New York: Peter Lang.

Neville, Richard W. 2003. "A Reassessment of the Radical Nature of Job's Ethic in Job XXXI 13–15." *Vetus Testamentum* 53:181–200.

Newell, B. Lynne. 1984. "Job: Repentant or Rebellious?" *Westminster Theological Journal* 46:298–316.

Newsom, Carol A. 1993a. "Considering Job." *Currents in Research: Biblical Studies* 1:87–118.

———. 1993b. "Cultural Politics and the Reading of Job." *Biblical Interpretation* 1:119–38.

———. 1995. "Job and Ecclesiastes." Pp. 177–94 in *Old Testament Interpretation: Past, Present, and Future; Essays in Honor of Gene M. Tucker*. Ed. James Luther Mays, David L. Petersen, and Kent Harold Richards. Nashville: Abingdon.

———. 1999. "Job and His Friends: A Conflict of Moral Imaginations." *Interpretation* 53:239–53.

———. 2002. "The Book of Job as Polyphonic Text." *Journal for the Study of the Old Testament* 97:87–108.

———. 2003a. *The Book of Job: A Contest of Moral Imaginations*. Oxford: Oxford University Press.

———. 2003b. "Dialogue and Allegorical Hermeneutics in Job 28:28." Pp. 299–305 in *Job 28: Cognition in Context*. Ed. Ellen van Wolde. Biblical Interpretation Series 64. Leiden: Brill.

Nicholson, E. W. 1995. "The Limits of Theodicy as a Theme of the Book of Job." Pp. 71–82 in *Wisdom in Ancient Israel: Essays in Honour of J. A. Emerton*. Ed. John Day, Robert P. Gordon, and H. G. M. Williamson. Cambridge: Cambridge University Press.

Noegel, Scott B. 1996. "Janus Parallelism in Job and Its Literary Significance." *Journal of Biblical Literature* 115:313-25.

O'Brien, J. Randall. 2003. "World, Winds, and Whirlwinds: The Voice of God Meets 'the Vice of God.'" *Perspectives in Religious Studies* 30:151-60.

O'Conner, Kathleen M. 2003. "Wild, Raging Creativity: The Scene in the Whirlwind (Job 38-41)." Pp. 171-79 in *A God So Near: Essays on Old Testament Theology in Honor of Patrick D. Miller*. Ed. Brent A. Strawn and Nancy R. Bowen. Winona Lake, IN: Eisenbrauns.

Odell, David. 1993. "Images of Violence in the Horse in Job 39:18-25." *Prooftexts* 13:163-73.

Parsons, Gregory W. 1981a. "Literary Features of the Book of Job." *Bibliotheca Sacra* 138:213-29.

———. 1981b. "The Structure and Purpose of the Book of Job." *Bibliotheca Sacra* 138:139-57.

———. 1994. "Guidelines for Understanding and Proclaiming the Book of Job." *Bibliotheca Sacra* 151:393-413.

Penchansky, David. 1990. *The Betrayal of God: Ideological Conflict in the Book of Job*. Literary Currents in Biblical Interpretation. Louisville: Westminster John Knox.

———. 2000. "Job's Wife: The Satan's Handmaid." Pp. 222-28 in *Shall Not the Judge of All the Earth Do What Is Right? Studies on the Nature of God in Tribute to James L. Crenshaw*. Ed. David Penchansky and Paul L. Redditt. Winona Lake, IN: Eisenbrauns.

Penzenstadler, Joan. 1994. "Teaching the Book of Job with a View to Human Wholeness." *Religious Education* 89:223-31.

Perdue, Leo G. 1993. "Wisdom in the Book of Job." Pp. 73-98 in *In Search of Wisdom: Essays in Memory of John G. Gammie*. Ed. Leo G. Perdue, Bernard Brandon Scott, and William Johnston Wiseman. Louisville: Westminster John Knox.

———. 1994. "Metaphorical Theology in the Book of Job." Pp. 129-56 in *The Book of Job*. Ed. W. A. M. Beuken. Bibliotheca ephemeridum theologicarum lovaniensium 114. Leuven: Leuven University Press.

Pettys, Valerie Forstman. 2002. "Let There Be Darkness: Continuity and Discontinuity in the 'Curse' of Job 3." *Journal for the Study of the Old Testament* 98:89-104.

Pidcock-Lester, Karen. 2000. "'Earth Has No Sorrow That Earth Cannot Heal': Job 38-41." Pp. 125-32 in *God Who Creates: Essays in Honor of W. Silbey Towner*. Ed. William P. Brown and S. Dean McBride. Grand Rapids: Eerdmans.

Pleins, J. David. 1994. "'Why Do You Hide Your Face?': Divine Silence and Speech in the Book of Job." *Interpretation* 48:229-38.

Polak, Frank H. 1996. "On Prose and Poetry in the Book of Job." *Journal of the Near Eastern Society* 24:61-97.

Redditt, Paul L. 1994. "Reading the Speech Cycles in the Book of Job." *Hebrew Annual Review* 14:205-14.

Reed, Annette Yoshiko. 2001. "Job as Jobab: The Interpretation of Job in LXX Job 42:17b-e." *Journal of Biblical Literature* 120:31-55.

욥기 참고문헌 193

Ricoeur, Paul. 1988. "The Reaffirmation of the Tragic." Pp. 7–20 in *The Book of Job*. Ed. Harold Bloom. Modern Critical Interpretations. New York: Chelsea House.
Ryken, Leland. 1974. *The Literature of the Bible*. Grand Rapids: Zondervan.
———. 1992. *Words of Delight: A Literary Introduction to the Bible*. 2nd ed. Grand Rapids: Baker.
Ryken, Leland, and Tremper Longman, eds. 1993. *A Complete Literary Guide to the Bible*. Grand Rapids: Zondervan.
Sasson, Victor. 1998. "The Literary and Theological Function of Job's Wife in the Book of Job." *Biblica* 79:86–90.
Schlobin, Roger C. 1992. "Prototypic Horror: The Genre of the Book of Job." *Semeia* 60:23–38.
Scholnick, Sylvia Huberman. 1982. "The Meaning of MIŠPAT in the Book of Job." *Journal of Biblical Literature* 101:521–29.
———. 1987. "Poetry in the Courtroom: Job 38–41." Pp. 185–204 in *Directions in Biblical Hebrew Poetry*. Ed. Elaine R. Follis. Journal for the Study of the Old Testament: Supplement Series 40. Sheffield: Sheffield Academic Press.
Schultz, Carl. 1996. "The Cohesive Issue of *mišpat* in Job." Pp. 159–75 in *Go to the Land I Will Show You: Studies in Honor of Dwight W. Young*. Ed. Joseph E. Coleson and Victor H. Matthews. Winona Lake, IN: Eisenbrauns.
Shelley, John C. 1992. "Job 42:1–6: God's Bet and Job's Repentance." *Review and Expositor* 89:541–46.
Smick, Elmer B. 1978. "Another Look at the Mythological Elements in the Book of Job." *Westminster Theological Journal* 40:213–28.
Smith, David L. 1992. "The Concept of Death in Job and Ecclesiastes." *Didaskalia* 4:2–14.
Smith, Gary V. 1992. "Is There a Place for Job's Wisdom in Old Testament Theology?" *Trinity Journal* 13:3–20.
Steinmann, Andrew E. 1995. "The Graded Numerical Saying in Job." Pp. 288–97 in *Fortunate the Eyes That See: Essays in Honor of David Noel Freedman in Celebration of His Seventieth Birthday*. Ed. Astrid B. Beck et al. Grand Rapids: Eerdmans.
———. 1996. "The Structure and Message of the Book of Job." *Vetus Testamentum* 46:85–100.
Stek, John H. 1997. "Job: An Introduction." *Calvin Theological Journal* 32:443–58.
Stump, Eleonore. 2001. "Faith and the Problem of Evil." Pp. 497–529 in *Seeking Understanding: The Stob Lectures, 1986–1998*. Grand Rapids: Eerdmans.
Szpek, Heidi M. 1994. "The Peshitta on Job 7:6: 'My Days Are Swifter Than an *'rg*.'" *Journal of Biblical Literature* 113:287–90.
Tamez, Elsa. 1997. "Job: 'Even When I Cry Out "Violence!" I Am Not Answered.'" Pp. 55–62 in *The Return of the Plague*. Ed. José Oscar Beozzo and Virgil Elizondo. London: SCM.
Tate, Marvin E. 1992. "Satan in the Old Testament." *Review and Expositor* 89:461–74.
Tönsing, D. L. 1996. "The Use of Creation Language in Job 3, 9 and 38 and the Meaning of Suffering." *Scriptura* 59:435–49.

Treves, Marco. 1995. "The Book of Job." *Zeitschrift für die alttestamentliche Wissenschaft* 107:261–72.

Tsevat, Matitiahu. 1966. "The Meaning of the Book of Job." *Hebrew Union College Annual* 37:73–106.

Vall, Gregory. 1995. "'From Whose Womb Did the Ice Come Forth?' Procreation Images in Job 38:28–29." *Catholic Biblical Quarterly* 57:504–13.

van der Lugt, Pieter. 1995. *Rhetorical Criticism and the Poetry of the Book of Job*. Oudtestamentische Studiën 32. Leiden: Brill.

Van Leeuwen, Raymond C. 2001. "Psalm 8.5 and Job 7.17–18: A Mistaken Scholarly Commonplace?" Pp. 205–15 in *The World of the Aramaeans I*. Ed. P. M. Michèle Darian et al. Journal for the Study of the Old Testament: Supplement Series 324. Sheffield: Sheffield Academic Press.

van Wolde, Ellen. 1994. "Job 42,1–6: The Reversal of Job." Pp. 223–50 in *The Book of Job*. Ed. W. A. M. Beuken. Bibliotheca ephemeridum theologicarum lovaniensium 114. Leuven: Leuven University Press.

———. 2002. "Different Perspectives on Faith and Justice: The God of Jacob and the God of Job." Pp. 17–23 in *The Many Voices of the Bible*. Ed. Seán Freyne and Ellen van Wolde. London: SCM.

———. 2003. "Wisdom, Who Can Find It? A Non-Cognitive and Cognitive Study of Job 28:1–11." Pp. 1–35 in *Job 28: Cognition in Context*. Ed. Ellen van Wolde. Biblical Interpretation Series 64. Leiden: Brill.

Viviers, Hendrik. 1997. "Elihu (Job 32–37), Garrulous but Poor Rhetor? Why Is He Ignored?" Pp. 137–53 in *The Rhetorical Analysis of Scripture: Essays from the 1995 London Conference*. Ed. Stanley E. Porter and Thomas H. Olbricht. Journal for the Study of the New Testament: Supplement Series 146. Sheffield: Sheffield Academic Press.

Vogels, Walter. 1994a. "Job's Empty Pious Slogans (Job 1,20–22; 2,8–10)." Pp. 369–76 in *The Book of Job*. Ed. W. A. M. Beuken. Bibliotheca ephemeridum theologicarum lovaniensium 114. Leuven: Leuven University Press.

———. 1994b. "Job's Superficial Faith in His First Reaction to Suffering." *Église et théologie* 25:343–59.

von Rad, Gerhard. 1972 [1970]. *Wisdom in Israel*. Trans. James D. Martin. London: SCM.

Waters, Larry J. 1997. "Reflections on Suffering from the Book of Job." *Bibliotheca Sacra* 154:436–51.

———. 1999a. "The Authenticity of the Elihu Speeches in Job 32–37." *Bibliotheca Sacra* 156:28–41.

———. 1999b. "Elihu's Theology and His View of Suffering." *Bibliotheca Sacra* 156:143–59.

Westermann, Claus. 1981 [1977]. *The Structure of the Book of Job: A Form-Critical Analysis*. Trans. Charles A. Muenchow. Philadelphia: Fortress.

Whybray, R. N. 1996. "The Immorality of God: Reflections on Some Passages in Genesis, Job, Exodus and Numbers." *Journal for the Study of the Old Testament* 72:89–120.

———. 1999. "Wisdom, Suffering and the Freedom of God in the Book of Job." Pp. 231–45 in *In Search of True Wisdom*. Ed. Edward Ball. Journal for the Study of the Old Testament: Supplement Series 300. Sheffield: Sheffield Academic Press.

Wilcox, Karl G. 1998. "'Who Is This . . . ?': A Reading of Job 38.2." *Journal for the Study of the Old Testament* 78:85–95.

Williams, James G. 2001. "Deciphering the Unspoken: The Theophany of Job." *Hebrew Union College Annual* 49:59–72.

Wilson, Lindsay. 1995. "The Book of Job and the Fear of God." *Tyndale Bulletin* 46:59–79.

———. 1996a. "Realistic Hope or Imaginative Exploration? The Identity of Job's Arbiter." *Pacifica* 9:243–52.

———. 1996b. "The Role of the Elihu Speeches in the Book of Job." *Reformed Theological Review* 55:81–94.

Wolfers, David. 1993. "Job: A Universal Drama." *Jewish Bible Quarterly* 21:13–23, 80–89.

———. 1994. "Sire! (Job XXXIV 36)." *Vetus Testamentum* 44:566–69.

———. 1995a. *Deep Things out of Darkness: The Book of Job*. Grand Rapids: Eerdmans.

———. 1995b. "Sparks Flying? Job 5:7." *Jewish Biblical Quarterly* 23:3–8.

———. 1996. "The Book of Job: Its True Significance." *Jewish Biblical Quarterly* 24:3–8.

Woodin, Ataloa Snell. 1996. "Speak, O Lord: The Silence of God in Human Suffering." *Direction* 25:29–54.

Zuck, Roy B., ed. 1992. *Sitting with Job: Selected Studies on the Book of Job*. Grand Rapids: Baker.

Zuckerman, Bruce. 1991. *Job the Silent: A Study in Historical Counterpoint*. New York: Oxford University Press.

시편

시편은 고대 이스라엘의 찬송가이다. 150개의 노래를 담고 있는 이 책은 이스라엘 백성이 어떻게 하여 그들의 온갖 삶의 경험들 속에서 야웨께로 돌이켰는지를 잘 보여준다. 시편은 눈물어린 탄식으로부터 기쁨의 외침에 이르기까지 야웨께 나아가는 구약 신자들의 다양한 감정들을 잘 반영하고 있다. 모든 시대의 하나님의 백성에게 대하여 시편은 그에게 나아가는 것을 격려하고 도와주는 다양한 양식들을 담고 있다.

저자와 연대

시편에 기록되어 있는 본문들은 현재의 수집물이 만들어지기 오래 전에 생겨난 것으로 보인다. 오늘날의 노래들이 출판본 찬송가로 통합되기 전에 구두 형식으로 유통되는 것처럼 말이다. 베스터만(Westermann 1980: 15-16)은 시편의 역사에 관하여 다음과 같은 그럴듯한 추론을 제시한다: "그것은 처음에 여러 종류의 다양한 사람들에 의해 기도와 노래로 사용되었고 말로써 전달되었다. 이처럼 다양한 목소리들이 나중에 예배를 매개로 하여 하나로 통합될 때에야 비로소 그것은 모든 사람들에게 규범적인 의미를 갖고 또 모든 사람들이 쉽게 이용할 수 있는 형태를 갖게 되었다. 시편의 이러한 예전적인 형성의 과정은 여러 세대를 거쳐서 이루어졌다." 현재 형태의 시편은 예배 공동체에서, 특히 성전 가수들 사이에서 만들어졌음이 분명한 것으로 보인다(Kraus 1993a: 67).

　시편의 언어는 일반적이고 보편적인 경향을 보인다. 따라서 시편은 저자와 연대에 관하여 구체적인 정보를 제공해 주지 않는다. 반면에 150개의 노래들 중 116개의 노래들 서두에 있는 표제들은 본문의 저자와 저작 당시의 상황에 관하여 상세한 정보를 제공해 준다. 그러나 이 표제들을 어떻게 사용해야 하는지에 관해서는 논란이 많다.

　상당수의 시편 노래들 서두에 나오는 '레다윗'이라는 구절의 의미는 애매하다. 왜냐하면 전치사 '레'는 매우 다양한 의미를 가지고 있기 때문이다(Seybold 1990: 37; Nogalski 2000: 38-39). 시편의 표제들은 3인칭으로 기록되어 있는 바, 이는 그것들이 시편 자체의 1인칭 언어와는 구별되는 편집적인 성격을 가지고 있음을 암시한다. 더 나아가서 표제들에 있는 역사적인 언급들의 일부는 시편 자체의 내적인 증거와 일치되지 않는 것으로 보인다. 예로서, 시편 3편에서 화자(話者)는 확신에 찬 모습을 보이고 있지만, 이와 관련된 역사적인 상황을 담고 있는 것으로 여겨지는 사무엘하 15-18장에서 다윗은 크게 약해진 모습을 보이고 있다. 이와 마찬가지로 시편 30편의 표제는 성전 봉헌식에 대해서 언급하지만, 정작 이 시의 내용은 신체적인 질병의 치유에 관하여 말하고 있다. 후대의 70인역과 시리아역 시편 번역본들이 정교하면서도 변형된 제목들을 가지고 있다는 점도 주목할 필요가 있다(Mays 1986: 152-53). 이러한 요인들 때문에 새영어성서(New English Bible; 영어권의 공동번역 성서임 — 역자 주)는 시편의 표제들이 신빙성이 떨어지고 이해하기 어려운 내용들을 가지고 있다고 생각하여 그것들을 과감히 생략하고 있다. 그것들이 히브리어 맛소라 본문의 일부를 구성하고 있기는 하지만 말이다.

　이와는 대조적으로 표제들의 역사적인 신빙성을 지지하는 주장들도 더러 있다. 성서 본문들에는 다윗이 시인이었음을 나타내는 증거가 많다(참조. 삼상 16:14-23; 삼하 1:19-27; 3:33-34; 23:1-7). 사무엘하 22장에 있는 다윗의 노래에 관한 역사적인 기록은 시편 18편과 평행을 이루고 있다. 뿐만 아니라 역대상 13-29장에서 다윗은 성전 예전을 체계화시킨 자로 묘사된다(Menn 2004: 62). 크레이기(Craigie 1983: 35)는 이를 다음과 같이 설명한다: "나중에 음악과 예배는 다윗의 지시를 따라 체계화된 것으로 묘사된다(스 3:10; 느 12:24)." 이어서 그는 다음과 같이 주장한다: "따라서 시편에 있는 노래들 중 다윗과 관련되어 있는 많은 것들이 다윗의 저작들일 수도 있을 가능성은 여전히 남아 있다." 메이스(Mays 1986: 150)는 역대하 29:30에 있는 역사적인 언급, 곧 히스기야가 레위 사람들에게 다윗과 아삽의 시로 야웨께 찬송하도록 명했다는 설명에 기초하여 다음과 같은 주장을 내세운다: "이 본문은 시편의 노래들 전부는 아니라 할지라도 그 중 일부가 다윗에게서 비롯된 것임을 인정하고 있다." 이와 비슷한 언급들은 구약성서의 다른 곳들에서도 발견되는 바(참조. 삼하 22:1; 사 38:9; 합 3:1, 19), 이들은 표제들이 시편의 수집 과정에서 나중에 추가된 것이 아니라, 각각의 본문들이 처음부터 해설의 성격을 갖는 표제들을 가진 채로 전승되었을 수도 있음을 암시한다(Craigie 1983: 32).

구약성서 밖에서는 다윗 시대보다 앞서는 우가릿과 메소포타미아 및 이집트의 문헌들이 구약성서의 일부 노래들과 크게 평행을 이루는 노래 본문들을 포함하고 있다(Ross 1985: 782). 이러한 문서들의 존재는 다윗에게 돌려지는 노래들이 그의 손에 의해 만들어지지는 않았다 할지라도 참으로 그의 시대에 만들어졌을 것이라는 생각을 어느 정도 가능성 있는 것으로 만들어 준다. 70인역이 번역되던 무렵(주전 200년경)에도 시편의 표제들 속에 나오는 전문 용어들은 분명하게 이해되지 못한 채로 있었다. 그 까닭에 번역자들은 종종 그것들을 소리나는 대로 음역(音譯)하거나 그 뜻을 추측하여 번역하는 방식을 취하였다(McFall 2000: 227). 따라서 시편의 표제들은 상당히 이른 시기에 생겨났다고 해도 틀리지 않을 것이다(Sabourin 1974: 11). 메이스(Mays 1986: 145)는 외경 집회서 47:8-10이 다윗은 "찬양의 삶을 영위했을 뿐만 아니라 찬송과 관련된 규례를 제정하고 그것을 이스라엘의 삶 속에서 사용할 수 있는 계기를 마련하였다"고 진술한 것을 주목한다. 그는 또한 "랍비들이 볼 때에 다윗은 거의 전적으로 찬송 작가였다"는 점을 강조한다. 신약성서의 저자들은 마가복음 12:35-37과 사도행전 2:29-35에서 시편 표제들에 담긴 자료들에 기초하여 자신들의 주장을 전개하며, 사도행전 4:25-26과 로마서 4:6-8에서는 시편을 다윗에게 속한 책으로 간주한다(Archer 1974: 442-43).

저자들의 정체에 대한 정보에 더하여 시편의 표제들에 포함되어 있는 전문 용어들은 시편의 유형들, 예상되는 연주자들, 악기의 종류들, 가락에 대한 안내, 예전적인 시기 등에 관한 자료를 제공해 주기도 한다(Smith 2001: 246-59; Brown 2002: 37-42). 이 전문 용어들 중의 많은 것들에 대해서는 논란이 많으며, 그 중 일부는 수 세기 동안 전적으로 무시되기도 했다. 이로 인하여 크라우스(Kraus 1993a: 21)는 다음과 같은 결론을 내린다: "일부 전문 용어들의 뜻과 의미를 분명하게 밝힌다는 것은 거의 불가능한 일이다. 히브리 성서의 문맥은 정확한 그림을 제공할 정도로 충분히 포괄적이지 않다. 전문 용어들의 어근과 어원을 찾고, 이러한 연구의 과정에서 셈족 언어학에 기초하여 그 가능한 의미를 설명하려는 모든 노력에는 문제가 있다."

현행 자료들에 비추어 본다면, 시편의 표제들은 적어도 현존하는 가장 이른 시기의 해석들로 존중되어야 한다. 또한 그것들은 시편에 대한 가장 이른 시기의 해석들 및 시편의 기원을 통찰할 수 있게 하는 자료들로서 정당성을 가지고 있을 수도 있다(Beckwith 1995: 8; Eaton 2003: 41). 이와 아울러 우리는 시편의 표제들이 시편의 본래적인 구성 요소라기보다는 시편 본문에 대한 성찰로부터 비롯되었을 것이라는 점을 인정하지 않으면 안 된다.

크레이기(Craigie 1983: 31)는 이를 다음과 같이 설명한다: "그러나 많은 경우들에 있어서 표제들은 해당 노래들의 본질적인 구성 요소가 아닌 것으로 보인다. 그것들은 초기 수집물들 내지는 시편 전체를 편집한 자들의 작업을 대변하는 자료들일 것이다. 따라서 그것들은 자주 개별 노래들의 본래적인 의미와 맥락을 이해하는 데 도움을 주기보다는, 특정 노래들의 역할을 시편 전체의 맥락 속에서, 그리고 이스라엘 예배의 역사적인 맥락 속에서 이해하는 데 더 큰 도움을 줄 것이다." 따라서 표제들은 즉각 무시되어서는 안 되는 것이다. 그것들은 신중하게 사용되어야 하는 것이다. 그 까닭은 "그것들이 해당 노래가 배경으로 했음직한 상황을 암시해 줄 뿐만 아니라 해석상의 단서를 제공해 주기도 하기 때문이다"(Miller 1986: 26). 아래에 이어질 시편 연구에서 나는 표제들의 역사적인 정확성을 가정하려고 하기보다는 저자를 단순히 "시편 기자"(psalmist)로 칭하는 방식을 취하고자 한다.

시

　예배의 핵심을 잘 표현하고 있는 시편은 시로 기록되어 있다. 왜냐하면 시는 산문보다 시편의 목적을 더 잘 성취할 수 있게 해주기 때문이다. 크레이기(Craigie 1983: 36)는 이 두 가지 문학 양식의 차이점을 다음과 같이 설명한다: "산문체의 언어는 주로 직접적인 의사소통을 목적으로 하여 사용된다. 반면에 시문체의 언어는 초월적인 차원을 더 강하게 가지고 있다. 그 안에는 인간 경험의 다양한 측면들과 하나님에 관한 지식의 다양한 측면들이 녹아 들어 있다. 산문체의 세속적인 언어는 그러한 측면들을 적절하게 표현하지 못한다. 무엇보다도 시문체는 통상적인(산문체의) 인간 언어를 넘어서려고 노력하며, 인간의 말로 쉽게 표현할 수 없는 것을 표현하려고 애쓴다." 시의 성격을 가지고 있는 시편은 단순히 저자의 경험을 보고하려고(report) 하기보다는 독자 앞에서 그것을 재현(recreate)하려고 노력한다(Estes 1995: 419). 따라서 시편은 분석의 대상이면서 동시에 감상의 대상이기도 하다. 드리버스(Drijvers 1965: 23)는 이를 다음과 같이 설명한다: "어떤 한 사람의 내적이고 감정적인 경험을 다른 사람에게 전달하려는 목적을 가진 시편의 노래들은 그 자신의 목소리로 스스로 말하게 하지 않으면 안 된다. 만일에 시편의 노래가 좋은 시라면, 그것은 내적인 통일성을 가진 것으로서, 자신의 리듬을 통하여 인간 경험의 배경을 사람들에게 전달한다. 참으로 좋은 시로부터는 분석이나 비판적인 해석 작업의 방해를 받아서는 안 되는 독특한 풍취가 우러나온다. 물론 분석이나 비판적인 해석 작업이 그 시를 더 잘 이해하도록 어느 정도 도움을 주기는 하겠지만 말이다. 그러나 그러한 분석은 그 시 자체의 자연스럽고 분명한 표현을 훼방해서도 안 되며 손상시켜서도 안 된다."

　시는 그 내용을 대단히 예술적인 형식을 빌려 표현하는 기술을 특징으로 갖는다. 따라서 한 편의 시는 잘 말하여진 한 마디의 좋은 말(word)이라 할 수 있다. 낱말들의 모호하지 않은 의미들에 초점을 맞춤으로써 분명한 의사소통을 목적으로 하는 산문과는 달리 시는 낱말들의 사전적인 의미 전체를 사용한다. 시인은 각 낱말의 의미론적인 범위의 색다른 측면들을 사용하며, 감정 전달의 의미를 가진 용어들을 선택한다. 그는 또한 메시지를 전달하는 데 도움을 주는 발음을 활용한다(Estes 2004: 67-70). 더 나아가서 시는 다양한 심상(心像), 곧 표현상의 관련성을 통하여 지각 기능을 일깨우는 일종의 낱말 그림을 폭넓게 사용한다(Brown 2002). 시들은 간결성을 특징으로 가지고 있기 때문에, 대단히 압축되고 집중된 표현 형식들 — 구체적인 설명을 일부러 선택적으로 활용하는 — 을 가지고 있다.

많은 언어들에 있어서 시는 운율이나 리듬을 따라 만들어진다. 많은 학자들의 철저한 연구에도 불구하고 히브리 시의 운율 양식은 아직 완전하게 밝혀지지 못한 채로 있으며, 지금으로서도 그렇게 쉽게 규명될 것 같지는 않다(Gillingham 1994: 44-68). 크라우스(Kraus 1993a: 34)는 그 원인을 몇 가지 요인들에서 찾는다:(1) 오랜 전승 과정에서 운율의 원칙들이 불가피하게 변하였다;(2) 히브리어 발음의 변화를 정확하게 알 길이 없다;(3) 모음을 넣어 자음 본문을 발음하는 방식에 따라 운율 양식이 영향을 받는다. 크라우스는 다음과 같은 결론을 내린다: "이상의 모든 요인들로 인하여 운율의 법칙들과 규칙들을 복구하는 작업이 어려워진다. 운율의 재구성 작업이 완전히 불가능하다고 생각하는 것은 너무 성급한 결론일 수도 있지만, 그럼에도 불구하고 우리가 여전히 운율을 알아낼 수 있는 확고한 기초를 가지고 있지 못한 것도 사실이다. 운율과 관련된 우리의 모든 노력은 그저 실험에 지나지 않는다."

시편의 노래들을 포함하는 히브리 시는 평행법을 기본 형식으로 가지고 있다. 보통은 두 개의 행이 결합된 채로 나타난다. 때때로 세 개의 행이나 네 개의 행이 결합되는 경우도 있기는 하지만 말이다. 평행을 이루는 행들은 몇 가지 가능한 방식들을 통하여 서로 연결된다. 때때로 나란히 이어지는 행들이 동일한 관심사를 동일한 용어들로 진술하는 동의적(同意的)인 평행법의 경향을 보인다. 그리고 종종 나란히 이어지는 행들이 동일한 현실에 대하여 긍정적인 표현과 부정적인 표현을 나란히 나타내는 반의적(反意的)인 평행법의 경향을 보이기도 한다. 다른 경우들에는 두 번째 행이 첫 번째 행에서 비롯된 사상을 확장시킨다.

시편의 노래들은 지극히 예술적인 형식을 통하여 시로 잘 다듬어진 것들이기 때문에 서정적인 시들로 읽혀지지 않으면 안 된다. 루이스(Lewis 1958: 3)는 다음과 같은 점을 날카롭게 지적한다: "매우 인상적이게도 시편은 서정시 고유의 특징이라 할 수 있는 자유분방함과 엄격한 형식 및 과장법, 논리적인 관련성보다는 감정적인 관련성 등을 가지고 있는 시들과 서정시들로 읽혀져야 한다. 시편의 노래들을 제대로 이해하려면 그것들을 시들로 읽어야 한다. 이는 프랑스어 작품을 프랑스어로 읽어야 하고, 영어 작품을 영어로 읽어야 하는 것과 같은 이치에 속한 것이다. 그렇지 않을 경우 우리는 그 안에 있는 것들을 놓칠 수도 있으며, 존재하지 않는 것을 보는 것으로 착각할 것이다."

구조

시편을 구성하는 150개의 노래들은 본래 개별적인 서정시들로 시작하였지만, 나중에 현재의 형태로 된 하나의 수집물로 결합되었다. 일반적인 의미에서 말하자면, 시편은 탄식에 초점을 맞춘 채로 시작하여 점점 찬양 쪽으로 옮겨간다(Westermann 1981: 257). 크라우스(Kraus 1993a: 19)는 개별 노래 노래들의 정확한 편집 과정을 추적하기가 어렵다는 것을 올바르게 지적하고 있다. 그럼에도 불구하고 그 일반적인 과정을 대충은 추적할 수 있다. 크레이기(Craigie 1983: 28)는 특히 표제들에서 발견되는 단서들을 활용하여 다음과 같이 제안한다: "요컨대 우리는 그 과정이 네 단계로 이루어졌음을 확인할 수 있다: (a) 한 개의 노래가 만들어진다; (b) 그것이 다른 노래들과 연결되어 한 개의 작은 수집물을 이루게 된다 … ; (c) 여러 개의 작은 수집물들이 한데 모여 더 큰 단위를 구성하게 된다; (d) 마지막 책의 편집자(들)에 의하여 다양한 개별 노래들이 추가됨으로써 '수집물들의 수집물'이라 할 수 있는 현재의 시편이 만들어진다."

중간 단계에 속한 작은 수집물들의 사례들 — 표제들에 암시되어 있는 — 은 다윗의 노래(시 3-41편; 51-70편; 138-145편), 아삽의 노래(시 73-83편), 고라 자손의 노래(시 42-49편; 84-88편); 성전에 올라가면서 부르는 노래(시 120-134편), 할렐루야 노래(시 113-118편; 146-150편) 등을 포함한다.

시편의 맛소라 본문들은 다섯 권의 주요 책들로 수집된 것으로 보인다(시

1-41편; 42-72편; 73-89편; 90-106편; 107-150편). 비록 베큇(Beckwith 1995: 6-8)이 그 이전에 시편이 세 개로 나누어져 있었다는 설득력 있는 주장을 내세우고 있기는 하지만 말이다. 시편의 각 권은 송영으로 끝나는 바, 이 특징으로 인하여 메이스(Mays 1994b: 62)는 시편이 야웨 찬양에 초점을 맞추는 구조로 되어 있다는 결론을 내린다. 그는 다음과 같이 추론한다: "각 권의 수집자들은 마치 해당 책을 그렇게 이해해야 하는 것인양 송영이 각 권 마지막에 오도록 배열하였다. 시편의 형성은 찬양을 성서의 핵심 주제로 만드는 프로젝트였음이 분명하게 드러나고 있다. 그것은 찬양을 정경적인 것으로 만든 기획물이었던 것이다." 뿐만 아니라 처음 두 개의 노래는 전체 수집물의 서론에 해당한다(Miller 1986: 14-15). 시편 1편은 율법('토라') 아래 있는 삶의 선결 조건에 대해서 진술하며, 2편은 야웨를 만물을 통치하시는 왕으로 묘사한다. 메이스(Mays 1994b: 122)는 이를 다음과 같이 설명한다: "하나님의 통치라는 주제야말로 시편 전체를 하나로 묶는 신학의 핵심이다. 나머지 모든 것들은 어떤 형식으로든 하나님의 통치 주권과 연결되어 있거나 그것에 의존하고 있다."

시편의 결론부에 있는 150편은 호흡을 가진 모든 자들에게 야웨를 찬양하라고 명한다. 브루거만(Brueggemann 1984: 167)은 마지막의 이러한 보편적인 명령을 시편 전체의 맥락에 비추어 다음과 같이 잘 설명하고 있다: "이스라엘(과 세계)은 토라에 순종함으로써 자유롭게 찬양할 수 있는 존재가 된다. 찬양이야말로 이스라엘 고유의 소명이요, 운명이요, 목표이다. 이 점에 비추어 본다면, 구약성서가 마지막으로 기대하는 것은 순종이 아니라 찬양이다. 시편은 사람들이 그러한 자유 — 관습이나 예법의 속박을 받지 않는 행복한 사귐 속에서 진정한 삶의 의미를 찾는 — 를 향해 나아가도록 이끌어 주며 그러한 자유의 기운으로 그들을 양육한다. 그것은 이스라엘의 희망이요, 모든 피조물의 희망이다." 따라서 시편 전체는 예배자로 하여금 계속해서 야웨를 찬양하게 하는 효과를 갖는다(Wilson 1992: 138).

해석의 역사

시편은 학자들이 서로 다른 해석학적인 도구를 사용함에 따라 매우 다양한 방식으로 해석되어 왔다. 전통적인 방법론은 시편의 표제들이 역사적으로 믿을 만한 것들이라고 생각한다. 이 방법론은 시편의 표제와 내용을 구약성서의 역사서들과 상호 관련시킴으로써 시편을 시인 — 가장 흔하게는 다윗 — 의 삶 속에 있던 어떤 사건과 관련시키려고 노력한다. 메이스(Mays 1995: 148)는 이러한 과정에 대하여 설명하면서 이를 다음과 같이 평가한다: "전통적인 해석은 다윗과 그의 음악가들에 대한 언급을 시편의 정체성을 확인하는 데 도움을 줄 결정적인 단서로 간주하였다. 시편은 대체적으로 다윗이 사무엘서에 진술되어 있는 무수한 삶의 정황들 속에서 표현한 경건심의 발로로 이해되었다 ⋯ 전통적인 해석의 핵심은 시편을 유대교와 기독교의 삶을 부요하게 만드는 영적이고 신학적인 목적들을 위하여 사용하는 데 있었다." 그러나 역사적인 이야기들이 반드시 각 노래들의 배경을 이루는 것은 아니다. 따라서 전통적인 방법론은 때때로 시편의 본래적인 배경에 대한 다소 불확실한 재구성에 치중하게 된다. 입증되지 않은 역사적인 재구성에 기초한 해석 작업은 매력적이지 않다. 또 다른 유서 깊은 시편 해석법은 종말론 — 메시야적인 방법론이다. 이 방법론은 교부들과 중세의 주석가들 및 오늘날의 경건주의자들에 의하여 자주 사용되는 것으로, 시편 본문이 거의 전적으로 그리스도와 그의 왕국에 대해서 언급하고 있다고 설명한다. 이 방법론이 신약성서의 일부 시편 사용법의 영감을 받아 이루어진 것이기는 하지만, 시편을 지나치게 풍유적으로 해석함으로써 시편의 노래들을 그 본래적인 의도로부터 분리시킬 위험성을 안고 있다.

18세기와 19세기의 학문적인 시편 연구는 역사 비평학(historical criticism)의 지배를 받았는 바, 지금도 이 방법론을 따르는 사람들이 적지 않다. 시편과 다윗의 관계를 의문시하는 이 방법론은 시편의 배후에 감추어져 있을 다른 배경을 찾고자 노력한다. 메이스(Mays 1995: 148)는 이를 다음과 같이 설명한다: "시편은 그동안 어떤 역사적인 인물이나 사건의 목소리로 간주되었다. 그러나 다윗과의 관련성이 제공해 주던 특정 사건과 인물을 믿지 못하던 해석자들은 이스라엘 사람들이 남긴 기록 속에서 시편을 이해하는 데 도움이 될 만한 다른 시대와 사람들을 찾을 수밖에 없었다." 시편 안에는 배경 연구에 도움을 줄 명시적인 자료들이 거의 없기 때문에, 역사 비평학자들은 현재의 시편을 만드는 데 사용되었던 기록 문서들을 재구성하는 데 초점을 맞춘다. 그들은 "시편의 저자들에 대해서 설명하고, 저작 당시의 역사적인 상황들을 확인하며, 각 노래의 연대를 가능한 한 구체적으로 추정하는 데" 힘을 쏟는다(McCann 1993: 16). 역사 비평학은 자신이 의도하는 문학적인 층들을 결정짓도록 도와줄 기준들을 확립하지 못한 까닭에, 점점 주관적이게 되고 단편적이게 된다. 그 까닭에 시편 안에 있는 다양한 노래들의 배경과 연대, 저작 과정, 용례 등에 관한 강한 합의점이 생겨날 수가 없다. 따라서 많은 학자들은 이 방법론이 분명한 결론을 이끌어내지 못하며 설득력도 약하다고 생각한다.

최근 들어 시편 해석의 주유를 이루고 있는 방법론은 양식 비평(form criticism)이다. 양식 비평은 문서화된 본문의 배후에 놓여 있는 구두 전승에 초점을 맞춤으로써, 시편 안에 있는 다양한 노래들을 분석하고 해석하기 위하여 그것들의 문학적인 유형이나 장르를 연구한다. 시편 해석에 있어서 이 결정적인 변화는 궁켈(Gunkel)에 의하여 시작되었다. 그는 시편 연구의 초석을 놓은 시편 개론서(1998)과 시편 주석(1967)을 통하여 "시편의 기본적인 문학 유형들이나 장르들(Gattungen)을 확인하고 정리하였으며, 개인적인 또는 공동체적인 삶의 정황들(Sitz im Leben) — 다양한 유형들의 역할과 밀접하게 관련되어 있는 — 을 찾아내려고 노력하였다. 그는 또한 시편 안의 많은 노래들이 처음에는 구두 자료로 만들어졌다는 사실을 깨달았으며, 시편을 구약 전체의 맥락에서만 연구하지 않고 고대 근동 문명의 문학적이고 문화적인 맥락까지 포함하여 연구하는 작업이 중요함을 강조하였다"(Craigie 1983: 45). 궁켈은 이스라엘 종교 안에 있는 모든 거룩한 시가 처음에는 의례(ritual) 행위와 관련하여 노래로 불려졌고, 따라서 시편의 노래들은 이스라엘의 다양한 예배 행사들로부터 생겨난 것이라고 생각하였다. 궁켈은 제의적인 삶이라는 통일된 배경을 공유하고 있던, 그리고 한결같은 의미와 분위기 및 동일한 어조와 구조 등을 공유하고 있던 일군(一群)의 시들을 찾아냄으로써, 시편의 노래들을 몇 개의 문학적인 유형들로 분류하였다. 찬양, 공동체의 탄식, 개인의 탄식, 개인적인 감사의 노래, 제왕의 노래, 지혜의 노래 등이 그에 해당한다. 궁켈의 통찰은 찬양과 탄식을 이스라엘 예배의 핵심으로 생각한 베스터만에 의해 다듬어지고 좀 더 단순하게 정리되었다.

베스터만(Westermann 1981: 11)은 이를 다음과 같이 설명한다: "기쁨의 언어와 고통의 언어에 해당하는 찬양과 탄식은 똑같이 하나님 앞에서의 인간 실존을 표현하고 있는 것들이다 … 찬양의 노래와 탄식의 노래는 공동체 예배의 자리에서 만들어진 것으로, 훨씬 더 광범위하고 훨씬 더 많은 본문 단위 — 일상생활의 고통과 즐거움으로부터 생겨나 점점 큰 덩어리를 이루어가는 중에 탄식의 언어와 하나님 찬양의 언어를 포함하기에 이른 — 의 중심을 이루고 있다." 양식 비평은 독자들로 하여금 시편에서 흔히 발견되는 양식들에 주의를 기울이게 한다는 점에서 참으로 유용한 것이다. 본서는 아래에서 개별적인 노래들을 연구할 때 양식 비평의 통찰들을 사용하고자 한다. 특히 궁켈이 분류한 장르들을 수정한 베스터만의 연구는 본서에서 시편의 노래들을 검토하는 데 사용되는 주요 범주들을 제공하고 있다. 그러나 양식 비평의 통찰들을 적용함에 있어서 주의해야 할 것은 시편의 노래들을 경직된 장르의 틀 속에 묶어두려고 해서는 안 되며, 그렇게 함으로써 각 노래들의 개별적인 독특성을 무시해서도 안 된다는 점이다.

최근에는 몇몇 저명한 시편 해석자들이 시편 본문들을 제의 안에서의 기능에 비추어 해석하면서 전승 비평 방법론을 개발하였다. 이 방법론은 삶의 자리에 주로 초점을 맞춤으로써 시편이 사용되던 제의적인 상황을 재구성하려고 노력한다. 모빙켈(Mowinckel 1962)은 가을의 신년 대관식 축제야말로 대부분의 시편 노래들의 예전적인 배경을 이루고 있다고 주장한다. 바벨론의 아키투(akitu) 축제(신년 축제를 가리킴 — 역자 주)를 자신의 모델로 사용하는 모빙켈은 대부분의 시편 노래들이 야웨께서 해마다 우주의 왕으로 등극하시는 것을 축하하고 있다고 본다. 모빙켈의 이러한 제안이 시편 연구에 상당한 영향을 미쳤음에도 불구하고, 브루거만(Brueggemann 1984: 18)은 그의 너무도 포괄적인 접근 방식을 다음과 같이 올바로 비판하고 있다: "그의 가설은 지나치게 광범위한 주장을 내세운다는 점에서, 그리고 다양한 유형으로 분류되는 매우 많은 노래들을 단일 활동(야웨 대관식 축제를 가리킴 — 역자 주)으로 통합시킨다는 점에서, 너무도 포괄적이고 전체주의적인 성격을 드러내고 있다. 그리고 그러한 활동 자체는, 이스라엘 안에 그에 관한 뚜렷한 증거가 없다는 점을 고려한다면, 불확실한 비교 작업에 기초하여 전제된 것이 아닐 수 없다." 모빙켈과 비슷하게 바이저(Weiser 1962) 역시 초막절의 가을철 계약 갱신 축제가 대부분의 시편 노래들의 제의적인 배경에 해당한다고 주장한다. 그의 입장은 여호수아 24장에 있는 의식에서 그 성서적인 근거가 발견되며, 법적인 자료들과 예언서에서도 그에 대한 간접적인 언급이 발견된다(Craigie 1983: 46). 그러나 모빙켈과 마찬가지로 바이저 역시 시편의 모든 자료들을 다 설명하지 못하는 단일 배경을 주장했다는 비판을 받았다. 크라우스는 이 문제에 대하여 언급하면서, 한층 포괄적인 제의적 접근을 시도한다. 그는 세 가지의 전승들이 시편 형성에 도움을 주었다고 보는 바, 출애굽 해방과 광야 유랑생활을 기억하는 장막절과 왕정 이전 시대에 속한 계약 갱신 축제 및 통일왕국 시대에 가나안 신화의 왕권 개념에 기초하여 만들어진 시온 축제 등이 그에 해당한다. 전승비평을 대표하는 이상의 세 주요 학자들의 연구에 비추어 본다면, 시편이 이스라엘의 공적인 하나님 예배에서 사용되었다는 사실을 부정하기 어렵다. 그러나 그들이 주장하는 특수한 제의적 배경을 뒷받침하는 증거는 없다.

시편 장르의 일반적인 양식들에 초점을 맞추는 경향이 있는 양식 비평을 보완하기 위하여 뮐렌버그(Muilenburg 1969)는 수사 비평 방법론을 제시하였다. 이 방법론은 각 노래들을 독특하게 만드는 문체상의 특징들에 초점을 맞춘다. 수사 비평(rhetorical criticism)은 시편의 시적인 특성에 예민하게 반응함으로써 새로운 통찰들을 얻어낼 수 있겠다는 확실한 기대를 갖게 해준다. 그러나 불행하게도 이 방법론은 아직껏 시편에 대한 핵심 주석서를 만들어내지 못한 채로 있다. 밀러(Miller 1986: 17)는 현재의 상황과 앞으로의 전망에 대하여 다음과 같이 평가한다: "시편의 형식적이고 시적인 특징들에 예민하게 반응하는 자들이 해석학 분야에서 자신들의 연구 결과를 어떻게 잘 만들어낼지는 아직 미지수이다. 지금까지의 상황을 보건대, 문체상의 특징들을 분석하는 방법론은 종종 다른 해석의 쟁점들에 관여하지 않은 채로 혼자 서 있는 것처럼 보인다 … 영어권의 현대 주석들 중에는 문체의 문제를 진지하게 다루는 책이 아직은 하나도 없다. 그러나 만일에 내용을 형식으로부터 분리시키거나 내용으로부터 형식을 제거하는 기존의 연구 경향을 극복할 수만 있다면, 시편에 대한 충분한 연구가 큰 진전을 보게 될 것이다. 시편의 노래들이 시들로 되어 있음을 안다는 것은 그 노래들이 성서의 한 부분을 이루고 있다는 사실을 잊지 않는 것이나 다름이 없다. 시편을 성서로 읽고 듣기 위해서는 그 노래들을 시로 받아들일 필요가 있다."

양식 비평이 점차 그 영향력을 잃고 있음을 확신한 차일즈(Childs 1979)는 시편의 마지막 형태에 다시금 관심을 기울이고자 했다. 정경 비평(canon criticism)이라는 그의 방법론은 각 노래들의 의미가 그 노래들의 표제들과 정경 안에서의 위치에 의하여 어떠한 영향을 받게 되는지를 알아내려고 노력한다. 그것은 또한 시편이 각 노래들의 문학적인 맥락으로서 갖는 의미에 다시금 관심을 갖고자 한다. 윌슨(Wilson 1985)은 시편이 아무렇지도 않게 노래들과 기도들을 모아 놓은 책이 아니라 일정한 신학적인 의도를 가지고서 편집된 책이라는 점을 입증하려고 노력하였다. 이 방법론은 시편의 재구성된 전(前) 역사에 관심을 기울이기보다는 시편의 현재 형태에 관심을 기울이고 있다는 점에서 건전한 방법론이라 할 수 있다. 이러한 유형의 시편 연구를 반영하고 있는 유용한 사례들은 하워드(Howard 1997)와 미첼(Mitchell 1997) 및 코울(Cole 2000) 등에게서 발견된다. 그러나 그들이 현재와 같은 시편의 배열 방식에 대하여 얻은 결론은 그렇게 큰 지지를 얻지 못한 채로 있다. 데이(Day 1990: 111)는 조심스럽게 다음과 같은 결론을 내린다: "시편의 배열 방식을 설명해줄 수 있는 어떤 단일한 의도를 찾아내려는 노력이 실패로 끝날 수밖에 없다는 것은 자명한 일이다. 반면에 시편을 조심스럽게 연구해 보면, 시편의 노래들이 완전히 아무렇게나 배열되어 있지 않으며, 서로 연결되어 있는 일련의 기준들이 그 안에 작용하고 있다는 사실이 금방 드러난다. 때때로 시편의 편집자들은 동일한 표제들을 가진 노래들을 한군데 모아서 정리하였다. 다른 경우들에 있어서는, 특정 노래들을 나란히 병렬시키게끔 만든 주제상의 이유들과 공통의 색인어 내지는 장르 등을 찾아내는 일이 불가능한 것은 아니다."

시편에 대한 사회학적인 접근법을 개발한 브루거만(Brueggemann 1984: 16)은 비평 이후의(postcritical) 해석 방법론을 제안한다: "이 방법론은 경건하고 학문적인 전통들로 하여금 서로를 지지하고 서로에게 정보를 알려주고 서로를 교정하게끔 만든다. 그럼으로써 학문적인 방법론들의 공식적인 증가분은 시편을 움직이는 참된 경건의 본질을 비판함과 아울러 그것을 진전시키거나 강화시켜 줄 수도 있다." 브루거만은 시편의 세 가지 일반적인 범주들을 제시한다: (1) 인간의 삶이 어떻게 영위되어야 하는지를 보여주는 방향 정립(orientation)의 노래들; (2) 인간의 삶이 마땅히 되어야 할 방식대로 영위되지 못함을 보여주는 방향 상실(disorientation)의 노래들; (3) 시인의 눈으로 볼 때 결국에는 하나님이 인간의 삶을 제대로 영위되게 만드시는 것으로 여겨지는 새로운 방향 정립(new orientation)의 노래들. 이에 더하여 브루거만은 시편 유형들의 근본적인 의도를 영향력의 차원에서 연구하는 사회학적인 분석 방법을 도입한다. 그가 제시하는 시편 노래들의 일반적인 전승 궤도는 그 나름대로 유용하다(Jacobson 2001: 94-96). 그러나 개별 본문들의 주요 범주들과 움직임들의 사회학적인 이유를 분석한 그의 연구 결과는 아직껏 입증되지 못한 채로 있으며, 불필요하게 보이기도 한다.

신학

시편이 분명한 신학적인 체계를 제시하고 있지 않음에도 불구하고, 시편 안에 있는 노래들은 몇 가지의 신학적인 강조점들을 분명하게 전제하고 있다. 시편의 노래들은 자주 보편적인 차원을 드러내지만(시 67편; 117편), 근본적으로 그것들은 고대 이스라엘의 예배를 표현한 것이다. 시편에서 시온은 성전의 지성소에 거주하시는 야웨의 임재 장소를 가리킨다(Seybold 1990: 132). 크라우스(Kraus 1993a: 68)는 이를 다음과 같이 설명한다: "만일에 우리가 구약 시편을 어디서 이스라엘의 하나님 — 이스라엘 백성이 찬양과 감사의 노래들을 통하여 영화롭게 하고 또 탄식의 노래들을 통하여 호소하며 모든 노래들과 시들에 언급되어 있는 — 을 찾고 발견해야 하는지의 문제를 가지고서 연구하고자 한다면, 의심할 여지가 없고 또 끊임없이 시편에 표현되고 있는 한 가지 확실한 해답이 있다: 만군의 야웨는 예루살렘의 성소 안에 계시며, 시온은 하나님의 임재 장소이다."

시편에 묘사되어 있는 야웨 예배는 그의 역사 계시에 뿌리박고 있다. 오경은 야웨께서 어떻게 이스라엘과의 계약을 시작하셨는지를 서술하고 있으며, 시편에서 이스라엘 백성은 하나님과의 독특한 관계가 갖는 다양한 측면들을 표현하고 있다. 간구로부터 찬양에 이르기까지 다양한 내용들을 가진 노래들은 한결같이 야웨의 성품에 초점을 맞추고 있다. 로스(Ross 1985: 779)는 이를 다음과 같이 설명한다: "많은 노래들이 간구와 찬양이라는 시적인 표현들을 통하여 직접 하나님께 말을 건다. 그것들은 신실한 자들의 종교적인 감정들, 곧 두려움과 의심과 비극과 승리와 기쁨과 희망 등을 드러내고 있다. 시인들은 자주 백성의 필요와 하나님의 선하심과 자비하심을 드러내는 사례들에 대한 그들 자신의 경험들에 의존하고 있다."

시편은 추상적인 철학적 신학의 체계를 제시하지 않는다. 도리어 시편은 삶 속에서 경험하는 구체적인 관계의 신학을 제시한다(Craigie 1983: 39-40). 시편은 야웨 앞에서 삶을 영위한다는 강한 느낌으로 가득 차 있다. 그러한 느낌은 "하나님과의 인격적인 대화를 잘 표현할 수 있도록 도와준다"(Longman 1993: 249). 그 결과 가장 고통스러운 것으로부터 가장 즐거운 것에 이르기까지의 매우 다양한 삶의 경험들이 이 서정시들 안에 잘 표현되어 있다. 베스터만(Westermann 1980: 24)은 이러한 현상을 다음과 같이 기억에 오래 남을 언어로 잘 설명하고 있다: "시편은 그 나름의 깊이와 높이를 가진 삶, 깊은 바다와 높은 산 사이에 있는 다양한 환경 속에서 영위되는 삶, 나무들과 동물들 및 논밭 등과 더불어 사는 삶, 창조로부터 세계를 심판하기 위한 하나님의 출현에 이르기까지의 거대한 역사의 흐름 속에서 영위되는 삶 등을 반영하고 있다. 이처럼 광범위한 시각에서 볼 경우에 개개인의 삶 역시 시편에서 중요한 의미를 갖는다. 시편은 출생과 죽음 사이에 있는 개개인의 기쁨과 즐거움, 수고와 잔치, 취침과 기상, 질병과 회복, 상실, 염려, 확신, 절망에의 유혹, 그들이 얻는 위로 등을 반영하고 있다."

시편의 토대를 이루고 있는 신학적인 기초는 이스라엘의 하나님 야웨가 온 땅을 정의롭게 다스리시는 우주적인 통치자라는 데 있다. 대관식 노래에서 보듯이, 시편은 야웨께서 통치하신다는 개념을 자주 분명하게 표현한다

(Kraus 1993a: 71; Mays 1994a: 6). 그러나 설령 그것이 분명하게 진술되어 있지 않다고 해도, 야웨의 통치는 시인의 간구와 찬양 모두의 기초를 이루고 있다. 예배자는 야웨의 의로우신 개입을 기대하는 까닭에, 현재의 괴로움을 하나님 앞에 내어 놓는 탄식으로부터 그의 구원에 대한 감사로 충만한 찬양으로 옮겨간다. 야웨께서 역사 안에서 정의롭게 활동하신다는 확신이야말로 시편 신앙의 기초를 이루고 있다. 바르트(Barth 1966: 57)는 이를 다음과 같이 잘 설명하고 있다: "이스라엘은 역사의 흐름이 불가사의하게 방해를 받고 그 방향을 바꾸는 바로 그곳에서, 그리고 역사를 지배하는 세력들과 법칙들이 하나님에 의해 창조된 새로운 현실에 굴복해야만 하는 바로 그곳에서 하나님의 손길이 작용하고 있음을 본다. 이처럼 완전히 유례없는 새로운 현실을 만드시는 하나님의 행동은 이스라엘 신앙의 본체와 확신을 제공할 수 있다."

서론(시 1편)

시편은 야웨의 백성이 모든 종류의 경험 속에서 그를 찾았음을 보여주는 고대 이스라엘의 찬송가였다. 시편은 가장 비극적인 것으로부터 가장 즐거운 상황에 이르기까지 삶의 온갖 경험 속에서 생겨난 것이기 때문에, 거의 3천여 년의 기간 동안 신자들에게 어떠한 상황에 직면하건 관계없이 어떻게 하나님께 나아가야 하는지를 가르쳐 주었다. 시편에는 하나님의 백성이 자신과 하나님을 만나지 못하게 되는 경험이 결코 없을 것이다. 시편의 효용성을 완전하게 이끌어내기 위해서 독자들은 시편의 노래들이 얼마나 독특한지를 이해하지 않으면 안 되며, 그러한 빛 안에서 그 노래들을 해석해야만 한다.

시편의 노래들은 시로서 마음을 통하여 정신에게 말을 건다. 시편 노래들은 다양한 표상들을 폭넓게 사용함으로써 독자들로 하여금 속도를 늦추어 그 의미를 음미하지 않을 수 없게 만든다. 이러한 묵상의 과정을 통하여 독자들은 시인의 세계 안으로 들어갈 수 있으며, 시인을 대신하여 그의 고통과 찬양을 자신의 것으로 만들 수 있다(Ryken 1992: 168).

시편은 또한 신자들의 삶에 도움을 주는 모범으로서의 역할을 수행하기도

한다. 하나님께서 사람에게 말씀하시는 형식을 취하고 있는 율법이나 예언과는 달리, 시편은 하나님께 말하는 또는 하나님에 관하여 말하는 인간에 의하여 만들어진 것이다. 시편에 있는 노래들은 오랜 기간에 걸쳐 수집되었고, 처음에는 이스라엘 백성에 의하여, 그리고 나중에는 교회에 의하여 그들 자신의 생각과 필요, 욕구, 열망 등을 표현하는 데 정기적으로 사용되었다. 이렇듯이 시편은 하나님의 백성으로 하여금 그에게 응답하는 삶을 살도록 돕는 역할을 수행하였다. 앤더슨(Anderson 2000: ix)은 이를 다음과 같이 설명한다: "시편은 우리 가운데 계시는 하나님의 실재에 대한 인간의 온갖 응답들을 표현할 뿐만 아니라, 그리고 다양한 삶의 순간들에 직면하여 다른 사람들과 함께 어떻게 기도해야 하는지를 우리에게 가르쳐주는 까닭에, 우리를 '위하여' 말하는 책이라 할 수 있다." 성탄 카드라는 것이 우리 자신의 힘으로 만들어낼 수 있는 것보다 더 나은 표현들을 통하여 우리의 감정을 표현할 수 있도록 도와주는 것과 마찬가지로, 시편은 달리 분명하게 표현하기 어려운 우리의 감정들을 시편 자신의 언어를 빌려 표현할 수 있게끔 도와준다.

뿐만 아니라 시편은 자주 예배자로 하여금 하나님과 그의 길들에 대하여 묵상할 수 있도록 도와주는 촉매제 역할을 수행하기도 한다. 삶의 문제들이 우리의 시야를 가릴 때, 시편은 야웨께로 시선을 돌리게 한다. 시편은 하나님의 백성으로 하여금 그들의 눈을 들어 주께서 하신 일들을 바라볼 것을 촉구한다(시 46:8). 이와 아울러 시편은 하나님의 백성으로 하여금 그들의 가장 절실한 필요를 가지고서 하나님께 나아가도록 돕는다.

브루거만(Brueggemann 1995: 33-34)은 이 점을 다음과 같이 날카롭게 지적한다: "시편은 어떻게 기도하는지에 관한 훈련과 가르침의 역할을 수행할 뿐만 아니라, 문자적인 표현을 넘어서서 상상력에 기초하여 말하도록 권하고 또 그렇게 할 수 있는 자격을 부여하는 역할을 수행하기도 한다. 시편에 있는 말들은 우리가 계속해 나갈 수 있는 위험한 발언의 시작 부분에 해당한다. 우리는 이처럼 특정 시간의 제약을 받지 않는 기도를 적절한 때에 되풀이할 뿐만 아니라, 그 기도의 말들을 통하여 우리 자신의 말들 — 우리 자신의 경험에 부합됨과 아울러 우리 자신의 삶에 더욱 적합할 뿐더러 우리 자신의 믿음에 대하여 한층 중요한 의미를 갖는 새로운 말들 — 을 발견할 수 있는 자격을 얻게 되고 또 그렇게 하도록 권유받는다."

시편 1편은 아마도 시편 2편과 더불어(Howard 1997: 202-5; Kuntz 2000: 152; 그러나 Murphy 2000: 21-22는 이에 반대함) 시편 전체의 서론으로 편집되었을 것이다. 왜냐하면 그것은 시편의 몇몇 핵심 주제들을 표현하고 있기 때문이다. 회겐하벤(Høgenhaben 2001: 179)은 이를 다음과 같이 설명한다: "시편 1편은 의인들이 야웨의 율법을 즐거워하지 않는 악인들의 반대편에 있다고 보며, 하나님의 마지막 심판을 기대한다. 그리고 시편 2편에서 우리의 시야는 다가올 메시야 시대의 위대한 드라마를 포함할 정도로 확대된다. 지상의 왕들은 반항적인 태도로 야웨께 적대 감정을 드러냄에도 불구하고 그를 섬기게 될 것이요, 야웨께서 시온 위에 세우신 그의 아들, 곧 기름부음 받은 자에게 존경하는 마음을 담아 입을 맞출 것이다. 시편 1편과 2편이 다루고 있는 중심 문제는 하나님의 정의에 관한 문제로 볼 수 있을 것이다." 처음 두 노래 사이에 있는 이러한 주제상의 상관성은 무수한 언어학적인 관련성으로 인하여 한층 강화된다(Cole 2002: 77).

시편 1:1의 첫 마디인 '아슈레'는 "하나님의 뜻을 따라 사는 것에서 참된 기쁨을 느끼는 삶"을 경축하는 것이요(Miller 1986: 82), 따라서 대단히 바람직한 것이다. 이기주의 성향을 보이는 오늘날의 행복 개념과는 대조적으로 시편 1편은 시편 전체에 널리 퍼져 있는 개념, 곧 행복에 대한 철저하게 하나님 중심적인 개념을 소개한다. 이 개념에 의하면 참된 행복은 하나님과 그의 가르침에 초점을 맞출 때 찾아온다(McCann 2001: 116). 시편 1편에 따르면, 참된 행복은 야웨의 길을 선택함으로써 얻을 수 있다.

행복의 길은 1:1-2에서 악인과 의인의 대조를 통하여 제시된다. 시인은 서두인 1절에서 하나님의 가르침을 거부하는 자들에게서 비롯되는 위험들에 대해서 경고한다: "복 있는 사람은 악인들의 꾀를 따르지 아니하며 죄인들의 길에 서지 아니하며 오만한 자들의 자리에 앉지 아니하고." 행복의 길에 있는 첫 번째 구덩이는 죄로 이끄는 악인들의 꾀이다. 두 번째 위험은 죄인들이 발로 밟아 잘 다져진 길에 설 때 찾아온다. 그렇게 되면 필연적으로 경건한 삶을 웃음거리로 여기는 오만한 자들의 태도를 본받게 된다. 시인은 삼중적인 점층법을 사용함으로써, 의인의 잠재적인 행복을 파괴하려고 위협하는 자들의 불경건한 태도를 점점 강하게 표현할 뿐만 아니라(악인-죄인-오만한 자), 의인이 그들과 점점 더 많이 접촉하게 되면서(꾀-길-자리) 그들의 영향을 받아 점점 더 적게 움직이게 됨(따름-섬-앉음)을 분명하게 표현하기도 한다. 바이저(Weiser 1962: 103-4; 그러나 VanGemeren 1991: 54는 이에 반대함)는 이러한 문학적인 수법이 갖는 의미를 다음과 같이 잘 설명하고 있다: "교사의 본을 따르는 시인은 죄로 이끄는 다양한 길들을 상세하게, 그리고 점점 강화되는 표현을 통하여 보여준다. 그는 또한 구체적인 사례들을 사용함으로써 그 길들을 보여준다. 죄질이 가장 가벼운 길이 가장 먼저 다루어지는 바, 그것은 곧 '악인들의 꾀를 따르는' 길이다. 이는 의인이 악을 행하는 자들의 조언에 의해 인도함을 받고자 하는 것을 가리킨다. 이어서 '죄인들의 길에 서는' 행동이 소개되는 바, 이것은 죄인들의 본보기를 따르는 행동을 의미한다. 그리고 마지막으로 가장 나쁜 죄는 오만한 자들의 모임 자리에 앉아 거룩한 것들을 조롱하는 그들의 행동에 참여하는 것을 가리킨다."

그러나 행복은 단순히 무엇인가를 피함으로써 얻는 것이 아니라 무엇인가를 받아들임으로써 얻는 것이다. 따라서 시인은 2절에서 해당 주제의 긍정적인 측면을 다음과 같이 소개한다: "오직 야웨의 율법을 즐거워하여 그의 율법을 주야로 묵상하는도다." "즐거움"을 나타내는 낱말은 무엇인가를 갖거나 행하고자 하는 강한 열망을 가리킨다. 따라서 시인은 여기서 하나님의 가르침에 율법주의적인 자세로 억지로 순종하는 태도가 아니라 즐겁고 온전한 마음으로 순종하는 태도에 관하여 말하고 있음이 분명하다.

밀러(Miller 1986: 83)는 이를 다음과 같이 설명한다: "여기서 하나님의 율법은 사람이 자기 마음대로 할 수 없는 딱딱하고 무거운 짐을 뜻하지 않는다. 도리어 그것은 끊임없는 관심의 대상이요, 인간의 삶에 바람직하고 부럽기까지 한 결과 내지는 보상을 안겨 주는 기쁨과 즐거움이다." 야웨의 가르침에 대한 이러한 즐거움이 있기 때문에, 경건한 자들은 일생 동안 그것에 관해 묵상한다. 하나님의 말씀과의 지속적인 정신적인 교통은 신명기 6:6-9; 17:20; 여호수아 1:8 등과 같은 구절들을 연상시킨다. 이 구절들에 의하면 말씀을 묵상하는 삶의 양식은 행동의 변화와 개인적인 번영을 가능케 한다 (Miller 1999: 11-12). 따라서 행복의 길은 악한 자들의 유혹이나 그들과 얽히는 것을 피하고 삶의 모범인 하나님의 가르침을 따르는 데 있다.

3-4절에서 시인은 의인과 악인 사이의 추상적인 대립 관계를 구체적으로 보여 주기 위해 두 가지의 대조적인 직유법을 사용하고, 그럼으로써 자신이 전하고자 하는 메시지를 설득력 있게 만든다(Gitay 1996: 239). 의인은 물줄기 옆에 심겨진 까닭에 열매를 많이 맺는 나무로 묘사된다. 크리치(Creach 1999: 40-43)는 시편 1:3과 에스겔 47:12 사이에 있는 언어의 유사성이 의인을 견고하게 뿌리가 박힌 나무로, 그리고 성전 안에 견고하게 심겨진 탓에 성전 물줄기에 의해 안전하게 보호되는 나무로 묘사하고 있다고 본다. 그러나 시편 1편에서는 토라가 의인의 주요 묵상 대상이요 그의 삶을 안전하게 하는 기초로 소개된다. 밀러(Miller 1986: 84)와 코울(Cole 2002: 78)은 시편 1편에 묘사된 성공과 야웨께서 여호수아에게 약속하신 성공(수 1:7-8)이 서로 관련되어 있다는 점을 지적한다. 이 두 경우에 있어서 성공은 하나님의 율법에 대한 계속적인 묵상의 결과로서 주어지는 것이다. 또 한 가지 중요한 것은 시편 1:3이 의인을 대표하는 나무가 "철을 따라 열매를 맺는다"고 진술한다는 점이다. 이것은 경건한 삶이 하나님께서 원하시는 시간에 행복의 열매를 맺을 것임을 암시하는 것일 수도 있다. 그러기 위해서는 그것이 구체적인 형태로 입증될 때까지 믿음으로 인내할 필요가 있을 것이다.

잘 심겨진 나무와는 크게 달리 악인은 "바람에 나는 겨와 같다"(1:4). 악인은 열매를 맺는 대신에 텅빈 껍데기와도 같다. 의는 삶의 성취를 가능케 하지만, 악은 무익한 삶을 초래할 뿐이다. 코울(Cole 2002: 82)은 이사야 17:13; 41:15; 호세아 13:3; 스가랴 2:2 등이 종말론적인 심판의 맥락 안에서 겨의 은유를 사용하고 있음을 지적한다. 만일에 그 다음에 이어지는 절이 암시하듯이 시편 1:4도 이러한 의미를 염두에 두고 있는 것이라면, 그것은 시편 2편이 언급하는 보편적인 심판과도 연결된다. 겨의 이미지에서 가장 중요한 것은 악인이 야웨 앞에서 안전하게 거하는 의인과는 대조적으로 뿌리 없는 삶을 살고 있다는 점이다(Crenshaw 2001: 58).

시편 1편의 마지막 절들은 행복에 대한 전망을 다루고 있다. 1절에서와 마찬가지로 악인이 먼저 언급된다: "그러므로 악인들은 심판을 견디지 못하며 죄인들이 의인들의 모임에 들지 못하리로다"(1:5). "견디다"(stand)라는 낱말은 자신을 잘 지키는 것을 뜻한다. 죄인들과 함께 서는 자들(1:1)은 각 사람을 정확하게 판단하시는 심판관이신 야웨 앞에 서 있지 못할 것이다(Weiser 1962: 107). 따라서 그들은 야웨 앞에서 의로운 자들의 모임에 들어가지 못할 것이다. 이 종말론적인 심판에서 "죄인들은 의인들의 모임에 합류하지 못할 것이다." 이렇듯이 의인의 길과 악인의 길은 항상 분리되어 있으며, 또 항상 분리되어야 마땅하다. 의인은 이러한 분리를 선택하지 않으면 안 된다. 왜냐하면 장차 하나님의 심판에 의해 궁극적인 분리가 강제적으로 이루어질 것이기 때문이다"(Høgenhaven 2001: 175; Craigie 1983: 58은 이에 반대함).

6절에서 의인과 악인 사이의 대립 관계를 요약한 시인은 다음과 같은 결론을 내린다: "무릇 의인들의 길은 야웨께서 인정하시나 악인들의 길은 망하리로다." 이 원리가 일반적인 차원에서 진술되고 있기는 하지만, 시편 1편은 의인들이 "하나님께 알려져 있고 하나님의 보살핌을 받고 있다"고 가르친다(Miller 1986: 85). 그것은 삶의 다양한 경험들 — 나중에 시편의 노래들로 구체화되는 — 속에서 그의 토라를 따라 살게 함으로써 그를 신뢰할 수 있는 힘을 얻게 해준다. 그러나 악인들은 하나님의 길로부터 떠난 자기들의 삶의 길이 파멸로 나아가는 일방로임을 알게 될 것이다. 그러기에 행복은 하나님의 토라에 서술되어 있는 풍성한 그의 길을 선택함으로써 얻을 수 있는 것이다.

서술적인 찬양의 노래(시 145편)

서론에서 설명한 바와 같이, 시편 전체는 찬양을 향하여 나아가며, 마지막 노래는 호흡이 있는 모든 것들에게 야웨를 찬양할 것을 명한다. 따라서 무수한 개별 노래들이 야웨의 위대하심과 선하심을 인정하고 고백하는 것에 초점을 맞추고 있다는 것은 놀라운 일이 아니다. 양식 비평은 찬양 노래를 두 종류로 구별한다: 선언적인(declarative) 찬양의 노래는 야웨의 선하심 — 흔히 고통당하는 한 개인이나 공동체의 간구에 대한 응답의 성격을 갖는 — 을 드러내는 구체적인 사례들로부터 생겨난다. 반면에 서술적인(descriptive) 찬양의 노래는 하나님의 일반적인 속성들과 행동들에 초점을 맞춘다. 베스터만(Westermann 1981: 32)은 서술적인 찬양에 대하여 다음과 같이 설명한다: "그것은 바로 전에 이루어진 하나님의 특별한 행동을 찬양하는 것이 아니라, 하나님의 행동 전체를 요약하면서 사람을 다루시는 하나님의 행동과 그의 존재 전반에 대하여 하나님을 찬양한다. 그것은 선언적인 찬양의 노래처럼 어떤 특별한 사건을 두고서 찬양하는 것이 아니다. 그것은 구원받은 자의 고백이 아니다. 도리어 그것은 시간과 공간을 초월하여 언제 어느 곳에서나 이루어지는 '하나님의 위대한 행동들'을 바라보면서 그 모든 것들에 대하여 하나님을 찬양한다."

찬양은 언어적인 표현으로 흘러넘치는 굉장한 기쁨에 뿌리박고 있는 까닭에, 다른 사람들에게 그 기쁨에 참여할 것을 요청한다. 루이스(Lewis 1958: 95)는 이를 다음과 같이 설명한다: "우리는 우리 자신이 즐거워하는 것을 찬양하고 싶어한다. 왜냐하면 찬양이라는 것은 단순히 기쁨을 표현하는 것일 뿐만 아니라 그것을 완성하는 것이기 때문이다. 찬양은 기쁨의 절정에 해당하는 것이다." 서술적인 찬양의 노래에서, 하나님의 백성은 나란히 움직이는 야웨의 위엄과 그의 은총이야말로 그들을 보살피는 믿음직한 행동의 기초가 된다는 것을 발견한다. 야웨는 권능과 자비를 똑같이 가지고 계신 분이기에, 신실한 자들은 그를 신뢰할 확실한 근거를 가지고 있는 셈이다. 밀러(Miller 1985: 5)는 이 점을 다음과 같이 잘 설명하고 있다: "하나님이 누구이시고 어떤 분이신지를 가장 열성적이면서도 폭넓고 광범위하게 설명해 주는 자료는 이스라엘 백성과 그 공동체에 속한 개인들이 이스라엘 역사의 흐름 속에서 반복적으로 진술하고 있는 찬양의 노래들과 감사의 노래들에서 발견된다. 이 노래들은 하나님의 통치 주권을 일정한 구조에 담아 인간의 언어로 표현하고 있다. 이 노래들을 보면 야웨의 권능과 위엄을 분명하게 알 수 있다. 이스라엘 백성이 사용하는 찬양의 노래들은 구약 신앙의 가장 기본적인 구조를 담고 있다. 그 까닭에 우리는 이 백성의 찬양 속에 유대 — 기독교 전통 안에 있는 신학과 경건의 기초석들이 놓여져 있음을 알 수 있다."

시편은 대략 이십 개 정도의 서술적인 찬양의 노래들을 담고 있다(시 8편; 19편; 33편; 95편; 100편; 103편; 104편; 111편; 113편; 114편; 117편; 145-150

편 등을 포함함 [Anderson 2000: 125-26]). 이 노래들은 단순한 삼중 형식을 사용하고 있다. 찬양 권유는 공동체 안팎에 있는 다른 사람들에게 시인과 함께 입으로 야웨를 즐거워하자고 청한다. 찬양의 이유는 찬양의 동기에 해당하는 하나님의 선하고 위대한 행동들 및 그의 속성들에 대해서 언급한다 (Kuntz 1999: 148-83). 서술적인 찬양의 노래들은 자주 "할렐루야"라는 찬양 권유처럼 단순한 또는 이보다 더 포괄적인 훈계의 말씀을 가진 결론으로 끝을 맺는다. 어떤 노래들은 이러한 기본적인 형식에 한 가지 또는 그 이상의 요소를 덧붙이기도 하고(예로서 시 149편은 길게 이어지는 찬양 권유를 가지고 있다), 여러 개의 연을 갖기도 한다(시 100:1-3, 4-5의 두 연에서 보듯이).

시편 145편은 몇 가지 흥미로운 특징들을 가지고 있다. 그 중심 주제는 찬양이다. 왜냐하면 이 노래는 열한 번에 걸쳐서 "찬양하다"(praise), "감사하다"(thanks), "송축하다"(bless), "기념하여 말하다"(celebrate) 등과 같은 용어들을 사용하고 있기 때문이다. 이 노래는 또한 알파벳 시의 형식을 가지고 있기도 하다. 이는 각 절들의 서두에 히브리어 알파벳이 순서대로 사용되고 있음을 뜻한다. 이러한 이합체(離合體) 시의 중요성을 베를린(Berlin 1985: 18)은 다음과 같이 잘 설명하고 있다: "하나님을 찬양하는 이 노래에서는 모든 낱말들의 근원인 알파벳 전체가 순서대로 정렬되어 있다. 사람들은 사실상 어떤 언어의 모든 낱말들을 사용할 수는 없지만, 알파벳을 사용함으로써 모든 잠재적인 낱말들을 사용할 수 있다. 따라서 이러한 형식은 찬양의 메시지를 전달하는 데 유용하게 사용된다." 더 나아가서 이 노래는 동심원을 따라 그 범위를 넓혀가면서, 시인 개인(1절)으로부터 신자 공동체를 거쳐(10절) 모든 피조물(21절)이 영원토록 야웨를 찬양한다고 말한다. 구조적인 차원에서 볼 때 이 노래는 개인적인 찬양 결심으로부터 시작하며, 그 다음의 확대된 단락에서 찬양의 이유를 상세하게 설명하는 바, 이 단락을 구성하는 네 개의 연은 순차적으로 야웨의 위대하심과 선하심을 찬미한다. 이어서 이 노래는 보편적인 찬양 권유와 결합된 새로운 찬양 결심으로 끝을 맺는다.

이 노래는 하나님을 찬양하겠다는 시인의 결심으로 시작한다: "왕이신 나의 하나님이여, 내가 주를 높이고 영원히 주의 이름을 송축하리이다"(145:1). "나의 하나님"과 "왕"의 흔치 않은 병렬은 인격적인 관계를 하나님의 통치 주권과 관련시킨다. 키멜만(Kimelman 1994: 40)은 이를 다음과 같이 설명한다: "오직 시편 145:1만이 배타적인 하나님의 통치를 강조하려는 분명한 목적을 가지고서 정관사를 사용한다. '나의 하나님 그 왕'(my god the king)이라는 서두의 표현은 왕을 향한 환호성에 해당하는 것이다. 시인에 따르면, 하나님의 통치 주권에 대한 이러한 인식은 그것을 확장시켜 다른 사람들과 함께 나누고 싶어하는 욕구를 불러일으킨다." 시인은 이어지는 2절에서 날마다 영원토록 야웨를 찬양하고 싶은 자신의 열망에 대해서 진술한다. 그는 하나님을 즐거워하는 까닭에 계속해서 하나님을 찬양하려는 욕구에 사로잡힌다.

이어서 시인은 야웨의 선하심에 대하여 묵상한다. 하나님의 위대한 행동들을 소문으로 들은 세대(4절)에 관하여 그는 이렇게 말한다: "그들이 주의 크신 은혜를 기념하여 말하며 주의 의를 노래하리이다. 야웨는 은혜로우시며 긍휼이 많으시며 노하기를 더디하시며 인자하심이 크시도다. 야웨께서는 모든 것을 선대하시며 그 지으신 모든 것에 긍휼을 베푸시는도다"(145:7-9). 7절의 "기념하여 말하다"(celebrate)라는 뜻을 가진 낱말은 샘이 넘쳐 흐르는 모습을 의미한다. 왜냐하면 찬양하는 마음은 말을 하지 않고서는 견딜 수 없는 상태를 경험하기 때문이다. 시인은 야웨께서 자신의 성품을 드러내시는 출애굽기 34:6의 언어를 사용하여, 야웨의 통치 주권과 위대하심이 오로지 그의 예민한 선하심하고만 잘 어울린다고 진술한다(8-9절). 그의 강한 힘은 사람으로 하여금 그를 찬미하게 만들지만, 그의 인자하심은 그를 사랑하게 만든다. 야웨께서는 자신이 만드신 모든 것에게 자비를 베푸신다.

10-20절에서 시인은 다시금 야웨가 그의 위대하심과 선하심으로 인하여 찬양을 받으시기에 합당하신 분이라고 말한다. 여기서 찬양의 범위는 한층 더 확대된다. 이 노래는 하나님을 찬양하는 시인 한 사람의 목소리로 시작하지만(1-2절), 나중에는 어떤 한 세대가 다음 세대에게 야웨를 찬양할 것을 지시하는 것으로 확대된다(4절). 10절에서 시인은 "야웨여, 주께서 지으신 모든 것들이 주께 감사하며 주의 성도들이 주를 송축하리이다"라고 선포하는 바, 이로 인하여 모든 사람들은 그의 위대한 행동들과 그의 나라의 영화로움을 알게 될 것이다(12절). 특히 그들은 상처 입은 자들을 도우시고 굶주린 자

들을 먹이시는 야웨의 계속적인 선하심을 목격하게 될 것이요(14-16절), 그를 의지하고 그를 두려워하고 그를 사랑하는 자들을 향한 그의 신실한 응답을 목격하게 될 것이다(17-20절). 야웨의 통치 주권과 그의 예민하심 사이의 이러한 관련성을 키멜만(Kimelman 1994: 46)은 다음과 같이 잘 설명하고 있다: "우주를 통치하시는 분은 사람들을 날마다 먹이시는 분이기도 하다. 생명을 주시는 분은 절대적으로 생명을 지탱해 주시는 분이기 때문에, 그의 제왕적인 힘은 짓밟힌 자들을 보살핌으로써 동력화된다."

이 노래에 적합한 결론이라 할 수 있는 21절은 야웨를 찬양하겠다는 시인의 결심을 다시금 밝히면서, 그것을 모든 피조물에게 자신과 함께 야웨를 찬양하자는 권면과 관련시킨다: "내 입이 야웨의 영예를 말하며 모든 육체가 그의 거룩하신 이름을 영원히 송축할지로다." 야웨를 향한 그의 개인적인 감사는 보편적인 공동체가 하나님의 위대하심과 선하심을 높이 찬미함으로써 찬양의 목소리를 추가하는 데서 제대로 완성된다. 이 노래의 정서는 다음과 같은 밀턴의 말 속에 잘 표현되어 있다:

> 즐거운 마음으로 주를 찬미하세.
> 그가 자비하시기 때문이니.
> 그의 이름을 널리 알리세.
> 신들 중에 그가 유일한 하나님이시니.
> 만물을 호령하시는 그는
> 새로 만드신 세계를 빛으로 채우셨다네.
> 모든 살아있는 것들을 그는 먹이시고
> 그의 가득한 손은 그들의 필요를 채워준다네.
> 그러니 즐거운 마음으로 주를 찬미하세.
> 그가 자비하시기 때문이니.

자연 찬미가(시 29편)

자연 찬미가들은 독립된 장르가 아니지만, 서술적인 찬양의 노래 안에서 하위 장르를 구성하고 있다. 이 노래들(특히 시 8편; 19:1-6; 39편; 65편; 104편; 148편)은 야웨를 창조주로, 그리고 물질계를 지탱하시는 분으로 찬양하는 것을 특징으로 가지고 있다. 라이켄(Ryken 1974: 183)은 이러한 강조점이 고대 이스라엘을 어떻게 주변 나라들로부터 구별짓는지를 다음과 같이 설명한다: "유대인들은 특이하게도 초월적인 하나님이 자연을 창조하셨다는 분명하고도 철저한 교리를 가지고 있다. 하나님을 자연의 창조자로 본다는 것은 자연으로부터 신성을 제거하는 것을 뜻한다. 여기서 우리는 자연 안에 있는 다양한 사물들을 신으로 숭배하는 이교 신앙의 흔적을 찾아볼 수 없다. 하나님과 자연은 분리되어 있다. 이스라엘은 강들과 나무들에 지역 신들이 머물게 하려고 노력하지 않는다." 사실 이 노래들은 자연이 하나님의 위대하심과 선하심을 드러낸다고 말한다. 한 마디로 말해서, 하늘이 하나님의 영광을 선포하고 있는 것이다(시 19:1).

자연은 날들과 달들과 계절들이 끊임없이 순환되는 과정 속에서 규칙성과 질서를 충실하게 반영하고 있다. 바로 이 때문에 브루거만은 자연 찬미가들이 방향 정립의 노래들에 가장 잘 들어맞는다고 본다. 그는 이를 다음과 같이 설명한다: "가장 기초적인 방향 정립의 경험은 일상생활 속에서 삶의 규칙성들을 체험하는 데 있다. 그 규칙성들은 믿음직하고 공평하고 관대한 것들로 경험된다. 시편 공동체는 이러한 경험이 하나님에 의하여 규정되고 유지된다는 것을 분명하게 알고 있다 … 우리의 시대는 하나님에 의하여 매년의 계절에 따라서, 인생의 여러 시기들에 따라서, 매일의 필요들에 따라서 정해진다. 이러한 모든 과정 속에서 우리는 안전함과 자유로움을 발견한다. 우리가 그것을 알게 되는 것은 어떤 굉장한 신앙적인 통찰에 의해서가 아니다. 도리어 그것이 우리에게 주어진 삶의 길이기 때문에 그것을 알게 되는 것이다"(Brueggemann 1984: 28).

자연 찬미가들이 질서에 관하여 말하기는 하지만, 그 질서는 계속적인 위협 속에서 유지된다. 이 노래들은 주권자이신 야웨께서 자신이 만드신 세계를 유지하지 않으면 안 된다는 현실을 잘 반영하고 있다. 그것이 혼돈에 의해 삼킴을 당하지 않도록 말이다. 그런데 많은 자연 찬미가들은 고대 근동의 신화들로부터 빌려온 생생한 표상들을 사용하여 창조 질서를 유지하시는 야웨의 활동에 대해서 묘사한다. 그 질서는 "징계를 받았으면서도 여전히 은밀하게 숨어있는 혼돈 세력, 곧 무질서와 사회적인 대격변, 전염병이나 가뭄 또는 기근 등과 같은 자연 재앙들, 특히 파괴적인 죄의 힘 등에 의해 끊임없이 위협을 당한다"(Geller 2002: 102).

시편 29편은 물질계를 다스리시는 야웨의 통치 주권을 찬미하는 서술적인 찬양의 탁월한 한 예에 해당한다. 사실 가장 초기에 만들어진 노래들 중의 하나임이 분명한 듯한 이 노래는 세 가지 차원을 동시에 반영하고 있다. 야웨의 목소리에 대한 3-9절의 확대된 은유는 강한 폭풍우를 굴복시킴으로써 세계 안에 있는 무질서를 정복하는 장면을 담고 있다(Brueggemann 1984: 143). 우리는 또한 이 노래가 출애굽기 15장과 사사기 5장에 있는 옛 히브리 전쟁시(戰爭詩)의 용어들과 표상들을 적지 않게 공유하고 있다는 점을 염두에 두지 않으면 안 된다. 크레이기(Craigie 1983: 245)는 이를 다음과 같이 설득력 있게 주장한다: "이러한 평행 관계에 근거하여 본다면, 시편 29편은 바다의 노래와 마찬가지로 처음에는 승리의 노래로 해석되었음에 틀림이 없다. 옛 히브리 전쟁시에 나오는 폭풍우의 역할은 시편 29편이 처음에는 전쟁의 노래였을 것이라는 추론에 더욱 힘을 실어준다. 바다의 노래에서 시인은 폭풍우와 바람의 표상을 빌려 야웨의 승리에 대해서 묘사한다(출 15:8, 10). 이와 마찬가지로 드보라의 노래에서도 승리는 폭풍우 현상과 관련되어 있다(삿 5:4-5, 19-21)." 많은 학자들은 또한 시편 29편과 옛 가나안의 우가릿 문헌 사이에 있는 유사성을 지적한다. 크라우스(Kraus 1993a: 346)는 이를 다음과 같이 주장한다: "신현 묘사를 포함하는 가나안의 바알 송가(頌歌)는 크게 바뀌어지지 않은 채로 전승되었다." 그러나 구체적인 본문상의 확증 자료가 없기 때문에, 이 노래가 단순히 본래의 가나안 문헌에 있던 바알을 야웨로 대치시켰다고 말하기보다는, 고대 세계에서 흔히 쓰이던 주제들을 조금 변형시켜서 사용했다고 보는 것이 더 타당할 것이다(Avishur 1994: 39-110).

여기서 부정할 수 없는 한 가지 사실은 시편 29편이 인간의 필요와 관련된 야웨의 엄위하신 영광을 멋지게 표현하고 있다는 점이다. 하나님께서 창조하신 세계 안에서 인간은 자신의 비천한 신분을 인식하지 않으면 안 된다(Grossberg 1998: 78). 그러나 동시에 인간은 하나님께서 자기들을 돌보신다는 사실을 확신할 수도 있다. 메이스(Mays 1985: 60-61)는 이를 다음과 같이 잘 설명하고 있다: "신현 묘사가 전하는 메시지는 송영을 통하여 야웨의 위엄을 경험한 자들이 야웨께서 자기들이 존재하는 힘의 영역을 통치하신다는 데 있다. 바로 이러한 지식이 마지막 기도의 기초를 이루고 있다 … 하나님의 영화로운 통치는 자기 백성에게, 곧 자기들의 존재를 그가 다스리시는 영역 안에서 인식하고 또 그 안에서 자신의 삶을 영위하는 사람들에게 힘과 평화를 가져다 준다." 이 노래는 1-2절에서 찬양 권유로 시작한다: "너희 권능 있는 자들아, 영광과 능력을 야웨께 돌리고 돌릴지어다. 야웨께 그의 이름에 합당한 영광을 돌리며 거룩한 옷을 입고 야웨께 예배할지어다." 야웨의 영광('카보드')은 그의 영화로움이나 탁월함에 관해서 말하며, 눈에 보이는 그의 엄위하신 모습에 관해서도 말한다(Mays 1985: 61). 따라서 영광은 야웨의 본질적인 탁월성을 가리키는 바, 이는 그에게 마땅히 돌려드려야 할 찬양 응답의 사실적인 기초를 제공한다.

시인은 "권능 있는 자들"('베네 엘림')에게 영광과 능력을 야웨께 돌릴 것을 요청한다(1절). 학자들은 이 구절을 여러 가지 방식으로 해석한다. NIV의 번역은 다소 애매하다. 왜냐하면 그것은 강한 인간 지도자들을 가리킬 수도 있고 인간 아닌 존재를 가리킬 수도 있기 때문이다. 신명기 32:8의 70인역 본문은 '베네 엘림'을 "천사들"로 번역함으로써 '베네 엘림'의 다른 의미가 가능함을 암시하는 것으로 보인다. 이와 비교될 만한 표현인 bn'ilm이 우가릿 문서에서 사용되는 바, 이 표현은 "하나님의 회의에 속한 신들을 가리키며"(Craigie 1983: 246), 야웨 찬양에 합류하도록 요청받는 자들이 모여 있는 천상회의(天上會議)를 가리킬 수도 있다. 설령 가나안의 언어가 사용되고 있다 할지라도, 우리는 그것이 꼭 다른 신들의 사실적인 존재를 인정하는 것이 아님을 인식하지 않으면 안 된다. 도리어 옛 이교도들이 그릇되게 신들로 섬기던 존재들은 사실상 유일하게 참된 하나님이신 야웨께 종속된 천사들을 가리킨다(Kraus 1993a: 348).

2절은 야웨의 이름에 합당한 영광이야말로 야웨께 마땅히 찬양을 드려야 할 정당한 이유와 기준에 해당한다고 말한다. 야웨라는 개인적인 이름은 이스라엘과 더불어 맺은 특별한 계약 관계를 반영하고 있다(출 3:13-15). 그의 이름은 또한 그의 개인적인 성품을 대표한다. 그의 선하심에는 흠이 없고, 그의 위대하심은 무한하다. 더 나아가서 크레이기(Craigie 1983: 247)는 야웨의 이름과 이스라엘을 위한 전사(戰士)로서의 그의 무용(武勇)을 나란히 언급하는 출애굽기 15:3이 시편 29편의 배경일 수도 있다고 본다. 자기 백성의 전쟁 용사이신 야웨는 이스라엘에게 대하여 힘과 승리의 근원이시다. 그는 참으로 그가 다스리시는 곳에 있는 모든 자들로부터 최상의 경배를 받아 마땅한 분이시다.

3-9절에 있는 찬양의 이유는 초월적인 하나님의 신현을 묘사하기 위하여 야웨의 목소리 은유를 사용한다. 일곱 차례 사용되는 이 표현은 야웨의 엄위하신 권능을 나타내는 신호음 역할을 수행한다. 문자적인 측면에서 본다면, 야웨의 목소리는 지중해를 출발하여(3절) 북왕국 이스라엘을 지나 레바논 산지를 거친 다음(5-6절) 시리아 사막으로 들어가는(8절) 우렛소리를 가리킨다. 이집트 문헌에서 평행 자료를 이끌어낸 크레이기(Craigie 1983: 246)는 시편 29편의 시인이 "전쟁시의 일반적인 폭풍우 표상을 발전시켜 하나님의 '목소리'를 전쟁 함성의 메아리로 표현하고 있다"고 본다. 바알은 흔히 가나안 신화에서 폭풍우의 신으로 묘사되기 때문에, 시편 29편은 거짓 신 바알을 참되고 유일한 세계 통치자인 야웨께 종속시키려는 논쟁적인 목적을 가지고 있는 노래로 보는 것이 가장 적절하다. 크라우스(Kraus 1993a: 350)는 다음과 같은 결론을 내린다: "이스라엘이 '최고신' 개념을 내세우는 영역에 침투하되, 신적인 힘에 관한 옛 표현들을 변형시키고 극복함으로써 야웨의 실재하심을 새롭게 배워나갔다는 것은 중요한 의미를 갖는다. 따라서 그것은 결코 단순히 이스라엘이 본래 가나안 사람들에게 속한 찬양(과 가나안의 신학까지)을 빼앗아 바알이라는 이름 대신에 하나님의 이름을 집어넣었다는 식으로 설명될 수 있는 것이 아니다."

엄위하신 야웨께서는 많은 물들 — 고대 근동의 사유에서는 종종 위협적인 혼돈 세력을 대표하던 — 위에 천둥이 치게 하신다(3절). 그의 강한 목소리는 그 유명한 레바논의 백향목들을 깨뜨리며, 레바논의 높은 산들을 송아지처럼 뛰게 만든다(4-6절). 바알의 영역으로 알려진 곳에 있는 이러한 안전의 상징물들은 야웨의 강한 말씀에 의해 박살난다. 이에 수반되는 번갯불은 이스라엘 북동쪽의 시리아에 있는 가데스 광야를 뒤흔든다. 자연계가 야웨의 권능으로 인하여 큰 소동을 일으킬 정도로 말이다(7-9절). 9절의 첫 번째 행은 두 가지 의미로 해석될 수 있다. NIV는 RSV와 마찬가지로 야웨의 목소리가 떡갈나무를 뒤틀리게 만든다고 번역하는 바, 이는 바로 이어지는 "삼림을 말갛게 벗긴다"는 표현과 좋은 평행관계를 이룬다. 반면에 히브리어 본문은 야웨의 목소리가 암사슴을 출산 중에 몸부림치며 괴로워하게 만든다고 말한다. 욥기 39:1과 마찬가지로 암사슴으로 하여금 조산하게 만든다는 얘기다(Kraus 1993a: 350). 시인은 찬양의 이유를 요약하면서 9절의 마지막 행에서 "그의 성전에서 그의 모든 것들이 말하기를 '영광!' 이라 하도다"라고 선포한다. 야웨의 거룩한 처소, 곧 천사들이 거룩한 옷을 입고서 야웨께 경배하는(1-2절) 곳에서, 우렛소리와도 같은 그의 목소리에 의해 표현되는 그의 초월적인 힘은 모든 이들에 의해 영광스러운 것으로 인식된다.

10-11절의 결론적인 선포에서, 야웨는 단순히 가나안에서 폭풍우의 신으로 숭배되던 바알을 대신하는 자로 묘사되지 않는다. 도리어 야웨는 모든 혼돈의 세력들을 굴복시키면서 자연계 위에 왕으로 좌정하신다. 메이스(Mays 1985: 62)는 이러한 표현이 갖는 의미를 다음과 같이 잘 설명하고 있다: "이 찬양은 이스라엘이 야웨께 대한 믿음에 힘입어 다신교를 반대하게 되고, 자신의 현실관을 통일시킴과 아울러 하나님의 통치 주권을 자연 안에 내재되어 있는 것으로서가 아니라 자연을 초월하는 것으로 보게 된 것을 문자적으로 표현한 것이다. 그것은 첫 번째 계명에 대한 예전적인 차원에서의 순종을 뜻한다. 그것은 모든 시대의 송영에 담겨 있는 내적인 의미, 곧 자신의 삶을 야웨께로, 그리고 오직 야웨께로만 맞추는 태도를 드러낸다."

이 노래의 마지막 절은 확신에 찬 찬양으로 끝을 맺는다. 동음이의어를 사용하고 있는 시인은 1절에서 능력('아자즈'에서 파행한 '아즈')을 돌려드려야 할 영화로우신 야웨께서 11절에서는 자기 백성에게 보호('우즈'에서 파생한 '오즈')의 은총을 베풀어 주신다고 말한다(Craigie 1983: 243). 야웨는 자신의 초월적인 힘으로 물질계를 다스리시는 하나님(3-9절)이시다. 그의 임재는 자기 백성에게 평화의 복을 안겨 준다. 그는 자신의 모든 힘을 쏟아 이스라엘의 필요를 충족시키신다(Kraus 1993a: 351).

선언적인 찬양의 노래(시 138편)

선언적인 찬양의 노래는 서술적인 찬양의 노래와 마찬가지로 하나님의 위대하심과 선하심에 대한 깊은 감사로부터 생겨난다. 이 두 가지의 시편 유형 사이에 있는 차이는 이 두 노래가 어떠한 하나님의 행동을 염두에 두고 있느냐에 있다. 서술적인 찬양은 야웨의 일반적인 속성들과 행동들을 찬양한다. 반면에 선언적인 찬양은 하나님께서 시인의 특수한 경험 속에서 어떠한 도움을 주셨는지에 대한 응답의 성격을 갖는다. 그것은 "구원이나 하나님의 개입에 관심을 기울이며, 말하는 자의 마음속에 여전히 생생하게 남아 있는 아주 구체적인 고통의 상황이 어떻게 역전되었는지에 관심을 갖는다"(Brueggemann 1984: 126). 선언적인 찬양의 노래 또는 감사의 노래는 본래 감사하는 마음을 가지고 있던 시인이 이전의 찬양 맹세 — 하나님께 곤경으로부터 구원해 주실 것을 간구하던 때에 했던 — 를 지키면서 감사 예물을 드리던 때에 만들어졌을 것이다(Seybold 1990: 117-18; Westermann 1981: 105). 시간이 흘러가면서 감사의 노래는 이전에 감사 예물의 주요 내용을 이루던 동물 제사의 자리를 대신하게 되었을 것이다. 히브리서 저자가 "찬송의 제사"에 관해 말하는 것은 바로 이 때문이다(히 13:15). 선언적인 찬양의 사례들에는 시편 18편; 21편; 30편; 32편; 34편; 92편; 103편; 108편; 116편; 118편; 138편 등이 있다(Anderson 2000: 103).

선언적인 찬양의 기본 형식은 세 가지 구성 요소들로 이루어져 있다. 이 노래에서 시인은 하나님을 찬양하겠다는 자신의 의도를 흔히 공동체적인 맥락에서 선언한다. 하나님의 구원에 대한 보고는 시인이 드리는 감사의 근거가 되는 경험을 자세하게 얘기한다. 시인은 자신이 과거에 겪었던 곤경과 하나님께 드린 간구 및 하나님께서 어떻게 자신의 경험 세계 안으로 들어오셔서 구원해 주셨는지를 상세하게 설명한다. 많은 경우들에 있어서 간구는 야웨를 찬양하겠다는 약속을 포함한다. 따라서 선언적인 찬양의 노래는 시인이 하나님께서 자신을 위하여 보여주신 특별한 위대하심과 선하심에 대하여 말로써 감사를 드리면서 찬양 맹세를 이행하는 것으로 끝을 맺는다.

시편 138편은 선언적인 찬양의 좋은 사례에 해당한다. 이 노래의 본문은 감사로 드리는 희생 예물에 대하여 분명하게 언급하지 않지만, 그 형식은 선언적인 찬양의 세 가지 중심 요소들을 포함하고 있다. 1-2절에서 시인은 성전에서 야웨를 찬양하겠다는 자신의 의도를 선포한다. 그는 억지로 의무감에 사로잡힌 감사가 아니라 마음에서 우러나오는 진정한 감사로써 야웨를 찬양하겠다고 결심한다. 그는 1절에서 신들('엘로힘') 앞에서 야웨를 찬양하겠다고 말한다. '엘로힘'이라는 낱말은 구약성서에서 종종 신을 가리키는 데 사용되지만, 그것의 용례가 여기서 반드시 다신교 체계에서 숭배되는 무수한 신들의 참된 존재를 뜻하는 것은 아니다. 70인역과 루터와 칼빈 등은 이 낱말이 천사들을 가리킨다고 보며, 아람어역과 시리아어역과 랍비들은 '엘로힘'을 인간 왕들이나 재판관들로 번역한다. 고대 근동 지역에서 거짓 신들이 숭배되었던 것은 사실이다. 그러나 시편 96:4와 97:9와 같은 구약 본문들이 그러한 신들에 대해서 언급한다고 해서 그들의 진정한 존재를 인정하는 것은 아니다. 도리어 이사야 40:18-20은 야웨께서 모든 거짓 신들 — 열방이 무지한 탓에 헛되게 섬기는 — 위에 뛰어나신 분임을 강조한다.

야콥슨(Jacobson 2000: 378)은 이를 다음과 같이 설명한다: "찬양이 야웨께서 홀로 다스리시는 세계를 불러내는 까닭에, 성서의 찬양은 항상 참되신 주님을 향한 찬양의 성격을 가지며, 자신을 높여 하나님의 자리를 차지하려고 하는 모든 거짓 신들 — 인간이건 인간 아닌 존재이건 관계없이 — 에게 맞서는 찬양의 성격을 갖는다. 이를 달리 표현하자면, 찬양은 어떤 한 세계를 불러낼 뿐만 아니라, 그것을 없애기도 하며, 다른 모든 세계들을 해체시키기도 한다. 하나님께서 홀로 의로써 통치하시는 참된 세계를 불러내기 위해서는 모든 거짓된 군주들과 거짓된 세계들을 제거하지 않으면 안 된다. 이스라엘의 찬양이 자주 자신의 길에서 벗어나 야웨를 대적하는 모든 세력들을 공격하고자 하는 것은 바로 이 때문일 것이다."

야웨께 대한 독점적이고 배타적인 헌신의 모습을 보이는 시인은 그를 향한 자신의 순종과 감사의 마음을 공적으로 드러내려고 결심한다(2절). 특히 그는 항상 자신의 도덕적인 완전함을 따라 행동하시는 야웨를 찬양한다. 야웨는 그의 약속들과 성품에 비추어볼 때 너무도 참되신 분이다. 고대 세계의 거짓 신들에게서 흔히 발견되는 모순들과는 대조적으로, 야웨께서는 자신의 이름과 말씀을 초월적인 차원으로 이끌어 올리신다.

이 노래에서 구원에 대한 보고는 3절 한 절만으로 되어 있을 만큼 이례적으로 짧다: "내가 간구하는 날에 주께서 응답하시고 내 영혼에 힘을 주어 나를 강하게 하셨나이다." 시인은 자신의 곤경이 어떠했는지를 분명하게 밝히지 않는다. 도리어 그는 자신의 호소에 대한 야웨의 응답에 초점을 맞춘다. 시인의 간구에 대한 야웨의 응답은 부분적으로 그로 하여금 담대하게 자신에게 닥친 시련을 마주하게 만든다. 바이저(Weiser 1962: 798-99)는 이를 다음과 같이 설명한다: "하나님은 그가 요구했던 것 이상을 주신다. 그는 시인의 기도에 응답하셔서 원수들의 분노 앞에서 그의 생명을 지켜주실 뿐만 아니라(7절), 그를 구원하시고 그가 전에는 알지 못했던 새로운 힘을 그의 영혼에게 주신다."

이 노래의 절반 이상은 야웨를 향한 시인의 찬양 응답을 담고 있다. 시인은 찬양의 범위를 자신의 개인적인 경험으로부터 세계적인 차원으로 확대시키면서, 지상의 모든 왕들이 야웨의 영광과 위대하심을 알게 됨으로써 그를 찬양하게 되기를 바라는 자신의 열망을 표현한다(138:4-5). 자신의 통치 주권으로 세계를 명하시는 야웨의 말씀과 대단히 인상적인 그의 영광은 모든 인간 군주들의 힘과 특권을 뛰어넘는다. 따라서 가장 위대한 인간일지라도 마땅히 야웨의 비길 데 없음을 찬양해야 함을 인정해야만 한다.

그러나 시인의 야웨 경험은 두려움을 불러일으키는 그의 위대하심에 대한 인식을 훨씬 뛰어넘는다. 시인은 야웨께서 자신의 곤경 안으로 들어오셔서 자기를 개인적으로 돌보셨다는 것을 알고 있다. 크게 궁핍한 자들을 무시하는 많은 권세자들과는 대조적으로, 야웨께서는 자신의 영광이 높다고 해서 궁핍한 자들을 무시하지 않으신다. 시인은 이를 다음과 같이 진술한다: "야웨께서는 높이 계셔도 낮은 자를 굽어 살피시며 멀리서도 교만한 자를 아심이니이다"(138:6). 그는 강한 자들이 대단해 보이기 때문에 그들의 편을 들어주지 않으신다. 도리어 그는 대단해 보이려고 하는 인간의 허영심을 꿰뚫어 보신다. 한나(삼상 2:1-10)와 마리아(눅 1:46-55)가 그들의 노래를 통하여 인정한 바와 같이, 야웨의 영광은 그의 은혜에 필적하는 것이다. 이는 그가 교만한 자들을 대적하시고 겸손한 자들에게 은총을 베푸시기 때문이다.

마지막 두 절에서 시인은 자신이 과거의 경험들로부터 배운 신학을 자신이 예견할 수 있는 미래의 도전들에 적용한다. 그는 이렇게 말한다: "내가 환난 중에 다닐지라도 주께서 나를 살아나게 하시고 주의 손을 펴사 내 원수들의 분노를 막으시며 주의 오른손이 나를 구원하시리이다. 야웨께서 나를 위하여 보상해 주시리이다. 야웨여, 주의 인자하심이 영원하오니 주의 손으로 지으신 것을 버리지 마옵소서"(138:7-8). 이러한 신뢰의 고백(Allen 2002: 312)을 통하여 시인은 과거에 경험했던 하나님의 보호하심이 미래의 우발적인 사건에 대하여 자신을 강하게 만들어 준다는 것을 알고 있다. 야웨께서는 강한 자들의 편을 들거나 방관자로서 앉아 있는 대신에 자신의 모든 자원들을 자기 백성이 마음껏 사용할 수 있게 하시며, 그들이 필요할 때에 그들을 만나주신다. 야웨의 사랑('헤세드')이 영원한 까닭에, 그가 자신과 계약 관계 안에 있는 자들을 위하여 이루실 수 있는 일에는 한계가 없다. 시인은 이러한 현실에 기초하여, 선언적인 찬양의 말미에서 종종 발견되는 것처럼(참조 시 33:22; 40:17), 야웨께서 은혜로운 그의 손 안에 자신을 붙들어주시기를 바라는 마지막 기도로 찬양을 마무리한다. 바이저(Weiser 1962: 799)는 이를 다음과 같이 설명한다: "그는 자신이 하나님의 영원한 은총 안에서 안전을 누릴 것임을 알고 있다. 하나님의 명분이 곧 자신의 명분이나 다름이 없기에, 그는 하나님께 자신의 작품(시인을 가리킴 — 역자 주)을 버리지 마시라고 기도한다. 왜냐하면 하나님의 작품은 결국 그 자신의 구원이기도 하기 때문이다. 그리고 하나님의 구원 행동은 영원토록 계속된다."

탄식의 노래(시 13편)

67개나 되는 탄식의 노래는 시편에서 가장 큰 단일 범주를 구성하고 있다. 탄식의 노래들 중 다수는 개개인이 자신의 특별한 필요에 의하여 하나님께 나아가면서 드리는 간구들로 되어 있다. 이를테면 시편 3편; 4편; 5편; 7편; 9편; 10편; 13편; 14편; 17편; 22편; 25편; 26편; 28편; 31편; 35편; 36편; 39편;

41편; 42편; 43편; 52편; 53편; 54편; 55편; 56편; 57편; 59편; 61편; 63편; 64편; 69편; 70편; 71편; 77편; 86편; 88편; 109편; 120편; 139편; 140편; 141편; 142편 등이 그렇다(Anderson 2000: 59-60). 그러나 몇몇 탄식의 노래들은 예배 공동체가 공통의 곤경에 처해 있을 때 야웨께 나아갈 때 사용되는 것들로서, 공동체적인 성격을 가지고 있다. 공동체적인 탄식의 노래들에는 시편 12편; 44편; 58편; 60편; 74편; 79편; 80편; 83편; 85편; 90편; 94편; 123편; 126편; 129편; 137편 등이 있다(Anderson 2000: 56).

구조의 측면에서 볼 경우에 탄식의 노래들은 시편 안에 있는 다양한 장르들 중에서 가장 정형화된 형식을 사용한다. 이 일정한 양식은 여섯 부분으로 이루어진 것으로서, 어느 정도 신경을 쓴 손길이 작용했음을 암시한다. 특히 욥기, 예레미야, 애가, 당대의 바벨론 문헌 등에 있는 평행 자료들에 비추어 볼 때 그렇다(Anderson 2000: 50-53). 그럼에도 불구하고 탄식의 노래들을 엄격하게 규정할 수 있는 것은 아니다. 왜냐하면 표준적인 형식 안에서조차 그것들은 다양한 표상들과 은유들 및 서술적인 기법 등을 통하여 제각기 그들 나름의 독특성을 가지고 있기 때문이다. 핵심을 이루는 구조적인 요소들을 새로운 방식으로 정렬하고 있는 것도 그러한 독특성들 중의 하나에 해당한다. 탄식의 노래는 보통 하나님께 말을 걸거나 그를 부르는 표현으로 시작한다. 시인은 "오 주님!" 또는 "오 하나님!"이라고 외침으로써 곧바로 하나님께 도움을 호소한다. 이것은 탄식이 시인에게 우선 정서적인 안정을 제공하기 위해 단순히 자신의 감정을 분출하도록 하는 것이 아님을 의미한다. 도리어 그것은 하나님의 도우심을 호소하는 것이요, 따라서 그것은 암묵적인 신앙의 진술에 해당하는 것이다.

이 노래의 중심점은 탄식 내지는 불평에 있다. 이 부분에서 시인은 자신이 겪는 고통에 대해서 규정하거나 하나님의 도우심을 호소하지 않을 수 없게 만드는 위기 상황에 대해서 묘사한다. 시인은 필사적인 태도로 하나님의 행동을 유도하는 한편으로 자신이 경험하고 있는 것을 말로 표현함으로써 마음의 평안을 얻으려고 노력한다. 브루거만(Brueggemann 1984: 52)은 고통에 대한 애절한 표현을 담고 있는 이러한 탄식이 사실상 하나님을 향한 담대한 믿음의 행동이라는 중요한 점을 다음과 같이 잘 지적하고 있다:

그것은 한편으로 담대한 믿음의 행동을 나타낸다. 왜냐하면 그것은 세계가 어떤 위장된 방식을 통해서가 아니라 현재 있는 그대로 경험되어야 함을 강조하기 때문이다. 다른 한편으로 그것은 무질서에 대한 모든 그러한 경험들이 하나님과의 대화의 적절한 주제가 된다고 보기에 대담한 것이다. 거기에는 경계선을 넘어서는 것도 없고 사전에 제외되는 것도 없고 부적절한 것도 없다. 모든 것이 적절하게 마음의 대화에 속해 있다. 삶의 일부를 그러한 대화로부터 숨긴다는 것은 사실 삶의 일부를 하나님의 주권으로부터 숨기는 것이나 다름이 없다. 이렇듯이 이 노래들은 인간의 삶에 중요한 연결 고리를 제공한다: 사람들은 모든 것을 대화의 장으로 이끌어내야 하고, 대화의 장으로 나온 모든 것을 하나님께 아뢰야 한다. 그는 모든 삶의 마지막 근거가 되시는 분이기 때문이다.

시인이 비록 자신이 경험하고 있는 것을 진술하고 있지는 않으나, 보통은 왜 하나님께서 그러한 문제가 일어나게 했는지를 설명하려고 노력하지 않는다(Fløysvik 1995: 304). 개개인으로 하여금 탄식의 노래를 부르게 만드는 고통 중에는 질병, 고소, 외로움, 박해, 두려움, 죄 등이 포함되며, 다른 극심한 개인적인 어려움들도 그에 포함된다(Broyles 1989: 84-109). 공동체의 탄식은 군사적인 공격(참조. 대하 29:5-12)이나 가뭄, 기근, 전염병 등과 같은 공동체의 위기로부터 생겨난다. 고통에 대한 묘사에서 주목할 만한 것은 이 노래들이 사용하는 언어가 너무도 일반적이어서 원저자인 시인이 실제로 무엇에 직면하였는지를 정확하게 알 수 없다는 점이다. 데이(Day 1990: 29-30)는 이러한 특징으로 인하여 다음 세대의 예배자들이 그 노래들을 그와 비교될 만한 자신들의 상황에 응용할 수 있었다고 보는 바, 세이볼드(Seybold 1990: 164-65)도 이 점에 동의한 바가 있다: "놀라운 일은 고통에 관한 많은 설명들이 고통의 이유를 분명하게 밝히지 않고 있다는 점이다. 이 노래들에 기초하여 어떠한 판단을 내릴 수 없다는 것은 충분히 이해할 만한 일이다. 이것은 또한 해부학적인 자료들과 내과적인 자료들의 부족과도 깊은 관련이 있다. 그러나 종종 고통당하는 희생자가 아픈 것인지, 압제당한 것인지, 감옥에 갇힌 것인지, 공격을 받은 것인지, 공격 위협을 받은 것인지를 아는 것조차도 불가능하다는 사실은 독자들을 혼란에 빠뜨릴 수도 있다. 우리가 여기서 고려해야 할 점은 도식화되고 일반화된 설명이 본문들을 기도문으로 사용할 수 있는 가능성을 더 높여준다는 사실이다."

탄식의 노래에 나오는 대명사들은 고통의 세 가지 차원들을 암시한다. 1인칭 대명사("나"와 "우리")로 대표되는 시인은 가난이나 궁핍 또는 비천하고 무기력한 신분 때문에 고통을 당한다. 시인은 하나님을 2인칭으로 칭하며, 고통 중에 도움을 주실 수 있는 분으로 묘사한다. 3인칭 대명사는 막연하게나마 시인을 위협하는 개인적인 원수나 비인격적인 존재를 가리킨다(시편의 원수들에 관한 상세한 논의를 위해서는 Kraus 1992: 125-36을 보라). 시인은 이처럼 적대적인 사람이나 세력을 단지 개괄적으로만 설명함으로써, 나중에 이 노래들을 사용하는 자들로 하여금 그들 자신의 구체적인 문제들에 그것들을 적용할 수 있는 여지를 남겨둔다. 밀러(Miller 1986: 50)는 이를 다음과 같이 추론한다:

> 이 노래들의 본질과 그러한 사람들을 칭하는 데 사용되는 언어는 공히 원수들을 곧바로 확인할 수 없게 만들며, 또한 그들이 여러 종류의 대상을 가리킬 수도 있음을 암시한다. 개인적인 탄식의 노래들은 여러 모로 매우 정형화된 모습을 보이고 있다. 이는 어느 한 노래로부터 다른 노래로 옮겨갈 때에 독자들이 동일한 구조와 반복되는 내용을 만날 수 있음을 뜻한다. 그 노래들이 사용하는 표상들이나 중심 은유들에 약간의 변화가 주어지기는 하겠지만 말이다. 원수들 자신은 매우 전형적이고 정형화된 언어로 묘사된다. 이 노래들은 전반적으로 온갖 종류의 진부한 표현들을 사용하고 있다. 대적자들은 매우 강렬한 어조로, 보통은 강한 언어와 부정적인 표상을 통하여 묘사된다. 이처럼 정형화된 언어는 함부로 원수들이나 행악자들이 한 종류의 대상만을 가리킬 것이라고 가정해서는 안 된다는 점을 암시한다.

불평이 탄식의 노래를 구성하는 특징적인 요소이기는 하지만, 이 장르는 결코 탄식으로 끝나지 않는다. 시인은 단순히 자신의 감정을 분출하기보다는 찬양의 맥락에서 자신의 간구를 표현한다. 왜냐하면 "탄식이 관심을 갖는 것은 자신의 고통에 대한 묘사나 자기 연민이 아니라, 고통 자체의 제거이기 때문이다"(Westermann 1981: 266). 흔히 시인은 하나님께 탄식함으로써 그를 향한 자신의 믿음을 고백한다. 이러한 탄식의 말을 통하여 시인은 하나님의 속성들과 영광에 대한 자신의 신뢰감을 표현한다. 왜냐하면 그것은 그의 믿음이 설 수 있는 확고한 기초를 제공하기 때문이다. 이와 아울러 시인은 자신의 무죄나 자신의 회개 행동을 표현함으로써, 자신이 하나님의 은총을 이용하려는 것이 아님을 보여준다.

자신의 간구에서 시인은 "듣다"는 동사나 "바라보다" 또는 "주의를 기울이다"는 동사를 사용함으로써 하나님께 자비를 베풀어 주실 것을 기원한다. 그는 또한 하나님께 자신의 위기 속으로 들어오셔서 자기를 구원해 주시고 자기를 건져 주시고 또 자기 원수를 벌하여 달라고 청한다. 종종 시인이 드리는 기도는 왜 하나님께서 그의 상황 속에 개입하셔야 하는지를 정당화시켜 줄 이유를 통하여 힘을 얻는다.

탄식의 노래들에서는 때때로 이름 부름, 불평, 신뢰의 고백, 간구 등에 이어서 구원 신탁에 대한 암시가 주어지기도 한다. 1934년의 한 영향력 있는 논문에서 베그리히(Begrich)는 다음과 같이 주장한 바가 있다: "제사장은 탄식의 요소들과 찬양의 요소들 사이에서 구원 신탁을 전하였으며, 탄식의 노래 말미에 있는 찬양의 말들은 그 신탁에 대한 응답의 성격을 갖는다"(Leiter 1995: 45). 많은 학자들이 이 주장을 받아들였으나, 다른 학자들은 몇 가지 이유를 들어 이 주장을 거부하였다. 데이(Day 1990: 32)는 시편이 구원 신탁의 뚜렷한 증거를 가지고 있지 않다고 주장하며, 탄식의 노래 안에서 발견되는 분위기 전환(예로서 시편 22편의 1-21절과 22-31절 사이에서 또는 시편 28편의 1-5절과 6-7절 사이에서 발견되는)은 "시인으로 하여금 장차 이루어질 구원을 바라고 기대할 수 있게 하는 어떤 내적인 심리 변화로 보는 것이 더 낫다고 생각한다." 윌리엄슨(Williamson 2003: 5)은 구원 신탁이 제사장으로 하여금 하나님의 구원을 보증하는 메시지를 전하게 하는 제의적인 배경을 전제한다고 주장한다(참조. 삼상 1:17). 그러나 많은 탄식의 노래들은 사실상 제의적인 배경을 있음직하지 않은 것으로 만들고, 그럼으로써 그러한 구원 신탁의 존재에 의문을 표하게 되는 상황들에 대해서 묘사한다. 반면에 구원 신탁은 탄식의 노래들(참조. 시 60:6-8)에서는 드물게 나타나지만, 예언 본문들과 이야기 본문들에서는 자주 발견된다. 베스터만(Westermann 1980:

44)은 이와 관련된 증거의 일부를 다음과 같이 요약한다: "상당히 후대에 속한 또 다른 본문(대하 20:3-17)은 그러한 구원 신탁의 실체를 아주 상세하게 설명한다. 이 본문에 의하면, 한 레위 사람이 회중을 향하여 구원의 말씀을 선포하고 있다(14-15절). 예언서에 있는 일련의 본문들(특히 암 7-8장; 렘 14-15장)을 읽어 보면, 중재자의 직분을 가진 예언자들이 종종 그러한 탄식 의례의 시기에 구원 신탁을 선포했음이 분명하게 드러난다." 갑작스런 분위기 변화를 초래하는 구원 신탁은 시편 130:5에서 암시되고 있는 것으로 볼 수도 있다. 그 까닭은 이 구절에서 시인이 "나 곧 내 영혼이 야웨를 기다리며 내가 그 말씀을 '레'=for] 바라는도다"라고 말하고 있기 때문이다. 구원 신탁의 메시지가 구두로 선포되었다는 증거가 정말로 있는지에 대해서 논란이 많기는 하지만, 탄식의 노래들이 종종 간구로부터 찬양으로의 현저한 분위기 변화를 보이고 있음은 분명한 사실이다(Schaefer 2001: xxiii). 간구 중에 하나님 앞에 불평을 늘어놓는 행동 자체는 시인의 이러한 태도 변화를 가능케 하는 촉매제가 될 수도 있다. 맥콘빌(McConville 1993: 50)은 이를 다음과 같이 설명한다: "시인은 자신의 탄식을 하나님 앞에 털어놓음으로써 자신의 영적인 상황과 경험을 스스로에게 상기시킨다. 그는 자신이 이미 알고 있는 것을 다시금 스스로에게 주지시킨다. 그는 자기 마음의 평형 상태, 곧 믿음과 신뢰의 상태로 되돌아간다. 그리하여 하나님께서는 자신이 과거에 그를 위하여 행하신 위대한 일들을 그에게 상기시키신다. 이로써 현재의 불행은 그러한 생각에 힘입어 별 의미가 없는 것으로 바뀌고 만다."

거의 모든 탄식의 노래에서 발견되는 마지막 요소는 찬양이다. 이것이 구두로 선포되는 구원 신탁에 의해 촉발된 것이건 아니면 어떤 분명치 않은 심리 변화에 의해 초래된 것이건 관계없이, 시인의 실제 상황이 바뀌었다는 본문상의 증거가 없음에도 불구하고 자연스럽게 시인의 입에서 찬양이 흘러나온다(Leiter 1995: 34). 시인은 자신을 위한 하나님의 개입을 기대하면서 믿음을 가지고서 하나님을 찬양하기 시작한다. 만일에 시인이 하나님의 개입을 기대하는 중에 상당히 높은 수준의 확신을 갖게 되었다면, 그는 선언적인 찬양의 어조로 노래할 것이다. 여기서 탄식과 선언적인 찬양은 서로를 비추는 거울로 작용한다. 탄식이 믿음을 가지고서 하나님의 응답을 기대하는 것이라면, 선언적인 찬양은 감사하는 마음으로 하나님께서 이미 이루신 일을 되돌아보는 것이다. 만일에 시인이 자신의 고통을 신학적인 용어로 설명하면서도 앞에서 말한 것처럼 높은 수준의 확신을 아직 갖지 못했다면, 그는 찬양의 맹세를 하게 될 것이다. 이 맹세에서 그는 하나님께서 자신의 간구에 실제로 응답하실 때 찬양을 드리겠다고 약속한다.

탄식의 노래들은 약속과 성취 사이의 중간에 믿음이 평가받는 위기에 대해서 언급한다. 시인들은 마음속에서 우러나오는 부르짖음을 통하여 자기들이 알기에 위대하시고 선하신 하나님 앞에 자기들의 고통을 쏟아놓는다. 그들은 만일에 주께서 자기들을 위하여 개입하려는 의도를 가지고 계시다면 자기들이 처한 상황이 바뀔 수 있음을 확신한다. 하나님께서 과거에 자기 백성을 구원하신 것에 대한 국가적인 기억(참조. 출 2:23-25)에 의존하고 있음이 분명한 시인들은 자기들이 현재 처해 있는 위기 상황에 용감하게 맞설 수 있는 믿음을 발견한다. 베스터만(Westermann 1989: 23)은 이를 다음과 같이 설명한다: "그들은 자기들이 현재 처해 있는 위중한 상황이 바뀌기를 희망한다. 그 일은 하나님께서 다시금 자기들에게 관심을 기울이심으로써 가능하게 될 것이다. 이 점에서 본다면, 탄식의 노래들은 과거와 현재와 미래가 하나님의 통치권 아래 하나로 연결되어 있다는 고대 이스라엘의 역사 이해를 보여주는 가장 중요한 증거들 중의 하나임이 분명하다."

시편 13편은 탄식의 노래가 어떠한 것인지를 간단하게 보여주는 사례에 해당한다. 두 개의 절들로 된 세 개의 짧은 연들을 통하여 시인은 자신의 문제를 야웨 앞으로 가져감으로써 위기로부터 안정된 상태로 옮겨간다. 시인이 처한 곤경이 구체적으로 서술되어 있지는 않지만, 3절의 언어는 그가 오래도록 지속된 중병 — 그를 사망의 문으로까지 이끌고 간 — 을 앓고 있었을 수도 있음을 암시한다(Craigie 1983: 141; Kraus 1993a: 213).

시인은 1절의 짤막한 구절에서 "야웨여!"라고 부르짖으면서 하나님을 부른다. 메이스(Mays 1994b: 78)는 이러한 이름 부름의 의미를 다음과 같이 설명한다: "기도는 내적인 반성이나 묵상이 아니라 직접 말하는 것이다. 시인은 하나님께서 자기 계시를 통하여 자기 백성에게 주신 이름을 사용함으로써 하나님께(to) 말한다. 그 이름은 기도의 가능성과 약속을 시인에게 허락한다. 기도는 이미 응답을 포함하고 있으며, 말씀과 행동을 통하여 주어진 하나님의 은총에 대한 지식에 기초하고 있다. 삶의 온갖 시련들 중 그 어떤 것도, 그리고 하나님 부재의 경험조차도 응답의 확신을 가지고서 하나님께 직접 말할 수 있는 믿음의 특권을 없애지 못한다."

1-2절에 있는 불평은 "어느 때까지니이까?"라는 질문을 네 번 반복하는 구조로 되어 있다. 이처럼 반복되는 질문은 시인의 절박한 심정을 잘 보여준다(Clifford 2002: 86). 이는 그의 곤경이 한없이 지속될 것처럼 보이기 때문이다. 첫 번째의 거대한 고통은 야웨께서 얼마나 오랫동안 그를 잊으실 것인지를 묻는다: "야웨여, 어느 때까지니이까? 나를 영원히 잊으시나이까?" 시인은 하나님께 버림받았다는 느낌을 받는다. 자신의 고통이 줄어들지도 않고 자신의 곤경이 무시되는 것처럼 보이기 때문이다. 바이저(Weiser 1962: 162)는 이를 다음과 같이 설명한다: "고통 중에 있는 그의 마음을 사로잡고 있는 가장 심각한 문제는 그가 하나님께 버림받았다고 스스로 믿고 있다는 사실이요, 자신이 하나님께로부터 너무도 멀리 떨어져 있다고 느끼는 시인이 그를 찾지 않으면 안 되고 또 자기 앞에서 숨어버린 하나님께 손을 내밀어 그가 자신을 발견할 수 있게끔 하지 않으면 안 된다는 사실이다." 두 번째 항변에서 시인은 "주의 얼굴을 나에게서 어느 때까지 숨기시겠나이까?"라고 부르짖는다. 이 질문을 통하여 시인은 위기에 처해 있는 자기에게서 고개를 돌리시고서는 서운하게도 자신의 곤경에 무관심하신 야웨의 모습을 비난하고 있는 것으로 보인다. 이 때문에 시인은 자신과 하나님 사이의 교통이 깨졌다고 생각한다(참조. 사 59:2; 그러나 민 6:25-26은 이와 대조를 이룸). 그의 세 번째 불평은 자신이 세운 어떠한 계책으로도 경감시킬 수 없는 고통에 초점을 맞추고 있다: "나의 영혼이 번민하고 종일토록 마음에 근심하기를 어느 때까지 하오며." 델리취(Delitzsch 1976: 200)는 이를 다음과 같이 설명한다: "밤중에 그는 여러 가지 계책을 세워보지만 어느 것도 효과를 거두지 못한다. 낮에는 종일토록 열린 눈으로 자신의 고통을 바라보는 동안에 슬픔이 그의 마음속에 머물러 있다 … 그 슬픔은 밤이 자신의 뒤에 남겨두고 간 느낌과도 같으며, 자신의 무기력하고 절망적인 상황의 직접적인 결과로서 주어진 것이다." 마지막으로 그는 아직 정체가 밝혀지지 않은 원수가 언제까지

계속 자신에게 대하여 승리를 거두게 될 것인지를 묻는다.

자신의 삶에 대하여 절망할 수밖에 없는 교차로에 서 있던 시인은 야웨 안에서 새로운 희망을 발견한다. 3-4절에서 그는 마디마디 끊어지는 언어를 사용하여 야웨께 간구를 드린다. 간결하면서도 솔직한 이 간구의 말은 그의 절망적인 상태를 분명하게 표현해 주고 있다. 그는 고전적인 탄식의 형식을 빌려 자신의 하나님 야웨께 자기를 바라보고 자기에게 응답해 주시고 자기 눈을 열어달라고 간구한다. 이어서 그는 하나님께서 개입하셔서 자신의 곤경을 완화시켜 주셔야 할 이유를 세 가지 나열한다. 만일에 야웨께서 시인의 곤경에 대하여 응답하지 않으신다면, 그는 죽음의 잠에 빠질 것이다. 흐린 눈에 관한 표상은 다른 곳에서(참조. 욥 17:7; 신 34:7) 죽음에 이르는 질병을 가리키는 데 사용된다. 따라서 이것은 시인이 신체적인 죽음을 거의 맛보고 있는 것이 아니냐는 결론을 뒷받침한다. 크라우스(Kraus 1993a: 216)는 이를 다음과 같이 설명한다: "생명의 기운은 슬픔과 질병을 통하여 사람의 눈에서부터 사라진다. 그 결과 눈이 침침해지고 피곤해진다(시 6:7; 38:10; 애 5:17). 기운을 돋구는 음식물만이 그 기운을 회복시킬 수 있다(삼상 14:27, 29). 그러나 무엇보다도 야웨께 있는 생명의 힘이야말로 눈에 다시금 생기가 돌게 할 수 있다(시 19:8; 잠 29:13)."

그러나 시편 13편에서 시인은 자신의 신체적인 상태를 자신이 하나님께로부터 멀어졌다는 영적인 감각과 관련시킨다. 이 점에서 본다면, 3절에 이중적인 의미가 담겨 있다고 본 크레이기(Craigie 1983: 142)의 견해는 정당하다: "그러나 시인의 탄원에는 신체적인 건강의 회복을 위한 기도 이상의 것이 있다. 좀 더 깊은 차원에서 그는 하나님과의 친밀한 관계를 회복하기를 원한다. 따라서 만일에 하나님의 얼굴이 감추어진 것이라면, 그의 얼굴빛이 시인에게 비쳐질 수가 없다. 그러나 만일에 하나님께서 다시금 그에게 관심을 기울이신다면, 시인은 하나님의 얼굴빛을 볼 수 있을 뿐만 아니라, 그 자신의 눈까지도 밝아질 것이다. 만일에 그의 눈이 영적으로나 신체적으로 밝아진다면, 그는 임박한 죽음의 잠에 빠지지 않을 것이다." 탄원의 동기를 설명하는 4절은 시인을 집어삼키려고 위협하는 죽음의 화신일 수도 있는 개별적인 원수에 대해서 묘사할 뿐만 아니라, 시인의 적대자들 — 시인의 파멸을 기뻐할 그의 다양한 개인적인 원수들을 가리키는 듯한 — 에 대해서도 묘사한다. 자신의 곤경 속에서 시인은 야웨께 자기가 죽음과 패배와 절망 등에게 정복당하지 않도록 자기를 위하여 개입하시기를 간구한다.

시편 13편이 명백한 구원 신탁을 포함하고 있지는 않지만, 4절과 5절 사이에는 시인의 태도에 뚜렷하고도 극적인 변화가 있다. 5절에 있는 신뢰의 고백에서 시인은 혼란으로부터 확신으로, 그리고 고통으로부터 찬양으로 옮겨간다. 그는 자신의 눈물을 통하여 희미하게나마 하나님을 본다. 혼돈스러운 상황 속에서도 그는 하나님을 신뢰하는 길을 선택한다. 그는 바싹 마른 입술과 떨리는 목소리로 노래하기 시작한다. 뚜렷한 증거가 있음에도 불구하고, 그리고 자신의 인간적인 감정과는 반대로 시인은 자신의 안전과 확신이 야웨께 있음을 깨닫는다. 이는 다음과 같은 그의 말에서 분명하게 드러난다: "나는 오직 주의 사랑을 의지하였사오니 나의 마음은 주의 구원을 기뻐하리이다"(13:5). 시인은 자신의 다양한 경험이 하나님을 향한 자신의 태도를 결정짓게끔 허용하기보다는 야웨의 변함없는 성품과 자기 백성을 향한 열심을 신뢰하기로 결심한다. 야웨께서는 계속해서 자비로운 성품('헤세드')을 보여주신다. 그리고 구원을 향한 그의 열심은 그의 백성을 압제로부터 해방시켜 삶의 다양한 차원들을 맛보게 한다. 바이저(Weiser 1962: 163)는 이러한 신뢰의 고백이 야웨에 대한 그의 묵상에서 비롯된 것임을 다음과 같이 잘 지적하고 있다: "탄식과 기도가 그러한 것처럼 신뢰의 고백 역시 하나님을 중요한 출발점으로 갖는다. 이제 예배자는 자신이 갈망하고 간구했던 하나님의 은총을 확신하게 된다. 그 은총을 신뢰하는 까닭에 그는 하나님의 도우심에 힘입어 자신이 현재 당하고 있는 모든 고통을 무시하고서 밝은 미래를 내다볼 수 있는 확고한 자리에 서게 된다."

시인은 야웨께 대한 그러한 확신에 기초하여 6절에서 하나님을 찬양하겠다는 자신의 결심을 표현한다. 그의 실제 상황이 변했다는 증거는 없지만, 그는 야웨께 노래하기로 결심한다(Craigie 1983: 143). 그는 야웨께서 자신을 위하여 무슨 일을 하실지를 크게 확신하고 있는 까닭에, 하나님의 선하심을 완료 시제로 표현한다. 마치 그것이 이미 이루어진 것처럼 말이다. 그는 야웨께서 자신을 위하여 무슨 일을 하실지를 굳게 믿고 있는 까닭에, 하나님의 개입을 기대하는 가운데 찬양을 터뜨린다. 시편 13편은 시인이 하나님께 버림받았다는 느낌으로 인하여 갖게 된 침묵의 고통에 대해서 언급한다. 이 문제에 정직하게 맞선 시인은 자신의 고통 전부를 야웨 앞에 쏟아놓는다. 눈물이 가득한 눈으로 그는 야웨를 바라본다. 고통으로 찢긴 가슴을 부여잡고서 그는 야웨의 변함없는 성품과 열심을 기억한다. 슬픔으로 인하여 갈라진 목소리로 그는 기대되는 하나님의 선하심을 즐거워한다. 하나님의 철저한 침묵 속에서 그는 사랑 많으신 아버지의 심장 고동소리를 듣는다. 그는 찬양을 향해 나아간다. 왜냐하면 그는 하나님의 침묵이 그의 부재를 뜻하지 않는다는 것을 잘 알고 있기 때문이다. 하나님은 응답하지 않으시는 것처럼 보일 때조차도 여전히 거기에 계시며, 여전히 자기 백성을 보살피신다.

저주의 노래(시 109편)

저주의 노래는 시인의 원수나 하나님의 원수에게 하나님의 심판이 임하기를 기원하는 언어를 특징으로 갖는다(Laney 1981: 35). 저주의 언어는 거의 삼십 개의 노래들에서 발견된다(Luc 1999: 395-96). 그러나 그것은 여덟 개의 노래들에 집중되어 있다. 그 까닭에 이 여덟 개의 노래들은 종종 저주의 노래들이라 불린다(시 7편; 35편; 58편; 59편; 69편; 83편; 109편; 137편). 저주의 노래들은 거의 항상 탄식의 노래들에서 발견된다. 이는 시인들이 하나님께 자기들을 괴롭힌 자들에게 재앙을 쏟아 부으심으로써 원수들에게서 자기들을 구원해 달라고 간구하고 있기 때문이다.

저주의 노래들이 제기하는 핵심 문제는 이것이다: 그들의 명백한 복수의 정신은 신약성서에 나오는 원수를 사랑하라는 예수의 명령과 어떻게 조화를 이룰 수 있는가? 이보다 훨씬 더 어려운 문제는 저주의 노래들에서 발견되는 원수 저주와 다른 사람들을 향한 복수나 적대감을 금지하는(레 19:17-18), 그리고 오직 야웨만이 악에 대하여 복수할 권한을 가지고 있다고 말하는(신 32:35) 구약성서의 율법 규정들 사이에 있는 갈등이다.

이 문제를 해결하기 위한 많은 해결책들이 제시되었다. 어떤 해석자들은 저주의 말들이 시인 자신의 말이 아니라 사실상 원수들의 말을 그대로 인용한 것이라고 본다. 히브리어는 인용부호 없는 인용문을 허용하지만, 일반적으로 해당 문맥은 위의 해석이 옳다는 것을 분명하게 보여준다(Levine 1992: 145-59). 일부 거친 언어는 당연히 원수들의 말을 그대로 인용한 것으로 이해될 수 있다. 시편 109편에 대한 본서의 연구와 주해에서 보게 되듯이 말이다. 그러나 다수의 시인들이 똑같이 색다른 전략을 사용했다고 주장하는 것은 저주의 언어에 의해 생겨나는 문제를 회피하려는 특별한 변명일 수도 있다.

두 번째 방법론은 저주의 표현들을 지극히 인간적이면서도 죄악스런 시인들의 말들로 간주한다. 예로서 크레이기(Craigie 1983: 41)는 다음과 같이 주장한다: "옛날에 시인들은 현대 기독교인들이나 유대인들과 똑같이 원수를 사랑하지 않으면 안 되었다(참조. 레 19:17-18; 출 23:4-5). 그들의 복수심이나 증오심을 담은 표현들은 단순히 그것들이 성서 안에 있는 것 때문에 '정결한' 것이거나 '거룩한' 것이 아니다. 그것들은 악과 고통의 경험에 대한 참되고 자연스러운 반응들이다. 그러한 정서 자체는 악하지만, 그것들은 하나님께 예배하고 기도하는 중에, 있는 그대로 드러나게 되는 영혼의 한 모습이 아닐 수 없다." 그러나 시인들은 야비한 이교도들로 이해되지 않는다. 도리어 그들은 자기들의 고통스러운 경험을 야웨 앞에 내어놓는 경건한 사람들로 이해된다(Leupold 1959: 18-19; 참조. Crenshaw 2001: 66). 셰퍼(Schaefer 2001: xxxix)는 이 점을 다음과 같이 설명한다: "성서 안에 있는 저주들은 통제되지 않은 인간 감정의 분출로 여겨지지 않으며, 희생자들을 향한 폭력적인 언사로 여겨지지도 않는다. 그것들의 예전적이고 공동체적인 배경을 염두에 둔다면, 그것들은 하나님의 백성을 대적하는 악의 세력들이 파멸되기를 바라는 마음을 신랄한 어조로 표현한 것이라 할 수 있다."

세 번째 입장은 그러한 저주들을 구약성서의 하부 기독교 윤리에 속한 것으로 여김으로써, 그것들이 오늘의 기독교인들에게는 시대에 뒤떨어진 것이요, 부적절한 것이라고 생각한다. 커크패트릭(Kirkpatrick 1902: lxxxix)은 그러한 저주들을 다음과 같이 평가한다: "이러한 발언들은 어떠한 빛에 비추어서 평가해야 하는가? 그것들은 구약 시대의 옛 관습에 속한 것으로 간주되어야 한다. 또한 그것들은 보복의 원리에 기초한 율법의 시각에서 평가되어야

지, 사랑의 원리에 의하여 움직이는 복음의 시각에서 평가되어서는 안 된다. 그것들은 엘리야의 영에 속한 것이지 그리스도의 영에 속한 것이 아니다. 그것들은 이웃을 사랑하고 원수를 미워하라고 가르치는 시대의 언어를 사용하고 있다(마 5:43)." 이러한 견해는 저주의 노래들 중 일부가 신약성서에서 인용되고 있다는 사실(Shepherd 1997: 119-20, 123)이나 예수께서도 자신과 자신의 사역을 대적하는 자들과 말씀을 나누거나 그들에 대하여 언급할 때 저주의 언어를 사용하셨다는 사실(Silva 2001: 223; Schaefer 2001: xliii)을 고려하지 않는다는 점에서 온당한 견해라고 보기 어렵다.

네 번째의 견해는 시인의 간절한 열망이 장차 그의 원수에게 일어날 일을 예언자적인 시각에서 예고한 것이라고 본다. 그러나 이 견해는 두 가지의 서로 밀접하게 관련되어 있으면서도 일반적으로는 서로 다른 동사 형태들을 잘못 읽고 있다. 따라서 그것은 저주의 노래들에 의하여 생겨난 윤리 문제를 제대로 다루는 해결책이라고 보기 어렵다.

시편의 저주들이 갖는 올바른 기능과 용례를 이해하기 위해서는 몇 가지 요인들을 염두에 두지 않으면 안 된다. 그러한 요인들 중 어느 것도 그 자체로서는 그 문제에 대한 온전한 해답을 주지 못한다. 그러나 그것들 전체는 이치에 맞는 해답을 얻을 수 있도록 도와준다. 우리는 시편의 노래들이 인간의 감정을 시라는 형식을 빌려 표현하고 있다는 점을 기억하지 않으면 안 된다. 많은 문화들에 있어서, 특히 고대 근동 세계에서는 인간의 감정이라는 것을 그것이 다소 과장되게 표현될 때에야 비로소 제대로 된 것으로 간주하는 경향이 있다. 따라서 저주의 노래들을 지배하는 거친 감성은 시인들이 고대 근동의 관습적인 언어를 사용하여 자신의 심중에 있는 열망을 과장되게 표현한 것일 수도 있다(McConville 1993: 53).

시편의 저주들은 현실 속에서 경험하는 불의와 고통에 대한 응답의 성격을 가지고 있음이 분명하다. 그것들은 불의한 압제 행위에 대한 자연스럽고 솔직한 반응에 해당한다. 폴스(Pauls 1003: 83)는 이를 다음과 같이 설명한다: "시편의 저주들은 극심한 개인적 고통의 맥락에 속한 것이다. 폭넓은 시각에서 본다면, 그러한 고통은 압제와 거짓 고소와 배신과 중상모략과 박해와 음모와 죽음의 위협 등에 의하여 생겨나는 것이다. 따라서 우리는 시편의 저주들이 안정적이고 평온한 묵상을 통하여 표현된 말이 아니라 고통당하는 자의 목소리를 통하여 표현된 말임을 인식하지 않으면 안 된다. 저주의 노래들에서는 시인의 고통이 가장 큰 비중을 차지한다는 사실을 놓친다는 것은 곧 그것이 인간의 삶과 밀접하게 결부되어 있다는 사실을 놓치는 것이나 다름이 없다. 이 노래들에서는 그러한 고통을 시인에게 유익을 주려는 하나님의 뜻으로 받아들이거나 승인하려는 태도를 찾아보기 어렵다. 도리어 시인은 하나님께 부르짖으면서, 무엇인가가 크게 잘못되어 있다고 주장한다." 시인은 자신을 압제하는 자가 마땅히 그가 받아야 할 것을 받게 될 것을 기대한다고 부드럽게 말하는 대신에, 자신을 학대한 자에 대한 자신의 인간적인 감정을 솔직하게 표현한다.

저주의 노래들을 올바로 이해하기 위해서는 반드시 구약성서의 정의 개념을 살펴보아야 한다. 모세의 율법은 개인적인 보복을 금지한다(레 19:18). 왜냐하면 보복은 야웨께 속한 것이기 때문이다(신 32:35). 율법의 테두리에서 본다면, 시편의 저주들은 단순히 개인적인 무죄 주장의 성격을 갖는 것이 아니라, 하나님의 무죄 입증을 향한 호소로서의 역할을 수행한다. 로스(Ross 1985: 788)는 다음과 같이 추론한다: "시인들은 하나님과 그의 계약에 대한 자신의 충성심을 공언함에 있어서 주저함이 없다. 의를 이루기 위한 열정적인 노력 속에서 그들의 말은 자주 저주나 악담을 포함하게 된다. 그들은 하나님께서 악인들의 팔을 부숴뜨려 주시고(시 10:15), 그들의 이를 꺾어 주시고(58:6), 그들에게 그의 진노를 쏟아달라고(69:22-28) 기도한다. 우리는 시인들이 하나님의 신정 통치에 대한 열망으로 가득 차 있음을 기억하지 않으면 안 된다. 따라서 저주의 표현들은 개인적인 복수를 가리키는 것이 아니다."

구약성서에는 죽음 이후에 있을 마지막 심판에 대한 분명한 계시가 없다. 따라서 악인들이 현재 누리고 있는 승리는 하나님의 성품과 통치에 이의를 제기하는 것으로 보인다. 그러기에 시인은 하나님께 악한 원수들을 심판해 달라고 청함으로써 정의의 저울이 현세 안에서 균형을 잡게 되기를 희망한다. 쩽어(Zenger 1996: 79)는 이를 다음과 같이 설명한다: "이 노래들은 악과 악인들이 역사 안에서 설 자리를 잃게 되기를 바라는 염원을 표현하고 있다. 왜냐하면 이 세계와 그 역사는 하나님께 속해 있기 때문이다. 따라서 신학적인 용어를 빌려 표현하자면, 이 노래들은 실현된 신정 통치 개념을 그 안에 담고 있다. 그 까닭은 이 노래들이 최후의 심판이 하나님께 속해 있음을 확신하고 있기 때문이다. 이 노래들은 시인이 하나님께 자신이 처해 있는 절망적인 상황에 대하여 탄식할 뿐만 아니라, 그러한 상황을 초래한 자들을 심판할 권리가 하나님께 있음을 인정하고 있다. 이 노래들은 모든 것, 심지어는 증오와 공격의 감정까지도 하나님께 귀속시키고 있다."

야웨와 아브라함 사이의 계약(창 12:1-3) 및 나중에 만들어진 야웨와 이스라엘 백성 사이의 계약(신 27-28장)은 복과 저주를 특징으로 가지고 있다. 그런데 여기서 분명하게 드러나는 것은, 시인들로 하여금 하나님의 복수를 요청하게 만드는 원수들의 행동이 오경 안의 법률 규정들이 금지하는 행동들과 태도들과 일치한다는 점이다. 따라서 원수들은 단순히 시인들을 적대하는 자들이 아니라, 도리어 하나님을 대적하는 자들이다(Harman 1995: 67-68). 이 때문에 저주의 노래들은 "단순히 복수의 감정이나 보복에 대한 열망을 드러내고 있다기보다는, 도리어 '의로운' 자들과 하나님 자신이 공격을 당하고 있기에 그처럼 가증스런 범죄 행위에 걸맞는 심판이 요구된다는 것을 인식하고 있다"(Shepherd 1997: 46). 그러한 상황에서는 시인들 자신의 관심보다는 하나님 자신의 관심이 더 크다는 것을 알고 있는 시인들은 원수들에 대한 보복을 하나님의 주권과 섭리에 맡기려는 태도를 보인다. 계약에 기초하여 악인들을 심판하려는 하나님의 열심에 비추어볼 때, 시편의 많은 저주들이 하나님께서 하실 일을 예견하는 것으로 여겨지고 있다는 것은 놀라운 일이 아니다(시 35:5와 1:4와 비교; 35:8을 9:15와 비교; 35:26을 6:10과 비교).

시편의 저주들이 다른 사람들을 향한 개인적인 보복심을 정당화하거나 표현하는 데 잘못 사용될 수도 있다는 가능성이 있음에도 불구하고, 그것들은 오늘날 하나님의 백성에게 몇 가지의 이득을 제공하기도 한다. 그 저주들은 죄를 대수롭지 않게 생각하는 태도에 대하여 경종을 울리는 역할을 수행한다. 루이스(Lewis 1958: 30)는 이를 다음과 같이 설명한다: "내가 생각하기에 만일에 유대인들이 이방인들보다 더 신랄하게 저주를 퍼부었다면, 그것은 적어도 부분적으로는 그들이 의와 악의 문제를 이방인들보다 더 진지하게 받아들였기 때문이다. 사실 그들의 욕설을 들여다보면, 그들이 분노하는 것이 단순히 악한 일들이 자기들에게 행해졌기 때문이 아니라, 그러한 일들이 희생자들에게 대해서 뿐만 아니라 하나님께 대하여도 명백하게 잘못된 것이요, 혐오스러운 것이기 때문임을 알 수 있다." 죄는 경건한 사람을 크게 망치는 것이다. 그리고 불의 앞에서 분노하지 못한다는 것은 영적인 마비 상태를 알리는 경고음이 아닐 수 없다. 따라서 시편의 저주들은 하나님과 그의 뜻을 위한 열심을 자극하는 데 유용하게 쓰일 수 있다.

저주의 노래들은 또한 악과 불의의 문제를 어떻게 다루어야 하는지의 모델을 제시하기도 한다. 이 모델은 개인적인 보복을 권하지 않으며, 상처를 억누르는 것도 권하지 않는다. 도리어 시인들의 본보기는 성도들에게 자기들의 솔직한 감정을 하나님께 털어놓을 것을 권한다. 왜냐하면 오직 그만이 악행자를 처벌하고 학대받은 자의 분노를 처리하는 일을 모두 하실 수 있기 때문이다(Silva 2001: 222). 성도들은 그 문제를 하나님의 손에 맡김으로써 의로운 분노가 단순한 사악함으로 타락하는 위험을 피할 수 있다(Lewis 1958: 28-29).

그러나 기독교인들에게 있어서 저주의 노래들은 최종적인 해답이라 할 수 없다. 왜냐하면 이제 불의의 문제는 십자가의 빛에 비추어 해석될 수 있는 것이기 때문이다. 그리스도의 속죄의 죽음은 그의 백성으로 하여금 그들의 고통을 은혜로우신 주님의 손에 맡기면서 그가 드린 것과 똑같은 기도를 드릴 수 있게 해준다: "아버지, 저들을 사하여 주옵소서. 자기들이 하는 것을 알지 못함이니이다"(눅 23:34). 이 점에 비추어볼 때 아처(Archer 1974: 453)의 다음과 같은 설명은 매우 적절한 것이다: "하나님께서 자기 아들을 십자가에 매달려 죽게 함으로써 죄에 대한 자신의 혐오감을 극단적인 방식으로 보여주신 후에야 비로소 성도들은 인내심을 가지고서 기다릴 수 있게 되었다. 왜냐하면 그들은 하나님의 오래 참으심이 악인들로 하여금 잠시 동안 형통함을 누리게 하였음을 잘 알고 있기 때문이다. 예수께서 세상에 오셔서 자신의 사랑을 사람들에게 가르치시기 전까지는 하나님의 오래 참으심을 제대로 이해한다는 것이 불가능하다."

시편 109편은 시편에 있는 저주 언어의 가장 광범위한 단락을 포함하고 있다. 이 노래는 무죄한 자(시인)가 목숨이 걸린 재판에 직면한 채로 고발자들에게 둘러싸여 있는 모습을 배경으로 하고 있다. 이 노래에 담긴 긴장된 상황은 사도행전 1:20에서 8절의 표현이 예수를 배신한 유다에게 적용되고 있다는 사실에서 금방 확인된다.

이 노래는 표준적인 탄식의 형식에 맞추어 만들어진 것으로, 1절에서 하나님께 호소하는 내용으로 시작한다: "내가 찬양하는 하나님이여, 잠잠하지 마옵소서." 자신의 문제를 가지고서 하나님께로 방향을 돌이킨 시인은 하나님께서 자신을 도와주실 것임을 굳게 믿는다고 고백한다. 그는 하나님께서 자기 백성에게 자행된 죄악들을 보복하겠다고 약속하셨음을 알고 있다(신 32:35-36). 따라서 시인은 극심한 고통 속에서 하나님께로 방향을 돌이키며, 자신이 처한 상황을 하나님께 맡긴다. 브루거만(Brueggemann 1984: 85)은 이를 다음과 같이 설명한다: "그는 그저 참고 용서만 하시는 부드럽고 낭만적인 하나님이 아니다. 도리어 그는 자신의 통치와 계약 상대자들의 행복을 진지하게 받아들이시는 분이다. 거친 분노의 말을 야웨께 털어놓을 수 있는 이유는 야웨께서 그것을 진지하게 받아들이고서 행동하실 것이라는 확신이 지극히 타당하기 때문이다."

2-5절은 다음과 같은 불평을 늘어 놓는다: "그들이 악한 입과 거짓된 입을 열어 나를 치며 속이는 혀로 내게 말하며, 또 미워하는 말로 나를 두르고 까닭 없이 나를 공격하였음이니이다. 나는 사랑하나 그들은 도리어 나를 대적하니 나는 기도할 뿐이라. 그들이 악으로 나의 선을 갚으며 미워함으로 나의 사랑을 갚았사오니." 시인은 자신을 배신하고서 거짓으로 자신을 고발한 악인들의 부당한 법적인 공격에 직면해 있다.

시편에서 가장 격렬한 언어들 중의 일부를 담고 있는 6-19절 단락은 그동안 두 가지 방식으로 해석되어 왔다(이 단락에 대한 다양한 해석들을 잘 논하고 있는 Allen 2002: 102-4를 보라). 전통적인 해석에 의하면, 여기서 시인은 하나님을 향한 불평에서 언급한 바 있는 고발자들에게 저주를 퍼붓고 있다(Gerstenberger 2001: 259-60). 이러한 해석이 옳다면, 시인의 간구는 6절에서 시작하여 29절까지 이어진다. 그러나 6-19절이 고발자들의 말, 곧 거짓과 증오심에 가득 찬 그들의 발언 요지를 인용한 것이라고 보는 크라우스(Kraus 1993b: 338)과 쩽어(Zenger 1996: 59-60) 및 다른 학자들의 결론이 옳을 수도 있다(참조. 2-3절). 6절에서 시작하는 저주가 어떤 한 개인을 겨냥하고 있는 것과는 대조적으로 2-5절의 고발자들이 복수형으로 칭하여지고 있다는 사실이 바로 이러한 견해를 뒷받침한다. 저주의 대상인 그 개인이 공동체적인 의미를 가진 개인이거나, 시인이 고발자들의 대표격인 한 대표자에게 저주를 퍼붓고 있는 것 같지는 않다. 확정적인 증거가 있는 것은 아니지만, 저주의 내용에 나오는 단수 대명사는 고발자들이 그들의 섬뜩하고 악의적인 의도를 드러내고 있는 시인을 가리킬 가능성이 가장 높은 편이다. 만일에 이러한 해석이 옳다면, 6-19절은 불평의 내용에 포함되어야 할 것이요, 그렇게 되면 불평의 내용은 2절에서 19절까지 이어지는 것으로 볼 수 있다.

고발자들은 오로지 시인의 완전한 패배와 굴욕과 파멸만을 원한다. 고발자들은 법정 소송에서 기소자와 변호인 모두가 그를 고발함으로써 그의 유죄를 밝혀줄 것을 기대한다(6-7절). 그들은 그가 그의 생명과 지도자직 모두를 잃게 되기를 원할 뿐만 아니라(8절), 그가 죽은 후에는 그의 식구들이 빈궁에 처해지기를 원하기도 한다(9-13절). 그들은 심지어 야웨께서 그의 부모의 죄까지도 용서해 주지 말기를 희망한다(14-15절). 그의 악한 원수들에 따르면, 시인은 하나님의 정죄와 공적인 처벌을 충분히 받아 마땅한 사람이다.

20절에서 다시금 시인이 말하기 시작하며 20절부터 자신의 간구를 시작하고 있음이 분명하다(20-29절). 고발자들의 악독한 말들을 6-19절에서 인용한 시인은 이제 야웨께서 그릇되게 자기를 비방하던 자들에게 벌을 내리실 것을 청한다. 알렌(Allen 2002: 105)은 이를 다음과 같이 설명한다: "원수들의 악한 말에 맞서서 이제는 시인 자신이 야웨께 정의를 이루어주실 것을 요청한다. 시인은 재판관이신 야웨 — 정의를 이루시고 압제당한 자들을 지키시는 — 의 명성에 호소한다. 야웨의 명예가 위기에 처해 있는 까닭이다. 그것은 오로지 계약 관계를 통하여 하나님께 매여 있는 시인의 편을 들어줌으로써만 회복될 수 있다." 이로써 6-19절의 저주는 적어도 이처럼 간접적인 방식으로만 원수들의 파멸을 바라는 시인의 마음을 반영하는 것이 된다.

21절에서 직접 야웨께 말을 거는 시인은 이렇게 호소한다: "그러나 주 야웨여, 주의 이름으로 말미암아 나를 선대하소서. 주의 인자하심이 선하시오니 나를 건지소서." 자신의 선함이 악을 보응으로 받았다고 확신하는(3-5절) 시인은 야웨의 이름('쉠')과 자비('헤세드')에 호소한다. 더 나아가서 그는 원수들의 조롱으로 인하여 수척해진 자신의 곤궁한 모습에 대해서 묘사한다(22-25절). 심각한 궁핍 속에서 시인은 야웨께 그 자신이 참으로 의인에게 힘을 주시고 악인을 부끄럽게 하시는 분임을 보여주기 위해 개입해 주실 것을 요청한다(26-29절). 브루거만은 이를 다음과 같이 설명한다: "시편 109편은 야웨의 통치 주권을 확증하는 노래이다. 이 노래는 이 세상이 도덕적인 곳이요, 야웨께서는 공평하게 세상을 다스리시며 세상 일에 무관심한 분이 아니요, 남을 착취하는 자들은 속박을 당하게 되어 있으며 자신의 행동에 대하여 책임을 지지 않으면 안 된다는 분명하고도 강한 확신에 기초하고 있다." 야웨의 도우심을 강하게 희망하는 시인은 찬양의 맹세를 통하여 자신의 노래를 끝맺는다(30-31절). 그는 자신이 현재 당하고 있는 사회적인 배척이 역전됨으로써 자신이 큰 무리 앞에서 공적으로 야웨를 찬양할 수 있을 것이라는 희망을 피력한다. 그에게 있는 확신은 원수들의 기대와는 달리 자신의 오른편에 고발자가 아니라(6절) 야웨 자신이 있다는 사실에 기초하고 있다. 야웨는 "궁핍한 자의 오른쪽에 서사 그의 영혼을 심판하려 하는 자들에게서 구원하실" 분이기 때문이다(31절). 바이저는 이를 다음과 같이 잘 설명하고 있다: "하나님과의 솔직한 대화에서 시인은 온갖 두려움과 의심을 뒤에 남기고서 온전히 하나님을 의지하는 확고한 믿음을 얻을 때까지 기도를 통하여 씨름한다 … 인간의 거짓말과 증오심으로 짜여진 그물이 산산조각 나고, 저주가 복으로 바뀌며, 인간에 대한 두려움이 진리와 정의의 궁극적인 승리를 보증하시는 하나님 안에서의 기쁨으로 바뀌는 것은, 오로지 하나님께서 인간사에 직접 개입하실 때에야 비로소 가능한 일이다."

메시야 노래(시 22편)

신약성서를 잘 알고 있는 기독교인들은 시편을 읽을 때 이스라엘의 많은 옛 노래들이 어떤 식으로든 그리스도를 예시하는 것으로 보이는 언어를 포함하고 있음을 발견한다. 사실 네 권의 복음서는 무엇보다도 예수의 재판과 십자가 처형 및 죽음 등에 관해 설명하는 무수한 노래들을 인용하거나 그에 대해 언급한다. 이러한 자료들로 인하여 몇몇 노래들은 메시야 노래들로 불리게 되었다. 물론 원저자인 시인들은 나중에 신약 본문들이 해석한 메시야적인 차원들을 전혀 몰랐겠지만 말이다. 로스(Ross 1985: 789)는 이를 다음과 같이 설명한다: "예수 그리스도를 통한 충분한 계시를 잘 알고 있는 독자들은 시편 — 사실은 구약 전체 — 으로 되돌아가서 그 노래들을 읽을 때 그것들이 종종 그리스도에 관해 말하고 있음을 발견할 수 있다(참조. 눅 24:27). 그러나 구약 시대의 성도들에게는 그러한 본문들의 충분한 의미가 분명하게 드러나지 않는 경우가 많았다. 한편으로 시인은 자신의 고통이나 승리에 대해서 묘사했으며, 다른 한편으로는 시인 자신의 실제 경험을 넘어서는 듯한 표현들 중에 나중에 예수 그리스도에게 적용된 것들을 남기기도 했다."

몇 가지 기준들이 메시야 노래들을 확인하는 데 사용된다. 첫째로, 신약성서가 시편에 있는 어떤 노래의 한 특징을 그리스도에게 구체적으로 적용하고 있다면, 그 노래는 메시야적인 것이다. 길링햄(Gillingham 1998: 237)은 시편 노래들에 대한 메시야적인 이해가 신약성서보다 먼저 이루어졌으며, 그러한 작업이 신약성서와 더불어 초기 기독교 시대에도 계속되었음을 초기 유대교 문헌을 통하여 입증한 바가 있다. 메시야 노래의 두 번째 특징은 "기름붓다"는 낱말의 사용에 있다. 왜냐하면 이 낱말은 히브리어에서 "메시야"('마쉬아흐')라는 용어의 배경을 이루는 것이기 때문이다. 더 나아가서 어떤 메시야 노래들은 어떠한 인간도 이룰 수 없는, 그러나 그리스도에 의해 사실상 성취되었거나 장차 그에 의해서 성취될 위업들을 과장된 언어로 표현함으로써 그것이 그리스도를 가리키고 있음을 암시하기도 한다(Bullock [1988: 138]은 시 72편을 인용함). 마지막으로 무수한 제왕 노래들(royal psalms)이 고대 이스라엘의 다윗 왕권에 관해서 언급한다. 왕정 이전 시대의 한 역사적인 인물을 가리키고 있음이 분명한(Kraus 1993a: 57) 이러한 언급은 여러 세기를 거치면서 메시야 신학으로 활짝 꽃을 피우기에 이르렀다(Craigie 1983: 40-41). 스탈링(Starling 1999: 121)은 이를 다음과 같이 설명한다: "분열왕국 시대의 왕권이 점점 약해지다가 바벨론 포로라는 대재앙에서 파국을 맞게 되자, 점차적으로 메시야 대망이 이스라엘의 역사적인 왕정 제도를 넘어서서 미래의 성취를 기대하는 종말론적인 희망으로 바뀌게 된다." 제왕 노래들은 다윗계 왕을 야웨의 주권적인 통치의 인간 대표자로 규정함으로써(Mays 1994a: 19), 그리고 제왕 이데올로기의 언어를 사용함으로써(Kraus 1993a: 73), 이상적인 왕인 메시야를 위한 길을 예비한다. 따라서 초기 기독교인들이 이 노래들을 그리스도를 대망하는 메시야적인 시각에서 읽었다는 것이 전혀 놀라운 일이 아니다.

메시야 노래를 연구할 때 주의할 것은 이 노래의 역사적인 지시 대상과 메시야적인 지시 대상 모두를 염두에 두어야 한다는 점이다. 로스(Ross 1985: 789)는 이와 관련하여 다음과 같은 점을 경고한다: "그러나 주석가들은 주의를 기울이지 않으면 안 된다. 그들은 메시야적인 노래의 모든 내용이 그리스도에게 적용되는 것이 아님을 인식하지 않으면 안 된다(모든 내용이 모형론적인 것은 아니라는 얘기다). 따라서 우리는 이 노래들이 저자들의 경험 세계 안에 그 일차적인 의미가 있다는 점을 기억하지 않으면 안 된다. 본문의 역사적인 의미와 문맥상의 의미와 문법적인 의미에 대한 분석을 신약성서가 그 노래들을 어떻게 예수에게 적용했는지에 대한 분석보다 앞세워야만 한다."

델리취(Delitzsch)가 1867년에 맨 처음 제안한 메시야 노래들의 다섯 가지 범주들은 어떤 식으로든 그리스도를 예시하는 노래들의 범위를 분석하는 데 도움을 주는 모델을 제공한다. 전형적인 메시야 노래들은 역사적인 인물인 시인을 가리키는 전승에 깊이 뿌리박고 있다. 그러나 어떤 점에서 볼 때 시인은 그리스도의 모형 역할을 수행하기도 한다. 예로서 시편 34:20은 "그의 모든 뼈를 보호하심이여, 그 중에서 하나도 꺾이지 아니하도다"라고 말하지만, 이 노래의 나머지 부분은 그리스도를 가리키는 내용을 전혀 가지고 있지 않다. 시편 69편의 9절과 21절은 복음서에서 그리스도에게 적용된다. 그러나 "하나님이여, 주는 나의 우매함을 아시오니 나의 죄가 주 앞에서 숨김이 없나이다"라고 말하는 5절은 죄 없는 그리스도와는 아무 관련성도 가지고 있지 않다. 그것은 단지 시인하고만 관련되어 있을 뿐이다.

시편 2편이나 45편 같은 간접적인 메시야 노래들 또는 제왕 노래들은 처음에 만들어졌을 당시에는 인간 왕을 염두에 두고 있었다. 그러나 다윗계 왕은 지상 왕국에서 야웨의 대표자로서 나라를 다스렸다. 신약성서에서 예수의 족보는 다윗에게까지 거슬러 올라간다(마 1:16). 그리고 마태복음 2:1-12에서 그는 분명하게 "유대인들의 왕"으로 불리고 있다. 다윗의 후손인 예수는 다윗계 제왕 전승이 가지고 있던 모든 희망들과 꿈들의 궁극적인 성취에 해당하는 분이다.

모형론적이고 예언자적인 메시야 노래들은 시인의 삶에 그 뿌리를 두고 있다. 시편 16편과 22편에서 시인의 경험은 그가 실제로 겪은 것을 넘어서는 이상적인 언어 내지는 과장된 언어로 표현되어 있다. 그러나 신약성서에서 그리스도는 그 노래들이 과장된 언어로 묘사한 것을 실제로 경험하셨다.

대관식 노래 또는 즉위식 노래는 야웨의 종말론적인 왕권을 대망하는 차원에서 "야웨께서 통치하신다"와 같은 언어를 사용한다. 모빙켈(Mowinckel)은 시편 47편; 93편; 96-99편 등과 같은 노래들이, 티아맛(Tiamat)에 대한 마르둑(Marduk)의 승리를 기념하는 바벨론의 아키투(Akitu) 축제와 마찬가지로, 이스라엘에서 인간 왕의 등극을 기념하는 연례적인 의례 행사를 가리킨다고 보면서도, 자신의 주장을 뒷받침할 만한 확정적인 성서 본문상의 증거를 내놓지 못했다(VanGemeren 1991: 32). 궁켈(Gunkel)은 모빙켈의 주장에 대한 증거를 평가하는 중에 모빙켈이 "가느다란 실 위에 너무도 무거운 짐을 얹어 놓았다"는 결론을 내린 바가 있다(Gunkel 1998: 80). 이 노래들은 좀 더 폭넓은 맥락에서 야웨의 우주적인 왕권 — 왕이신 그리스도의 미래적인 통치에서 궁극적으로 성취되는(참조. 계 19:11-16) — 에 관해 말하는 것으로 보는 것이 더 타당하다.

신약성서에서 종종 예수 그리스도에게 적용되는 시편 110편은 역사적인 인물로서의 시인에 대한 언급을 거의 가지고 있지 않은 것으로 보인다. "너는 멜기세덱의 서열을 따라 영원한 제사장이라"는 말씀(4절)은 왕에 대한 2절의 진술, 곧 "야웨께서 시온에서부터 주의 권능의 규(scepter)를 내보내시리니 주는 원수들 중에서 다스리소서"라는 진술과 결합함으로써 오로지 예수 그리스도에게만 적용될 수 있는 것으로 보인다.

시편 22편은 고전적인 탄식의 형식을 따라 만들어진 메시야 노래의 뛰어난 사례에 해당한다. 그러나 시인이 마지막 단락에서 매우 폭넓은 찬양을 고백하고 있음을 본다면, 시편 22편은 시인으로 하여금 기도하지 않을 수 없게 만든 탄식의 상황과 기도의 응답이 이루어진 후의 기쁨을 상세하게 설명함으로써, 사실상 탄식과 선언적인 찬양을 종합시킨 노래가 된다. 바이저(Weiser 1962: 219)는 이를 다음과 같이 설명한다: "이 노래는 먼저 우리를 지독한 고통의 심연 속으로 떨어뜨린다. 그 고통으로 인하여 예배자는 죽음 직전의 상황으로까지 내몰리며, 극심한 좌절감에 사로잡힌다. 그러다가 이 노래는 기도의 응답에 힘입어 찬양과 감사의 높은 언덕으로 솟아오르며, 신앙의 승리에 힘입어 성취되는 환상의 높은 언덕 — 넓은 들판을 바라보는 — 으로 솟아오른다"(참조. Menn 2000: 305-6).

시편 22편은 신약성서에 있는 그리스도의 수난 이야기들에서 자주 인용되거나 언급됨으로써 메시야 노래의 모습을 보이고 있다. 메이스(Mays 1994b: 105)는 이를 뒷받침하는 본문상의 자료들을 다음과 같이 잘 요약하고 있다:

> 시편 22편과 수난 이야기 사이의 가장 잘 알려진 상관관계는 예수께서 크게 부르짖으면서 인용하신 첫 번째 기도 문장, 곧 "엘리 엘리 라마 사박다니"(막 15:34; 마 27:46)에서 발견된다. 그러나 시편 22편의 이러한 서두 부분만이 둘 사이의 상관관계를 드러내는 것은 아니다. 당시의 전통에 비추어볼 때, 어떤 한 본문의 첫 문장을 인용한다는 것은 해당 본문 전체를 확인하는 한 방법이라 할 수 있다. 뿐만 아니라 시인의 경험에 대한 설명이 갖는 특징들이 복음서의 이야기 단락에서 나타난다(7절=막 15:29; 마 27:39; 8절=마 27:43; 15절=요 19:28; 18절=막 15:24; 마 27:35; 눅 23:34; 요 19:24). 이 노래에서 기도하는 자가 겪은 경험들은 수난 이야기의 한 부분이 된다. 이로써 복음서는 예수의 기도들과 이 노래를 연결지을 뿐만 아니라, 예수라는 한 인격과 이 노래의 자기 진술에 묘사되어 있는 인물을 연결짓는다.

네 복음서의 저자들과 히브리서가 시편 22편을 여러 차례 언급하고 있다는 사실은 초기 기독교인들 사이에서 이 노래가 아주 특별한 방식으로 그리스도의 십자가 처형을 예견하고 있었다는 데 대한 폭넓은 공감대가 형성되어 있었음을 분명하게 보여준다(이에 대한 상세한 논의를 위해서는 Menn 2000: 327-35를 참조). 복음서 저자들은 십자가 처형을 시편 22편에 비추어 해석함으로써, 예수께서 시인의 외로움과 고통을 분명하게 자신에게 적용하셨다고 본다. 크라우스(Kraus 1992: 190)는 이를 다음과 같이 설명한다: "이 모든 인용문들과 본문 언급은 예수께서 구약성서에서 이스라엘의 개개인에게 임한 고통을 전부 자신의 것으로 받아들이셨음을 분명하게 보여주려는 의도를 가지고 있다. 더 구체적으로 말해서, 초기 교회와 관련된 성서의 증언에 따르면 예수께서는 … 이스라엘 사람들이 고통스러운 것으로 경험하고 또 그로 인하여 하나님 앞에서 탄식해 마지 않던 것들을 자신의 것으로 받아들이셨다는 얘기다. 궁극적인 고통 — 오로지 이스라엘의 하나님과 더불어 맺은 깊은 관계를 통해서만 확인할 수 있는 — 은 예수께서 십자가 위에서 당하신 고통에서 구체적으로 드러난다."

시편 22편은 시인이 두려움과 믿음 사이를 오가는 1-10절의 확대된 탄원문으로 시작한다. 1절의 "내 하나님이여"와 "어찌 나를 버리셨나이까?"의 병렬에서 우리는 긴장감이 시인의 마음을 지배하고 있음을 분명하게 알 수 있다. 밀러(Miller 1986: 101)는 이를 다음과 같이 설명한다: "본절의 질문은 반복적인 하나님 부름과 강한 긴장 관계 속에 있다. 이 둘은 공히 절망과 신뢰, 의심과 믿음 사이의 긴장 관계를 중심으로 하여 전개되는 이 노래의 전체적인 특징을 잘 요약하고 있다." 실제로 시인은 이 노래에서 자신의 신학과 자신의 경험 사이에 있는 고통스러운 갈등을 마주하고 있다(Craigie 1983: 198-99).

1-5절에 있는 탄원문의 첫 번째 연은 시인의 불평(1-2절)을 먼저 보여주며, 이어서 신뢰의 고백을 통하여 그에게 있는 확신을 설명한다(3-5절). 그는 이렇게 부르짖는다: "내 하나님이여, 내 하나님이여, 어찌 나를 버리셨나이까? 어찌 나를 멀리 하여 돕지 아니하시오며 내 신음 소리를 듣지 아니하시나이까? 내 하나님이여, 내가 낮에도 부르짖고 밤에도 잠잠하지 아니하오나 응답하지 아니하시나이다"(1-2절). 하나님을 부를 때 그가 사용하는 인칭대명사 "내"(my)를 보면 시인이 하나님과의 관계를 굳게 붙들고 있음을 분명하게 알 수 있지만, 고통에 사로잡힌 절망의 외침은 그가 하나님께 버림받았다는 느낌을 가지고 있음을 확실하게 보여준다. 바이저(Weiser 1962: 220)는 이를 다음과 같이 잘 설명하고 있다: "두려움과 외로움에 사로잡혀 있는 예배자를 다른 무엇보다도 더 슬프게 하는 것은 그가 자신을 하나님께 버림받은 자로 생각하고 있다는 사실이다. 또한 그가 크게 부르짖으면서 하나님

의 도우심을 바라고 있건만 하나님께서 그에게 응답하지 않으시는 것으로 보인다는 사실도 마찬가지이다. 뿐만 아니라 그는 '왜' 하나님께서 자기를 버리셨고 '왜' 그가 응답하지 않으시는지를 직접 묻지만, 그 답을 전혀 알지 못한 채로 있다." 3-5절에 표현되어 있는 그의 확신은 역사 안에서 자기 백성 이스라엘에게 응답하신 하나님의 행동에 근거하고 있다. 시인은 자기 민족의 역사를 회상하면서, 자기 조상들이 자기가 겪은 것과 비슷한 위기를 겪었음을 생각해낸다. 그리하여 그는 곤경 속에서 그들과 똑같은 방식으로 하나님께 부르짖는다. 그들이 극심한 궁핍 속에서 하나님께 부르짖었던 것처럼 말이다. 하나님께서 과거에 이스라엘 민족의 역사에서 그들에게 신실한 모습을 보이셨던 것이야말로 시인에게 있는 개인적인 믿음의 기초를 이루고 있다. 그가 경험하고 있는 현실은 그에게 있는 확신의 기초를 이루는 좀 더 큰 이야기의 일부를 구성하고 있다. 밀러(Miller 1986: 102)는 이를 다음과 같이 잘 설명하고 있다: "과거에 대한 언급은 두 가지 목적을 가지고 있다. 무엇보다도 그것은 고통당하는 자, 곧 자신이 철저하게 부서졌으나 여전히 하나님께서 과거에 그를 버리지 않으셨고 하나님의 신실한 백성(그리고 때로는 불경건한 자들)이 허무함 속에 빠져들지 않고서 도리어 참으로 하나님의 응답을 받게 되었다는 사실을 기억하고 있는 자의 갈등을 보여준다. 현실이 어떠하든 간에 시인은 좀 더 큰 이야기, 곧 과거에 자신과 같은 상황 속에 있던 다른 사람들이 고통과 근심 중에 하나님께 부르짖었고 하나님께서는 그 부르짖음에 응답하셨다는 이야기를 잘 알고 있다."

탄원문의 두 번째 연 역시 불평(6-8절)과 확신(9-10절)을 결합시키고 있다. 시인은 하나님께 버림받았다고 느낄 뿐만 아니라 사람들에게도 철저하게 창피를 당했다고 느끼기도 한다. 그는 이렇게 말한다: "나는 벌레요 사람이 아니라, 사람의 비방 거리요 백성의 조롱 거리니이다. 나를 보는 자는 다 나를 비웃으며 입술을 비쭉거리고 머리를 흔들며 말하되, '그가 야웨께 의탁하니 구원하실 걸, 그를 기뻐하시니 건지실 걸' 하나이다"(6-8절). 야웨께 의탁할 것을 촉구하는 조롱의 말은 가장 몰인정한 말임에 틀림이 없다. 왜냐하면 그것은 시인이 곤경에 처해 있던 때에 가장 애쓰던 것이기 때문이다. 동료들의 지독한 문전박대에 직면한 시인은 9-10절에서 자신의 개인적인 인생

역정에서 하나님께서 자신에게 보여주신 신실하심을 회상한다: "오직 주께서 나를 모태에서 나오게 하시고 내 어머니의 젖을 먹을 때에 의지하게 하셨나이다. 내가 날 때부터 주께 맡긴 바 되었고 모태에서 나올 때부터 주는 나의 하나님이 되셨나이다." 시인은 주변 환경으로 인하여 자신의 하나님 개념을 바꾸기보다는 자신이 알고 있는 하나님 개념을 렌즈 삼아 자신의 주변 환경을 살펴본다.

이 노래의 탄식 단락은 11절의 서론적인 간구(11절; 나중에 19-21절에서 더 구체적으로 진술됨)와 두 개의 연으로 된 불평으로 이루어져 있다. 이스라엘 민족의 역사와 자신의 개인적인 경험 속에서 드러난 야웨의 신실하심에 대한 시인의 기억은 자신의 필요를 하나님께 아뢰도록 하는 신앙의 불꽃을 제공한다. 그는 이렇게 부르짖는다: "나를 멀리 하지 마옵소서. 환난이 가까우나 도울 자 없나이다"(11절). 단순히 하나님께 고통의 징후들을 제거해 달라고 간구하는 대신에 시인은 자신에게 있는 문제의 근원을 해결해 달라고 호소한다. 크레이기(Craigie 1983: 199)는 이를 다음과 같이 설명한다: "여기에는 죽음으로부터의 치유나 구원을 분명하게 바라는 기도가 없다(그러한 기도가 함축되어 있을 수도 있겠지만). 시인의 기도는 하나님께서 멀리 떨어져 계신 것과도 같은 현실을 제거해 달라는 요청으로 시작한다. 하나님께 버림받았다는 느낌을 가지고 있는 예배자는 하나님께 더 이상 멀리 떨어져 계시지 말라고 간구한다. 멀리 떨어져 있는 듯한 느낌은 치유 행위를 통하여 사라질 수 있겠지만, 이 기도에 담긴 간구는 그보다 더 절박한 어떤 것을 가지고 있다. 무엇보다도 예배자는 다시금 하나님의 친근한 임재를 경험하고 싶어한다. 만일에 그러한 임재가 치유를 가능케 한다면, 더욱 그것을 바랄 수밖에 없다. 그러나 설령 그렇지 않다 할지라도, 도움을 주시는 하나님 앞에서라면 질병과 죽음까지도 정면에서 마주할 수 있을 것이다."

첫 번째 연인 12-13절의 탄식에서 시인은 자신을 둘러싸고서 위협하는 것들을 묘사함에 있어서 동물 표상을 사용한다. 이러한 표상을 사용함으로써 시인은 자신을 괴롭히는 자들이 자신의 사회적인 삶을 무너뜨리려는 비인간적인 방식으로 자기를 공격했다고 주장한다(Davis 1992a: 98). 그는 그러한 위협들에 대한 자신의 반응을 14-15절에서 시적인 과장법을 사용하여 표현

한다: "나는 물 같이 쏟아졌으며 내 모든 뼈는 어그러졌으며 내 마음은 밀랍 같아서 내 속에서 녹았으며 내 힘이 말라 질그릇 조각 같고 내 혀가 입천장에 붙었나이다. 주께서(You) 또 나를 죽음의 진토 속에 두셨나이다." 15절의 마지막 행은 하나님을 2인칭으로 칭하고 있는 것으로 보인다. 왜냐하면 시인은 주권자이신 하나님이야말로 자신이 겪고 있는 모든 것의 궁극적인 원인이라는 것을 알고 있기 때문이다.

두 번째 연인 16-17절의 탄식에서 시인은 동일한 양식을 따르고 있다. 시인은 다시금 동물 표상을 사용하여 이렇게 말한다: "개들이 나를 에워쌌으며 악한 무리가 나를 둘러 내 수족을 찔렀나이다 … 내 겉옷을 나누며 속옷을 제비 뽑나이다." 이러한 위협에 대응하여 시인은 자신의 허약함에 대한 강한 느낌을 17절에서 그림 같은 언어로 표현한다: "내가 내 모든 뼈를 셀 수 있나이다. 그들이 나를 주목하여 보고." 16절의 마지막 행에 대해서는 수 세기 동안 격렬한 논쟁이 있어 왔다. 많은 번역본들이 70인역의 번역을 따른다: "그들이 내 손과 발을 찔렀나이다." 이러한 번역은 예수의 십자가 처형에 비추어볼 때 메시야적인 의미를 강하게 드러낸다. 볼(Vall 1997: 50-52)의 다양한 번역 가능성 개관이 보여주듯이, 히브리어 본문은 해석하기가 아주 어렵다. 본문을 다양한 방식으로 번역하다 보니, 다양한 학자들이 폭넓은 번역의 가능성을 보이고 있다. 그 중에는 "나의 손과 나의 발이 쇠약해졌나이다"(Craigie 1983: 195-96)나 "그들이 나의 손과 발을 묶었나이다"(Kaltner 1998: 506), "사자와도 같이 내 손과 발이 오그라들었나이다"(Strawn 2000: 447) 등의 번역이 포함되는 바, 어느 누구도 이 주석적인 수수께끼에 대한 설득력 있는 해답을 제공한 적이 없다.

19-21절의 간구에서 시인은 직접적이고도 간결한 어조를 사용한다: "야웨여, 멀리 하지 마옵소서. 나의 힘이시여, 속히 나를 도우소서. 내 생명을 칼에서 건지시며 내 유일한 것을 개의 세력에서 구하소서. 나를 사자의 입에서 구하소서. 주께서 내게 응답하시고 들소의 뿔에서 구원하셨나이다." 시인은 다양한 동물 표상들을 결합시킴으로써 자신의 두려움과 고통을 아주 인상적인 방식으로 표현하는 한 개의 합성 사진을 그려내고 있다. 그 결과 독자들은 "우주적인 혼란에서 비롯된 두려움이 특정 인물에게 임하고 있다는 느낌

을 받는다. 그것은 곧 악이 통상적인 인간의 한계 상황을 뚫고 들어올 때 발생하는 일들을 가리킨다. 그러한 일들은 인간에게 제약을 가하고 인간을 바로잡는 하나님의 구원과 섭리가 작용하지 않기 때문에 발생한다"(Mays 1994b: 110). 그는 자신을 전혀 구원하지 않으시는 듯한(1절) 하나님께 호소하면서, 멀리 떨어져 계시지 말고 도리어 자기를 위하여 속히 개입하실 것을 간구한다. 마디마디 끊어지는 간구들을 통하여 시인은 각종 위협에 직면한 자신의 탄원이 얼마나 급박한 것인지를 점점 강한 어조로 표현한다(Davis 1992a: 99).

19-21절의 간구와 22-31절의 찬양 단락 사이에 있는 기본 입장과 시각의 변화가 너무도 크다 보니, 일부 학자들은 시편 22편의 마지막 부분이 처음에는 완전히 독립적인 노래로 만들어졌다고 주장하기도 한다. 그러나 이러한 주장을 뒷받침할 만한 본문상의 증거는 어디에도 없다. 현재 형태의 노래는 이제껏 전승되어 온 유일한 형식을 가지고 있다. 적어도 70인역의 시대(주전 2세기) 이후로 말이다. 더 나아가서 표준적인 탄식의 형식은 찬양이나 찬양의 맹세로 끝을 맺는다. 따라서 시편 22편이 찬양 형식으로 끝을 맺어야 한다는 것은 전혀 놀라운 일이 아니다. 21절의 히브리어 본문은 "주께서 내게 응답하시고"로 읽히는 바, 크레이기(Craigie 1983: 200)는 이에 근거하여 시인이 고통으로부터 찬양으로 방향을 돌이킬 수 있도록 도와준 구원 신탁을 받았다는 결론을 내린다. 크레이기는 다음과 같이 추측한다: "그의 확신은 하나님께서 자신의 기도에 응답하실 것이라는 믿음에 기초하고 있다. 그러나 무엇보다도 그것은 제사장(또는 예언자)이 선포한 구두 메시지 — 하나님께서 응답하실 것이라는 — 에 의하여 생겨난 것이다." 시편 22편을 마무리하는 긴 찬양 단락은 탄식의 노래들에서 흔히 발견되는 짤막한 찬양의 맹세보다는 선언적인 찬양의 노래들에서 발견되는 찬양에 더 가깝다. 이 때문에 시편 22편은 무엇보다도 시인이 경험한 것의 앞뒤를 종합적으로 그린 그림으로 여겨질 수도 있을 것이요, 따라서 탄식의 노래와 선언적인 찬양의 노래를 결합시킨 특징들을 가지고 있는 셈이다. 메이스(Mays 1994b: 106-7 [참조. Williamson 2003: 9])는 다음과 같이 이러한 가능성을 암시하고 있다: "사람들은 단순히 본문을 읽기만 해도 한 가지 차이점, 곧 [탄식] 유형의 발전된 형

태 — 본문의 한계를 벗어나 그것을 뛰어넘기 시작하는 — 를 이 본문에서 느낄 수 있다. 이 노래는 궁극적인 가능성들 — 이 노래가 개관하고 있는 사건 안에 숨어 있는 — 을 향해 나아가는 강렬함과 포괄성을 가지고 있다. 그것은 곧 고통당한 자가 자신의 무기력함 속에서 하나님께 호소하는 한편으로, 도움을 얻기 위해 하나님을 찬양하는 것을 말한다."

시인은 자신의 개인적인 결심을 밝힘으로써 이 노래의 찬양 단락을 시작한다: "내가 주의 이름을 형제에게 선포하고 회중 가운데에서 주를 찬송하리이다"(22절). 그의 찬양이 공동체적인 맥락 속에 있다는 것은 중요한 의미를 갖는다. 이는 하나님의 구원이 공동체 소속감을 회복시켜줌을 뜻한다. 하나님과의 공동체 관계 및 그동안 소원함을 느꼈던 다른 사람들과의 공동체 관계에 있어서 말이다. 시인은 점점 동심원을 넓혀가면서 다른 사람들에게 야웨를 찬양하는 일에 참여할 것을 청한다. 23-26절에서 그는 이스라엘 백성에게 시인 자신을 보살펴줌으로써 그의 기도에 응답하신 야웨를 찬양할 것을 권한다. 이스라엘을 향한 이러한 찬양 권유에는 시인이 야웨께 대한 맹세를 지키기 위한 일환으로 친교의 식사를 주도하는 일이 포함된다(25-26절). 바이저(Weiser 1962: 225)는 이를 다음과 같이 설명한다: "자신의 감사를 구체적으로 표현하기 위하여 그는 경건한 자들 중에서 서원 예물을 드리고자 하며, 가난한 자들을 식사 자리에 초청함으로써 그들로 하여금 자신의 행복에 동참하게 만들고자 한다. 그리하면 '그들의 마음이 영원히 살 것이다.' 그들은 시인을 도우신 하나님이 자기들의 어려운 사정 역시 무시하지 않을 것임을 확신하게 될 것이다."

청중의 범위를 더욱 확대시킨 시인은 27-29절에서 모든 나라들에게 야웨를 찬양할 것을 청한다: "땅의 모든 끝이 야웨를 기억하고 돌아오며 모든 나라의 모든 족속이 주의 앞에 예배하리니, 나라는 야웨의 것이요 야웨는 모든 나라의 주재심이로다. 세상의 모든 풍성한 자가 먹고 경배할 것이요, 진토 속으로 내려가는 자, 곧 자기 영혼을 살리지 못할 자도 다 그 앞에 절하리로다." 온 세상으로 하여금 순종함으로 야웨께 돌아설 것을 청함으로써 시인은 야웨의 우주적인 왕권을 주장한다. 29절의 진술은 다양한 방식으로 해석되어 왔다. 어떤 이들은 29절이 죽은 자들은 하나님을 찬양하지 못한다고 말하는 시편 6:5이나 다른 구절들과 모순된다고 본다. 그러나 이는 죽어가는 자들을 가리킬 수도 있다. 메이스(Mays 1994b: 112–13)는 이를 다음과 같이 추론한다: "죽어가는 자들조차도 예배의 응답에 참여한다는 것은 놀라운 일이 아닐 수 없다. 시편의 사상 세계에 따르면, 죽은 자들은 주님을 찬양하지 못한다. 29절은 이미 죽은 자들을 포함하지 않는 것으로 보인다(29절 마지막과 30절 서두의 히브리어 본문은 해석하기가 아주 어렵다). 그렇지만 죽음의 고통 속에서 주님을 찬양한다는 것은 고통당하던 자의 구원 — 죽어가는 것 자체를 주님의 통치 영역 안으로 밀어 넣는 — 으로 인하여 어떤 심각한 변화가 일어났음을 의미한다." 우리는 또한 이것이 자신의 논지를 특별히 생생하게 전달하기 위해 시인이 사용한 과장된 시어(詩語)의 또 다른 예일 수도 있음을 염두에 두지 않으면 안 된다(Davis 1992a: 102–3).

마지막 구절에서 시인은 자신의 시대로부터 멀리 떨어진 시대에 이르기까지 야웨 찬양이 계속될 것임을 전망함으로써, 자신의 시야를 미래로 확장시킨다: "후손이 그를 섬길 것이요, 대대에 주를 전할 것이며, 와서 그의 공의를 태어날 백성에게 전함이여, 주께서 이를 행하셨다 할 것이로다"(30–31절). 시인이 부른 단일한 찬양 음조는 점점 강해져서 야웨의 의로우신 성품 — 시인의 경험을 변화시킨 — 을 높이는 끝없는 교향곡으로 발전하게 될 것이다.

대관식 노래(시 98편)

시편의 많은 노래들이 야웨를 왕으로 칭하거나 그의 왕적인 통치를 전제하는 은유적인 언어를 사용한다. 그러나 몇몇 노래들은 그와 비슷한 제왕 표상과 언어를 집중적으로 사용함으로써 대관식 노래로 불리게 된다. 컬리(Culley 2002: 258)는 이를 다음과 같이 설명한다: "시편 47편, 93편, 95편, 96편, 97편, 98편, 99편 등은 한 무리의 서로 관련된 노래들을 이루고 있다는 느낌을 준다. 왜냐하면 이 노래들은 상당량의 비슷한 구절들과 표상들을 공유하고 있기 때문이다. 무엇보다도 이 노래들은 야웨를 이스라엘만이 아니라 모든 나라들의 왕으로 묘사하며, 창조의 주제를 두드러지게 강조한다. 이 노래들이 공유하고 있는 시어는 결코 이 노래들에게만 한정되지 않으나, 이 노래들에서처럼 집중적으로 나오는 경우는 없다." 이 노래들에서 야웨는 보좌에 앉아계신 분으로, 창조 질서를 주관하시는 분으로, 자기 백성을 위해 싸우시는 전사로, 그리고 이스라엘 백성의 왕으로 묘사된다(Tanner 2001: 110-11). 이렇듯이 그의 왕권은 민족적이면서도 우주적인 차원들을 가지고 있다.

야웨의 위대하심과 선하심을 높이는 서술적인 찬양의 기본 구조를 가지고 있는 대관식 노래는 '야웨 말락'이라는 특징적인 구절을 가지고 있다. 이 표현은 그동안 몇 가지 다른 방식으로 번역되어 왔다: "야웨께서 통치하신다"; "야웨는 왕이시다"; "야웨께서 왕이 되셨다." 메이스(Mays 1993a: 118)는 이러한 번역들의 미묘한 차이를 다음과 같이 설명한다: "첫 번째 번역은 왕이 다스리는 나라를 하나의 행동(activity)으로 이해하며, 두 번째 번역은 그것을 하나의 역할(role)로 이해한다. 그리고 세 번째 번역은 그것을 하나의 사건(event)으로 이해한다. 각 번역은 다른 번역의 정확성을 부정하지 않는 까닭에 그 나름의 장점을 가지고 있다. 이는 그 구절이 뜻하는 바가 너무도 복잡하고 심오하기 때문이다." 이 세 가지 번역은 공통적으로 야웨의 의로우심에 뿌리박고 있는 그의 왕권 개념을 철저하게 확신하고 있다(Roberts 2002: 680-81).

학자들은 대관식 노래들에서 본문상의 증거들을 찾으면서 그 노래들의 구체적인 배경을 재구성하려고 노력하는 중에, 시야를 좁혀 해당 노래들의 구체적인 특징들에 초점을 맞춤으로써 자기들의 이론을 정립한 다음에, 그 노래들의 배경을 설명하려는 의도 하에 자기들이 얻은 결론을 일반화시킨다. 크로스(Cross)와 이튼(Eaton) 및 다른 많은 학자들의 지지를 받고 있는 모빙켈(Mowinckel)은 대관식 노래들의 언어를 추적하여 바벨론과 가나안의 종교 의식들에까지 거슬러 올라간다. 이들의 입장을 지지하는 태너(Tanner 2001: 111)는 이를 다음과 같이 설명한다: "그들의 작품은 다른 이들의 작품과 더불어 이 노래들과 다른 찬양의 노래들이 자기들의 개념적인 틀과 간간이 발견되는 평행구를 고대 근동 지역에서 숭배되던 다른 신들의 대관식과 관련된 노래들과 의례들과 축제들로부터 가져왔다는 사실이 결론적으로 입증되었다." 그러나 베스터만(Westermann 1981: 147)과 다른 많은 학자들(Longman 1984: 270의 참고문헌 참조)은 올바르게도 이러한 견해를 거부하였다. 크라우스(Kraus 1993a: 45)는 고대 근동의 대관식 언어조차도 이교도들의 그릇된 개념을 전제하고 있다고 강하게 주장한다. 왜냐하면 시편의 대관식 노래들은 야웨를 영원토록 보좌에 앉아 계신 분으로 묘사하되, 그것이 연례적인 즉위 행사에서 그런 것이라고 보지 않기 때문이다. 크라우스는 이를 다음과 같이 추론한다: "'야웨의 대관식'이라는 개념은 야웨가 죽었다가 다시 살아나는 운명의 수레바퀴의 순환 구조에 종속되어 있다는 가정으로부터 비롯된 것임에 틀림이 없다. '왕이 된다'거나 '보좌 위에 오른다'는 것은 전에 왕이 아니었거나 일시적으로 왕권을 잃은 자에게서만 이루어질 수 있는 일이다(제의—신화적인 드라마에 따르면). '야웨의 대관식'을 주장하는 자는 어느 누구도 이러한 관련성을 피하지 못한다. 그들은 야웨께서 한때 자신의 왕권을 잃었거나 포기했음을 나타내는 증거를 구약에서 찾으려고 노력한다. 그러나 그러한 증거를 찾아낸다는 것은 거의 불가능하다." 크라우스의 비판에 비추어볼 때 이 노래들은 왕권 찬미가(kingship psalms)의 범주에 속한 노래들로 보는 것이 더 나을 것이다. 그러나 대관식 노래라는 범주가 시편 연구에서는 너무도 친숙한 것이기에, 학자들의 책에서 어떤 변화를 기대하기는 어려울 것으로 보인다(Tate 1990: 505).

다른 학자들은 야웨의 역사적인 이스라엘 통치를 암시하는 내용들을 이 노래들에서 찾으려고 애쓰며, 그의 왕권을 그러한 맥락에서 이해하려고 노력한다. 메이스(Mays 1993a: 119-20)는 시편 47편; 68편; 98편; 114편 등이 온 세상 나라들 사이에 이스라엘이 세워진 사실에 대해서 말하고 있음을 주목한다. 그는 이를 다음과 같이 설명한다: "이 모든 노래들은 이스라엘의 시작이나 포로기 이후의 재생에 관한 전승을 분명하게 언급하고 있다. 이 노래들은 출애굽 사건, 바다와 요단강을 건넌 일, 광야에서의 섭리, 시내산에서 광야를 거쳐 가나안의 여러 왕들과 군대들과 나라들을 상대로 하여 싸우면서 약속의 땅으로 들어가기까지의 여정 등을 회상하고 있다." 야웨의 왕권이 그의 이스라엘 통치를 포함하고 있음은 부정할 수 없지만, 이러한 배경은 너무도 협소한 것이어서 이 노래들이 가지고 있는 다른 언어 — 국가적인 범위를 넘어서는 — 를 설명할 수 없을 것으로 보인다.

대관식 노래들은 몇 차례에 걸쳐서 야웨의 계속되는 우주적인 왕권에 관해서 말한다. 자연에 대한 그의 통치와 세상 나라들에 대한 그의 통치가 그렇다. 로버츠(Roberts 2002: 680)는 이를 다음과 같이 설명한다: "야웨의 최고 통치는 창조에 뿌리를 두고 있다. 그것은 이스라엘이나 다윗 왕정 또는 예루살렘의 운명 등보다 앞서는 것이요, 따라서 그것들에 의존하는 것이 아니다. 다른 나라들에 대한 하나님의 통치권은 그가 이방 나라들을 포함하는 세계 전체를 창조하셨다는 사실에 근거하고 있는 것이지, 그들에 대한 이스라엘의 역사적인 정복에 근거하고 있는 것이 아니다(시 95:2-5; 96:3-10). 이러한 신학은 창조주이신 하나님께서 모든 민족들에게 이 세계 안에 그들의 자리를 지정해 주시고, 그들과 이스라엘 사이의 직접적인 관련성과는 전혀 별개로 계속해서 그들의 운명을 이끌어 가심을 뜻한다(참조. 신 32:8-9; 시 82편)."

만일에 대관식 노래들에 있는 '야웨 말락'이라는 표현이 이에 필적하는 이사야 52:7의 언어와 연결되는 것이라면, 그것은 미래의 메시야 왕국이라는 배경 속에서 이해될 수도 있다. 로스(Ross 1985: 786)는 다음과 같이 주장한다: "하나님의 통치가 갖는 특징들(예로서, 그의 통치 주권을 드러내는 위대한 구원의 행동들)을 여러 곳에서 드러내고 있는 대관식 노래들에 대하여 다른 얘기를 할 수도 있겠지만, 이곳에 사용된 용어의 충분한 의미는 메시야 왕국과 관련되어 있다. 이 노래들이 사용하는 언어, 곧 시내산 현현을 연상시키는 언어는 기대되는 메시야 왕국에 대한 예언 신탁과 잘 조화를 이루고 있다. 사실 '하나님께서 통치하신다'는 표현은 고난 받는 종의 미래 통치에 관해 언급하는 이사야 52:7에서도 발견된다." 기독교의 시대에 이러한 왕권 언어는 하나님의 메시야적인 아들로 경배되던 예수에게 그대로 적용된다(Roberts 2002: 684).

대관식 노래들과 관련된 자료들이 보여주는 다양한 경향들에 비추어 본다면, 대관식 노래들에 있는 야웨 왕권 개념은 복합적인 의미를 가진 것으로 보는 것이 가장 적절할 것이다(Joyce 1993: 44). 야웨는 창조의 때 이후로 보좌에 앉아 세계를 통치하시는 분이다. 그의 우주적인 통치는 물질계와 인간계 전체에 걸쳐 있다. 그는 모든 민족들 위에 뛰어나신 분이지만, 아주 특별한 방식으로 이스라엘 민족을 다스리는 분이기도 하다. 그들을 위해 싸우시는 전사로서 말이다. 그러나 야웨의 왕권은 현재를 넘어 미래의 메시야 왕국에까지 미친다. 그 왕국에서 하나님의 기름 부음 받은 자인 그리스도는 하나님 나라의 영원한 기초인 의를 기본으로 하여 다스릴 것이다.

시편 98편은 '야웨 말락'이라는 구체적인 어구를 포함하고 있지 않으나, 이와 긴밀하게 평행을 이루는 '함멜렉 야웨'(직역하면 "왕이신 야웨")라는 표현(6절)으로 인하여 대관식 노래 또는 왕권 찬미가의 범주에 포함된다. 서술적인 찬양의 성격을 갖는 두 개의 연으로 짜여져 있는 시편 98편은 점점 확장되는 찬양의 범위를 특징으로 가지고 있다. 이스라엘에서 시작하여 열방을 거쳐 마지막에는 생명 없는 피조물에 이르기까지 모든 것들이 야웨를 왕으로 찬미한다.

이 노래의 본래적인 배경에 대해서는 논란이 많다. 어떤 해석자들은 1절의 언어에 기초하여 이 노래가 애굽 군대에 대한 출애굽기 15장의 승리를 가리킬 수도 있다고 주장한다(Tanner 2001: 117). 반면에 또 어떤 해석자들은 이사야 52:7-10에서도 비슷한 용어가 사용된다는 점에 착안하여, 이 노래가 이스라엘을 바벨론 포로로부터 건지시는 야웨의 구원 행동을 경축하는 것이라고 주장한다(Leupold 1959: 691; Mays 1994b: 313). 롱맨(Longman 1984: 272)은 이 노래를 전사이신 야웨를 찬양하는 포괄적인 승전가로 보는 것이 더 낫다고 주장한다: "현대 학자들이 어떤 특정한 역사적 사건을 짚어내기 위해 장황한 논지를 전개하지만, 그들은 이 노래의 근본 목적, 곧 그것이 항상 오늘날의 예배 상황에 적합한 것으로 사용되어야 한다는 목적에 반하는 주장을 내세우고 있다. 시편 98편은 아주 오랜 과거에 있었던 역사적인 구원을 기억하기 위해 부르는 노래가 아니라, 이스라엘이 자신의 역사 속에서 경험한 무수한 구원들 모두를 포함하는 방식으로 짜여진 노래이다."

첫 번째 연은 짧막한 찬양 권유로 시작하며(1a절), 이어서 찬양의 이유를 폭넓게 설명한다(1b-3절). 청중이 누구인지는 정확하게 서술되어 있지 않으나, 3절은 이 노래가 무엇보다도 이스라엘 민족을 염두에 두고 있음을 암시한다. 이스라엘 민족은 "새 노래로 야웨께 찬송하라"는 권면을 듣는다. 이사야 42:10에 의하면, 새 노래는 자기 백성을 위한 야웨의 구원을 경축하면서, 그가 과거에 이루셨던 일을 되돌아볼 뿐만 아니라, 그가 앞으로 성취하실 일까지도 내다본다(Davis 1992b: 172). 이와 동일한 개념은 계시록 5:9에서도 발견된다. 이 본문에 의하면, 성도들은 하나님을 위하여 모든 족속과 모든 언어와 모든 민족과 모든 나라에 속한 사람들을 구원하려는 목적에서 죽임을 당한 어린 양을 찬미하는 새 노래를 부른다.

찬양의 이유는 다음과 같은 선언으로 시작한다: "그가[야웨께서] 기이한 일을 행하사 그의 오른손과 거룩한 팔로 자기를 위하여 구원을 베푸셨음이로다"(1b절). 이러한 언어는 출애굽 해방을 경축하는 바다의 노래(출 15:6, 12, 16)와 평행을 이룬다. 그것은 또한 시내산 현현(신 33:2), 가나안 정복(시 78:54), 야웨의 이스라엘 구원에 대한 지정되지 않은 찬양(시 118:15-16) 등과 관련해서도 사용된다. 여기서 가장 핵심을 이루는 의미는 야웨께서 구원을 이루기 위하여 자신의 힘을 통하여 일하신다는 점이다. 왜냐하면 그는 전능하신 분이요, 우주적인 주권자이시기 때문이다. 바이저(Weiser 1962: 637)는 이를 다음과 같이 설명한다: "야웨는 세계적인 강대국이나 이스라엘 어디로부터도 도움을 필요로 하지 않으시는 분이다. 바로 이 때문에 오로지 야웨의 팔만이 높임을 받는다(거룩해진다). 지상 세계의 어떠한 인간 제국도 그의 영광을 공유하지 못한다. 오직 하나님만을 전심으로 찬양하기 위하여 시인은 여기에서 대담하게 모든 역사적인 가능성들을 무시하며, 자신의 생각을 하나님께 집중함으로써 기적적인 요소를 강조한다."

찬양의 이유는 2-3절에서 계속된다: "야웨께서 그의 구원을 알게 하시며 그의 공의를 뭇 나라의 목전에서 명백히 나타내셨도다. 그가 이스라엘의 집에 베푸신 인자와 성실을 기억하셨으므로 땅 끝까지 이르는 모든 것이 우리 하나님의 구원을 보았도다." 이스라엘이 야웨의 구원 개입을 직접 경험하였음은 불문가지의 일이다. 그러나 야웨께서 이스라엘을 위하여 행하신 일은 오로지 이스라엘만의 유익을 위한 것이 아니다. 그것은 하나님께서 하신 일을 목격한 열방을 위해서도 깊은 의미를 가지고 있다. 메이스(Mays 1993a: 120)는 이를 다음과 같이 설명한다: "이스라엘의 구원을 통하여 야웨께서는 자신의 의를 열방에 드러내셨으며, 자신이 세상을 통치하시고 심판하기 위하여 왕으로 임하심을 알게 하셨다."

두 번째 연인 4-9절은 열방이 목격한 것에 대한 설명(2-3절)에 기초하고 있다. 여기서 찬양 권유는 광범위한 대상을 겨냥하고 있으며, 4-8절과 9절의 첫 번째 구절로 이루어져 있다. 이 찬양 권유는 온 땅을 겨냥하고 있으며, 열방을 향하여 "최대한의 기쁨을 표현"할 것을 촉구한다(Kidner 1975: 353). 흔히 승전 용사를 환영하기 위해 연주하는 기쁨의 음악(참조. 삿 11:34; 삼상 18:6-7)을 통하여 열방은 자기들의 왕인 야웨께 찬양의 교향곡을 올려 바쳐야 한다. 7-8절은 생명 없는 피조 세계로 하여금 우주적인 기쁨을 노래하는 거대한 성가대에서 인간의 목소리와 함께 찬양할 것을 요청한다. 데이비스(Davis 1992b: 171)는 이러한 찬양 권유의 의미를 다음과 같이 설명한다: "강들과 산들에게 찬양할 것을 지시함으로써 이 노래는 비인간계를 수동적이고 무감각한 것으로 보는 현대인들의 안일하고도 위험스러운 견해 — 자연을 권위적이면서도 때때로 광적인 모습을 보이는 인간 행위자들의 무대로만 생각하는 — 를 무너뜨린다. 온 세상은 현재 있는 그 모습 그대로 의미 있는 것이다. 사실은 자연 자체가 아니라 피조 세계 전체가 창조주의 현존과 그의 뜻에 크게 순복하는 모습을 보이며, 심판의 최종 목표인 하나님의 뜻이 인간의 삶 속에 완전히 계시되는 때를 손꼽아 기다리고 있다(참조. 롬 8:19-22)." 창세기 3장의 타락 이야기가 보여주듯이, 물질계는 죄에 대한 하나님의 저주의 영향을 받았으며, 지금은 자신을 허무감으로부터 해방시켜 미래의 영광스러운 자유로 이끌어줄 하나님의 통치를 열망하고 있다. 이 노래는 두드러진 시적 의인법을 사용하여 강들에게는 손뼉을 치라 명하고, 산들에게는 야웨 앞에서 기쁨의 노래를 부르라고 지시한다.

열방이 야웨를 찬양해야 할 이유는 9절에 설명되어 있다: "그가[야웨께서] 땅을 심판하러 임하실 것임이로다. 그가 의로 세계를 판단하시며 공평으로 그의 백성을 심판하시리로다." 야웨께서는 과거에 이스라엘을 구원하심으로써 자신을 우주의 통치자로 계시하셨다(Mays 1993a: 120). 야웨께서는 과거에 이스라엘의 삶에 개입하신 것과 마찬가지로, 앞으로도 자신의 정의로운 통치가 온 세계에 미치게 하실 것이다. 이것은 큰 기쁨을 불러일으킨다. 왜냐하면 야웨의 의와 공평하심이야말로 그의 통치의 기초를 이루기 때문이다. 인간 통치자들을 특징짓는 불의나 변덕스러움과는 대조적으로 야웨의 통치는 그의 도덕적인 완전함을 특징으로 갖는다.

크라우스(Kraus 1992: 71)는 이를 다음과 같이 설명한다: "야웨를 왕으로 송축하는 노래들은 이스라엘의 희망이 궁극적으로는 온 세상에 대한 야웨의 왕적인 권세의 현시와 그로 인한 승리 — 가시적이면서 충분히 느낄 수 있는 — 를 목표로 하고 있음을 분명하게 보여준다. 또한 그 노래들은 야웨의 왕적인 권세가 현재 상황으로부터의 확실한 구원과 현재 상황의 변화를 포함하며, 모든 민족들의 구원까지도 포함하고 있음을 보여주기도 한다." 예수를 만왕의 왕이요 만주의 주로 밝히는 신약성서(계 19:16)에 비추어볼 때, 시편 98편은 그리스도의 메시야 왕국에 적용할 수도 있다. 롱맨(Longman 1984: 273)은 이를 다음과 같이 설명한다: "오늘날의 기독교인들은 시편 98편을 자신의 과거에 이루어진 그리스도의 구원과 현재 자신의 삶을 다스리시고 이끄시는 그리스도의 은총 및 장차 있을 심판관으로서의 그리스도의 통치 등을 기억하는 노래로 사용할 수 있을 것이다." 이 노래가 고대 이스라엘의 신앙에 뿌리를 두고 있는 것이긴 해도, 그 내용은 미래로 확장되어 모든 인간과 모든 피조 질서로 하여금 야웨의 통치가 완전히 이루어지는 때를 기대하게끔 한다.

지혜의 노래(시 127편)

제각기 그들 나름의 특징적인 구조와 형식을 가지고 있는 서술적인 찬양과 선언적인 찬양 및 탄식의 노래 등과는 달리, 지혜의 노래는 공통된 내용을 통하여 확인 가능하다. 구약성서의 지혜문학은 두 가지의 주요 유형들을 포함한다. 잠언에서 발견되는 전통적인 지혜는 "삶은 어떻게 이루어져 가는가?"라고 물음으로써, 인간의 삶을 질서 잡힌 원리들로 환원시키려고 노력한다. 반면에 욥기와 전도서에 있는 사변적인 지혜는 "왜 삶은 마땅히 그렇게 되어야 할 방향으로 움직이지 않는가?"라고 물음으로써, 심오한 철학적인 물음들과 더불어 씨름하는 중에 전통적인 지혜를 보충하는 역할을 수행한다. 지혜의 노래들은 세 권의 지혜서와 유사성을 공유하고 있는 것으로 보이게 만드는 문학적인 형식과 주제 및 기교 등에 집중하는 모습을 보인다. 쿤츠(Kuntz 2003: 151)는 다음과 같은 결론을 내린다: "어떤 노래를 개인 탄식의 노래로 분류해야 하는지 그렇지 않은지를 결정짓는 요인들이 지혜의 노래들을 결정짓는 요인들보다 훨씬 더 강한 학문적 합의를 요청하는 반면에, 몇몇 식별 가능한 시편 노래들의 특징들은 어떤 것이 진정한 지혜의 노래들인지를 금방 알 수 있게 해준다. 그 중에는 한 무리의 문체상의 특징들, 전형적인 어휘들, 잠언과 욥기와 전도서에서 정기적으로 나타나는 주제들 등이 포함되어 있다." 부정확한 것임에 틀림이 없는 이러한 기준으로 인하여 지혜의 노래들을 결정하는 적절한 기준이 무엇인지에 관하여 학자들 사이에 많은 논쟁이 벌어졌다(Terrien 1993: 54에 있는 참고문헌을 보라).

이 문제에 관한 다양한 견해들의 한쪽 끝에는 엥넬(Engnell)과 라이텐(Luyten)이 있다. 이들은 지혜의 노래들이 존재하지 않는다고 주장한다(Kurtz 2000: 146). 반면에 델(Dell 2000a: 64)은 다양한 해석자들에 의하여 지혜의 노래들로 간주된 27개의 노래들이 이 범주에 속한다고 보았다. 그녀는 지혜가 시편 전체에 미친 영향에 관해 말하기를 좋아하는 바, 그녀의 입장은 다음과 같다: "이처럼 많은 노래들과 그 노래들을 지혜의 범주에 포함시키게끔 하는 많은 기준들로 인하여, 그것들이 지혜를 구성하는 것들에 대한 정의에 어느 정도 기여하는지를 결정하는 게 쉽지 않다. 지혜의 노래들을 결정짓는 기준은 대체적으로 다른 지혜문학과의 유사성에 기초하고 있는 것으로 보인다. 따라서 우리는 이러한 출발점에서 비롯된 정의에 더 이상 새로운 것을 추가할 수 없다. 뿐만 아니라 이러한 분류 작업을 진행할 때 어디서 선을 그어야 할지를 안다는 것도 쉬운 일이 아니다. 우리가 보기에는, 이스라엘의 현자들이 마침내 시편에 표현되어 있는 제의적인 삶에 참여하였거나 직접 영향력을 행사했음을 나타내는 충분한 증거가 있는 것으로 보인다. 그러나 그 영향력이 어느 정도였는지를 안다는 것은 쉬운 일이 아니다"(Dell 2000a: 75-76).

지혜의 노래들을 규정하는 정확한 요인들에 관한 논의는 궁켈(Gunkel)에게까지 거슬러 올라간다. 궁켈은 어떤 노래들이 시편의 장르 범주들 — 자신이 밝혀낸 — 에 속하지 않는다는 점을 인식하였다. 궁켈은 시편 1편; 27편;

49편; 73편; 112편; 127편; 128편; 133편 등을 "시편의 지혜시"로 규정하였다. 그는 다음과 같이 주장한 바가 있다: "그 노래들은 교훈적인 목적을 가지고 있었으며, 다른 유형의 노래들과는 대조적으로 처음부터 성전에서 거행되던 공적인 예배와 아무런 관련성도 가지고 있지 않았다"(Whybray 1995: 152).

궁켈의 제자인 모빙켈(Mowinckel)은 이러한 통찰들을 발전시켜 시편 1편; 34편; 37편; 49편; 78편; 105편; 106편; 111편; 112편; 127편 등이 제의와 무관한 사적인 가르침을 목적으로 하는 교양시(learned psalmody)에 해당한다고 보았다. 존스턴(Johnston 1997: 22)은 이를 다음과 같이 설명한다: "모빙켈은 이 노래들이 성전 예전의 배경에 적합하지 않음을 알고서, 그것들을 제의와 무관한 것으로 이해하려고 노력하였다. 지혜의 노래들은 공적인 예배를 지향하기보다는 하나님을 찬양하고 젊은이들을 가르치려는 목적의 사적인 작품들의 성격을 더 많이 가지고 있는 것들로 간주되었다."

최근의 시편 연구자들 중 퍼듀(Perdue 1977: 261-343)는 지혜의 노래들을 상당히 길게 논의하고 있다. 그는 지혜의 노래들 안에 지혜서와 서로 다른 특성들을 공유하고 있는 세 개의 하부 그룹들이 있음을 발견하였다. 퍼듀는 시편 1편; 19B편; 34편; 37편; 73편; 112편; 127편 등을 격언시(proverb poems)로 부른다. 시편 32편과 119편은 '아슈레'("오! … 는 행복하도다")라는 용어의 사용을 특징으로 가지고 있다. 시편 19A편과 49편의 수수께끼와도 같은 노래는 수사학적인 지혜의 전략들을 일부 사용하고 있다.

크렌쇼(Crenshaw 1998)는 네 개의 노래들(시 37편; 39편; 49편; 73편)을 지혜의 노래에 속한 것들로 간단하게 소개한다. 그러나 쿤츠(Kuntz 2003: 149)는 이 노래들을 포함시키는 그의 기준이 너무 편협한 것이라 하여 거부한다: "그의[크렌쇼의] 시각에서 본다면, 수사학적인 수단에 해당하는 낱말이나 주제가 지혜의 노래와 히브리 정경의 고전적인 지혜서들(잠언, 욥기, 전도서)이 갖는 특징들을 드러내는 경우에만 주목할 가치가 있다. 그의 지나친 꼼꼼함은 권장할 만한 것이 못 된다. 이른바 지혜의 노래들을 연구하다 보면, 당연히 구체적인 기준들을 적용해야만 한다. 그러나 우리는 그럼에도 불구하고 그러한 구체적인 기준들 — 그것들 중 어떤 것은 지혜적이고, 또 어떤 것은 그렇지 않지만 — 이 한데 모여서 하나의 문학적인 작품을 이루게 된다는 점을 인식하지 않으면 안 된다. 다른 모든 노래들과 마찬가지로 지혜의 노래들 역시 부분적이나마 그 자신의 특징을 가진 독립적인 본문에 해당하는 것이다."

머피(Murphy 2002: 103)는 성서의 지혜문학과 더불어 공유하는 문체상의 특징들을 지혜의 노래를 판정하는 기준으로 사용한다. 이에 기초하여 그는 시편에 있는 노래들 중 일곱 개를 지혜의 노래에 속한 것으로 제시한다: 시편 1편; 32편; 34편; 37편; 49편; 112편; 128편. 그런가 하면 쿤츠(Kuntz 2000: 149)는 지혜의 노래에 열 개가 있다고 본다: 시편 1편; 32편; 34편; 37편; 49편; 73편; 112편; 127편; 128편; 133편. 이 열 개를 쿤츠는 문장 격언 내지는 확대된 격언(시 127편; 128편; 133편)과 이합체로 된 노래(시 34편; 37편; 112편) 및 통합적인 지혜의 노래(시 1편; 32편; 49편; 73편) 등으로 세분한다.

이상의 간략한 개관을 통하여 우리는 지혜의 노래들을 판정하는 데 사용되는 구체적인 기준들에 대해서 공통된 합의가 없음을 알 수 있다. 그러는 한편으로, 지혜의 노래들이 문학적인 특징들이나 내용에 있어서 잠언과 욥기와 전도서 등 성서의 지혜문학과 본질적으로 공통되는 기초 위에 서 있다는 점에 대해서는 폭넓은 합의가 이루어져 있다. 화이브레이(Whybray 1995: 160)는 이를 다음과 같이 잘 설명하고 있다: "이 전문 용어[지혜의 노래들]는 이른바 지혜서들과 현저한 유사성을 가진 몇몇 노래들과 그 노래들의 내용을 찾아냄으로써 지혜문학의 범위를 확장시키는 데 유용하게 사용될 수 있을 것이다. 그러나 그것을 너무 분별없이 사용하는 것은 구약학 분야에서 '지혜' 개념이 갖는 독특성을 약화시킬 수도 있으며, 사람들의 시선을 시편 전체의 특징이 무엇인가에 대한 문제로부터 멀어지게 만들 수도 있다."

지혜는 세속적인 사유 양식이라기보다는 "시편의 노래들을 편집하던 시인들의 사상을 구체화시켜주는 세계관이요, 교양 있는 자들에게 속한 것으로서 글을 쓸 수 있는 능력을 가리키며, 다른 사람들로부터 절연된 삶의 영역에 속한 것이 아니다"(Dell 2000a: 68). 따라서 시편에서 지혜와 찬양 사이에, 그리고 지혜와 간구 사이에 본문상의 관련성이 있다는 것은 전혀 놀라운 일이 아니다. 지혜는 지속적으로 하나님에 관해 묵상하거나 하나님께 초점을 맞춤으로써 찬양과 간구를 향해 나아갈 수 있다(Johnston 1997: 35-37). 지혜의 노래는 깊은 묵상과 경건 — 예배 공동체에 속한 시인이 자신의 마음과 영혼과 뜻을 다하여 그의 하나님 야웨를 사랑하는 — 을 통하여 아주 특별한 방식으로 지성과 감성을 결합시킨다.

시편 127편은 사실상 지혜의 노래라는 장르에 속한 노래들의 모든 목록에 항상 포함되어 있다. 이 노래는 지혜서의 몇몇 강조점들에 대하여 묵상하는 두 마디의 격언들로 이루어져 있다. 궁켈(Gunkel)을 비롯한 일부 학자들은 1-2절과 3-5절에 있는 두 개의 지혜 격언이 완전히 분리되어 있다고 주장한 바가 있다. 그러나 많은 학자들은 이 두 격언이 무수한 음성학적이고 구조적인 차원에서 서로 연결되어 있다고 보아 그러한 견해를 거부한다. 알렌(Allen 2002: 238)은 그 증거를 면밀히 살핀 후에 다음과 같은 결론을 내린다: "두 개의 연이 서로 촘촘하게 엮어져 있다는 것은 이 노래가 통일성을 가지고 있는 작품임을 암시한다. 오늘날의 독자들에게는 두 개의 연이 서로 이질적인 것으로 여겨질 수도 있겠지만 말이다." 시편 127편에 있는 두 개의 격언은 문제와 해결이라는 구조로 연결되어 있다. "3-5절의 격언은, 이 단락이 본래 1-2절의 지혜 격언에 대한 응답으로 만들어졌는지, 아니면 독립적인 문맥으로부터 가져온 것인지와는 무관하게, 현재 형태로 만들어진 노래의 첫 번째 연이 제기한 인간 삶의 의미 문제에 대한 해답으로서의 역할을 수행한다. 인간은 자녀를 양육함으로써 의미 있는 삶을 지속해갈 수 있는 가능성을 확보할 수 있다. 그의 영향력은 그 자신의 시간적이고 지리적인 한계들에 의해 제한될 필요가 없다. 자녀들은 아버지의 이름을 계속 이어가는 동안(참조. 창 48:16; 삼하 18:18), 그의 가치 기준을 반영하는 중에 그의 활동을 영속시킬 수 있다"(Estes 1991: 310).

1-2절의 첫 번째 격언은 평행법과 반복법을 사용하여 야웨를 떠난 노동이 공허한 것임을 가르치고자 한다: "야웨께서 집을 세우지 아니하시면 세우는 자의 수고가 헛되며, 야웨께서 성을 지키지 아니하시면 파수꾼의 깨어 있음이 헛되도다. 너희가 일찍이 일어나고 늦게 누우며 수고의 떡을 먹음이 헛되도다. 그러므로 야웨께서 그의 사랑하시는 자에게는 잠을 주시는도다." 집과 성읍에 대한 이곳의 언급은 다양하게 해석된다. 플레밍(Fleming 1995: 437-38)은 성서와 메소포타미아의 평행 본문들에 근거하여 이 한 쌍의 표현이 특

정신의 거주지를 가리킨다고 주장한다. 따라서 이스라엘의 경우, 시편 127편의 특별한 언급은 하나님이 이스라엘 민족의 종교적이고 정치적인 중심점인 예루살렘을 보호해 주심을 뜻할 것이다. 밀러(Miller 1986: 133)는 이 본문이 예루살렘을 염두에 두었을 수도 있음을 인정하면서도, 이 노래 전체의 맥락에 비추어볼 때, 애매한 표현인 "집"과 "성"은 한 가문을 가리킬 수도 있다고 주장한다. 그는 이를 다음과 같이 설명한다:

집과 성에 대한 언급이 평행 대구 관계에 있다는 것은 이 본문이 제대로 된 구조를 가지고 있음을 뜻한다. 근본적인 의미에서 본다면 여기에 언급된 성은 예루살렘을 가리킬 것이다. 그러나 "성"이라는 낱말은 여기서 매우 애매한 표현이다. 그것은 예루살렘일 수도 있고, 이 노래를 부르는 자들이 거주하는 성읍일 수도 있다. 따라서 야웨께서 세우시는 성의 본질 내지는 정체는 그것이 속해 있는 문맥에 의해서 결정된다. 1b절이 1a절과 정확하게 평행을 이루고 있는 까닭에 사람들은 이곳에 언급되어 있는 집이 예루살렘 성전을 가리다고 생각한다. 그러나 야웨께서 세우신 집을 해석하는 데 도움을 주는 좀 더 큰 문맥인 3-5절은 그것이 한 가문을 가리킬 수도 있음을 암시한다.

그러나 집과 성에 대한 언급은 가장 중요한 삶의 과제 두 가지, 곧 특정 가문을 위한 주거지와 공동체의 보호를 목적으로 하는 시설을 표상하는 것들로 이해되어야 할 것이다. 야웨를 떠나서는 이처럼 기본적인 사회적 필요들을 충족시키기 위한 어떠한 인간적인 노력도 공허한 것이 될 수밖에 없다. 사회적인 안전성을 확보하기 위해 야웨의 개입이 필요하다는 점을 강조하는 1절은 그 맞은편에 있는 인간의 근본적인 불안정성을 강조하기도 한다.

이 문제에 대한 인간 편의 전형적인 응답은 2절에 묘사된 광적인 노력에 잘 표현되어 있다. 그러나 날마다 일을 더 많이, 더 열심히 함으로써 삶을 안전하게 만들고자 하는 이러한 노력 역시 헛된 것으로 여겨진다. 시인이 본절에서 사용하고 있는 언어는 인간을 향한 하나님의 저주(창 3:17-19)를 연상시킨다. 밀러(Miller 1986: 133-34)는 이를 다음과 같이 설명한다: "똑같이 자녀 축복의 주제를 배경으로 하고 있는 창세기 원역사의 맥락에서 볼 경우에, 시편 127편은 여기서 힘들고 염려스럽고 고된 일에 몰두하는 인생관을 부정적인 시각에서 평가하고 있다. 이 노래는 집을 짓거나 성을 안전하게 지키기 위해 그처럼 부지런히 뛰어다니면서 일하는 사람들의 노력이, 만일에 하나님의 적극적인 개입이 없다면, 무익하고 헛되고 공허하며 쓸모없는 것이 될 수밖에 없다고 주장한다"(참조. Fleming 1995: 439-40).

시인은 인간의 수고를 헛된 것으로 비판하는 자신의 입장을 정당화하기 위하여, 2절 하반절에서 야웨의 행동에 대해서 언급한다. 본절은 다양한 방식으로 해석되어 왔고, 그 결과 서로 다른 많은 의미들이 생겨났다. 본절은 히브리어 본문에서 불변화사 '켄' 으로 시작한다. 그런데 어떤 학자들은 이것을 '키'("왜냐하면") 또는 '아켄' ("확실히")으로 수정하기도 한다. 그러나 크라우스(Kraus 1993b: 453)는 현재의 히브리어 본문이 "그토록 많이" 또는 "그러한 방식으로"를 뜻한다고 주장하며, 그것을 출애굽기 10:14과 사사기 21:14에 있는 평행 구문과 비교한다. 만일에 이러한 주장이 옳다면, 시인은 야웨께서 자기를 사랑하는 자들에게 주시는 것이 인간의 몸에 배어 있는 고된 일이나 마찬가지라고 말하는 것이 된다.

'셰나' 라는 낱말은 훨씬 더 해석하기가 어렵다. 알렌(Allen 2002: 235)은 다양한 해석의 가능성들을 훌륭하게 요약함과 아울러 그에 대한 비판 및 그 증거를 잘 정리하고 있다. '셰나' 가 "형통함"이나 "명예"를 뜻한다는 견해가 타당할 수도 있겠지만(Emerton 1974; Miller 1986: 133), 그것은 "잠"을 뜻하는 히브리어 낱말 '셰나' 의 아람어식 발음일 가능성이 더 높다(Crow 1996: 67). 그렇다면 시인은 아침부터 밤늦게까지 수고함으로써 사회적인 안정감을 얻으려는 인간의 헛된 노력들과는 대조적으로 야웨께서는 "자기가 사랑하는 자에게 그와 똑같은 정도의 잠을 주신다"고 말하는 것이 된다. 물론 이것은 나태함에서 비롯된 잠이 아니다. 도리어 그것은 하나님께 오직 그만이 자기 백성을 위하여 하실 수 있는 일을 해주실 것임을 신뢰하는 믿음의 잠이다. 바이저(Weiser 1962: 765-66)는 이를 다음과 같이 날카롭게 설명한다: "이것은 참된 신앙의 태도를 일컫는다. 그것은 참으로 모든 염려를 하나님께 내던지며, 그가 필요하다고 여기시는 것을 주실 것임을 감사하는 마음으로 기대한다. 그리고 그러한 태도의 배후에는 인간이 결코 자신에게 진정으로 필요한 것이 무엇인지를 항상 제대로 판단하지 못한다는 통찰이 감추어져 있다. 하나님의 복은 종종 인간이 가장 우선으로 치는 곳과는 전혀 다른 곳에 감추어져 있다."

1-2절의 첫 번째 격언에서 시인은 인간이 쌓아 올린 성공이라는 건축물을 무너뜨린다. 3-5절의 두 번째 격언에서 시인은 야웨를 위해 준비된 삶이야 말로 영원한 것임을 가르침으로써 정말로 중요한 삶의 새로운 기초를 놓는 다. 1절의 '보나우'("건축자들")와 음성학적으로 비슷한 음을 가진 낱말을 사 용함으로써 1절을 넌지시 빗대고 있는 시인은 3절에서 "보라, 자식들['바님'] 은 야웨의 기업이요 태의 열매는 그의 상급이로다"라고 외친다. "기업"이라 는 낱말은 구약성서에서 흔히 약속의 땅 가나안 — 야웨의 자유로운 판단에 의해 이스라엘 민족이 영원한 거주지로 배정받은 — 을 가리키는 데 사용되 는 히브리어 '나할라'를 번역한 것이다. 크라우스(Kraus 1993b: 455)는 시인 이 자녀들을 '나할라'로 부름으로써 자녀들이 야웨의 자유로운 선물이요, 그 들이 가문의 연속성을 보증해주는 자들임을 주목한다. 3절의 두 번째 행은 첫 번째 행과 연결해서 읽어야 한다. 자녀들은 야웨께서 창조 활동의 결과로 서 얻게 된 보상('사카르')이다. 야웨께서는 자신의 지혜와 은총으로 이 자녀 들을 다른 어떤 복보다도 사회적인 연속성을 제공해줄 항구적인 선물로 모 든 인간 가정들에게 주신다.

이 점을 분명하게 보여주기 위하여 4-5a절은 전사의 화살에 관한 직유법 을 사용한다: "젊은 자의 자식은 장사의 수중의 화살 같으니, 이것이 그의 화 살통에 가득한 자는 복되도다." 화살은 주로 원거리 목표물에 예정된 영향력 을 행사하려는 목적의 공격용 무기로 사용된다(Estes 1991: 306-7). 원하는 목표를 이루기 위해서는 화살을 조심스럽게 준비해야 하고, 전쟁 때 사용하 기 위하여 화살통 속에 넣어두어야 한다. 이와 마찬가지로 복된 자 내지는 행복한 자는 자녀들을 잘 양육한 탓에 그들이 어려움에 직면해서도 자신의 목표를 이룰 수 있다는 것을 확신하는 사람이다.

이 노래의 마지막 행은 자녀들이 이룰 수 있는 성취를 분명하게 진술하기 위하여 화살 표상을 중단한다: "그들이 성문에서 그들의 원수와 담판할 때에 수치를 당하지 아니하리로다." 성문은 군사적인 방어의 핵심 보루이다. 이 마지막 행은 성을 지키는 파수꾼에 관해 말하는 1절과 더불어 수미쌍관(首尾

雙關) 구조(inclusio)를 이루고 있다(Crow 1996: 67). 많은 해석자들의 설명에 의하면, 성문에서 원수들과 담판짓는다는 표현은 자녀들이 정의의 자리에서 그들의 아버지를 위하여 도움을 줄 수 있음을 암시한다. 예로서, 알렌(Allen 2002: 240)은 이를 다음과 같이 설명한다: "만일에 그가 성문 안에 있는 법정에서 부당하게 고발을 당할 경우면(참조. 암 5:12), 그의 자녀들은 한데 모여 그가 정당한 판결을 받을 것임을 보증할 것이요, 과부들이나 고아들처럼 사회 안에 고립되어 있는 자들에게 하듯이 그의 이익을 변호하고자 할 것이다 (참조. 사 1:23). 그들은 지역 공동체 안의 불의와 맞서 싸우는 하나님의 화살들이다"(참조. Weiser 1962: 766). 여기서 성문은 시인에 의해 그 성의 상업적이고 법적이고 사회적이고 정치적인 삶을 포함하는 포괄적인 문화 중심지를 가리키는 곳으로 사용된 것일 수도 있다(Goulder 1998: 67). 그렇다면 본문에 언급된 자녀들은 자기들의 아버지를 대적하는 자들 앞에 두려움 없이 서서, 자기들이 속한 공동체에서 전략적으로 가장 중요한 곳인 성문에서 아버지가 소중히 여기는 가치 체계를 수호하려는 모습을 보이고 있는 셈이다.

만일에 이것이 4-5절에서 전사의 손에 들린 화살의 표상을 통하여 시인이 의도한 바라고 한다면, 그것은 1-2절에 언급된 문제에 대한 해답을 제공하는 것이나 다름이 없다. 인간은 아무리 자신의 힘으로 끝없이 노력한다고 해도 사회적인 삶의 가장 기본적인 과제들 — 집을 짓거나 성을 지키는 — 조차도 해결하지 못한다. 그러나 야웨께서는 은총을 베푸셔서 자녀들로 하여금 궁수의 손에 들린 화살의 역할을 수행하게 하실 것이다. "요컨대 전체적으로 보아 시편 127편은 잘 정리된 긍정적인 메시지를 전달하고 있다. 야웨를 떠난 탓에 어떠한 노력을 기울여도 효과를 보지 못하는 인간의 방향 상실(disorientation)은 자녀 양육을 통하여 항구적인 효과를 보게 만드는 새로운 방향 정립(new orientation)에 의해 문제의 해결을 본다. 무익함의 고통은 인간 사회에 항구적인 영향을 미칠 것이라는 기대감에 의해 진정된다. 화살이 전사의 장기적인 공격 목표를 성취하는 데 이용되는 것처럼, 자녀들 역시 끊임없이 부모들의 가치 체계를 새로운 사회적인 맥락 속에 전함으로써 사회적인 불멸성의 한 형태를 이루는 데 활용된다"(Eases 1991: 311).

신뢰의 노래(시 46편)

몇몇 노래들은 야웨 신뢰의 주제를 너무도 강하게 가지고 있어서, 신뢰의 노래들로 불리기에 이르렀다. 이 노래들은 어쩌면 본래 이보다 더 큰 노래들의 일부를 구성하고 있었을 수도 있다. 이를 증명할 본문상의 증거가 없기는 하지만 말이다. 탄식의 노래에서 시인은 보통 자신의 간구를 하나님 앞에 가져가는 근거로 신뢰의 고백을 털어놓는다. 길링햄(Gillingham 1998: 224)은 이 노래들을 다음과 같이 설명한다: "그것들은 참으로 탄식의 핵심적인 일부를 구성하고 있다. 만일에 감사가 이전의 구원에 관해 말하고 있다는 점에서 탄식과 연결되어 있는 것이라면, 신뢰의 노래는 한층 더 탄식의 핵심적인 일부를 구성하는 것이라 할 수 있다. 왜냐하면 신뢰의 노래는 어떠한 상황에 처해 있건 관계없이 신앙과 경험 사이에서 갈등하는 자들의 신뢰를 고백하고 있기 때문이다. 현재의 불확실성 속에서 갖는 확신을 말이다." 그런가 하면 서술적인 찬양의 노래에서는 하나님의 위대하심과 선하심에 대한 시인의 신뢰는 찬양의 이유로서의 역할을 수행하며, 찬양의 이유는 또한 다른 사람들을 향하여 하나님을 경배하라고 권유하게 만든다. 신뢰의 노래들은 이러한 시편 장르로부터 생겨났을 수도 있지만, 독자적으로 존재하는 하나님 신뢰의 노래들은 경건한 야웨 예배자들에 의해 만들어져서 불려졌을 수도 있다.

시편 46편은 신뢰의 노래가 어떠한 것인지를 가장 잘 설명해 주는 예에 속한다. 이 노래는 야웨의 위대하심을 노래한다는 점에서 일반적인 찬양의 성격을 가지고 있지만, 서술적인 찬양의 표준적인 형식을 따라 만들어진 것이 아니다. 어휘와 주제와 후렴구 등에 있어서 통일성을 보이고 있는(Brettler 1993: 143) 이 노래는 과거에 있었던 자연에 대한 야웨의 승리와 현재 진행중인 역사 안에서의 승리 및 모든 대적자들에 대한 그의 종말론적인 승리 등에 관해 묵상하면서 야웨를 향한 신뢰를 고백한다(Weiser 1962: 367).

이 노래의 첫 번째 연인 1-3절은 하나님의 보호하심이 지상 세계의 붕괴를 능가하는 것이라고 가르친다. 7절과 11절에도 반영되어 있는 이 주제는 1절에 이렇게 표현되어 있다: "하나님은 우리의 피난처시요 힘이시니 환난 중에 만날 큰 도움이시라." 문자 그대로 시인은 하나님이 우리를 위하신다는 사실 자체가 온갖 위협으로부터의 보호를 보증하는 것이요, 대적자들과 맞서 싸울 수 있는 힘을 주는 것이라고 말한다. 이어서 시인은 인간의 곤경과 하나님의 보호하심 사이의 상호작용에 관해 묵상하면서 지극히 현실적인 인생관을 피력한다. 그는 삶이 팍팍해지고 답답해지는 환난의 때에 하나님의 도우심을 구할 수 있고 또 그것을 얻을 수 있다는 사실을 깨닫는다. 그는 누구에게나 불가피하게 환난이 닥치지만 하나님이 처음에도 마지막에도 그와 함께 하시고, 그리고 항상 그와 함께 하신다는 점을 자신의 경험을 통하여 배운 바가 있다.

2-3절에서 시인은 1절에서 선포한 바 있는 하나님의 도우심으로부터 한 가지 암시를 이끌어낸다. 그는 확신에 찬 어조로 이렇게 말한다: "그러므로 땅이 변하든지 산이 흔들려 바다 가운데에 빠지든지 바닷물이 솟아나고 뛰놀든지 그것이 넘침으로 산이 흔들릴지라도 우리는 두려워하지 아니하리로다." 이처럼 대담무쌍한 태도는 자기 과신 내지는 위협에 대한 거부 의사에 뿌리를 두고 있는 것이 아니라, 하나님을 향한 강한 확신을 표현한 것이다. 하나님의 백성은 재앙을 만났을 때 용기를 가지고서 하나님을 신뢰할 수 있다. 왜냐하면 그들은 좋든 싫든 간에 하나님을 신뢰하기 때문이다. 견고한 산들이 거친 바다에게 삼킴을 당한다 할지라도, 하나님의 보호와 임재에 대한 시인의 믿음은 흔들리지 않는다. 바이저(Weiser 1962: 368)는 시인이 당연히 이 점을 강조하기 위하여 가나안 신화의 언어를 채용했으리라는 점을 다음과 같이 설명한다:

> 세계적인 재앙에 관한 그림을 그리는 데 사용된 색상들은 오늘날 우리가 라스 샤므라(Ras Shamra) 지역의 발굴 결과를 통하여 알고 있는 태곳적의 창조 신화 — 용과의 싸움을 묘사하는 가나안의 신화 형태 — 로부터 빌려온 것이다. 창조주 하나님을 향해 거칠게 맞서지만 그에게 제압당하는 태곳적 홍수의 거센 물결이 다시금 일어나 그가 창조하신 세계를 집어 삼키려고 위협한다. 구약성서는 이처럼 멋진 그림들을 받아들이되, 그것을 유일신론적인 하나님 개념으로 정화시킴으로써 신화론적이고도 다신교적인 성격을 벗겨낸다. 그것들은 이 노래의 배경을 이루고 있는 바, 이로 인하여 하나님의 권능과 임재는 훨씬 인상적인 것으로 돋보이게 된다.

구약 전체에서 야웨는 피조 세계 전체와 역사를 주관하시는 분으로 묘사된다. 이러한 진리야말로 하나님 신뢰의 기초가 된다. 크레이기(Craigie 1983: 346)는 이를 다음과 같이 설명한다: "하나님께서 역사와 자연 모두를 주관하시기 때문에, 이 둘로 인하여 인간 실존에 가해질 혼돈의 위협은 두려움 없이 맞상대할 수도 있을 것이다. 가장 심각한 혼돈의 현시조차도 단순한 위협으로 여겨질 뿐이다. 왜냐하면 창조주께서 혼돈 세력을 다스리시기 때문이다."

두 번째 단락(4-7절)에서 시인은 삶을 위협하는 바다에 대한 묵상으로부터 삶을 부요하게 해주는 강에 대한 생각으로 옮겨간다. 그는 4절에서 이렇게 말한다: "한 시내가 있어 나뉘어 흘러 하나님의 성, 곧 지존하신 이의 성소를 기쁘게 하도다." 강이 하나님의 임재 장소로부터 흘러나온다는 주제는 성서 전체에서 발견된다. 이 주제는 에덴으로부터 흘러나오는 강에 대해서 언급하는 창세기 2:10-14에서 시작하며, 새 예루살렘을 흐르는 강에 대해서 언급하는 계시록 22:1-2에서 끝을 맺는다. 이와 유사한 표상은 고대 근동 문헌에서 신들의 거주지를 묘사하는 데 사용된다(Kraus 1992: 80-82). 이 강은 하나님의 성, 곧 하나님께서 자기 백성과 함께 거하시는 곳에 기쁨을 가져다 준다. 하나님의 성이라는 개념은 성서 전체에서 핵심 주제로 나타나는 바, 그것은 하나님께서 아담과 하와와 동행하셨던 에덴 동산으로부터 시작하며, 그의 영광이 지성소에 머무는 성막과 성전을 거쳐, 종말론적인 새 예루살렘을 내다본다. 시편 46편의 맥락에서 본다면, "하나님의 성은 인간의 삶과 문화에 대한 우월권을 내세우는 모든 인간적인 제도들의 주장과 대립각을 이루고 있다"(Mays 1993a: 122).

하나님께서 자기 백성과 함께 하신다는 사실은 하나님의 성이라는 개념으로 표현되는 것으로(4절), 그가 자기 백성을 지켜주실 것임을 보증한다: "하나님이 그 성 중에 계시매 성이 흔들리지 아니할 것이라. 새벽에 하나님이 도우시리로다. 뭇 나라가 떠들며 왕국이 흔들렸더니 그가 소리를 내시매 땅이 녹았도다"(5-6절). 예루살렘 성 전체 또는 범위를 좁혀서 예루살렘 성전이 이스라엘 민족을 안전하게 해줄 것이라는 근거 없는 가정(참조. 렘 7:1-15)과는 대조적으로, 하나님의 임재야말로 신뢰의 확실한 근거가 된다. 열방이 하나님의 백성을 향하여 몰아칠 때, 그들을 구원해 주는 것은 그들의 군사적인 용맹성이나 전략이 아니라 하나님의 주권과 권세이다. 하나님께서 온 세상을 존재케 하는 자신의 목소리(참조. 창 1:3)를 높여 말씀하시면, 땅이 그 앞에서 녹는다(참조. 사 17:13; 욜 3:16). 시인은 이와 동일한 히브리어 동사('무트')를 세 번이나 사용함으로써, 산들이 바다 한가운데 빠지고(2절) 나라들이 무너질지라도(6절) 하나님의 성은 무너지지 않는다(5절)는 것을 강조한다. 하나님께서 보좌에 앉으셔서 자연과 모든 세상 나라들을 다스리시는 까닭에, 그의 백성은 두려워할 필요가 없다. 시인은 7절의 후렴구에서 화려한 전쟁 나팔소리와도 같은 목소리로 외친다(Weiser 1962: 372): "만군의 야웨께서 우리와 함께 하시니 야곱의 하나님은 우리의 산성이시로다." 만군의 야웨이신 하나님은 자기 백성을 대적하는 모든 무리를 물리칠 천사들의 군대를 이끄시는 전사(戰士)이시다(Brettler 1993: 145).

이 노래의 마지막 연에서 장면은 인간 역사의 마지막을 향하여 빠른 속도로 움직인다. 여기서 시인은 하나님의 탁월하심이 인간 세상의 모든 갈등을 없앨 것이라고 선언한다(8-11절). 그는 신앙 공동체로 하여금 현재의 위기를 넘어서서 야웨께시 장차 행하실 일들을 눈여겨봄으로써 야웨의 위대한 행동들을 마음속에 그릴 것을 권유한다. 그는 그들에게 다음과 같은 말로 그들을 재촉한다: "와서 야웨의 행적을 볼지어다. 그가 땅을 황무지로 만드셨도다. 그가 땅 끝까지 전쟁을 쉬게 하심이여, 활을 꺾고 창을 끊으며 수레를 불사르시는도다"(8-9절). 야웨께서는 자신의 권능으로 개입하실 때, 모든 전쟁의 도구들을 끝장내실 것이다. 인간 세상의 모든 갈등들이 하나님의 통치를 거부한 것에 뿌리를 두고 있는 까닭에, 하나님께서 자기를 향한 우주적인 반역 행위를 끝장내실 때, 사람들 사이에 있는 모든 이차적인 분쟁들 역시 끝장날 것이다. 많은 예언 신탁들이 예고하는 바와 같이, 세상을 위한 야웨의 목적은 세상을 파괴하는 악의 세력을 멸함으로써 진정한 평화('샬롬')를 가져다 주는 데 있다(참조. 사 2:2-4).

바이저(Weiser 1962: 372)는 이를 다음과 같이 잘 설명하고 있다: "사실 부서진 활과 끊어진 창과 불태워진 방패 등은 사람들이 가야 할 길 — 만일에 그들이 자기 스스로의 힘을 의지하고자 한다면 — 의 끝에 놓여 있다. 그러나 이와 동시에 그것들은 사람들이 하나님의 계획을 따라 들어서게 될 길의 처음에 있는 것들이기도 하다. 그것들은 세상의 모든 전쟁들을 영원히 종결시키고 싶어하시는 하나님의 평화 의지에 대해서 증거하고 있다. 이로 인하여 신실한 자는 무서운 파멸에 직면하여서도 하나님께서 세우실 평화의 나라를 큰 기쁨으로 희망할 수 있다. 주어진 현실이 온통 적대적인 것들뿐이라 할지라도 그의 믿음은 궁극적인 높이에 도달하게 된다."

6절에서 시인은 하나님께서 목소리를 높이시면 땅이 녹는다고 말한 바가 있다. 10절에서 그는 주권자이신 하나님의 권세 있는 말씀들을 인용한다. 야웨께서는 이렇게 말씀하신다: "너희는 가만히 있어 내가 하나님 됨을 알지어다. 내가 뭇 나라 중에서 높임을 받으리라. 내가 세계 중에서 높임을 받으리라." 많은 신자들이 본절을 하나님 앞에서 잠잠할 것을 권한 것으로 해석하지만, 이러한 의미는 시편 46편에 있는 표현의 의미로부터 한참 멀리 떨어져 있는 것으로 보인다. 1, 2, 7, 11절 등이 반복해서 확고한 신앙에 대해 언급하고 있는 것을 볼 때, 시인이 불안에 빠진 하나님의 백성에게 두려워하지 말라고 조언하고 있는 것 같지는 않다. 10절이 분쟁 중에 있는 열방을 굴복시키는 하나님의 말씀이라면, 이는 다음과 같이 바꿔 쓸 수 있다: "싸움을 그치고 하나님으로서의 나의 권위를 인정하여라"(Mays 1994b: 184). 야웨께서는 예수께서 바다를 잔잔하게 하실 때 발하신 것(막 4:39)과 동일하게 권세 있는 말씀으로 자신에게 있는 특권들을 강조하신다: "나는 창조주이다. 내가 다스리고 있으니 이제 분쟁을 그치도록 하여라!" 시편 2편에서처럼 야웨를 대적하는 나라들은 자기들의 주권자이신 하나님께 영광을 돌리지 않으면 안 될 것이다.

이 노래는 이어서 7절의 후렴구를 반복함으로써 끝을 맺는다: "만군의 야웨께서 우리와 함께 하시니 야곱의 하나님은 우리의 산성이시로다." 이 신뢰의 노래는 야웨께서 자기 백성에게 제공하시는 항구적인 도우심 속에서 안전함을 느낀다. 자연과 세상 나라들이 연합하여 세상 속에 혼돈을 심으려고 노력함에도 불구하고(Craigie 1983: 344), 하나님의 백성은 그 안에서 "온갖 종류의 위험을 용감하게 직면할 수 있게 하는 믿음을 발견할 수 있다. 왜냐하면 그 믿음은 세상을 이기는 승리에 대한 강한 확신을 가지고 있기 때문이다"(Weiser 1962: 374).

참고문헌

주석

Alexander, Joseph Addison. 1977 [1873]. *The Psalms Translated and Explained*. Grand Rapids: Baker.

Allen, Leslie C. 2002. *Psalms 101–150*. Rev. ed. Word Biblical Commentary 21. Nashville: Thomas Nelson.

Broyles, Craig C. 1999. *Psalms*. New International Biblical Commentary, Old Testament Series 11. Peabody, MA: Hendrickson.

Clifford, Richard J. 2002. *Psalms 1–72*. Abingdon Old Testament Commentaries. Nashville: Abingdon.

―――. 2003. *Psalms 73–150*. Abingdon Old Testament Commentaries. Nashville: Abingdon.

Craigie, Peter C. 1983. *Psalms 1–50*. Word Biblical Commentary 19. Waco, TX: Word.

Davidson, Robert. 1998. *The Vitality of Worship*. Grand Rapids: Eerdmans.

Delitzsch, Franz. 1976 [1867]. *Psalms*. Commentary on the Old Testament. Trans. James Martin. Grand Rapids: Eerdmans.

Eaton, John. 2003. *The Psalms*. London: T&T Clark.

Gerstenberger, Erhard S. 1988. *Psalms: Part 1, with an Introduction to Cultic Poetry*. Forms of the Old Testament Literature 14. Grand Rapids: Eerdmans.

―――. 2001. *Psalms: Part 2, and Lamentations*. Forms of the Old Testament Literature 15. Grand Rapids: Eerdmans.

Kidner, Derek. 1973. *Psalms 1–72*. Tyndale Old Testament Commentaries 14a. Downers Grove, IL: InterVarsity Press.

―――. 1975. *Psalms 73–150*. Tyndale Old Testament Commentaries 14b. Downers Grove, IL: InterVarsity Press.

Kirkpatrick, A. F. 1902. *The Book of Psalms*. The Cambridge Bible for Schools and Colleges. Cambridge: Cambridge University Press.

Kraus, Hans-Joachim. 1993a [1978]. *Psalms 1–59*. 5th ed. Trans. Hilton C. Oswald. Continental Commentary. Minneapolis: Fortress.

―――. 1993b [1978]. *Psalms 60–150*. 5th ed. Trans. Hilton C. Oswald. Continental Commentary. Minneapolis: Fortress.

Leupold, H. C. 1959. *Exposition of the Psalms*. Columbus, OH: Wartburg.

Limburg, James. 2000. *Psalms*. Westminster Bible Companion. Louisville: Westminster John Knox.

Mays, James Luther. 1994b. *Psalms*. Interpretation. Louisville: John Knox.

McCann, J. Clinton. 1996. "The Book of Psalms." Pp. 639–1280 in *The New Interpreter's Bible*, vol. 4. Ed. Leander E. Keck. Nashville: Abingdon.

Perowne, J. J. Stewart. 1976 [1878]. *The Book of Psalms*. Grand Rapids: Zondervan.

Ross, Allen P. 1985. "Psalms." Pp. 779–899 in *The Bible Knowledge Commentary*, vol. 1. Ed. John F. Walvoord and Roy B. Zuck. Wheaton, IL: Victor.

Schaefer, Konrad. 2001. *Psalms*. Berit Olam. Collegeville, MN: Liturgical Press.
Tate, Marvin E. 1990. *Psalms 51-100*. Word Biblical Commentary 20. Dallas: Word.
Terrien, Samuel. 2003. *The Psalms: Strophic Structure and Theological Commentary*. Eerdmans Critical Commentary. Grand Rapids: Eerdmans.
VanGemeren, Willem A. 1991. "Psalms." Pp. 3–880 in *The Expositor's Bible Commentary*, vol. 5. Ed. Frank E. Gaebelein. Grand Rapids: Zondervan.
Weiser, Artur. 1962 [1959]. *The Psalms: A Commentary*. 5th ed. Trans. Herbert Hartwell. Old Testament Library. Philadelphia: Westminster.
Wilcock, Michael. 2001a. *The Message of Psalms 1-72*. The Bible Speaks Today. Downers Grove, IL: InterVarsity Press.
―――. 2001b. *The Message of Psalms 73-150*. The Bible Speaks Today. Downers Grove, IL: InterVarsity Press.
Wilson, Gerald H. 2002. *Psalms*, vol. 1. NIV Application Commentary. Grand Rapids: Zondervan.

논문들

Anderson, Bernhard W. 1986. *Understanding the Old Testament*. 4th ed. Englewood Cliffs, NJ: Prentice-Hall.
―――. 2000. *Out of the Depths: The Psalms Speak for Us Today*. 3rd ed. Louisville: Westminster John Knox.
Anderson, R. Dean. 1994. "The Division and Order of the Psalms." *Westminster Theological Journal* 56:219–41.
Archer, Gleason L. 1974. *A Survey of Old Testament Introduction*. Rev. ed. Chicago: Moody.
Avishur, Yitzhak. 1994. *Studies in Hebrew and Ugaritic Psalms*. Jerusalem: Magnes.
Barth, Christoph F. 1966. *Introduction to the Psalms*. Trans. R. A. Wilson. New York: Scribner.
Beckwith, Roger T. 1995. "The Early History of the Psalter." *Tyndale Bulletin* 46:1–27.
Bellinger, William H. 2000. "Portraits of Faith: The Scope of Theology in the Psalms." Pp. 111–28 in *An Introduction to Wisdom Literature and the Psalms*. Ed. H. Wayne Ballard and W. Dennis Tucker. Macon, GA: Mercer University Press.
Berlin, Adele. 1985. "The Rhetoric of Psalm 145." Pp. 17–22 in *Biblical and Related Studies Presented to Samuel Ivory*. Ed. A. Kort and S. Morschauser. Winona Lake, IN: Eisenbrauns.
Braun, Joachim. 2002 [1999]. *Music in Ancient Israel/Palestine*. Trans. Douglas W. Stott. Grand Rapids: Eerdmans.
Brettler, Marc. 1993. "Images of YHWH the Warrior in the Psalms." *Semeia* 61:135–65.
Brown, William P. 2002. *Seeing the Psalms: A Theology of Metaphor*. Louisville: Westminster John Knox.

Broyles, Craig C. 1989. *The Conflict of Faith and Experience in the Psalms.* Journal for the Study of the Old Testament: Supplement Series 52. Sheffield: Sheffield Academic Press.

Brueggemann, Walter. 1984. *The Message of the Psalms.* Augsburg Old Testament Studies. Minneapolis: Augsburg.

———. 1986. "The Costly Loss of Lament." *Journal for the Study of the Old Testament* 36:57–71.

———. 1988. *Israel's Praise: Doxology against Idolatry and Ideology.* Philadelphia: Fortress.

———. 1993. "Response to James L. Mays, 'The Question of Context.'" Pp. 29–41 in *The Shape and Shaping of the Psalter.* Ed. J. Clinton McCann. Journal for the Study of the Old Testament: Supplement Series 159. Sheffield: Sheffield Academic Press.

———. 1995. *The Psalms and the Life of Faith.* Ed. Patrick D. Miller. Minneapolis: Fortress.

———. 2002. *Spirituality of the Psalms.* Minneapolis: Fortress.

Bullock, C. Hassell. 1988. *An Introduction to the Poetic Books of the Old Testament.* Rev. ed. Chicago: Moody.

———. 2001. *Encountering the Book of Psalms: A Literary and Theological Introduction.* Grand Rapids: Baker.

Childs, Brevard S. 1971. "Psalm Titles and Midrashic Exegesis." *Journal of Semitic Studies* 16:137–50.

———. 1979. *Introduction to the Old Testament as Scripture.* Philadelphia: Fortress.

Clifford, Richard J. 1992. "Creation in the Psalms." Pp. 57–69 in *Creation in the Biblical Traditions.* Ed. Richard J. Clifford and John J. Collins. Catholic Biblical Quarterly Monograph Series 24. Washington, DC: Catholic Biblical Association of America.

Cole, Robert L. 2000. *The Shape and Message of Book III (Psalms 73–89).* Journal for the Study of the Old Testament: Supplement Series 307. Sheffield: Sheffield Academic Press.

———. 2002. "An Integrated Reading of Psalms 1 and 2." *Journal for the Study of the Old Testament* 98:75–88.

Courtman, Nigel B. 1995. "Sacrifice in the Psalms." Pp. 41–58 in *Sacrifice in the Bible.* Ed. Roger T. Beckwith and Martin J. Selman. Grand Rapids: Baker.

Creach, Jerome F. D. 1998. *Psalms.* Interpretation Bible Studies. Louisville: Geneva.

———. 1999. "Like a Tree Planted by the Temple Stream: The Portrait of the Righteous in Psalm 1:3." *Catholic Biblical Quarterly* 61:34–46.

Crenshaw, James L. 1986. *Story and Faith: A Guide to the Old Testament.* New York: Macmillan.

———. 1998. *Old Testament Wisdom: An Introduction.* Rev. ed. Louisville: Westminster John Knox.

———. 2001. *The Psalms: An Introduction.* Grand Rapids: Eerdmans.

―――. 2003. "Gold Dust or Nuggets? A Brief Response to J. Kenneth Kuntz." *Currents in Biblical Research* 1:155-58.

Crow, Loren D. 1996. *The Psalms of Ascents (Psalms 120-134): Their Place in Israelite History and Religion*. Society of Biblical Literature Dissertation Series 148. Atlanta: Scholars Press.

Culley, Robert C. 2002. "The Kingship of Yahweh Psalms." Pp. 258-70 in *Reading Communities, Reading Scripture: Essays in Honor of Daniel Patte*. Ed. Gary A. Phillips and Nicole Wilkinson Duran. Harrisburg, PA: Trinity Press International.

Curtis, Edward M. 1997. "Ancient Psalms and Modern Worship." *Bibliotheca Sacra* 153:285-96.

Davis, Ellen F. 1992a. "Exploding the Limits: Form and Function in Psalm 22." *Journal for the Study of the Old Testament* 53:93-105.

―――. 1992b. "Psalm 98." *Interpretation* 46:171-75.

Day, John. 1990. *Psalms*. Old Testament Guides. Sheffield: JSOT Press.

Day, John N. 2002. "The Imprecatory Psalms and Christian Ethics." *Bibliotheca Sacra* 159:166-86.

deClaissé-Walford, Nancy L. 2000. "The Canonical Shape of the Psalms." Pp. 93-110 in *An Introduction to Wisdom Literature and the Psalms*. Ed. H. Wayne Ballard and W. Dennis Tucker. Macon, GA: Mercer University Press.

Dell, Katharine J. 2000a. *Get Wisdom, Get Insight: An Introduction to Israel's Wisdom Literature*. Macon, GA: Smith & Helwys.

―――. 2000b. "The Use of Animal Imagery in the Psalms and Wisdom Literature of Ancient Israel." *Scottish Journal of Theology* 53:275-91.

Dhanaraj, Dharmakkan. 1992. *Theological Significance of the Motif of Enemies in Selected Psalms of Individual Lament*. Orientalia biblica et christiana 4. Glückstadt: J. J. Augustin.

Dillard, Raymond B., and Tremper Longman. 1994. *An Introduction to the Old Testament*. Grand Rapids: Zondervan.

Drijvers, Pius. 1965. *The Psalms: Their Structure and Meaning*. New York: Herder.

Drinkard, Joel F. 2000. "The Ancient Near Eastern Context of the Book of Psalms." Pp. 67-92 in *An Introduction to Wisdom Literature and the Psalms*. Ed. H. Wayne Ballard and W. Dennis Tucker. Macon, GA: Mercer University Press.

Eaton, J. H. 1995. *Psalms of the Way and the Kingdom*. Journal for the Study of the Old Testament: Supplement Series 159. Sheffield: Sheffield Academic Press.

Eissfeldt, Otto. 1965 [1964]. *The Old Testament: An Introduction*. Trans. Peter R. Ackroyd. New York: Harper & Row.

Emerton, J. A. 1974. "The Meaning of *šēnāʾ* in Psalm cxxvii 2." *Vetus Testamentum* 24:15-31.

Endres, John C. 2002. "Psalms and Spirituality in the 21st Century." *Interpretation* 56:143-54.

Estes, Daniel J. 1991. "Like Arrows in the Hand of a Warrior (Psalm CXXVII)." *Vetus Testamentum* 41:304-11.

―――. 1995. "The Hermeneutics of Biblical Lyric Poetry." *Bibliotheca Sacra* 152:413-30.

———. 2004. "Poetic Artistry in the Expression of Fear in Psalm 49." *Bibliotheca Sacra* 161:55–71.
Fee, Gordon D., and Douglas Stuart. 1993. *How to Read the Bible For All Its Worth.* 2nd ed. Grand Rapids: Zondervan.
Fleming, Daniel E. 1995. "Psalm 127: Sleep for the Fearful, and Security in Sons." *Zeitschrift für die alttestamentliche Wissenschaft* 107:435–44.
Fløysvik, Ingvar. 1995. "When God Behaves Strangely: A Study in the Complaint Psalms." *Concordia Journal* 21:298–304.
———. 1997. *When God Becomes My Enemy: The Theology of the Complaint Psalms.* St. Louis: Concordia.
Futato, Mark D. 2002. *Transformed by Praise: The Purpose and Meaning of the Psalms.* Phillipsburg, PA: P & R Publishing.
Geller, Stephen A. 2002. "Wisdom, Nature and Piety in Some Biblical Psalms." Pp. 101–21 in *Riches Hidden in Secret Places: Ancient Near Eastern Studies in Memory of Thorkild Jacobsen.* Ed. Tzvi Abusch. Winona Lake, IN: Eisenbrauns.
Gillingham, Susan E. 1994. *The Poems and Psalms of the Hebrew Bible.* Oxford Bible Series. Oxford: Oxford University Press.
———. 1996. "Messianic Prophecy and the Psalms." *Theology* 99:114–24.
———. 1998. "The Messiah in the Psalms: A Question of Reception History and the Psalter." Pp. 209–37 in *King and Messiah in Israel and the Ancient Near East.* Ed. John Day. Journal for the Study of the Old Testament: Supplement Series 270. Sheffield: Sheffield Academic Press.
———. 2002. "From Liturgy to Prophecy: The Use of Psalmody in Second Temple Judaism." *Catholic Biblical Quarterly* 64:470–89.
Gillmayr-Bucher, Susanne. 2003. "The Psalm Headings: A Canonical Relecture of the Psalms." Pp. 247–54 in *The Biblical Canons.* Ed. J.-M. Auwers and H. J. de Jonge. Bibliotheca ephemeridum theologicarum lovaniensium 163. Leuven: Leuven University Press.
Gitay, Yehoshua. 1996. "Psalm 1 and the Rhetoric of Religious Argumentation." Pp. 232–40 in *Literary Structure and Rhetorical Strategies in the Hebrew Bible.* Ed. L. J. de Regt, J. de Waard, and J. P. Fokkelman. Assen: Van Gorcum.
Goldingay, John. 1977. "Repetition and Variation in the Psalms." *Jewish Quarterly Review* 68:146–51.
Goulder, Michael D. 1996. *The Psalms of Asaph and the Pentateuch.* Journal for the Study of the Old Testament: Supplement Series 233. Sheffield: Sheffield Academic Press.
———. 1998. *The Psalms of the Return (Book V, Psalms 107–150).* Journal for the Study of the Old Testament: Supplement Series 258. Sheffield: Sheffield Academic Press.
Green, Barbara. 1997. *Like a Tree Planted: An Exploration of Psalms and Parables through Metaphor.* Collegeville, MN: Liturgical Press.
Grossberg, Daniel. 1998. "The Literary Treatment of Nature in Psalms." Pp. 69–87 in *Boundaries of the Ancient Near Eastern World: A Tribute to Cyrus H. Gordon.* Ed. Meir Lubetski, Claire Gottlieb, and Sharon Keller. Journal for the Study of the Old Testament: Supplement Series 273. Sheffield: Sheffield Academic Press.

시편 참고문헌 285

Gunkel, Hermann. 1967 [1930]. *The Psalms: A Form-Critical Introduction*. Trans. Thomas M. Horner. Facet Books Biblical Series 19. Philadelphia: Fortress.
———. 1998 [1985]. *Introduction to Psalms: The Genres of the Religious Lyrics of Israel*. Compl. Joachim Begrich. Trans. James D. Nogalski. Mercer Library of Biblical Studies. Macon, GA: Mercer University Press.
Harman, Allan M. 1995. "The Continuity of the Covenant Curses in the Imprecations of the Psalter." *Reformed Theological Review* 54:65–72.
Harrison, Roland Kenneth. 1969. *Introduction to the Old Testament*. Grand Rapids: Eerdmans.
Hauge, Martin Ravndal. 1995. *Between Sheol and Temple: Motif Structure and Function in the I-Psalms*. Journal for the Study of the Old Testament: Supplement Series 178. Sheffield: Sheffield Academic Press.
Hill, Andrew E. 1993. *Enter His Courts with Praise! Old Testament Worship for the New Testament Church*. Grand Rapids: Baker.
Hill, Andrew E., and John H. Walton. 2000. *A Survey of the Old Testament*. 2nd ed. Grand Rapids: Zondervan.
Hoffmeier, James K. 2000. "'The Heavens Declare the Glory of God': The Limits of General Revelation." *Trinity Journal* 21:17–24.
Høgenhaven, Jesper. 2001. "The Opening of the Psalter: A Study in Jewish Theology." *Scandinavian Journal of the Old Testament* 15:169–80.
Holladay, William L. 1993. *The Psalms through Three Thousand Years: Prayerbook of a Cloud of Witnesses*. Minneapolis: Fortress.
Houston, Walter. 1995. "David, Asaph and the Mighty Works of God: Theme and Genre in the Psalm Collections." *Journal for the Study of the Old Testament* 68:93–111.
Howard, David M. 1993. "Editorial Activity in the Psalter: A State-of-the-Field Survey." Pp. 52–70 in *The Shape and Shaping of the Psalter*. Ed. J. Clinton McCann. Journal for the Study of the Old Testament: Supplement Series 159. Sheffield: Sheffield Academic Press.
———. 1997. *The Structure of Psalms 93–100*. Biblical and Judaic Studies from the University of California, San Diego 5. Winona Lake, IN: Eisenbrauns.
———. 1999. "Recent Trends in Psalms Study." Pp. 329–68 in *The Face of Old Testament Studies: A Survey of Contemporary Approaches*. Ed. David W. Baker and Bill T. Arnold. Grand Rapids: Baker.
Hunter, Alastair G. 1999. *Psalms*. Old Testament Readings. London and New York: Routledge.
Jacobson, Rolf. 2000. "The Costly Loss of Praise." *Theology Today* 57:375–85.
———. 2001. "Burning Our Lamps with Borrowed Oil: The Liturgical Use of the Psalms and the Life of Faith." Pp. 90–98 in *Psalms and Practice: Worship, Virtue, and Authority*. Ed. Stephen Breck Reid. Collegeville, MN: Liturgical Press.
Jinkins, Michael. 1998. *In the House of the Lord: Inhabiting the Psalms of Lament*. Collegeville, MN: Liturgical Press.
Johnston, Robert K. 1997. "Practicing the Presence of God: The Wisdom Psalms as Prayer." *Covenant Quarterly* 55:20–41.
Joyce, Paul. 1993. "The Kingdom of God and the Psalms." Pp. 42–59 in *The Kingdom of God and Human Society*. Ed. Robin Barbour. Edinburgh: T&T Clark.

Kaltner, John. 1998. "Psalm 22:17b: Second Guessing 'The Old Guess.'" *Journal of Biblical Literature* 117:503-6.

Keel, Othmar. 1985 [1972]. *The Symbolism of the Biblical World: Ancient Near Eastern Iconography and the Book of Psalms*. Trans. Timothy J. Hallett. New York: Crossroad.

Kimelman, Reuven. 1994. "Psalm 145: Theme, Structure, and Impact." *Journal of Biblical Literature* 113:37-58.

Kleinig, John W. 1992. "The Attentive Heart—Meditation in the Old Testament." *Reformed Theological Review* 51:50-63.

Kraus, Hans-Joachim. 1965 [1962]. *Worship in Israel*. Trans. Geoffrey Buswell. Richmond: John Knox.

———. 1992 [1979]. *Theology of the Psalms*. Trans. Keith Crim. Minneapolis: Fortress.

Kuntz, J. Kenneth. 1994. "Engaging the Psalms: Gains and Trends in Recent Research." *Currents in Research: Biblical Studies* 2:77-106.

———. 1999. "Grounds for Praise: The Nature and Function of the Motive Clause in the Hymns of the Hebrew Psalter." Pp. 148-83 in *Worship and the Hebrew Bible: Essays in Honour of John T. Willis*. Ed. M. Patrick Graham, Rick R. Marrs, and Steven L. McKenzie. Journal for the Study of the Old Testament: Supplement Series 284. Sheffield: Sheffield Academic Press.

———. 2000. "Wisdom Psalms and the Shaping of the Hebrew Psalter." Pp. 144-60 in *For a Later Generation: The Transformation of Tradition in Israel, Early Judaism, and Early Christianity*. Ed. Randall A. Argall et al. Harrisburg, PA: Trinity Press International.

———. 2003. "Reclaiming Biblical Wisdom Psalms: A Response to Crenshaw." *Currents in Biblical Research* 1:145-54.

Laney, J. Carl. 1981. "A Fresh Look at the Imprecatory Psalms." *Bibliotheca Sacra* 138:35-45.

LaSor, William Sanford, et al. 1996. *Old Testament Survey: The Message, Form, and Background of the Old Testament*. 2nd ed. Grand Rapids: Eerdmans.

Leiter, David. 1995. "The Rhetoric of Praise in the Lament Psalm." *Brethren Life and Thought* 40:44-48.

Levine, Herbert. 1992. "The Dialogic Discourse of Psalms." Pp. 145-61 in *Hermeneutics, the Bible, and Literary Criticism*. Ed. Ann Loades and Michael McLain. New York: St. Martin's Press.

———. 1995. *Sing unto God a New Song: A Contemporary Reading of the Psalms*. Indiana Studies in Biblical Literature. Bloomington: Indiana University Press.

Lewis, Clive Staples. 1958. *Reflections on the Psalms*. New York: Harcourt & Brace.

Lohfink, Norbert, and Erich Zenger. 2000 [1994]. *The God of Israel and the Nations: Studies in Isaiah and the Psalms*. Trans. Everett R. Kalin. Collegeville, MN: Liturgical Press.

Longman, Tremper. 1984. "Psalm 98: A Divine Warrior Victory Song." *Journal of the Evangelical Theological Society* 27:267-74.

———. 1988. *How to Read the Psalms*. Downers Grove, IL: InterVarsity Press.

———. 1993. "Psalms." Pp. 245-55 in *A Complete Literary Guide to the Bible*. Ed. Leland Ryken and Tremper Longman. Grand Rapids: Zondervan.

Luc, Alex. 1999. "Interpreting the Curses in the Psalms." *Journal of the Evangelical Theological Society* 42:395-410.

Mandolfo, Carleen. 2002. *God in the Dock: Dialogic Tension in the Psalms of Lament*. Journal for the Study of the Old Testament: Supplement Series 357. London: Sheffield Academic Press.

Mays, James Luther. 1985. "Psalm 29." *Interpretation* 39:60-64.

———. 1986. "The David of the Psalms." *Interpretation* 40:143-55.

———. 1993a. "The Language of the Reign of God." *Interpretation* 47:117-26.

———. 1993b. "The Question of Context in Psalm Interpretation." Pp. 14-20 in *The Shape and Shaping of the Psalter*. Ed. J. Clinton McCann. Journal for the Study of the Old Testament: Supplement Series 159. Sheffield: Sheffield Academic Press.

———. 1994a. *The Lord Reigns: A Theological Handbook to the Psalms*. Louisville: Westminster John Knox.

———. 1995. "Past, Present, and Prospect in Psalm Study." Pp. 147-56 in *Old Testament Interpretation: Past, Present, and Future; Essays in Honor of Gene M. Tucker*. Ed. James Luther Mays, David L. Petersen, and Kent Harold Richards. Nashville: Abingdon.

———. 2000. "'Maker of Heaven and Earth': Creation in the Psalms." Pp. 75-86 in *God Who Creates: Essays in Honor of W. Sibley Towner*. Ed. William P. Brown and S. Dean McBride. Grand Rapids: Eerdmans.

McCann, J. Clinton. 1992. "The Psalms as Instruction." *Interpretation* 46:117-28.

———. 1993. *A Theological Introduction to the Book of Psalms*. Nashville: Abingdon.

———. 2001. "Thus Says the LORD: 'Thou Shalt Preach on the Psalms!'" Pp. 111-22 in *Psalms and Practice: Worship, Virtue, and Authority*. Ed. Stephen Breck Reid. Collegeville, MN: Liturgical Press.

McCann, J. Clinton, and James C. Howell. 2001. *Preaching the Psalms*. Nashville: Abingdon.

McConville, Gordon. 1993. "The Psalms: Introduction and Theology." *Evangel* 11:43-54.

McFall, Leslie. 2000. "The Evidence for a Logical Arrangement of the Psalter." *Westminster Theological Journal* 62:223-56.

Menn, Esther M. 2000. "No Ordinary Lament: Relecture and the Identity of the Distressed in Psalm 22." *Harvard Theological Review* 93:301-41.

———. 2004. "Sweet Singer of Israel: David and the Psalms in Early Judaism." Pp. 61-74 in *Psalms in Community: Jewish and Christian Textual, Liturgical, and Artistic Traditions*. Ed. Harold W. Attridge and Margot E. Fassler. Society of Biblical Literature Symposium Series 25. Leiden: Brill.

Meyer, Lester. 1993. "A Lack of Laments in the Church's Use of the Psalter." *Lutheran Quarterly* 7:67-78.

Miller, Patrick D. 1982. "Psalm 127—The House That Yahweh Builds." *Journal for the Study of the Old Testament* 22:119-32.

———. 1985. "'Enthroned on the Praises of Israel': The Praise of God in Old Testament Theology." *Interpretation* 39:5–19.

———. 1986. *Interpreting the Psalms*. Philadelphia: Fortress.

———. 1993. "The Beginning of the Psalter." Pp. 83–92 in *The Shape and Shaping of the Psalter*. Ed. J. Clinton McCann. Journal for the Study of the Old Testament: Supplement Series 159. Sheffield: Sheffield Academic Press.

———. 1994. "The Theological Significance of Biblical Poetry." Pp. 213–30 in *Language, Theology, and the Bible*. Ed. Samuel E. Balentine and John Barton. Oxford: Clarendon.

———. 1999, "Deuteronomy and Psalms: Evoking a Biblical Conversation." *Journal of Biblical Literature* 118:3–18.

———. 2000. "The Hermeneutics of Imprecation." Pp. 153–63 in *Theology in the Service of the Church*. Ed. Wallace M. Alston. Grand Rapids: Eerdmans.

———. 2004. "The Psalter as a Book of Theology." Pp. 87–98 in *Psalms in Community: Jewish and Christian Textual, Liturgical, and Artistic Traditions*. Ed. Harold W. Attridge and Margot E. Fassler. Society of Biblical Literature Symposium Series 25. Leiden: Brill.

Mitchell, David C. 1997. *The Message of the Psalter: An Eschatological Programme in the Book of Psalms*. Journal for the Study of the Old Testament: Supplement Series 252. Sheffield: Sheffield Academic Press.

Mowinckel, Sigmund. 1962 [1951]. *The Psalms in Israel's Worship*. Trans. D. R. Ap-Thomas. 2 vols. New York: Abingdon.

Muilenburg, James. 1969. "Form Criticism and Beyond." *Journal of Biblical Literature* 81:1–18.

Murphy, Roland. 1992. "The Psalms and Worship." *Ex Auditu* 8:23–31.

———. 1993. "Reflections on Contextual Interpretation of the Psalms." Pp. 21–28 in *The Shape and Shaping of the Psalter*. Ed. J. Clinton McCann. Journal for the Study of the Old Testament: Supplement Series 159. Sheffield: Sheffield Academic Press.

———. 2000. *The Gift of the Psalms*. Peabody, MA: Hendrickson.

———. 2002. *The Tree of Life: An Exploration of Biblical Wisdom Literature*. 3rd ed. Grand Rapids: Eerdmans.

Mynatt, Daniel S. 2000. "The Poetry and Literature of the Psalms." Pp. 55–66 in *An Introduction to Wisdom Literature and the Psalms*. Ed. H. Wayne Ballard and W. Dennis Tucker. Macon, GA: Mercer University Press.

Nasuti, Harry P. 1999. *Defining the Sacred Songs: Genre, Tradition and the Post-Critical Interpretation of the Psalms*. Journal for the Study of the Old Testament: Supplement Series 218. Sheffield: Sheffield Academic Press.

Nielsen, Kirsten. 1997. "Sigmund Mowinckel—And Beyond." *Scandinavian Journal of the Old Testament* 11:200–209.

———. 2002. "The Variety of Metaphors about God in the Psalter: Deconstruction and Reconstruction?" *Scandinavian Journal of the Old Testament* 16:151–59.

Nogalski, James D. 2000. "From Psalm to Psalms to Psalter." Pp. 37–54 in *An Introduction to Wisdom Literature and the Psalms*. Ed. H. Wayne Ballard and W. Dennis Tucker. Macon, GA: Mercer University Press.

Obenhaus, Stacy R. 2000. "The Creation Faith of the Psalmists." *Trinity Journal* 21:131–42.
Parrish, V. Steven. 2003. *A Story of the Psalms: Conversation, Canon, and Congregation*. Collegeville, MN: Liturgical Press.
Pauls, Gerald. 1993. "The Imprecations of the Psalmists: A Study of Psalm 54." *Direction* 22:75–86.
Perdue, Leo G. 1977. *Wisdom and Cult: A Critical Analysis of the Views of Cult in the Wisdom Literature of Israel and the Ancient Near East*. Society of Biblical Literature Dissertation Series 30. Missoula, MT: Scholars Press.
Pleins, J. David. 1992. *The Psalms: Songs of Tragedy, Hope, and Justice*. Bible and Liberation Series. Maryknoll, NY: Orbis.
Roberts, J. J. M. 2002. "The Enthronement of Yhwh and David: The Abiding Theological Significance of the Kingship Language of the Psalms." *Catholic Biblical Quarterly* 64:675–86.
Rofé, Alexander. 1993. "The Piety of the Torah-Disciples at the Winding-Up of the Hebrew Bible: Josh 1:8; Ps 1:2; Isa 59:21." Pp. 78–85 in *Bibel in jüdischer und christlicher Tradition*. Ed. Helmut Merklin et al. Athenäums Monografien: Theologie 88. Frankfurt am Main: Anton Hain.
Ryken, Leland. 1974. *The Literature of the Bible*. Grand Rapids: Zondervan.
———. 1992. *Words of Delight: A Literary Introduction to the Bible*. 2nd ed. Grand Rapids: Baker.
Sabourin, Leopold. 1974. *The Psalms: Their Origin and Meaning*. New York: Alba House.
Sarna, Nahum M. 1993. *Songs of the Heart: An Introduction to the Book of Psalms*. New York: Schocken.
Seybold, Klaus. 1990 [1986]. *Introducing the Psalms*. Trans. R. Graeme Dunphy. Edinburgh: T&T Clark.
Shepherd, John. 1997. "The Place of the Imprecatory Psalms in the Canon of Scripture." *Churchman* 111:27–47, 110–26.
Sheppard, Gerald T. 1992. "Theology and the Book of Psalms." *Interpretation* 46:143–55.
Silva, Larry. 2001. "The Cursing Psalms as a Source of Blessing." Pp. 220–30 in *Psalms and Practice: Worship, Virtue, and Authority*. Ed. Stephen Breck Reid. Collegeville, MN: Liturgical Press.
Slomovic, Elieser. 1979. "Toward an Understanding of the Formation of Historical Titles in the Book of Psalms." *Zeitschrift für die alttestamentliche Wissenschaft* 91:350–80.
Smith, Mark S. 1992. "The Theology of the Redaction of the Psalter: Some Observations." *Zeitschrift für die alttestamentliche Wissenschaft* 104:408–12.
———. 2001. "Taking Inspiration: Authorship, Revelation, and the Book of Psalms." Pp. 244–73 in *Psalms and Practice: Worship, Virtue, and Authority*. Ed. Stephen Breck Reid. Collegeville, MN: Liturgical Press.
Starling, David. 1999. "The Messianic Hope in the Psalms." *Reformed Theological Review* 58:121–34.

Stek, John H. 1974. "Stylistics of Hebrew Poetry: A (Re)new(ed) Focus of Study." *Calvin Theological Journal* 9:15–30.

Steussy, Marti J. 2003. "Psalms." Pp. 183–207 in *Chalice Introduction to the Old Testament*. Ed. Marti J. Steussy. St. Louis: Chalice.

Strawn, Brent A. 2000. "Psalm 22:17b: More Guessing." *Journal of Biblical Literature* 119:439–51.

Tanner, Beth LaNeel. 2001. *The Book of Psalms through the Lens of Intertextuality*. Studies in Biblical Literature 26. New York: Peter Lang.

Terrien, Samuel. 1993. "Wisdom in the Psalter." Pp. 51–72 in *In Search of Wisdom: Essays in Memory of John G. Gammie*. Ed. Leo G. Perdue, Bernard Brandon Scott, and William Johnston Wiseman. Louisville: Westminster John Knox.

Tostengard, Sheldon. 1992. "Psalm 22." *Interpretation* 46:167–70.

Towner, W. Sibley. 2003. "'Without Our Aid He Did Us Make': Singing the Meaning of the Psalms." Pp. 17–34 in *A God So Near: Essays on Old Testament Theology in Honor of Patrick D. Miller*. Ed. Brent A. Strawn and Nancy R. Bowen. Winona Lake, IN: Eisenbrauns.

Travers, Michael E. 2003. *Encountering God in the Psalms*. Grand Rapids: Kregel.

Vall, Gregory. 1997. "Psalm 22:17B: 'The Old Guess.'" *Journal of Biblical Literature* 116:45–56.

Waltke, Bruce K. 1991. "Superscripts, Postscripts, or Both." *Journal of Biblical Literature* 110:583–96.

Watts, John D. W. 2000. "A History of the Use and Interpretation of the Psalms." Pp. 21–35 in *An Introduction to Wisdom Literature and the Psalms*. Ed. H. Wayne Ballard and W. Dennis Tucker. Macon, GA: Mercer University Press.

Westermann, Claus. 1980 [1967]. *The Psalms: Structure, Content and Message*. Rev. ed. Trans. Ralph D. Gehrke. Minneapolis: Augsburg.

———. 1981 [1961]. *Praise and Lament in the Psalms*. Trans. Keith R. Crim and Richard N. Soulen. Atlanta: John Knox.

———. 1989 [1984]. *The Living Psalms*. Trans. J. R. Porter. Grand Rapids: Eerdmans.

———. 1998. "The Complaint against God." Pp. 233–41 in *God in the Fray: A Tribute to Walter Brueggemann*. Ed. Tod Linafelt and Timothy K. Beal. Minneapolis: Fortress.

Whybray, R. N. 1995. "The Wisdom Psalms." Pp. 152–60 in *Wisdom in Ancient Israel: Essays in Honour of J. A. Emerton*. Ed. John Day, Robert P. Gordon, and H. G. M. Williamson. Cambridge: Cambridge University Press.

———. 1996. *Reading the Psalms as a Book*. Journal for the Study of the Old Testament: Supplement Series 222. Sheffield: Sheffield Academic Press.

Williamson, H. G. M. 2003. "Reading the Lament Psalms Backwards." Pp. 3–15 in *A God So Near: Essays in Old Testament Theology in Honor of Patrick D. Miller*. Ed. Brent A. Strawn and Nancy R. Bowen. Winona Lake, IN: Eisenbrauns.

Wilson, Gerald Henry. 1985. *The Editing of the Hebrew Psalter*. Society of Biblical Literature Dissertation Series 76. Chico, CA: Scholars Press.

———. 1992. "The Shape of the Book of Psalms." *Interpretation* 46:129–42.

―――. 1993a. "Shaping the Psalter: A Consideration of Editorial Linkage in the Book of Psalms." Pp. 72–82 in *The Shape and Shaping of the Psalter*. Ed. J. Clinton McCann. Journal for the Study of the Old Testament: Supplement Series 159. Sheffield: Sheffield Academic Press.

―――. 1993b. "Understanding the Purposeful Arrangement of Psalms in the Psalter: Pitfalls and Promise." Pp. 42–51 in *The Shape and Shaping of the Psalter*. Ed. J. Clinton McCann. Journal for the Study of the Old Testament: Supplement Series 159. Sheffield: Sheffield Academic Press.

Zenger, Erich. 1996 [1994]. *A God of Vengeance? Understanding the Psalms of Divine Wrath*. Trans. Linda M. Maloney. Louisville: Westminster John Knox.

―――. 1998. "The Composition and Theology of the Fifth Book of Psalms, Psalms 107–145." *Journal for the Study of the Old Testament* 80:77–102.

잠언

잠언은 삶을 위한 지혜의 가르침들을 포함하고 있다. 고대 이스라엘의 지혜 교사들은 깊은 야웨 경외로부터 시작하여 다양한 삶의 영역들 속에서 자기들이 관찰한 것들에 대해서 묵상하였다. 그들은 자기들이 본 것들에 대하여 묵상하던 중에 마땅히 따라야 할 지혜로운 본보기들을 제공해 주거나 잘못된 오류들을 피할 수 있게 해주는 다양한 행위 — 결과의 양식들을 발견하였다. 잠언 안에 있는 격언들은 개인적인 행동으로부터 사회 제도들에 이르기까지 인간의 경험 전체를 포괄한다. 그것들이 보편적인 격언의 형태로 진술되어 있는 까닭에, 이 격언들의 초시간적인 진리는 오늘날의 삶과도 크게 관련되어 있다.

저자와 연대

잠언의 첫 절은 "다윗의 아들 이스라엘 왕 솔로몬의 잠언이라"는 도입부로 시작한다. 이로 인하여 초대 교회 교부들은 잠언 전체가 솔로몬에 의해 기록되었다는 결론을 내렸다. 그러나 바벨론 탈무드의 소책자(*Baba Batra* 25:1)에 담겨 있는 초기 유대교 전통은 이 책을 "히스기야의 사람들"이 편집하였다고 언급한다. 머피(Murphy 1998b: xx)는 오늘날의 지배적인 견해, 곧 솔로몬이 지혜의 왕으로 유명함에도 불구하고 잠언의 저자로 여겨져서는 안 된다는 견해를 대표한다: "여러 세기 동안 솔로몬은 그의 지혜에 관한 존중할 만한 전승(왕상 3:10; 5:9-14)으로 인하여, 그리고 이 책의 표제(1:1)로 인하여 잠언의 저자로 추정되었다. 그러나 지금에 와서는 그가 '저자'로 여겨질 수 없다는 데에 보편적인 합의가 이루어져 있다. 잠언 안에는 몇몇 수집물들이 들어 있다. 그들 중의 일부는 분명히 솔로몬 아닌 다른 '저자들'에 대해서 언급한다. 뿐만 아니라 어떤 격언이든 '솔로몬의 것'이라고 확인할 만한 유용한 수단도 존재하지 않는다. 본질적으로 옛 격언들은 대중성을 갖게 되고 또 널리 사용되던 중에 개선 과정을 거치면서 '저자'를 잃게 되었을 것으로 보인다."

몇몇 저명한 학자들은 현존하는 잠언 본문의 발전 과정에 대한 혁명적인 모델을 제시한 바가 있다. 궁켈(Gunkel)은 두 행으로 된 지혜의 격언들이 1-9장에 담긴 길다란 설교로 발전해 가면서 점차 그 형태가 복잡해졌다고 주장한다. 개럿(Garrett 1993: 42)은 잠언과 비교될 만한 옛 본문들이 궁켈의 가정을 지지하지 않는다고 본다: 사실 "짧고 간결한 격언 형태의 진술들로 이루어진 문서들이 더 길고 더 복잡한 설교 본문들보다 시기적으로 앞선다는 생각은 타당하지 않다. 이들 사이에 신학적인 이론에 차이가 있다는 주장 역시 역사적인 발전 과정을 설명함에 있어서 오류를 보이고 있다. 이 본문들에서는 그러한 발전 개념을 찾아볼 수가 없다." 화이브레이(Whybray 1994b: 14-15)는 장문의 중세 서사시 베어울프(Beowulf)를 18세기 영국의 짧은 풍자시와 비교함으로써 궁켈의 가정에 대한 설득력 있는 반증 자료를 제시한다. 화이브레이는 다음과 같은 결론을 내린다: "확실히 어떤 문학 작품의 길이는 그 자체로서 볼 경우에 문학적인 기교의 어떠한 기준도 될 수 없다. 몇 개의 정선(精選)된 낱말들로써 많은 메시지를 전달한다는 것은 가장 세련된 예술적 수완을 나타내는 표지가 될 수도 있다. 짧고 간결한 격언 역시 마찬가지로 문화 발전의 거의 모든 과정에서 생겨나는 것이겠지만 말이다." 벌록(Bullock 1988: 161)은 열왕기상의 역사적 기록에 나와 있는 솔로몬에 관한 설명에 대해서 언급한다. 그는 만일에 솔로몬이 정말로 3천 잠언들의 저자였다고 한다면, 그가 두 개의 행으로 이루어진 형식을 넘어서지 못했을 것이라는 설명은 거의 상상할 수 없는 일이라고 주장한다.

맥케인(McKane 1970)은 잠언을 이념적인 발전 과정의 산물로 본다. 그는 이 책 안에 세 가지의 격언 유형들이 들어 있다고 본다. A 유형은 인간의 삶에 대한 옛 지혜의 경험론적인 접근법을 반영하고 있다. B 유형은 선한 행동이나 악한 행동의 사회적인 효력에 대해서 설명한다. 그리고 C 유형에 속한 격언들은 옛 지혜에 대한 야웨 신앙적인 재해석을 담고 있다. 이 모델을 통하여 맥케인은 세속적이고 실용적인 지혜가 지혜에 대한 경건한 재활용 쪽으로 발전하였다고 주장한다. 차일즈(Childs 1979: 549-50)는 이러한 방법론을 올바르게 거부하고 있다: "맥케인은 본래 형태의 잠언이 지극히 세속적이요 실용주의 성향을 가지고 있었다고 주장한 적이 있다. 단지 나중에 가서야 비로소 이스라엘 안에 있던 경건한 집단이 원래의 잠언에 신학적인 차원을 가미하였다는 것이다. 맥케인은 이를 '하나님-언어'(god-language)라 칭한다. 그는 일부 핵심 낱말들의 의미 변화를 엿볼 수 있게 하는 몇몇 언어학적인 증거를 제시함으로써 자신의 이론을 뒷받침하려고 노력한다. 그러나 궁극적으로 그의 이론은 저자에게 있는 가장 이른 시기의 지혜 개념에 크게 의존하고 있다. 맥케인의 이론은 옛 지혜를 세속적인 지혜와 거룩한 지혜의 양극 개념으로 날카롭게 나누는 것 — 맥케인의 이론이 가정하는 — 에 반대하는 폰 라트와 다른 학자들의 강한 반대에 부닥쳤다."

이와 다소 유사한 방식으로 크렌쇼(Crenshaw 1986)는 가장 이른 시기의 격언들이 씨족 지혜로부터 생겨났으며, 그것들이 삶을 다스리는 데 초점을 맞추고 있다고 주장한다. 나중에는 왕실에 속한 지혜 교사들이 원인 — 결과 중심의 동기 진술들을 추가함으로써 삶에 대한 다양한 관찰들을 구체화하였다. 마지막으로 신학적인 지혜가 그 격언들을 훈계와 경고의 메시지를 발하는 보편적인 것들로 바꾸었다. 세속적인 배경으로부터 종교적인 배경으로 옮겨가는 과정에 초점을 맞춘 이러한 지혜의 발전 개념은 정당하게도 개럿(Garrett 1993: 50)의 문제 제기에 부닥치고 만다. 그는 이스라엘의 경우 삶의 모든 차원들이 신학적인 내용들로 가득 차 있음을 다음과 같이 지적하고 있다: "지혜가 초기의 인간적인 지혜로부터 후기의 종교적인 지혜로 발전했다고 보는 편집사의 가장 큰 약점은 아마도 신학을 윤리로부터 분리시킬 수 있다는 가정에 있을 것이다. 윤리에 대한 연구는 사실 신학적인 연구이기도 하다. 확실히 옛날 사람들은 종교적인 전제들과 무관한 세속적인 윤리를 발전시키려고 시도한 적이 없다. 그리고 옛날에는 어떠한 민족도 이스라엘처럼 신학적인 사유의 지배를 많이 받은 바가 없다. 올바른 행동을 하나님을 향한 의무로부터 분리시키려는 현대인들의 시도는 우리가 보기에 부적절하며, 고대 근동 사람들이 보기에도 생각할 수 없는 일이다."

개방적인 학자들이나 복음주의적인 학자들 모두 잠언을 다양한 저자들에게서 비롯된 격언들의 모음집으로 이해한다. 예로서 아이스펠트(Eissfeldt 1965: 476)는 잠언이 상이한 시기의 상이한 사람들에게서 비롯된 많은 수집물들로 이루어져 있다고 말한다. 그는 격언들 중의 일부와 잠언 안에 있는 작은 수집물들 중의 일부가 솔로몬의 저작일 수도 있음을 인정한다. 딜라드와 롱맨(Dillard and Longman 1994: 236)은 잠언이 저자에 대한 언급을 일부 포함하고 있음을 주목하지만(10:1; 22:17; 24:23; 25:1; 30:1; 31:1), 이들 중의 극히 일부분만이 솔로몬을 해당 단락의 저자 내지는 편집자로 보고 있다. 저자에 대한 그러한 언급들은 또한 초반부(1:8-9:18)와 마지막 단락(31:10-31)이 특정 저자에게 속한 것이 아님을 지적하고 있기도 하다.

현재 형태의 잠언이 어떻게 만들어졌는지는 편집비평적인 접근을 통하여 가장 잘 설명될 수도 있을 것이다. 열왕기상 4:32가 보여주듯이, 솔로몬은 역사적인 이야기들 속에서 이스라엘 지혜 전승의 후원자로 묘사된다. 이러한 기록을 완전히 허구적인 것으로 무시하지 않는 한, 그 기록이 존재한다는 것 자체는 솔로몬이 자신의 지혜로 인하여 널리 알려져 있었음을 암시한다. 현자로서의 그의 명성은 비정경 문서인 '솔로몬의 지혜'(Wisdom of Solomon)를 그와 연결짓게 만들었다. 뿐만 아니라 솔로몬의 지혜에 대한 예수의 분명한 언급(마 12:42)은 주후 1세기에 이스라엘의 옛 왕이 지혜의 귀감이 되는 인물이었음을 간접적으로 증거하고 있다. 명백한 반대 증거가 없는 상황 속에서는 잠언이 솔로몬에게서 비롯된 격언들과 수집물들을 포함하고 있을 가능성을 인정하지 않을 수 없을 것이다. 저자에 대한 언급을 있는 그대로 받아들일 경우에 느끼는 것처럼 말이다. 해리슨(Harrison 1969: 1014)은 지혜로운 격언들의 수집을 솔로몬에게 돌리는 오랜 전통을 부정할 만한 적절한 이유가 없다는 점을 다음과 같이 조심스럽게 주장한다: "아무리 낮게 평가한다고 해도 그가 상당한 정신적인 은사와 뛰어난 개성을 가진 인물임은 거의 의심할 여지가 없는 것으로 보인다. 그리고 당시의 고대 근동의 군주들이 특별히 뛰어난 자들이 아니었다는 단순한 사실 때문에 현자와 지식인으로서의 그의 명성은 저절로 올라갔을 것이다. 만일에 잠언의 수집이 솔로몬 시대의 왕실 활동 내지는 소일거리에 해당하는 것이라면, 솔로몬에게 돌려지는 3천 개의 잠언은 사실상 솔로몬 자신이 주도했음에 틀림이 없는 왕실 전체의 저작물이었을 것이다."

키드너(Kidner 1964 25)는 이를 다음과 같이 설명한다: "솔로몬 전의 1천년기에 속한 이집트와 메소포타미아의 지혜문학 및 주전 14세기에 속한 우가릿(라스 샤므라)의 페니키아 지혜문학에 대한 지식이 늘어가면서, 잠언의 내용(그 편집 연대가 언제이건 관계없이)이 그 사상이나 어휘, 문체, 그리고 종종 그것의 운율 형식 등에 있어서 포로기의 유대교보다는 초기의 이스라엘 세계에 더 친숙한 것임이 분명하게 드러나게 되었다"(참조. Waltke 1979a: 223; von Rad 1972: 9; Kitchen 1998: 350). 더 나아가서 슈타인만(Steinmann 2000: 674)은 잠언의 어휘와 사상 및 표현 양식 등을 분석한 후에 다음과 같은 결론을 내린다: "잠언 1-9장은 이 책 자체가 보여주듯이 10:1-22:16과 25-29장과 동일한 저자에게서 비롯된 것이다."

잠언 25:1의 표제는 히스기야의 통치 기간(주전 715-686년) 동안에 25-29장을 구성하고 있는 솔로몬의 격언 수집물이 편집되었음을 암시한다. 벌록(Bullock 1988: 152-53 [Carasik 1994는 이에 반대함])은 이러한 학술적인 계획이 거대한 개혁 운동에 의해 촉진되었을 수도 있다고 추론한다: "히스기야의 통치 시기와 관련된 25-29장의 수집 활동(25:1)은 히스기야의 통치 초기에 있었던 개혁 활동(왕하 18:1-6; 대하 29-31장)과 연결되었을 수도 있다. 결국은 종교적으로나 사회적으로 쇠퇴기에 접어든 공동체가 영적인 건강과 사회적인 안정을 얻기 위한 힘든 여정을 시작함에 따라, 교훈적인 목적이 한층 큰 비중을 차지하게 된 셈이다." 이러한 설명에 근거하여, 10-24장에 있는 솔로몬의 격언들과 아마도 1-9장까지도 당시에 편집되었으리라고 추론하는 것은 틀린 것이 아닐 것이다. 잠언의 마지막 두 장은 아굴과 르무엘의 것으로 돌려지고 있으며, 솔로몬의 격언집에 후대에 추가된 것들로 볼 수 있다.

잠언 첫 단락의 연대에 대해서는 논란이 많다. 1:1-7은 1-9장이 솔로몬의 저작임을 나타내는 특별한 단락이라기보다는 잠언 전체의 총괄적인 표제라

할 수 있다. 이 단락이 보통은 편집 과정의 마지막 단계에 잠언에 추가된 후대의 서문으로 여겨지지만, 내적인 증거는 이러한 결론을 지지하지 않는다. 클리퍼드(Clifford 1999: 6)는 이를 다음과 같이 설명한다: "1-9장에는 역사적인 사건들에 대한 언급이 전혀 없으며, 언어나 주제와 관련된 주장들 중에 확정적이라고 할 만한 것이 없다. 긴 시들이 짤막한 격언들보다 후대의 것이라는 주장은 초기 문헌에 가르침들과 격언들이 병존하고 있다는 점에 비추어볼 때 타당성이 약하다." 퍼듀(Perdue 1997: 80)와 델(Dell 1997: 147)은 문서화된 잠언 본문이 포로기 이후 시대 초기에 편집되었다는 데 동의하지만, 해리슨(Harrison 1969: 1016)은 잠언의 어느 부분도 그처럼 늦은 시기에 만들어졌으리라고 보지 않는다: "잠언에 있는 특별한 수집물들의 저자와 연대 문제에 관하여, 첫 번째 수집물(1:8-9:18)은 그동안 저자 불명의 것으로 여겨졌으며, 일반적으로 후대에 속한 것으로 간주되었다. 최종 편집 작업이 주전 600년경에 이루어졌을 수도 있겠지만, 이 수집물이 포로기 이후의 연대에 속한 것임을 입증하는 사실적인 증거는 실제로 하나도 없다. 참으로 그 반대가 옳다. 왜냐하면 올브라이트(Albright)가 보여준 바와 같이, 사상과 구조와 어휘 등에 있어서 우가릿 문서와 평행을 이루는 자료들의 수는 본질적으로 현재 형태의 본문에 있는 구체적인 격언들과 더 긴 단락들까지도 청동기 시대로 거슬러 올라갈 수도 있음을 암시한다."

본문상의 증거에 비추어볼 때, 솔로몬을 최종 편집자로 보기보다는 잠언의 형성 초기에 관여한 사람으로 보는 것이 최선일 것이다. 현존하는 잠언의 대부분을 포함할 수도 있는 솔로몬의 원작 격언들은 적어도 히스기야의 시대에 편집되고 보충되었을 것이다. 이보다 더 정확한 주장을 내세운다는 것은 본문의 증거가 분명하게 지지할 수 있는 범위를 넘어선다.

배경

잠언 문학은 보편적인 인간 경험에 대한 관찰을 반영하는 것이기 때문에, 이 책의 본래적인 배경을 정확하게 결정짓는다는 것은 어렵거나 거의 불가능한 일이다. 머피(Murphy 1998b: xxix)는 이를 다음과 같이 설득력 있게 주장한다: "각 격언의 본래적인 배경, 곧 이른바 그것의 출발점을 알아낸다는 것은 사실상 불가능하다. 거기에는 그야말로 너무도 많은 가능성들이 있다. 구두 전달을 표현 양식으로 선호하던 시골 지역이 그 배경일 수도 있고, 문학적인 표현을 선호하던 왕실이 그 배경일 수도 있다. 이 두 '배경'은 너무도 포괄적이어서 그다지 도움이 되지 않는다. 어느 것을 선택해도 근본적인 도움이 되지 않는다. 일반 대중이 '왕'의 격언을 만들어낼 수도 있고, 상류층 인사가 시골의 농사짓는 일에 관하여 묵상할 수도 있기 때문이다"(참조. Kassis 1999: 114-15).

그러나 많은 학자들은 잠언에서 발견되는 격언들의 다양한 배경들을 구체적으로 제시하고자 한다. 힐과 월튼(Hill and Walton 2000: 358)은 고대 근동 전역에서 가르침을 목적으로 하는 지혜가 씨족 집단이나 왕실 또는 서기관 학교 등으로부터 생겨났지만, 그것들이 수집되고 편집되어 문학적인 형태를 갖게 된 것은 왕실에서였다고 주장한다. 개럿(Garrett 1993: 25-27)은 유용하게도 왕실에 근거를 둔 잠언의 문학적인 배경 — 열왕기상에 기록된 바 솔로몬 왕실에 대한 역사적인 설명에 암시되어 있듯이 — 과 개별 격언들이 생겨난 다양한 삶의 자리들을 구분한다. 어쩌면 어머니의 가르침에 대한 언급(1:8; 6:20)에 근거하여 가정이야말로 고대 이스라엘에서 가장 중요한 지혜 교육의 자리일 것이라고 보는 월트키와 다이워트(Waltke and Diewart 1999: 308-9 [참조. Washington 1994b: 169])의 주장이 옳을 수도 있다. 잠언에 자주 사용되는 "내 아들"이라는 표현이 스승으로부터 학생에게 전달되는 가르침을 은유적으로 표현한 것일 수도 있겠지만 말이다.

목적

잠언은 1:2-6의 분명한 목적 진술과 더불어 시작한다. 존슨(Johnson 1987: 419-32)은 이 복합 단락에서 중심을 이루는 동사가 "듣다"임을 강조한다. 들음의 행동에는 네 가지 부차적인 목적들이 뒤따른다: 지혜를 알고(2a절) 명철의 말씀을 깨닫고(2b절) 도덕적인 통찰에 순복하고(3절) 성숙함을 향해 나아가는(4절) 것 등이 그렇다. 요컨대 잠언의 목적은 독자들로 하여금 하나님의 지혜를 얻음으로써 삶에 대한 그의 계획을 자기 것으로 만들도록 촉구하는 데 있다(Waltke 1992b: 10). 구체적으로 말해서 그것은 미숙한 사람들을 지혜로운 사람들로 변화시키려고 노력한다(Frydrych 2002: 25).

잠언은 특히 젊은 사람들을 훈련시키려는 목적을 가지고 있다. 왜냐하면 독자들이 자주 "내 아들"로 칭하여지기 때문이다. 허바드(Hubbard 1989: 26)는 더 구체적으로 잠언이 염두에 두고 있는 학생들을 이스라엘의 행정 기관에서 일할 준비가 되어 있는 자들로 규정한다: "우리가 가지고 있는 증거 자료들을 최선을 다하여 짜맞추어 보면, 잠언이 본래 지도자 훈련을 받던 이스라엘 공동체의 젊은이들로 하여금 사용할 수 있게 하려는 목적에서 수집한 자료집이라는 결론에 이르게 된다. 다윗과 솔로몬의 치하에서 이스라엘의 열두 지파가 중앙 집권 체제로 바뀜으로써 하나님의 계약 백성의 생활 방식 역시 항구적으로 바뀐다. 건축 공사, 국제 외교와 무역, 인구 조사, 군사 동원, 조세 징수, 사법 절차 등등의 많은 정부 기능들은 모든 행정 요원들을 모집하여 훈련시킴으로써 정부 안의 다양한 책임직을 수행하도록 도와줄 것을 요청한다." 잠언의 구체적인 청중을 확정할 수는 없겠지만, 잠언이 실생활과 관련된 지혜를 표현하는 데 초점을 맞추고 있음을 부정하기는 어려울 것이다. 행정 관리들의 특수한 상황들을 넘어서는 많은 상황들 속에서, 잠언은 다양한 행동들과 태도들과 가치들에 있어서 지혜의 길이 어리석음의 길과 어떻게 다른지를 분명하게 밝히고 있다(Bricker 1995: 515).

폭스(Fox 1997a: 620)는 이를 다음과 같이 잘 설명하고 있다: "지혜는 영혼의 한 형태로서 도덕적인 성격을 가지고 있다. 도덕적인 품성을 키우는 일은 항상 교육의 최고 목표이다. 이는 결코 과장된 말이 아니다."

문학 장르

잠언은 두 개의 일반적인 범주들로 나눌 수 있다. 특히 1-9장에서 발견되는 확대된 가르침과 10-31장의 중심을 이루는 개별적인 격언들이 그렇다. 이 두 장르는 주전 3천년기에 이르기까지 메소포타미아와 이집트를 중심으로 하는 고대 근동 문헌들에서도 공통적으로 발견된다(Clifford 1999: 8; 참조. Day 1995: 62-70). 머피(Murphy 1998b: xxii)가 지적한 바와 같이, 가르침과 격언은 모두 가정과 사회 안에서 아주 보편적인 의사 전달 수단으로 사용되기 때문에, 그것들이 이스라엘의 지혜문학 안에서 발견된다는 것은 결코 놀라운 일이 아니다. 따라서 잠언에 있는 자료들의 원형이 외국의 모델에 근거하고 있다고 주장하는 것은 불필요한 일이다.

격언은 인간의 삶을 압축시킨 짧고 날카로운 금언을 가리킨다. 그것은 약속이나 절대 불변의 것으로 여겨질 수 있는 정확한 진술을 의도하지 않는다. 도리어 그것은 기억하기 쉽게끔 정교하게 만든 일반적인 원리에 해당하는 것이다. 피와 스튜어트(Fee and Stuart 1993: 217-18)은 이를 다음과 같이 설명한다: "격언은 진리를 짤막하면서도 정밀하게 표현한 것이다. 그 진술이 짧으면 짧을수록 구체성이나 보편적인 적용 가능성은 그만큼 더 약해지는 것으로 보인다. 우리는 길고 잘 다듬어진, 그리고 상세한 사실 진술이 종종 이해하기가 어려울 뿐만 아니라 사실상 대부분의 사람들이 기억하지도 못한다는 것을 잘 알고 있다. 따라서 격언은 누구나 배울 수 있게끔 외우기 쉬운 문구로 되어 있다." 이렇듯이 격언은 정해진 공식이라기보다는 일종의 지침서에 해당하는 것이다(Hubbard 1989: 25; 참조. Van Leeuwen 1995: 318).

격언은 의도적으로 수수께끼의 경향을 갖도록 만들어진 것이다. 이는 청중의 묵상을 돕기 위해 고안한 전략이라 할 수 있다. 격언은 삶에 대한 관찰을 담고 있으며, 숙련된 언어를 사용함으로써 "일상적인 것을 새로운 정신적인 자각의 차원으로 끌어 올린다"(Bullock 1988: 146). 격언은 종종 비교를 통하여 진리를 가르치는 유비(analogy)를 사용하기도 한다. 크렌쇼(Crenshaw 1986: 317)는 이를 다음과 같이 설명한다: "자연과 인간의 행동을 연구함으로써 우리는 세상의 운행 방식에 관한 약간의 통찰을 얻을 수 있다. 그러나 그러한 통찰은 어느 한 영역에서 다른 영역으로 옮겨져야만 한다. 자연 안에서 참된 것은 사회 안에서도 똑같이 참되다는 가정 하에 말이다." 격언은 외견상 혼란스러운 경험 세계 속에서 질서를 찾아내려고 노력한다. 주의 깊은 관찰을 통하여 일정한 양식들을 이끌어냄으로써 말이다. 잠언 6:6-11이 보여주는 바와 같이, 삶에 대한 구체적인 관찰(6절)은 좀 더 일반적인 원인-결과의 관계가 작용하고 있음을 알게 하며(7-8절), 그에 기초하여 훈계나 경고를 가능케 한다(9-11절). 그러한 훈계는 자주 명시적이건 묵시적이건 간에 자신의 선택에 책임을 지도록 독자들을 설득하고자 하는 동기에 의해 힘을 얻는다(Hildebrandt 1992: 441-42).

해석

잠언을 정확하게 해석하기 위하여 독자들은 그 내용이 격언의 성격을 가지고 있다는 점을 염두에 두지 않으면 안 된다. 각 격언이나 가르침이 본래 개별적인 단위로 만들어진 까닭에, 독자들은 먼저 그것들을 그 자체로서 해석하지 않으면 안 된다(Clifford 1997: 47). 일부 학자들은 격언들의 병렬 현상을 설명하려고 노력하면서, 시각적인 효과와 청각적인 효과의 결합이 다음과 같은 의미를 가지고 있다고 본다: "격언들의 수집물은 단순히 임의적인 관찰들을 모아 놓은 것일 뿐만 아니라, 일관성 있는 세계로부터 얻은 통찰들을 종합적으로 요약함으로써 일관성 있는 세계에 빛을 던져주는 것이기도 하다"(Goldingay 1994: 79). 그러나 격언들에 담긴 질서를 찾아낸다는 것이 쉬운 일은 아니다. 특히 10-31장이 그렇다(Martin 1995: 60-61). 화이브레이(Whybray 1994b)와 머피(Murphy 1998b), 하임(Heim 2001) 및 다른 학자들이 이 분야에 대하여 약간의 믿음직한 연구를 진행하기는 했지만 말이다. 이들은 격언 덩어리들을 탐구함으로써 정경 수집물들에 있는 격언들의 병렬로부터 일정한 의미를 찾아내려고 노력한 바가 있다. 그러나 본 저자는 잠언을 분명하게 확인할 수 있는 발전 과정을 담고 있는 한 편의 논문으로 보는 것과는 다른 방법을 사용하고자 한다. 개별 격언들을 주석한 다음에, 그 의미를 동일한 주제를 다루는 유사 격언들의 의미와 합할 것이다(참조. Towner 1995: 162). 개별 격언들 자체가 본질적으로 한정된 주제를 다루기 때문에, 어떤 하나의 격언도 전체의 모습을 다 보여주지는 못한다. 전체의 모습은 어떤 주제를 다루는 관련 격언들 전부를 한데 모아서 분석할 경우에만 얻을 수 있다.

구조

잠언의 주요 수집물들은 본문 안에 있는 일곱 개의 표제들을 통하여 그 모습을 드러낸다. 그것들은 다음과 같다:

1-9장	다윗의 아들 이스라엘 왕 솔로몬의 잠언이라
10:1-22:16	솔로몬의 잠언이라
22:17-24:22	지혜 있는 자의 말씀
24:23-34	이것도 지혜로운 자들의 말씀이라
25-29장	이것도 솔로몬의 잠언이요 유다 왕 히스기야의 신하들이 편집한 것이니라
30장	이 말씀은 야게의 아들 아굴의 잠언이니
31장	르무엘 왕이 말씀한 바 곧 그의 어머니가 그를 훈계한 잠언이라

그러나 럭(Luc 2000: 254)은 22:17과 24:23의 표제들에 의문스러운 점이 있을 수도 있다는 것을 그럴듯하게 설명한다. 그는 다섯 개의 표제들을 1:2-6에 있는 다섯 개의 목적 진술들과 연결지을 수도 있다고 본다.

초반부인 1:1-7은 1-9장의 서론 역할을 수행할 뿐만 아니라 잠언 전체의 서론 역할을 수행하기도 한다. 화이브레이(Whybray 1994b: 17)가 설명한 바와 같이, 야웨 경외를 지혜의 기초로 보는 이러한 편집 구조는 잠언 전체의 분위기를 알 수 있게 해준다: "독자는 잠언을 계속 읽어나가는 중에 멋진 편집상의 틀들을 통하여 지혜로운 자와 지혜에 대한 모든 언급들을 확인하게 될 것이다. 잠언의 일부가 아무리 세속적이고 평범하다 할지라도 그는 그 모든 가르침들이 완전한 인간, 곧 지혜롭고 경건한 사람 — 경건하기에 지혜롭고 지혜롭기에 경건한 사람 — 을 만드는 것을 목표로 하고 있음을 알게 될 것이다."

1-9장이 어떻게 잠언의 나머지 부분과 결합하게 되었는지에 관하여 학자들이 다양한 편집상의 이론들을 제시하고 있기는 하지만, 현재의 잠언 본문에서 맨 처음의 주요 단락(1-9장을 일컬음 — 역자 주)이야말로 잠언 전체의 주제적인 도입부 내지는 서론 역할을 수행하고 있음이 분명해 보인다(Fox 1997a: 613). 지혜의 가르침을 다루는 이 아홉 개의 장들은 지혜와 어리석음이라는 유명한 주제를 제시하고 있다. 반면에 10-31장의 개별 격언들은 대부분이 반의적(反意的)인 평행법 구조에 따라 배열되어 있으며, 도입 부분에서 좀 더 체계적으로 소개된 주제들을 구체적으로 보여주는 삶의 본보기들을 특별한 방식으로 제시하고 있다(Brown 1996: 45). 결론부에 있는 31:10-31의 알파벳 시는 야웨를 경외하는 여인을 칭송하는 것으로, 1-9장과 더불어 수미쌍관(首尾雙關) 구조(inclusio)를 이루려는 목적을 가지고 있다. 화이브레이(Whybray 1994b: 17)는 이를 다음과 같이 설명한다:

> 잠언의 마지막 단락(31:10-31)이 첫 번째 단락에 상응함으로써 잠언의 나머지 부분들을 그 안에 포함하는 "외피"(外皮)를 이루고 있다는 지적은 어느 정도 그럴듯해 보이는 것으로 알려져 있다. 이 단락이 표제를 가지고 있지는 않지만, 그 문학적인 형식 — 알파벳 시 형식 — 은 그것이 앞 단락과 구별된다는 사실을 보여준다. 이 시는 "선한" 또는 이상적인 아내에 대해서 묘사하고 있다. 그러나 그동안 학자들은 그 본래 목적이 무엇이건 관계없이 이 "아내"가 또 다른 여성, 곧 1-9장의 의인화된 지혜의 특징을 가지고 있음을 주목한 바가 있다 … 적어도 그녀는 잠언 전체가 가르치는 지혜로운 행동의 가장 뛰어난 본보기에 해당하는 인물임에 틀림이 없다. 그녀는 또한 "지혜를 말하는" 자요, 지혜를 가르치는 자이다(26절). 그리고 그녀는 "야웨를 경외하는 여자"로 칭송을 받는다(30절).

주제

잠언의 중심 주제는 다양한 측면들을 포함하고 있는 지혜이다. 클리퍼드(Clifford 1999: 19-20)는 이를 다음과 같이 잘 설명하고 있다: "잠언의 지혜는 세 가지 차원을 가지고 있다: 지혜의 차원(현실 인식의 한 방법)과 윤리의 차원(자기 처신의 한 방법) 및 종교의 차원(자신을 하나님께서 정하신 질서 내지는 하나님께 연결시키는 한 방법) 등이 그렇다 … 충만한 지혜를 통하여 사람들은 어리석음이 단순히 무지만을 뜻하지 않고 완악함과 불경건함을 뜻하기도 한다는 것을 알게 된다. 어리석음은 하나님의 세계를 정죄하며, 하나님과 하나님의 피조물들에게 맞서는 행동을 취한다. 지혜는 지극히 중요한 결과들을 가진 중요한 덕목이다." 잠언은 삶의 모든 영역들, 곧 지혜와 어리석음이 다양한 행동들과 태도들과 가치 체계 등을 통하여 표현되는 영역들을 광범위하게 탐구한다.

잠언에서 지혜('호크마')는 야웨의 뜻을 따라 사는 기술을 가리킨다. 그것은 종종 명철이나 지식과 관련된다. 구약성서의 다른 책들에서 보듯이, 지혜는 야웨에 의하여 그의 세계 안에 새겨져 있다. 그러기에 그것은 인간의 삶에 속한 모든 것들을 포괄한다. 머피(Murphy 2000: 196)는 이를 다음과 같이 설명한다: "성서적인 관점에서 본다면, 야웨의 행동은 만물 속에 스며들어 있다. 그 어떤 것도, 그리고 어떠한 사람도 하나님의 주권과 권능을 피하지 못한다." 따라서 거룩한 것과 세속적인 것 사이에는 아무런 구별도 없다.

앤더슨(Anderson 1986: 577)은 이를 다음과 같이 설명한다: "여기서 우리는 신명기가 보상과 징벌의 주제를 저주와 복을 포함하는 모세 계약에서 찾고 있다는 사실을 기억할 필요가 있다. 야웨께서는 주도권을 쥐고서 자기 백성과의 관계를 확립하셨다. 계약법에의 순종은 번영과 성공을 보증했지만, 불순종은 고난과 재앙을 초래하였다. 이스라엘의 현자들 역시 비슷한 견해를 가지고 있었다. 비록 그들이 상이한 출발점으로부터 시작하고 있기는 하지만 말이다. 그들은 인간의 탐구 활동과 반성을 통하여 찾아낼 수 있는 하나님의 질서가 만물의 본질 속에 새겨져 있다고 믿었다. 이 질서와 조화를 이루어 사는 것은 선한 삶을 가능케 하지만, 그것에 맞서는 삶은 개인적인 재앙으로 귀결된다." 실천적인 지혜는 삶에 대한 세심한 관찰로부터 행위와 결과에 관한 일반적인 모형들 — 다른 상황들에도 적용할 수 있는 — 을 이끌어내는 과정을 거쳐서 얻게 된다. 욥기와 전도서에서 발견되는 사변적인 지혜가 필연적으로 잠언의 일반적인 격언들을 보충해 주는 역할을 수행하기는 하지만, 잠언에 있는 관찰들과 권면들은 삶 속에서 겪는 대부분의 경험들에 대하여 타당성을 가진다. 바로 이 때문에 그것들은 지혜로운 삶의 본질적인 기초를 이룬다. 개럿(Garrett 1993: 55)은 이를 다음과 같이 설명한다: "지혜는 … 자신을 따르는 자들에게 이 세상에서 어떻게 살아야 하는지를 가르쳐 준다. 그것의 가르침들은 기꺼이 귀를 기울이려는 자로 하여금 '훈련되고 분별력 있는 삶'을 얻을 수 있게 해준다(잠 1:3). 그것은 야웨께 순복하는 태도를 배제하지 않는다. 그 반대로 그것은 그러한 태도의 한복판에 서 있다."

잠언 전체의 가르침에 의하면, 인간의 삶에는 두 개의 길이 대립각을 이루고 있다(Clements 1996: 211; Fox 2000: 128-31). 한편으로는 사람들을 생명의 모든 차원들로 인도하는 지혜의 길이 있다. 다른 한편으로 어리석음의 길은 사람들을 죽음의 모든 측면들로 인도한다(Waltke 1996b: 329). 인간의 삶을 충분히 관찰한 지혜 교사는 지혜롭거나 어리석은 행동과 태도에 흔히 수반되는 결과들에 대해서 언급한다. 지혜 교사는 지혜의 길과 어리석음의 길이 어디로 연결되는지를 드러냄으로써, 지혜를 배우는 학생에게 지혜의 길을 선택할 것을 가르치려고 노력한다(Farmer 1993: 80).

크렌쇼(Crenshaw 1986: 324-25)는 이를 다음과 같이 설명한다: "명철의 목표는 생명에 있고, 무지의 목표는 죽음에 있다. 따라서 잠언의 격언들과 가르침들은 생명의 길 또는 생명으로 인도하는 길에 관해서 말하며, 생명나무를 선택할 것을 권한다. 물론 파멸로 인도하는 정반대의 길도 있다. 지혜로운 자는 생명의 길을 따라서 여행한다. 그러나 어리석은 자는 파멸의 길을 따라서 걷는다. 달리 표현하자면, 의인이 생명의 길로 걷는 반면에, 악인은 파멸의 길로 떼지어 모인다." 이러한 대립 관계를 쉽게 표현하기 위하여 많은 격언들이 반의적인 평행법 형식을 사용한다. 그것은 "진리의 두 가지 측면을 서로 분명하게 반대되는 형태로 진술하며, 독자에게 분명한 선택권을 주되, 불행한 타협책을 찾거나 우유부단한 모습을 보일 수 있는 근거를 그에게서 빼앗아 버린다"(Archer 1974: 468).

잠언 9:10이 선포하는 바와 같이, 야웨 경외는 지혜의 시작이요 근본이다 (Perdue 2000: 36). 달리 말해서 야웨를 경외하는 마음은 지혜로운 행동을 가능케 하지만, 야웨를 경외하지 않는 마음은 어리석은 행동을 초래한다는 애기다. 야웨를 경외하느냐 그렇지 않느냐의 선택 여부에 따라 인간의 실존이 결정되는 것이다. 허바드(Hubbard 1989: 29)는 이를 다음과 같이 잘 설명하고 있다: "지혜로운 자들은 '야웨 경외'라는 구절이야말로 그들의 제자들에게 있는 최고의 의무를 가장 구체적이고도 포괄적으로 규정한 것으로 이해한다. 그것은 이웃 사랑뿐만 아니라 신앙적인 충성심까지도 포괄하는 것이다. 그것은 계약과 창조를 하나로 묶어주며, 사회적인 책임성에 수직적인 차원을 더해주는 것이기도 하다. 모든 의무들을 충실하게 잘 지키고 다른 사람들과의 모든 관계 속에서 자비를 행하는 것은 공동체 안에서 평화를 유지하는 현명한 태도보다 더 뛰어난 것이다. 그러한 행동은 한 분이시요 참되시고 살아계신 하나님의 성품을 반영하는 것이라 할 수 있다."

잠언이 인간의 삶에 속한 무수한 실제적인 문제들을 다루고 있기는 하지만, 그것은 단순히 세속적이면서도 분별력 있는 지혜만을 담고 있지 않다. 도리어 지혜에 속한 모든 것은 궁극적으로 야웨와의 관계에 근거하고 있는 것이다. 류웬(Van Leewen 1995: 326)은 이를 다음과 같이 설명한다: "이 세계와 그 안에 있는 모든 것들은 하나님의 것이다. 하나님께 대한 인식이 없이는 삶의 모든 구체적인 것들이 조화를 이루지 못한다." 성서의 지혜가 고대의 다른 지혜 문서들과 공통되는 자료들을 가지고 있을 때조차도, 그것은 자신의 모든 통찰들을 자신의 유신론적인 세계관 안에 두고 있다는 점에서 독특성을 보인다. 로스(Ross 1991: 885)는 이를 다음과 같이 설명한다:

> 잠언에 있는 많은 구체적인 강조점들은 고대 근동의 지혜문학에 그 병행 자료들을 가지고 있다. 그러나 그러한 여러 수집물들이 동일한 관심사들을 공유하고 있다 할지라도, 성서의 자료는 인격적인 하나님을 향한 인격적인 믿음을 전제하고 있다는 점에서 독특성을 보인다. 히브리 사람들에게 있어서 지혜의 성취는 단순히 지혜의 가르침들에 순종하는 것만을 뜻하지 않는다. 도리어 그것은 만물을 창조하시고 자연계와 인간 역사를 지배하시는(3:19-20; 16:4; 21:1) 야웨를 신뢰하고 그를 경외하며 그에게 복종하는 것을 뜻한다(잠 1:7; 3:5-6; 9:10). 히브리 사람들이 사용하던 옛 지혜들은 한결같이 이러한 종교적인 세계관과 조화를 이루어야 한다. 그리고 이 수집물 속에 있는 옛 지혜들은 참된 믿음에 종속될 때에야 비로소 더 큰 의미를 갖게 된다.

잠언의 대부분이 확대된 설교라기보다는 개별적인 격언들의 수집물이기 때문에, 사람들은 그러한 특징을 염두에 두고서 이 책을 연구해야만 한다. 아래에 이어질 짤막한 주제별 논의는 세 단계의 과정을 거쳐서 이루어진 것이다. 첫째로, 해당 주제에 속한 격언들을 선별한다. 어떤 경우에는 핵심적인 히브리어 용어들이 번역 과정에서 즉각 드러나지 않는 관련 구절들을 분명하게 보여준다. 둘째로 선별된 각 구절들을 연구하되, 해당 주제를 전체적으로 이해할 수 있도록 돕는 각각의 개별적인 의미들을 밝혀낸다. 이러한 작업은 주석서들에 있는 통찰들을 원용하는 것은 물론이고, 사전적이고 문법적이고 문학적인 분석까지 필요로 한다. 셋째로, 그 모든 구절들로부터 얻은 것들을 해당 주제의 주요 범주들로 종합한다. 이러한 종합 작업이 해당 주제에 대한 포괄적인 이해를 가능케 하지는 않지만, 그것은 독자들로 하여금 그 주제가 잠언의 지혜 안에서 어떻게 표현되고 있는지를 더욱 완전하게 이해할 수 있게 해준다.

아래에 이어지는 연구들은 간결할 수밖에 없다. 이와 동일한 접근 방식은 교육이라는 주제(특히 잠언 1-9장에 제시되어 있는)에 있어서 더욱 철저하게 개발된 바가 있다(Estes 1997). 이러한 유형의 주제별 연구는 키드너(Kidner 1964), 파머(Farmer 1991), 타우너(Towner 1995), 롱맨(Longman 2002) 등의 연구를 포함하는 몇몇 작품들에서 확인할 수 있다. 잠언이 중요한 주제들을 광범위하게 다루고 있기는 하지만, 아래의 연구들은 지혜에 의해 규정되는 삶의 구성 요소들이라 할 일부 절차들과 덕목들에 한정된다.

즐거움

잠언은 몇 차례에 걸쳐서 즐거움의 가치에 관하여 말한다. 이러한 삶의 특성은 자주 인간의 삶을 특징짓는 태도들과 뚜렷한 대조를 이룬다. 많은 사람들이 말은 하지 않지만 즐거움이 없음을 나타내는 절망에 빠진 채로 세상을 살아간다. 그런가 하면 어떤 사람들은 즐거움을 거부하는 분노와 적개심에 사로잡혀 있다. 또 어떤 사람들은 분별없는 오락에 탐닉하여 즐거움을 누리고자 하지만 그것은 어디까지나 진정한 즐거움을 위장한 것일 뿐이다. 잠언은 즐거움의 원리에 대해서 가르칠 뿐만 아니라 즐거움을 얻는 방법에 대해서도 가르친다.

즐거움을 나타내는 데 사용되는 주요 낱말들의 히브리어 어근은 '사마흐'와 '가알'이다. 이 두 어근은 똑같이 자연스러운 즐거움의 외침을 가리킨다. 이러한 개념은 탄식(시 30:11)이나 슬픔(사 24:11)과 대조를 이룬다. 여기서 말하는 기쁨은 잠시 있다가 사라지는 성품을 가리킨다기보다는 마음속에서 넘쳐흐르는 감정이 말로 표현된 것을 가리킨다. 잠언 15:13은 이렇게 말한다: "마음의 즐거움은 얼굴을 빛나게 하여도 마음의 근심은 심령을 상하게 하느니라." 이 구절의 반의적인 평행법은 어떤 사람의 외적인 태도가 마음의 상태에 의하여 결정된다는 것을 분명하게 보여준다. 맥케인(McKane 1970: 480-81)은 이를 다음과 같이 설명한다: "얼굴과 눈 속에 드러나는 건강의 기운은 건강하고 행복한 정신에 수반되는 현상이다. 그러나 정신에 병이 들고 그로 인하여 고통에 사로잡히게 되면, 그 사람의 의기(意氣)는 상처받아 무너지게 마련이다." 즐거움의 태도는 유쾌한 환경으로부터 생겨나는 것이 아니라 기뻐하는 마음으로부터 생겨나는 것이다.

잠언 14:13에 의하면 즐거워 보이려고 노력하는 것은 진정한 기쁨과 같지 않음이 분명하다. 왜냐하면 "웃을 때에도 마음에 슬픔이 있고 즐거움의 끝에도 근심이 있기" 때문이다. 만일에 마음이 고통 속에 있다면, 억지로 만들어 낸 웃음이 그것을 감추지 못한다. 반면에 즐거운 마음은 불리한 환경을 극복할 수 있다. 잠언 15:15는 이를 다음과 같이 가르친다: "고난 받는 자는 그 날이 다 험악하나 마음이 즐거운 자는 항상 잔치하느니라." 다음과 같은 델리취(Delitzsch 1971: 324)의 설명은 적절한 것이다: "인간의 참되고 진정한 행복은 이렇듯이 외적인 것들에 의해서가 아니라 마음의 상태에 의해서 규정된다. 인간은 누구나 분명하게 형통함을 누리는 상황 속에서도 은밀한 슬픔에 의해 무너질 수 있고, 겉으로 보기에 슬픔에 사로잡혀 있다 할지라도 평화를 누리면서 즐거운 마음으로 하나님을 신뢰할 수도 있다." 이 점에서 본다면 즐거움의 핵심 원리는 이렇다: 즐거움은 마음에서 비롯되는 것이지 주변 환경에서 비롯되는 것이 아니다. 즐거운 마음은 고통을 안겨주는 온갖 종류의 외적인 요인들을 초월할 수 있다. 그러나 억지로 만들어낸 열심은 고통 당하는 마음을 위로해 주지 못한다.

잠언은 즐거움을 얻을 수 있는 방법에 대해서 많은 가르침을 준다. 즐거움은 사람들이 소중하게 여기는 것들로부터 생겨난다. 예로서 잠언 21:15는 이렇게 말한다: "정의를 행하는 것이 의인에게는 즐거움이요, 죄인에게는 패망이니라." 야웨의 의로운 성품을 반영하는 자들은 올바른 행동 속에서 즐거움을 발견한다. 더 나아가서 하나님의 율법에 대한 순종은 행복을 가져다준다. 그러나 하나님의 계시를 무시하는 자들은 재난을 겪게 마련이다(잠 29:18). 왜냐하면 "하나님의 말씀을 무시하는 민족은 영적이고 정치적인 무정부 상태를 기대할 수밖에 없기 때문이다"(Alden 1983: 202). 잠언 10:23의 두 행은 악을 즐거움으로 삼는 미련한 자와 지혜로운 일을 행함으로써 참된 즐거움을 얻는 명철한 자를 대비시킨다. 머피(Murphy 1998b: 75)는 이를 다음과 같이 설명한다: "요컨대 미련한 자의 도덕적인 파산 상태는 그의 악행을 가벼운 농담 정도로 여기게 만든다. 이처럼 완악한 냉소주의는 기쁨과 즐거움을 지혜로 여기는 명철한 자의 태도와 대조를 이룬다." 자신에게 유리한 것만을 바라는 자들의 무절제한 탐욕은 너무도 천박한 것이어서 만족스러운 기쁨을 가져다주지 못한다. 이와는 달리 참된 즐거움은 올바른 일을 행함으로써 정의를 소중히 여기는 태도로부터 생겨나며, 하나님의 율법에 순종함으로써 진리에 헌신하는 태도로부터 비롯된다. 그것은 또한 하나님께서 정해주신 기준에 맞추어 살아감으로써 지혜를 실천하는 태도를 통하여 주어진다.

즐거움은 또한 사람들에게 기운을 실어주는 것들로부터 생겨나기도 한다. 선한 말은 무더운 날에 주어지는 시원한 냉수와도 같다. 왜냐하면 그것은 사람을 근심으로부터 건져주기 때문이다. 잠언 12:25는 이를 다음과 같이 말한다: "근심이 사람의 마음에 있으면 그것으로 번뇌하게 되나 선한 말은 그것을 즐겁게 하느니라." 시편 44:25나 애가 3:20과 마찬가지로 여기서도 근심은 절망의 감정을 통하여 사람을 밑바닥에 내동댕이치는 것을 가리킨다(Hubbard 1989: 223). 이처럼 심한 근심은 확신과 격려를 목적으로 하는 말과 대조를 이룬다. 근심의 원인이 반드시 제거되어야 할 필요는 없지만, 선한 말은 근심에 사로잡힌 자에게 필요한 힘을 제공해 준다. 키드너(Kidner

1964: 99)는 이를 다음과 같이 설명한다: "선한 말은 근심의 원인을 제거하고자 하는 — 그러나 항상 그런 일이 가능하지만은 않은 — 좋은 소식보다 더 포괄적인 것이다. 선한 말은 근심에 맞설 수 있는 용기를 불어넣어준다." 이와 마찬가지로 잠언 15:23은 다음과 같이 가르친다: "사람은 그 입의 대답으로 말미암아 기쁨을 얻나니 때에 맞는 말이 얼마나 아름다운고!" 이 구절의 요지는 적절한 때에 발하는 선한 말에 있다. 왜냐하면 이러한 종류의 격려는 즐거움을 필요로 하는 자에게 그것을 준다는 점에서 매우 중요한 의미를 가질 수 있기 때문이다. 머피(Murphy 1998b: 114)는 다음과 같은 점을 주목한다: "내용뿐만 아니라 시기 역시 중요한 의미를 갖는다. 확실히 좋은 충고와 좋은 시기가 항상 일치하는 것은 아니다. 특히 인간 실존의 미묘한 경우들에 있어서 그렇다. 현자에게 있는 이상들 중의 하나는 적절한 시기에 적절한 말을 하는 데 있다."

적절한 시기의 선한 말이 사람들을 즐겁게 할 수 있는 것과 마찬가지로, 성취된 희망 역시 사람의 마음을 즐겁게 할 수 있다(잠 13:12). 반의적인 평행법 구조를 가지고 있는 이 격언의 두 행은 사람의 마음을 낙담시키는 연기된 희망과 생명나무처럼 사람에게 힘을 주는 역할을 수행하는 성취된 희망을 대비시키고 있다. 맥케인(McKane 1970: 459)은 이러한 대비를 다음과 같이 잘 설명하고 있다: "인간은 좌절감으로 인하여 병에 걸리며, 희망이 성취됨으로 인하여 힘을 얻는다. 성취로부터 계속해서 멀어지는 기대감으로 인하여, 그리고 계속해서 장애물이 앞을 가로막는 것을 보면서, 사람들은 또 다른 장애물이 앞에 있다는 생각에 특별한 종류의 질병 — 의기 상실 내지는 자신의 뜻을 특정 상황 속에서 이루거나 주변 상황을 결정적으로 바꿀 수 있을 가능성에 대한 믿음의 상실 — 으로 인하여 애초의 목표가 다시금 뒷전으로 물러서게 됨을 발견한다. 희망을 현실로 바꾼다는 것은 참으로 유쾌한 성취에 해당하는 것이다. 그것은 혈관으로 피가 흐르는 것을 느끼면서 살아있음이 좋은 것이요, 생명의 기운이 넘치고 있음을 실감하는 것이나 다름이 없다." 성취된 희망이 가져다주는 유익은 잠언 15:30에도 잘 서술되어 있다: "눈이 밝은 것은 마음을 기쁘게 하고 좋은 기별은 뼈를 윤택하게 하느니라." 사람들은 좋은 소식을 전해 들음으로써 복과 원기회복을 아울러 경험한다.

왜냐하면 그것은 그들을 절망으로부터 즐거움으로 이끌어주기 때문이다. 즐거움은 영혼에 힘을 실어주는 선한 말과 성취된 희망을 통하여 생겨나는 것이지, 잠깐 있다 사라지는 감동 — 너무도 순식간에 사라지기에 항구적인 기쁨을 주지 못하는 — 에 의해서 생겨나는 것이 아니다.

잠언은 또한 즐거움이 다른 사람들의 삶을 부요하게 하고 다른 사람들에게 감동을 안겨주는 사람들을 통하여 주어진다고 가르친다. 평행을 이루는 잠언 27:9의 두 행은 기름과 향의 구체적인 효과들을 무형의 것과 비교하되, 이 둘과 똑같이 사람들에게 유익을 가져다주는 친구의 충고와 비교한다: "기름과 향이 사람의 마음을 즐겁게 하나니 친구의 충성된 권고가 이와 같이 아름다우니라." 좋은 친구들은 삶을 크게 부요하게 해준다.

잠언에 있는 몇몇 격언들은 가정의 식구들이 어떻게 기쁨을 주거나 빼앗을 수 있는지에 초점을 맞추고 있다. 잠언 5:18에서 지혜교사는 다음과 같이 훈계한다: "네 샘으로 복되게 하라. 네가 젊어서 취한 아내를 즐거워하라." 아가서 4:1-5:1의 성적인 언어를 연상시키는 언어를 사용함으로써 그는 청중들에게 결혼하여 가정을 이루는 일에서 즐거움을 찾을 것을 권한다. 잠언은 또한 자녀들의 성품과 행동이 그들의 부모들에게 어떠한 영향을 주는지에 관하여 말하기도 한다. 잠언 17:21, 25은 부정적인 시각에서 다음과 같이 말한다: "미련한 자를 낳는 자는 근심을 당하나니 미련한 자의 아비는 낙이 없느니라 … 미련한 아들은 그 아비의 근심이 되고 그 어미의 고통이 되느니라." 맥케인(McKane 1970: 503)은 이를 다음과 같이 설명한다: "미련한 아들은 결코 자기 아비를 즐겁게 하지 못한다. 그는 자신의 자녀가 장성하여 자기 힘을 충분히 활용하는 모습을 지켜보면서 특별한 만족감을 느끼는 대신에, 고통과 좌절을 느낄 것이다 … 아비는 아들로 인하여 자신의 수명이 연장되는 것을 기대할 수 있을 것이다. 그러나 미련한 아들을 둔 아비는 자신의 삶이 계속되는 것을 더 이상 기대하지 못한다." 반면에 지혜로운 자녀들은 잠언 23:15-16, 24-25에서 보듯이 그들의 부모들에게 기쁨을 가져다준다. 부모는 자신이 소중히 여기는 것들과 꿈들이 지극히 사랑하는 자녀들을 통하여 성취될 때 대단한 기쁨을 느낀다. 잠시 있다 없어지는 재물에 집착하는 문화와는 대조적으로 잠언은 주변 사람들이 사랑하는 자들을 통하여 기쁨을 느끼는 것을 강조한다. 오직 주변 사람들만이 계속적인 기쁨을 유지하도록 도와줄 수 있다. 잠언에 따르면, 지혜로운 자는 올바른 선택들을 통하여 즐거움을 배양시킨다. 지혜는 올바른 일을 행함에 있어서 하나님의 뜻을 소중히 여기는 길을 선택하고, 그의 율법을 행하며, 제멋대로 살기보다는 그가 정하신 규칙들을 따라 살아가려고 노력함으로써 기쁨을 발견한다. 참된 기쁨은 피상적인 감동보다는 선한 말들과 성취된 희망에 의하여 생겨나는 법이다. 사람들은 소유물을 통해서가 아니라 친구들과 가족을 통하여 기쁨을 얻는다. 무릇 즐거움이라는 것은 호의적인 주변 상황에 대한 수동적인 응답이 아니다. 도리어 그것은 참된 가치와 영감과, 하나님께 영광을 돌리려는 헌신 등에 초점을 맞춘 적극적인 개인적 선택의 결과로서 주어지는 것이다.

만족

오늘날의 세계에서 만족이라는 가치는 사람들에게 잘 알려지지 않은 것이다. 왜냐하면 사람들은 일반적으로 더 많이 소유하기를 원하고, 어딘가 다른 곳에 있기를 원하며, 무엇인가 다른 것을 행하고 싶어하기 때문이다. 이와는 대조적으로 잠언은 만족함을 동반한 경건이 대단히 유익하다고 가르치면서 디모데전서 6:6의 원리를 기대한다. 그렇다면 만족한다는 것은 대체 어떠한 의미를 갖는가?

잠언은 사람들이 소유하고 있는 것에 대한 만족에 관해 말한다. 지혜 교사는 이렇게 진술한다: "겸손한 자와 함께 하여 마음을 낮추는 것이 교만한 자와 함께 하여 탈취물을 나누는 것보다 나으니라"(잠 16:19). 우리에게 잘 알려진 셰이커 교(Shaker : 공동생활이나 공산제(共産制), 독신주의 등을 표방하는 미국 기독교의 일파 — 역자 주)의 한 찬송은 만족함이 단순해지는 선물이요, 자유로워지는 선물이라고 선언한다. 작은 재물에 대한 만족은 사람들을 자유롭게 만들어준다. 왜냐하면 그것은 사람들을 더 많이 소유하고자 하는 욕심으로부터 건져주기 때문이다. 이와는 대조적으로 교만은 중독성을 가지고 있으며, "건강한 삶과 생각을 위협하는"(Hubbard 1989: 335) 행동을 초래하기도 한다.
　자신의 현재 상황에 대한 만족은 절제의 덕목을 동반하기도 한다. 왜냐하면 만족은 탐욕에 사로잡히지 않은 채로 선한 일을 즐거워하기 때문이다. 이러한 절제의 정신은 잠언 30:7-9의 기도에 잘 반영되어 있다: "내가 두 가지 일을 주께 구하였사오니, 내가 죽기 전에 내게 거절하지 마시옵소서. 헛된 것과 거짓말을 내게서 멀리 하옵시며, 나를 가난하게도 마옵시고 부하게도 마옵시고, 오직 필요한 양식으로 나를 먹이시옵소서. 혹 내가 배불러서 '하나님을 모른다, 야웨가 누구냐?' 할까 하오며 혹 내가 가난하여 도둑질하고 내 하나님의 이름을 욕되게 할까 두려워함이니이다." 아굴(Agur)은 이러한 말을 통하여 "삶이 너무 편해졌을 때 하나님을 잊고 또 삶이 너무 힘들 때 절망에 사로잡힌 채로 하나님을 떠나려는"(Garrett 1993: 238) 자신의 잘못된 성향을 구체적으로 보여준다. 그리하여 그는 하나님께 가난도 부도 주지 마시고, 도리어 자신이 만족할 수 있는 적절한 재물을 주시라고 간구한다. 절제의 덕목은 잠언 25:16, 27의 가르침에도 잘 반영되어 있다: "너는 꿀을 보거든 족할 만큼 먹으라. 과식함으로 토할까 두려우니라 … 꿀을 많이 먹는 것이 좋지 못하고 자기의 영예를 구하는 것이 헛되니라." 적당하게 섭취한 꿀은 건강에 필요한 영양분과 즐거움을 가져다준다. 그러나 지나치게 많은 꿀은 사람들 병들게 할 수 있다. 머피(Murphy 1998b: 192)는 이를 다음과 같이 설명한다: "물론 꿀은 무엇인가 좋고 매력적인 어떤 것을 상징한다. 바로 이 때문에 그에 대한 금지 명령이 주어진다. 무엇이든 과도한 것은 피하라는 명령이 그렇다."
　만족이 겸허함이나 절제와 같은 긍정적인 품성을 만들어내는 것과 마찬가지로, 불만족은 충분히 예견할 수 있는 부정적인 행동을 초래한다. 만족함의 결핍은 다른 사람에게 속한 어떤 것을 취하게 함으로써 도둑질을 초래할 수도 있다. 그러한 행동은 누군가가 다른 사람의 소유물을 취하는 경우에 쉽게 확인할 수 있다. 그러나 그것은 다른 사람의 명성이나 영광 또는 신용 등을 빼앗는 행동을 포함하기도 한다. 잠언 12:12는 악한 노략물을 탐하는 악인과 풍성한 열매를 맺는 의인의 뿌리를 대비시킨다. 본절의 히브리어 본문이 조금 난해하기는 하지만, 그 요지는 자신의 열매를 거두는 의인을 악한 수단으로 얻은 것에 대한 불건전한 탐욕을 가진 악인으로부터 구별하려는 데 있는 듯하다. 악인들은 자신이 만들어낸 것들에 만족하지 못하는 까닭에 당연히 자신의 것이 아닌 것들을 취하려는 욕구에 사로잡히게 된다.

불만족은 또한 속임수를 초래하기도 한다. 무엇인가를 더 빨리 얻기 위해 다른 사람들을 앞질러가고자 할 때 그런 일이 발생한다. 잠언 13:11은 이를 다음과 같이 설명한다: "망령되이 얻은 재물은 줄어가고 손으로 모은 것은 늘어가느니라." 이것은 정직한 노동보다는 거짓된 주장을 내세움으로써 일확천금을 얻으려는 계책을 가리킬 수도 있다. 노동을 가리키는 히브리어 낱말은 문자 그대로 "손으로"라는 뜻을 가지고 있다. 그것은 "근면한 행동과 점진적인 투자의 증가를 강조"한다(Ross 1991: 977). 이와 마찬가지로 잠언 28:20은 이렇게 말한다: "충성된 자는 복이 많아도 속히 부하고자 하는 자는 형벌을 면하지 못하리라." 본절에서 충성된 자는 자신의 소유물로 자신의 성품을 더럽히지 않은 채로 부를 획득할 수 있다(McKane 1970: 626). 이와는 대조적으로 빨리 부자가 되고자 하는 자는 그러한 목적을 위해 아무래도 부정직한 수단을 사용할 수밖에 없으며, 바로 그 때문에 징계를 당하게 될 것이다. 개릿(Garrett 1993: 227)은 이를 지혜롭게 다음과 같이 잘 설명하고 있다: "어떠한 사회든 사람들이 지름길을 택함으로써 빨리 부자가 될 수 있다고 생각하는 사회는 건강치 못하다."

불만족은 세 번째로 사람들로 하여금 자신이 가지고 있지 않은 것에 대한 공상 내지는 그에 대한 탐욕스런 꿈에 사로잡히게 만든다. 잠언 21:15-16은 게으른 자에게 닥칠 좌절감을 이렇게 표현한다: "정의를 행하는 것이 의인에게는 즐거움이요, 죄인에게는 패망이니라. 명철의 길을 떠난 사람은 사망의 회중에 거하리라." 잠언은 자신의 탐욕을 뒷받침하기 위해 부적절한 노동 윤리를 가질 수밖에 없는 게으름뱅이들에게 자주 경고의 메시지를 발한다. 게으름뱅이들은 현재의 상황에 만족하지 않으면서도, 그러한 상황을 개선하기 위해 부지런히 일하려고 하지 않는다. 이와는 대조적으로 의인들은 자신이 소유하고 있는 것에 만족할 뿐만 아니라, 궁핍한 자들에게 자신의 것을 나누는 일에도 너그러운 편이다. 게으른 자들에게 있는 "탐욕은 건전한 성취와 전혀 조화를 이루지 못하거나 그것과 전혀 무관한 것으로서, 일종의 공상이나 신경증 내지는 강박 관념에 해당한다. 그것은 주어진 현실로부터 또는 노력과 성취를 통한 삶의 가능성으로부터 도피하여 꿈의 세계에 안주하는 것을 가리킨다"(McKane 1970: 550). 게으른 자들은 자신이 갖지 않은 것과 자신의 노력으로 얻을 수 없는 것에 관심을 기울임으로써, 자신이 처해 있는 현실을 직시하기보다는 공상의 세계에 빠져서 산다.

불만족이라는 것은 고대 세계나 현대 사회에서 똑같이 종종 과도한 노동을 초래하기도 한다. 그것은 곧 자신이 원하는 것을 구입하기 위해 돈을 버는 것을 삶의 추진력으로 삼는 소비지상주의의 성향을 가리킨다. 지혜 교사는 그러한 태도에 대해서 다음과 같이 경고한다: "부자 되기에 애쓰지 말고 네 사사로운 지혜를 버릴지어다. 네가 어찌 허무한 것에 주목하겠느냐? 정녕히 재물은 스스로 날개를 내어 하늘을 나는 독수리처럼 날아가리라"(잠 23:4-5). 이른바 개신교의 노동 윤리는 잠언 10:22와 같은 구절들에 근거하고 있는 것으로서, 종종 하나님께서 열심히 일하는 자들에게 복을 주신다는 진술로 표현된다. 그러나 이러한 원리는 흔히 하나님의 역할을 축소시키고 인간의 노력을 확대시키는 원리로 변형됨으로써, 사람들로 하여금 자신의 노력으로 하나님의 복을 얻으려는 결심에 사로잡히게 만든다. 그러나 실제로는 물질적인 부가 만족의 기초가 될 경우, 그것은 사람의 손으로 붙잡을 수 없는 것이 되고 만다. 사람들이 만족감을 느낄 정도로 충분한 부를 획득하고자 애쓰는 순간에 만족감은 손가락들 사이로 빠져나가고 만다. 많은 사람들은 더 많이 소유하면 할수록 더 많이 소유하려는 욕심에 사로잡히게 되는 서글픈 경험을 가지고 있다. 어떠한 양의 노동도, 그리고 어떠한 부의 축적도 탐욕스러운 불만족의 갈증을 해소시키지 못한다.

잠언은 또한 자신이 처해 있는 곳에서 만족함을 발견하도록 가르친다. 고대 이스라엘에서조차 울타리 너머에 있는 풀이 더 푸른 것으로 느껴진다(남의 떡이 더 커 보인다는 뜻 — 역자 주). 그 까닭에 몇몇 격언들은 자신이 처해 있는 삶의 자리에 만족하라고 조언한다. 성적인 난잡함은 고대 세계에 재앙을 가져다준 것으로 보인다. 오늘날의 문명 세계에 있어서와 마찬가지로 말이다. 이 때문에 지혜 교사는 잠언 5:15-20에서 결혼이라는 한계 영역 안에서 만족감을 누릴 것을 학생들에게 강조한다. 고대 근동 세계에서 물은 대단히 귀하게 여겨지는 것이었다. 그 까닭에 우물과 물탱크는 조심스럽게 보호해야만 하는 것들이었다. 따라서 보호받는 우물은 성적인 친밀감을 나타내는 은유로 사용되곤 했다(참조. 아 4:15). 제임스 왕 역본(King James Version)이 16절을 지시법(jussive)으로 번역함으로써("네 샘물을 밖으로 넘치게 하라") 결혼의 기쁨을 밖으로 넘치게 하여 다른 사람들을 즐겁게 하라는 암시를 주고 있기는 하지만, 본문 전체는 배타성을 강조하는 것으로서, 16절을 부정적인 훈계에 상응하는 수사학적인 질문으로 볼 것을 권하고 있다(Whybray 1994b: 89-90; Clifford 1999: 68). 여기서 지혜 교사의 말을 듣는 젊은이는 결혼생활 바깥에서 난잡한 삶을 즐기기보다는 결혼의 약속을 성취하는 데에서 즐거움을 발견하라는 훈계를 받는다(5:18).

로스(Ross 1991: 930)는 이를 다음과 같이 잘 설명하고 있다: "'샘'(fountain)을 향하여 복 받을 것을 요청하는 첫 번째 행은 성적인 즐거움이 하나님께서 주신 것임을 암시한다. 따라서 사람들은 누구나 혈기왕성한 젊은 시절부터 흥분과 만족 및 하나님께서 복을 주신 일부일처 관계의 기쁨과 행복을 함께 나눈 아내를 즐거워해야 한다." 결혼을 통한 이러한 성취는 사실상 사랑의 부패와 변질이라 할 수 있는 불법적인 성행위에 대한 유혹을 감소시켜준다(5:19-20)(Aitken 1986: 65-66).

결혼생활의 만족에 더하여 잠언은 24:21-22에서 하나님의 권세 아래 사는 삶 속에서 만족감을 누릴 것을 권한다: "내 아들아, 야웨와 왕을 경외하고 반역자와 더불어 사귀지 말라. 대저 그들의 재앙은 속히 임하리니 그 둘의 멸망을 누가 알랴?" 이 구절들에 대해서 언급하는 베드로전서 2:17이나 로마서 13:1-7에서처럼, 여기서도 선한 시민 의식이 경건의 한 부분으로 묘사된다. 고대 이스라엘에서 다윗 왕정은 야웨께서 지명하신 권세로서 나라를 다스렸다. 따라서 왕에 대한 존경심은 사실상 정치적인 의무일 뿐만 아니라 종교적인 의무이기도 하다(McKane 1970: 406). 여기서 가르침을 받는 학생은 '쇼님' — 여러 가지 방식으로 해석되는 용어임 — 과 어울리지 말라는 훈계를 받는다. 화이브레이(Whybray 1994b: 352)는 같은 어원을 가진 아랍어 낱말에 기초하여 '쇼님'을 왕에 대한 반역의 근원일 수도 있는 "귀족들"로 번역해야 한다고 주장한다: "여기에 언급된 학생은 한편으로는 하나님과 왕을 경외하라는 조언을 듣지만, 다른 한편으로는 귀족들이나 신분 높은 사람들과 사귀지 말고 도리어 신분이 낮은 사람들과 사귀라는 조언을 듣기도 한다. 이러한 조언의 이유는 그 다음에 이어지는 절에 잘 설명되어 있다." 허바드(Hubbard 1989: 378)는 히브리어 본문을 첫 번째 행의 야웨와 왕을 가리키는 "그 둘 모두"로 수정한 70인역의 번역을 지지한다. 그는 이러한 결론을 내린다: "21절의 두 행은 평행관계에 있다. 첫 번째 행이 하나님과 통치자에게 대하여 두려움과 경외심을 가질 것을 장려하고 있다면, 두 번째 행은 이들 모두에 대한 반역을 금하고 있다." 이상의 두 가지 해석은 모두 그럴듯한 것이다. 왜냐하면 '쇼님'을 "변하도록 예정된 자들"로 번역하는 제임스 왕 역본(King James Version)과 새 미국표준성서(New American Standard Bible)는 변화에 대한 갈망에 사로잡힌 나머지 기존의 권력 구조에 맞서는 자들을 가리키고 있는 듯하기 때문이다. 이상의 세 가지 가능성들 중 어느 것이 받아들여지건 관계없이, 이 구절은 학생에게 야웨의 지시를 받을 때 자기 삶에 주어진 정치적인 경계선들을 받아들일 것을 권한다.

인간의 삶에 있어서 결혼과 정치 부문의 만족에 더하여 잠언은 노동 부문의 만족을 장려하기도 한다. 역사의 모든 시기들에 있어서 대부분의 직업은 화려한 영광은 거의 없고 많은 불평에 직면하기 마련이다. 대단히 매력적인 경력이라 할지라도 일상적인 일로부터 비롯되는 무거운 짐을 가지고 있다. 이 점을 잘 알고 있는 잠언 27:18은 신뢰할 수 있는 노동에 종사할 것을 촉구한다: "무화과나무를 지키는 자는 그 과실을 먹고 자기 주인에게 시중드는 자는 영화를 얻느니라." 노동자들은 서로 짜고서 좀 더 나은 상황을 만들려는 욕심에 사로잡힐 것이 아니라, 자신이 지금 있는 자리에서 최선의 노력을 경주해야 한다. 작은 일에 있어서의 충실함은 당연히 보상을 받을 것이요, 보다 나은 기회를 향한 문을 열게 될 것이다.

맥케인(McKane 1970: 617)은 이를 다음과 같이 설명한다: "시간을 투자하여 아낌없이 무화과나무를 보살피는 농부는 그 열매를 즐길 것이다. 그리고 이와 마찬가지로 자기 주인을 잘 섬기고 그의 관심사를 잘 헤아리는 자는 자신의 충성스러운 봉사로 인하여 존중히 여김을 받게 될 것이다. 정직한 종은 오랜 세월 동안 자신이 보인 성실함이 보상받지도 못하고 인정받지도 못할 것이라는 두려움을 가질 필요가 없다. 그는 또한 마지막 날에 자신이 자기 일에 대하여 보여줄 것이 하나도 없으리라는 두려움을 가질 필요도 없다. 그는 능숙하고 열심히 일하는 농부나 마찬가지로 영광('카보드')과 물질적인 보상을 얻게 될 것이요, 자신의 가치를 사람들이 폭넓게 인정하게 될 것이다."

잠언의 지혜는 하나님께서 소중히 여기시는 것들에 대하여 만족할 것을 충고한다. 잠언 16:8의 비교 격언은 이렇게 가르친다: "적은 소득이 공의를 겸하면 많은 소득이 불의를 겸한 것보다 나으니라." 의를 뜻하는 히브리어 개념은 하나님의 기준에 합한 것을 가리킨다. 본절은 하나님의 기준에 합치되지 않은 일을 하는 대가로 큰 소유를 얻는 것보다는 가난하면서도 하나님의 기준에 따라 사는 것이 더 낫다고 말한다. 잠언 전체의 가르침은 확실히 부(富) 자체를 반대하지는 않지만, 불의와 관련된 부는 정죄한다. 하나님은 의롭고 정의로운 성품을 가지고 계신 까닭에, 인간이 자신의 행동 속에서 하나님 자신이 소중히 여기시는 것들을 열심히 배울 것을 원하신다(Hubbard 1989: 322). 로스(Ross 1991: 1005)는 이를 다음과 같이 설명한다: "비윤리적인 행동은 큰 이익을 손상시킬 것이요, 하나님의 심판을 받게 될 것이다."

잠언 23:17-18 역시 하나님께서 소중히 여기시는 것들을 따라 살 필요가 있음을 강조한다: "네 마음으로 죄인의 형통을 부러워하지 말고 항상 야웨를 경외하라. 정녕히 네 장래가 있겠고 네 소망이 끊어지지 아니하리라." 참된 만족은 하나님의 우선순위에 따라 사는 삶으로부터 비롯된다. 만족함을 누리기 위해서는 하나님께서 소중히 여기시는 것들을 붙들어야 한다. 다른 사람들이 그것을 배척한다 할지라도 말이다. 시기심은 다른 사람들이 가지고 있는 것들을 탐하는 것이다. 심지어는 그들이 불행해지기를 간구할 정도로 말이다. 화이브레이(Whybray 1994b: 336)는 이러한 훈계의 배후에 놓여 있는 의미를 다음과 같이 설명한다: "우리는 죄인들이야말로 형통함을 누리는 까닭에 시기심을 불러일으킨다는 것을 기본적으로 전제하지 않으면 안 된다. 그들은 발각되지 않은 채로 범죄를 행하며, 불법적인 이득에 근거하여 형통한 삶을 누린다." 잠언의 독자들은 그처럼 불의한 행동으로 인하여 자기들이 소중히 여기는 것들을 왜곡시키는 대신에, 경외심을 가지고서 야웨를 바라보고 희망을 가지고서 미래를 내다보라는 훈계를 받는다. 그들은 자신들의 시선을 불의한 자들에게서 의로우신 주님에게로 돌릴 때에야 비로소 죄악을 통하여 얻은 이익들이 오랫동안 지속되지 못한다는 것을 깨달을 수 있다. 맥케인(McKane 1970: 388)은 이 점을 다음과 같이 잘 설명하고 있다: "죄악의 유익은, 그것이 아무리 참되게 보인다 할지라도, 마침내는 헛된 것임이 드러날 것이다. 왜냐하면 참된 생명은 오로지 야웨 경외를 통해서만 적절한 시기에 희망찬 성취를 보게 될 것이기 때문이다."

오늘날의 세계에서 만족이라는 덕목은 그렇게 흔한 것이 아니다. 사람들은 광고 문구들에서 자기들이 충분히 부요하지도 않고 충분히 예쁘지도 않고 충분히 현대적이지도 않고 충분히 마음 편하지도 않기 때문에 참된 만족이라는 것이 소비 문화와 정면 배치된다는 얘기를 듣는다. 뿐만 아니라 아이들은 일찍부터 서로 경쟁하라는 가르침을 받는다. 단순히 선해지는 것만으로는 충분치 않다. 누구든지 최선을 다하지 않으면 안 된다. 따라서 만족이라는 개념은 현대 사회의 경쟁 심리와 정면으로 배치된다. 뿐만 아니라 학생들과 운동선수들과 영업사원들과 많은 다른 사람들은 더 나아지고 더 많이 생산하라는 압박을 끊임없이 받는다. 만족은 삶의 그토록 많은 영역들에 영향을 미치는 강압적인 분위기와 정면으로 배치된다. 잠언은 이처럼 강력한 문화적인 경향에 맞서서 사람들에게 만족을 특징으로 갖는 삶을 누릴 것을 권한다. 잠언은 그들에게 자신이 소유하고 있는 것들에 대하여 감사하고, 자신이 처해 있는 현실에 대하여 만족하며, 하나님께서 소중히 여기시는 것들을 받아들이라고 말한다.

결정들

인간의 삶은 매우 다양한 유형들과 차원들의 결정들로 가득 차 있다. 따라서 잠언이 선한 결정을 내리는 것에 관하여 많은 가르침을 주고 있다는 것은 놀라운 일이 아니다. 지혜 교사들은 어떻게 해야 건전한 결정을 내릴 수 있는지에 관하여 많은 실제적인 조언을 제공하지만, 그들의 조언은 경건을 특징으로 갖는 좀 더 근본적인 차원에서 시작한다. 예로서 잠언 4:23은 다음과 같은 점을 강조한다: "모든 지킬 만한 것 중에 더욱 네 마음을 지키라. 생명의 근원이 이에서 남이니라." 여기서 마음은 인간의 내적인 존재 전체를 가리킨다. 따라서 본절은 한 인간의 근원(성품)이 망가지면 그 결과들(다양한 결정들을 포함하는) 역시 망가질 수밖에 없음을 암시하고 있다. 달리 말해서 사람의 손으로 하는 모든 일들은 마음의 의지를 따르게 되어 있다는 얘기다. 이와 마찬가지로 잠언 21:2는 다음과 같이 경고한다: "사람의 행위가 자기 보기에는 모두 정직하여도 야웨는 마음을 감찰하시느니라."

개럿(Garrett 1993: 179)은 이를 다음과 같이 설명한다: "대부분의 사람들은 자신의 행동들과 삶의 유형들이 완전히 받아들일 만한 것이라고 생각한다. 그러나 하나님께서는 인간의 마음을 들여다보시며, 그의 생각들과 동기들을 판단하신다. 야웨의 분별력은 다른 사람들을 속이는 자들의 정체를 폭로하는 차원을 넘어선다. 그는 자신을 속이는 자들의 정체를 폭로하기까지 하신다." 사람들은 자신의 행동의 정당성에 관하여 자신을 쉽게 속일 수 있다. 그러나 하나님께서는 인간의 마음을 살피시며, 그들의 행동 배후에 있는 진정한 동기들을 파악하신다.

특히 좋은 결정을 내림에 있어서 결정적으로 중요한 기초가 되는 것은 순전함이라는 품성이다. 순전함은 안전함을 가능케 한다. 왜냐하면 "바른 길로 행하는 자는 걸음이 평안하려니와 굽은 길로 행하는 자는 드러나기"(잠 10:9) 때문이다. 달리 말해서 사람들이 자신의 품성을 따라서 행하는 모든 것은 마침내 모든 사람들 앞에 드러나게 되어 있다는 얘기다. 하나님께서 소중히 여기시는 것들을 따라서 살아가는 정직한 사람들은 자신의 순전함을 기준으로 하여 행동하기 마련이다. 그러나 초지일관하여 하나님께서 소중히 여기시는 것들을 따라 살지 못하는 자들은 자신의 이중적인 품성으로 인하여 망할 것이다(11:3).

잠언은 또한 일상생활 속에서 하나님께 순종하며 살 것을 장려한다. 왜냐하면 그렇게 해야만 선한 결정들을 내릴 수 있기 때문이다. 예로서 잠언 16:3은 이렇게 말한다: "너의 행사를 야웨께 맡기라. 그리하면 네가 경영하는 것이 이루어지리라." 본절은 여기서 일상생활의 다양한 선택 속에서 경건을 실천하되, 인간의 삶이 작은 결정들에 의하여 성공하기도 하고 실패하기도 한다는 점을 인식할 것을 강조한다. 누군가가 자신의 삶 속에서 이루어지는 모든 행동들을 야웨께 맡긴다면, 그는 야웨께서 복을 주시는 것들을 선택할 수 있게 된다. 잠언 4:26은 동일한 점을 강조하기 위하여 다른 은유를 사용하여 이렇게 충고한다: "네 발이 행할 길을 평탄하게 하며 네 모든 길을 든든히 하라." 본절은 오로지 의로운 일만을 행하려는 결심이 중요하다는 점을 강조하고 있다. 지혜로운 사람은 그러한 결심을 확고히 함으로써, 도덕적인 파멸에 이를 수도 있는 온갖 방해물들을 어떻게 계속해서 피할 수 있는지를 잘 판단하면서 살아간다. 올덴(Alden 1983: 47)은 이를 다음과 같이 설명한다: "잠언의 가르침들은 삶의 중요한 순간들 — 우리가 길에서 벗어날 수도 있는 — 을 가리키는 이정표와도 같은 것이다. 안전한 여행을 보증 받을 수 있는 최선의 길은 자신의 여정을 꼼꼼하게 정리하고, 혼란스러울 수도 있는 교차점들을 잘 확인하며, 여정 중에 피해야 할 위험 지점들을 주목하는 데 있다."

선한 결정들은 선한 충고를 따르는 것으로부터 비롯된다. 첫째로, 사람들에게 선한 충고를 요청하는 태도가 중요하다. 왜냐하면 잠언 19:20이 가르치는 바와 같이, 가르침을 잘 받는 사람은 지혜에 이르게 되기 때문이다. 어리석은 자들과는 대조적으로 지혜로운 자들은 자신이 얼마나 무지한지를 잘 알고 있다. 이러한 깨달음으로 인하여 그들은 지식을 소유한 자들에게서 그것을 구하려고 노력한다(잠 15:14). 둘째로, 자신이 받은 선한 충고에 순종하려는 자세가 아주 중요하다. 잠언은 몇 차례에 걸쳐서 반의적인 평행법을 사용하여 주변의 충고에 귀를 기울이는 자들과 그것을 단순히 귀로 들을 뿐인 자들을 대비시킨다(11:14; 12:15; 13:10, 18; 15:22). 선한 충고는 자기 기만을 피할 수 있게 해준다. 개릿(Garrett 1993: 132)은 이를 다음과 같이 설명한다: "자신이 그 모든 것들을 알고 있다고 생각하는 자들은 어리석은 자들이다. 그러나 다른 사람의 안내와 지식을 구하는 자들은 지혜로운 자들이다." 선한 결정을 내리기 위해서는 충고를 무시해서는 안 되며, 그것에 말로만 동의해서도 안 된다. 왜냐하면 잠언 13:18이 다음과 같이 가르치고 있기 때문이다: "훈계를 저버리는 자에게는 궁핍과 수욕이 이르거니와 경계를 받는 자는 존영을 받느니라."

선한 결정은 강제적이지 않다. 그것은 주어진 사실들에 대한 세심한 관찰

이후에 얻어지는 것이다. 사법적인 상황을 염두에 두고 있는 잠언 18:17은 너무 성급한 반응을 보이기보다는 모든 증거를 저울질해 볼 필요가 있음을 강조한다: "송사에서는 먼저 온 사람의 말이 바른 것 같으나 그의 상대자가 와서 밝히느니라." 잠언 14:15-16은 어리석은 자, 곧 속기 쉽고 분별없는 자와 지혜로운 자, 곧 자신의 모든 행동을 야훼 경외에 비추어 신중하게 판단하는 자를 대비시키고 있다. 맥케인(McKane 1970: 464-65)은 이러한 두 가지 상이한 접근 방식의 차이를 다음과 같이 잘 밝혀주고 있다: "현자가 '두려워한다' 는 것(14:16을 참조 — 역자 주)은 그가 지나치게 소심하고 우유부단하다는 것을 뜻하지 않는다. 도리어 그것은 그가 자신의 능력을 과대평가하지 않으며, 어떤 행동을 취할 때 수반되는 어려움들과 위험들을 과소평가하지 않음을 뜻한다. 그는 항상 위험과 성공 사이를 조심스럽고 빈틈없이 저울질함으로써 행동한다. 손해가 되거나 위험한 상황이 닥칠 경우에 그는 그것을 피한다. 어리석은 자의 행동은 자제력과 자기비판의 결핍을 특징으로 갖는다. 그는 자제력 결핍으로 인하여 난관에 봉착하게 되고, 자신의 능력에 대한 과대평가로 인하여 그릇된 안전 의식에 사로잡히게 된다." 잠언 27:23-24는 학습자에게 자신의 재산과 자원의 현재 상태를 정확하게 파악하여 주제넘게 행동하지 않도록 주의를 줌으로써 이 점을 뒷받침하고 있다: "네 양 떼의 형편을 부지런히 살피며 네 소 떼에게 마음을 두라. 대저 재물은 영원히 있지 못하나니 면류관이 어찌 대대에 있으랴?" 화이브레이(Whybray 1990: 40)는 이 점을 다음과 같이 설명한다: "이것은 재산이 치명적인 자기 과신을 초래할 수도 있는 위험성을 안고 있음을 경고하는 것에 다름 아니다."

사람은 누구나 경건한 성품과 일상적인 순종에 기초하여, 그리고 선한 충고와 모든 관련 사실들에 대한 신중한 고찰에 비추어서 융통성 있는 계획들을 세워야만 한다. 잠언은 인간과 하나님 모두가 선한 결정들을 내리는 과정에 개입되어 있다고 주장한다. 인간에게는 사용 가능한 정보를 활용하여 가능한 한 최선의 선택을 해야 할 책임이 있다. 동시에 인간은 지나치게 자신의 계획을 고집한 나머지 그것을 바꾸실 수도 있는 하나님의 주권적인 활동에 맞서려고 해서는 안 된다. 잠언 22:3은 장차 있을 문제들과 필요들을 예견하는 일의 중요성에 대해서 다음과 같이 말한다: "슬기로운 자는 재앙을 보면 숨어 피하여도 어리석은 자는 나가다가 해를 받느니라." 이와 마찬가지로 지혜로운 사람은 위험과 낭비를 최소화하기 위하여 앞질러 계획을 수립하되, 즐거운 일들을 누리기 전에 당면한 문제를 해결하는 데 필요한 모든 일들을 행하려고 노력한다(잠 24:27). 이러한 인간적인 요인들은 하나님의 자유 — 인간이 세운 최선의 계획들을 바꾸시거나 방해하시는 — 를 강조하는 몇몇 격언들과 조화를 이룬다. 예로서 잠언 16:1, 9는 이렇게 말한다: "마음의 경영은 사람에게 있어도 말의 응답은 야웨께로부터 나오느니라 … 사람이 마음으로 자기 길을 계획할지라도 그의 걸음을 인도하시는 이는 야웨시니라." 폰 라트(von Rad 1972: 100)는 이를 다음과 같이 설명한다: "지혜로운 자들은 이러한 한계 상황에 처할 때, 곧 인간의 어떠한 계획 속에서도 하나님이 여전히 마지막 결정권을 가지고 계심이 분명해 보이는 상황에 처할 때 무엇인가 좋은 일이 예비되어 있음을 깨닫는다. 하나님께서는 인간을 심지어 그가 세운 계획들로부터도 지키실 수 있는 분이다." 인간의 계획을 바꾸실 수 있는 하나님의 이러한 특권은 왕(21:1)과 그의 군사적인 준비 활동(21:30-31)에까지 확대 적용된다. 인간의 발걸음은 궁극적으로 야웨의 지시를 받아야 마땅한 까닭에, 어느 누구도 자신의 인생길을 완전하게 이해하지 못한다(20:24). 이와 관련하여 지혜 교사는 다음과 같은 결론을 내린다: "사람의 마음에는 많은 계획이 있어도 오직 야웨의 뜻만이 완전히 서리라"(19:21). 인간의 삶 속에는 오로지 하나님만이 조절하실 수 있는 것들이 있다. 따라서 인간은 자신의 한정된 명철이 미치는 범위 안에서 가능한 한 최선의 계획을 세워야 마땅하지만, 다른 한편으로는 자신의 삶 속에서 헤아릴 수 없는 계획을 세우시는 하나님의 방법에 맞서기보다는, 자신의 결정을 뛰어넘는 방식으로 자신의 발걸음을 인도하시는 하나님과 협력하려고 결심하지 않으면 안 된다. 타우너(Towner 1995: 163)는 다음과 같은 올바른 결론을 내리고 있다: "잠언이 건전한 윤리적인 가치들을 가르침으로써 인간의 행동에 영향을 미치려는 의도를 가지고 있다는 사실은, 자신의 학생들이 독립적이고 자유로운 결정들을 내릴 수도 있음을 현자들이 알고 있었음을 암시한다. 이 모델은 우주가 야웨의 주권적인 계획들에 의해 유지되고 이끌림 받는다는 사실을 암시한다. 인간의 자율권이 미치는 영역에서는 누구든지 독자적인 선택을 해야 하고 그로부터 비롯된 결과들에 대하여 책임을 지지 않으면 안 된다."

부지런함

잠언이 강조하는 핵심적인 품성들 중의 하나는 부지런함이다. "부지런함"을 나타내는 데 사용되는 히브리어 낱말 세 가지는 부지런함의 주요 특징들을 포함하고 있다. '마히르' 라는 낱말은 "서두르다"는 뜻을 가진 동사로부터 비롯된 명사로서, 부지런함이 신속함, 기민함, 신속하게 도전을 받아들일 준비가 된 상태 등을 가리킨다. 잠언 22:29의 다음과 같은 질문이 그에 해당한다: "네가 자신의 일에 능숙핸['마히르'] 사람을 보았느냐?" 이러한 유형의 부지런함은 그 사람을 다른 사람들로부터 구별시키는 결과를 낳는다: "이러한 사람은 왕 앞에 설 것이요, 천한 자 앞에 서지 아니하리라." 따라서 부지런한 사람은 자발적으로 계획을 세워 실행에 옮기는 사람이요, 인내함으로써 자신에게 다가오는 도전들을 완수하는 자이다.

부지런함의 두 번째 측면은 '샤하르' 라는 낱말의 용례에 반영되어 있다. 이 낱말은 "일찍 구하다"는 뜻을 가지고 있다. 잠언 11:27이 이를 잘 보여준다: "선을 간절히 구하는 자는 은총을 얻으려니와 악을 더듬어 찾는 자에게는 악이 임하리라." 이 반의적인 평행법은 사람들이 자신이 구하는 것을 발견하기도 하고 얻기도 한다는 것을 분명하게 보여준다(Whybray 1994b: 187). 실패는 두 가지 방식으로 찾아온다. 한편으로, 인간은 권력이나 명성, 편리함, 인기, 흥미 등과 같은 잘못된 것들에 초점을 맞출 수도 있다. 이러한 것들을 성취하려는 태도는 필연적으로 좌절에 이르게 된다. 다른 한편으로, 인간은 올바른 것들을 염두에 두면서도 그것에 몰두하지 않을 수도 있다. 삶에 대한 이러한 접근 방식은 결국 목표 없는 삶에 이르게 된다. 참된 부지런함은 지극히 중요한 것에 초점을 맞춘다. 선한 것을 열심히 찾는 자는 그렇게 함으로써 결국에는 그것을 발견하게 된다.

부지런함은 또한 '하루츠' 라는 낱말이 보여주듯이 단호하게 행동하는 것을 뜻하기도 한다. 잠언 21:5이 이를 잘 보여준다: "부지런한 자의 경영은 풍부함에 이를 것이나 조급한 자는 궁핍함에 이를 따름이니라." 이러한 표현은 빈틈이 없는 태도를 가리키며, 성급하거나 충동적인 행동과 대조를 이룬다. 허바드(Hubbard 1998: 344)는 이러한 반대 명제를 다음과 같이 설명한다: "'부지런한' 사람은 열심히 일할 뿐만 아니라 계획을 잘 세워서 한 걸음 한 걸음 신중하게 앞을 향해 나아감으로써 자신이 세운 전략을 확실하게 완수하기도 한다. 그 결과 그는 '풍족함'을 누리게 되며, 자신에게 필요한 것 이상의 것을 얻게 되고, 부주의한 사람이 가질 수 없는 이익을 얻게 된다. '성급한' 자는 괄괄하고 추한 삶의 방식에 만족하며, 화급하게 계획을 세우며 마지못한 태도로 그것을 이행한다." '하루츠'는 몇 차례에 걸쳐서 게으름과 대비되는 모습을 보인다: "손을 게으르게 놀리는 자는 가난하게 되고 손이 부지런한 자는 부하게 되느니라"(10:4). 그 까닭은 부지런함이 보상을 받게 되기 때문이다. 올덴(Alden 1983: 47)은 이를 다음과 같이 설명한다: "일반적으로 근면하고 성실한 노동자는 언젠가는 상급자에게서 인정을 받아 진급하는 복을 누리게 마련이다. 반면에 계속해서 시계를 쳐다보면서 가능한 한 적게 일하려고 하는 자는 직장에서 한없이 같은 직위에 머물 수밖에 없다. 그가 자신의 직업을 계속 유지하고자 한다면 말이다." 부지런함은 또한 다른 사람들에 대한 지배권과 독립된 지위를 보장해 주기도 한다: "부지런한 자의 손은 사람들을 다스리게 되어도 게으른 자는 부림을 받느니라"(12:24). 이와는 달리 게으른 자는 자신의 손 안에 들어온 기회들을 놓치고 만다. 그는 너무도 게으른 탓에 그 날 사냥한 것을 요리하는 것조차도 싫어한다(12:27). 부지런한 자는 기회를 눈여겨보고 있다가 그것을 붙들기 위해 전력질주를 한다.

잠언에서 부지런한 행동은 자주 게으른 자의 무능한 행동과 대조된다. 게으른 자는 신속하게 일을 시작하지 않는다. 도리어 그는 당장에 해야 할 일을 뒤로 미룬다(잠 6:9-11). 그는 "잠자다가 일어나는 단조로운 삶을 되풀이하는 구제불능자의 땅에서 살며, 그의 명철은 최면에 걸린 것처럼 흐리멍텅한 상태에 빠져 있다"(McKane 1970: 324). 게으른 자는 그런 것도 알지 못한 채로 가난으로 귀결될 수밖에 없는 삶에 빠져 든다. 뿐만 아니라 게으른 자는 일단 일을 시작해도 그것을 끝맺지를 못한다. 26:15와 긴밀한 평행 관계를 이루고 있는 19:24는 다음과 같이 익살스럽게 말한다: "게으른 자는 자기의 손을 그릇에 넣고서도 입으로 올리기를 괴로워하느니라." 이처럼 태평스런 태도는 어떤 일이 시작할 가치가 있는 것이라면 끝낼 가치도 있다는 사실을 알지 못한다. 게으른 자는 또한 자신의 게으름을 정당화하기 위한 변명거리를 만들어내는 데 열중하며, 때로는 일을 피하려고까지 한다. 이를테면 22:13에 언급된 자가 그렇다: "게으른 자는 말하기를, '사자가 밖에 있은즉 내가 나가면 거리에서 찢기겠다' 하느니라"(22:13). 이처럼 부지런함이 없는 자는 자신의 삶 속에서 실패라는 비극적인 결과를 맛볼 수밖에 없다. 24:30-31의 표본적인 사례가 이를 잘 보여준다: "내가 게으른 자의 밭과 지혜 없는 자의 포도원을 지나며 본즉, 가시덤불이 그 전부에 퍼졌으며 그 지면이 풀로 덮였고 돌담이 무너져 있기로."

부지런함은 고대 세계에서나 현대 사회에서 공히 찾아보기 힘든 덕목이다. 따라서 부지런한 사람은 다수의 사람들 중에서 눈이 띌 수밖에 없다. 잠언의 가르침은 분명하다. 그것은 곧 부지런하라는 것이다. 부지런함은 사람들에게 자기 앞에 놓인 도전들을 신속하게 받아들이도록 동기 부여를 해주며, 지금 당장 편해 보이는 것들만을 위해 살아가기보다는 최종적으로 가장 중요한 것이 무엇인지에 초점을 맞추어 살아가게 한다. 그것은 또한 하나님께서 주신 기회들을 확실하게 붙잡도록 도와준다.

우정

잠언은 인간관계의 유지에 관하여 많은 교훈을 주고 있는 책이다. 따라서 잠언이 자주 우정에 관해 말하고 있다는 것은 놀라운 일이 아니다. 종종 친구를 가리키는 데 사용되는 히브리어 낱말 '레아'는 동료 관계를 뜻한다. 그것은 상호 관계 내지는 상호성이라는 일반적인 의미를 가지고 있다. 그 용례는 공식적인 동료로부터 친밀한 연인에 이르기까지 다양하다. 그러나 대부분의 경우 이 낱말은 절친한 친구 또는 막역한 친구를 가리킨다. 역사의 어느 시기에서건 우리는 우정을 찾아볼 수 있다. 그것은 사회적인 공동체의 기초를 이루는 것으로 소중히 여김을 받는다. 따라서 "온갖 사회적인 관계들은 지혜 교사들이 우선적으로 관심을 갖는 주요 영역들 중의 하나에 해당하는 것이다. 바로 이 영역에서 지혜로운 행동을 위한 도덕적인 명령들이 어느 공동체에서건 풍족한 삶의 질을 유지하는 데 있어서 매우 중요한 의미를 갖는다"(Clements 1993: 209). 잠언은 어떻게 우정이 만들어지며 유지되는지, 그리고 또한 그것이 어떻게 오용되는지에 관한 무수한 원리들을 가르쳐준다.

우정은 몇 가지 일반적인 삶의 태도들에 의하여 자양분을 공급받는다. 잠언 16:7의 관찰은 하나님과의 수직적인 관계와 다른 사람들과의 수평적인 관계가 서로 상응한다는 점을 보여준다: "사람의 행위가 야웨를 기쁘시게 하면 그 사람의 원수라도 그와 더불어 화목하게 하시느니라." 이 격언에 따르면, 하나님과의 친밀한 관계는 다른 사람들과의 화목한 관계로 흘러넘치며, 그렇게 함으로써 적대감이 사라지게 만든다(Clifford 1999: 158).

지혜 교사는 친절과 진리의 결합이야말로 하나님과의 관계 및 다른 사람들과의 관계의 기초를 이루는 것이라고 가르친다. 그는 잠언 3:3-4에서 다음과 같이 말한다: "인자와 진리가 네게서 떠나지 말게 하고 그것을 네 목에 매며 네 마음판에 새기라. 그리하면 네가 하나님과 사람 앞에서 은총과 귀중히 여김을 받으리라." 이 훈계는 신학적으로 무거운 용어들인 '헤세드'(충성, 신실, 선함)와 '에메트'(성실, 진리) — "신실한 사랑"을 뜻하는 일종의 중언법(重言法)에 해당하는 듯한(Ross 1991: 916) — 를 사용함으로써, 청중들에게 야웨께서 보여주신 모범을 따라 행동할 것을 촉구한다. 그는 출애굽기 34:6에서 자기 백성을 이와 동일한 품성들과 관련시키신 바가 있다(Cohen 1952: 13).

우정은 우연히 생겨나는 것이 아니다. 그것은 공을 들여서 잘 배양해야 하는 것이다. 우정을 키워나가기 위해서는 다른 사람의 필요를 충족시키는 데 열심을 내지 않으면 안 된다. 잠언 27:10이 이 점을 잘 지적하고 있다: "네 친구와 네 아비의 친구를 버리지 말며 네 환난 날에 형제의 집에 들어가지 말지어다. 가까운 이웃이 먼 형제보다 나으니라." 본절은 여기서 지리적인 거리나 친족으로서의 거리에 한정될 법한 공식적인 가족 관계와 재앙을 만난 자를 기꺼이 도와줄 수 있는 참된 우정을 대비시키고 있다. 가족 간의 유대

관계는 출생에 의하여 확립된다. 그러나 그러한 관계조차도 아무런 도움을 주지 못하는 수가 있다. 친구 사이는 개인적인 선택에 의하여 결정된다. 그것은 일정한 목적을 가지고서 키워나가지 않으면 안 된다. 필요한 때에 서로에게 도움을 줄 수 있도록 말이다.

참된 우정은 자신이 얻을 수 있는 것을 찾기보다는 상대방에게 줄 수 있는 것을 찾는다. 잠언 14:20-21은 삶에 대한 관찰에 이어 삶으로부터 비롯된 한 가지 교훈을 우리들에게 제공한다: "가난한 자는 이웃에게도 미움을 받게 되나 부요한 자는 친구가 많으니라. 이웃을 업신여기는 자는 죄를 범하는 자요, 빈곤한 자를 불쌍히 여기는 자는 복이 있는 자니라." 사람들이 종종 부요한 자에게 몰려들고 가난한 자를 멸시한다는 것은 통탄할 만한 현실이 아닐 수 없다(20절). 지혜 교사는 자신이 관찰한 것을 입증하려고 하기보다는(Farmer 1998: 147) 그러한 행동 유형들을 경건한 삶에 비추어 평가함으로써 오염된 현실을 교정하고자 한다. 야웨의 눈으로 본다면, 가난한 이웃('레아') 을 멸시하는 자는 죄를 범하는 것이지만, 궁핍한 이웃에게 친절을 베푸는 자는 하나님의 복을 받게 되어 있다(Murphy 1998b: 106).

잠언은 우정이 만들어지는 것에 관해 말할 뿐만 아니라, 우정의 실천에 대해서도 가르친다. 참된 친구는 다른 사람들의 필요를 도와줄 때 정직하게 행동한다. 그런 일에 말려들지 않기 위해 핑곗거리를 찾으려고 하기보다는 말이다. 부정(否定)의 언어를 사용하고 있는 잠언 3:27-28은 도움을 받을 수 있는 상태에 있는 다른 사람들에게 부정직한 태도를 보이는 자들에게 다음과 같은 경고의 메시지를 발한다: "네 손이 선을 베풀 힘이 있거든 마땅히 받을 자에게 베풀기를 아끼지 말며, 네게 있거든 이웃에게 이르기를, '갔다가 다시 오라. 내일 주겠노라' 하지 말며." 이처럼 전략적으로 도움을 지체하는 행동과는 대조적으로 진정한 친구는 이렇게 물을 것이다: "지금이 아니라면 언제가 좋을까? 여기가 아니라면 어디에서? 내가 아니라면 누가 궁핍에 처한 이 사람을 도울 것인가?" 델리취(Delitzsch 1971: 100)는 이를 다음과 같이 설명한다: "이처럼 자신의 의무 이행을 늦추는 것은 태만의 죄를 범하는 것이다."

참된 우정은 또한 끊임없이 사랑을 실천함으로써 성취된다. 그 까닭은 이렇다: "친구는 사랑이 끊어지지 아니하고 형제는 위급한 때를 위하여 났느니라"(17:17). 사람들은 종종 어려운 때가 닥칠 때야 비로소 누가 진정한 친구인지를 알게 된다고 말한다. 이 격언은 모든 것이 잘 될 때뿐만 아니라 언제든지 항상 친구여야만 진정한 친구임을 지적하고 있다. 이 격언을 구성하는 두 행 사이의 관계는 반의적인 평행법으로 읽을 수 있는 바, 본절은 친구의 변치 않는 헌신과 특별히 어려울 때에만 의무를 다하는 형제의 모습을 대비시키고 있다(McKane 1970: 506; Whybray 1994b: 259-60). 이 격언은 동의적인 평행법으로 읽을 수도 있다. 이 경우에 본절은 친구의 헌신이 역경의 때에까지도 미치는 것임을 강조하는 것이 된다. 어느 경우에든 진정한 친구는 적어도 혈친 못지않게 믿음직한 자이다.

잠언은 또한 우정을 위태롭게 만드는 태도들과 행동들에 대해서 말하기도 한다. 물질주의는 친구 관계를 왜곡시키거나 뒤틀리게 함으로써 진정한 우정이 성립되지 못하게 만든다(Scherer 1997: 69). 잠언 19:6-7의 격언이 이를 잘 보여준다: "너그러운 사람에게는 은혜를 구하는 자가 많고 선물 주기를 좋아하는 자에게는 사람마다 친구가 되느니라. 가난한 자는 그의 형제들에게도 미움을 받거든 하물며 친구야 그를 멀리 하지 아니하겠느냐? 따라가며 말하려 할지라도 그들이 없어졌으리라." 이 구절은 사람들이 부자들과 유명한 자들 및 인기 있는 자들에게 아첨하는 반면에 가난한 자들과 인정받지 못한 자들 및 인기 없는 자들을 무시하는, 참으로 불행하면서도 보편적인 현상에 대해서 언급하고 있다.

잠언 23:6-8에 의하면, 우정은 정직을 먹고 자라지만 위선이나 거짓에 의해 무너지는 것임이 분명하다. 지혜 교사는 부요한 사람, 곧 다른 사람들의 기대를 한 몸에 모으고 있고 또 입으로는 관대한 척하지만 마음은 그렇지 못한 사람들의 불성실함에 대해서 경고한다: "악한 눈이 있는 자의 음식을 먹지 말며 그의 맛있는 음식을 탐하지 말지어다. 대저 그 마음의 생각이 어떠하면 그 위인도 그러한즉 그가 네게 '먹고 마시라!' 할지라도 그의 마음은 너와 함께 하지 아니함이라. 네가 조금 먹은 것도 토하겠고 네 아름다운 말도 헛된 데로 돌아가리라." 참된 우정은 인색하지도 않고 계산적이지도 않다. 도리어 그것은 열린 마음으로 베푸는 것이다. 7절의 경우, 70인역은 히브리어 본문을 반영하는 흥미로운 번역을 시도하고 있다. 70인역은 인색한 사람이 항상 소요 경비에 민감한 반응을 보인다고 말하는 대신에, "그는 목구멍 속의 머리카락과도 같은 자이다"라고 번역한다. 개릿(Garrett 1993: 196)은 이를 다음과 같이 설명한다: "식사하는 중에 목구멍에 걸린 머리카락이 사람들에게 메스꺼움을 느끼게 하고 때로는 구토 증세를 일으키는 것과 마찬가지로(8절), 부요한 자의 친절함은 다른 사람들에게 구역질을 느끼게 한다."

우정은 또한 분별없는 행동에 의해 위태롭게 되기도 한다. 친구 관계라는 것은 닳아빠진 구두처럼 당연한 것으로 여겨지는 것이 아니다. 도리어 그것은 잘 키워나가야 하는 것이다. 이 때문에 잠언 25:17은 다음과 같이 충고한다: "너는 이웃집에 자주 다니지 말라. 그가 너를 싫어하며 미워할까 두려우니라." 역사 전체를 돌이켜볼 때 친밀함은 경멸감을 초래할 수도 있다. 올덴(Alden 1983: 183)은 이를 다음과 같이 지적한다: "지혜는 당신이 언제 환영을 받고 언제 그렇지 않은지를 알고 있다. 다른 사람들의 감정에 예민하게 반응하는 태도야말로 중요한 것이다." 이와 마찬가지로 분별없이 은밀한 정보를 공유하는 잡담 역시 우정을 무너뜨리는 것이다. 잠언 16:28이 이를 잘 설명하고 있다: "패역한 자는 다툼을 일으키고 말쟁이는 친한 벗을 이간하느니라."

잠언은 우정이 선하게 될 수도 있고 악하게 될 수도 있는 가능성을 충분히 가지고 있음을 분명하게 밝힌다. 본질적으로 우리는 자신의 친구를 직접 선택하며, 우리가 선택한 친구들은 우리를 변화시킨다. 잠언 13:20이 가르치는 것처럼 말이다: "지혜로운 자와 동행하면 지혜를 얻고 미련한 자와 사귀면 해를 받느니라." 본절의 첫 번째 행을 본다면, 히브리어 본문의 구두 전승(Qere)이 히브리어 본문의 기록 전승(Kethib)보다 더 나은 것으로 보인다. 그러나 이 두 전승은 공히 어떤 사람의 친구들이 그에게 나쁜 영향을 미치기도 하고 좋은 영향을 미치기도 한다는 점을 지적하고 있다(McKane 1970: 456-57). 지혜 교사는 22:24-25의 경고 메시지에서 이 문제의 부정적인 측면을 강조한다: "노를 품는 자와 사귀지 말며 울분한 자와 동행하지 말지니, 그의 행위를 본받아 네 영혼을 올무에 빠뜨릴까 두려움이니라." 긍정적인 측면은 이렇다: "철이 철을 날카롭게 하는 것 같이 사람이 그의 친구의 얼굴을 빛나게 하느니라"(27:17). 지혜로운 친구의 영향력은 혼자의 노력으로는 이룰 수 없는 분별력과 시각 및 통찰 등을 한층 날카롭게 만들어 줄 수도 있다. 친구들이 자신을 가까이 하는 자들에게 중요한 영향을 줄 수도 있는 까닭에, 우리가 선택하는 친구들이야말로 우리가 어떤 종류의 사람이 될 것인지를 결정하는 근거가 된다. 따라서 우리는 지혜롭게 친구들을 선택하지 않으면 안 된다. 왜냐하면 친구를 선택함으로써 우리는 우리 자신의 미래를 선택하는 것이나 다름이 없을 것이기 때문이다.

너그러움

종종 사람들이 "그것을 원한다면 그것을 붙잡아야 한다"거나 "하나님은 스스로 돕는 자를 도우신다"와 같은 표어를 내걸고서 살아가는 현대 문화에 비추어볼 때, 너그러움에 대한 잠언의 강조점은 특별한 의미를 가지고 있는 것으로 보인다. 잠언은 몇 차례에 걸쳐서 하나님께서 우리에게 베푸시듯이 다른 사람들에게 너그러움을 실천할 것을 장려한다.

하나님께서 행하시는 너그러우심은 잠언 10:22에 잘 설명되어 있다: "야웨께서 주시는 복은 사람을 부하게 하고 근심을 겸하여 주지 아니하시느니라." 새 국제 번역성서(New International Version)는 야웨를 두 번째 행에 있는 동사의 주어로 번역하지만, 클리퍼드(Clifford 1999: 116)는 이 두 번째 행을 "힘든 일은 그것[야웨의 복]에 아무것도 더해주지 못한다"로 번역하는 것이 더 낫다는 점을 설득력 있게 주장하고 있다. 그는 다음과 같은 결론을 내린다: "본절의 요지는 인간의 노력이 쓸모없다는 것이 아니라 인간의 노력이 하나님의 복에 무엇인가를 더할 수 없다는 데 있다." 본절은 종종 자신의 노력으로 부(富)를 쌓아올린 자들의 최선의 노력과 대조를 이룬다. 시편 127:1-2가 진술하는 바와 같이, 식사할 겨를이 없을 정도로 이른 아침부터 밤늦게까지 일한다는 것도 야웨께서 복을 베푸시지 않는 한 헛된 일이 될 수밖에 없다. 잠언 19:14와 18:22는 야웨의 너그러우심을 잘 보여주는 특별한 사례에 해당하는 본문들로서, 사려 깊은 아내야말로 야웨께서 베푸신 은총이라고 말한다. 집들과 물질적인 부는 유산으로 물려받을 수 있지만, 오직 야웨만이 좋은 아내라는 최고의 선물을 주실 수 있다. 개럿(Garrett 1993: 170)은 이 점을 다음과 같이 잘 설명하고 있다: "가정의 평안함이 없이는 행복도 불가능하다. 아내야말로 그러한 평안함의 중심인물이다. 잠언 31:10-31은 좋은 아내에 대한 성서의 가르침이 어떠한지를 잘 설명해 주고 있다. 18:22은 좋은 아내가 야웨께로부터 비롯된 선물이라고 말한다. 그녀는 '야웨께로부터 비롯된' 자이다. 이는 가장 지혜로운 남자라 할지라도 잘못된 이유들에 근거하여 특정 여인을 선택할 수도 있다는 점에서 그렇다. 오로지 하나님의 섭리에 의해서만 누군가의 선택이 올바른 것이었음이 드러나게 된다."

잠언 8:18-21에서 의인화된 지혜 — 세계 안에 질서를 부여하시는 야웨의 행동을 대표하는 — 는 자기를 사랑하는 자들을 향한 너그러움에 대해서 말한다. 지혜는 물질적인 풍요를 나타내는 상징들로 가득 차 있으면서도(Hurowitz 2000: 254) 금과 은을 능가하는 현실들을 가리키는 언어를 사용함으로써, 하나님께서 자기 자녀들이 최선의 것 — 그가 그들에게 참된 만족감을 안겨 주는 것들로 그들의 삶을 부요하게 하심으로써 그들에게 베푸실 수 있는 — 을 즐기기를 원하신다고 가르친다. 이렇게 함으로써 하나님은 자신이야말로 다른 사람들을 향한 너그러움의 완전한 본보기에 해당한다고 말씀하신다.

하나님의 너그러우심을 왜곡시킬 수 있는 방식에는 여러 가지가 있다. 잠언은 세상을 살면서 만나는 궁핍한 자들에게 무관심한 행동에 대해서 다음과 같이 경고한다(21:13): "귀를 막고 가난한 자가 부르짖는 소리를 듣지 아니하면 자기가 부르짖을 때에도 들을 자가 없으리라." 이 격언은 동가보복(同價報復)의 언어를 사용하여 다음과 같은 점을 지적하고 있는 셈이다: "가난한 자의 부르짖음은 식량이나 정의를 위한 절망적인 호소일 가능성이 높다. 도움을 줄 수 있는 자도 장차 언젠가는 그러한 도움을 필요로 할 때가 있을 것이다"(Whybray 1994b: 311). 하나님께서는 궁핍한 자들을 우리 주변에 두심으로써 우리로 하여금 그들의 필요를 충족시킬 수 있게 하신다. 그들을 통하여 타인에 대한 예민한 감수성과 자비로운 마음을 배울 수 있도록 말이다. 우리가 그들을 보살피기를 거부한다면, 우리는 눈먼 사람들이 되고 말 것이요, 우리가 그들에게 귀를 기울이기를 거부한다면, 우리는 귀먹은 자들이 되고 말 것이다. 그리고 우리가 그들을 불쌍히 여기기를 거부한다면, 우리는 냉혹하고 강퍅한 자들이 되고 말 것이다.

잠언은 또한 탐욕의 위험한 결과들에 대해서 경고하기도 한다. 너그러운 사람은 자신의 모든 소유물이 하나님께서 자신에게 맡겨주신 것이라고 생각한다. 탐욕은 본질적으로 하나님께서 궁핍한 자들에게 주도록 정하신 것을 착복하는 것이다. 그러나 하나님께서는 자신의 자원들이 자기가 의도하는 목표를 이루도록 조치를 하신다. 28:8에 있는 격언이 바로 이러한 원리를 가르치고 있다: "중한 변리로 자기 재산을 늘이는 것은 가난한 사람을 불쌍히 여기는 자를 위해 그 재산을 저축하는 것이니라." 구약성서의 율법은 궁핍한 자들에게서 이자를 받는 행동을 금하고 있으며(출 22:25; 레 25:36-37; 신 23:20), 그러한 방법으로 그들의 곤궁한 상황을 상업적인 이득을 얻는 기회로 이용하여 부자가 되려고 하는 행동을 금하고 있다(McKane 1970: 626). 그러나 하나님의 섭리에 의하여 "그러한 이득은 이스라엘 자손이 친족 집단이기에 착취의 대상이 되어서는 안 된다는 것을 잘 알고 있는 너그러운 자의 손으로 들어가게 될 것이다"(Clifford 1999: 244).

잠언은 너그러움의 긍정적인 측면에 관해 말하면서, 몇 가지 원리들을 밝히고 있다. 너그러운 사람들은 남에게 베풀 수 있을 때에 그것을 그대로 실천한다. 항상 더 많은 것들을 탐하는 게으름뱅이들과는 대조적으로 "의인은 아끼지 아니하고 베풀기를"(잠 21:26) 좋아한다. 델리취(Delitzsch 1971: 79)는 이를 다음과 같이 설명한다: "세상을 살다 보면 각종 요구들과 유혹들과 소원들과 절박한 간구들을 접하게 된다. 그럼에도 불구하고 의인은 당황하지 않고서 자신의 너그러움을 지킨다. 그는 끊임없이 다른 사람이 원하는 것을 베풀며 살아간다." 이것은 잠언 31:20에 언급된 지혜로운 여인의 행동 유형에 속한 것이기도 하다. 그녀는 가난한 자들을 향하여 자신의 손을 펼치며, 궁핍한 자들을 섬기기 위해 자신의 손을 내민다. 이러한 서술은 너그러움과 관련하여 신명기 15:7-8과 시편 112:9에서 발견되는 것과 똑같은 언어를 사용하고 있다. 물레 가락을 붙들고서 부지런히 일하는 그녀의 손(31:19)은 자신의 개인적인 이익을 위해 쓰이기보다는 가난한 자들의 필요를 마련하는 데 사용된다(Ross 1991: 1131).

너그러운 사람들은 또한 가능한 때에 남에게 도움을 베풀면서 산다. 잠언 11:24-26의 그림은 너그러운 자를 곡물 투기업자 — 가격을 올리기 위해 자신의 수확물을 저장해 두려고 애쓰는 — 와 대비시키고 있다. 그것을 필요로 하는 자들에게 그것을 팔기보다는 말이다. 그런데 아이러니컬하게도 탐욕스런 구두쇠는 자신의 곡물을 팔려고 하지 않은 자들에 의해 저주를 받을 것이요, 마침내는 그 자신이 가난의 고통을 경험하게 될 것이다. 이와는 대조적으로 다른 사람들에게 베푸는 데 너그러운 자는 그 다른 사람들의 복을 받을 것이요, 형통함을 누릴 것이다. 머피(Murphy 1998b: 84)는 이를 다음과 같이 잘 지적하고 있다: "기근이나 다른 이유로 하여 팔기를 거부하는 자들은 장차 오를 값어치로부터 이득을 얻을 것이지만, 그들이 초래한 고통은 저주에 해당할 만한 것이다. 이와는 대조적으로 공익을 위하여 자신의 이득을 포기하는 자들은 대중적인 인기나 기억보다 더 확실한 복을 하나님께로부터 받을 것이다."

잠언 13:22의 반의적인 평행법 역시 너그러운 사람들이 자신의 재산을 개인적인 용도를 위하여 허비하기보다는 다른 사람들을 저축한다는 원리를 잘 반영하고 있다. 이 격언에 의하면 "선인은 그 산업을 자자손손에게 끼친다." 반면에 "죄인의 재물은 의인을 위하여 쌓인다." 자신이 모은 모든 것을 자신을 위해 다 써버리는 자는 의로부터 이기심으로 빗나가는 자이지만, 다른 사람들을 위해 저축하는 자는 자신의 개인적인 욕심보다는 다른 사람들의 필요를 더 소중히 여기도록 가르치는 자이다. 오늘날 자녀들의 산업을 다 써버려야 한다고 주장하는 일부 사람들의 관행과는 대조적으로, 잠언은 자자손손을 위하여 저축하는 길을 선택하는 너그러운 마음을 가질 것을 촉구한다.

무엇보다도 너그러운 자들은 궁핍한 자들에게 친절을 베풂으로써 하나님을 영화롭게 하는 자들이다. 왜냐하면 그들은 다음과 같은 점을 잘 알고 있기 때문이다: "가난한 사람을 학대하는 자는 그를 지으신 이를 멸시하는 자요"(잠 14:31a). 나중에 예수께서 마태복음 25:34-40에서 가르치신 것처럼, 다른 사람에게 베푸는 행동은 사실상 하나님께 드리는 것이나 다름이 없다. 다른 사람에게서 너그러움을 거두는 행동은 그 사람과 하나님 — 모든 인간을 자신의 형상으로 만드신 — 을 모두 멸시하는 것이다. 이와는 대조적으로 궁핍한 자에게 너그러운 자는 그 사람과 그를 창조하신 하나님을 모두 존중히 여기는 사람이다(참조. 욥 31:13-15). 허바드(Hubbard 1989: 168-69)는 이 원리의 깊은 의미를 다음과 같이 설명한다: "성서의 신앙은 인간 안에 있는 하나님의 형상을 매우 진지하게 하나님의 창조의 선물로 보는 까닭에, 다른 사람에게 행해진 행동은 곧 하나님께 행해진 것이나 다름없이 중요한 의미를 갖는다. 다른 어떠한 이념도 인간의 삶을 이보다 더 철저하게 바꿀 만한 힘을 거의 가지고 있지 못하다."

잠언은 또한 독자들에게 너그러움에 대한 하나님의 보상이 있다는 것을 분명하게 보여준다. 야웨께서는 가난한 자들에게 너그러운 자들에게 상을 주시는 바, 잠언 19:17이 이를 다음과 같이 잘 가르치고 있다: "가난한 자를 불쌍히 여기는 것은 야웨께 꾸어드리는 것이니 그의 선행을 그에게 갚아 주시리라." 궁핍한 자들에게 친절을 베푸는 것은 하나님께 꾸어드리는 것으로 간주된다. 하나님은 어느 누구의 채무자도 아니기 때문에, 너그러움은 보증된 보상을 전제하는 투자라 할 수 있다. 이 격언이 재정적인 이득을 가져다 주는 경제 원리로만 이해되어서는 안 된다고 보는 화이브레이(Whybray 1994b: 282)의 다음과 같은 지적은 옳은 것이다: "그러나 여기에는 응분의 보상이라는 개념이 들어 있지 않다. 단순히 너그러움이 가져다줄 보상을 얻도록 너그러움을 장려하려는 의도가 전혀 없다는 얘기다. 본절의 기초를 이루는 사상은 너그러움이 의로운 자의 품성에 해당한다는 데 있다. 그리고 이 격언은 의가 물질적인 보상을 포함하며 또 마땅히 그러해야 한다는 기본적인 믿음을 반영하고 있다." 이를 더 일반적인 시각에서 서술하자면 이렇다: "선한 눈을 가진 자는 복을 받으리니 이는 양식을 가난한 자에게 줌이니라"(22:9). 선한 눈을 가진 자(너그러운 자를 가리킴 — 역자 주)는 악한 눈을 가진 인색한 자(23:6; 28:22)와는 달리, 궁핍한 자를 돕기 위해 자신이 가진 것을 나누는 자이다(Kassis 1999: 195-97). 이 사람은 "자비심 많은 성향을 가진 자요, 날카로운 사회적 양심과 가난한 자에 대한 관심을 가진 자요, 그것을 구체적으로 실천에 옮기는 자이다. 역설적으로 그는 자신을 위하여 살지 않고 또 이기적인 욕망과 야심에 사로잡혀 있지 않은 까닭에, 최고의 자기 성취를 이루는 자이다"(McKane 1970: 569). 뿐만 아니라 다른 사람들의 필요를 실제로 도와주는 너그러운 사람은 자신의 필요가 충족됨을 발견하게 될 것이다. 잠언 28:27이 이를 다음과 같이 잘 지적하고 있다: "가난한 자를 구제하는 자는 궁핍하지 아니하려니와 못 본 체하는 자에게는 저주가 크리라." 이것은 상호적인 성격을 갖는 인간의 행동에 대해서 언급하는 것일 수도 있다. 너그러운 행동은 보상을 받지만 너그러움을 베풀지 않는 행동은 다른 사람들의 저주를 받는다는 것이 그렇다. 그러나 3:3에 비추어볼 때, 그것은 하나님의 보상이 궁핍한 자들을 향한 너그러움이 있느냐 없느냐에 따라 결정된다는 것을 가리킬 수도 있다. 28:27이 멸시함을 받은 가난한 자와 그들을 만드신 야웨 하나님 모두를 염두에 두고 있을 것이라는 허바드(Hubbard 1989: 402)의 결론은 옳은 것이다.

잠언이 묘사하는 너그러움은 다른 사람들의 필요에 응답하는 하나님의 행동 양식을 모방하는 행동을 가리킨다. 퍼듀(Perdue 2000: 108)는 이를 다음과 같이 잘 설명하고 있다: "지혜 전승은 결코 가난한 삶을 추구하기 위하여 소유를 포기할 것을 가르치지 않는다. 도리어 그것은 궁핍에 처한 자들을 돕는 일이 중요하다는 것을 강조한다. 그렇게 함으로써 현자들은 야웨의 궁휼하심과 자비심을 열심히 따라가고자 했다." 자신을 위하여 모으고 소비하고 움켜쥐려는 인간의 보편적인 성향과는 대조적으로 너그러움은 다른 사람들을 돕고 나누고 베풀려는 경향을 가지고 있다. 너그러움의 실천은 일반인들의 가치관을 지배하는 무관심과 탐욕을 배격하며, 그 대신에 궁핍한 자들에게 하나님의 사랑을 구체적으로 보여주는 행동을 취한다. 이러한 너그러움의 실천은 하나님의 상급과 복을 받게 되어 있다.

겸손

잠언은 선한 성품을 가진 사람들을 만들어내기 위해 자주 교만을 싫어하고 겸손을 배양할 것을 권한다. 겸손의 본질적인 구성 요소는 세 개의 히브리어 낱말들을 통해서 확인된다. '라파스'라는 동사는 문자 그대로 "짓밟다, 엎드리다"는 뜻을 가지고 있다. 지혜 교사는 6:3에서 누군가가 경솔한 경제 행위를 한 경우(다른 사람을 위해 보증을 선 경우를 가리킴 — 역자 주)를 가정하여 언급한 후에, 어떤 희생을 치르더라도 그러한 의무를 포기할 것을 자신의 제자에게 다음과 같이 교훈한다: "내 아들아, 네가 네 이웃의 손에 빠졌은즉 이같이 하라. 너는 곧 가서 겸손히 ['라파스'] 네 이웃에게 간구하여 스스로 구원하되." 이처럼 생생한 낱말을 사용함으로써 지혜 교사는 젊은 사람에게 자신이 경제적으로 의무를 진 자의 무릎 앞에 굴복할 것을 권고하고 있다. 설령 그것이 자신의 위신을 희생해야 하는 것임을 뜻한다 할지라도 말이다 (Cohen 1952: 31).

'샤펠'이라는 낱말은 "밀어 내리다" 또는 "밑으로 떨어뜨리다"라는 뜻을 가지고 있다. 하나님은 종종 교만히 행하는 자들을 낮추시는 분으로 묘사된다(참조. 단 4:37; 삼상 2:7-9). 그러나 시편 138:6은 겸손이 반드시 낮은 가치를 수반하는 것은 아님을 암시하고 있다. 그것은 높은 자리를 고집하기보다는 일부러 낮은 자리를 취하는 의도적인 행동을 가리킬 수도 있다. 외적인 요인들에 의하여 강제된 것이건 내적인 결정에 의해 생겨난 것이건 관계없이 잠언 16:19는 교만 대신에 겸손을 권장한다: "겸손한 자와 함께 하여 마음을 낮추는 것이 교만한 자와 함께 하여 탈취물을 나누는 것보다 나으니라." 성서의 지혜문학은 종종 부를 야웨의 복으로 간주하지만(잠 10:22), 본절은 하나님께서 원하시는 겸손의 미덕이 가난한 자들에게서 더 많이 발견될 수도 있다고 주장한다. 머피(Murphy 1998b: 122)는 이를 다음과 같이 설명한다: "그것은 형통함을 지혜로운 자에게 주어지는 복으로 간주하는 현자들의 기대에 따르는 것이 아니다. 도리어 부가 교만함과 결탁되는 경우에는 일반적인 가치 체계가 뒤집어진다." 이러한 뒤집힘은 29:23에 잘 표현되어 있다: "사람이 교만하면 낮아지게 되겠고 마음이 겸손하면 영예를 얻으리라." 사람들이 종종 생각하는 것과는 대조적으로 겸손은 종종 존귀에 이르는 길로 여겨진다. 이 때문에 잠언 25:6-7은 다음과 같이 훈계한다: "왕 앞에서 스스로 높은 체하지 말며 대인들의 자리에 서지 말라. 이는 사람이 네게 '이리로 올라오라'고 말하는 것이 네 눈에 보이는 귀인 앞에서 '저리로 내려가라'고 말하는 것보다 나음이니라." 자신을 높이려는 자들은 공개적으로 수치를 당하겠지만, 낮은 자리를 취하고자 하는 자들은 존귀함을 받을 것이다.

잠언은 몇 차례에 걸쳐서 '아나봐'라는 낱말을 사용하는 바, 이 낱말은 자기 낮춤이나 겸양을 뜻한다. 잠언 18:12는 멸망에 이르는 교만한 마음을 존귀에 이르는 겸손과 대비시키고 있다. 본절에서 두 번 되풀이되는 '리프네'("앞에서")라는 낱말은 시간적이면서도 인과율적인 의미를 함축하고 있다. 클리퍼드(Clifford 1999: 171)는 이 점을 다음과 같이 설명한다: "자신을 높이는 것은 수치에 이르는 서곡이나 다름이 없다. 반면에 자신을 낮추는 것(겸손)은 존귀함에 이르는 서곡에 해당한다. 존귀함은 주어지는 것이지 취하는 것이 아니다. 그러나 사람들은 자기를 내세우지 않는다는 의미에서의 겸손한 모습을 보임으로써 그것을 받을 준비를 할 수 있다." 이처럼 겸허히 자신을 낮추는 태도는 겸손을 야웨 경외와 관련시키는 두 개의 절에서 한층 강조되고 있다. 잠언 15:33의 가르침은 이렇게 진술한다: "야웨를 경외하는 것은 지혜의 훈계라. 겸손은 존귀의 길잡이니라." 이와 마찬가지로 잠언 22:4는 다음과 같이 말한다: "겸손과 야웨를 경외함의 보상은 재물과 영광과 생명이니라." 이 두 격언은 공히 하나님 앞에서의 종속적인 지위를 받아들이는 겸손이야말로 삶 속에서 하나님의 복을 누리는 데 필요한 준비 단계임을 강조한다. 개럿(Garrett 1993: 187)은 이를 다음과 같이 설명한다: "하나님 앞에서 겸손해진다는 것은 자신의 한계와 연약함을 인식하고 있음을 뜻한다. 따라서 겸손한 자야말로 교만한 자보다 더 안전을 누리는 자요, 그보다 각종 위험들을 더 잘 인식하고 있는 자요, 그보다 더 경제적으로 안전한 자리에 있는 자이다."

잠언은 또한 겸손의 반대 개념인 교만에 대해서도 많은 교훈을 준다. 이와 관련된 명사들인 '게아'와 '가온'은 "일어서다" 또는 "높임을 받다"라는 뜻을 가진 어근으로부터 생겨난 낱말들이다. 이 두 낱말은 현실에 부합되는 탁월함이나 위엄을 긍정적인 의미에서 서술할 수도 있다. 그러나 이 두 낱말은 더 자주 현실을 뛰어넘는 거만함과 무감각함을 가리킨다. 이는 자신의 가치를 과대평가하거나 다른 사람들의 가치를 과소평가한다는 점에서 그렇다. 잠언 8:13에서 의인화된 지혜는 이렇게 말한다: "야웨를 경외하는 것은 악을 미워하는 것이라. 나는 교만과 거만과 악한 행실과 패역한 입을 미워하느니라." 이 경우에 교만은 야웨 경외를 그림에서 지워내고서는 그 자리에 하나님께서 소중히 여기시는 것들을 거부하는 자기 중심적인 악덕을 채워넣는 행동을 가리킨다. 이러한 유형의 건방진 자아 도취는 재앙을 불러일으킨다: "교만은 패망의 선봉이요 거만한 마음은 넘어짐의 앞잡이니라"(16:18). 교만은 안전과 안정 대신에 파멸과 붕괴를 가져온다(McKane 1970: 490). 야웨께서 교만을 싫어하시기 때문에, 교만한 자는 분명하게 벌을 받을 것이다(16:5; 참조. 6:17, 29; 19:5).

'자돈'이라는 용어는 "끓다" 내지는 비유적인 의미에서 "주제넘다"는 뜻을 가진 동사로부터 파생한 것이다. 교만한 자는 하나님께서 정하신 경계선을 넘어섬으로써 정당하지 못하게도 자신의 탁월함과 중요함을 주장한다. 그 결과 그들은 자기중심적인 삶의 태도를 통하여 하나님을 무시하며 다른 사람들을 자신의 목적을 위하여 이용한다. 잠언은 이러한 유형의 교만이 가져올 위험한 결과들에 대해서 경고한다. 잠언 11:2이 이를 다음과 같이 가르치고 있다: "교만이 오면 욕도 오거니와 겸손한 자에게는 지혜가 있느니라." 더 나아가서 잠언은 다음과 같이 교훈하기도 한다: "교만에서는 다툼만 일어날 뿐이라. 권면을 듣는 자는 지혜가 있느니라"(13:10). 이처럼 이기적인 정신으로 인하여 교만한 자는 다른 사람들이 가르치는 것을 기꺼이 받아들이기보다는 다른 사람들과 불화하게 된다. 맥케인(McKane 1970: 453-54)은 잠언 13:10의 이러한 강조점을 매우 날카로운 언어로 다음과 같이 설명한다: "이러한 대립 관계는 '자돈'이 특히 다른 모든 견해들을 무시하는 태도를 가리킴을 암시한다. 자신의 박식함을 당연한 것으로 생각하는가 하면, 다른 사람들의 조언에는 전혀 귀를 기울이지 않은 채로 어리석고 다투기 좋아하는 행동을 포기하지 않는 자의 특징이 그에 해당한다. 그러한 사람은 거만하고 우쭐대는 당나귀와도 같다. 그는 자신이 만지는 모든 것을 망치며, 완악하고 비뚤어진 생각을 가지고 있을 뿐만 아니라, 분쟁을 일으키고 다른 사람들의 감정에 상처를 입히며 다른 사람들을 분노케 하는 자이다." 그리하여 마침내 교만은 하나님과 그의 통치를 멸시하거나 철저하게 거부하는 결과를 초래한다. 잠언 21:24가 가르치는 것처럼 말이다.

자신을 다른 사람들과 하나님보다 높이는 잘못된 교만과는 대조적으로, 겸손은 삶을 올바르게 관찰한다. 겸손한 자들은 하나님의 하나님 되심을 인정하며, 하나님께서 창조하신 다른 사람들을 존중한다. 그들은 또한 하나님께서 어떠한 목적으로 자기들을 만드셨는지에 초점을 맞추어 자신을 평가한다. 이러한 관점에서 본다면, 그들은 하나님께 순종할 수 있는 자들이요, 다른 사람들을 존중히 여기는 자들이다. 그들은 또한 자신을 올바르게 평가하는 자들이기도 하다.

친절

자연계 안에 멸종 위기에 처한 종들이 있는 것과 마찬가지로, 오늘날의 문화 속에서도 사라질 위기에 놓인 덕목들이 많다. 점증하는 거리 폭력 발생률과 급박한 폭력주의의 위협, 퇴폐적인 향락주의의 점차적인 증가, 삶을 지탱하는 예법의 총체적인 결핍 등이 동시적으로 작용한 결과 오늘날 우리는 예절 의식의 붕괴를 몸으로 겪고 있다. 이러한 맥락에서 본다면, 친절을 강조하는 잠언의 가르침은 특히 중요한 의미를 갖는다.

잠언에서 친절(kindness; 히브리어 '헤세드'를 가리킴 — 역자 주)은 모든 인간 집단에게 필요한 것으로 권장되고 있다. 지혜 교사는 3:3에서 자신의 젊은 학생에게 말하면서 다음과 같이 교훈한다: "인자와 진리가 네게서 떠나지 말게 하고 그것을 네 목에 매며 네 마음판에 새기라." 지혜 교사는 구약성서의 중요한 신학적 용어 둘을 사용함으로써 학생에게 자비와 친절을 뜻하는 '헤세드'와 성실함을 뜻하는 '에메트'를 굳게 붙들 것을 권하고 있다 (Fox 2000: 144). 코헨(Cohen 1952: 13)은 하나님과 인간 사이의 관계를 특징짓는 이 용어들이 인간이 다른 사람들과 어떠한 관계를 맺어야 하는지를 가르쳐주는 표준으로 권장되고 있음을 주목한 바 있다. 친절은 또한 존귀한 자를 나타내는 표지이기도 하다: "사람은 자기의 인자함으로 남에게 사모함을 받느니라. 가난한 자는 거짓말하는 자보다 나으니라"(19:22). 맥케인(McKane 1970: 533)은 본절의 '헤세드'를 "친절"보다는 "충성"으로 번역해야 한다고 주장한다. 왜냐하면 그렇게 번역해야 두 번째 행의 "거짓말하는 자"에 어울리는 반의적인 평행법이 성립하기 때문이라는 것이다. 본절의 의미에 대해서는 논란이 많다. 그 이유는 주로 "사모한다"(desire)는 낱말이 바람직한 것들을 가리키는 긍정적인 의미로 사용될 수도 있고(Kidner 1964: 134), 정반대로 탐욕을 뜻하는 부정적인 의미로 사용될 수도 있다는 데 있다.

머피(Murphy 1998b: 145)는 부정적인 의미를 선호하면서도, 긍정적인 의미를 가진 낱말로 번역할 수도 있음을 다음과 같이 지적하고 있다: "그 낱말은 어떤 한 개인의 욕구 내지는 그에게서 기대되는 것이 충성/선함임을 뜻하는 것으로 보인다. 그리고 이와 평행을 이루는 행은 그러한 이성을 성취한 가난한 자들이 뭔가를 만들어내면서도 선한 모습을 위장하는 악인들보다 낫다는 것을 암시하는 것으로 보인다." 허바드(Hubbard 1989: 178)는 이러한 해석이 갖는 의미를 다음과 같이 설명한다: "가난한 자는 자신의 이웃에게 '친절'(계약을 향한 충성)을 베풀 수 있는 바, 이는 궁극적으로 다른 사람들에게서 '기대되는' 것이요, 우리 자신이 필요로 하는 것이다. 이와는 대조적으로 거짓말하는 자는 무자비하고 친절하지 않으며 이웃에게서 그들의 선한 이름들을 빼앗고 공동체의 붕괴를 막아주는 순전함의 기초들을 훼손시킨다." 친절은 또한 잠언 31:26에서 정숙한 여인의 한 가지 특징으로 묘사되기도 한다: "입을 열어 지혜를 베풀며 그의 혀로 인애의 법['헤세드']을 말하며." 본절의 이러한 언어는 지혜와 친절이 때때로 필요한 행동 원리가 아니라 삶의 기본 원리임을 분명하게 보여준다. 31:10-31의 맥락에서 볼 경우에, 뛰어난 여인은 능력과 자비를 조화롭게 구비한 자를 일컫는다. 그녀의 삶은 언어 생활에 있어서의 재능과 친절을 특징으로 갖는다.

친절이 삶 속에 있는 모든 관계들에 활력을 불어넣어주는 것임에는 틀림이 없지만, 잠언은 의인들이 특히 이러한 덕목을 실천해야 하는 두 종류의 상황을 구체적으로 밝히고 있다. 가난한 자들은 친절에 대한 특별한 필요를 느끼는 자들이다. 잠언 29:7은 이를 다음과 같이 진술한다: "의인은 가난한 자의 사정을 알아주나 악인은 알아줄 지식이 없느니라." 본절은 여기서 한편으로는 의와 자비를 결합시키며, 다른 한편으로는 악독함과 무관심을 결합시킨다. 예언자들의 강조점을 반영하는 용어들을 사용하는 이 격언은 하나님의 기준에 따라 사는 자들이 하나님의 형상을 따라 만들어진 모든 인간의 본질적인 존엄성과 가치를 소중히 여긴다고 말한다. 그들의 경제 상황에 관계없이 말이다. 본절의 마지막 구절을 문자 그대로 읽는다면 이렇다: "악인은 지식을 잘 이해하지 못한다." 허바드(Hubbard 1989: 403)는 이러한 표현의 의미를 다음과 같이 잘 설명하고 있다: "본절의 요지는 악인들이 인간의 삶을 하나님의 시각에서 보지 않기 때문에 악하며, 의지할 데 없는 가난한 자들이 특별히 하나님께 소중히 여김을 받는 자들이라는 점을 알지 못한다는 데 있다. 그들을 돌본다는 것은 여러 가지 이유에서 의의 행동으로 간주된다. 그 중에서도 특히 그들의 의지할 데 없는 모습은 우리 자신의 의지할 데 없음을 가르쳐주며, 그들을 향한 우리의 자비로운 행동은 우리가 우리 자신을 향한 하나님의 은총이 얼마나 위대한 것인가를 깨달았음을 분명하게 보여준다." 잠언 12:10은 이보다 훨씬 넓은 영역을 다루면서 동물들을 향한 친절에 관해 말한다: "의인은 자기의 가축의 생명을 돌보나 악인의 긍휼은 잔인이니라." 강한 반의적 평행법을 사용하고 있는 이 격언은 친절한 행동이라고 해봐야 무자비함의 수준에 지나지 않는 악인과 친절함이 흘러넘쳐서 동물들을 향한 행동에까지 미치는 의인을 대비시키고 있다(참조. 출 23:12; 신 25:4). 친절한 사람은 하나님의 모든 피조물들을 소중히 여기며, 그 피조물들 중에 어떠한 것도 자신의 이기적인 목적을 위하여 학대하거나 괴롭히지 않는다. 잠언이 명하는 친절은 약해 보이는 것들을 소중히 여기며, 하나님께서 창조하신 모든 것의 존엄성을 인정한다.

잠언은 또한 친절한 행동에 관해서 말하기도 한다. 부정적인 용어를 빌려 표현하자면, 거친 행동은 다른 사람들에 대한 잘못된 반응으로 간주된다. 18:23이 이를 교훈하고 있다: "가난한 자는 간절한 말로 구하여도 부자는 엄한 말로 대답하느니라." 삶에 대한 이러한 관찰에 비추어 본다면, 가난한 자는 개인적인 자원을 충분히 가지고 있지 못한 자요, 따라서 간절한 호소에 의지하지 않으면 안 되는 자이다. 반면에 부자는 종종 잘못된 자만심에 사로잡힌 나머지 교만해지며, 그 결과 궁핍한 자를 매몰차게 무시하고 만다. 이 격언은 현실 세계의 한 모습을 있는 그대로 보여주고 있기는 하지만, 그러한 행동 유형을 용인하지는 않는다. 잠언 전체에서 "부자들은 그들이 아무리 많은 돈을 가지고 있다 할지라도 거칠거나 무례하게 응답할 자격을 전혀 가지고 있지 않다. 교만은 어느 누구의 특권도 아니다"(Alden 1983: 142). 긍정적인 용어를 빌려 표현하자면, 온유한 말과 너그러운 행동에 반영되어 있는 친절이야말로 다른 사람들에 대한 올바른 태도로 간주된다. 악을 악으로 갚는 대신에 "유순한 대답은 분노를 쉽게 하여도 과격한 말은 노를 격동"(15:1)시킨다. 친절한 행동은 분열과 소외의 언어를 사용하기보다는 분노를 잠재우고 공동체를 일으켜 세운다. 친절은 다른 사람들이 자신에게 행한 그대로 갚으려고 하지 않는다. 도리어 그것은 악을 선으로 이기기 위해 최선을 다한다. 잠언 25:21-22는 다음과 같이 교훈을 준다: "네 원수가 배고파하거든 음식을 먹이고 목말라하거든 물을 마시게 하라. 그리 하는 것은 핀 숯을 그의 머리에 놓는 것과 일반이요, 야웨께서 네게 갚아 주시리라." 타는 숯이라는 은유의 정확한 의미에 대해서는 논란이 많다. 그러나 일반적으로 그것은 불쾌하면서도 유익을 가져다주는 경험을 가리키는 것으로 보인다(Whybray 1994b: 367-68). 원수가 궁핍하여 연약한 상태에 처해 있을 때 친절은 앙갚음하려는 충동을 이기려는 길을 선택하며(Clifford 1999: 226), 과거의 모욕적인 행동들을 자비로운 행동으로 되갚는다. 그렇게 한 결과 무례한 자의 양심이 충격을 받을 것이요, 이로 인하여 무례한 자의 참회와 관계의 회복이 추가로 주어질 것이다(McKane 1970: 592; Ross 1991: 1084). 설령 그러한 일이 일어나지 않는다 할지라도, 야웨께서는 그처럼 주도적인 친절을 주목하실 것이요, 그에 상응하는 상급을 주실 것이다.

자녀 양육

자녀 양육과 관련하여 예로부터 사람들은 인간에게 주어진 가장 큰 책임이 아마추어들에게 위임되었다고 말한 바가 있다. 이 주제를 다루는 무수한 책들이 집필되고 그와 관련된 도움을 주는 개인적인 경험의 사례들이 아주 풍부함에도 불구하고, 부모들은 어떻게 자녀를 양육할 것인지에 관해 항상 당혹감을 느끼게 마련이다. 잠언은 이 중요한 주제에 관하여 많은 교훈을 주고 있다.

부모들은 자녀를 다루면서 자신의 삶 속에서 친히 경험한 사례들에 충실하지 못한 모습을 자주 보인다. 크게 놀랍고 또 유감스럽게도 그들은 수 년 전에 자신의 부모가 말하던 것과 똑같은 것을 자신이 말하고 있음을 발견한다. 그들의 자녀 양육과 훈계 방식은 자신의 부모가 했던 것을 생각 없이 되풀이하거나 본능적으로 거부하는 모습을 자주 보인다. 잠언은 야웨를 자녀 양육의 표본으로 제시함으로써 더 나은 길을 제시한다: "내 아들아, 야웨의 징계를 경히 여기지 말라. 그 꾸지람을 싫어하지 말라. 대저 야웨께서 그 사랑하시는 자를 징계하시기를 마치 아비가 그 기뻐하는 아들을 징계함 같이 하시느니라"(3:11-12). 지혜문학은 통상적으로 하나님을 순종하는 자들에게는 복을 주시고 불순종하는 자들에게는 벌을 내리시는 분으로 칭하지만, 본절은 부모와도 같은 하나님의 사랑과 돌보심이 징계를 포함하고 있다고 말한다. 이로써 인간 부모의 보살핌은 하나님께서 어떻게 자신의 영적인 자녀들을 돌보시는지를 알게 하는 유비로서의 역할을 수행한다. 이와 동시에 그 유비는 정반대로 부모가 어떻게 자기 자녀들을 다루어야 하는지에 관한 하나님의 표본을 제시하는 것으로 이해될 수도 있다. 이 점에서 본다면, 부모는 하나님께서 자신의 자녀들을 바라보시는 것과 똑같은 방식으로 그들을 바라볼 것을 요청받으며, 하나님께서 그들에게 행하시는 것과 똑같은 방식으로 그들에게 행할 것을 요청받고 있는 셈이다.

우리가 잘 알고 있는 잠언 22:6의 격언 첫 행은 여러 가지 방식으로 이해되어 왔다. 키드너(Kidner 1964: 147)는 본절이 부모에게 아이를 그 아이에게 적합한 방식으로 양육할 것을 교훈하고 있다고 본다: "그것은 아이의 개성과 재능을 존중하라는 것을 뜻하는 것으로 보인다." 좋은 교육이 무엇인지를 가르치는 교육학자들은 올바른 가르침이 학습자 나름의 독특한 재능들과 관심사를 존중해야 한다고 주장하곤 하지만, "그리하면 늙어도 그것을 떠나지 아니하리라"는 마지막 행이 그러한 교육법과 어떻게 관련되는지를 이해한다는 것은 쉬운 일이 아니다. 개럿(Garrett 1993: 187-88 [참조. Delitzsch 1971: 86-87])은 이를 발전 개념으로 이해한다: "아이를 그에게 적합한 방식으로 양육하라." 이로써 그는 지혜로운 삶을 위한 평생 교육의 기초가 놓여진다고 생각한다. 클리퍼드(Clifford 1999: 196-97)는 이 가르침이 아이러니컬한 점을 가지고 있다고 주장하면서, 본절을 다음과 같이 풀어서 설명한다: "아이에게 그가 원하는 것을 하게 하면, 그는 변화가 불가능한 완악한 어른이 되고 말 것이다!" 그러나 본절이 문학적인 측면에서 볼 때 독립적인 격언들의 맥락 속에 있음을 고려한다면, 그처럼 아이러니컬한 해석을 입증할 만한 문맥상의 증거가 있다고 보기는 어렵다. 클리퍼드의 주장이 옳을 수도 있겠지만, 그의 주장을 뒷받침할 만한 설득력 있는 증거는 없는 셈이다. 새 국제 번역성서(New International Version)의 번역이야말로 본절을 가장 잘 번역한 것이 아닌가 하는 생각이 든다: "아이를 마땅히 그가 가야할 길로 이끌어라. 그리하면 그가 늙어서도 그것을 떠나지 않을 것이다." 히브리어 '알-피 다르코'는 "그의 길을 따라서"를 뜻한다. 잠언에서 "길"(way)은 자주 지혜의 길이나 야웨의 길을 가리킨다(참조. 2:1-5; 4:10, 20-22). 맥케인(McKane 1970: 564)은 22:6의 의미를 이 주제의 좀 더 광범위한 용례를 통하여 다음과 같이 설명하고자 한다: "올바른 길은 하나밖에 없다. 그것은 곧 생명의 길이다. 이 길을 따라서 젊은이들을 가르치고 훈계하는 것이야말로 표준에 해당하는 것이다. 지혜로운 사람은 그의 마음의 바탕과 그의 삶의 양식 및 목표를 곧바로 확인할 수 있는 표본적인 인물이나 다름이 없다." 아이를 이처럼 야웨의 길을 따라서 양육하게 되면, 그러한 교육으로부터 얻는 유익이 그의 평생 동안 지속될 것이다. 부모가 삶의 무대에서 사라진 후라 할지라도 말이다(Perdue 2000: 188). 이렇듯이 궁극적으로 야웨께로부터 비롯되는 지혜의 길은 부모가 자녀를 양육함에 있어서 반드시 따라야만 하는 표본에 해당하는 것이다.

잠언은 또한 자녀 양육의 실제에 대해서도 많은 교훈을 준다. 그러한 실제는 부모의 개인적인 삶에 뿌리를 두고 있다. 자신의 부를 자손들에게 물려주지 못하는 죄인들과는 대조적으로 "선인은 그 산업을 자자손손에게 끼친다"(13:22). 이 격언은 무엇보다도 경제적인 문제를 겨냥하고 있음이 분명하다. 이는 좋은 아버지가 자신의 모든 재산을 자신을 위해 낭비하지 않고 도리어 손자, 손녀에게까지 미칠 유산을 남겨둔다는 점에서 그렇다. 그러나 잠언의 좀 더 넓은 맥락에서 본다면, 좋은 부모가 후속 세대들에게 도덕적인 유산을 물려준다는 것도 똑같이 옳다(Garrett 1993: 139). 잠언 20:7은 도덕적인 유산의 이러한 측면을 강조하면서 다음과 같이 말한다: "온전하게 행하는 자가 의인이라. 그의 후손에게 복이 있으리라." 의인의 순전한 삶에 주어지는 복들은 가족 간의 유대 관계에 의해 직접 연결되는 자들에게 영향을 미친다. 올덴(Alden 1983: 149)은 이 점을 다음과 같이 예리하게 잘 지적하고 있다: "공경할 수 없는 부모를 가진 자녀들은 불쌍한 자들이다. 공경할 수 있는 부모를 두고 있다는 것은 복이 아닐 수 없다. 부모들은 자신의 말보다는 행동을 통하여 더 많은 것을 가르친다. 그들이 소중히 여기는 것들은 참으로 입으로 도덕을 가르치는 것보다 훨씬 더 강력한 효과를 갖는다." 개인적인 실천의 강한 효과는 어머니에게까지 확대된다: "지혜로운 여인은 자기 집을 세우되 미련한 여인은 자기 손으로 그것을 허느니라"(14:1). 부모들은 그들의 가장 가까운 곳에 있는 그들의 자녀들에게 도움을 주거나 상처를 주는 일을 피할 수 없다. 마찬가지로 어머니의 성품은 가족의 행복과 파멸에 대하여 결정적인 역할을 수행할 수 있다(Hubbard 1989: 426).

부모의 역할을 수행하는 것과 관련하여 잠언은 몇 차례에 걸쳐서 징계의 필요성을 강조하며, 특히 신체적인 징계를 암시하는 언어를 사용하고 있다. 예로서 잠언 13:24는 이렇게 교훈한다: "매를 아끼는 자는 그의 자식을 미워함이라. 자식을 사랑하는 자는 근실히 징계하느니라." 여기서 중요한 것은 진정한 징계가 분노에서 비롯되는 것이 아니라 사랑에서 비롯된다는 점을 인식하는 일이다. 사랑은 분노 중에 앙갚음하지 않으며, 복수심에 사로잡히지도 않는다. 사랑은 또한 자녀를 신체적으로 학대하거나 자녀에게 있는 문제점을 무시하지 않는다. 도리어 사랑은 자녀를 올바로 양육하는 데 필요한 시간과 에너지를 기꺼이 쏟아 붓는다. 본래 한 세기 전에 주석서를 집필한 바가 있는 델리취(Delitzsch 1971: 287)는 오늘날의 부모들을 향하여 다음과 같이 지혜로운 조언을 아끼지 않는다: "자기 자녀가 잘 되기를 바라는 아버지라면 적절한 시기에 그를 엄하게 징계하며, 그가 아직은 타인의 영향을 받을 수 있는 때에 그에게 올바른 방향을 제시하고, 어떠한 잘못도 그의 삶 속에 뿌리내리지 못하게 막고자 할 것이다. 그러나 엄한 징계를 해야 하는 상황 속에서도 자기 자녀에게 관대한 아버지는 그가 타락하기를 원하는 것처럼 행동하는 것이나 다름이 없다." 그러한 징계가 효과를 거두게 하기 위해서는, 자기 자녀가 아직 크게 유순한 단계에 머물러 있는 동안에 일찍 징계를 행함으로써 그의 성격이 올바르게 형성되도록 해주지 않으면 안 된다. 그리고 자녀가 잘못을 범했을 경우에는 즉각 징계를 행함으로써, 그 자녀로 하여금 행동 교정의 시기를 잘 붙잡을 수 있게 해주어야 한다. 자녀 징계가 왜 본질적으로 중요한지는 다음의 가르침에 잘 나타나 있다: "아이의 마음에는 미련한 것이 얽혔으나 징계하는 채찍이 이를 멀리 쫓아내리라"(22:15). 자녀들은 태어날 때부터 죄의 본성을 가지고서 세상에 나온다. 그들 안에 내재되어 있는 어리석음을 몰아내기 위해서는 징계의 채찍을 들 필요가 있다. 아이들의 본질적인 선함을 전제하는 다양한 교육 이론들과는 대조적으로, 잠언은 자녀 양육이 인간의 왜곡된 본성을 순화시켜야 한다고 가르침으로써 한층 현실주의적인 경향을 보인다. 따라서 "교육에는 이미 존재하는 것을 더욱 분명하게 드러나게 해주거나 온갖 성장의 가능성들을 포함하고 있는 씨앗의 성장을 촉진시키는 한편으로 성장을 방해하는 모든 요소들을 제거하는 일 이상의 것이 필요하다"(McKane 1970: 564).

잠언은 모든 자녀들이 강한 죄의 경향을 가지고 있다고 보기 때문에 부모들에게 엄한 징계를 실시하라고 가르친다. 적절한 신체적인 징벌까지도 포함하는 범위에서 말이다. 그 이유는 다음과 같다: "채찍과 꾸지람이 지혜를 주거늘 임의로 행하게 버려둔 자식은 어미를 욕되게 하느니라"(29:15). 징계는 자녀들로 하여금 어리석음의 치명적인 결과들로부터 벗어나 생명의 길로 들어설 수 있게 하는 희망을 제공해 준다(23:13-14). 그러나 징계를 소홀히 하는 부모는 사실상 자녀의 도덕적인 죽음을 바라는 사람들 중의 한 명이 되고 말 것이다(19:18). 클리퍼드(Clifford 1999: 178)는 이를 다음과 같이 잘 설명하고 있다: "어린 자녀를 징계함으로써 느끼는 고통은 징계를 회피함으로써 초래되는 치명적인 위험에 비교할 때 아주 미미한 것이다."

부모들은 마땅히 징계해야 할 경우에 징계의 회초리를 사용해야 마땅하지만, 잠언이 가르치는 더 일반적인 방법은 책망에 있다. 여기서 중요한 것은 책망이 언어적인 폭력이 아님을 이해하는 일이다. 그것은 건설적인 훈계의 성격을 갖는다. 블랜드(Bland 1998: 231)는 이를 다음과 같이 설명한다: "잠언에서 책망은 다양한 삶의 경험들을 젊은이들 앞에 드러내는 한 가지 방식에 해당한다. 그들이 어떻게 하면 도덕적으로 책임지는 삶을 살 수 있는지에 관한 개념을 형성할 수 있도록 말이다. 자녀들에게 건설적인 책망을 하는 것은 도덕적인 교훈을 전달할 수 있는 여러 형태들 중의 하나에 속한다. 좋은 징계는 교육을 목표로 한다. 그것은 젊은이가 얼마나 많이 상처를 입느냐에 초점을 맞추기보다는 그가 얼마나 많이 배우느냐에 초점을 맞춘다."

자녀 양육이 필연적으로 징계라는 불편한 경험을 수반하지만, 잠언은 부모가 징계를 통하여 얻을 수 있는 즐거움에 대해서도 언급한다. 잠언 23:24-25는 이를 하나의 원리로서 제시하며, 그것을 하나의 훈계로서 다음과 같이 표현한다: "의인의 아비는 크게 즐거울 것이요, 지혜로운 자식을 낳은 자는 그로 말미암아 즐거울 것이니라. 네 부모를 즐겁게 하며 너를 낳은 어미를 기쁘게 하라." 29:3도 같은 원리를 담고 있다: "지혜를 사모하는 자는 아비를 즐겁게 하여도 창기와 사귀는 자는 재물을 잃느니라." 음악가나 운동선수가 장래의 성공을 기대하면서 혹독한 훈련을 견디는 것과 마찬가지로, 지혜로운 자녀는 자기를 성실하게 키워준 부모에게 기쁨을 가져다준다. 특히 아버지 — 어머니도 암시되어 있지만 — 에게는 다음과 같은 가르침이 주어진다: "네 자식을 징계하라. 그리하면 그가 너를 평안하게 하겠고 또 네 마음에 기쁨을 주리라"(29:17). 징계가 자녀의 삶 속에 맨 처음 의도한 좋은 결과를 가져올 경우, 부모는 마음의 평화와 영혼의 기쁨을 복으로 받게 된다. 허바드(Hubbard 1989: 453)는 이를 다음과 같이 설명한다: "이것은 자녀 양육의 고통과 인내심 및 지속성이 가능한 한 최고의 이익을 가져다줄 것임을 과장된 언어로 얘기한 것이라 할 수 있다."

사람들은 종종 오로지 부모만이 자녀의 미래에 책임을 진다고 생각하며, 또 자주 그렇게 가르친다. 그러나 잠언은 사실상 인간의 삶이 그러한 원리가 암시하는 것보다 한층 더 복잡하다고 가르친다. 확실히 부모는 자녀를 잘 가르쳐야 할 책임을 지고 있다. 그러나 자녀들 역시 잘 배워야 할 책임을 지고 있다. 사실 자녀들은 하나님 앞에서 최종적으로 자신의 행동들과 결정들에 대하여 책임을 져야 한다. 그들은 선하게 될 수도 있고 악하게 될 수도 있는 가능성을 안고 있다. 잠언 1:8-9에서 지혜 교사는 배우는 학생에게 자신의 가르침에 귀를 기울일 것을 요청하며, 자신의 가르침에 대한 긍정적인 반응이 가져다줄 좋은 점에 대해서 언급한다: "내 아들아, 네 아비의 훈계를 들으며 네 어미의 법을 떠나지 말라. 이는 네 머리의 아름다운 관이요, 네 목의 금

사슬이니라." 학자들은 잠언의 "아버지"와 "아들" 사이의 관계를 어떻게 해석할 것이냐에 대하여 의견의 차이를 보인다. 파머(Farmer 1991: 26-27 [참조. Aitken 1986: 17])는 열왕기하 2:3-5, 12에 있는 역사적인 서술에 근거하여, 고대 이스라엘에서는 다른 고대 근동 문화권에서와 마찬가지로 가르치는 교사들이 배우는 학생들에게 대하여 도덕적인 부모로 간주되었으며 학생들은 그들의 아들들로 간주되었다고 주장한다. 이와는 달리 화이브레이(Whybray 1994b: 37)는 어머니가 포함되어 있는 것으로 보아 본절이 실제적인 가족 관계를 염두에 두고 있을 수도 있다고 본다: "이러한 가르침들 속에 나오는 '아들'이나 '아버지'라는 용어들을 문자적으로 이해해야 하는지, 아니면 '제자'와 '스승'의 일반적인 관계를 더 염두에 두고 있는 것들로 해석해야 하는지는 확실치 않다. 그러나 아버지의 가르침과 병행하여 나타나는 어머니의 가르침에 대한 언급은, 이집트나 바벨론의 가르침 문학에서는 발견되지 않는 것으로서, 가족적인 배경을 염두에 두고 있을 가능성이 높다고 하겠다." 이 두 가지 배경 중에서 어느 것을 선택해야 하느냐는 것은 어려운 일일 뿐더러 반드시 필요한 일도 아니다. 왜냐하면 본절의 요지는 분명하기 때문이다. 1:8-9를 다음 단락(1:10-19)과 병렬시켜 보면, 젊은이가 실제적이거나 도덕적인 부모의 지혜로운 가르침과 그의 동료들의 어리석은 유혹 사이에서 하나를 선택해야 하는 상황에 직면하고 있음을 알 수 있다. 그는 이 두 가지의 상반되는 가능성들 중에서 한 가지를 선택하지 않으면 안 된다. 그리고 그가 내린 결정은 그에게 복의 즐거움을 가져다줄 수도 있고 파멸의 고통을 안겨줄 수도 있다. 만일에 그가 지혜의 명령들을 지키고자 한다면, 그는 생명을 얻을 것이다(4:4).

잠언에 있는 무수한 가르침들은 자녀들이 어리석은 결정을 내림으로써 부모의 마음을 아프게 하고 야웨의 길을 따라 그들을 양육한 부모의 최선의 노력들을 뒤엎을 수도 있음을 보여준다. 예로서 19:13은 미련한 아들이 다투는 아내처럼 파멸을 불러일으키는 존재라고 말한다. 그런가 하면 17:25는 다음과 같이 말하기도 한다: "미련한 아들은 그 아비의 근심이 되고 그 어미의 고통이 되느니라." 자녀들은 자신의 선택에 의하여 부모를 기쁘게 할 수도 있고 슬프게 할 수도 있다. 이는 다음과 같은 이유 때문이다: "율법을 지키는 자는 지혜로운 아들이요, 음식을 탐하는 자와 사귀는 자는 아비를 욕되게 하 느니라"(28:7; 참조. 10:1; 15:20). 잠언은 부모들이 경건한 가치들을 자녀들에게 심어주는 데 도움을 줄 많은 원리들을 제공하고 있지만, 부모들이 그들의 자녀들 안에서 덕스러운 성품의 열매를 보게 될 것임을 보증하지는 못한다. 궁극적으로 자녀들은 지혜의 길을 따를 것인지 아니면 어리석음의 길을 따를 것인지를 결정해야만 하는 도덕적인 대리인들이나 다름이 없다.

정결함

오늘날의 문화에서 정결함의 불빛은 위태롭게 깜박거리고 있는 것으로 보인다. 그러나 이 문제는 오늘의 시대에만 한정되는 것이 아니다. 고대 이스라엘에서도 정결함은 위기에 처해 있었던 것으로 보인다. 잠언은 부정함으로 인하여 생겨나는 위험에 관하여 무수한 경고의 메시지를 발하고 있다. 이를테면 어리석은 여인을 조심할 것을 경고하는 7:24-27의 메시지가 그렇다. 이 메시지는 7:6-23의 유혹 장면에 이어 나타난다: "이제 아들들아, 내 말을 듣고 내 입의 말에 주의하라. 네 마음이 음녀의 길로 치우치지 말며 그 길에 미혹되지 말지어다. 대저 그가 많은 사람을 상하여 엎드러지게 하였나니 그에게 죽은 자가 허다하니라. 그의 집은 스올의 길이라. 사망의 방으로 내려가느니라."

지혜 교사는 정결함이 마음에 새겨져야 하는 것임을 강조한다. 그 까닭에 그는 학생에게 지혜로운 가르침에 대하여 열린 마음을 가질 것을 요청한다(23:26-28). 히브리어 '렙'은 인간의 중심부인 마음을 가리키는 것으로, 지성과 감정 및 의지 등을 포괄한다. 젊은 사람은 부정함의 파괴적인 결과들로부터 자신을 지키기 위해서는 인간을 구성하는 이 세 가지 요소들을 똑바르게 가져야 한다. 허바드(Hubbard 1989: 365)는 이러한 교훈의 절박성을 다음과 같이 지적한다: "스승의 가르침을 완전히 신뢰하고 그것에 순복하라는 교훈은 그 다음에 이어지는 격언에 비추어볼 때 매우 적절한 것이다. 어떤 것들은 상대적으로 심각한 타격을 거의 받지 않은 채로 배울 수 있을 것이다. 창기와 노닥거리는 행동은 위험률이 낮은 실험의 한 사례가 아니다. 고통 없이 지혜 교사로부터 직접 배우는 것이 훨씬 낫다!" 구덩이와 우물의 은유가 보여주는 바와 같이, 부도덕함의 유혹에 굴복하게 되면, 도망쳐 나올 희망이 거의 없는 함정에 빠질 수밖에 없다.

정결함은 단순히 외적인 행동의 문제가 아니다. 그것은 한 인간의 내적인 동기들과 그의 가치 체계들로부터 비롯된다. 사람들은 자신의 길이 정결하고 옳다고 합리화할 수도 있다. 그러나 야웨께서는 그들의 내적인 동기들을 측량하신다(16:2; 21:2). 따라서 자기 기만에 빠져들기 쉽고(30:12) 또 교만에 빠져 자기 죄를 부정하려는 경향이 강한(30:20) 자신의 판단을 신뢰하기보다는, 야웨께서 궁극적으로 각 사람의 행동의 참된 본질을 평가하실 것이라는 점을 인식하지 않으면 안 된다. 맥케인(McKane 1970: 558)은 이처럼 중요한 점을 다음과 같이 잘 설명하고 있다: "자기 비판이 아무리 엄격한 형태로 이루어진다 해도, 이 미숙하고 신뢰하기 어려운 인간적인 판단과 야웨의 기준 사이에는 필연적으로 불일치가 있을 수밖에 없다. 그 까닭에 가장 사려 깊은 사람이라 할지라도 자신이 생명의 길을 따라서 안전한 길을 걷고 있다는 결론을 내려서는 안 된다. 이것은 자신과 자신의 행동에 관한 진실을 알 수 있는 능력이 인간 안에 있지 않음을 의미한다. 그의 마음이 야웨의 조명을 받아 그의 안전한 인도하심에 자신을 내맡기지 않는 한에 있어서는 말이다." 정결함은 자신의 양심을 만족시키려고 하기보다는 야웨를 기쁘시게 하려는 진지한 마음으로부터 시작된다.

일단 인간의 마음속에 정결함이 심어지게 되면, 그것은 인간의 행동에 의해 자라나게 된다. 잠언 21:8의 반의적인 평행법은 범죄한 자와 경건한 사람 사이의 뚜렷한 대조를 다음과 같이 설명한다: "죄를 크게 범한 자의 길은 심히 구부러지고 깨끗한 자의 길은 곧으니라." 범죄한 자는 굽은 길을 가지고 있다. 왜냐하면 부정한 삶 속에는 인간의 삶을 성공적으로 인도할 만한 능력이 없기 때문이다. 반면에 경건한 자는 올바르거나('자크') 똑바르게 행동하는 자이다. 맥케인(McKane 1970: 562)은 이 용어를 다음과 같이 잘 설명하고 있다: "'자크'는 투명하고 진실하며 정직한 사람을 일컫는다. 그는 교활하지도 않고 표리부동하지도 않다. 그는 올곧은 성품을 가진 자요, '이쉬 와자르'

의 엉클어진 행로와는 대조적으로 똑바른 길을 걷는 자이다." 정결한 자의 행동은 적어도 세 가지 점에서 똑바른 것이라 할 수 있다. 첫째로 그것은 하나님의 기준에 상응하는 훈련에 순종하는 삶으로 나타난다. 둘째로 그것은 하나님을 기쁘시게 하려는 분명한 목적을 가진 삶으로 나타난다. 그리고 셋째로 그것은 하나님의 길을 빙빙 돌거나 우회하기보다는 오로지 한쪽 방향으로만 움직임으로써 풍성한 열매를 거두는 삶으로 나타난다. 그 결과 정결함은 하나님의 길을 고수하는 행동을 가능하게 한다.

잠언은 또한 정결함이 명성을 열매로 거두게 한다고 가르친다. 작은 빛이 어두운 곳에서도 쉽게 보이는 것처럼, 자녀들 역시 정결한 행동을 통하여 스스로를 드러낼 수 있다: "비록 아이라도 자기의 동작으로 자기 품행이 청결한 여부와 정직한 여부를 나타내느니라"(20:11). 만일에 이것이 아이들에게 그대로 적용되는 것이라면, 어른들에게는 얼마나 더 많이 적용되겠는가(Whybray 1994b: 294). 정결함은 어떤 사람이 주장하는 바를 따라 결정되는 것이 아니라, 그의 삶을 특징짓는 행동 유형을 통하여 결정되는 것이다. 그러한 행동들은 그의 말보다도 그 사람의 내적인 성품을 더 확실하게 보여준다. 개릿(Garrett 1993: 176)은 이를 다음과 같이 날카롭게 지적하고 있다: "행동이야말로 아이의 성품을 가장 잘 드러내는 증거에 해당한다. 확실히 '나는 잘 행동하고 있다'고 말하는 아이의 말은 어느 누구도 액면 그대로 믿지 않는다. 사람들은 그 아이를 그가 어떻게 행동하느냐에 따라 판단할 것이다. 이것은 외모와 말이 사람을 속일 수도 있는 것임을 의미한다. 행동이야말로 누군가를 판단할 수 있는 더 좋은 기준에 해당하는 것이다."

이와 관련하여 22:11의 격언은 다음과 같이 교훈한다: "마음의 정결을 사모하는 자의 입술에는 덕이 있으므로 임금이 그의 친구가 되느니라." 중책을 맡은 자들, 곧 왕을 섬기는 것과 같은 일을 하는 자들에게는 정결함이야말로 소중한 자산이 아닐 수 없다. 누구든 인생살이에서 높이 오르면 오를수록 더 중요한 사람이 된다. 왜냐하면 많은 사람들이 선악 간에 그의 영향을 받게 마련이기 때문이다. 허바드(Hubbard 1989: 277)는 이를 다음과 같이 지혜롭게 잘 지적하고 있다: "순전함과 예민함은 지도자들을 섬기는 자들에게 반드시 요구되는 덕목이 아닐 수 없다. 재능과 기술, 명철과 민첩함, 달변과 에너지 등으로는 충분치 않다. 여기서 중요한 것은 일을 잘 하는 데 있지 않고, 다양한 관계들 — 효과적인 섬김을 가능케 하는 분위기와 상황을 만들어내는 — 을 확립하는 데 있다." 나이에 관계없이 갖게 되는 정결함이야말로 젊을 때이든 나이 든 때이든 상관없이 좋은 명성을 얻게 하는 것이 아닐 수 없다.

공의

일정한 기준이 없는 세상을 살아갈 때 삶은 어떠한 것이 될까? 구기 종목 선수들이 제멋대로 규칙들을 만들어 경기를 한다고 생각해 보라. 아니면 교통 법규 없이 고속도로를 달린다고 생각해 보라. 각 사람이 옳고 그른 것을 결정하는 공동체 안에서 산다면 어떻게 되겠는가? 어떤 사람들은 이를 일컬어 자유라고 부르기도 할 것이다. 그러나 그들은 무제한의 자유가 개인적이고 사회적인 무질서 상태에 이른다는 것을 금방 깨닫게 될 것이다. 하나님께서는 세상을 창조하실 때 그 안에 율법의 도덕적인 질서 내지는 공의(righteousness: 개역은 이를 거의 "공의"로 번역하고 있음 — 역자 주)를 심어놓으셨다. 하나님께서 이런 일을 하신 것은 인간의 삶을 불행하게 만들기 위해서가 아니라, 인간의 삶이 여러 가지 점에서 의미 있는 것이 되게 하기 위해서였다. 그런데도 많은 사람들은 하나님의 공의로운 기준을 무시한다. 왜냐하면 그들은 그들 자신의 일을 해야 한다고 주장하기 때문이다. 그 결과 우리가 사는 세상에서는 하나님께서 원하시는 공의를 쉽게 찾아볼 수가 없다.

잠언은 공의가 우연히 발견되는 것이 아니라고 가르친다. 도리어 공의를 향한 길은 탐색 작업과 함께 시작된다. 지혜 교사는 자신의 아들에게 감추어진 보물을 찾듯이 지혜를 찾으라고 촉구한(2:5) 후에 2:9에서 다음과 같이 교훈한다: "그런즉 네가 공의와 정의와 정직, 곧 모든 선한 길을 깨달을 것이라." 공의를 찾기 위해서는 야웨께서 정하신 지혜의 길을 따라가지 않으면 안 된다. 이 길은 부지런한 노력을 필요로 한다. 왜냐하면 "공의와 인자를 따라 구하는 자는 생명과 공의와 영광을 얻기"(21:21) 때문이다. 공의를 찾기 위해 많은 노력을 기울인 자(Clifford 1999: 192)는 하나님의 길을 발견할 뿐만 아니라, 삶의 온갖 차원들을 포함하는 유익을 얻을 것이요, 공동체 안에서 존중히 여김을 받게 될 것이다(Garrett 1993: 183).

공의를 뜻하는 히브리어 낱말은 '체다카'이다. 이 낱말은 일정한 기준에 따르는 행동을 가리킨다. 도덕적인 개념을 빌려 표현하자면, 공의는 하나님께서 의도하신 기준 — 그의 거룩한 성품을 반영하는 — 을 충족시키는 삶을 가리킨다. 물질계가 하나님께서 그 안에 심어 놓으신 중력의 법칙과도 같은 자연 법칙들을 따라 운행되는 것과 마찬가지로, 사람들 역시 하나님의 도덕적인 법칙들 내지는 그의 공의를 따라 살려고 노력하지 않으면 안 된다. 잠언에서 공의는 지혜와 진실함을 특징짓는 표지들로 나타난다. 의인화된 지혜는 8:8, 15, 20에서 다음과 같이 말한다: "내 입의 말은 다 의로운즉 그 가운데에 굽은 것과 패역한 것이 없나니, … 나로 말미암아 왕들이 치리하며 방백들이 공의를 세우며 … 나는 정의로운 길로 행하며 공의로운 길 가운데로 다니나니." 9:10에 따르면, 야웨 경외는 지혜의 시작이요, 공의는 야웨의 성품을 존중히 여기는 행동들과 태도들로 이루어져 있다. 12:17의 반의적인 평행법은 진실함이 어떻게 공의를 판단하는 기준이 되는지를 다음과 같이 잘 설명하고 있다: "진리를 말하는 자는 의를 나타내어도 거짓 증인은 속이는 말을 하느니라." 공의는 진리를 왜곡시키거나 깨뜨리지 않는다. 공의는 도리어 정확한 것에 상응하는 것이다. 그럼으로써 공의는 정의를 위한 명분을 강화시켜준다(McKane 1970: 445).

잠언은 공의가 상당한 노력을 필요로 하고 또 많은 한계를 가지고 있다는 반대 주장을 물리치기 위해 자주 공의에 뒤따르는 보상에 대해서 상세하게 설명한다. 예로서 잠언 11:18-19는 다음과 같이 말한다: "악인의 삯은 허무하되 공의를 뿌린 자의 상은 확실하니라. 공의를 굳게 지키는 자는 생명에 이르고 악을 따르는 자는 사망에 이르느니라." 여기서 지혜 교사는 매우 비슷하게 들리는 두 낱말들을 사용함으로써, 악인의 헛된 유익('샤케르')과 하나님의 공의로운 길에 몰두하는 자의 확실한 수입('세케르')을 대비시킨다(Murphy 1998b: 83).

개개인의 경우에 공의를 추구하는 삶은 생명을 가능케 한다. 악한 계획들로 인하여 스스로 무너져 내리는 악인들과는 대조적으로, "완전한 자의 공의는 자기의 길을 곧게"(11:5) 만들어준다. 이 격언은 3:6에서 발견되는 것과 같은 표현을 사용함으로써, 하나님의 기준에 순종하는 태도가 복잡하게 얽힌 삶의 실타래들을 잘 풀어줄 것이요, 그 결과 걸림돌에 걸려 넘어지는 일이 줄어들 것임을 암시하고 있다. 이렇듯이 공의의 존재는 물질적인 자산의 결핍을 보충할 수 있는 것이다: "적은 소득이 공의를 겸하면 많은 소득이 불의를 겸한 것보다 나으니라"(16:8). 잠언이 자주 부를 지혜로운 자들에게 주어지는 하나님의 복으로 간주하고 있기는 하지만, 공의는 부를 그다지 중요하지 않은 것으로 만들 수 있을 만큼의 초월적인 가치를 가지고 있는 것이다(Hubbard 1989: 322). 류웬(Van Leewen 1995: 326)은 이를 다음과 같이 설명한다: "잠언은 공의가 부를 능가하는 것이요, 악은 부를 무가치하게 만드는 것임을 끊임없이 강조한다. 창조주의 복으로 여겨질 수도 있는 부는 본질적으로 항상 선한 것이 아니다. 부가 선한 것이냐 그렇지 않느냐 하는 것은 그 부가 공의와 정의 및 지혜 등에게 종속되어 있느냐 그렇지 않느냐에 달려 있다. 물질적인 재화들은 그것들을 서로 관련시키고 또 그 모든 재화들에 질서와 한계를 부여하는 규범들을 무시한 채로 특정 재화를 절대화시키지 못하도록 막아주는 규범적인 맥락 안에 놓여져 있지 않으면 안 된다." 공의야말로 사람들을 물질 만능주의 문화의 붕괴된 가치 체계로부터 건져낼 수 있다(10:2). 그리고 공의는 죄인을 무너뜨리는 사악함에 맞서서 순전한 사람을 지켜주는 역할을 수행하기도 한다(13:6).

공의는 또한 사람들에게 좋은 평판을 얻을 수 있게 하기도 한다. 공의는 인기를 얻게 하지 못할 수도 있지만, 존중히 여김을 받게 할 수는 있다. 왜냐하면 궁극적으로 사람들은 자신이 신뢰하는 자들을 소중히 여기기 때문이다. 이 점은 잠언 16:13에서 보듯이 최상류층의 사회에서도 똑같이 적용된다: "의로운 입술은 왕들이 기뻐하는 것이요, 정직하게 말하는 자는 그들의 사랑을 입느니라." 물론 지도자들이 현명하지 못하게도 지혜로운 조언자들의 말보다는 아첨꾼들의 말을 더 귀담아 듣는 많은 예외가 있을 수도 있다. 그러나 일반적으로 자신에게 위임된 높은 지위를 잘 활용하는 자들은 공의를 위해 자신을 바친 조언자들의 말에 귀를 기울이려고 노력한다(참조. 시 101:6-7). 뿐만 아니라 일생 동안 공의에 헌신한 결과 지혜의 면류관을 얻은 노인과 비교할 만한 것은 어디에도 없다(16:31). 인간의 성격은 모진 시련을 경험하면서 다듬어지고 순화된다. 따라서 하나님과의 오랜 동행의 삶을 기억할 수 있게 하는 노년에 대해서는 칭송할 만한 무엇인가가 있다"(Ross 1991: 1012).

공의에 대한 한층 큰 보상은 그것이 하나님을 기쁘시게 한다는 데 있다. 잠언 15:9의 격언은 이렇게 말한다: "악인의 길은 야웨께서 미워하셔도 공의를 따라가는 자는 그가 사랑하시느니라." 열심히 야웨의 길을 따르는 자들은 그가 자기들로 인하여 즐거워하신다는 사실을 발견하게 된다. 사실 야웨는 단순한 신앙적인 행동보다도 공의에 훨씬 더 큰 관심을 가지고 계신다. 그 까닭은 이렇다: "공의와 정의를 행하는 것은 제사 드리는 것보다 야웨께서 기쁘게 여기시느니라"(21:3). 사무엘이 사무엘상 15:22에서 사울을 책망한 것처럼, 그리고 예언자들이 자주 이스라엘과 유다를 비난한 것처럼(참조. 사 1:10-17; 호 6:6; 미 6:6-8), "야웨는 정숙한 삶을 높게 평가하신다. 그는 특히 다른 사람들을 정의롭게 대하는 것을 희생제사 드리는 것보다 더 중요하게 생각하신다"(Whybray 1994b: 307). 확실히 야웨께서는 이스라엘 사람들로 하여금 자신에게 나아올 수 있도록 희생제사 제도를 제정하셨다. 그러나 그는 온갖 외적인 의례 행위들보다도 자신의 공의로운 기준에 부합되는 내적인 태도를 더 원하신다. 공의로운 마음가짐이 없는 종교 행위는 위선에 지나지 않는 것이요, 그것은 야웨께 가증스러운 것이다. 반면에 야웨께서는 공의롭고 정의로운 것에 대한 참된 헌신을 받으시며 그것을 즐거워하신다.

공의는 개개인에게 보상을 약속할 뿐만 아니라, 공동체에게도 크고 항구적인 복을 제공한다(Kugel 1997: 15). 그 까닭은 공의로운 자가 "다른 사람들을 순전한 마음으로 대하기 때문이요, 공동체의 행복을 위하여 일하기 때문이다"(Frydrych 2002: 29). 인간 역사는 죄가 공동체의 기강을 해이해지도록 만든다는 것을 분명하게 보여준다. 그러나 성서는 공의가 공동체를 하나로 묶어주고 강하게 만들어 준다는 것을 확증하고 있다. 잠언 14:34는 이렇게 가르친다: "공의는 나라를 영화롭게 하고 죄는 백성을 욕되게 하느니라." 이 격언은 특정 공동체의 업적들을 평가함에 있어서, 국가적인 용맹을 판단할 수 있는 정확한 방법을 제시하고 있다. 참으로 위대한 민족은 공의를 굳게 붙들고 있는 민족이다. 달리 말해서 그러한 민족은 하나님께서 공의롭고 정의로운 것이라고 말씀하신 것을 굳게 붙들려고 노력한다. 하나님의 기준을 놓치는 것은 필연적으로 국가적인 수치를 초래한다. 퍼듀(Perdue 2000: 11)는 이를 다음과 같이 말한다: "지혜 전승은 사회 정의의 의미와 도덕적인 삶의 가치들을 계속해서 형성해 왔다. 그것들을 공동체 생활 속에서 잘 지키고 이행한다면, 공동체 전체의 행복이 가능해질 것이다. 하나님의 도덕적인 율법은 현자들의 가르침들 속에 포함되어 있으며, 확대된 가족들과 씨족 집단 및 사법 체계와 통치 형태 등을 통하여 현실화되어야 한다."

공의는 또한 효율적인 지도력의 기초를 이루는 것이기도 하다. 16:12와 25:5는 공히 왕의 자리가 공의에 의하여 확립된다고 말한다. 공의로움에 대한 이러한 성실성은 왕에게 악행을 미워하게 만들며, 악인을 자신의 면전에서 사라지게 만든다. 이스라엘과 유다의 역사 이야기들은 왕들의 영적이고 윤리적인 행동 양식들을 따르던 백성들의 사례들로 가득 차 있으며, 세계 역사는 지도자가 가는 곳에 백성이 뒤따른다는 금언이 얼마나 정확한지를 충분하게 뒷받침하고 있다. 31:8-9에서 르무엘은 약한 자들을 위해 싸우는 자가 되어 공의로 나라를 다스릴 것을 요청받는다: "너는 말 못하는 자와 모든 고독한 자의 송사를 위하여 입을 열지니라. 너는 입을 열어 공의로 재판하여 곤고한 자와 궁핍한 자를 신원할지니라." 공의의 근본적인 특징은 그것이 편한 것보다는 올바른 것을 굳게 붙들고 있다는 점이다. 공의로운 지도자는 공동체 안에 있는 강한 자들의 관심사에 굴복하기보다는, 정당한 권리를 가지고 있으면서도 자신을 방어하지 못하는 자들을 위해 주도적으로 행동하지 않으면 안 된다. 따라서 공의는 부정한 이득을 얻기 위하여 사회 체제를 조작할 수 있는 자들의 학대에 고스란히 노출되어 있는 자들을 보호하는 것을 일컫는다. 맥케인(McKane 1970: 411)은 이를 다음과 같이 잘 설명하고 있다: "관리들이나 재판관들이 뇌물에 약한 모습을 보이거나 압제의 경향을 가지고 있는 곳에서는, 정의의 저울이 힘과 재산을 가지고 있는 자들 쪽으로 기울어질 수밖에 없다. 반면에 가난하고 약한 자들은 자신을 변호함으로써 구제받을 수 있는 길이 닫혀 있음을 발견할 수도 있을 것이다. 이러한 경우에는 모든 것이 자신의 사법적인 특권을 주장할 수 있는 왕의 각오와 결심에 달려 있다."

진실함

　최근에 쏟아져 나오는 뉴스는 오늘날의 삶이 거짓으로 가득 차 있음을 나타내는 괴로운 상황을 잘 반영하고 있다. 상당히 많은 수의 학생들이 학교에서 부정한 짓을 하고 있다. 자동차 운전자들 여섯 명 중 한 명은 과도한 휘발유 사용료를 내고 있다. 불법적인 탈세 행위로 인하여 수십 억 달러의 세금이 걷히지 않고 있다. 우리 사회의 지배적인 경향은 발각되지 않는 거짓말을 전혀 문제없는 것으로 여기고 있는 듯하다.
　이와는 대조적으로 잠언은 진실함의 중요성을 강조한다. 진실함의 내용은 부정적인 차원에서 서술되기도 하고, 긍정적인 차원에서 서술되기도 한다. 야웨께서 미워하시는 것 일곱 가지를 나열하는 6:16-19의 목록에서 거짓말 하는 혀와 거짓말을 쏟아 붓는 거짓 증인이 공히 언급되고 있다. 그 까닭은 이들은 진실을 거짓으로 뒤트는 자들이기 때문이다. 14:5의 "신실한 증인은 거짓말을 아니하여도 거짓 증인은 거짓말을 뱉느니라"는 격언은 사실상 거짓 증언 금지령(출 20:16)에 대한 해설에 해당하는 것이다. 화이브레이(Whybray 1994b: 213)는 이를 다음과 같이 설명한다: "거짓 증인의 가증스러움은 구약성서의 율법과 지혜문학 및 고대 근동 문헌에서 똑같이 강조되고 있다."
　의인화된 지혜는 8:7-8에서 이렇게 선언한다: "내 입은 진리를 말하며 내 입술은 악을 미워하느니라. 내 입의 말은 다 의로운즉 그 가운데에 굽은 것과 패역한 것이 없나니." 이렇듯이 진실함은 지혜에 의해 생겨나는 것이요, 그 지혜는 야웨 경외에 뿌리박고 있는 것이다(참조. 9:10). 더 나아가서 진실함은 하나님의 말씀에 의해 측정된다. 30:6이 이를 잘 보여준다: "너는 그의 말씀에 더하지 말라. 그가 너를 책망하시겠고 너는 거짓말하는 자가 될까 두려우니라." 진리의 사회적인 측면을 강조하는 오늘날의 경향과는 대조적으로, 하나님의 말씀은 여기서 모든 진리 주장들을 평가하는 일정불변의 기준으로 제시된다. 델리취(Delitzsch 1971: 279-80)의 다음과 같은 준엄한 경고는 적절한 것이다: "하나님의 말씀들은 그의 거룩한 뜻의 선포에 해당하는 것이요, 그의 지혜에 의하여 측정되는 것이다. 사람들은 그것들을 있는 그대로 받아들여야 하며, 그것들을 올바로 인식하고서 그것들에 순종하여야 한다. 그것들을 너무 늘어뜨리거나 억누름으로써 무엇인가를 더하는 자는 하나님의 공의로운 심판을 피하지 못할 것이다. 하나님께서는 자신의 말씀을 위조한 행위로 그에게 유죄를 선언하실 것이요, 그를 거짓말쟁이로 선언하실 것이다." 하나님께로부터 비롯되는 이 진리는 매우 소중한 것이다. 따라서 사람들은 23:23이 말하는 것처럼 그것을 얻기 위해 열심을 내지 않으면 안 된다: "진리를 사되 팔지는 말며 지혜와 훈계와 명철도 그리할지니라." 진실함에는 희생이 따른다. 왜냐하면 사람들은 하나님 보시기에 진실한 것들에 충성하기보다는 그것들에 적당히 타협하게 만드는 충동적인 행동과 속이는 말 및 불법적인 동기 등을 포기해야 하기 때문이다.

많은 사람들은 다양한 행동 영역들에서 상이한 방식으로 자신을 드러내려는 삶의 태도를 가지고 있다. 잠언의 세계관에 비추어볼 때 야웨는 우주 전체를 다스리시는 궁극적인 실재이시다. 야웨께서 그 모든 것들을 다스리시는 까닭에, 그가 소중히 여기시는 것들은 인간의 모든 삶 속에 고스란히 스며들어야 한다. 따라서 거룩한 것과 세속적인 것 사이에는 구분이 없다. 하나님께서 보실 때 사람들이 학교나 직장 또는 집에서 말하는 것은 교회에서 예배드리는 동안에 말하는 것과 똑같이 중요하다. 잠언은 진실함이 어떻게 삶의 주요 영역들에 스며들어 있어야 하는지를 상세하게 가르치고 있다.

통치 영역에 있어서 진실함은 효율적인 지도력의 핵심 요소에 해당하는 것이다. 20:28이 이를 잘 보여준다: "왕은 인자와 진리로 스스로 보호하고 그의 왕위도 인자함으로 말미암아 견고하니라." 본절에 사용되는 히브리어 낱말 '헤세드'와 '에메트'는 야웨께서 다윗에게 약속하신 불변의 신실함을 가리킨다(참조. 삼하 7:12-16; 시 89: 20-37). 하나님께서 허락하신 이러한 견고함이야말로 인간 왕의 통치 기준에 해당하는 것이다. 그것은 그의 행정 전반에 골고루 미쳐야만 하는 것이다. 불리한 입장에 놓인 자들을 어떻게 재판할 것인가 하는 것도 그에 포함된다. 29:14이 말하는 것처럼 말이다: "왕이 가난한 자를 성실히 신원하면 그의 왕위가 영원히 견고하리라." 클리퍼드 (Clifford 1999: 252-53)는 이 격언의 배후에 있는 핵심 내용을 다음과 같이 잘 설명하고 있다: "만일에 어떤 왕이 자신의 왕위를 견고하게 하기를 원한다면, 그의 법정은 가난한 자들의 권리를 보호해 주어야 한다. 우리가 생각하기에 부요한 자들과 강한 자들의 편을 들어주는 통치야말로 그들의 지지를 이끌어냄으로써 왕에게 정치적인 안정을 가져다줄 것이다. 그러나 위의 격언은 궁극적인 안정이 가난한 자들을 돌보는 왕을 지원하시는 하나님의 손길을 통하여 이루어짐을 강조한다."

진실함은 또한 시장에서 널리 통용되어야만 하는 것이기도 하다. 20:14에서 인상적인 방식으로 소개되는 위선적인 상인은 고대 이스라엘에서나 오늘날의 세계에서나 낯선 자들이 아니다: "물건을 사는 자가 좋지 못하다 좋지 못하다 하다가 돌아간 후에는 자랑하느니라." 물건 가격을 깎거나 흥정하는 일이 벌어질 때마다, 최선의 거래를 하기 위해 합법적인 지혜를 위선적이고 비윤리적인 행동으로 변질시킬 위험이 생겨난다(Ross 1991: 1044). 20:10과 20:23의 밀접하게 관련된 두 격언은 부당한 이득을 얻기 위해 두 종류의 되나 조작된 저울추를 사용하는 관행에 대하여 경고의 메시지를 발하고 있다. 야웨께서는 진실하지 못한 이러한 행동들을 싫어하신다. 부정직한 상인의 기만 행위가 발각되지 않을 수도 있겠지만, 야웨께서는 그 모든 위선을 감찰하시고 미워하신다(Clements 1996: 222). 17:8에 있는 격언은 행운을 가져다주는 뇌물의 매력을 경계할 것을 가르치고 있다. 왜냐하면 사실 진정한 성공이나 호의를 사들일 수 있다고 생각하는 것은 자기 기만 행위나 다름이 없기 때문이다(Montgomery 2000: 138-39).

잠언은 인간관계 안에서 이루어져야 할 진실함에 관해서도 자주 언급한다. 잠언 3:28은 이웃의 궁핍함을 해결할 수 있는 능력을 가지고 있으면서도 거짓 핑계로 그를 내보내는 행동을 비난한다. 오늘 줄 수 있는 도움을 내일로 미루는 사람은 궁핍의 기간을 연장시키는 한편으로 이웃에게 다시금 도와달라는 요구를 하게 함으로써 그를 부끄럽게 만드는 사람이다(Cohen 1952: 19). 24:28과 25:18의 격언은 이웃에게 대하여 거짓 증언을 하는 행동을 경고한다. 잘못된 증언은 공식적인 법정 절차에서 위증죄를 구성할 수도 있겠지만, 비공식적인 차원에서는 남에 대한 험담이나 부당한 비판에도 적용할 수 있을 것이다. 이 모든 경우들에 있어서 진실하지 못한 말은 파괴적인 힘을 가지고 있어서 사람들에게 큰 고통을 안겨준다. 잠언 26:18-19는 단순히 누군가를 희롱하기 위하여 남을 속이는 행동의 무자비함을 지적한다. 올덴(Alden 1983: 188)은 이를 다음과 같이 설명한다: "좋은 유머는 다른 사람의 불편함을 놀려대지 않는다. 여기서 남을 놀려대는 자는 무감각증을 보일 뿐만 아니라 빈약한 도덕적 판단력을 보이기도 한다." 진실함은 또한 꼭 필요한 것을 말하는 태도를 뜻하기도 한다 당장에는 그것이 달갑지 않을 수도 있겠지만 말이다. 잠언 27:5-6에 의하면, 진정한 친구는 상처를 줄 수도 있지만 진실을 말하는 자이다: "면책은 숨은 사랑보다 나으니라. 친구의 아픈 책망은 충직으로 말미암는 것이나 원수의 잦은 입맞춤은 거짓에서 난 것이니라." 이 격언의 나머지 부분은 28:23에 잘 반영되어 있다: "사람을 경책하는 자는 혀로 아첨하는 자보다 나중에 더욱 사랑을 받느니라."

진실한 사람은 소심해서는 안 된다. 도리어 그는 책망이 필요할 때 그것을 말할 수 있는 용기를 가져야 한다. 맥케인(McKane 1970: 610-11)은 이를 다음과 같이 설명한다: "만일에 어떤 친구가 진실을 말함으로써 상처를 준다면, 그 상처는 유익한 것이다. 이는 그가 다른 사람의 큰 행복에 대한 관심사로 인하여 그러한 상처를 준 것이기 때문이다. 진실은 상처를 줄 수도 있다. 그러나 그것은 시종여일하게 신뢰할 수 있는 참된 우정을 증거하는 것이기도 하다." 더 나아가서 사람들은 다른 사람들에게 말할 때 자신의 행동에 대하여 정직해지지 않으면 안 된다. 그 까닭은 이렇다: "선물한다고 거짓 자랑하는 자는 비 없는 구름과 바람 같으니라"(25:14). 폭풍우를 동반한 구름이 비를 내리지 않으면 사람들에게 크게 실망감을 안겨주는 것처럼, 남들에게 유익을 주겠노라고 공언한 자의 말이 공염불에 지나지 않을 경우에도 마찬가지 결과가 생겨난다.

잠언은 또한 28:13에서 하나님 앞에서 진실할 필요가 있음을 역설한다: "자기의 죄를 숨기는 자는 형통하지 못하나 죄를 자복하고 버리는 자는 불쌍히 여김을 받으리라." 시편 32:1-5의 언어를 연상시키는 본절은 잠언에서 유일하게도 사람들에게 하나님께 대하여 범한 죄를 회개함으로써 그의 자비로운 용서를 체험할 것을 요청하고 있다. 자신의 죄를 진실하게 다루지 못하는 자들은 하나님의 복을 누리지 못할 것이다.

진실함은 이렇듯이 삶의 모든 영역에 영향을 미친다. 그 결과 진실함은 경험 세계의 모든 영역을 포괄하는 결과를 낳는다. 개개인의 삶을 예로 든다면, 진실함은 사람들을 곤란함으로부터 건져내준다. 잠언 12:13은 이렇게 교훈한다: "악인은 입술의 허물로 말미암아 그물에 걸려도 의인은 환난에서 벗어나느니라." 거짓말은 그것을 말하는 자를 끝까지 괴롭힌다. 이 때문에 랍비들의 한 격언은 항상 진실을 말하게 되면 항상 자신이 말한 것을 기억해야만 하는 고통으로부터 벗어날 수 있다고 조언한다(Alden 1983: 101). 뿐만 아니라 진실함은 여러 복들 중에서도 좋은 평판을 얻을 수 있게 하는 바(3:3-4), 이는 삶 속에서 얻는 아주 훌륭한 복이라 할 수 있다(22:1). 거짓말과는 달리 진실함은 사람들의 삶을 안정되게 만들어준다. 거짓말쟁이들은 자신이 사기꾼임이 알려질까 두려워한 나머지 항상 조심스럽게 행동하지 않으면 안 된다(19:5, 9). 거짓말쟁이들은 또한 불쾌한 굴욕을 각오하지 않으면 안 된다: "속이고 취한 음식물은 사람에게 맛이 좋은 듯하나 후에는 그의 입에 모래가 가득하게 되리라"(20:17). 클리퍼드(Clifford 1999: 184)는 이를 다음과 같이 적절하게 잘 설명하고 있다: "남을 속이는 행동을 통하여 얻은 양식은 결국 실망스러운 영양 상태를 초래하게 마련이다." 반면에 진리를 말하는 행동은 오래도록 삶을 튼튼하게 만들어준다. 12:19이 이를 잘 보여준다: "진실한 입술은 영원히 보존되거니와 거짓 혀는 잠시 동안만 있을 뿐이니라." 거짓말쟁이는 쉽게 탄로 난다. 그러나 진실한 자는 장수의 복을 받을 것이다.

사회적인 삶의 폭넓은 영역에서 진실함은 삶을 무너뜨리기보다는 건져내는(14:25) 치유의 근원으로 작용한다(12:17-18). 사법적인 배경에서 본다면, 진실한 증인은 "정의의 근거를 강화시켜주고 올바른 판결을 촉진시킨다"(McKane 1970: 445). 이를 더 일반화시켜 표현하자면, 칼처럼 상처를 입히는 무모한 말과는 달리, 지혜로운 말은 다른 사람들에게 친절과 용기를 가져다준다(Ross 1991: 971). 지혜 교사는 이에 근거하여 자신의 제자에게 진실하게 말할 것을 23:15-16에서 다음과 같이 훈계한다: "내 아들아, 만일 네 마음이 지혜로우면 나, 곧 내 마음이 즐겁겠고, 만일 네 입술이 정직을 말하면 내 속이 유쾌하리라." 올덴(Alden 1983: 170)은 이 두 절이 잠언의 다른 격언들 — 미련한 자식이 부모에게 근심을 안겨준다고 말하는 — 과 어떻게 대조를 이루는지를 다음과 같이 잘 설명하고 있다: "어리석은 자녀의 부모가 슬퍼하는 것처럼(10:1; 17:21, 25; 19:13), 지혜로운 자녀를 가진 부모는 즐거워한다. 그들의 마음이 즐거운 이유는 그들의 자녀들이 자신의 입을 다스릴 줄 알기 때문이다."

진실함의 궁극적인 결과는 12:22에 잘 서술되어 있다: "거짓 입술은 야웨께 미움을 받아도 진실하게 행하는 자는 그의 기뻐하심을 받느니라." 거짓말에 대한 야웨의 강한 반감을 나타내는 표현은 다른 곳에서 가증스러운 우상숭배와 마술을 금지하는 데 사용되기도 한다. 이와는 대조적으로 야웨께서는 진실함을 특징으로 갖는 자들을 크게 기뻐하신다. 진실함의 온갖 실제적인 유익들 너머에는 "거짓말은 하나님의 성품을 왜곡시키는 것이요, 따라서 진리의 하나님께 대하여 가증스러운 죄를 범하는 것이나 다름이 없다"(Hubbard 1989: 185)는 성서의 원리가 있다. 그러나 진실을 말하는 행동은 하나님의 승인을 받게 마련이다.

참고문헌

주석류

Aitken, Kenneth T. 1986. *Proverbs*. Daily Study Bible. Philadelphia: Westminster.
Alden, Robert L. 1983. *Proverbs: A Commentary on an Ancient Book of Timeless Advice*. Grand Rapids: Baker.
Atkinson, David. 1996. *The Message of Proverbs*. The Bible Speaks Today. Downers Grove, IL: InterVarsity Press.
Buzzell, Sid S. 1985. "Proverbs." Pp. 901-74 in *The Bible Knowledge Commentary*, vol. 1. Ed. John F. Walvoord and Roy B. Zuck. Chicago: Victor.
Clifford, Richard J. 1999. *Proverbs*. Old Testament Library. Louisville: Westminster John Knox.
Cohen, A. 1952. *Proverbs*. Soncino Books of the Bible. London: Soncino.
Cox, Dermot. 1982. *Proverbs, with an Introduction to Sapiential Books*. Old Testament Message 17. Wilmington, DE: Michael Glazier.

잠언 참고문헌 365

Davis, Ellen F. 2000. *Proverbs, Ecclesiastes, and the Song of Songs*. Westminster Bible Companion. Louisville: Westminster John Knox.

Delitzsch, Franz. 1971 [1872]. *The Book of Proverbs*. Trans. James Martin. Grand Rapids: Eerdmans.

Farmer, Kathleen A. 1991. *Who Knows What Is Good? A Commentary on the Books of Proverbs and Ecclesiastes*. International Theological Commentary. Grand Rapids: Eerdmans.

Fox, Michael V. 2000. *Proverbs 1-9*. Anchor Bible 18A. New York: Doubleday.

Garrett, Duane A. 1993. *Proverbs, Ecclesiastes, Song of Songs*. New American Commentary 14. Nashville: Broadman.

Hubbard, David A. 1989. *Proverbs*. Communicator's Commentary 15A. Dallas: Word.

Kidner, Derek. 1964. *Proverbs*. Tyndale Old Testament Commentaries 15. Downers Grove, IL: InterVarsity Press.

McKane, William. 1970. *Proverbs*. Old Testament Library. Philadelphia: Westminster.

Murphy, Roland E. 1998b. *Proverbs*. Word Biblical Commentary 22. Nashville: Thomas Nelson.

———. 1999. "Proverbs." Pp. 3-156 in *Proverbs, Ecclesiastes, Song of Songs*. By Roland E. Murphy and Elizabeth Huwiler. New International Biblical Commentary 12. Peabody, MA: Hendrickson.

Perdue, Leo G. 2000. *Proverbs*. Interpretation. Louisville: John Knox.

Ross, Allen P. 1991. "Proverbs." Pp. 881-1134 in *The Expositor's Bible Commentary*, vol. 5. Ed. Frank E. Gaebelein. Grand Rapids: Zondervan.

Van Leeuwen, Raymond C. 1997. "Proverbs." Pp. 19-264 in *The New Interpreter's Bible*, vol. 5. Ed. Leander E. Keck. Nashville: Abingdon.

Whybray, R. N. 1994b. *Proverbs*. New Century Bible Commentary. Grand Rapids: Eerdmans.

논문들

Anderson, Bernhard W. 1986. *Understanding the Old Testament*. 4th ed. Englewood Cliffs, NJ: Prentice-Hall.

Archer, Gleason L. 1974. *A Survey of Old Testament Introduction*. Rev. ed. Chicago: Moody.

Bland, Dave. 1997. "A New Proposal for Preaching from Proverbs." *Preaching* 12:28-30.

———. 1998. "The Formation of Character in the Book of Proverbs." *Restoration Quarterly* 40:221-37.

Bricker, Daniel P. 1995. "The Doctrine of the 'Two Ways' in Proverbs." *Journal of the Evangelical Theological Society* 38:501-17.

Brown, William P. 1996. *Character in Crisis: A Fresh Approach to the Wisdom Literature of the Old Testament*. Grand Rapids: Eerdmans.

Bullock, C. Hassell. 1988. *An Introduction to the Poetic Books of the Old Testament*. Rev. ed. Chicago: Moody.

Byargeon, Rick W. 1997. "The Structure and Significance of Prov 9:7-12." *Journal of the Evangelical Theological Society* 40:367-75.

Camp, Claudia V. 1985. *Wisdom and the Feminine in the Book of Proverbs*. Bible and Literature Series 11. Sheffield: Almond.

———. 1997. "The Strange Woman of Proverbs: A Study in the Feminization and Divinization of Evil in Biblical Thought." Pp. 310-29 in *Women and Goddess Traditions in Antiquity and Today*. Ed. Karen L. King. Studies in Antiquity and Christianity. Minneapolis: Fortress.

Carasik, Michael. 1994. "Who Were the 'Men of Hezekiah' (Proverbs XXV 1)?" *Vetus Testamentum* 44:289-300.

Cascante Gómez, Fernando A. 1998. "Proverbs 1:1-19." *Interpretation* 52:407-11.

Childs, Brevard S. 1979. *Introduction to the Old Testament as Scripture*. Philadelphia: Fortress.

Chisholm, Robert B. 2000. "'Drink Water from Your Own Cistern': A Literary Study of Proverbs 5:15-23." *Bibliotheca Sacra* 157:397-409.

Clements, Ronald E. 1993. "The Good Neighbor in the Book of Proverbs." Pp. 209-28 in *Of Prophets' Visions and the Wisdom of Sages*. Ed. Heather A. McKay and David J. A. Clines. Journal for the Study of the Old Testament: Supplement Series 162. Sheffield: Sheffield Academic Press.

———. 1996. "The Concept of Abomination in Proverbs." Pp. 211-25 in *Texts, Temples, and Traditions: A Tribute to Menahem Haran*. Ed. Michael V. Fox et al. Winona Lake, IN: Eisenbrauns.

Clifford, Richard J. 1997. "Observations on the Text and Versions of Proverbs." Pp. 47-61 in *Wisdom, You Are My Sister: Studies in Honor of Roland E. Murphy, O. Carm, on the Occasion of His Eightieth Birthday*. Ed. Michael L. Barré. Catholic Biblical Quarterly Monograph Series 29. Washington, DC: Catholic Biblical Association of America.

Cox, Dermot. 1993. "The New Writers: Wisdom's Response to a Changing Society." *Studia Missionalia* 42:1-15.

Crenshaw, James L. 1986. *Story and Faith: A Guide to the Old Testament*. New York: Macmillan.

———. 1992. "Prohibitions in Proverbs and Qoheleth." Pp. 115-24 in *Priests, Prophets and Scribes: Essays on the Formation and Heritage of Second Temple Judaism in Honour of Joseph Blenkinsopp*. Ed. Eugene Ulrich et al. Journal for the Study of the Old Testament: Supplement Series 149. Sheffield: Sheffield Academic Press.

———. 1998. *Education in Ancient Israel: Across the Deadening Silence*. Anchor Bible Reference Library. New York: Doubleday.

———. 2000. "Unresolved Issues in Wisdom Literature." Pp. 215-27 in *An Introduction to Wisdom Literature and the Psalms*. Ed. H. Wayne Ballard and W. Dennis Tucker. Macon, GA: Mercer University Press.

Day, John. 1995. "Foreign Semitic Influence on the Wisdom of Israel and Its Appropriation in the Book of Proverbs." Pp. 55-70 in *Wisdom in Ancient Israel: Essays in Honour of J. A. Emerton*. Ed. John Day, Robert P. Gordon, and H. G. M. Williamson. Cambridge: Cambridge University Press.

Dell, Katharine J. 1997. "On the Development of Wisdom in Israel." Pp. 135–51 in *Congress Volume: Cambridge 1995*. Ed. J. A. Emerton. Supplements to Vetus Testamentum 66. Leiden: Brill.

———. 2000. *Get Wisdom, Get Insight: An Introduction to Israel's Wisdom Literature*. Macon, GA: Smith & Helwys.

Dillard, Raymond B., and Tremper Longman. 1994. *An Introduction to the Old Testament*. Grand Rapids: Zondervan.

Eissfeldt, Otto. 1965 [1964]. *The Old Testament: An Introduction*. Trans. P. R. Ackroyd. New York: Harper & Row.

Emerton, J. A. 2001. "The Teaching of Amenemope and Proverbs XXII 17–XXIV 22: Further Reflections on a Long-Standing Problem." *Vetus Testamentum* 51:431–65.

Estes, Daniel J. 1997. *Hear, My Son: Teaching and Learning in Proverbs 1–9*. New Studies in Biblical Theology 4. Grand Rapids: Eerdmans.

Farmer, Kathleen A. 1993. "Wisdom for When 'The Times They Are a'Changing.'" *Journal of Theology* 97:73–84.

———. 1998. "The Wisdom Books." Pp. 129–51 in *The Hebrew Bible Today: An Introduction to Critical Issues*. Ed. Steven L. McKenzie and M. Patrick Graham. Louisville: Westminster John Knox.

Fee, Gordon D., and Douglas Stuart. 1993. *How to Read the Bible for All Its Worth*. 2nd ed. Grand Rapids: Zondervan.

Fontaine, Carole R. 1993. "Wisdom in Proverbs." Pp. 99–114 in *In Search of Wisdom: Essays in Memory of John G. Gammie*. Ed. Leo G. Perdue, Bernard Brandon Scott, and William Johnston Wiseman. Louisville: Westminster John Knox.

Forti, Tova. 1996. "Animal Images in the Didactic Rhetoric of the Book of Proverbs." *Biblica* 77:48–63.

Fox, Michael V. 1994. "The Pedagogy of Proverbs 2." *Journal of Biblical Literature* 113:233–43.

———. 1996a. "ʿAmon Again." *Journal of Biblical Literature* 115:699–702.

———. 1996b. "The Social Location of the Book of Proverbs." Pp. 227–39 in *Texts, Temples, and Traditions: A Tribute to Menahem Haran*. Ed. Michael V. Fox et al. Winona Lake, IN: Eisenbrauns.

———. 1997a. "Ideas of Wisdom in Proverbs 1–9." *Journal of Biblical Literature* 116:613–33.

———. 1997b. "What the Book of Proverbs Is About." Pp. 153–67 in *Congress Volume: Cambridge 1995*. Ed. J. A. Emerton. Supplements to Vetus Testamentum 66. Leiden: Brill.

———. 1997c. "Who Can Learn? A Dispute in Ancient Pedagogy." Pp. 62–77 in *Wisdom, You Are My Sister: Studies in Honor of Roland E. Murphy, O. Carm, on the Occasion of His Eightieth Birthday*. Ed. Michael L. Barré. Catholic Biblical Quarterly Monograph Series 29. Washington, DC: Catholic Biblical Association of America.

Frydrych, Tomáš. 2002. *Living under the Sun: Examination of Proverbs and Qoheleth*. Supplements to Vetus Testamentum 90. Leiden: Brill.

Goldingay, John. 1994. "The Arrangement of Sayings in Proverbs 10–15." *Journal for the Study of the Old Testament* 61:75–83.

Grossberg, Daniel. 1994. "Two Kinds of Sexual Relationships in the Hebrew Bible." *Hebrew Studies* 35:7–25.

Harris, Scott L. 1995. *Proverbs 1–9: A Study of Inner-Biblical Interpretation*. Society of Biblical Literature Dissertation Series 150. Atlanta: Scholars Press.

———. 1996. "'Figure' and 'Riddle': Prov 1:8–19 and Inner-Biblical Interpretation." *Biblical Research* 41:58–76.

Harrison, Roland Kenneth. 1969. *Introduction to the Old Testament*. Grand Rapids: Eerdmans.

Hawkins, Tom R. 1996. "The Wife of Noble Character in Proverbs 31:10–31." *Bibliotheca Sacra* 153:12–23.

Heim, Knut Martin. 1993. "Coreferentiality Structure and Context in Proverbs 10:1–5." *Journal of Translation and Textlinguistics* 6:183–209.

———. 2001. *Like Grapes of Gold Set in Silver: An Interpretation of Proverbial Clusters in Proverbs 10:1–22:16*. Beihefte zur Zeitschrift für die alttestamentliche Wissenschaft 273. Berlin: de Gruyter.

Heskett, Randall. 2001. "Proverbs 23:13–14." *Interpretation* 55:181–84.

Hildebrandt, Ted. 1988. "Proverbs 22:6a: Train Up a Child?" *Grace Theological Journal* 9:3–19.

———. 1992. "Motivation and Antithetic Parallelism in Proverbs 10–15." *Journal of the Evangelical Theological Society* 35:433–44.

Hill, Andrew E., and John H. Walton. 2000. *A Survey of the Old Testament*. 2nd ed. Grand Rapids: Zondervan.

Hurowitz, Victor Avigdor. 1999. "Nursling, Advisor, Architect? אָמוֹן and the Role of Wisdom in Proverbs 8,22–31." *Biblica* 80:391–400.

———. 2000. "Two Terms for Wealth in Proverbs VIII in Light of Akkadian." *Vetus Testamentum* 50:252–57.

———. 2001. "The Seventh Pillar—Reconsidering the Literary Structure and Unity of Proverbs 31." *Zeitschrift für die alttestamentliche Wissenschaft* 113:209–18.

Johnson, John E. 1987. "An Analysis of Proverbs 1:1–7." *Bibliotheca Sacra* 144:419–32.

Jones, John N. 1995. "'Think of the Lilies' and Prov 6:6–11." *Harvard Theological Review* 88:175–77.

Jones, Scott C. 2003. "Wisdom's Pedagogy: A Comparison of Proverbs VII and 4Q184." *Vetus Testamentum* 53:65–80.

Kaiser, Walter C. 2000. "True Marital Love in Proverbs 5:15–23 and the Interpretation of Song of Songs." Pp. 106–16 in *The Way of Wisdom: Essays in Honor of Bruce K. Waltke*. Ed. J. I. Packer and Sven K. Soderlund. Grand Rapids: Zondervan.

Kassis, Riad Aziz. 1999. *The Book of Proverbs and Arabic Proverbial Works*. Supplements to Vetus Testamentum 74. Leiden: Brill.

Kidner, Derek. 1985. *The Wisdom of Proverbs, Job and Ecclesiastes*. Downers Grove, IL: InterVarsity Press.

Kitchen, Kenneth A. 1998. "Biblical Instructional Wisdom: The Decisive Voice of the Ancient Near East." Pp. 346–63 in *Boundaries of the Ancient Near Eastern World: A*

잠언 참고문헌 369

Tribute to Cyrus H. Gordon. Ed. Meir Lubetski, Claire Gottlieb, and Sharon Keller. Journal for the Study of the Old Testament: Supplement Series 273. Sheffield: Sheffield Academic Press.

Krantz, Eva Strömberg. 1996. "'A Man Not Supported by God': On Some Crucial Words in Proverbs XXX 1." *Vetus Testamentum* 46:548–53.

Kugel, James. 1997. "Wisdom and the Anthological Temper." *Prooftexts* 17:9–32.

LaSor, William Sanford, et al. 1996. *Old Testament Survey: The Message, Form, and Background of the Old Testament.* 2nd ed. Grand Rapids: Eerdmans.

Longman, Tremper. 2002. *How to Read Proverbs.* Downers Grove, IL: InterVarsity Press.

Luc, Alex. 2000. "The Titles and Structure of Proverbs." *Zeitschrift für die alttestamentliche Wissenschaft* 112:252–55.

Martin, James D. 1995. *Proverbs.* Old Testament Guides. Sheffield: Sheffield Academic Press.

McCreesh, Thomas P. 1991. *Biblical Sound and Sense: Poetic Sound Patterns in Proverbs 10–29.* Journal for the Study of the Old Testament: Supplement Series 128. Sheffield: Sheffield Academic Press.

McKinlay, Judith E. 1999. "To Eat or Not to Eat: Where Is Wisdom in This Choice?" *Semeia* 86:73–84.

Montgomery, David J. 2000. "'A Bribe Is a Charm': A Study of Proverbs 17:8." Pp. 134–49 in *The Way of Wisdom: Essays in Honor of Bruce K. Waltke.* Ed. J. I. Packer and Sven K. Soderlund. Grand Rapids: Zondervan.

Mouser, William E. 1983. *Walking in Wisdom: Studying the Proverbs of Solomon.* Downers Grove, IL: InterVarsity Press.

Murphy, Roland E. 1993. "Recent Research on Proverbs and Qoheleth." *Currents in Research: Biblical Studies* 1:119–40.

———. 1998a. "A Brief Note on Translating Proverbs." *Catholic Biblical Quarterly* 60:621–25.

———. 2000. "Wisdom and Yahwism Revisited." Pp. 191–200 in *Shall Not the Judge of All the Earth Do What Is Right? Studies on the Nature of God in Tribute to James L. Crenshaw.* Ed. David Penchansky and Paul L. Redditt. Winona Lake, IN: Eisenbrauns.

———. 2001. "Can the Book of Proverbs Be a Player in 'Biblical Theology'?" *Biblical Theology Bulletin* 31:4–9.

Newsom, Carol A. 1997. "Woman and the Discourse of Patriarchal Wisdom." Pp. 116–31 in *Reading Bibles, Writing Bodies: Identity and the Book.* Ed. Timothy K. Beal and David M. Gunn. London and New York: Routledge.

Nicacci, Alviero. 1997. "Analysing Biblical Hebrew Poetry." *Journal for the Study of the Old Testament* 74:77–93.

Overland, Paul. 1996. "Structure in *The Wisdom of Amenemope* and Proverbs." Pp. 275–91 in *Go to the Land I Will Show You: Studies in Honor of Dwight W. Young.* Ed. Joseph E. Colson and Victor H. Matthews. Winona Lake, IN: Eisenbrauns.

———. 2000. "Did the Sage Draw from the Shema? A Study of Proverbs 3:1–12." *Catholic Biblical Quarterly* 62:424–40.

Parsons, Greg W. 1993. "Guidelines for Understanding and Proclaiming the Book of Proverbs." *Bibliotheca Sacra* 150:151–70.

Peels, Hendrik G. L. 1994. "Passion or Justice? The Interpretation of *B*ᵉ*YÔM NĀQĀM* in Proverbs VI 34." *Vetus Testamentum* 44:270–74.

Perdue, Leo G. 1997. "Wisdom Theology and Social History in Proverbs 1–9." Pp. 78–101 in *Wisdom, You Are My Sister: Studies in Honor of Roland E. Murphy, O. Carm, on the Occasion of His Eightieth Birthday*. Ed. Michael L. Barré. Catholic Biblical Quarterly Monograph Series 29. Washington, DC: Catholic Biblical Association of America.

———. 2003. "Proverbs and Ecclesiastes." Pp. 209–21 in *Chalice Introduction to the Old Testament*. Ed. Marti Steussy. St. Louis: Chalice.

Perry, T. A. 1993. *Wisdom Literature and the Structure of Proverbs*. University Park: Pennsylvania State University Press.

Pippert, Wesley G. 2003. *Words from the Wise: An Arrangement by Word and Theme of the Entire Book of the Proverbs*. Longwood, FL: Xulon.

Rogers, Cleon L. 1997. "The Meaning and Significance of the Hebrew Word אָמוֹן in Proverbs 8,30." *Zeitschrift für die alttestamentliche Wissenschaft* 109:208–21.

Ryken, Leland. 1974. *The Literature of the Bible*. Grand Rapids: Zondervan.

———. 1992. *Words of Delight: A Literary Introduction to the Bible*. 2nd ed. Grand Rapids: Baker.

Scherer, Andreas. 1997. "Is the Selfish Man Wise? Considerations of Context in Proverbs 10.1–22.16 with Special Regard to Surety, Bribery and Friendship." *Journal for the Study of the Old Testament* 76:59–70.

Smend, Rudolf. 1995. "The Interpretation of Wisdom in Nineteenth-Century Scholarship." Pp. 257–68 in *Wisdom in Ancient Israel: Essays in Honour of J. A. Emerton*. Ed. John Day, Robert P. Gordon, and H. G. M. Williamson. Cambridge: Cambridge University Press.

Smothers, Thomas. 2000. "Biblical Wisdom in Its Ancient Middle Eastern Context." Pp. 167–80 in *An Introduction to Wisdom Literature and the Psalms*. Ed. H. Wayne Ballard and W. Dennis Tucker. Macon, GA: Mercer University Press.

Sneed, Mark. 1996. "The Class Culture of Proverbs: Eliminating Stereotypes." *Scandinavian Journal of the Old Testament* 10:296–308.

Stallman, Robert C. 2000. "Divine Hospitality and Wisdom's Banquet in Proverbs 9:1–6." Pp. 117–33 in *The Way of Wisdom: Essays in Honor of Bruce K. Waltke*. Ed. J. I. Packer and Sven K. Soderlund. Grand Rapids: Zondervan.

Steinmann, Andrew E. 2000. "Proverbs 1–9 as a Solomonic Composition." *Journal of the Evangelical Theological Society* 43:659–74.

Storøy, Solfrid. 1993. "On Proverbs and Riddles: Polar Word Pairs and Other Devices, and Words for 'Poor and Needy' in the Book of Proverbs." *Scandinavian Journal of the Old Testament* 7:270–84.

Towner, W. Sibley. 1995. "Proverbs and Its Successors." Pp. 157–75 in *Old Testament Interpretation: Past, Present, and Future; Essays in Honor of Gene M. Tucker*. Ed. James Luther Mays, David L. Petersen, and Kent Harold Richards. Nashville: Abingdon.

Tucker, W. Dennis. 2000. "Literary Forms in the Wisdom Literature." Pp. 155–66 in *An Introduction to Wisdom Literature and the Psalms*. Ed. H. Wayne Ballard and W. Dennis Tucker. Macon, GA: Mercer University Press.

Van Leeuwen, Raymond C. 1988. *Context and Meaning in Proverbs 25–27*. Society of Biblical Literature Dissertation Series 96. Atlanta: Scholars Press.

―――. 1992. "Wealth and Poverty: System and Contradiction in Proverbs." *Hebrew Studies* 33:25–36.

―――. 1993. "Proverbs." Pp. 256–67 in *A Complete Literary Guide to the Bible*. Ed. Leland Ryken and Tremper Longman. Grand Rapids: Zondervan.

―――. 1995. "In Praise of Proverbs." Pp. 308–27 in *Pledges of Jubilee: A Festschrift for Calvin G. Seerveld*. Ed. Lambert Zuidervart and Henry Luttikhuizen. Grand Rapids: Eerdmans.

―――. 2000. "Building God's House: An Exploration in Wisdom." Pp. 204–11 in *The Way of Wisdom: Essays in Honor of Bruce K. Waltke*. Ed. J. I. Packer and Sven K. Soderlund. Grand Rapids: Zondervan.

von Rad, Gerhard. 1972 [1970]. *Wisdom in Israel*. Trans. James D. Martin. London: SCM.

Waltke, Bruce K. 1979a. "The Book of Proverbs and Ancient Wisdom Literature." *Bibliotheca Sacra* 136:221–38.

―――. 1979b. "The Book of Proverbs and Old Testament Theology." *Bibliotheca Sacra* 136:302–17.

―――. 1992a. "The Fear of the Lord." *Journal of the Christian Brethren Research Fellowship* 128:12–16.

―――. 1992b. "Introducing Proverbs." *Journal of the Christian Brethren Research Fellowship* 128:5–11.

―――. 1996a. "The Dance between God and Humanity." Pp. 87–104 in *Doing Theology for the People of God: Studies in Honor of J. I. Packer*. Ed. Donald Lewis and Alister McGrath. Downers Grove, IL: InterVarsity Press.

―――. 1996b. "Does Proverbs Promise Too Much?" *Andrews University Seminary Studies* 34:319–36.

―――. 1998. "Old Testament Interpretative Issues for Big Idea Preaching." Pp. 41–52 in *The Big Idea of Biblical Preaching: Connecting the Bible to People*. Ed. Keith Willhite and Scott M. Gibson. Grand Rapids: Baker.

―――. 1999. "The Role of the 'Valiant Wife' in the Marketplace." *Crux* 35:23–34.

Waltke, Bruce K., and David Diewart. 1999. "Wisdom Literature." Pp. 295–328 in *The Face of Old Testament Studies: A Survey of Contemporary Approaches*. Ed. David W. Baker and Bill T. Arnold. Grand Rapids: Baker.

Washington, Harold C. 1994a. "The Strange Woman (אשה זרה/נכריה) of Proverbs 1–9 and Post-Exilic Judean Society." Pp. 217–42 in *Second Temple Studies 2: Temple and Community in the Persian Period*. Ed. Tamara C. Eskenazi and Kent H. Richards. Journal for the Study of the Old Testament: Supplement Series 175. Sheffield: Sheffield Academic Press.

―――. 1994b. *Wealth and Poverty in the Instruction of Amenemope and the Hebrew Proverbs*. Society of Biblical Literature Dissertation Series 142. Atlanta: Scholars Press.

Webster, Jane S. 1998. "Sophia: Engendering Wisdom in Proverbs, Ben Sira and the Wisdom of Solomon." *Journal for the Study of the Old Testament* 78:63–79.

Weeks, Stuart. 1999. "Wisdom in the Old Testament." Pp. 19–30 in *Where Shall Wisdom Be Found? Wisdom in the Bible, the Church and the Contemporary World.* Ed. Stephen C. Barton. Edinburgh: T&T Clark.

Westermann, Claus. 1995 [1990]. *Roots of Wisdom: The Oldest Proverbs of Israel and Other Peoples.* Trans. J. Daryl Charles. Louisville: Westminster John Knox.

Whybray, R. N. 1990. *Wealth and Poverty in the Book of Proverbs.* Journal for the Study of the Old Testament: Supplement Series 99. Sheffield: Sheffield Academic Press.

———. 1992. "Thoughts on the Composition of Proverbs 10–29." Pp. 102–14 in *Priests, Prophets and Scribes: Essays on the Formation and Heritage of Second Temple Judaism in Honour of Joseph Blenkinsopp.* Ed. Eugene Ulrich et al. Journal for the Study of the Old Testament: Supplement Series 149. Sheffield: Sheffield Academic Press.

———. 1994a. *The Composition of the Book of Proverbs.* Journal for the Study of the Old Testament: Supplement Series 168. Sheffield: Sheffield Academic Press.

———. 1994c. "The Structure and Composition of Proverbs 22:17–24:22." Pp. 83–96 in *Crossing the Boundaries: Essays in Biblical Interpretation in Honour of Michael Goulder.* Ed. Stanley E. Porter, Paul Joyce, and David E. Orton. Biblical Interpretation Series 8. Leiden: Brill.

———. 1996. "City Life in Proverbs 1–9." Pp. 243–50 in *"Jedes Ding hat seine Zeit . . .": Studien zur israelitischen und altorientalischen Weisheit; Diethelm Michel zum 65. Geburtstag.* Ed. Anja A. Diesel et al. Beihefte zur Zeitschrift für die alttestamentliche Wissenschaft 241. Berlin: de Gruyter.

———. 2002. *The Good Life in the Old Testament.* London: T&T Clark.

Williams, Daniel H. 1994. "Proverbs 8:22–31." *Interpretation* 48:275–79.

Wilson, Jonathan R. 2000. "Biblical Wisdom, Spiritual Formation, and the Virtues." Pp. 297–307 in *The Way of Wisdom: Essays in Honor of Bruce K. Waltke.* Ed. J. I. Packer and Sven K. Soderlund. Grand Rapids: Zondervan.

Wolters, Al. 1994. "The Meaning of *Kîšôr* (Prov 31:19)." *Hebrew Union College Annual* 65:91–104.

Yee, Gale A. 1992. "The Theology of Creation in Proverbs 8:22–31." Pp. 85–96 in *Creation in the Biblical Traditions.* Ed. Richard J. Clifford and John J. Collins. Catholic Biblical Quarterly Monograph Series 24. Washington, DC: Catholic Biblical Association of America.

Yoder, Christine Roy. 2003. "The Woman of Substance (אשת־חיל): A Socioeconomic Reading of Proverbs 31:10–31." *Journal of Biblical Literature* 122:427–47.

Zuck, Roy B., ed. 1995. *Learning from the Sages: Selected Studies on the Book of Proverbs.* Grand Rapids: Baker.

전도서

오랫동안 전도서는 성서 안에서 가장 수수께끼 같은 책으로 간주되어 왔다. "해 아래에서 하는 모든 일이 헛되도다"라는 후렴구는 성서적인 신앙의 표현이라기보다는 20세기 실존주의의 한 표현인 것처럼 들린다. 반면에 이 책은 몇 차례에 걸쳐서 독자들에게 삶의 온갖 즐거움들을 하나님의 선물들로 받아들일 것을 조언한다. 이처럼 외견상 반대되어 보이는 주제들을 어떻게 해석하느냐에 따라서 본문에 대한 전혀 다른 이해가 가능해진다. 저자는 자기 책의 메시지를 자서전적인 용어를 빌려 전달함으로써, 자신이 삶 속에서 항구적인 중요성을 가지고 있는 것을 발견하려고 애쓰던 그 길을 따라 독자들을 안내하고 있다.

저자

전도서는 "코헬렛"(Qohelet)의 말들로 자신을 소개하는 바(1:1), 이 용어는 사람 이름이 아니라 서술적인 성격을 갖는 제목에 해당한다. 이 책의 결론 부분에서 "코헬렛"은 앞에 정관사를 가지고 나오며(12:8), 12:9에서 "지혜로운 자"('하캄')로 불린다. 이러한 단서들과 문법적으로 이와 유사한 구문들 — 다른 곳에서 직책을 나타내는 데 사용되는(참조. 스 2:55, 57; 느 7:59) — 에 기초하여 볼 때, 이 책이 염두에 두고 있는 저자는 사람들을 가르치기 위해 그들을 소집하는 지혜 교사를 가리키는 것으로 보인다(Kaiser 1995: 83).

매우 이른 시기에 속한 유대교와 기독교의 다양한 해석들이 전도서의 저자를 솔로몬으로 주장하고 있음에도 불구하고(Longman 1998: 2-3), 17세기 이후의 대부분의 학자들 ― 다수의 저명한 보수주의 주석가들을 포함하여 ― 은 이러한 결론을 배척한다(Glenn 1985: 975). 전도서에는 솔로몬 저작권을 반대하는 내적인 증거들이 상당히 많다. 잠언(1:1; 10:1; 25:1)이나 아가서(1:1)가 저자에 대하여 직접 진술하고 있는 것과는 대조적으로, 전도서는 단지 간접적으로만 솔로몬이 저자임을 살짝 암시하고 있을 뿐이다. 참으로 1:16에는 솔로몬을 저자로 보기에는 다소 어색한 진술이 담겨 있다. 그리고 부패한 통치자들에 대한 3:16과 5:8의 불평은 저자가 그들의 불의를 제거할 만한 힘을 가지고 있지 못했음을 암시한다. 만일에 그가 솔로몬 왕을 가리킨다고 한다면, 그것은 참으로 놀라운 일이 아닐 수 없다. 전도서가 그의 통치 말년에 생겨난 악들 내지는 하닷과 르손 및 여로보암 등의 반역을 초래한 악들(왕상 11:14-40)에 대해서 생각하고 있지 않는 한에 있어서는 말이다.

롱맨(Longman)은 전도서가 그 형식에 있어서 악카드의 왕실 자서전과 평행 구조를 이루고 있다는 점을 주목한다. 그는 다음과 같이 추론한다: "자신을 코헬렛으로 칭하는 자는 만일에 솔로몬이 그러한 영역들에서 삶의 만족과 의미를 발견하지 못한다면 어느 누구도 마찬가지일 것이라는 점을 강조하기 위하여 솔로몬을 가장했을 것이다"(Longman 1998: 7). 롱맨의 이러한 소설적인 접근 방식, 곧 솔로몬이 삶의 의미에 관한 문제를 분석함에 있어서 궁극적인 시범 사례를 제공하는 문학적인 인물로 사용되었다는 주장을 받아들일 필요는 없다. 구약성서의 모든 역사 이야기들에서 솔로몬은 탁월한 지혜와 부와 권력을 소유한 자였기에, 그는 저자의 주장을 뒷받침할 만한 인물로 간주되었음에 틀림이 없다. 그러나 이러한 문학적인 목적은 상상력에 의거하여 솔로몬이라는 모범 사례를 구체적으로 그려냄으로써 또는 그의 실제적인 인생 경험을 사실적으로 묘사함으로써 똑같이 이루어질 수도 있다.

솔로몬을 일관되게 저자로 보는 내적인 증거도 있다. 그것이 의심할 여지가 없는 증거로서는 충분치 않지만 말이다. 처음 두 개의 장들에서 전도서의 저자는 솔로몬이라는 인물을 염두에 두고 있음이 분명하다. "다윗의 아들 예루살렘 왕"이라는 1:1의 묘사는 아주 자연스럽게 솔로몬을 가리킨다. 이 해설자는 비할 데 없는 지혜(1:16)와 육체적인 쾌락을 누릴 수 있는 풍부한 기회들(2:3), 폭넓은 건축 활동(2:4-6), 유례없는 부(2:8) 등을 소유하고 있기도 하다. 저자가 이스라엘에서 비길 데 없는 영화로움을 이룩한 솔로몬 시대를 가리키고 있음에는 의심의 여지가 없어 보인다(Eaton 1983: 23). 전도서의 나머지 부분에서 자주 반복되는 지혜의 주제와 하나님 경외의 주제 및 자주 사용되는 금언(10:8-18) 등은 잠언과의 비교를 가능케 한다. 이러한 증거가 저자 문제를 말끔히 해결하는 것은 아니지만, 솔로몬을 문학적인 가상 인물로 보기보다는 전도서의 실제 저자로 보는 견해를 어느 정도는 뒷받침하는 것으로 보인다.

저자가 누구이건 간에, 그는 적어도 이스라엘 안에서 상당한 풍요와 특권을 가진 지위를 누렸음에 틀림이 없어 보인다. 지혜 전승에 보조를 맞추고 있는 그는 인간의 경험 현실에 대하여 힘겨우면서도 예리한 통찰력을 얻은 자요, 인간의 삶을 날카로운 눈으로 관찰하는 자이다. 벌록(Bullock 1988: 178)은 이를 다음과 같이 설명한다: "그는 욥과 마찬가지로 부요한 사람이지만, 욥과는 달리 눈에 보이는 것을 하나도 잃지 않은 자이다. 그럼에도 불구하고 그는 더 많은 것을 얻어야 함을 깨달은 자이다. 부는 인간의 덧없는 삶으로 인하여 고통당하는 마음을 위로해 주지 못한다. 특히 세상에 있는 다른 많은 것들이 그를 고통스럽게 할 때에 그렇다. 그러나 그는 하나님께 그 이유를 설명해 달라고 요구하지는 않는다 …"

코헬렛은 이스라엘의 종교적인 전승들에 친숙한 사람임이 분명하다. 그러면서도 그는 국제적인 지혜에 걸맞는 보편적인 질문들을 분석하는 데에도 익숙한 것으로 보인다. 그는 진정한 만족을 추구하는 활동적인 정신을 소유한 자요, 피상적인 고육책에 만족하지 않는 자이다. 그는 삶에 대한 애정과 정의를 갈망하는 태도 사이에 갈등이 있음을 알고 있으며, 이렇듯이 분명한 난관을 극복할 만한 만족스러운 해답을 얻고자 노력한다. 데이비스(Davis 2000: 164)는 이를 다음과 같이 설명한다: "코헬렛은 모든 세대의 사상가들을 사로잡고 있는 커다란 문제들, 곧 삶의 의미, 불공평한 운명, 피할 수 없는 죽음, 그리고 무엇보다도 모든 위엄과 차별성 및 성취 등을 빼앗아가는 죽음의 무자비함 등에 대하여 묵상한다. 그의 정신은 활동적이며 예민하며 어떠한 답변도 받아들이지 못한다. 심지어는 자신의 답변조차도 말이다."

연대와 배경

전도서의 저자 문제는 그 연대와 역사적인 배경에 대한 논쟁들과 서로 뒤얽혀 있다. 몇몇 학자들은 솔로몬의 시대인 주전 10세기를 지지하는 주장을 내세운다. 고대 근동의 지혜문학을 개관해 보면, 수메르와 바벨론 및 이집트 등지의 광범위한 문서 작품들에서 전도서 같은 성서의 지혜문학이 다루는 주제들과 평행을 이루는 증거를 많이 찾아볼 수 있다(Gordis 1955: 20). 아람어와의 언어학적인 유사성은 종종 전도서의 포로기 이후 연대를 암시하는 자료로 사용된다. 그러나 그것은 솔로몬의 통치 시기에 이루어진 페니키아나 시리아와의 밀접한 관계를 반영하는 것일 수도 있다(Harrison 1969: 1075; Archer 1974: 480-81). 카이저(Kaiser 1979: 28)는 히브리어 모음의 부재가 마지막 모음 문자들이 히브리어에서 처음으로 나타난 주전 8세기보다 앞서는 연대를 암시한다고 추론한다.

대부분의 현대 학자들은 전도서가 페르시아 시대나 그 이후에 기록되었음에 틀림이 없다고 주장한다. 시아오(Seow 1997c: 37)는 솔로몬 연대가 불가능하다고 주장한다. 그 이유는 페르시아에서 차용한 낱말인 '파르데심'이 2:5에 나오는 것으로 보아, 그 연대는 5세기 중반보다 더 이를 수가 없기 때문이다. 그는 이러한 연대 추정의 근거로 전도서에 자주 아람어의 특징들, 특히 아람어에 속한 어휘나 언어학적인 구조 및 숙어 등이 나타난다는 점을 지적한다(Seow 1997c: 20). 전도서와 상대적으로 늦은 시기의 책들인 다니엘, 에스더, 에스라, 느헤미야 등 사이에도 많은 유사성들이 존재한다. 사실 많은 점들에 있어서 전도서의 언어는 역사서와 예언서의 초기 히브리어보다는 후대의 미슈나 히브리어와 더 유사한 형태들과 낱말들을 사용하고 있다(Gordis 1955: 59-60). 더 나아가서 전도서의 배경을 이루는 것으로 추정되는 상업 경제는 포로기 이전 시대의 많은 부분을 지배한 것으로 여겨지는 농업 경제보다는 주전 5세기에 속한 말라기 예언자의 관심사들과 평행을 이루고 있는 것으로 보인다. 시아오(Seow 2001: 243)에 따르면, "코헬렛이 관찰한 시대는 경제적인 활력이 넘치는 시대요, 변화가 극심한 시대였다. 그 시대는 무모한 낙관주의의 시대요, 이제껏 상상할 수도 없었던 기회들이 사회정치적이고 경제적인 현실들에 의하여 진정된 시대였다. 그 시대는 또한 급속한 정치적·사회적·경제적 변혁들이 일어나는 당혹스러운 새 시대이기도 했다. 그러한 변혁들 중 많은 것들을 거대한 제국의 일반 시민들은 거의 따라잡지 못했다. 그것들은 권력자들의 자리에서 시작되었고 결정되었다."

이러한 증거가 설득력 있는 것이기는 하지만, 그것이 필연적으로 전도서의 포로기 이후 연대를 확립하는 결정적인 증거가 되는 것은 아닐 것이다. 프레데릭스(Fredericks 1988: 262)는 전도서 본문을 꼼꼼하게 연구한 후에 다음과 같이 주장한 바가 있다: "그 언어의 연대는 포로기 이후로 잡기 어렵다. 언어학적인 증거를 모아 보면 포로기 이전 시대에 반하는 것이 전혀 없다." 그러나 그의 견해는 학자들 사이에서 소수 의견으로 통한다. 고르디스(Gordis 1955: 200-201)는 현재의 본문 안에 있는 아람어의 영향이 보편적인 북서 셈족 언어권으로부터 비롯된 것일 수도 있거나, 이스라엘과 페니키아가 폭넓은 상업적·정치적 관계를 맺었던 솔로몬 통치 시기와도 같은 이스라엘 역사의 흐름 속에서 히브리어로 유입되었을 수도 있다는 점을 지적한다.

학자들 중에 가장 널리 퍼진 견해는 전도서가 헬레니즘 시대, 곧 그 일대가 프톨레마이오스 왕가의 지배를 받던 시대에 기록되었다고 본다. 화이브레이(Whybray 1989: 10-12)는 전도서가 경제 활동이 크게 번성하는 한편으로 사회적으로 혼란스럽던 때에 만들어졌을 것이라고 추론하는 바, 그 시기는 주전 3세기 중반의 사회적인 분위기와 놀랍도록 일치한다(참조. Lohfink 2003: 5-6). 크렌쇼(Crenshaw 1987: 50)는 후대에 속한 몇몇 낱말들과 문법적인 특징들, 이를테면 관계대명사 '쉬'나 인칭대명사 '아니'의 짧은 형태 등을 예로 들어 이러한 연대를 지지한다. 이 견해에 따른다면, 전도서의 언어는 미슈나 히브리어의 선구자 격인 성서 이후 시대 히브리어의 과도적인 형태에 해당하는 셈이다(Whybray 1989: 15). 뿐만 아니라 폭스(Fox 1993: 122-23)는 코헬렛이 헬라 철학에서 널리 통용되던 사상, 곧 개별 이성의 자율권에 대한 폭넓은 주장을 받아들였을 것으로 추정한다. 비록 그가 특정 헬라 철학자나 학파와 직접 교류할 수는 없었겠지만 말이다. 데 종(De Jong 1994: 92)은 1:12-2:11에 있는 솔로몬이라는 가상 인물의 특징들이 헬레니즘 시대의 궁정 활동들 내지는 당시의 사치스러운 삶과 크게 평행을 이룬다고 주장한다. 휫틀리(Whitley 1979: 148)는 전도서의 언어학적인 증거를 검토한 후에 전도서가 주전 152-145년의 어느 시기에 기록되었을 수도 있다는 대담한 주장을 내세운다.

만일에 전도서의 저작 연대가 참으로 헬레니즘 시대에 속한 것이라면, 이 책이 헬라어로부터의 차용을 뒷받침하는 언어학적인 사례를 하나도 포함하고 있지 않다는 것은 놀라운 일이 아닐 수 없다. 시아오(Seow 1997c: 16)가 지적하는 바와 같이, 헬라어 차용어들은 헬레니즘 시대 이후의 팔레스타인 비문들에 자주 나타난다. 따라서 그것들은 그 시기의 기록 문서들에서도 나타났을 것으로 추정되어야 마땅하다. 그러한 헬라어 구문들이 전도서에 나타나지 않는다는 사실은 이 책이 헬레니즘 시대에 기록되었다는 주장을 약화시킨다.

일반적인 용어를 빌려 말하자면, 전도서는 지적이고 신학적인 위기의 때, 곧 전통적인 지혜의 기본 전제들을 문제 삼고 그것들을 면밀히 검토하던 때를 배경으로 하고 있다. 해리슨(Harrison 1997: 179-80)은 이를 다음과 같이 설명한다: "코헬렛은 위기 속에서도 신앙을 지키려고 용감하게 노력하던 자를 본보기로 잘 보여주는 인물이다. 코헬렛은 자신의 사회적인 세계가 그의 주변에 있는 모든 것을 스스로 개혁하고 있었음에도 불구하고 유일신 신학의 기본을 버리는 것은 끝까지 거부한다. 주변 상황이 그에게 자신의 확신들을 현저하게 제한할 것을 강요했지만 말이다." 코헬렛의 시대는 또한 물질주의의 경향이 새롭게 생겨난 것으로 보인다. 그 결과 부수적으로 부와 사치품들의 수집에 대한 관심도 고조되었을 것이요, 사회 계층들 사이에 상당한 경제적인 차별이 생겨났을 것이다. 이와 동시에 당시의 문화는 사람들이 재정적인 위험을 심각하게 느끼게 되고 다른 사람에 대한 시기심으로 인하여 훨씬 더 많이 고생하게 됨으로써 경제적인 불확실성의 지배를 받기에 이르렀다(Seow 1997c: 36).

많은 학자들이 줄기차게 솔로몬 시대로부터 헬레니즘 시대에 이르기까지 다양한 배경을 주장하지만, 우리에게 있는 증거는 본질적으로 확정적인 답을 주지 못한다. 전도서가 사용하는 히브리어는 참으로 특이한 것으로서, 사실상 성서 이후 시대의 미슈나 히브리어와 크게 평행을 이루고 있다(대략 주후 200년경). 그러나 수 세기 후의 번역본인 70인역에 전도서가 포함되어 있다는 것은 그 시대를 전도서의 배경으로 주장하는 견해를 받아들일 수 없게 만든다. 전도서에 있는 본문상의 자료들은 성서 히브리어 역사의 어느 특정 시기에 속한 것으로 보기 어렵다(Archer 1974: 481). 성서 안에 있는 다른 책들과 비교해 본다면 말이다. 문제를 더 복잡하게 만드는 것은, 70인역 이전 시대에 속한 비성서 문헌이 거의 없는 까닭에, 성서 시대 전반에 걸쳐서 히브리어에서 널리 사용되었을 것으로 추정되는 다양한 방언들을 재구성하는 일이 불가능하다는 점이다(Longman 1998: 15). 예로서 전도서에 있는 이른 바 아람어적인 요소들은 여러 가지 이유들로 인하여 히브리어가 사용되던 수 세기 동안에 다양한 지역들에서 생겨났을 수도 있다. 언어학적인 자료들만으로는 전도서가 기록된 연대와 그 배경을 확립한다는 것이 쉽지 않다.

전도서의 사회적이고 경제적인 배경에 대해서도 비슷한 추론을 할 수 있다. 머피(Murphy 1992: xxii)가 지적하는 바와 같이, 전도서에는 오늘날 이스라엘에서 페르시아 시대와 헬레니즘 시대로 알려진 때에 속한 것으로 알려진 증거들이 존재하지만, 그 자료들은 전반적으로 볼 때 무엇인가 암시를 주기는 하면서도 확정적인 증거를 제공하지는 못한다. 이스라엘 역사 전체를 두고 볼 때 많은 시기들에 경제적인 불확실성과 불평등이 존재했을 것이라고 추정하는 것은 터무니없는 일이 아니다. 이와 마찬가지로 물질주의 경향의 파괴적인 힘은 문명 시대 전체를 두고 볼 때 많은 인류 문화를 파멸에 빠뜨리고 말았다. 크렌쇼(Crenshaw 1998: 210)의 다음과 같은 수사학적인 질문은 적절한 것이다: "과연 과거의 얼마나 많은 시대들이 수천 년이 지난 후에 그 나름의 독특성을 가진 시대로 인식될 수 있을까?"

언어학적이고 역사적인 증거의 본질에 비추어볼 때, 전도서의 연대와 배경을 결정함에 있어서 절대적인 주장을 내세우지 않는 것이 현명할 것으로 보인다. 전도서가 반영하는 시대의 일반적인 분위기는 분별할 수 있지만, 그보다 더 구체적인 주장을 내세운다는 것은 구체적인 자료를 통하여 입증할 수 없는 것을 깊이 생각하는 것이나 다름이 없다.

장르

일반적인 용어를 빌려 표현하자면, 전도서는 지혜 장르에 속한 책이다. 왜냐하면 이 책은 "형식이나 중심 주제나 대부분의 이념 등에 있어서 지혜 장르에 가장 근접해 있기 때문이다"(Fox 1999: 5). 하나님 경외 또는 야웨 경외라는 친숙한 지혜의 주제가 전도서에서 몇 차례 발견된다. 뿐만 아니라 잠언에서 가져온 것처럼 느껴지는 격언들에서는 속담투의 형식이 자주 나타나기도 한다(Kidner 1976: 13). 베이컨(Bakon 1998: 169-70)은 이를 다음과 같이 잘 설명하고 있다: "전도서는 인간이 처한 상황에 대한 심오한 통찰들을 모아 놓은 것이요, 코헬렛이나 어떤 다른 사람의 삶 속에서 발생하는 변화무쌍한 상황들에 대해 묵상하고 있는 책이다. 그의 명상들은 사실상 금언 수집물에 해당하는 것이다." 더 일반적으로 말하자면, 다른 사람들을 설득하려는 전도서의 목적, 관찰 가능한 경험에 기초한 논쟁, 현재의 상황을 어떻게 잘 활용할 것인가에 관한 가르침 등이 전도서를 성서 지혜의 범주 안으로 자리를 잡아주고 있는 셈이다(Miller 1999: 147).

그러나 잠언의 중심 주제와는 대조적으로, 전도서는 변칙적인 삶의 정황들 중 하나 — 보상 신학의 기본 양식들이 저자에 의해 실제로 경험된 것을 설명하지 않는 듯한 — 를 다루고 있다. 성서 본문들 중 유일하게 전도서는 인간 존재에 관한 물음을 탐구하면서, 전통적인 지혜에 의해 약속된 모든 복을 소유하고 있는 것으로 보이는 사람이 왜 삶의 의미를 찾지 못하는지를 연구하고 있다. 이러한 의미 탐구는 고대 근동의 다른 문화권, 곧 수메르나 이집트 등지에서 발견되는 지혜문학에서 평행 자료들을 찾아내고자 하는 사변적인 지혜의 한 사례에 해당하는 것이다(Castellino 1968: 25).

페리(Perry)는 두 종류의 목소리, 곧 자신이 K라고 부르는 염세주의자와 고소인 내지는 대적자로 여겨지는 P 사이의 대화를 재구성하고자 노력하는 중에 한 가지 이론을 개발하였다. 이 방법을 통하여 그는 전도서의 상반된 목소리들에 귀를 기울이는 한편으로 그 의미를 발견하려고 노력하였다. 그는 다음과 같이 주장한다: "대화야말로 코헬렛의 본질적인 구조를 이루는 것이요, 전도서의 영성을 해결할 수 있는 열쇠이다. 그것은 다른 사람의 견해를 존중하는 마음으로 공평하게 다루면서도 그 견해에 도전하려는 노력을 포함한다"(Perry 1993: 46).

자신의 최근 연구에서 롱맨(Longman 1998: 2003)은 전도서의 문학적인 구조가 악카드의 왕실 자서전 본문들의 양식을 따르고 있다고 주장한다. 그러나 반 데어 투른(van der Toorn 2000: 29)은 그의 주장의 정당성에 대해서 문제를 제기한다: "전도서와 메소포타미아의 소설적인 왕실 자서전 사이에 어떠한 장르상의 유사성이 있다는 것인가? 면밀하게 조사해 보면, 그러한 비교 작업 자체가 무의미하게 된다. 기껏해야 전도서의 자서전적인 요소들은 처음 몇 장들에 한정된다. 그리고 그 몇 개의 장들에서조차 우리가 가지고 있는 것은 자서전이 아니라 자신이 경험한 삶의 헛됨에 대한 왕의 묵상이다. 따라서 전도서에는 자서전의 실마리조차 없다고 보아야 옳다. 더 중요한 것은 메소포타미아 문헌들의 교훈이 한 개의 이야기에 기초하고 있는 반면에, 전도서의 본문은 이야기가 아니라 순전히 교훈들만으로 이루어져 있다는 점이다." 이와 비슷한 산문체의 기본 틀이 욥기에서도 사용되고 있다는 점 역시 주목할 필요가 있다. 따라서 코헬렛은 전도서의 기본 골격을 만들기 위해 어떤 외래적인 형식을 채택했다기보다는 자신이 잘 알고 있는 히브리적인 문학 관습을 사용했음이 당연했을 것으로 여겨진다. 만일에 이러한 추론이 옳다면, 전도서의 몸통 부분(1:12-12:7)은 사실상 해설자가 코헬렛의 말을 길게 인용한 것이라 할 수 있다(Fox 1999: 365).

구조와 통일성

전도서의 구조는 규정하기가 어렵다. 그래서인지 그에 대한 학자들의 입장이 매우 다양하다. 시아오(Seow 1997c: 43)는 이를 다음과 같이 설명한다:

"전도서의 구조에 관한 학자들의 견해는 크게 두 부류로 나누인다. 한쪽 부류는 전도서 안에 어떠한 질서도 없다고 보며, 다른 쪽 부류는 전도서 안에 세심하게 짜여진 구조가 있다고 본다." 전도서가 통일성을 가지고 있는 책이라고 주장하는 자들조차도 전도서의 내용에 대한 설득력 있는 구조 분석 — 일반적인 합의를 이끌어낼 수 있는 — 을 하는 데 어려움을 느낀다.

많은 해석자들은 전도서의 내용을 하나로 묶을 수 있는 단일 주제를 발견함에 있어서 좌절감을 느낀다. 예로서 델리취(Delitzsch 1976: 188)는 3장 이후의 내용이 무질서한 금언들로 이루어져 있다고 보면서, 다음과 같은 결론을 내린다: "전도서를 하나로 묶을 수 있는 하나의 정신을 찾아내는 한편으로 전도서의 형성 과정과 전도서 전체를 포괄할 수 있는 구조 및 그 모든 내용을 유기적으로 연결시킬 수 있는 기본 틀 등을 찾아내려는 모든 시도는 이제껏 실패했고 앞으로도 실패할 수밖에 없다." 전도서가 자신의 다양한 목소리들과 진술들 안에 무수한 불일치들을 가지고 있다는 점은 부인하기 어렵다. 이러한 사실로 인하여 전도서가 다수의 자료들에 의존하고 있다거나 확인할 길이 없는 인용문들과 삽입문들로 이루어져 있다는 이론이 생겨나게 되었다: "'본래적인 코헬렛'의 급진적이면서도 염세주의적인 메시지는 나중에 좀 더 정통적인 주해자들의 공격을 받게 되었다"(Seow 1997c: 39). 그러나 이러한 접근 방식은 설득력 있는 단일한 결론을 이끌어내기보다는 단지 무수한 개별적인 분석들을 양산할 뿐이다. 비록 그것이 적어도 루터의 시대 이후로 오늘에 이르기까지 많은 학자들의 지지를 받고 있음에도 불구하고 말이다. 이튼(Eaton 1983: 41)은 현명하게도 다음과 같은 설명을 덧붙인다: "성서의 문서들 안에 삽입된 본문들을 다루는 문제는 대단히 어려운 일이며, 그와 관련된 주장들은 순환론적인 경향을 가지고 있다. 본래의 것이 아닌 이차적인 삽입 본문들이 있다는 이론은 끊임없이 일관되게 변화하는 내용을 설명하기가 어렵다는 사실로부터 생겨난다. 이러한 어려움으로 인하여 해석자들은 어떤 구절들을 본래의 것이 아닌 본문으로 다루려는 유혹을 받는다. 상이한 본문들에 대한 다른 증거가 없음에도 불구하고 말이다."

전도서가 통일성을 가지고 있지 못하다고 보는 이론들이 오래도록 유지되고 있음에도 불구하고, 전도서 안에는 이 책이 문학적인 통일성을 가진 것으로 만들어졌음을 암시하는 몇몇 특징들이 있다. 쉬드(Shead 1997: 72-76)는 어휘 분석을 통하여 결론 부분의 낱말들이 전도서의 나머지 부분과 크게 평행을 이룬다는 점을 구체적으로 보여주었다. 결론 부분의 마무리 진술(12:9-10)은 코헬렛을 정성들여 저술 작업을 진행한 현자로 묘사한다. 크렌쇼(Crenshaw 1987: 36)는 전도서의 내용을 이 진술에 비추어 고찰하면서 다음과 같은 주장을 내세운다: "전도서 안에 있는 어떤 특징들은 이 책이 일정한 계획 속에 만들어졌음을 보여줌으로써, 신뢰할 수 있는 진리의 질서정연한 배열에 관한 결론 부분 저자의 판단을 강화시켜준다. 이 특징들에는 형식과 내용, 문체상의 기교들과 어휘 등이 포함되어 있다." 더 나아가서 전도서의 틀을 이루는 1:2와 12:8의 핵심 진술은 아무렇게나 배열된 것이 아님이 분명하다. 왜냐하면 전도서 전체는 그 진술의 정확성을 입증하는 데 이바지하고 있기 때문이다. 뿐만 아니라 12:13-14에 있는 전도서의 결론은 이 책 전체에 대한 해석의 기본 방향을 결정짓는 역할을 수행한다. 많은 학자들은 이 결론이 전도서의 나머지 내용을 한층 마음에 드는 것으로 만들기 위해 노력하던 경건한 편집자의 산물일 것으로 추정한다(Anderson 1986: 582). 그러나 전도서의 정점에 있는 이 마지막 설명은 해 아래에서 이루어지는 일들의 의미를 다 탐구한 후에 저자가 덧붙인 최종 결론일 가능성이 더 높다. 그는 이렇게 말한다: "일의 결국을 다 들었으니 하나님을 경외하고 그의 명령들을 지킬지어다. 이것이 모든 사람의 본분이니라. 하나님은 모든 행위와 모든 은밀한 일을 선악 간에 심판하시리라." 이로써 코헬렛은 해 위를 넘어 하나님 — 해 아래에서 이루어진 자신의 오랜 탐구를 피해 다니던 의미를 발견할 수 있도록 도와주신 — 을 바라보기에 이른다. 라이트(Wright 1972: 138)가 주장하는 바와 같이, 저자가 자신의 본문에 대한 해석적인 도구에 해당하는 결론적인 진술을 덧붙일 자격을 가지고 있다고 보는 것이 이치에 맞을 것이다.

전도서는 3인칭으로 서술되어 있는 기본 틀(1:1-11; 12:8-14)을 가지고 있는 바, 이 기본 틀은 자서전적인 성격을 갖는 1인칭 시점의 중심부(1:12-12:7)를 둘러싸고 있다. 롱맨(Longman 1998: 21)은 전도서가 고대 근동의 왕실 자서전과 문학적으로 평행 관계를 이루고 있다는 점에 착안하여, 이 기본 틀 전체가 중심부의 화자(話者)와 다른 해설자의 저작일 것이라고 본다. 롱맨의 구체적인 장르 분석에 공감하지 않는 많은 학자들은 전도서의 기본 틀과 중심부가 다른 저자에 의해 만들어졌다는 그의 일반적인 지적에는 동의한다. 예로서 크렌쇼(Crenshaw 1987: 190)는 12:9-14를 두 개의 끝맺음말(똑같이 '웨요테르'로 시작하는 9-11절과 12-14절)로 나눈 다음에 이를 다음과 같이 설명한다: "첫 번째 끝맺음말은 코헬렛의 활동에 관하여 묵상하던 경건한 학생의 시각을 담고 있다. 그리고 두 번째 끝맺음말은 코헬렛의 가르침들을 부적절하고 뒤틀린 것으로 비판하던 자의 저작일 것으로 여겨진다." 그러나 시아오(Seow 1997c: 38 [참조. Sheppard 1977: 185])는 이 기본 틀이 전도서의 나머지 부분과 동일한 시각을 공유하고 있다고 주장한다. 비록 12:13b-14이 전도서의 본래의 끝맺음말인 12:13a에 덧붙여졌을 수도 있다고 그가 말하고 있기는 하지만 말이다.

전도서의 구조를 파악하기 어렵게 만드는 특징들 중의 하나는 그것이 일직선 형식으로 배열되어 있지 않다는 데 있다. 논리적인 순서를 따르거나 연대기적인 순서를 따르는 성서 안의 다른 많은 책들과는 대조적으로 전도서는 동일한 지점으로 돌아오는 일련의 순환 고리들로 이루어져 있다(Whybray 1989: 17). 더 정확하게 말해서 계속 되풀이되는 표현 양식은 마치 나선과도 같은 것이다. 왜냐하면 각 순환 고리에서 저자는 마침내 의미 있는 삶에 대한 탐구의 최종 결론에 도달할 때까지 자신의 관찰 범위를 서서히 확장시키고 있기 때문이다(Ryken 1974: 251). 전도서에서 네 차례에 걸쳐서 반복되는 일반적인 양식은 다음의 순서를 따른다: 주제 진술, 경험에 의한 관찰, 평가(Castellino 1968: 18-19). 이렇듯이 코헬렛은 우리에게 친숙한 실천적인 지혜의 관찰 기법을 사용함으로써, 단순한 보상 신학에 의지해가지고서는 설명할 수 없는 삶의 수수께끼들을 하나씩 탐색해 간다.

코헬렛은 처음(1:2-3)과 결론 부분 바로 앞(12:8)에서 자신이 전도서 안에서 살핀 잠정적인 주제에 대하여 해 아래 있는 모든 것이 '헤벨'("헛됨"이나 "무의미함" 또는 "수수께끼" 등으로 다양하게 번역됨)이라고 진술한다. 1:3의 총괄적인 질문을 통하여 그는 자신이 해 아래에서, 즉 죽음과 하나님을 동시에 생각할 수 없는 현세의 한정된 경험 세계 안에서 인간이 어떠한 유익을 얻을 수 있는지를 묻고자 함을 분명하게 밝힌다. 저자는 자신이 삶 속에서 관찰한 것에 관하여 묵상할 때마다 해 아래 있는 모든 것이 참으로 '헤벨'이라고 주장한다. 그러면서도 그는 몇몇 중요한 지점들(2:24-26; 5:18-20; 8:15)에서는 낙관적인 신앙 진술들 — 12:9-14의 최종 결론을 향하여 나아가는 — 을 포함하는 평가들을 제공한다. 전도서의 중심 내용이 인간 경험의 '헤벨'에 초점을 맞추고 있기는 해도, 저자의 마지막 결론은 야웨를 경외하고 그의 계명들을 지키는 데에서 참된 의미와 목적을 발견한다.

전도서의 특이한 구조와 배열 방식은 아무렇게나 이루어진 것이 아니다. 그것은 저자가 사용하는 전략의 본질적인 요소에 해당하는 것이다. 산문체보다는 시문체의 본문을 훨씬 더 많이 가지고 있는 전도서는 단순히 저자의 경험을 독자들에게 보고하는 책이 아니다. 도리어 전도서는 저자의 경험을 독자들의 삶 속에서 대리 재현하려고 노력함으로써, 독자들에게 어떻게 생각하고 또 무엇을 생각할 것인지를 가르치고자 애쓴다(Hill and Walton 2000: 369). 저자는 독자들을 자신의 포괄적인 질문에 대한 코헬렛의 순환적인 또는 나선형의 답변 구조 안으로 이끌어 들임으로써, 그들로 하여금 자신과 그러한 탐구를 동일시하게 하려고 노력한다. 라이켄(Ryken 1993: 271)은 이를 다음과 같이 설명한다: "대부분의 문학 작품의 성공 여부는 선을 매력적인 것으로 만들고 악을 있는 그대로 드러낼 수 있는 저자의 능력에 달려 있다. 그러한 전략에 변화를 준 전도서의 저자는 우리로 하여금 해 아래 있는 삶의 헛됨과 하나님 중심적인 삶의 매력 — 지상 생활의 분복에 만족케 하는 — 을 깨닫게 하려는 과제를 스스로 세운다." 이와 마찬가지로 버거(Berger 2001: 141)는 다음과 같이 말한다: "본문은 무의미하지 않고 도리어 지나칠 정도로 묘하게 창조적이면서도 파괴적이다. 그 움직임은 덧없는 것이요, 아주 조금밖에 중요하지 않으며, 묘한 답변들로 가득 차 있다. 전도서의 이러한 불가해성이야말로 독자를 당혹케 하며, 충분한 답변을 불가능하게 만드는 질문들을 그에게 던지고, 금방 거부되는 조언을 주기도 한다. 이러한 점에서 전도서 자체는 증기와도 같은 것이요, 코헬렛이 우주 안에서 발견한 '헤벨'이나 다름이 없다." 전도서의 끝부분에서 독자는 상상력을 발휘하여 코헬렛과 함께 그의 뒤엉킨 길을 걸으면서, 그가 얻은 해결책의 안전한 발판에 이르게 된다. 폭스(Fox 1999: 79)는 이를 다음과 같이 잘 지적하고 있

다: "자신의 탐구 활동에 대한 코헬렛의 보고는, 전통적인 권위자의 통상적인 주장을 피하고 있기는 해도, 그의 화려한 기풍을 강화시켜준다. 코헬렛은 자신의 생각들과 자신의 영혼을 있는 그대로 드러낸다. 왜냐하면 그는 감정이입을 통하여 독자들을 설득하려고 애쓰고 있기 때문이다. 그는 자기 영혼의 다양한 변화들과 기복들을 있는 그대로 드러낼 뿐만 아니라, 지식을 향한 자신의 힘겨운 여행에 독자들을 이끌어 들인다. 만일 독자들이 코헬렛에게 주어진 인식과 깨달음의 흐름을 반복할 수만 있다면, 그들은 저자가 내린 결론들을 훨씬 더 쉽게 자신의 결론들로 수용할 수 있을 것이다."

목적

유대교와 기독교의 많은 학자들은 어떻게 전도서와 같은 책이 성서의 정경 안에 들어오게 되었는지를 묻는다. 전도서 전체를 하나의 통일된 작품으로 읽어 보면, 몇 가지의 목적들을 파악할 수 있다. 전도서는 인간의 삶 전체가 어떻게 하나의 의미 있는 원형에 들어맞을 수 있는지를 알고 싶어하는 인간의 기본적인 갈증을 만족시켜준다(Kaiser 1979: 8-9). 이 책은 많은 독자들에게 공감을 불러일으킨다. 왜냐하면 그것은 일상적인 삶의 재미없는 반복에 대한 사람들의 잠재되어 있는 권태감을 겉으로 드러내고 있기 때문이요, 그럼으로써 결론 부분의 긍정적인 메시지를 위한 길을 분명하게 열어두고 있기 때문이다. 이 책의 마지막 절들은 모든 사람들에게 하나님 중심적인 세계관 — 삶 속에서 의미를 찾는 데 반드시 필요한 — 을 발전시킬 것을 촉구하고 있다. 이와 동시에 전도서는 독자들에게 피조성의 지평("해 아래서")을 넘어서지 못하는 삶이야말로 '헤벨' 임을 확신시키고 있다. 전도서는 젊은이들에게 삶의 핵심적인 문제들에 대해서 묵상할 것을 제안함과 아울러 야웨께 순종하는 삶을 선택할 것을 제안하려는 구체적인 목적을 가지고 있다 (Ogden 1987: 14-15). 글렌(Glenn 1985: 977)은 이를 다음과 같이 잘 요약하여 설명한다: "전도서의 지배적인 분위기는 염세주의이지만, 저자인 솔로몬은 일부 비평가들이 주장하듯이 염세주의자나 냉소주의자가 아니었으며, 회의주의자도 아니었다. 그는 자신의 노력과 능력 및 자신의 의로움을 신뢰하는 자들의 잘못된 태도를 분쇄하는 한편으로, 그들로 하여금 하나님을 '해 아래에' 있는 삶에 의미와 가치와 중요성을 부여하는 유일한 기초로 믿게 하려는 신자였다." 저자는 확실히 의심을 품고 문제를 제기하는 정신의 소유자이지만, 그의 입장은 완전한 철학적 회의주의가 아니다(Anderson 1999: 257). 도리어 코헬렛은 "삶 속에 있는 어떤 일들이 별스럽고 또 구체적인 설명을 불가능하게 만든다는 것을 인정하면서도, 삶 속에서 이루어지는 모든 일들에 대하여 냉소주의적인 태도를 취하지 않는" 현실주의자로 보는 것이 더 적절할 것이다(Miller 2000: 220).

잠언에서 보는 것과 같은 실천적인 지혜는 하나님께서 질서를 부여하신 세계 안에서 찾아볼 수 있는 특징적인 경향들을 설명하고 입증하려고 노력한다. 실천적인 지혜는 청중들에게 지혜를 선택하고 어리석음을 피함으로써 생명을 선택할 것을 촉구한다. 욥기와 마찬가지로 전도서의 사변적인 지혜는 전형적인 보상의 공식 — 지혜를 선택하면 생명을 얻지만 어리석음을 선택하면 사망에 이른다는 — 으로 설명할 수 없는 수수께끼 같은 삶의 현실들에 대해서 언급함으로써 실천적인 지혜를 보충하는 역할을 수행한다. 윌슨(Wilson 1998: 362-63)은 이를 다음과 같이 예리한 필체로 잘 설명하고 있다: "코헬렛은 하나님이 질서를 창조하셨다는 사실을 부정하지는 않지만, 이 질서에 대한 우리의 인식이 종종 혼란스럽고 또 혼란을 부추기는 듯하다는 점을 추가로 주장하고자 한다. 삶은 모호한 것이요, 수수께끼 같은 것이다. 어쨌든 간에 삶은 지극히 긍정적이거나 부정적인 현상보다도 훨씬 더 복잡한 것이다. 삶은 목적 지향적인 것이면서 동시에 사람들에게 당혹감을 안겨주는 것이기도 하다." 전도서의 목적은 부분적으로 성서의 포괄적인 세계관이 인간의 삶에 속한 모든 것, 심지어는 일반적인 범주에 들어가지 않는 것들까지도 설명하지 않으면 안 된다는 점을 구체적으로 보여주려는 데 있다. 이렇게 함으로써 전도서는 변증적인 목적을 성취하고자 한다. 그 까닭은 "전도서가 양자택일의 냉혹함을 지적함으로써, 너그러우신 하나님을 믿는 삶의 태도를 옹호하고 있기 때문이다"(Eaton 1983: 44 [참조. Wood 1999: 27-28]).

주제

전도서의 가장 중요한 주제는 인간의 삶이 '헤벨'이라는 데 있다. 이 용어는 전도서에서 38번이나 나오지만, 대개의 경우 전략적으로 중요한 자리에서 사용된다. 전도서의 기본 틀에 해당하는 1:2와 12:8에 사용되는 것을 포함해서 말이다. '헤벨'은 문자 그대로 "증기"나 "호흡"을 뜻한다. 그러나 전도서에서의 추상적인 용례에 의하면 그것은 "피상적인, 덧없는, 공허한, 불가해한, 수수께끼 같은, 일관성 없는, 모순된" 등을 가리킨다(Seow 1997c: 47). 그 어떠한 용어도 전도서의 이 핵심 낱말의 의미를 적절하게 반영하지 못한다. 그래서인지 해석자들은 이 낱말을 번역하기 위해 다양한 용어들을 사용해 왔다. 라이트(Wright 1972: 140)는 '헤벨'을 "비어 있음"이라는 중립적인 의미로 이해한다. 이와 관련하여 그는 인간의 삶이 그 자체로서 의미를 찾지 못하기 때문에 '헤벨'이라고 말한다. 반면에 크렌쇼(Crenshaw 1987: 24)는 '헤벨'이 부정적인 의미를 가지고 있다고 본다. 왜냐하면 그것은 삶의 불합리함에 관해서 말하기 때문이다: "코헬렛은 그 자신이 주어진 현실을 이해할 수 없었던 까닭에, 다른 사람들도 마찬가지로 그러할 것이라는 결론을 내린다. 오랜 세대에 걸쳐서 축적된 지식을 거부하는 그는 모든 피조 세계가 불합리하고 난감한 것들로 가득 차 있다고 선언한다. 지혜로운 사람이 어리석은 사람보다 아무리 뛰어나다 할지라도 마지막에는 그 두 사람이 똑같아지게 된다."

옥덴(Ogden 1987: 22 [참조. McCabe 1996: 92])은 전도서에 있는 '헤벨'의 다양한 용례를 면밀하게 검토한 후에, 그것이 인간의 삶을 수수께끼 같은 것으로 보고 있다는 데 초점을 맞춘다. 그의 견해에 따르면, '헤벨'은 삶의 신비가 그동안 답변되지 않았고 또 답변할 수도 없는 많은 의문들 — 신앙의 사람들이 마땅히 인식해야만 하는 — 을 불러일으킨다고 본다. 이와 마찬가지로 허바드(Hubbard 1991: 21-22)는 '헤벨'에 대하여 다음과 같이 말한다: "그것은 인간의 한계와 좌절감에 관하여 말하고 있는 바, 이는 하나님의 지식과 권능 및 우리의 상대적인 무지와 무능 사이에 있는 큰 간격에 의하여 생겨난다. 항구적인 유익과 계몽적인 지혜, 삶의 결과들을 변화시킬 수 있는 능력, 최고의 행복을 얻었다는 확신 등의 가장 중요한 쟁점들은 모두가 우리의 능력이 미치지 못하는 곳에 있다." 전도서가 삶 속에 담겨 있는 고통을 답변되지 않은 의문들로 설명하고 있다는 것을 부정하기는 어렵지만, 그렇다고 해서 전도서 전체가 허무주의를 신봉하는 것은 아니다. 확실히 인간의 삶은 불공평함과 불의로 가득 차 있다. 이러한 좌절감은 인간이 받은 저주로부터 비롯된 것이다(Clemens 1994: 6). 그러나 창세기 3장의 타락 이야기를 성서의 초(超) 이야기적인 틀 — 창조와 구속 및 종말 등을 포함하고 있는 — 속에서 읽어야 하는 것과 마찬가지로, 전도서의 몸통 부분이 제기하는 수수께끼들 역시 전도서의 결론 부분에 비추어서 해석하지 않으면 안 된다(Whybray 1989: 29).

욥기와 잠언 — 정도는 덜하지만 — 에서와 마찬가지로 전도서에서도 성서 지혜의 지배적인 두 줄기들이 강조되고 있다. 잠언에서 가장 두드러지게 나타나는 실천적인 지혜는 야웨께서 창조하신 세계의 일반적인 현상들에 대한 관찰로부터 생겨난다. 그것은 지혜로운 행동은 생명에 이르지만 어리석은 행동은 죽음에 이른다는 보상의 신학을 만들어낸다. 잠언에서도 부분적으로 의문의 대상이 되고 있는(Murphy 1993: 131) 이 원리는 욥기와 전도서의 사변적인 지혜에 의하여 철저한 분석과 반대 추궁의 대상이 된다. 코헬렛이 경험에 기초하여 삶의 온갖 영역들을 하나씩 순서대로 살펴감에 따라서, "그에게 있어서 인간의 삶은 전통적인 지혜가 생각하는 것보다 덜 정돈되고 더 복잡하고 덜 우호적이고 덜 믿음직하다는 것이 분명하게 드러난다. 삶의 가장 기초적인 차원에서 갈등이 끊이지 않는다는 얘기다"(Hubbard 1991: 29 [참조. Fox 2004: xxx]). 코헬렛은 인간의 삶을 관찰하면 할수록 보상의 신학에만 의존해서는 해결할 수 없는 불일치들이 점점 더 많아짐을 느낀다. 이러한 수수께끼들로 인하여 그는 역사가 진행되는 동안 내내 인간을 괴롭혀 온 문제들을 탐구하게 된 것이다. 그는 보상의 원리가 일반적인 차원에서는 옳은 것이지만, 그것이 인간의 삶 전체에 배타적으로 적용되는 원칙으로 여겨질 수 없다는 결론을 내린다(Hill and Walton 2000: 371; 참조. Wood 1999: 28).

'헤벨'이라는 중심 주제 — 인간의 삶이 오직 야웨에 의해서만 답변을 얻을 수 있는 수수께끼 같은 신비들로 이루어져 있다는 — 에 더하여, 다른 많은 부수적인 주제들이 전도서 전체에 걸쳐서 서로 엮여져 있다. 3:11에서 코헬렛은 하나님께서 인간의 삶이 어떻게 맞물려 돌아가는지에 대한 영원한 굶주림을 갖게끔 인간을 창조하셨지만, 인간은 자신의 유한성으로 인하여 삶을 하나로 묶어주는 근본적인 원리를 스스로의 힘으로는 발견하지 못한다고 말한다. 앤더슨(Anderson 1986: 586)은 이를 다음과 같이 잘 설명하고 있다: "필멸의 존재인 인간은 하나님의 목적을 인간의 명철로부터 차단하고 있는 휘장 너머의 세계를 꿰뚫어보지 못한다. 그 결과 그들은 경험 세계의 무의미함에 압도당하고 만다."

전도서의 몸통 부분에서 코헬렛은 자신의 의미 탐구 작업을 "해 아래"에 한정시킨다. 이러한 한계 설정을 통하여 코헬렛은 시간의 속박을 받는 피조 세계에 초점을 맞추며, 창조되지 않은 영원한 것들에 대한 고찰은 생략한다. 그는 반복해서 자신이 해 아래서 관찰하는 모든 것들이 '헤벨'이라고 말한다. 왜냐하면 인간의 행동들이 항상 예견되는 결과를 불러일으키지 못하기 때문이다(Fox 1999: 49). 참으로 오랜 탐구 작업의 결과 그는 12:8에서 인간의 삶이 '헤벨'로 가득 차 있다는 결론을 내린다. 이처럼 부정적인 증언을 통하여 코헬렛은 참된 의미가 시간의 제약을 받는 피조 세계 바깥으로부터 주어질 수밖에 없다는 암시를 준다. 그 결과 그는 마침내 성서 지혜의 기본 전제에 도달하게 된다: "하나님을 경외하고 그의 명령들을 지킬지어다"(12:13). 라이켄(Ryken 1974: 250)은 이를 다음과 같이 설명한다: "전도서가 성서의 가장 기본적인 주제를 옹호하고 있다고 말하는 것은 결코 과장된 것이 아니다. 하나님을 향한 믿음과 초자연적인 가치를 배제한 채로 순전히 지상의 인간적인 가치를 따라 영위되는 삶은 무위미하고 무익한 것이 될 수밖에 없다는 것이 그렇다."

코헬렛은 해 아래에서 이루어지는 삶에 대한 지나친 신뢰를 의미 탐구 작업의 충분한 근거로 보는 태도를 뒤엎고 있기는 해도, 삶 자체를 무가치한 것으로 깎아내리지는 않는다. 도리어 한시적인 지상의 실존은 영원하신 하나님 앞에서 의미 있게 살고 의미 있게 행동할 수 있는 유일한 기회로 여겨진다(Archer 1974: 488). 삶은 하나님께서 각 사람에게 주신 몫이다. 비록 이

몫이 영원히 지속되는 것은 아니지만(9:6), 사람들은 자신이 받은 선물들을 가지고서 기뻐하는 중에 즐거움을 발견할 수 있다(5:18-20). 그러나 정말 중요한 것은 모든 사람들이 자신에게 주어진 기회들을 죽음이라는 임박한 현실의 제약을 받는 것으로 인식하는 일이다. 조지(George 2000: 282)는 이를 다음과 같이 설명한다: "코헬렛의 견해는 죽음이라는 근본적인 현실에 기초하여 전개되고 있다. 죽음이 지혜로운 자나 어리석은 자 모두에게 똑같이 임하기 때문에, 삶이라는 것은 그러한 현실을 인식하고서 받아들임으로써 시작되어야 한다는 생각이 그렇다." 그 까닭에 코헬렛은 독자들에게 아직 젊을 때에, 곧 죽음이 즐거워할 줄 아는 능력 — 하나님께서 자기들에게 주신 — 을 빼앗아가기 전에 창조주 하나님을 기억할 것을 촉구한다(12:1-7). 라이트 (Wright 1972: 150)는 이를 다음과 같이 설명한다: "우리에게는 날마다 가치 있게 살아야 할 삶이 있다. 우리는 외견상 연결되어 있지 않은 듯한 사건들의 연속을 통하여 하나님을 섬길 수 있으며, 그에게 영광을 돌릴 수 있다. 그리고 이처럼 일상생활 속에서 하나님을 섬김으로써 우리는 즐거움을 발견할 수 있을 것이다. 왜냐하면 우리는 하나님께서 우리를 만드신 목적을 성취해야 할 존재들이기 때문이다."

전도서 전체에서 '헤벨'이라는 주제는 기쁨이 가능하고 또 선한 것이라는 주제와 균형을 이루고 있다(Huwiler 1999: 165). 그러나 이 기쁨은 세속적인 쾌락주의의 한 형태가 아니다. 그 까닭은 전도서의 모든 후렴구에서 기쁨의 원인은 하나님께서 주신 선물에 뿌리를 두고 있기 때문이다. 하나님께서는 기쁨의 가능성을 삶의 고통들에 맞설 수 있는 해결책으로 주셨다. 그는 모든 인간에게 그것을 하나의 몫으로 주신 것이다(Seow 1997c: 57). 폭스(Fox 1999: 129)는 즐거움과 몫이라는 주제를 다음과 같이 잘 연결시키고 있다: "즐거움은 하나의 몫으로 주어진 것이지만, 모든 인간은 그것을 자신의 것으로 받아들이지 않으면 안 된다. 코헬렛은 인간의 무기력함에 대한 좌절감이 극에 달한 바로 그 시점에서 자신에게 주어진 몫인 즐거움을 받아들일 것을 촉구한다. 이것은 정말로 감당키 어려운 조언이나 마찬가지이다. 우리는 많은 일을 할 수도 없고, 거의 아무것도 가지고 있지 않기 때문이다. 그러나 우리는 적어도 이것을 할 수는 있고 또 그렇게 하는 길을 선택할 수도 있다. 만일에 하나님께서 우리에게 즐거움의 수단을 허락하신다면, 우리는 그것을 즐기는 길을 선택할 수 있다. 코헬렛은 우리에게 현재를 즐길 것을 조언하고 있는 셈이다. 현재를 포착하여, 지금 수중에 가지고 있는 동안에 그것을 누리라는 것이다. 하나님께서 그것을 허용하신 까닭에, 그것은 그가 원하신 것임에 틀림이 없다. 그 선물을 받아들이기를 거부하는 것은 그의 뜻을 배척하는 것이나 다름이 없다."

1:3의 총괄적인 질문은 이렇다: "해 아래에서 수고하는 모든 수고가 사람에게 무엇이 유익한가['이트론']?" 코헬렛은 계속해서 인간의 온갖 행동들과 성취들을 '헤벨'로 만드는 요인들에 대해서 언급하고 있기는 해도, 마지막에 가서는 하나님을 경외하고 그의 계명들을 지키는 것이 영원한 유익을 가져다준다는 결론을 내린다. 이러한 희망이 해 아래에서 이루어지는 모든 삶을 감염시키는 '헤벨'과 맞먹을 정도로 강조되고 있지는 않지만, 그것은 이 주제를 훨씬 더 완전하게 다루는 신약성서의 시각을 내다보고 있다. 로마서 8:18-39에서 바울은 그리스도의 대속의 죽음이야말로 죄로 인하여 피조 세계에게 닥친 허무함을 치료할 수 있는 하나님의 선물이라고 말한다. 정경의 맥락에서 볼 때 전도서는 그리스도의 죽음과 부활 이후에야 비로소 분명하게 드러날 것들을 어슴푸레하게나마 기대하고 있는 셈이다. 롱맨(Longman 1998: 40)은 이러한 사실이 어떻게 하여 전도서를 기독교인들에게 특히 의미 있는 책으로 만드는지를 다음과 같이 설명한다: "그 결과 기독교인들은 코헬렛이 크게 좌절감을 느낀 바로 그곳에서 삶의 깊은 의미를 발견할 수 있다. 예수께서는 지혜와 노동과 사랑과 삶 등의 의미를 회복시켜주신 분이다. 결과적으로 예수께서는 죽음 앞에 직면하심으로써 코헬렛이 마주한 최대의 두려움을 정복하셨다. 그는 신자들에게 있어서 죽음이 모든 의미의 끝이 아니라 하나님 앞으로 나아갈 수 있는 것임을 분명하게 보여주셨다."

전도서의 주제들에 대한 어떠한 논의도 12:13-14의 마지막 훈계를 언급하지 않고서는 완료되었다고 볼 수 없을 것이다: "일의 결국을 다 들었으니 하나님을 경외하고 그의 명령들을 지킬지어다. 이것이 모든 사람의 본분이니라. 하나님은 모든 행위와 모든 은밀한 일을 선악 간에 심판하시리라." 삶 자체가 '헤벨' — 수수께끼 같고 불가해한 것 — 이기 때문에 모든 인간이 취해야 할 올바른 태도는 자신을 창조하신 하나님을 경외하는 것이다(3:14). 쉬드(Shead 1997: 68)는 '헤벨'과 하나님 경외라는 두 가지 주제를 한데 묶어서 이해해야 함을 다음과 같이 설득력 있게 제시하고 있다: "'헛됨'('헤벨')이라는 결론은 오랜 관찰과 생각 끝에 얻은 결론이라는 점에서 직설법적인(indicative) 것이다. 그러나 '하나님 경외'는 이스라엘 사람들에게 임한 계시의 결과 — 우리는 그렇게 생각하지 않으면 안 된다 — 라는 점에서 명령법적인(imperative) 것이다. 여기서 정말로 중요한 것은, 이 두 가지 결론을 하나로 묶는 작업이야말로 코헬렛의 메시지를 종합적으로 표현하고자 한 해설자의 기본 틀에 해당함을 올바로 인식하는 일이다."

코헬렛은 하나님과 영원을 제외한 해 아래 모든 것들의 의미를 찾는 폭넓은 탐구 작업을 마친 후 마침내 성서 지혜의 기본 원리, 곧 하나님 경외가 지혜의 시작임을 다시금 주장하기에 이른다(참조. 잠 1:7; 9:10; 욥 28:28)(Spangenberg 1996: 59는 이에 반대함). 더 나아가서 하나님의 계명들에 대한 순종을 강조하고 하나님의 심판으로 위협하는 마지막 결론은 율법과 예언을 재확증하는 것에 다름 아니다(Whybray 1998: 264-65). 전도서의 결론 부분은 이렇듯이 "회의적인 사유로부터 벗어나 구약성서의 다른 부분, 곧 지혜와 율법과 예언 등과 일치하는 신학을 향해 나아간다"(Longman 1998: 39 [참조. Childs 1979: 586). 이로써 해 아래에서 이루어지는 삶에만 초점을 맞추고 하나님을 논의에서 제외한 전도서의 불완전한 주장은 하나님을 모든 인간의 예배를 받아 마땅하신 초월적인 창조주와 주권자로 인정하는 것으로 끝을 맺는다. 시아오(Seow 1996b: 191)는 다음과 같이 훌륭한 결론을 내리고 있다: "코헬렛은 염세주의자도 아니요 낙관주의자도 아니다. 그는 낙관주의적이면서도 염세주의적인 공동체를 향해 말하는 현실주의자이다. 그는 인간의 삶이 선과 악으로 이루어져 있다는 것을 알고 있는 현실주의자인 것이다. 그의 윤리는 모든 인간이 주권자이신 하나님 — 어떠한 일이 언제 벌어질지를 혼자서 결정하시는 — 앞에서 사는 자들이라는 사실을 인정할 것을 요청한다. 코헬렛의 눈으로 보면 참으로 모든 것이 다 하나님의 손 안에 있다(2:24-26; 3:18-22; 9:1-6)."

서론(전도서 1:1-11)

표제(1:1)

전도서의 도입부는 의도된 저자를 3인칭으로 칭하고 있다는 점에서 잠언의 도입부와 비슷하다. 이론적으로 본다면 저자가 자신을 3인칭으로 칭하는 것일 수도 있겠지만, 이 표제는 결론 부분을 남긴 자에 의해 덧붙여졌을 편집적인 추가문으로 보는 것이 더 자연스럽다(Murphy 1992: 2). 전도서는 "전도자의 말씀"으로 묘사된다. 구약성서의 잠언 1:1; 10:1; 25:1; 아가 1:1과 이집트의 가르침 문헌 등에서도 발견되는 이 표현은 흔히 어떤 직책을 가진 자에 의해 수집된 작품집을 칭할 때 사용된다(Seow 1997c: 95).

전도서 본문의 수집자를 칭하는 히브리어 낱말 '코헬렛'에 대해서는 몇 가지 상이한 해석들이 있다. 옥덴(Ogden 1987: 27)은 이와 동일한 어근을 가진 명사형이 느헤미야 5:7에서 사용되고 있다는 점에 착안하여, '코헬렛'을 "논쟁자"로 번역하는 것이 가장 적절하다고 본다. 열왕기상 8:1에서는 동사형 '야크헬'이 이스라엘 백성을 성전 봉헌식에 모으는 솔로몬의 행동을 가리키는 데 사용된다. 어떤 이들은 이러한 용례에 근거하여 '코헬렛'이 집회 소집자의 직책을 가진 자를 가리키며, 그의 집회 소집 활동이 구체적으로 어떠한 성격을 가진것인지는 문맥에 의해서 결정된다는 결론을 내린다. 시아오(Seow 1997c: 97)는 시리아어의 qhl 동사가 "사람들을 모으다"와 "물건들을 수집하다"는 뜻을 다 가질 수도 있다는 점을 주목한다. 이 경우에 '코헬렛'은 전도서 12:9의 설명에 근거하여 격언 수집자를 가리키는 자로 볼 수도 있고, 더 정확하게는 일반 대중을 상대로 하여 가르치는 교사로 볼 수도 있다(Fox 1999: 161).

잠언 1:1이나 아가 1:1과는 대조적으로 전도서의 표제에는 단지 솔로몬에 대한 간접적인 암시가 있을 뿐이다. "다윗의 아들 예루살렘 왕"이라는 서술적인 표현은 의심할 여지 없이 솔로몬을 가리키려는 의도를 가지고 있는 것이나 다름이 없다(Seow 1997c: 98). 그러나 이러한 표현의 본질 자체에 대해서는 더 논란이 많다. 열왕기상 3-11장의 역사적인 본문들은 솔로몬이 이스라엘 지혜의 원형으로 간주되었음을 암시하고 있다(Brown 2000: 19-20). 솔로몬의 지혜서 등과 같은 후대의 수집물들이 그가 죽은 지 상당히 오래된 후에 기록되었음에도 불구하고 솔로몬에게 돌려지고 있다는 점도 부정하기 어렵다. 그 결과 많은 학자들은 1:12-2:26에서 익명의 저자가 솔로몬이라는 인물을 자기 책의 궁극적인 저자로 활용함으로써, 삶 속에서 의미를 찾는 작업을 솔로몬이라는 왕의 작업으로 간주한 것이라고 본다. 이러한 견해에 따른다면, "코헬렛"이라는 필명을 사용하는 저자는 "다윗의 왕위를 계승한 모든 왕들을 능가하는 천재적인 왕조차도 자기 성취를 위한 탐색의 길에서 빈 손으로 돌아올 수밖에 없다는 것"을 분명하게 보여주기 위하여 솔로몬이라는 인물을 사용한 것이 된다(Kidner 1976: 21-22). 도입부에서 언급한 바와 같이, 전도서의 저자에 관한 문제는 오랫동안 논란의 대상이 되어 온 것이다. 적어도 솔로몬은 전도서의 배후에 있는 문학적인 가상 인물이지만, 그를 실제 저자로 보아도 큰 무리는 없을 듯하다.

핵심 주장(1:2-3)

라이트(Wright 1972: 137-38)가 지적한 바와 같이, 코헬렛의 첫 마디는 음악으로 친다면 서곡의 첫 트럼펫 취주와 비슷한 것이다. 그리고 1:2에 있는 표현은 12:8과 더불어 전도서 전체를 둘러싸는 역할을 수행하고 있다. 왜냐하면 비슷한 내용을 가진 이 두 구절은 전도서가 주장하는 바의 마지막 결론에 해당하는 것이기 때문이다. 화이브레이(Whybray 1989: 35)는 이를 다음과 같이 설명한다: "코헬렛의 가르침을 소개하는 이 구절은 전도서의 마지막 부분(편집적인 후기의 바로 앞)인 12:8에서 짧아진 형태로 다시 나온다. 1:2와 12:8의 두 구절은 코헬렛이 전하는 가르침의 기본 틀을 구성하고 있으며, 독자들로 하여금 인간의 삶에 대한 코헬렛의 부정적인 태도를 의심하지 않게 하려는 의도를 가지고 있다."

히브리어 '헤벨'(NIV에서는 "무의미한"[meaningless]으로 번역됨)이 전도서에서 자주 언급되는 데다가 책 안에서 중심적인 위치를 차지하고 있다는 사실로 인하여 전도서의 중심 주제로 여겨지고 있음을 부정할 수는 없으나, 이 용어의 구체적인 의미에 대해서는 상당히 논란이 많다. '헤벨'의 문자적인 의미는 "숨"(breath)이지만, 전도서에서 이 용어가 비유적인 의미로 쓰이고 있다는 것은 분명한 일이다. 많은 학자들은 전도서 안에서의 38회 용례들 전부를 포괄할 수 있는 한 가지 의미를 찾고자 노력하였다. 예로서 어떤 이들은 시편 39:6-7, 12; 94:11; 144:4; 잠언 31:30에 있는 용례들과 비슷하게 '헤벨'이 실체가 없는 무상한 실존을 가리킨다고 본다(Farmer 1994: 225-26). '헤벨'에 대한 이러한 해석은 염세주의적인 인생관을 고집하지 않는다. 도리어 이 용어는 "인간 존재의 덧없고 무상한 본질을 가리킨다. 이로 인하여 사람들은 현재의 순간을 포착하여 그 순간에 하나님 앞에서 잘 살기를 원한다"(Provan 2001: 57). 그러나 롱맨(Longman 1998: 64)은 올바르게도 전도서에 있는 '헤벨'의 이러한 의미에 이의를 제기하면서, '헤벨'이 덧없음을 뜻하는 개념으로 해석될 수 있는 성서 본문들이 아주 조금밖에 안 된다는 점을 지적한다.

다른 해석자들은 '헤벨'이 불합리함이나 무의미함을 뜻하는 부정적인 낱말이라고 본다. 코헬렛의 판단과 기본 틀을 남긴 자의 판단을 분리시키는 롱맨(Longman 1998: 65)은 다음과 같은 결론을 내린다: "모든 것이 무의미하다. 코헬렛은 그 어떤 것도 예외로 두지 않는다. 그는 어느 누구에게서도, 그리고 그 어떤 것에서도 의미를 발견하지 못한다. 반면에 기본 틀을 남긴 자는 후렴구를 도입부에 둠으로써 앞으로 다가올 것에 대한 준비를 하게 한다. 코헬렛은 자신의 독백에서, 특히 해 아래 있는 세상일들과 사람들 속에서 의미를 찾고자 하는 첫 번째 부분에서 자신의 논지를 입증하려고 애쓸 것이다." '헤벨'의 이러한 의미가 전도서에 있는 이 낱말의 많은 용례들에 적합해 보이기는 하지만, 논리적으로 볼 때 그것은 "모든 것이 헛되다"는 진술을 완전한 허무주의의 주장, 곧 온 세상을 무의미한 것으로 보는 주장으로 받아들여야 함을 뜻할 것이다. 카이저(Kaiser 1979: 48)가 지적한 바와 같이, 이러한 추론은 "전도서의 네 부분들에서 계속 되풀이되는 결론, 곧 세속 세계 역시 하나님의 손으로부터 비롯되는 것임을 깨닫는다면 그것은 '선한' 것이 된다는 결론을 거스르는 것이다."

최근에 출판한 한 책에서 밀러(Miller)는 전도서의 '헤벨'이 일련의 지시 대상들을 하나로 묶어주는 다의적인 단일 상징이라고 여기는 것이 가장 적절하다고 본다. 이 상징은 세 가지의 은유적인 의미들을 가지고 있다. 실체가 없음, 덧없음, 부정함 등이 그렇다. 이 세 가지의 구체적인 의미는 각각의 문맥에 의해서 결정된다. 그는 '헤벨'의 용례를 이러한 식으로 해석함으로써 다음의 사실을 분명하게 보여주려고 노력한다: "코헬렛은 '헤벨'이 가리키는 이러한 은유적인 지시 대상들을 조심스럽게 하나의 단일한 상징 — 그들 모두를 하나로 묶는 — 으로 묶는다. 인간의 모든 경험이 어떤 식으로든 '헤벨'일 수밖에 없다는 메시지를 전달하기 위해서 말이다"(Miller 2002: 15). 시아오(Seow 2000b: 105)가 올바르게도 밀러의 분석을 어떤 측면들을 비판하고 있기는 하지만, '헤벨'에 대한 이러한 견해는 여러 가지 점에서 옥덴(Ogden 1987: 28)이 설명한 "수수께끼 같은"이라는 추상적인 의미와 비교할 만한 것이다: "이해할 수 없는 상황들을 '헤벨'로 묘사하는 코헬렛은 다양한 차원들을 포함하는 인간의 삶이 무의미하고 덧없는 것이라고 생각하지 않는다. 도리어 그는 인간의 삶이 수수께끼와도 같은 것이요(참조. 2:22-23), 완전히 우리의 이해 능력을 넘어서는 곳에 있다고 본다. 삶의 부조화스러움 속에는 어두운 측면도 있다. 그것이 항상 또는 압도적으로 그런 것은 아니지만 말이다." 인간의 삶이 수수께끼와도 같은 이유는 오로지 하나님께서만 모든 일들을 결정하시기 때문이다. 그 까닭에 인간은 자신의 실존을 안전하게 만들 수 있는 신뢰할 만한 원리들을 인식하지 못한다. 시아오(Seow 1996b: 190)는 이를 다음과 같이 설명한다:

> 인간의 삶은 무의미하고 보잘것없고 덧없고 절망적인 것이 아니다. 전도서가 뜻하는 "헛됨"은 그러한 것이 아니다. 도리어 코헬렛은 절대적으로 안전한 원칙이라는 것이 존재하지 않으며, 성공을 보증하는 원칙도 존재하지 않는다는 메시지를 전달하고 있다. 인간이 안심하고 굳게 붙들 수 있는 것은 없다는 메시지 말이다. 정의라는 것은 사람들이 기대하는 곳에서 발견되지 않을 수도 있다. 사람들은 자신에게 마땅한 것을 얻지 못할 수도 있다. 누가 선한 삶을 살 것이고 누가 그렇지 않을지는 아무도 알지 못한다. 그리고 설령 인간이 사는 세상은 제멋대로 움직이는 곳이요, 온갖 위험들로 가득한 곳이요, 그 어떠한 보증도 주어지지 않는 곳이다 … 어느 정도의 지혜를 통하여 그러한 위험들을 줄일 수는 있을 것이다. 그러나 그럼에도 불구하고 돌발적인 사고들이 발생한다. 모든 것이 초월적인 신의 권세 안에 있는 것으로 보인다. 오직 그만

이 세상에서 이루어지는 일들을 주관한다. "해 아래에서" 이루어지는 일들은 모두가 이렇다.

"지극히 무의미하다"('하벨 하발림')는 표현은 히브리어에서 "왕들 중의 왕"(단 2:37; 스 7:12)이라는 표현과 유사하게 우리에게 친숙한 최상급을 나타내는 데 사용된다. 이는 인간의 삶이 궁극적으로는 증기나 수수께끼와도 같은 것임을 포괄적으로 가리키고 있다. 1:2의 이러한 외침이 그 자체로서는 온 세상이 궁극적으로는 수수께끼와도 같은 것임을 뜻할 수도 있겠지만, 그것은 다음에 이어지는 1:3의 질문과 연결시켜 읽지 않으면 안 된다: "사람이 해 아래서 수고하는 모든 수고가 자기에게 무엇이 유익한고?"

폭스(Fox 1999: 41)는 이 점을 다음과 같이 잘 설명하고 있다: "'학콜'은 모든 사건을 포함하기보다는 삶 속에서 발생한 사건들 전체를 집합적으로 포함하고 있다. 만일에 한 무더기의 나쁜 일들이 하루 동안에 발생한다면, 우리는 그 날을 '고약한 날'이라 부른다. 설령 어떤 일들이 또는 대부분의 일들이 만족스럽다 할지라도 말이다. 이와 마찬가지로 사건들 전체를 하나로 묶어서 본다면 많은 일들이 불합리하지 않을 수도 있다. 어떤 가치 있는 일들은 오래도록 유효하고, 어떤 기본적인 원리들은 타당성을 유지하며, 또 어떤 일들은 즐겁기도 할 것이기 때문이다. 그러나 불합리성이 그 모든 일들을 오염시키고 만다."

3절은 해 아래에서 이루어지는 사람들의 모든 활동에 대해서 언급한다. 코헬렛은 인간의 모든 삶을 살펴볼 것을 제안한다. 인간의 수고가 어떤 유익을 주는지를 알아보기 위해서 말이다. 이 표현은, 그와 밀접하게 관련된 "하늘 아래에서"라는 표현과 함께, 세상 속에서 이루어지는 인간의 삶을 가리킨다. 코헬렛은 이 구절을 통하여 인간의 모든 경험 세계를 압축하여 표현하고 있다. 화이브레이(Whybray 1989: 37-38)는 이를 다음과 같이 설명한다: "그는 인간 삶의 다양한 측면들, 곧 좋은 일들과 나쁜 일들, 그리고 하나님께서 사람에게 주신 생명과 즐거움의 선물, 전반적인 인간의 일과 활동 등에 대해서 그것을 적용한다. 그는 또한 자신의 주변 세계에서 목격한 악과 불의와 압제 등에 대해서도 그것을 적용한다. 그것은 인간 조건의 보편성과 인간 경험의 보편성을 강조하는 역할을 수행한다."

코헬렛은 처음에는 자신이 정한 증거의 범위를 한정시킴으로써 자신의 논지를 발전시킨다. 인간의 삶이 "해 아래에서" 이루어진다고 봄으로써 그는 오로지 시간의 제약을 받는 피조물로서의 인간 존재만을 주시하며, 특히 인간의 경험 세계를 주목한다. 그는 당연히 하나님과 영원한 것을 고려 대상에서 제외한다. 그러한 조건 하에서 과연 인간의 행동은 순전한 만족을 주는 유익('이트론') 내지는 궁극적인 이득 — 일생 동안 지속되는 온갖 수고에 대하여 충분한 보상이 될 수 있는 — 을 얻을 수 있겠는가(Hubbard 1991: 45)? 여기서 그가 사용하는 '이트론'이라는 용어는 자신의 자원 투자를 정당화시켜 줄 순수한 투자 이익을 가리킨다(Seow 1996b: 174). 1:3에 있는 포괄적인 질문은 전도서에서 몇 차례 반복되는 것으로서, 코헬렛의 전체 논지를 하나로 묶어주는 역할을 수행한다. 옥덴(Ogden 1987: 29)이 지적한 바와 같이, "인간의 삶에 대한 코헬렛의 논의는 이 포괄적인 질문과 더불어 시작할 뿐만 아니라, 끊임없이 그 질문으로 되돌아가는 방식으로 전개된다. 이런 식으로 하여 그 질문은, 자신의 결론 및 그에 수반되는 조언과 더불어, 기본 틀에 해당하는 탐구 활동, 곧 무수한 개별적인 관찰들과 반성들을 하나로 묶는 탐구 활동을 독자들에게 제공한다."

코헬렛은 자신의 탐구 범위를 한정지음으로써 세속적인 청중들을 대화의 상대로 삼되, 자신의 논의 전개를 위하여 그들이 가지고 있는 기본 전제들을 떠맡는 방식을 취한다. 그 까닭에 정경의 형태로 완성되어 있는 전도서는 세속주의의 근거를 확인하고서 그것의 부적절함을 보여줌으로써, 세속주의를 비판하는 변증적인 작품의 성격을 가질 수밖에 없다(Kidner 1976: 23). 코헬렛이 1:2-12:8의 논의 전개에서 취하고 있는 세계관은 대부분의 경우 하나님과 영원함을 논의 대상에서 제외하고 있다. 그럼에도 불구하고 몇몇 지점에서 코헬렛은 자신이 목표로 하는 최종 결론을 향해 나아가는 중에 하나님과 죽음에 대한 언급을 포함시킨다. 결론 부분(12:9-14)에서 코헬렛은 자신의 포괄적인 질문을 재평가하되 하나님과 영원함을 동일한 차원에 둠으로써 전도서의 몸통 부분에 있는 세계관을 교정한다. 오로지 이러한 방식을 통해서만 그는 만족스러운 해답을 얻을 수 있다.

코헬렛은 해 아래에서 이루어지는 인간의 수고에 대해 언급하면서, '아말'이라는 용어를 사용한다. 이 낱말은 전도서 안에서 다양한 형태로 35회나 사용되고 있다. 시편 127:1에서와 마찬가지로 '아말'은 흔히 "의심스러운 결과를 초래하는 일에 쏟아 부어진 지루한 수고"를 가리킨다(Seow 1997c: 113). 이 용어가 창세기 3장의 타락 이야기에서는 사용되고 있지 않지만, 그것이 전도서에서 자주 사용되고 있다는 것은 죄가 인간의 실존 상황에 부정적인 영향을 미쳤음을 암시하고 있다. 전도서를 타락 이야기와 비교하는 크렌쇼(Crenshaw 1987: 60)는 이를 다음과 같이 설명한다: "타락한 인류는 항상 불리한 상황을 초래하는 삶의 조건들과 맞서 싸우면서 이마에 땀을 흘리는 삶을 살지 않으면 안 된다. 전도서의 저자는 수고로운 노동과 정신적인 고통을 뜻하는 '아말'이라는 낱말을 선택함으로써 동일한 논지를 전개한다."

맥커비(McCabe 1996: 95)는 전도서 1:3의 질문을 성서 신학의 좀 더 큰 맥락 속에서 이해하고자 한다: "그는 본래 하나님의 대리 통치자로서 땅을 복종시켜야 할 아담에게 주어진 통치 명령(창 1:28; 2:5, 15)을 빌려 자신의 질문을 표현한다. 그러나 아담이 하나님께 불순종하기로 결정함으로써 타락이 이루어진다. 이것은 하나님의 땅 저주를 포함하는 바, 그로 인하여 인간의 노동은 힘겨운 수고로 바뀌고 만다(창 3:17-19; 참조. 전 2:22-23). 이 저주는 죽음과 파멸을 가져다주며, 피조 세계로 하여금 그러한 속박 아래에서 신음하면서 하나님의 구속을 기다리게 만든다(롬 8:19-21). 이처럼 수고를 통하여 의미를 찾으려는 노력이야말로 코헬렛의 탐구를 특징짓는 것이다." 따라서 전도서는 수고로운 노동이 보상을 가져다준다는 실천적인 지혜의 가르침에 도전장을 내밀고 있는 것이나 다름이 없다. 코헬렛은 해 아래에서의 삶을 사변적인 지혜의 눈으로 살피면서, 인간의 삶이 예견이나 통제를 불가능하게 만드는 변수들을 너무 많이 가지고 있다고 주장한다.

증거(1:4-11)

해 아래에 있는 모든 것이 '헤벨'이라는 자신의 핵심 주장을 뒷받침할 증거를 확보하기 위해 코헬렛은 먼저 자연계를 주시한다. 인간은 항상 최선의 노력을 경주함에도 불구하고 진정한 발전을 이루지 못한다. '이트론' 내지는 유익이 없다는 얘기다. 인간은 "삶의 진로 속에서 중요한 변화를 이끌어내지 못한다. 그 까닭은 피조 세계 자체가 인간의 어떠한 변화도 허용하지 않는 불변의 틀로 고정되어 있기 때문이다"(Hubbard 1991: 49).

겉으로 보기에는 사람들이 적극적으로 삶 속에 관여하고 있는 것으로 나타난다. 한 세대가 가고 다른 세대가 그 자리를 이어받는 과정이 거듭되면서 말이다. 그러나 이러한 활동은 영원토록 변치 않는 땅의 불변하는 모습을 배경으로 하여 이루어지고 있을 뿐이다(1:4). 코헬렛은 자연계 안에서 이루어지는 끝없는 순환 운동에 대해서 묘사하는 바, 그 안에서는 더 많은 것들이 변화할수록 그것들은 더 많이 동일한 상태에 머물러 있게 된다. 새롭게 나타났다가 사라지는 세대들의 물결은 영원히('레올람'), 즉 인간의 정신이 미래를 향하여 투사할 수 있는 만큼이나 오랜 세월 동안 그대로 머물러 있는 땅과 대조를 이룬다(Crenshaw 1987: 63). 브라운(Brown 2000: 23)은 이를 다음과 같이 설명한다: "우주를 특징짓는 모든 항구적인 운동을 보면서 인간은 무엇인가가 성취되었다고 생각할 것이다. 그러나 그렇지 않다. 수천 년의 세월이 오고 가도 발전이 이루어진 것처럼 보이는 것은 단지 착각일 뿐이다. 활동은 넘치고 모든 것이 바퀴 속의 다람쥐처럼 끝없이 움직이지만, 결코 목적지에는 도달하지 못한다 … 피조 세계의 영속성은 무(無)에 지나지 않는다. 그것은 단지 영원히 동일하게 지루한 행로에 갇혀 있는 피조 세계의 정적인 본질을 반영하고 있을 뿐이다. 움직이고 있을 때조차도 우주는 출생에서 죽음에 이르기까지의 인간의 삶에 대하여 한결같이 무관심하다."

4절의 일반적인 진술은 자연계 안에 있는 세 가지의 사례들(1:5-7)에 의해 구체적으로 입증되고 있다. 그 셋은 모두가 끝없는 순환성을 반영하고 있다. 5절에서 해는 동쪽에서 떴다가 서쪽으로 지는 운동을 날마다 반복하는 것으로 여겨진다. 해를 부지런한 신랑이나 경주자에 비교하는 것(시 19:6-7)과는 대조적으로, 코헬렛은 해가 날마다 지루하게 헐떡이면서('사압') 매일 아침 동쪽으로 되돌아간다고 묘사한다(Seow 1997c: 107). '사압'이 "서두르다"는 긍정적인 뜻을 가지고 있을 수도 있지만, 여기서는 부정적인 의미가 문맥에 더 적합하다. 70인역과 탈굼(Targum)의 번역이 이를 뒷받침한다(Longman 1998: 69). 크렌쇼(Crenshaw 1987: 64)는 고전적인 신화에서 이와 비교될 만한 자료를 찾아낸 바가 있다: "뿐만 아니라 천체 중에서 가장 크게 보이는 해는 영원토록 고된 일에 종사하고 있는 것으로 묘사된다. 해가 하는 일은 영원토록 둥근 돌을 산꼭대기로 끌어올리지만 계속해서 출발 지점으로 미끄러질 수밖에 없는 시지푸스(Sisyphus)에게 부과된 형벌과 다르지 않다." 루드맨(Rudman 2001: 78)은 이를 다음과 같이 설명한다: "지루하게 반복되는, 그리고 무엇보다도 미리 결정된 해의 활동은 인간을 포함하는 피조 세계 전체의 운명을 가리키는 은유로 사용된다."

6절에서 코헬렛은 북쪽과 남쪽으로 계속 불어대는 바람의 움직임에 대해서 언급한다. 해와 마찬가지로 바람도 계속해서 움직이지만, 그 끝없는 움직임은 새로운 것을 전혀 만들어내지 못한다. 도리어 항상 동일한 일을 되풀이할 뿐이다. 바람이 순환하기 위해서는 굉장한 에너지가 필요하지만, 그러한 활동에도 불구하고 얻어지는 유익이 없다(Seow 1997c: 115).

7절의 세 번째 증거 제시는 물의 순환에 초점을 맞추고 있다. 강들이 끊임없이 바다로 흘러들어감에도 불구하고 바다는 결코 넘치지 않는다. 왜냐하면 물이 증발하여 위로 올라갔다가 다시 지상으로 내려와 강으로 흐르기 때문이다. 이러한 원리는 특히 사해 바다의 경우에 잘 적용된다(Ogden 1987: 31). 그러나 그것은 모든 물들에 대하여도 똑같이 적용된다. 코헬렛이 비록 그것을 많은 말로써 설명하고 있지는 않지만, 물의 순환 과정 속에서 드러나는 것은 눈에 보이지 않는 증발과 응결의 과정에 의하여 상쇄된다는 뜻이 그의 말 속에 함축되어 있다. 크뤼거(Krüger 2004: 50)가 지적한 바와 같이, 이러한 설명은 "강이 바다로 흘러들어가는 것이 목표 지향적인 운동이지 '효율성'을 목표로 하는 운동은 아님을 분명하게 밝히고 있는 셈이다."

1:5-7에 있는 세 가지의 증거 제시는 사실상 4절에 있는 코헬렛의 논지를 확대시키는 것이나 다름이 없다. 땅조차도 언뜻 보기에는 인간의 덧없음에 대한 견고한 대조를 이루는 것으로 보이지만, 자세하게 살펴보면 동일하게 끝없는 반복으로 가득 차 있어서 아무런 발전도 이루지 못함을 구체적으로 보여줌으로써 말이다. 8절이 확증하는 바와 같이, 물질 세계와 인간의 경험 세계에서는 "모든 만물이 피곤하다는 것을 사람이 말로 다 말할 수는 없나니 눈은 보아도 족함이 없고 귀는 들어도 가득 차지 아니하도다." 여기서 '야게

아'라는 용어는 심신을 피곤케 하는 일로 인하여 수고로 가득 차게 된 것을 가리킨다. 달리 말해서 해 아래에는 많은 수고가 있지만 그것을 보상해 줄 만한 이득이 거의 없다는 것이다. 사실 코헬렛은 빙산의 일각만을 손댔을 뿐이라고 말한다. 왜냐하면 자신의 논지를 뒷받침할 만한 추가 사례는 참으로 무한히 많기 때문이다. 삶에 대한 더 이상의 관찰은, 실천적인 지혜의 기초를 이루는 것이지만, 여기서는 단지 그가 도달한 결론을 더욱 설득력 있는 것으로 만들어줄 뿐이다.

긴스버그(Ginsburg 1970: 264)는 본절의 의미를 다음과 같이 잘 설명해주고 있다: "거룩한 저자는 자연계에 속한 것들의 일부가 견고함과 규칙성을 가지고 있다고 보면서도, 본절에서는 그것이 결코 그렇지 않으며, 동일한 속성을 가진 것들이 다 언급할 수도 없을 정도로 많아서, 그 모든 것들을 살피고 싶어하는 호기심 많은 눈과 모든 것을 다 듣고 싶어하는 호기심 많은 귀조차도 만족함을 느끼지 못한다는 점을 분명하게 밝히고 있다. 왜냐하면 그 모든 것을 다 설명하려면 인간의 가지고 있는 말들(words)보다 더 많은 말들이 필요하기 때문이다. 잠깐 동안만 그 기능을 유지하는 인간의 눈과 귀는 모든 것을 담고자 하지만, 그 모든 것을 다 알기 전에 곧 사라질 것이요, 따라서 결코 만족함을 얻을 수 없다." 인간의 삶이 처해 있는 현실에 대한 이러한 이해는 사람들에게 성취감을 안겨 주지 못한다. 인간은 자신의 삶을 아무리 많이 관찰한다고 해도, 결코 항구적인 만족감을 얻을 수 없다. 도리어 그들은 심신을 피곤케 하는 노력에 대한 보상으로 단지 불만족의 고통을 얻을 수 있을 뿐이다. 폭스(Fox 1999: 67)는 이를 다음과 같이 설명한다: "재물에 대한 탐욕이 결코 재산을 축적함으로써 만족감을 얻지 못하는 것과 마찬가지로, 명철에 대한 코헬렛의 욕심도 결코 듣고 보는 일을 반복함으로써 만족감을 얻지 못한다. 어떤 다른 사람은 이처럼 만족감을 얻지 못하는 욕심을 생생한 지적인 호기심으로 경험할 수도 있을 것이다. 그러나 코헬렛은 그것이 부적절한 것이요, 좌절감의 원인이라고 생각한다."

1:5-8에서 물질 세계를 살핀 후에 코헬렛은 9-11절에서 인간 역사 쪽으로 관심을 돌린다. 그는 다시금 해 아래에 있는 어떤 것도 참으로 새롭지 않다는 현실에 의하여 충격을 받는다: "이미 있던 것이 후에 다시 있겠고 이미 한

일을 후에 다시 할지라. 해 아래에는 새 것이 없나니"(11:9). 여기서 우리가 기억해야 할 중요한 것은 코헬렛이 자신의 논지 전개를 위하여 한시적인 인간 실존에 국한된 세계관을 받아들이고 있다는 점이다. 하나님이나 영원함에 대한 고찰을 배제한 채로 말이다. 성서의 지혜가 가지고 있는 세계관과 현저하게 다른 이 세계관의 눈으로 볼 때 인간의 삶은 나아지는 것 없이 항상 같은 일들이 반복되는 것으로 보인다. 그러기에 해 아래에서는 새로운 것도 없고 항구적인 유익을 주는 것도 없는 것이다. 9절을 이러한 맥락에서 살핀 시아오(Seow 2000a: 14)는 이를 다음과 같이 설명한다: "도입부의 시는 다양한 활동들 — 인간 공동체(1:3-4)와 자연(1:5-7) 안에 분명하게 드러나 있는 — 로 가득 차 있는 우주에 대해서 묘사한다. 이 시는 명사들을 교묘하게 반복함으로써, 그리고 열다섯 개 이상의 능동 분사들을 사용하여 우주의 분주함을 히브리어로 생생하게 전달하고 있다. 그러나 그러한 분주함은 똑같은 것이 지루하게 반복되는 결과를 낳을 뿐이다. 인간과 자연계의 보편적인 분주함은 결국 착각에 지나지 않는 것이었음이 밝혀지는 바, 코헬렛은 이를 분명한 어조로 주장하고 있다. 부정사를 반복해서 사용함으로써 말이다. 1:8-11에서 '아니'(not)와 '어느 것도'(none)라는 표현이 여섯 차례나 사용되고 있음이 이를 잘 보여준다. 참으로 모든 활동들에 대하여 코헬렛은 사실 '해 아래서 새로운 것은 하나도 없다'(1:9)고 말한다." 따라서 인간은 "과거를 지겹도록 반복하는 일로부터 벗어날" 수 없으며, "결코 성취를 맛볼 수 없는 삶을 살도록 운명지워져 있다"(Crenshaw 1987: 67).

10절에서 코헬렛은 해 아래에 있는 그 어떤 것도 완전히 새롭지 않다는 놀라운 결론에 도달한다. 무엇인가가 새롭다고 주장하는 것은 자신의 무지를 드러내는 것이나 다름이 없다. 왜냐하면 그 원형이 이미 오랜 세대 전부터 존재해 왔기 때문이다. 학자들은 무수한 기술 개발과 혁신에 비추어 코헬렛의 주장을 몇 가지 방식으로 설명하려고 노력한다. 아우구스티누스는 『하나님의 도성』(The City of God XII. 13)에서 이 세상에는 구체적으로 서로 다른 것들이 존재하지만 그 구체적인 것들은 역사 전체에 걸쳐서 존재해 왔던 동일한 유형의 사람들과 행동들을 대표한다고 추론한다. 머피(Murphy 1992: 9)는 10절이 "유익을 주는 새로운 것은 하나도 없으며 헛되지 않은 것도 없다"는 표현에 의하여 제약을 받을 수밖에 없다고 주장한다. 어느 한 세대의 기술적인 업적조차도 과거 세대의 전문가들을 기억하지 못함과 마찬가지의 결과를 맞게 될 것이다. 예로서 이집트의 피라밋 건축물이나 예루살렘 성전 또는 영국 선사시대의 거석(巨石) 기둥들 같이 뛰어난 고대의 공학 기술은 여전히 현대의 전문가들을 당혹감에 빠뜨린다.

이러한 생각은 11절까지 계속된다. 본절에서 코헬렛은 새로워 보이는 것이 옛날부터 기억되지 않았다고 말한다. 롱맨(Longman 1998: 75)이 지적하는 바와 같이, "옛 것들은 우리가 그것들을 잊고 있었거나 그것들에 관해 무지하기에 우리에게 새로워 보이는 것이다." 각 세대는 어느 정도 새로운 것을 만들어낸다. 그러면서도 특히 우리의 정신을 번쩍 뜨이게 하는 것은 어느 한 세대가 과거 역사를 잊어버리는 것과 마찬가지로 그 세대 역시 미래 세대들에 의해 잊혀질 것이다. 타메즈(Tamez 2001: 252)는 이 점을 다음과 같이 날카롭게 지적하고 있다: "근본적인 문제점은 역사적인 기억의 상실에 있다. 무수한 세대들이 자신의 역사를 기억하지 않은 채로 오고 간다. 이처럼 집단적인 기억상실증은 한 민족의 죽음을 의미한다. 각 세대는 역사적인 해방을 가져다주는 유산들을 갖지 못한 채로 자신의 시대를 맞이한 결과, 과거의 세대들이 범했던 것과 똑같은 잘못을 저지를 것이 예상된다." 코헬렛은 직접적으로 죽음에 대해 언급하지 않으면서도, 전도서의 중심점이 될 주제에 대해서 암시를 준다. 사람들은 지상에 자신의 항구적인 자리를 갖지 못한다. 기억 속에서조차 말이다. 왜냐하면 죽은 자들에 대한 기억은 곧 잊혀지기 때문이다(참조. 9:5).

서론 부분에서 코헬렛은 독자들로 하여금 해 아래에 국한된 세계관이 불충분하다는 것을 깨닫게 만든다. 하나님이나 영원함에 의존하지 않은 채로 오로지 현재의 순간에 비추어서만 판단한다면, 개개인의 삶과 세계는 '헤벨'이라 할 만하다. 류폴드(Leupold 1952: 50)는 이러한 판단의 배후에 있는 전략을 다음과 같이 잘 지적하고 있다: "물론 이 모든 것은 간접적으로 다음과 같이 말하는 것이나 다름이 없다: 보다 높은 가치들을 배제하거나 제거하지 말라. 그렇게 되면 네가 수고하는 일상 업무를 포함한 모든 것이 다르게 보일 것이다." 예로서 성서의 세계관은, 코헬렛이 해 아래의 삶을 관찰한 결과 모든 것이 지루하게 반복되고 쉽게 잊혀진다고 생각하는 것과는 달리, 새로움과 기억 모두를 위한 자리를 가지고 있다. 허바드(Hubbard 1991: 52-53)가 상세하게 설명하는 바와 같이, 이스라엘의 예언자들은 자주 하나님께서 행하실 새로운 일들을 기대하며, 심지어는 청중들에게 야웨께서 과거에 행하신 일들을 기억하도록 장려하기까지 한다.

삶에 대한 첫 번째 관찰(전도서 1:12-2:26)

전도서의 중심 부분에서 코헬렛은 해 아래에 국한된 세계관에 비추어볼 때 인간이 하는 일에 유익이 될 만한 것이 있는지를 알기 위해 인간의 삶을 네 차례에 걸쳐서 관찰한다. 매번 관찰할 때마다 코헬렛은 자신이 깨달은 것을 정리하면서, 전도서의 결론 부분에 있는 최종 결론을 향하여 나아간다. 이 첫 번째의 관찰에는 전도서의 주요 주제들 전부가 소개되어 있다.

많은 해석자들은 1:12-2:26을 소설적인 왕실 자서전의 장르에 속한 것으로 간주한다. 예로서 시아오(Seow 1997c: 144)는 이 단락과 고대 근동의 왕실 문서들 사이에 몇 가지 중요한 평행 자료들이 있다는 점을 지적한다: "이 단락은 고대 근동의 왕실 비문들과 유사한 몇 가지 특징들을 가지고 있다: (1) 이 본문은 왕실 비문에서 발견되는 것과 비슷한 자기 소개 양식과 더불어 시작한다; (2) 이 본문은 '요약 문체'를 사용함으로써 왕의 무수한 업적들과 성취들을 항목별로 서술한다; (3) 이 본문에 언급되어 있는 일부 항목들은 왕이 자랑하는 것들의 항목들과 비슷한 모습을 보이고 있다; (4) 이 본문은 저자를 반복하여 자신의 선임자들과 비교하는 바, 이는 왕실 비문들에서도 두드러지게 나타나는 특징들 중 하나이다." 그러나 코헬렛은 왕실의 자서전적인 문서들과는 현저하게 대조를 이루는 목적을 가지고 있다. 왜냐하면 그는 널리 선전하고 알리려는 목적에서 본문을 기록한 것이 아니라, 도리어 솔로몬의 모든 인상적인 업적들이 실제로는 '헤벨'에 지나지 않는다는 아이러니를 구체적으로 보여주고 있기 때문이다.

앞서 논의한 바와 같이, 이 단락의 솔로몬 언급이 어떠한 성격의 것인지에 대해서는 논란이 많다. 이것이 사실상의 솔로몬 자서전이건 아니면 소설적인 자서전 문서이건 관계없이 저자는 솔로몬을 궁극적인 선례가 되는 인물로 사용하고 있다. 이는 몇 가지 이유에서 적절한 것이다. 구약성서의 역사적인 문서들은 솔로몬을 누구도 능가하지 못한 부와 권력과 지성을 가진 인물로 묘사한다. 그리하여 "만일에 인간이 소유할 수 있는 모든 것을 가진 솔로몬조차도 행복과 만족을 얻으려는 자신의 모든 노력이 크게 불만족스러운 것임을 발견했다면, 그보다 못한 사람들은 그러한 노력에서 얼마나 더 큰 좌절감을 느끼겠는가"(Whybray 1989: 48 [참조. Seow 1995: 275]). 뿐만 아니라 모든 왕들은 일반적으로 지혜의 근원으로 간주된다. 특히 솔로몬이 그렇다. 이스라엘의 지혜 전승은 솔로몬을 지혜의 후원자로 간주한다. 왜냐하면 "솔로몬의 지혜가 동쪽 모든 사람의 지혜와 애굽의 모든 지혜보다 뛰어났기"(왕상 4:30) 때문이다. 이처럼 견줄 데 없는 군주라면 해 아래에서 참으로 유익을 얻을 수 있는지를 결정짓기 위해 삶의 모든 것들을 충분히 시험할 수 있을 것이다.

해 아래 있는 것들에 대한 평가(1:12-15)

1:12에 있는 코헬렛의 자기 묘사는 색다른 것이어서, 몇 가지의 해석들을 가능케 한다. 그는 완료 시제를 사용하여 "나 전도자는 예루살렘에서 이스라엘 왕이 되었다('하이티']"고 말한다. 여기서 사람들은 현직에 앉아 있는 왕이 미완료 시제를 사용하여 "나는 왕이다"라고 말할 것으로 예상했을 것이다. 완료 시제는 일반적으로 과거에 완료된 동작을 가리킨다. 랍비 전승은 이 동사가 과거를 가리킨다고 보아, 솔로몬이 자신의 죄로 인하여 악마들의 왕인 애쉬메다이(Ashmedai)에 의해 왕위를 빼앗겼다는 전설을 이곳에 집어 넣는다(Seow 1997c: 119). 아처(Archer 1974: 485-86)는 완료 형태가 자신의 삶을 되돌아보는 솔로몬의 노년 시절의 시각을 반영하는 것이라고 본다: "이것은 솔로몬이 노년 시절에 자신의 인생 역정의 중요한 전환점을 되돌아보면서 했을 법한 자연스러운 진술일 것이다. 바로 이 부분에서 다른 동사 형태가 더 적절할 것이라고 생각하기는 어렵다. 미완료 동사인 '에흐예'는 독자들이 보기에 '나는 왕으로 재직하고 있었다' 또는 '나는 왕이다' 나 '나는

왕이 될 것이다'로 이해되었을 수도 있다." 그러나 문법적으로 볼 때 완료 형태가 현재 진행 중인 행동이나 상태를 가리키는 데 사용될 수도 있다(Longman 1998: 76; Schoors 2000: 230). 시아오(Seow 1995: 280)는 저자의 현재적인 통치와 관련하여 완료 형태를 사용하는 것이 서부 셈족어와 악카드어로 된 왕실 비문들의 이야기 문체에 상응한다는 점을 지적함으로써 과거에 가장 근접한 것으로 보인다. 1:1에서와 마찬가지로, 저자가 예루살렘에서 이스라엘의 왕이었다고만 언급하는 것은 완곡하게 솔로몬을 지칭하는 것이지만, 그의 부지런한 탐구 활동(13절)과 삶에 대한 그의 세심한 관찰(14절), 그의 탁월한 지혜(16절), 그의 치밀한 연구(17절) 등에 대한 상세한 설명은 12절이 염두에 두고 있는 군주가 솔로몬임을 거의 의심치 못하게 만든다.

13절에서 코헬렛은 자신의 탐구 활동 속에서 중심을 이루는 쟁점을 회상한다. 그는 하늘 아래에 있는 삶의 모든 것들을 인간의 지혜로 탐구하기로 작정한다. 그러한 노력에서 그는 '호크마'의 자원들, 곧 "지혜자들로부터 물려받은 전승 및 관찰과 반성의 방법"(Ogden 1987: 34)을 사용한다. 이로써 코헬렛은 시간의 제약을 받는 피조 세계 안의 모든 것들을 연구하고('다라쉬') 살피려고('투르') 노력한다. 시아오(Seow 1997c: 145)는 '다라쉬'가 신뢰할 만한 분명한 길을 따라서 연구하는 행동을 가리키는 반면에, '투르'는 아직 시도되지 않은 새로운 생각의 길을 따라서 탐구하는 행동을 가리킨다고 본다. 폭스(Fox 1993: 121)는 코헬렛이 사용하는 방법을 다음과 같이 평가한다: "코헬렛은 분명하게 정리된 방법론을 가지고 있다. 그것은 개인적인 경험에 근거한 것이다. 그는 경험 세계를 연구하고 관찰하며 판단한 다음에, 자신의 생각이나 반응을 정리한다. 그는 또한 자신의 논지를 전개할 때에도 경험을 활용한다. 자신이 '본' 것을 자신이 내린 결론의 정당성을 입증하는 증거로 간주함으로써 말이다. 이러한 방법론은 경험주의적인 것이라 할 수 있다. 그것이 개인적인 경험으로부터 지식을 이끌어내려고 노력하는 한에 있어서는 그렇다."

코헬렛은 또한 이러한 탐구 작업 중에 자신이 견지하는 태도에 대해서도 언급한다. 그는 이렇게 말한다: "이는 괴로운 것이니 하나님이 인생들에게 주사 수고하게 하신 것이라." 히브리어 어근 '아나'는 13절에서 명사형인

'이느얀' 과 동사형인 '라아노트' 로 쓰이는 것으로서, 여러 가지 의미를 가지고 있다. 그러나 3:10의 '이느얀' 용례와 랍비들의 빈번한 사용에 의하면 그것은 사람들을 바쁘게 만드는 직무를 가리키는 것으로 보인다(Longman 1998: 80). 특히 주목할 만한 것은 하나님께서 이처럼 어려운 과제를 인간에게 주셨다는 점이다. 코헬렛은 세속적이고 현세적인 관점에서 인간의 삶을 이해하려고 노력하면서도, 하나님이 인간의 삶 속에 깊숙이 관여하고 계신다는 사실을 언급하지 않을 수 없다. 삶 속에서 의미를 발견하려는 강한 충동은 하나님께로부터 오는 것이다. 하나님에 대한 이처럼 간략한 언급은 전도서의 결론을 슬쩍 암시하는 것이나 다름이 없다. 이는 코헬렛이 여기서 "우리의 삶 속에 있는 사건들이 '주어진 것들' 이요 우리는 그것들을 하나님의 손으로부터 주어진 것들로 받아들일 필요가 있다는 자신의 확신 — 비록 우리가 스스로 얻은 것을 항상 좋아하지 않을 수도 있지만 — 을 표현"하고 있기 때문이다(Hubbard 1991: 61).

1:14에 있는 코헬렛의 첫 번째 평가는 네 차례에 걸친 탐구 작업을 거치는 동안에 점점 더 구체적으로 밝혀지는 것으로서, 해 아래 있는 모든 것이 '헤벨' 이요 바람을 잡으려는 것과도 같다고 진술한다. 그는 해 아래에서 행해지는 모든 일들을 살피거나 관찰하는 실천적인 지혜의 방법을 사용함으로써 이러한 결론에 도달한다. 코헬렛은 끊임없이 삶을 관찰하되, 하나님의 계시에 의존하지 않은 채로 순전히 자신이 관찰할 수 있는 것에만 초점을 맞춘다(Longman 1998: 81). 그는 사람들이 행하는 모든 것들을 다 살펴보았다고 주장한다. 그는 자신이 살핀 것에 의해 감명을 받기보다는 그것이 수증기와도 같이 불가해한 것이요, 바람을 잡으려는 것처럼 절망스러운 것이라고 생각한다. 본절의 마지막 구절인 '레우트 루아흐' 는 해 아래에서 의미를 찾으려는 그의 노력이 "그 자신의 통제 능력 너머에 있는 어떤 것"을 잡으려는 시도나 다름이 없음을 암시한다(Ogden 1987: 35).

1:15의 격언적인 진술은 인간이 스스로의 힘으로 변화시킬 수 없는 한계 안에서 살고 있다는 고통스러운 현실을 지적하고 있다. 이 격언이 문자적인 의미를 가지고 있는지 아니면 도덕적인 의미를 가지고 있는지에 대해서는 논란이 많지만(Whybray 1989: 50), 어느 경우에든 인간은 삶 속에서 구부러

진 것들을 곧게 펴지 못하며, 삶 속에서 부족한 것들을 다 세지도 못한다. 코헬렛이 해 아래에서의 삶을 관찰한 바와 같이, 하나님을 떠난 인간의 지혜는 삶 속에서 발생하는 모든 잘못된 것들을 조화롭게 만드는 데 부적절한 것이다. 허바드(Hubbard 1991: 62)는 이를 다음과 같이 잘 설명하고 있다: "삶 속에서 발생하는 잘못된 것들의 상당수는 지혜의 잘못이 아니다. 그것은 인간의 삶 속에서 자연스럽게 이루어지는 것들이다. 인간의 삶이 불의로 가득 차 있고, 고통을 특징으로 가지고 있으며, 연약함으로 인하여 힘들어하고, 범죄의 두려움에 사로잡혀 있으며, 잘못된 것들을 너무도 많이 가지고 있는 까닭에, 지혜는 관찰하는 것 이상의 일을 하기 위해서라도 약자들의 곁에 있어야만 한다 … 그런데 지혜는 해결책을 제시하기보다는 주요 경향들을 분석하는 것에 훨씬 더 익숙하다." 아이러니컬한 것은 코헬렛이 실천적인 지혜 전승의 부적절함을 보여주기 위해 그것의 격언적인 기법을 사용하고 있다는 점이다. 만일에 15절의 격언이 코헬렛 자신이 직접 만들어낸 것이 아니라 사실상 다른 곳으로부터 빌려와서 약간 손질한 것이라면, 그는 역으로 지혜조차도 사람들이 살면서 행동하는 무질서한 세계를 바로잡지 못한다고 주장하고 있는 셈이다(Seow 1997c: 148).

지혜에 대한 실험(1:16-18)

우리가 보기에는 솔로몬에 관한 실제적이거나 소설적인 자서전식 서술이 지혜의 습득에 초점을 맞춤으로써 삶에 대한 관찰을 시작해야 이치에 맞을 것이다. "내가 크게 되고 지혜를 더 많이 얻었으므로 나보다 먼저 예루살렘에 있던 모든 사람들보다 낫다"는 16절의 주장은 확실히 열왕기상 10:7, 23을 가리키고 있다. 지혜의 성서적인 모범에 해당하는 솔로몬이라는 인물은 참으로 "많은 지혜와 지식을 경험"한 사람이다. 자신이 지혜에 있어서 예루살렘에서 자기보다 먼저 있었던 모든 자들 — 아마도 왕들을 가리킬 것이다 — 보다 뛰어나다는 저자의 자기 묘사는 종종 이 단락과 전도서 전체의 솔로몬 저작설을 공격하는 근거로 사용된다. 왜냐하면 솔로몬 이전에 예루살렘에서 이스라엘의 왕으로 다스린 자는 다윗밖에 없기 때문이다. 예로서 화이브레이(Whybray 1989: 51)는 다음과 같이 주장한다: "코헬렛이 이스라엘 시대 이전에 예루살렘에서 다스렸던 가나안의 왕들을 염두에 두었을 것 같지는 않다. 아마도 이것은 순간적인 실수라 할 수 있을 것이다. 코헬렛은 유다 왕국 시대에 예루살렘에서 다스렸던 많은 왕들을 염두에 두고 있던 터라, 솔로몬이 그 명단에 일찍 나온다는 사실을 잠시 잊고 있었을 것이다."

그러나 머피(Murphy 1992: 14)는 1:16이 예루살렘에서 솔로몬보다 먼저 나라를 다스리던 왕들을 구체적으로 언급하는 것이라고 보지 않는다. 도리어 그는 그것이 이전 시대의 지혜 교사들을 가리킬 수도 있다고 본다. 뿐만 아니라 시아오(Seow 1997c: 124)는 왕의 업적을 치하하는 악카드의 왕실 비문들로부터 일부 평행 자료들을 찾아낸 다음, 이 관용적인 표현이 왕의 뛰어남에 관해 말하는 선전 문학에서 널리 사용되던 것이라고 주장한다. 코헬렛은 다시금 아이러니컬한 방식으로 말하고 있는 것으로 보인다. 사람들은 이처럼 포괄적인 탐구 활동에 종사하던 유명한 지혜자가 삶 속에서 의미를 발견했을 것이라고 생각할 것이다. 그러나 1:14-15, 17-18이 진술하는 바와 같이, 솔로몬조차도 삶 속에서 의미를 찾지 못했다. 이것은 그가 그러한 탐구 작업에서 성공을 거두지 못했다면 다른 사람들 역시 마찬가지가 아니겠느냐는 암시를 준다.

해 아래에서의 철저한 탐구 작업을 통하여 코헬렛은 자신이 다루는 쟁점들의 부정적인 측면과 긍정적인 측면 모두를 살펴보았다. 모든 증거를 다 살핀 후에 그는 한편으로는 지혜를 알기로 자기 마음을 정하며, 다른 한편으로는 미친 것들과 미련한 것들을 알기로 마음을 정한다. 이 단락에서 그는 해 아래 있는 모든 것을 살피지만, 1:13-14이 보여주듯이, 코헬렛은 위에 있는 것들과 인간계를 넘어서는 것들을 분명하게 배제하고자 한다. 하나님의 계시를 고찰 대상에서 제외하는 이러한 경험적인 탐구 작업은 "이것도 바람을 잡으려는 것"이라는 결론에 이를 수밖에 없다. 전도서의 결론인 12:13-14이 분명하게 보여주는 바와 같이, 야웨 경외라는 근본적인 세계관을 배제한 지혜는 삶을 이해하는 데 있어서 부적절한 것이다. 코헬렛은 "인간이 스스로의 힘으로 할 수 있는 최선의 사유"(Kidner 1976: 31)에 의존하지만, 해답을 얻지는 못한다. 단지 삶에 대한 자신의 근심이 더 커졌을 뿐이다.

1:18에서 코헬렛은 유감스럽게도 "지혜가 많으면 번뇌도 많으니 지식을

더하는 자는 근심을 더하느니라"라는 결론을 내린다. 폭스(Fox 1999: 73)는 코헬렛이 언급하는 지혜 개념을 다음과 같이 유용하게 요약하고 있다: "지혜('호크마')는 능력과 지식이라는 두 가지 측면을 가지고 있다. 능력으로서의 지혜는 그 용도에 있어서 지성과 비슷한 지적인 힘을 가리킨다. 그것은 상식과 실천적인 기술을 포괄한다. 그것은 추론 능력, 곧 기본 전제들로부터 타당성 있는 결론을 이끌어낼 수 있는 질서 잡힌 사유의 능력을 포함한다. '호크마'는 또한 지식으로서 존재하기도 한다. 사람들에게 알려져 있고 또 전달 가능한 지식의 내용으로서 말이다."

코헬렛이 삶에 대하여 더 많이 알면 알수록 삶은 점점 더 피곤한 것이 된다. 비길 데 없는 그의 지혜는 단지 삶에 수반되는 슬픔들을 더욱 강하게 느끼게 할 뿐이다. 인간의 지혜는 삶의 고통에 대한 깨달음을 더해주지만, 그것의 불의함과 불공평함을 바꿀 만한 힘을 가지고 있지 않다(참조. 1:15). 18절의 격언은 본래 학생들에게 지혜를 얻는 데 필요한 고된 일을 하도록 촉구하려는 의도를 가지고 있었을 것이다. 그러나 코헬렛은 이 격언의 의미를 뒤집어 놓는다. 왜냐하면 그가 이 격언을 사용한 바에 의하면, "고통과 근심은 바로 지혜의 결과물이지 목표를 향해 나아가는 수단이 아니기 때문이다. 그것들은 지나치게 많은 지혜를 얻었을 때 주어지는 것들이다. 많이 알게 되면 될수록 삶은 더 고통스러운 것이 될 수도 있는 것이다"(Seow 1997c: 149).

절제된 즐거움에 대한 실험(2:1-11)

코헬렛은 맨 처음에 느낀 좌절감으로 인하여 자신의 탐구 작업을 포기하는 대신에, 해 아래에서의 수고를 통하여 지속적인 유익을 얻을 수 있는 다른 길이 있는지를 찾기 위해 전진한다. 2:1-11에서 코헬렛은 혹시나 합법적인 육체 활동이 지혜와 어리석음의 탐구에 의해 얻지 못했던 것을 주는지를 알기 위해 즐거움을 가지고서 실험을 한다. 견줄 데 없는 지혜에 대한 1:12-18의 언급이 솔로몬을 암시하는 것과 마찬가지로, 광범위한 즐거움들에 대한 2:1-11의 언급 역시 솔로몬의 업적들과 소유들에 대한 역사 이야기(왕상 3-11장)의 설명을 연상시킨다. 코헬렛은 "자신을 솔로몬의 자리에 놓고서는, 이스라엘의 오랜 역사에서 어느 누구도 즐거움을 충분히 누릴 수 있을 만큼 큰 권력과 부와 여가를 갖지 못했다는 것을 마음에 새기고 있다"(Hubbard 1991: 69).

2:1에서 코헬렛은 객관적인 방법으로 즐거움의 효과를 시험하려고 노력한다. 과연 그것이 선한 것을 보게 할 수 있는지를 알아보기 위해서 말이다. '시므하'라는 용어는 2:26; 5:20; 8:15; 9:7 등에서 다시금 하나님께서 주신 즐거움과 기쁨의 선물을 가리키는 데 사용된다. 따라서 그것은 여기서 하나님께서 금하신 죄악스런 즐거움을 가리키지 않는다(Provan 2001: 71). 코헬렛은 자신이 발견한 것에 대해서는 조금도 의심을 남기지 않는다. 왜냐하면 그는 자신이 탐구한 즐거움의 구체적인 길들에 대해서 상세하게 설명하기 전에 즐거움을 통한 자신의 실험이 지혜를 통한 실험과 마찬가지로 '헤벨'로 귀결되었음을 밝히고 있기 때문이다. 2:2에서 이러한 평가를 계속하면서 그는 웃음을 미친 것으로, 그리고 즐거움을 아무 소용도 없는 것으로 간주한다. 나중에 3:4에서 그는 웃을 때가 있다고 말할 것이지만, 여기서는 웃음을 미친 것으로 간주한다. "왜냐하면 그것은 진정한 행복에 기여하지 못하는 자기 탐닉으로부터 생겨나기 때문이다"(Whybray 1989: 52). 즐거움은 의심할 여지 없이 코헬렛에게 약간의 일시적인 기쁨을 가져다주지만, 진정한 실체를 가진 어떤 것을 만들어내지는 못한다.

코헬렛은 이러한 실험이 신중하게 절제된 것이요, 단순히 충동적인 방탕함으로 얼룩진 것이 아님을 분명하게 밝힌다. 그는 3절에서 이렇게 말한다: "내가 내 마음으로 깊이 생각하기를, '내가 어떻게 하여야 내 마음을 지혜로 다스리면서 술로 내 육신을 즐겁게 할까? 또 내가 어떻게 하여야 천하의 인생들이 그들의 인생을 살아가는 동안 어떤 것이 선한 일인지를 알아볼 때까지 내 어리석음을 꼭 붙잡아 둘까?' 하여." 그의 의도는 즐거운 느낌을 증진시키기 위해 포도주의 효과를 활용함으로써(Leupold 1952: 60) 즐거움의 유익들을 충분히 시험하고자 하는 데 있다. 이와 아울러 그는 방심하지 않으면서 침착성을 유지함으로써 자신의 경험을 제대로 분석하려는 의도도 가지고 있다(Fox 1993: 118). 지혜와 즐거움의 이러한 결합을 통하여 코헬렛은 그 둘을 합하면 과연 한 가지만으로 이룰 수 없는 것을 이룰 수 있는지를 알아보고자 한다. 그는 하늘 아래에서 탐구 작업을 진행하는 동안에 필연적으로 인간의 필멸성이라는 엄숙한 사실에 직면하게 된다. 5:18; 6:12; 11:9-10; 12:1-7 등에서 보듯이 코헬렛은 즐거움이 단명(短命)한 인간의 삶을 배경으로 하여 평가되지 않으면 안 된다고 본다. 시아오(Seow 1997c: 150)는 이 점을 다음과 같이 잘 설명하고 있다: "그에게 있어서 즐거움은 덧없는 삶 속에서 참으로 선한 것이다. 그는 그것이 오로지 지상에서의 '짧은 날들' 안에서만 가능하다는 것을 분명하게 밝힌다. 코헬렛에게 있어서 즐거움은 선한 것이지만, 그것은 항상 순식간에 지나가는 가능성일 뿐이다."

2:4-6에 언급된 활동들은 솔로몬의 건축 업적들과 크게 비슷한 점을 가지고 있다. "나의 사업을 크게 하였노라. 내가 나를 위하여 집들을 짓고 포도원을 일구며"라는 4절의 진술은 열왕기상 7장과 9장에 묘사되어 있는 솔로몬의 건축 공사 — 왕궁과 관공서, 몇 채의 큰 집들, 군사 요새들 및 무수한 성읍들을 포함하는 — 를 연상시킨다. 그러나 이처럼 솔로몬의 건축 공사를 암시하는 듯한 표현이 무엇보다도 성전을 생략하고 있다는 것은 흥미로운 일이 아닐 수 없다. 이러한 생략은 재귀 대명사인 '리'가 그처럼 성대한 건축 업적을 가능케 한 자기 중심적인 소비주의에 관심의 초점을 맞추고 있는 반면에(Fox 2004:13), 성전은 야웨의 지시를 받아 건축되고 그의 영광을 위하여 봉헌되는 것이라는 사실에 의해 설명될 수 있을 것이다.

거대한 건축 공사들에 더하여 코헬렛은 자신을 위하여 원예 농업 분야에 있어서도 뛰어난 성취를 이루었다(2:4c-6). 이에는 포도원과 정원, 공원, 연못, 삼림 등이 포함된다. 이스라엘의 반건조 기후에서 그러한 공사는 어렵고 비용이 많이 들지만, 고대 근동의 왕들이 그것들을 대단히 소중하게 여겼음을 뒷받침하는 증거가 적지 않다. 예로서 왕의 정원은 예레미야 39:4; 52:7; 열왕기하 25:4; 느헤미야 3:15 등에서 언급된다(Seow 1997c: 128). 뿐만 아니라 에워싸인 공원은 아가서에서 일부 중요한 무대의 배경막 역할을 수행하기도 한다(아 4:12; 5:1; 6:2, 11). 크렌쇼(Crenshaw 1987: 79)는 이를 다음과 같이 설명한다: "이 정원들은 심미적인 목적과 실용적인 목적을 모두 가지고 있다. 그것들이 즐거운 그늘을 제공하기도 하고 맛있는 음식을 제공하기도 한다는 점에서 그렇다. 공원들은 종종 야생 고기의 편리한 공급원을 발견할 수 있는 은신처가 되기도 하고, 왕실 관리들의 사냥터로 높이 평가되기도 한다." 우물들은 일상적인 삶의 필요를 충족시키는 데 반드시 요구되는 것들이요, 군수품의 일부로서도 매우 중요한 의미를 갖는다. 그러나 코헬렛이 언급하는 연못은 그의 거대한 부와 지위를 뒷받침하는 장식품의 의미를 갖는 것으로 보인다(Ogden 1987: 40).

2:5의 '파르데심'이라는 용어는 고대 페르시아의 '파리다이다'에서 빌려온 것임이 분명하다. 이 낱말은 그리스어의 '파라데이소스'를 포함한 몇몇 언어들 안으로 유입되는 바, 영어의 "낙원"(paradise)이라는 낱말도 사실은 이에서 비롯된 것이다(Seow 1997c: 128). 느헤미야 2:8과 아가 4:13 및 성서 이후 시대의 히브리어에서도 사용되는 이 낱말은 즐거움을 제공하기 위한 나무들을 가진 에워싸인 공원을 가리키는 것으로 보인다. 키드너(Kidner 1976: 32)는 인간의 창조성으로부터 비롯된 이처럼 훌륭한 성취물들이 에덴동산의 세속적인 복사판 — 온갖 종류의 아름다움으로 가득 차 있으면서도 금단의 열매로 인한 제약을 받지 않는 — 을 만들려는 노력에 해당한다고 본다.

코헬렛은 자신의 주목할 만한 건축 공사들에 더하여, 거대한 부를 축적하기도 하였다(2:7-8). 그가 획득한 부의 규모는 상당히 많은 수의 종들을 필요로 하였다. 그러한 집단에는 남녀 종들과 도제살이 하는 종들 — 법(출 21:2-11)에 의하여 주인에게 예속된(Longman 1998: 91) — 의 자녀들이 포함되어 있다. 이 종들은 다른 책임들 중에서도 특히 주인의 풍족한 삶을 유지하는 데 요구되는 무수한 양 떼와 소 떼를 돌보는 일을 맡아야만 했다(참조. 왕상 4:22-23). 그가 소유한 부의 크기는 예루살렘에서 코헬렛보다 먼저 있었던 자들 중에서도 전례가 없는 것이었다.

뿐만 아니라 코헬렛은 다른 나라들로부터 많은 사치품들을 수입하였다. 왕들이 소유한 보배는 그가 다른 나라의 왕들로부터 받은 선물을 가리킬 것이요(Hubbard 1991: 74), 여러 지방의 보배는 이스라엘의 행정 구역들로부터 받은 세금을 뜻할 것이다(참조. 왕상 4:7-10)(Longman 1998: 92). 많은 해석자들은 '타아누고트 베네 하아담'이라는 표현이 후궁들을 가리킨다고 보지만, 시아오(Seow 1997c: 131)는 성서 안에 있는 '타아누고트'의 다른 용례들이 사치품들이라는 의미를 지지한다는 점을 설득력 있게 제시하고 있다. 이 목록의 마지막 품목에 대해서는 논란이 많다. '쉿다 웨쉿도트'라는 용어는 종종 첩들을 가리키는 아가 7:6과 연결되는 것으로 이해된다. 이것은 확실히 솔로몬에 관한 역사 이야기들 — 그가 방대한 규모의 후궁들과 첩들을 거느렸다고 상세하게 묘사하는(왕상 11:3) — 과 조화를 이루고 있다. 그러나 전도서의 가장 이른 시기의 번역본들은 이 구절을 "술잔을 따라 올리는 사람"(70인역과 시리아역) 또는 "술잔"(아퀼라역과 불가타역 및 탈굼)으로 번역함으로써 전혀 다른 방향을 취하고 있다(Crenshaw 1987: 81). 증거가 충분하지는 않지만, '쉿다 웨쉿도트'라는 구절은 성서 이후 시대의 히브리어 '쉿다' 및 악카드어 '샷두'와 관련된 것으로서, "은과 금과 보석 및 다른 귀금속 등을 담는 상자를 가리키는 용어"로 보는 것이 가장 타당할 것이다(Seow 1997c: 131).

코헬렛은 절제된 즐거움을 통한 실험의 결과에 대해서 2:9-11에서 묵상한다. 그는 자신이 하기로 결정한 일들을 행함에 있어서 성공을 거두었다고 말한다: "내가 이같이 창성하여 나보다 먼저 예루살렘에 있던 모든 자들보다 더 창성하니 내 지혜도 내게 여전하도다"(2:9). 10절에서 그는 자기가 자신의 탐구 노력을 조금도 유보하지 않았음을 분명하게 밝힘으로써 자신의 평가 범위를 넓힌다. 전례 없는 충분한 기회의 범위를 활용한 그는 자신의 눈이 원하는 것을 조금도 거부하지 않았으며, 자기 마음으로부터 어떠한 즐거움도 막지 않았다. 이처럼 전력을 다한 노력의 결과 "그는 절제된 실험으로부터 '과학적인' 결론을 이끌어낼 수 있는 독보적인 자리를 차지하게 되었다"(Whybray 1989: 55). 코헬렛이 즐거움을 시험하기 위하여 할 수 있었던 일들의 범위는 더 이상 확대될 수가 없다. 그의 특징적인 성취 능력과 취득 능력으로 인하여, 어느 누구도 절제된 즐거움이 '헤벨'을 초월하는 삶의 참된 유익을 정말로 가져다줄 것인지를 알아보려는 그의 노력을 능가하지 못하였다.

코헬렛이 발견한 것은 그가 자신의 탐구 작업을 통하여 설정한 목표에 미치지 못하는 것이었다. 그의 마음이 그 모든 수고로 인하여 즐거움을 누리기는 했지만, 그가 얻은 보상은 단지 한 개의 몫('헬렉') — 하나님께서 그에게 허용하신 — 에 지나지 않는 것이었다. 전도서에서 몇 차례 되풀이되는 이 용어는 코헬렛이 추구한 유익('이트론' ; 1:3)과 같은 것이 아니다.

크렌쇼(Crenshaw 1987: 82)는 이를 다음과 같이 설명한다: "그가 보기에 그것은 본질적으로 한계(limitation)를 뜻하는 낱말이다. 어떤 것의 전체가 아니라 그 일부를 가리키는 낱말이라는 얘기다. 누군가가 삶 속에서 얻는 몫은 그에게 찾아오는 좋은 경험이나 안 좋은 경험을 가리키는 바, 그것은 선하거나 악한 행동의 직접적인 결과로서 주어지는 것이 아니라, 순전히 우연에 의해서 주어지는 것이다." 확실히 하나님께서 사람들에게 주신 한계 안에는 즐거움을 누릴 수 있는 가능성이 존재한다. 그러나 모든 사람들은 하나님께서 허락하신 경계선 안에서 사는 것에 만족하지 않으면 안 된다.

코헬렛은 자신이 부지런한 활동들을 통하여 얻은 즐거움들의 범위와 한계를 모두 고찰한 후에, 다음과 같은 결론에 도달한다: "내 손으로 한 모든 일과 내가 수고한 모든 것이 다 헛되어 바람을 잡는 것이며, 해 아래에서 무익한 것이로다"(2:11). 어떤 점에서 보면 그는 어느 정도의 즐거움을 발견하였지만, 그가 직접 얻은 즐거움은 항구적인 만족감으로 발전하지 못한다. 사실 그가 거둔 성공은 그의 좌절감만을 한층 부추길 뿐이었다. 허바드(Hubbard 1991: 77)는 이 점을 다음과 같이 날카롭게 지적한다: "그는 즐거움이 실제로 가능한 것보다 더 많은 것을 약속해 준다는 것을 발견하였다. 그것의 광고 효과는 생산 업무보다 더 낫다. 그것은 고상한 즐거움의 가능성을 제공하지만, 그것이 이룰 수 있는 최고의 성과는 그저 흥을 돋우는 정도에 지나지 않는다. 그것은 인간의 정신에 약간의 자극을 주기는 하지만, 그 깊은 곳에까지 이르지는 못한다."

자신의 경험에 대하여 묵상하던 코헬렛은 즐거움이 '헤벨'이요, 바람을 잡는 것과도 같아서 아무런 유익('이트론')도 가져다주지 못한다는 사실을 깨닫는다. 2:11에 있는 그의 결론은 1:3의 포괄적인 질문에 대한 답을 제공한다: "해 아래에서 수고하는 모든 수고가 사람에게 무엇이 유익한가?" 전도서의 몇몇 핵심 구절들을 한데 묶음으로써, 코헬렛은 삶에 대한 자신의 첫 번째 관찰이 자신에게 그처럼 폭넓은 탐구 활동을 하게 한 질문에 대하여 긍정적인 답을 주는 데 실패하였음을 분명하게 밝힌다. 비길 데 없는 인간의 지혜가 아무런 유익도 제공하지 못하는 것과 마찬가지로, 전례없이 절제된 즐거움 역시 삶 속에 참된 유익을 제공하지 못한다. 솔로몬이라는 인물이 이러한 결론을 내리는 자로 묘사되고 있다는 것은 특별히 중요한 의미를 갖는다.

화이브레이(Whybray 1998: 261)는 이를 다음과 같이 설명한다: "여기서 주어지는 교훈은 명백하다: 가장 큰 특권을 가진 자의 삶 속에 적용되는 진리는 당연히 다른 모든 사람들의 삶 속에도 똑같이 적용된다. 이것은 부와 권력의 획득을 인생의 가장 중요한 목표로 삼지 못하게 하는 경고의 메시지에 해당한다."

지혜에 대한 평가(2:12-17)

1:12-18에서 코헬렛은 지혜가 과연 자신이 삶 속에서 찾던 유익을 줄 수 있는지를 알아보기 위해 지혜를 가지고서 실험을 한 바가 있다. 2:12-17에서 그는 그러한 실험으로부터 얻은 것에 대한 평가를 내린다. 12절은 죽음에 비추어 지혜와 어리석음의 상대적인 가치에 대해서 언급하는 이 단락과 코헬렛의 유산을 거두어들일 자에 관해 말하는 다음 단락(2:18-23) 모두를 소개하는 역할을 수행한다. 코헬렛은 전도서의 이 도입부에서 솔로몬의 지혜와 성취들에 대해 언급함으로써 궁극적인 모범이 되는 인물을 분명하게 밝힌다. 그 다음 시대의 어느 누구도 인간 삶의 이러한 영역들을 솔로몬이 이미 했던 것처럼 철저하게 탐구하지는 못할 것이다. 따라서 이 실험은 반복될 필요가 없다. 서로 반대되는 양극에 해당하는 지혜와 어리석음의 대비는 코헬렛의 탐구가 인간 지식의 모든 범위를 다 비판적인 시각에서 살펴보았음을 암시하고 있다. 스멜릭(Smelik 1998: 389)은 이를 다음과 같이 설명한다: "앞에서 코헬렛은 자신이 자기보다 앞서 예루살렘에서 살았던 어느 누구보다도 뛰어난 자라는 사실을 강조한 바가 있다(전 1:16; 2:7, 9). 이제 그는 자신의 뛰어남이 미래로까지 연장된다고 설명한다. 그가 인간의 삶 속에서 의미를 발견하기 위해 모든 일을 다 해본 까닭에, 그의 뒤에 오는 자는 어느 누구도 결코 인간의 운명을 탐구하는 일에 있어서 왕 자신보다도 더 좋은 기회를 얻지 못할 것이다. 왜냐하면 그는 전임자인 왕과 마찬가지의 자질과 가능성을 갖지 못할 것이기 때문이다. 따라서 그는 왕이 이미 이루어 놓은 것보다 더 많은 일을 결코 하지 못한다.

코헬렛은 빛이 어둠을 능가하는 것처럼 지혜가 어리석음보다 나음을 발견했음을 인정한다(2:13). 그의 평가에 따르면, 지혜는 어리석음이 만들어내는 것과 비교할 때 상대적인 유익('예쉬 이트론')을 제공한다. 그러나 그것은 과연 지혜를 그가 추구하는 항구적인 유익의 차원으로 이끌어 올릴 수 있을 만큼 충분한 것일까? 14절의 첫 번째 행은 지혜의 유익함을 뒷받침하기 위하여 당시에 유행하던 격언을 인용한 것임에 틀림이 없다. 시아오(Seow 1997c: 154)는 이를 다음과 같이 추론한다: "1:15나 1:18에서와 마찬가지로 이 격언은 이미 말하여진 것을 구체화시킨 것으로 보아야 한다. 그것은 어리석음에 대한 지혜의 분명한 유익을 보여주려는 의도를 가지고 있음에 틀림이 없다. 성서의 지혜문학에서 어둠은 종종 지식의 결핍이나 순전한 어리석음을 나타내는 은유로 사용된다(욥 12:24-25; 37:19; 38:2). 그리고 그러한 지식의 결핍은 윤리적인 의미를 가지고 있을 수도 있다(참조. 잠 2:13; 시 82:5). 지혜로운 자들은 자신이 가야 할 삶의 길을 알지만, 어리석은 자들은 무지의 어둠 속에서 길을 찾아 헤매기 때문이다." 코헬렛은 지혜 안에 참된 가치가 있다는 전통적인 지혜에 동의한다. 그가 지혜를 크게 비판하고 있기는 하지만, 2:13-14a는 그가 지혜를 도매금으로 거부하지는 않는다는 것을 분명하게 보여준다(Murphy 1992: 22).

14절의 두 번째 행은 '와'와 '감'이라는 반의(反意) 접속사로 시작하는 강한 완결 진술이라 할 수 있다. 지혜가 상대적으로 어리석음보다 낫기는 하지만, 죽음이라는 동일한 운명이 지혜로운 자와 어리석은 자를 똑같이 기다리고 있다는 사실에는 의심의 여지가 없다. 3:19와 9:2-3이 반복하여 설명하고 있듯이, 죽음은 그 어떤 인간도 피할 수 없는 삶의 끝이다. 그들의 소유나 지혜의 결핍과는 아무 상관 없이 말이다. 전도서의 논지가 보여주듯이, "코헬렛이 직면한 가장 끈질긴 문제는 죽음의 문제이다. 그것은 보편적인 것이요, 어느 누구도 피할 수 없는 끝이다"(Ogden 1987: 44). "운명"(개역은 "당하는 일"로 번역함 — 역자 주)이라는 낱말은 히브리어로 '미크레'로서, 전도서 밖에서는 반드시 부정적인 의미만을 가지고서 나타나지 않고 도리어 단순히 실제로 일어나는 일을 가리키는 데 사용된다. 전도서에서는 '미크레'가 종종 죽음과 관련되어 있으면서도, 악의 세력을 뜻하지는 않고 도리어 "각 개인에게 닥치는 통제 불능의 것들"(Longman 1998: 98)을 가리킨다. 코헬렛의 견해에 의하면, 인간의 삶은 궁극적으로 악한 것이 아니다. 그것은 지극히 신비로운 것이요, 인간의 통제를 넘어서는 것이다.

코헬렛은 이러한 현실을 염두에 두고서, 자신이 본 것을 자신의 삶 속에 그대로 적용한다(2:15). 어리석은 자들이 감수해야 할 것으로 여겨지는 죽음은 어김없이 그에게도 찾아올 것이다. 이 점에 비추어 본다면, 많은 지혜를 구하는 것이 과연 노력할 가치가 있는 것일까? 자신의 질문에 답하면서 코헬렛은 "이것도 헛되도다"라는 결론을 내린다. 그가 관찰 가능한 증거로부터 얻은 논리적인 결론은 해 아래에서는 지혜가 어리석음에 비하여 참된 유익을 제공하지 못한다는 것이다. 만일에 대단히 지혜로운 것이 단지 그를 죽음의 문으로 인도하여 어리석은 자들과 합류하게 할 뿐이라면, 그는 견디기 어려운 수수께끼에 직면하게 되는 셈이다.

코헬렛은 이러한 평가에 대한 자신의 추론을 2:16에서 제시한다. 그가 지혜로운 자와 어리석은 자에게 이루어질 일들을 고찰한 바에 의하면, 어느 누구도 그들을 기억하지 않을 것임이 그에게는 확실하게 보이는 듯하다. 1:11의 의미를 되풀이하면서 그는 지혜로운 자조차도 기억되지 않을 것이요, 모든 사람들이 잊혀질 것이라고 진술한다. 브라운(Brown 2000: 35)은 이를 다음과 같이 설명한다: "지혜와 즐거움조차도 만족시킬 수 없는 궁극적인 욕망은 기억에 대한 욕망이다. 죽음으로부터의 구원 다음으로 코헬렛은 자신의 명성에 대한 항구적인 기억의 확보를 간절히 기대한다. 불멸에 대한 기대감 다음으로 말이다 ··· 그러나 그가 보기에 죽음은 삶의 중단을 뜻할 뿐만 아니라 집단적인 기억의 소멸을 뜻하기도 한다." 이렇게 말함으로써 코헬렛은 의로운 자는 영원히 기억될 것이라고 말하거나(시 112:6) 의로운 자에 대한 기억이 복될 것이라고 말하는(잠 10:7) 전통적인 지혜의 주장에 맞선다. 지혜는 상대적인 유익을 줄 수도 있겠지만, "어느 누구도 피할 수 없는 운명인 죽음 앞에서는 지혜로운 자나 어리석은 자나 똑같을 수밖에 없다"(Seow 1997c: 155).

16절의 마지막 외침은 환멸감으로부터 비롯되는 쓰라린 외침이라 할 만하다. 죽은 자를 위한 만가(輓歌)를 시작하는 데 자주 쓰이는 불변사 '에크'(참조. 삼하 1:19, 25, 27; 렘 50:23)를 사용하는 코헬렛은, 앞서 죽음을 가리키는 데 사용하던 완곡한 언어, 곧 '카라'("발생하다")나 '할라크'("지나가다") 대신에 뜻이 분명한 용어인 '무트'("죽다")를 사용한다. 비탄에 잠긴 그는 지혜로운 자나 어리석은 자가 똑같이 죽는다는 사실을 슬퍼한다. 왜냐하면 그는 "지혜로운 자와 어리석은 자의 궁극적인 운명에 진정한 차이가 없다는 사실로 인하여" 당혹감을 느끼고 있기 때문이다(Hubbard 1991: 87).

코헬렛은 지혜로운 자와 어리석은 자 사이에 차이가 없다는 사실에 비추어 인간의 삶을 살피는 중에 다음과 같은 결론을 내린다: "이러므로 내가 사는 것을 미워하였노니, 이는 해 아래에서 하는 일이 내게 괴로움이요, 모두 다 헛되어 바람을 잡으려는 것이기 때문이로다"(2:17). 다시금 그는 전통적인 지혜의 근본적인 가정에 반대되는 판단을 내린다. 잠언의 지혜관에 따르면, 지혜는 생명에 이르고 어리석음은 죽음에 이른다(잠 8:35-36). 자신의 탐구 결과를 정리한 끝에 코헬렛은 지혜와 어리석음이 서로 구별되는 목적지에 이르지 않는다고 주장하기에 이른다. 그리하여 그는 삶을 섬뜩한 것으로 간주하게 된다. 시아오(Seow 1997c: 155)는 이를 다음과 같이 잘 설명하고 있다: "보수적인 지혜는 우주 안에 식별 가능한 질서가 있다고 생각한다. 그러나 질서가 있다고 기대를 했으나 정작 식별 가능한 어떠한 질서도 없음이 판명된다면, 지혜로운 자는 어리석은 자들처럼 말하고 행동할 것이다(참조. 욥 3장; 렘 20:14-18). 그리하여 탁월한 지혜자인 솔로몬의 가면을 쓰고 있는 코헬렛조차도 오직 어리석은 자만이 내릴 수 있는 '내가 사는 것을 미워하였노니!' 라는 결론에 도달하게 된 것이다."

코헬렛은 1:14의 언어를 연상시키는 방식으로 "모두 다 '헤벨' 이요 '레우트 루아흐' 이다"라고 말한다. 지혜로운 자나 어리석은 자를 똑같이 잊혀지게 만드는 필연적인 죽음으로 인하여, 그는 삶 속에서 기쁨을 유지할 어떠한 명분도 찾지 못한다. 그에게 있어서 해 아래에서 행해지는 모든 것은 악('라')일 뿐이다. 어떤 이들은 이것이 하나님께서 세상 안에 도덕적인 악을 허용하셨음을 비난하는 것이라고 생각한다(Longman 1998: 100). 그러나 이 용어는 참을 수 없거나 고통스러운 것을 가리키는 낱말로 보는 것이 더 나을 것이다(Ogden 1987: 45). 어느 경우에든 삶에 대한 탐구 작업의 이 단계에서 코헬렛은 해 아래에서 유익을 구하려는 자신의 시도에서 한 걸음도 더 나아가지 못한다.

그가 사는 것을 미워한다고 강하게 탄식하는 것으로 인하여 사람들은 코헬렛이 여기서 삶을 포기하고서 자살을 선택하려고 하는 것이 아닌가 하고 생각할 수도 있다. 그러나 그는 그렇게 하기를 거부한다. 2:24-26이 분명하게 보여주듯이, 코헬렛은 심한 절망감에 사로잡혀 있을 때조차도 삶을 포기하지 않는다. 전도서의 보다 큰 구조와 주제에 비추어볼 때 인간의 삶은 하나님께서 주신 선한 선물로 받아들여져야만 한다. 설령 무수한 인간 경험 속에서 코헬렛이 느낀 것과도 같은 감정이 밀려온다고 할지라도 말이다.

절제된 즐거움에 대한 평가(2:18-23)

지혜에 대한 평가(2:12-17)를 내린 다음에 코헬렛은 절제된 즐거움에 대한 실험으로부터 배운 것을 2:18-23에서 한데 묶어서 정리하고 있다. 지혜의 경우와 마찬가지로 인간 세상의 어떠한 즐거움도 항구적이지 않다. 왜냐하면 수고로 얻은 모든 것들을 죽음이 무효로 만들어버리기 때문이다. 이 단락에서 중심을 이루는 낱말은 명사나 동사로 11회 사용되고 있는 '아말'이다. 이 낱말은 인간 활동의 수고로움을 가리킬 수도 있지만, 수고로 인하여 얻은 (Seow 1997c: 136) 또는 상속자가 누릴 수 있도록 그에게 남겨진 부나 성취를 가리키는 환유법으로 보는 것이 더 나을 것이다. 몇몇 지혜 본문들(시 37:18, 25; 49:15; 참조. 집회서 11:19; 14:15)은 죽음의 문을 지난 다음에는 어느 누구도 자신이 모은 재산을 가져가지 못한다고 말한다. 전도서에서 저자는 몇 차례에 걸쳐서 더 많이 가지면 가질수록 더 많이 포기해야 한다고 말한다 (4:8; 5:13-15; 6:1-2). 코헬렛은 자신의 모든 성취들이 다른 누군가에게 넘겨주어야 한다는 것에 관해 생각하는 중에, 그러한 전망이 지극히 혐오스러운 것임을 깨닫는다(2:18). 지혜가 죽음을 초월하는 항구적인 유익을 주지 못하는 것과 마찬가지로, 많은 수고를 통하여 얻은 인간의 온갖 성취들 역시 마찬가지이다. 브라운(Brown 2001: 276)은 이를 다음과 같이 설명한다: "코헬렛이 볼 때, 죽음의 그림자 아래에서는 수고에 관한 문제가 자신의 유산을 성격이나 마음 속의 동기가 의심스러운 다른 사람들에게 넘겨줄 수밖에 없는 현실보다 더 큰 문제로 다가온다. 지혜로운 자는 성취를 향한 욕구 자체에 문제가 있다고 본다. 참으로 수고에 대한 그의 정의는 이득에 대한 전망을 분명한 특징으로 갖는다. 모든 인간의 수고는 이득을 얻기 위한 목적을 갖는 것이다. 코헬렛은 '수고'('아말')로서의 일에 세 가지 난제가 있다고 본다: 진정한 이득이 없는 수고와 안식이 없는 수고 및 시기심이 동기가 된 수고 등이 그렇다."

코헬렛은 자신이 수고로 얻은 모든 열매를 갖게 될 자를 자기 마음대로 할 수 없다는 현실로 인하여 큰 고통을 느낀다(2:19). 그는 자신의 계승자가 지혜로운 자일지 어리석은 자일지를 알지 못한다. 그럼에도 불구하고 그가 모은 모든 것들은 어찌할 수 없이 그 계승자에게로 넘어가게 되어 있다. 본절은 솔로몬의 아들인 르호보암의 어리석음을 은연중에 빗대고 있는 것으로 보인다. 그의 경솔함과 무감각함으로 인하여 이스라엘 나라가 영원히 둘로 나누어지고 말았기 때문이다(왕상 12장). 코헬렛의 유산을 지혜로운 자가 넘겨받는 최선의 상황이라 할지라도, 코헬렛이 온갖 수고를 하였으되 그의 뒤를 잇는 자가 그의 수고의 열매를 맛보게 된다는 사실에는 변함이 없다. 크렌쇼(Crenshaw 1987: 88)는 이를 다음과 같이 잘 설명하고 있다: "그 계승자가 우연히 지혜로운 자라 할지라도 그것이 코헬렛을 위로해줄 수 있는 것은 거의 아니다. 왜냐하면 그가 자신의 계획에 투자한 모든 것은 사실 온전히 그의 것이기 때문이다. 코헬렛은 어떤 다른 사람이 고된 수고를 통하여 자신이 얻은 것을 갖게 된다는 것이 부당하다고 생각한다." 설상가상으로 지혜로운 자가 자신처럼 지혜에 헌신한 사람을 계승자로 두게 된다는 보증도 없다. 그리하여 그는 "이것 역시 '헤벨' 이다"는 결론을 내린다.

20절은 2:18-19에 있는 코헬렛의 묵상에 대한 논리적인 응답의 성격을 갖는다. 그는 해 아래에서 행한 자신의 수고로 인하여 절망감에 사로잡힌다. 자신의 힘으로 바꿀 수 없는 상황을 체념하면서 받아들이기는 하지만 말이다(Whybray 1989: 61). 흥미롭게도 70인역과 그 뒤를 잇는 불가타역은 '야에쉬'를 '아포탁사스타이'로 번역한다. 이러한 번역은 "참회하는 마음으로 이전의 생활 방식을 포기하고자 하는 솔로몬을 본절의 화자(話者)로 보는 잘못된 견해를 초래하였다"(Longman 1998: 103-4).

코헬렛이 포기의 태도를 보이는 이유는 2:21에 잘 설명되어 있다. 그는 누군가가 최고의 지혜와 지식 및 기술 등을 동원하여 수고를 한다 할지라도,

그로부터 얻은 성취들이 개인적인 성품이나 경험의 균형을 이루지 못한 누군가의 수중에 떨어질 수도 있다고 말한다. 이렇듯이 전통적인 지혜의 규칙들을 따른다고 해서 참된 삶이 항상 가능해지는 것은 아니다. 어떤 해석자들은 코헬렛의 태도가 완전한 자기중심주의에 해당한다고 보지만(Crenshaw 1987: 88), 자신의 수고가 유산의 연속성을 보증해줄지 그렇지 않을지를 예측할 수 없다는 사실로 인하여 코헬렛이 좌절감에 사로잡힌 것으로 해석하는 것이 더 나을 것이다. 버거(Berger 2001: 150)는 이를 다음과 같이 잘 설명하고 있다: "이러한 곤경 속에서는 정당하게 기대되어야 하는 것과 실제로 세상이 돌아가는 것 사이에 불일치가 있을 수밖에 없다. 이러한 불일치는 일종의 불의에 해당하는 것이다." 이러한 좌절감으로 인하여 코헬렛은 다음과 같은 수사학적인 질문을 던지게 된다: "사람이 해 아래에서 행하는 모든 수고와 마음에 애쓰는 것이 무슨 소득이 있으랴?"(2:22). 미래가 자신의 지식과 통제 너머에 있는 까닭에, 코헬렛은 살아있는 동안에 행하는 모든 수고로부터 지속적인 유익을 얻을 수 없다.

안전한 미래가 없는 탓에 코헬렛은 자신의 계획에 대한 모든 힘겨운 수고와 끊임없는 관심을 정당화할 명분을 찾지 못한다(2:23). 그는 자신이 처한 상황을 평가하면서, 미래에 대한 기대감을 갖지 못하며, 현재의 상황 속에서 아무런 평안도 느끼지 못한다. 긴스버그(Ginsburg 1970: 299)가 설명한 바와 같이, "인간은 자신의 모든 수고로부터 어떠한 미래도, 어떠한 지속적인 유익도 얻지 못한다. 뿐만 아니라 … 그것은 수고하는 자들에게 현재적인 즐거움을 주지도 못한다. 왜냐하면 인간의 수고는 낮 시간 동안에는 슬픔과 초조감을 동반하고, 밤 시간 동안에는 평안을 빼앗아가기 때문이다." 전통적인 지혜를 지배하는 보상의 교리와는 대조적으로, 코헬렛은 지혜를 통한 고된 수고가 생명에 이른다는 가정을 거부한다. 그의 시각에서 볼 경우에, 그는 열심히 수고하였으나 안식을 빼앗기며, 자신이 이룩한 것들을 수중에 넣을 다른 사람의 불확실한 운명에 자신의 수고의 열매를 넘겨줄 수밖에 없다. 따라서 그가 "이것 역시 '헤벨'이다"라고 되풀이하는 것은 이상한 일이라고 보기 어렵다.

첫 번째의 잠정적인 결론(2:24-26)

코헬렛은 해 아래에서 유익을 발견하고자 하던 첫 번째의 연속적인 탐구 작업에서 관찰한 것들을 요약하는 중에, 2:24-26에서 잠정적인 결론을 내린다. 이 단락은 삶에 대한 두 번째와 세 번째의 관찰로부터 얻은 결론들(5:18-20; 8:15)과 더불어 12:9-14의 최종적인 결론을 예시하는 중간 보고의 역할을 수행한다. 해 아래에서 이루어지는 삶에 대하여 그가 모든 것이 '헤벨'이라는 평가를 내리고 있다는 것은 부정할 수가 없다. 그러면서도 코헬렛은 삶을 포기하지 않으며, 독자들이 냉소주의나 허무주의에 빠지는 것을 원치도 않는다. 임박한 죽음 앞에서 사람들은 자신의 삶 속에서 무엇이 가치 있는 일들이었는지를 정확하게 평가하지 않으면 안 된다. 허바드(Hubbard 1991: 91)는 코헬렛의 탐구 작업이 그의 사유에 어떠한 영향을 주었는지를 다음과 같이 잘 설명하고 있다: "죽음은 지혜의 가치를 감소시키는 괴로운 현실이다. 그것은 지혜로운 자의 기억을 말소시키며, 우리가 힘들게 수고하여 얻은 것들을 부적절한 사람들에게 넘겨준다. 지혜로운 자는 이 모든 것을 분명하게 밝히고 있다. 그러면서도 그는 학생들에게 삶을 포기하라고 가르치지 않는다. 도리어 그는 적절한 즐거움이 가능하다는 대안적인 결론에 도달한다."

인간의 덧없는 삶이 마땅히 받아들여야만 하는 기쁨을 그 안에 포함하고 있다는 권장할 만한 결론을 내리기 위하여, 코헬렛은 해 아래에서의 삶을 죽음과 하나님과 영원함 등을 포함하는 세계관으로부터 구별짓는 휘장을 잠시 들어올린다. 이처럼 확대된 시각에서 그는 이렇게 말한다: "사람이 먹고 마시며 수고하는 것보다 그의 마음을 더 기쁘게 하는 것은 없나니, 내가 이것도 본즉 하나님의 손에서 나오는 것이로다"(2:24). 어떤 해석자들은 이 말이 에피쿠로스 학파의 쾌락주의 윤리를 받아들인 것이라고 보아, 코헬렛을 "현재를 즐기라"(carpe diem)는 쾌락주의의 교리를 신봉하는 자로 간주하지만, 코헬렛의 이러한 조언은 전도서 전체의 메시지와 일관성을 가진 것으로 이해하지 않으면 안 된다. 1:3의 포괄적인 질문에 대한 답변으로 수고의 열매를 즐기라는 2:24-26의 충고는 정확하게 하나님의 은총이라는 맥락에 속해 있는 것이다. 하나님께서 창세기 1:31에서 자신의 창조 세계를 선한 것('토브')으로 평가하신 것과 마찬가지로, 이 단락에서도 '토브'라는 낱말이 네 차례에 걸쳐서 하나님께서 인간의 삶 속에 주신 복을 묘사하는 사용된다. 해 아래에서 하나님께서 괴로운('라아') 일로 사람을 괴롭히셨다고 말하는 1:13의 관찰과는 대조적으로, 코헬렛은 인간의 삶 전체를 살핀 후에, 하나님께서 자신이 보시기에 선한 사람들에게 좋은 것들을 주셨다는 것을 깨닫는다.

시편 127:1-2가 가르치는 바와 같이, 하나님의 활동을 배제한 인간의 수고는 공허함에 이를 수밖에 없다. 그러나 하나님을 염두에 두게 되면, 수고가 기쁨으로 변할 수도 있다. 키드너(Kidner 1976: 35)는 이를 다음과 같이 설명한다: "22-23절의 과중한 노동에 시달리던 자는 낮 동안의 수고와 밤 동안의 근심에 찌들린 나머지 하나님께서 자신을 위하여 남겨 두신 단순한 기쁨들을 놓치고 만다 … 24-25절이 보여주듯이, 그를 괴롭히던 수고는 하나님께서 주시는 즐거움의 선물일 수도 있다(기쁨 자체는 별개의 문제이다, 25절). 만일에 그가 하나님의 은혜를 있는 그대로 받아들이기만 한다면 말이다." 따라서 힘든 일은 하나님의 일하심과 합력하여 행해질 경우에는 선한 것이 된다. 그것은 "항상 좌절감으로 인도할 뿐인 부를 축적하기 위한 열광적인 욕망"만은 아니다(1:3; 2:10-11, 18-23)(Whybray 1989: 63).

먹고 마시는 일이 반복되는 지루한 일상 속에서 하나님께서는 사람들이 기꺼이 받아들이지 못하는 즐거움을 선물로 주신다. 그들은 자신이 원하는 만족감이 하나님의 선물 안에서만 발견될 수 있다는 사실을 깨달을 때에만 자신의 수고 속에서 선한 것을 발견할 수 있다. 만일에 우리가 2:25의 마지막 말을 맛소라 본문의 "나보다 더"로 읽는 대신에 70인역이나 시리아역을 따라서 "그보다 더"로 읽는다면, 본문의 흐름이 자연스럽게 유지된다. "이러한 본문 이해는 하나님께서 인간사에 주도적으로 관여하신다는 점을 강조하는 효과를 갖는다. 이러한 견해는 성서적인 개념에 충실한 것이며, 하나님의 인과율에 대한 코헬렛의 생각과도 조화를 이루는 것이다"(Murphy 1992: 26).

26절은 두 종류의 사람들을 대비시킨다. 첫째로, 하나님 보시기에 선한 자로서, 그에게서 지혜와 지식과 기쁨을 선물로 받는 자가 있다. 코헬렛은 해 아래에서의 탐구 작업을 통하여 이 세 가지를 다 얻으려고 노력하였지만(1:16-17; 2:1), 자신의 수고가 단지 '헤벨'일 뿐이요, 바람을 잡는 것과도 같은 것이었음을 발견한다. 왜냐하면 그것들을 하나님의 선물들로 받은 것이 아니었기 때문이다. 둘째로, 이와는 대조적으로 하나님의 선물들을 과녁에서 놓치는 자들('호테')이 있다. '호테'가 종종 성서에서 죄인을 가리키는 데 사용되기도 하지만, 이 낱말이 반드시 도덕적인 범주를 대표하는 것만은 아니다. 지혜문학의 다른 많은 본문들에서와 마찬가지로 여기서도 그것은 "항상 실수하고 실패하는 자, 어떤 일도 똑바로 하지 못하는 자"를 가리킬 수 있다(Seow 1997c: 141). 코헬렛은 모든 선한 사람들이 하나님께로부터 좋은 것을 받고 모든 악한 사람들은 하나님께로부터 나쁜 것을 받는다고 주장하기보다는, 행동과 결과 사이에 특별히 주목할 만한 상관관계가 존재하지 않는다고 가르친다. 그 대신에 하나님께서는 모든 사람들로 하여금 자신의 헤아릴 수 없는 계획을 성취하게 만드시며, 때로는 어떤 개인에게 "모아 쌓게 하사 하나님을 기뻐하는 자에게 그가 주게 하신다."

이것은 하나님께서 해 아래에서 인간의 경험 세계 안에 부여하신 질서이기 때문에, 사람들은 자신의 노력으로 삶을 지배하려고 애쓰기보다는, 삶을 하나님께서 주권적으로 주시는 것으로 받아들일 필요가 있다. 사람들은 자신의 재능과 재주와 성취만으로는 자신의 삶을 안전하게 만들지 못한다. 삶 속에는 수수께끼와도 같고 그들을 괴롭히기까지 하는 많은 측면들이 존재한다. 그럼에도 불구하고 하나님께서는 지루하게 되풀이되는 일상 속에 어느 정도의 기쁨을 두셨다. 따라서 사람들은 그것을 받아들여야 하고 움켜쥐어야 한다.

허바드(Hubbard 1991: 94)는 이를 다음과 같이 잘 설명하고 있다: "삶 속에서 실천할 수 있는 단순하고도 기본적인 활동들은 삶의 불확실성을 탐색함과 아울러 삶의 불일치들을 변화시키려는 환상적이고도 성취 불가능한 인간의 모든 꿈들과 구별된다. 음식물과 음료수와 일과 사랑 등은 인간에게 필요한 것들의 목록이다. 그것들은 우리가 어떠한 능력을 가지고 있건, 그리고 우리가 어떠한 자리에 있건 대부분의 사람들이 얻을 수 있는 것들이다." 이처럼 잠시 희망을 일견한 후에 코헬렛은 삶에 대한 기쁨을 기대하는 말로써 자신의 첫 번째 관찰을 끝맺는다. 이 주제에 대한 완전한 설명은 전도서의 결론 부분에 가서야 이루어진다.

삶에 대한 두 번째 관찰(전도서 3-5장)

삶에 대한 두 번째의 연속적인 탐구 작업은 첫 번째 탐구 작업이 멈춘 곳에서 시작한다. 2:24-26에서 코헬렛은 삶을 하나님의 손으로부터 주어지는 선물로 간주하고 또 그렇게 평가해야 한다고 말한 바가 있다. 이러한 통찰에 기초하여 그는 이 단락에서 인간의 모든 행동을 궁극적으로는 모든 경험 세계를 포괄하는 하나님의 주권적인 계획을 따라 추적할 수 있다고 추론한다. 설령 사람들이 "일상적인 삶에 사로잡힌 나머지 미리 결정되어 있는 행동 유형을 알지 못한다"고 할지라도(Crenshaw 1987: 92), 그들은 외견상 혼란스러워 보이는 삶의 배후에서 하나님께서 적절한 때에 그 열매를 맺게 하실 한 계획을 실행에 옮기시고 계신다는 확신으로 인하여 위로를 얻을 수 있다(Leupold 1952: 79).

원리(3:1)

3:1-8에서 29회나 반복되는 '에트'라는 용어는 이 단락의 중심 개념을 구성하고 있음이 분명하다. 7:17에 나오는 이 용어의 용례는 그것이 정해진 때 또는 하나님께서 결정하신 시간을 뜻하고 있음을 분명하게 보여준다. 왜냐하면 코헬렛은 "어찌하여 기한 전에 죽으려고 하느냐?"(참조. 렘 8:7)고 말하고 있기 때문이다. 루드맨(Rudman 2001: 78)은 이를 다음과 같이 설명한다: "코헬렛은 결코 다른 곳에서는 이 낱말을 사람들이 그에 따라 행동해야만 하는 이상적인 때라는 의미에서 사용하지 않는다. 도리어 그것은 밖으로부터 부과된 '정해진 때'라는 의미에서 사용된다. 무엇인가가 그것을 따라서 행동해야만 하는 때로서 말이다." 이와 평행을 이루는 용어인 '제만'은 성서 히브리어와 성서 이후 시대의 히브리어 및 성서 아람어에서 항상 미리 결정된 또는 정해진 때를 가리키는 데 사용된다(Seow 1997c: 159).

3:2-8에 열거된 구체적인 사례들의 목록 배후에는 하나님께서 모든 인간과 모든 때에 이루어지는 그들의 모든 행동을 포괄하는 계획을 가지고 계신다는 원리가 감추어져 있다. 코헬렛은 사람이 하는 모든 일에 적절한 때가 있다고 말하지 않는다. 또한 그는 그러한 일을 하기에 적절한 때를 알기 위

해 항상 주의를 기울여야 한다고 말하지도 않는다. 도리어 그는 겉으로 드러난 것들과는 달리 세상 속에서 이루어지는 하나님의 행동이 제멋대로이거나 우연한 것이 아니라고 주장한다. 면밀하게 검토해 보면 해 아래에서 이루어지는 혼란스러워 보이는 삶 속에 하나님의 질서가 있음을 알 수가 있다는 얘기다. 프리드리치(Frydrych 2002: 123)는 이를 다음과 같이 설명한다: "코헬렛의 경험 세계는 긍정적이고 즐거운 것 다음에는 항상 부정적이고 불쾌한 것이 뒤따르는 곳이다. 그 이유는 하나님께서 그렇게 되기를 바라셨기 때문이다. 코헬렛의 깨달음에 의하면, 하나님은 모든 것에 대하여 궁극적으로 책임을 지시는 분이다. 그가 보기에 삶 속에서 이루어지는 모든 일들은 하나님과 관련되어 있다. 그리고 인간의 삶 속에서 이루어지는 긍정적인 경험이나 부정적인 경험은 공히 의도적인 계획의 일부를 구성하고 있다."

코헬렛은 전통적인 지혜를 거부하기보다는, 창조 세계 안에 창조주께서 정하신 질서와 계획이 새겨져 있다는 성서 지혜의 기본 전제에 의존한다. 옥덴(Ogden 1987: 51)은 이를 다음과 같이 설명한다: "도입부의 이러한 진술 배후에는 창조 세계가 하나님의 계획과 뜻에서 비롯된 질서를 특징으로 가지고 있다는 확신이 놓여 있다. 이것은 지혜 신학의 기본적인 건축물들 중의 하나에 해당하는 것이다."

구체적인 사례들(3:2-8)

코헬렛은 1절의 일반적인 원리를 확장시켜 하나님께서 '에트' ― 하나님이 주권적으로 정하신 때 ― 를 부여하신 열네 개의 대립 쌍들을 나열한다. 옛 수메르의 대립 구조를 사용하여 그는 "특정 상황의 양극 개념이 상호관계 속에서 통일된 전체를 구성한다고 본다"(Harrison 1969: 1083). 이렇듯이 양 끝점이 하나님에 의해 정해져 있을 뿐만 아니라 그 사이에 있는 모든 다른 시기들도 똑같이 하나님에 의해 계획되어 있다. 허바드(Hubbard 1991: 102)가 제안하는 바와 같이, 일곱 쌍의 반복 사용은 완전함의 개념을 전달하고 있는 것으로 보인다. 마치 물질계의 창조를 마무리하신 후의 일곱째 날에 하나님께서 쉬신 것처럼 말이다. 이렇듯이 삶 속에 있는 모든 것들은 하나님께서 정하신 적절한 때를 가지고 있다.

3:2-8에 있는 열네 진술들의 내용이 인간의 모든 삶을 포괄하고 있다는 것은 놀라운 일이 아닐 수 없다. 출생과 죽음이라는 가장 중요한 개인적인 사건들이 가장 먼저 언급된다. 그리고 이 목록은 전쟁과 평화라는 중요한 공동체의 사건들로 끝을 맺는다. 이처럼 고상한 양 끝점 사이에는 가장 세속적인 삶의 영역들조차도 인간의 통제가 아니라 하나님의 통제 아래 있는 것으로 묘사된다. 이 목록의 구성 요소들이 식별 가능한 어떤 체계적인 원리를 따라 배열되고 있는 것은 아닌 것으로 보인다(Whybray 1989: 68-69). 그러면서도 그것들은 하나님의 계획이 인간의 모든 행동들에게 폭넓게 미친다는 것을 인상적인 방식으로 보여준다. 임의적인 배열 방식은 하나님의 질서가 사람들의 눈에 금방 쉽게 드러나지 않는다는 것을 암시하는 듯하다. 이러한 통찰은 인간의 삶을 행동과 결과라는 깔끔한 공식으로 정리할 수 있다고 보는 전통적인 지혜의 확신을 누그러뜨리는 역할을 수행한다.

   시아오(Seow 1997c: 171)는 3:2-8을 다른 지혜의 격언들과 비교한 후에 다음과 같이 말한다: "전통적인 지혜는 어떠한 인간의 행동에도 적절한 때가 있다고 생각하며, 지혜로운 자는 그러한 때를 알아냄으로써 성공의 가능성을 극대화시킬 수 있는 사람이어야 한다고 본다. 어떤 지혜의 가르침에 의하면, 지혜로운 자는 모든 일을 행할 적절한 때를 알고 있으며(잠 15:23; 25:11; 집회서 1:23-24; 4:20, 23), 아직 태어나지 않은 아이조차도 자신이 출생할 적절한 때를 알아야 한다(호 13:13)."

   이 목록이 체계적으로 정리되지 않은 내용을 가지고 있다는 것이 하나님의 세계의 신비로움을 암시하는 것이기도 하지만, 이와 같은 목록의 수사학적인 구조는 창조 세계 안에 새겨진 질서를 암시할 수도 있다. 화이브레이(Whybray 1989: 66)는 다음과 같은 점을 지적한다: "일정한 목록들의 편집은 몇 가지 목적들을 가지고 있다. 그들 중 어떤 것은 매우 신학적이지만, 또 어떤 것은 수사학적이며 때로는 장식용에 지나지 않은 것도 있다. 그러나 일반적으로 목록 편찬의 관습은 '자연적인' 것과 초자연적인 것을 포함하는 세계가 질서 잡힌 구조물이라는 깨달음을 드러내고 있으며, 가능한 한 세계를 전체 속에서 묘사하려는 욕구를 반영하고 있다." 코헬렛이 3:2-8의 목록 형식을 사용한 것이 정말로 이러한 의도에서 비롯된 것이라면, 그는 하나님께서 세계를 위한 질서 잡힌 계획을 가지고 계신다는 사실을 은연중에 암시하고 있는지도 모른다. 그렇다면 사람들이 그것에 저항한다는 것은 부질없는 짓이다. 설령 해 아래에서의 삶이 수수께끼와 같은 것이라 할지라도 말이다.

많은 해석자들이 지적하는 바와 같이, 이 목록에 사용되는 언어는 대부분이 전도서의 나머지 부분과 구별된다. 이는 3:2-8이 본래 독립적인 단락이었는데 코헬렛이 3:1의 원리를 뒷받침하기 위해 이를 인용했을 수도 있음을 암시한다. 이 단락이 코헬렛 자신의 것이든 아니면 다른 자료로부터 가져온 것이든 간에, 그것은 전도서의 포괄적인 질문(1:3)을 반복하고 있는 9절을 예견하고 있다는 점에서 문맥에 잘 들어맞는 것이다: "일하는 자가 그의 수고로 말미암아 무슨 이익이 있으랴?" 옥덴(Ogden 1987: 54)은 이를 다음과 같이 설명한다: "1장에서 그는 먼저 질문을 던진 다음에, 자신의 주장을 암시하는 시를 사용한다. 그러나 3장에서는 시가 먼저 나온다. 그 까닭은 그가 그 문제를 다른 맥락에서 다루기를 원하기 때문이다. 여기에서 그는 사람들이 하나님의 통제 아래 있는 세계 안에서 과연 어떤 이익('이트론')을 발견할 수 있겠는지를 묻는다. 모든 사건은 하나님의 통제 아래에 있다. 그렇다면 '이트론'은 어디에 있는 것인가?"

3:2-8의 정해진 때들의 목록에서 몇 가지의 항목들은 특별한 주의를 필요로 한다. 이 목록은 2절에서 출생-죽음의 쌍으로 시작한다. 이는 코헬렛이 죽음을 삶의 의미를 판단하는 기준으로 자주 사용하고 있다는 사실을 상기시켜 준다. 심을 때와 심은 것을 뽑을 때는 출생과 죽음에 대한 은유적인 재진술일 수도 있다. 비록 11:6이 농경 활동의 적절한 때를 알지 못하는 농부의 무지를 염두에 두고 있을 수도 있겠지만 말이다.

죽일 때가 있고 치료할 때가 있다는 3:3의 진술은 도덕적으로 올바른 것이라는 의미에서 읽어서는 안 된다. 도리어 그것은 하나님께서 주권적으로 자신의 계획 안에 포함하신 것을 가리키는 것으로 읽어야 한다. 그의 헤아리기 어려운 계획 속에는 생명을 가져가고 건강을 회복시키는 일이 포함되어 있다.

하나님의 계획은 또한 인간의 감정 세계 전체를 포괄하고 있기도 하다. 그것은 때때로 눈물과 애통의 반응을 불러일으키기도 하고, 또 때로는 사람들로 하여금 웃음과 춤으로 자신의 기쁨을 표현하게 하기도 한다(3:4). 롱맨

(Longman 1998: 115)은 본절의 두 행이 개인적인 감정 표현으로부터 공동체적인 감정 표현으로 옮겨가고 있음을 올바르게 지적한 바가 있다.

"돌을 던져 버릴 때가 있고 돌을 거둘 때가 있으며"라는 5절의 첫 번째 행에 대해서는 다양한 해석들이 존재한다. 전도서의 '미드라쉬 랍바'는 이 쌍이 "안을 때가 있고 안는 일을 멀리 할 때가 있으며"라는 두 번째 행과 비슷한 의미를 갖는다고 본다. 이러한 번역에 의하여 "여기에 서술된 두 가지 행동은 성적인 의미를 갖는 것으로 이해된다. 달리 말해서 성적인 행동이 적절한 때가 있고 그렇지 않은 때가 있다는 얘기다"(Ogden 1987: 53). 반면에 돌을 던지는 행동이 계획적으로 들판을 폐허로 만드는 행동을 뜻한다고 보는 열왕기하 3:19, 25의 설명이나 돌을 거두는 행동이 파종을 위해 들판을 개간하는 것을 뜻한다고 보는 이사야 5:2의 설명 역시 5절의 첫 번째 행이 갖는 문자적인 의미를 가리킬 수도 있다. 이처럼 대조적인 활동은 들판이 적들에게 무용하게 되도록 돌들로 덮는 전쟁 시의 관행과 평화 시에 농사를 짓기 위하여 땅을 개간하는 행동을 가리킨다(Hubbard 1991: 103).

서로 밀접하게 관련되어 있는 6절의 두 행은 소유와 상실을 대비시킨다. 전도서의 결론 부분에서는 "찾다"('바카쉬')나 "지키다"('샤마르')와 같은 긍정적인 용어들이 특히 중요한 의미를 갖는다. 12:10은 전도서 전체를 되돌아보면서 이렇게 말한다: "전도자는 힘써 아름다운 말들을 구하였나니['비케쉬'] 진리의 말씀들을 정직하게 기록하였느니라." 12:13의 마지막 훈계는 이렇게 읽힌다: "일의 결국을 다 들었으니 하나님을 경외하고 그의 명령들을 지킬지어다['셰모르']. 이것이 모든 사람의 본분이니라."

7절의 의미에 대해서는 논란이 많다. 어떤 이들은 첫 번째 행이 애통함을 가리킨다고 본다. 왜냐하면 성서 시대에는 자신의 옷을 찢는 것이 슬픔을 표현하는 것으로 여겨졌기 때문이다. 사무엘하 13:31이 구체적으로 보여주는 것처럼 말이다(Kaiser 1979: 65). 그러나 그 반대편의 꿰매는 것에 대한 언급은 반드시 슬픔이 끝난 때만을 가리키는 것이 아니다. 이 쌍은 단순히 새 옷을 만들고 사용 기간이 지난 옷을 찢는 일상적인 행동을 가리킬 수도 있다. 이와 마찬가지 방식으로, 비록 침묵이 죽음의 때에 잠잠해지는 것과 관련될 수도 있지만, 말할 때와의 연결은 두 번째 행이 말이나 침묵의 모든 기회들을 포함하고 있음을 가리키는 것으로 보인다. 만일에 이것이 정말로 이 두 번째 행이 의도하는 바라면, 그것은 전통적인 지혜의 무수한 격언들 — 잠언 10:19; 15:23과 같은 — 을 확증하는 셈이 된다(Whybray 1989: 71-72).

이 시의 강력한 결론을 이루는 8절은 개인적인 형태와 그보다 더 넓은 사회적인 차원으로 표현되는 가장 강한 감정들을 대비시키고 있다. 개인적인 차원의 경우, 하나님의 주권적인 계획은 사랑으로부터 미움에 이르기까지의 모든 것을 포괄한다. 사회적인 차원의 경우, 전쟁과 평화는 똑같이 그의 통제 아래에 있다.

평가(3:9-11)

이 짤막하면서도 중요한 단락에서 코헬렛은 3:1의 원리와 하나님께서 주권적으로 정하신 때의 다양한 차원들을 구체적으로 보여주는 3:2-8의 시가 갖는 의미들을 평가한다. 그의 평가는 9절에서 전도서의 포괄적인 질문(참조. 1:3)으로 시작한다: "일하는 자가 그의 수고로 말미암아 무슨 이익('이트론')이 있으랴?" 이 질문은 부정적인 답변을 분명하게 전제하고 있다. 앞의 것들에 비추어볼 때, 인간의 모든 삶은 하나님의 지배 아래에 있기 때문에, 어떠한 인간의 노력도 하나님을 떠나서는 유익을 주지 못한다. 머피(Murphy 1992: 34)는 이를 다음과 같이 추론한다: "이 수사학적인 질문(참조 1:3)은 아무런 유익도 얻지 못하는 인간의 행동에 심판을 내리고 있다. 사람들은 자신의 힘으로 만들어낼 수 없는 사건들의 세계 안에 갇혀 있다 … 9절에서 코헬렛은 적절한 시점에서 이 시를 인간의 수고에 적용한다. 아무리 많은 노력을 해도 하나님께서 정하신 때를 바꾸지는 못한다는 것이 그렇다."

코헬렛은 모든 인간을 '하오세'로 묘사함으로써 해 아래 있는 사람들이 근본적으로 일하는 자들이라고 생각한다. 달리 말해서 그는 그들을 '아담'으로서의 독특한 존엄성을 가진 자들, 곧 하나님의 형상을 따라 만들어진 자들(창 1:26-27)로 보기보다는, 단지 그들이 행하는 활동들과 그들이 만들어내는 물건들에 비추어서만 생각한다는 얘기다. 시아오(Seow 1997c: 172)의 다음과 같이 통찰력 있는 설명은 이러한 묘사가 갖는 서글픈 아이러니를 잘 지적하고 있다: "그 질문의 전형적인 형태 안에서 '하아담'을 '하오세'('일하는 자')로 대체한 것은 의도적인 아이러니에 해당하는 것이다. 인간은 무엇인가를 행하는 자('하오세')로 묘사되지만, 이 행하는 자가 정말로 중요한 어떤 일을 하는 것일까? 그의 온갖 수고는 이 행하는 자에게 과연 어떤 유익을 가져다주는가?" 사람들이 끊임없이 수고를 거듭함에도 불구하고, 3:2-8에 나열되어 있는 대립된 행위 쌍들은 그들의 활동이 그들을 말소시킬 뿐이요, 지속적인 발전이나 유익을 전혀 가져다주지 못한다는 것을 암시하고 있다.

10절에서 코헬렛은 1:13과 2:24-26에서 그랬던 것처럼 이러한 대립 쌍 속에 하나님을 끌어들인다. 인간 활동의 끊임없는 반복은 "하나님이 인생들에게 주신 노고"에 해당한다. 코헬렛은 여기서 '베네 하아담'이라는 용어를 사용함으로써, 자신이 인간을 앞 절에서처럼 단순히 일하는 자들로 보지 않고 도리어 하나님의 형상을 따라 창조된 자들로 보고 있음을 암시한다. 인간이 삶의 '헤벨'을 이토록 예민하게 느끼는 이유는 그들이 하나님에 의하여 단순히 행동하는 것 이상의 어떤 것을 위하여 만들어졌기 때문이다. 허바드(Hubbard 1991: 105-6)는 이를 다음과 같이 잘 설명하고 있다: "우리는 하나님의 형상을 따라 만들어졌기 때문에 삶의 깊이들을 탐색하려고 노력할 수 있으며, 그 일에 충분한 성공을 거둘 수도 있지만, 결국에는 우리가 그 일을 잘 하지 못했다는 것을 알게 된다. 하등 피조물들은 그러한 것조차도 깨닫지 못할 것이다. 마치 무지한 자들이 세상이 자기와 함께 웃는지 아니면 자기를 향해서 웃는지를 알지 못하는 것처럼 말이다. 그러한 것을 알기 위해서는 어느 정도의 분별력이 필요한 법이다. 그리고 우리는 하나님의 형상을 따라 만들어진 하나님의 청지기들이기 때문에, 그러한 일을 위해 노력해야 한다. 하나님의 동산을 보살피고 땅을 그를 경배할 사람들로 가득 채우는 것(창 1:28; 2:15)과 같은 일은 삶이 어떻게 이루어지고 있으며 왜 삶을 살아야 하는지의 문제와 씨름하는 것을 포함한다." 달리 말해서 하나님께서는 주권적으로 인간을 삶이라는 다람쥐 쳇바퀴 위에 두심으로써, 그들로 하여금 더 나은 어떤 것, 곧 하나님께서 자신의 형상을 따라 만드신 자들에게 허락하신 독특한 일을 위하여 부르짖게 하신다는 얘기다.

3:11에서 코헬렛은 인간이 스스로의 힘으로는 해 아래에서 삶의 의미를 찾을 수 없는 이유를 밝혀 설명한다. 일하는('하오세') 인간의 수고를 염두에

두고 있는 9절과는 대조적으로, 11절은 하나님이 모든 것들을 제각기 자신의 때에 맞게끔 만드셨다('아사')고 말한다. 해 아래에서 인간은 자신의 활동이 유익을 얻는 데 상당히 쓸모가 있다고 착각한다. 그들은 하나님이 자신의 세계 안에서 주권적으로 활동하시며, 그가 만드신 모든 것들은 그가 정하신 적절한 때에 이루어진 것들임을 알지 못한다(참조. 3:1). 형용사 '야폐'는 아름답거나 즐겁다는 의미보다는 특정 상황에 어울리고 적합한 것이라는 의미를 가지고 있다(참조. 5:18).

이어서 코헬렛은 하나님이 또한 사람들의 마음속에 '올람'을 넣어두셨다고 말한다. 이 용어가 막연하게나마 오랜 시간을 가리키기는 하지만, 전도서에서의 다른 용례들, 특히 3장의 문맥(참조. 3:14)에서는 영원이라는 뜻을 강하게 암시하고 있다. 따라서 11절은 현저한 대조를 포함하고 있다. 한편으로 보면 하나님께서는 모든 것들을 그 적절한 때에 맞추어 만드셨다. 그러나 다른 한편으로 보면 그는 인간의 마음속에 영원함에 대한 감각을 심어두셨다. 케인데이(Caneday 1994: 105)는 이를 다음과 같이 밝히고 있다:

> 하나님께서 사람들의 마음속에 심어두신 "영원함"은 탐구 정신과 목표를 향한 열망을 일부 포함한다. 그것은 강한 추진력을 뜻하며, 질서와 아름다움을 음미하고자 하는 강한 열망을 가리킨다. 그것은 인간이 하나님의 형상을 따라 만들어졌기에 생겨나는 것이다. 그것은 인간이 자신을 끊임없는 계절의 순환 속에 붙들어 매고 있는 속박으로부터 벗어나기 위하여, 그리고 근심에 사로잡힌 자신의 마음을 의미와 목적을 통하여 위로하기 위하여, 현 세계가 정한 한계를 뛰어넘고자 하는 충동을 의미한다 … 그러나 그것은 또한 하나님의 영원한 권능과 하나님의 본성에 대한 잔여 지식 — 하나님께서 모든 인간 안에 심어두신 — 을 포함하지 않으면 안 된다(참조. 롬 1:19). 왜냐하면 그 지식이야말로 모든 것에 목적과 의미가 있음을 사람들에게 알게 해주기 때문이다(그것이 그들을 완전히 피해가기도 하지만).

달리 말해서 인간은 시간에 매여 있으면서도 영원에 묶여 있는 존재이다. 그들은 어딘가에 의미가 있지 않으면 안 된다는 것과 자기들이 헛된 수고 이상의 목적을 위하여 만들어졌다는 것을 본능적으로 알고 있다.

사람들은 이처럼 하나님께서 주신 영원 의식을 가지고 있다 할지라도, 그들로 하여금 "하나님께서 처음부터 끝까지 행하신 것들을 헤아리지" 못하게 하는 한계 안에서 살고 있다(Krüger 2004: 87). 만일에 그들이 시간의 제약을 받는 인간의 시각만을 활용함으로써 해 아래에서 의미를 발견하려고 애쓴다면, 그들은 하나님께서 그들 안에 심어두신 영원함에 대한 갈망을 충족시킬 수 없다. 허바드(Hubbard 1991: 106)가 지적한 바와 같이, 이것은 심각한 불일치를 초래한다: "인간 안에는 미래를 알고자 하는 열망이 있다. 하나님께서는 그러한 열망을 그들 안에 두셨다. 그러나 우리에게는 그러한 열망을 충족시킬 능력이 없다. 그것은 우리의 힘으로 억누를 수 없는 강한 갈망을 뜻한다. 우리는 자신의 운명에 도움을 줄 만큼 충분한 자유를 얻기를 갈망한다. 우리는 만들어져야 할 필요가 있는 운명이 존재한다는 것을 알고 있다. 그렇지만 우리는 그와 관련하여 많은 일을 할 수 있는 자유를 가지고 있지 못하다. 그 까닭은 하나님께서 우리 삶의 다양한 시기들을 결정하시기 때문이다." 해 아래에서는 영원에 대한 이러한 인식이 충족되지 못한다. 왜냐하면 인간은 하나님의 전체적인 계획을 알지 못하기 때문이다. 따라서 그들의 한정된 시각에 비추어 볼 때, 인간의 삶은 '헤벨'일 수밖에 없다. 사람들은 자신 안에 영원의 차원이 있다는 것을 알고 있다. 그런데도 그들은 필멸성이라는 한계 안에 있음으로 인하여, 그리고 하나님을 무대에서 배제함으로써, 시간에 매인 성취들과 활동들로부터 의미를 찾고자 노력하나 헛될 뿐이다.

전도서 전체의 맥락에 비추어볼 때 3:11은 코헬렛의 메시지를 이해하는 데 결정적인 도움을 주는 본문이다. 본절은 3:14와 더불어서, 그리고 12:9-14의 결론을 예고하는 본문으로서, 하나님께서 주신 영원에 대한 인식과 시간에 매인 삶 사이의 불일치가 인간을 좌절에 빠뜨림으로써 그들로 하여금 모든 의미의 근원이신 하나님께로 방향을 돌이키게 하려는 의도를 가지고 있다. 카이저(Kaiser 1979: 66-67)는 다음과 같은 결론을 내린다: "영원을 사모하는 이 마음은 아주 깊은 열망과 강한 추진력으로부터 비롯된 것이다. 왜냐하면 인간은 하나님의 형상을 따라 만들어졌기 때문이다. 창조의 아름다움을 음미하고(심미적인 차원), 세계의 성격과 구조 및 의미 등을 알며(학문적이고 철학적인 차원), 그 목적과 운명을 분별하도록(신학적인 목적) 하기 위해서 말이다. 모든 인간에게는 그 나름의 존엄성이 있고 미친 듯한 열망이 있다. 인간은 자신의 경험 속에 있는 모든 것이 어떻게 하나의 전체로 통합되는지를 알고 싶어하는 호기심을 타고 나며, 그러한 것을 알 수 있는 능력을 가지고 있다 … 그러나 그 모든 것들의 거대함과 혼란스러움에 압도된 나머지, 사람들은 하나님의 '선한' 세계의 다양한 측면들 중 하나를 자신이 온전히 헌신하게 될 삶의 한 부분으로 선택한다는 것이 '헛되다'는 것에 좌절감을 느끼게 마련이다." 코헬렛은 해 아래에서 삶의 의미를 찾기 위해 온 힘을 다 쏟은 후에, 책의 말미에서 3:11과 3:14이 암시한 바에 대해서 설명한다: 인간의 삶이 갖는 참된 의미는 하나님의 계명들을 지킴으로써 표현되는 하나님 경외에 기초하지 않으면 안 된다(12:13).

적용(3:12-15)

3:9-11의 내용에 기초하고 있는 이 조언 단락은 12절과 14절에 반복되는 "내가 알았다"('야다으티')는 표현을 기본 틀로 가지고 있다. 자신의 삶을 초월하는 하나님의 영원한 계획을 알 수 없다는 사실에 좌절감을 느끼는 사람들을 향해 코헬렛은 이렇게 말한다: "사람들이 사는 동안에 기뻐하며 선을 행하는 것보다 더 나은 것이 없는 줄을 내가 알았고." 인간이 하나님의 일들을 알 수 없다는 사실(3:11)에 비추어볼 때, 코헬렛은 어떠한 조언을 줄 수 있겠는가? 2:24-26에서와 마찬가지로 그는 12절과 13절에서 '토브'라는 용어를 다섯 번에 걸쳐서 되풀이한다. 이처럼 긍정적인 표현은 그가 인간이 처한 상황을 어떻게 판단하고 있는지를 알게 해준다. 하나님께서 사람들의 마음 속에 심어두신 영원 의식은 희망과 의로움을 포기하는 대신에 기쁨과 선행을 향한 내적인 갈증을 느끼게 해준다. 사람들은 자신이 알 수 없는 것에 관하여 괴로워하는 대신에, 피조물로서의 자신의 한계를 받아들일 필요가 있으며, 하나님께서 허락하신 것들을 즐길 필요가 있다. 이것은 확실히 에피쿠로스 학파의 쾌락주의 윤리와 같지 않으며, 도리어 "더 나은 것이 없다"로 시작하는 조언은 "현재를 즐기라"(carpe diem)는 공식의 유신론적인 변형물에 해당한다. 2:24; 3:22; 8:15에서도 입증되는 것처럼 말이다.

롱맨(Longman 1998: 122)은 이를 다음과 같이 예리하게 잘 설명하고 있다:

"이 구절은 삶의 즐거움이 세상일들의 거대한 구조를 이해하는 것보다는 조그마한 세속적인 즐거움들로부터 비롯된다는 사실을 조용히 인정한다. 이 표현은 상상할 수 있는 최고의 선이 그 뒤를 잇는 것이 아니라 타락한 세계 안에서의 삶 — 인간이 자신의 처한 상황 속에서 알 수 있는 최선의 삶 — 이 그 뒤를 잇는다는 점을 인정하고 있는 바, 여기서 다시금 그 점을 지적한다는 것은 중요한 의미를 갖는다."

인간이 얻을 수 있는 행복은 삶의 기본적인 활동들 — 먹고 마시며 일하는 것들을 포함하는 — 을 즐기는 것으로부터 생겨난다. 이처럼 삶을 즐기는 태도의 핵심은 하나님께서 친히 그러한 활동들을 선물로 주셨다는 데 있다. 코헬렛이 앞서 하나님을 '나탄'("주다") 동사의 주어로 묘사한 것처럼(3:10, 11), 이곳 13절에서도 사람들로 하여금 삶의 일상적인 활동들 속에서 기쁨을 찾으라는 충고를 따를 수 있게 해주는 것 역시 하나님의 선물('마탄')이다(Crenshaw 1987: 99). 단순히 노동 자체가 하나님께서 사람들에게 붙들고 즐거워하게끔 주신 선물이 아니라, "그들이 삶에 불가피하게 수반되는 수고를 무릅쓰고서 가능한 한 충분하게 삶을 즐겨야 한다"는 생각이야말로 그러한 선물에 해당하는 것이다(Seow 1997c: 173).

14절에서 코헬렛은 인간 행동의 영역으로부터 하나님의 계획이라는 영역으로 옮겨간다. 해 아래에 있는 모든 것이 '헤벨'이라는 주제를 밝힌 전도서의 서론 부분에서 코헬렛은 덧없는 인간의 행동과 세상의 변함없는 지속성을 대립시킨 바가 있다. 3:14에서 그는 이렇게 말한다: "하나님께서 행하시는 모든 것은 영원히 있을 것이라. 그 위에 더 할 수도 없고 그것에서 덜 할 수도 없나니 하나님이 이같이 행하심은 사람들이 그의 앞에서 경외하게 하려 하심인 줄을 내가 알았도다." 이 본문에서 코헬렛은 하나님이 자신의 세계를 만드셨다고 설명한다. 영원을 향한 인간의 갈망과 하나님께서 행하신 일들을 알지 못하는 인간의 연약함 사이에 있는 불일치를 포함하여 말이다. 그는 인간의 어떠한 노력도 하나님의 일을 바꾸지 못하며, 어떠한 인간도 그것을 충분하게 이해하지 못한다고 지적한다. 코헬렛은 분명하고 신뢰할 만하고 변하지 않는 것을 보여주는 덧셈과 뺄셈의 친숙한 언어(참조. 신 4:2; 13:1; 렘 26:2; 잠 30:6)를 사용함으로써(Seow 1997c: 174), 하나님께서 결정하신 것을 인간이 바꾸지 못한다고 말한다.

하나님께서는 사람들로 하여금 자신의 목적을 바꾸지 못하게 하는 대신에, 시간을 넘어서서 인간의 삶에 질서를 부여하려는 보다 높은 목적을 설정하신다. 코헬렛은 하나님께서 영원히('레올람') 계신다는 자신의 확신을 표현함으로써, 3:14와 3:11을 연결시킨다. 하나님께서 하시는 일은 시간의 제약을 받지 않는다. 그는 인간의 마음속에 '올람'을 향한 갈망을 심어두셨다. 코헬렛은 이미 '이트론'이 해 아래에서는 발견되지 않는다는 인식을 가지고 있기 때문에(2:11), "인간의 '이트론'과 하나님의 영원하심이 어떻게든 연결되어 있다는 생각을 향해 움직이는 것으로 보인다"(Ogden 1987: 57). 하나님의 궁극적인 목적은 인간이 하나님을 두려워하거나 경외하는 데 있다. 여기서 '야레'("두려워하다") 동사의 사용은 매우 중요한 의미를 갖는다. 왜냐하면 그것은 야웨 경외야말로 지혜의 시작이라고 가르치는 전통적인 지혜의 기본 전제(잠 9:10)를 상기시켜주기 때문이다. 뿐만 아니라 3:14는 전도서에서 12:13의 최종 결론을 암시하는 역할을 수행한다.

시아오(Seow 1997c: 174)는 이 중요한 구절의 의미를 다음과 같이 요약하고 있다: "여기서 하나님 경외라는 개념은 이스라엘 지혜문학의 다른 곳에서와 마찬가지로 하나님과 인간 사이의 차이를 강조한다. 그것은 하나님은 하나님이요 사람은 사람이라는 개념을 전제한다. 코헬렛은 지혜의 한계를 인정한다는 점에서 지혜 전통에 서 있는 사람이다. 인간의 지식은 사람들을 거기까지만 이끌 수 있을 뿐이다. 결과적으로 사람들은 자기들이 주권자이시고 헤아릴 수 없는 하나님을 상대하고 있다는 점을 받아들이지 않으면 안 된다." 하나님의 계획들이 사람들에게는 이해할 수 없는 것으로 다가오기 때문에, 그들은 경외하는 마음으로 그에게 굴복함으로써 그러한 신비를 받아들이지 않으면 안 된다(Sneed 2002: 120).

15절은 구체적인 언어로 설명하기가 어렵지만, 그 일반적인 가르침은 사람들이 하나님의 헤아릴 수 없는 계획 속에 새로운 요소를 이끌어들이지 못한다는 것으로 요약된다. 1:9-10의 언어를 반복함으로써 코헬렛은 하나님께서 자기 혼자서 결정하시는 방식을 따라 시간의 흐름 속에서 일하신다고 설명한다. 3:15의 두 번째 행은 많은 해석을 불러일으킨 바 있다. 어떤 학자들은 두 번째 행이 첫 번째 행을 되풀이하고 있으며, 두 행이 공히 현재가 과거와 함께 계속 반복되는 하나의 원(a circle of repetition)을 구성하고 있음을 가르친다고 본다(Crenshaw 1987: 100). 두 번째 견해는 14절과 15절이 하나의 짝을 이루고 있다고 보아, 14a절은 15a절과 평행을 이루고 14b절은 15b절과 평행을 이룬다고 주장한다. 만약에 우리가 이 견해를 받아들인다면, 15b절은 다음과 같이 번역될 수 있다: "하나님은 그것[그의 선물들]을 즐기는 것이 추구되기를 원하신다"(Ogden 1987: 58). 15b절은 아마도 시아오(Seow 1997c: 174)의 번역을 따라서 하나님께서 사람들에게 좌절감을 안겨주는 것들을 보살피실 것임을 나타내는 것으로 이해함이 가장 적절할 것이다. 여기서 '니르다프'라는 명사는 바람을 잡는 것 — 코헬렛이 자주 언급하는 — 이나 거의 마찬가지의 행동을 가리킨다. 이와 마찬가지로 블렌킨소프(Blenkinsopp 1995: 62-63)는 3:15를 다음과 같이 설명한다: "지금 이루어지는 일은 과거에 이미 발생했던 일이다. 장차 이루어질 일도 과거에 이미 발생했던 일이다. 하나님께서는 이미 지나가버린 것을 찾으신다. 이는 하나님께서 미래로부터 현재를 거쳐 과거로 움직여가는 일들을 회상하심을 뜻한다. 그럼으로써 그러한 일들이 결과적으로 새로운 현재 안에서 재생될 수 있도록 말이다. 그 원은 닫힌 원이다. 새로운 것이 들어설 여지가 없다. 이 시가 말하는 적절한 때는 이처럼 순환하는 지식 — 그러나 인간 행위자에게는 거부된 — 의 어느 한 지점에 정해진 때를 말한다."

역설들(3:16-4:16)

코헬렛의 사유의 흐름은 자연스럽게 하나님의 주권적인 계획이 삶의 구체적인 정황 속에서 어떻게 이루어지는지를 인간이 알지 못함으로 인하여 생겨나는 역설들 중의 일부를 소개하는 쪽으로 나아간다. 이 단락에서 코헬렛은 특히 골치 아프고 수수께끼 같은 여섯 개의 사례들을 소개한다.

정의는 악에 의하여 왜곡된다(3:16-17)

코헬렛은 주권자이신 하나님께서 다스리시는 세계에서 발견되는 불의에 의하여 크게 혼란을 느낀다. 그는 16절에서 이렇게 말한다: "또 내가 해 아래에서 보건대 재판하는 곳 거기에도 악이 있고 정의를 행하는 곳 거기에도 악이 있도다." 화이브레이(Whybray 1989: 76)가 지적한 바와 같이, 코헬렛의 의도는 하나님의 통치를 공격하거나 거부하려는 데 있지 않고, 도리어 "인간이 이러한 상황 속에서 보일 수 있는 최선의 반응이 무엇인지를 묻고자" 하는 데 있다. 코헬렛이 인간의 법률 체계를 바라본 바에 따르면, 정의를 수호해야 할 법정 안에조차 학대와 부패가 있음이 분명하다. 그가 나중에 5:8에서 지적하는 바와 같이, 정의를 수호해야 할 인간 사회의 사법 구조는 사실상 압제의 자리가 될 수도 있다. 주권자이신 하나님께서 모든 인간의 행동을 심판하실 것임에도 불구하고 말이다(12:14; 참조. 11:9). 그렇다면 인간은 해 아래에서 발생하는 이러한 현저한 정의의 왜곡에 대하여 어떻게 응답해야 하는가?

3:17에서 코헬렛은 자신이 16절에서 제기한 문제에 대한 해답을 제시한다. 그는 최종 심판관이신 하나님이 인간의 모든 결정들을 검토하시고 교정하실 것이라고 추론한다. 부당한 대우로 인하여 고통당하는 자들이 즉각적인 징벌을 갈망한다 할지라도, 하나님께서는 모든 문제들과 모든 행동들을 자신이 정한 시간에 심판하실 것이다. 타메즈(Tamez 1997: 66)는 하나님의 주권에 대한 기대감이 신앙의 사람에게 어떠한 해방감을 안겨주는지를 다음과 같이 잘 설명하고 있다: "설령 '헤벨'의 때가 사람들을 무력화시키거나 활동 불능의 상태로 만든다 할지라도, 모든 것이 자신의 때와 시간을 가지고 있다는 믿음은 사람들에게 자유를 안겨줄 것이다. 하나님께서 모든 때들을 관리하시기 때문이다. 그를 경외하고 자신의 한계를 인정하는 자는 형통함을 누릴 것이다. 바로 이것이 신앙의 힘이다. 비록 그것이 지금 이 순간에 당장 경험되지는 않지만 말이다. 코헬렛은 하나님께서 적절한 때에 공명정대하게 행동하실 것이라는 믿음을 가지고 있다(3:17-18; 8:12-13)."

현재의 불의함에 대한 자신의 관심사를 해결하기 위하여, 코헬렛은 야웨가 정의로운 주권자이시라는 구약신학의 잘 알려진 주장에 크게 의존한다. 그러나 사람들은 하나님의 궁극적인 심판을 믿는다 할지라도 그 때가 언제일지는 전혀 알지 못한다. 코헬렛은 종말론적인 심판에 호소하지 않고, 도리어 하나님의 심판의 때를 불확실한 것으로 남겨둔다. 미완료 시제인 '이슈포트' 동사를 사용함으로써 말이다. 이 세상 안에 무수한 불의의 사례들이 있다 할지라도, "그는 어쨌든지 간에 하나님은 정의로우신 분이요, 아무리 반대 증거가 많다 할지라도 하나님께서 심판하실 것이라는 성서의 기본 신앙을 굳게 붙든다"(Murphy 1992: 36).

인간도 짐승도 똑같은 방식으로 죽는다(3:18-22)

코헬렛이 해 아래 있는 삶을 관찰하는 중에 그의 탐구 작업은 죽음에 의하여 외부 한계가 그어진다. 그의 탐구 작업의 범위 안에서 죽음은 인간과 짐승의 마지막 끝을 뜻한다. 죽음이라는 요인으로 인하여 그는 인간에게 아무런 유익이 없다는 결론을 내린다. 왜냐하면 모든 본질적인 목적들을 가지고 있음에도 불구하고 인간은 죽음에 있어서는 짐승과 다를 바가 없기 때문이다.

코헬렛은 시간의 제약을 받는 지상의 영역에 한정시켜 탐구 작업을 진행시키고 있음에도 불구하고, 하나님을 자신의 논의에서 줄기차게 배제한다는 것이 불가능하다는 것을 발견한다. 그는 3:18에서 하나님이 사람들에게 그들이 짐승과 똑같이 죽는다는 것을 보여주는 방식으로 행하신다고 말한다. '바라르' 동사는 여기서 아이러니컬한 의미를 갖는 것으로 사용되는 듯하다. 그 까닭은 죽음이 인간과 짐승 사이의 본질적인 차이를 구별하는 대신에 사실상 죽음이라는 공통 분모를 지적하고 있기 때문이다. 죽음이 자주 되풀이되는 것은 사람들에게 그들이 짐승과 마찬가지로 언젠가는 신체적인 끝에 이르게 될 것임을 보여 주는 하나님의 한 방법에 해당한다. 2:14-16에서 코헬렛은 지혜로운 자가 어리석은 자와 마찬가지로 죽는다는 사실을 슬퍼한 적이 있다. 그러나 3:18-21에서는 그 상황이 한층 괴로운 것이다. 사람에게나 짐승에게 똑같이 찾아오는 신체적인 죽음은 인간이 사실상 하찮은 신분을 가진 존재임을 드러내고 있다. 시아오(Seow 1997c: 175)는 이와 동일한 상관관계가 시편 49편에서도 발견된다는 점을 다음과 같이 잘 설명하고 있다: "죽음의 문제와 관련해서라면, 지혜로운 자와 어리석은 자, 그리고 인간과 짐승 사이에는 차이가 없다. 코헬렛은 인간 삶의 특징이 짐승의 그것과 전혀 다를 바가 없다고 말하지 않는다. 도리어 그는 인간 삶의 특징이 불멸성을 포함하지 않는다고 말한다. 이와 동일한 정서는 다른 곳, 특히 삶의 덧없는 성격을 슬퍼하는 한 편의 지혜시에서도 표현되고 있다. 이 시에 의하면, 지혜로운 자와 어리석은 자는 똑같이 죽으며, 자신의 부를 다른 사람에게 남긴다. 그리고 인간은 짐승과 더불어 죽어간다(시 49:11-13, 21 [개역성서 10-12, 20절])."

코헬렛은 3:19에서 이러한 논지를 발전시키면서, 한시적인 인간 존재의 육체적인 차원에만 초점을 맞춘다. 해 아래의 삶만을 관찰함으로써 그는 어떠한 내세 개념도, 그리고 인간 본성의 어떠한 영적인 측면도 논의에서 배제시킨다. 그의 경험적인 시각에 의하면, 인간과 짐승은 살아 있으면서 동일한 호흡을 나누며, 죽음 앞에서 동일한 운명을 맞이한다. 사람과 짐승에게 공통되는 호흡('루아흐')은 하나님께서 주신 생명의 원천이다. 그것은 짐승의 계속적인 생존에 반드시 필요한 것이다(시 104:29). 이 '루아흐'는 하나님께서 첫 인간을 살아있는 존재로 만드실 때 사용하신 생명의 숨('네샤마 하임')에 비견될 만한 것이다(창 2:7). 코헬렛은 이로써 신체적인 측면 — 그의 탐구 작업에서 유일하게 나타나는 — 에 있어서는 인간과 짐승이 생명이나 죽음에 있어서 큰 차이를 보이지 않는다는 결론에 도달하지 않을 수 없다. 라이트(Wright 1972: 146-47)는 이처럼 달갑지 않은 결론을 다음과 같이 표현한다: "짐승은 죽으면 어디로 가는가? 그것은 티끌로 돌아간다. 그것에게 있는 생명의 원리는 어떠한가? 당신은 그것의 목적지가 인간의 경우와 다르다고 주장할 수 있는가? 달리 말해서, 당신은 신체적인 죽음에 관하여 짐승보다 더 높은 자리에 서 있다고 할 수 있겠는가? 미래의 봉사 기회들에 관해서는 아무 생각도 하지 말라. 우리는 그저 몸으로 하는 봉사에 관해서 말하고 있을 따름이다. 이 땅에서의 삶은 하나님께서 당신에게 주신 몫이다. 여기서 당신은 자신의 만족을 찾아야 하며, 당신 자신을 성취하여야 한다. 왜냐하면 당신은 짐승과 마찬가지로 다시는 이 땅으로 돌아오지 못할 것이기 때문이다."

코헬렛은 19절의 마지막 구절에서 자신의 논지를 분명하게 밝힌다: "사람이 짐승보다 뛰어남이 없음은 모든 것이 '헤벨' 임이로다." 그는 이 구절의 말미에서 "없다"('아인')는 부정적인 표현을 사용함으로써 이러한 결론을 첨

부시킨다. 그것은 사실상 "인간이 짐승에게 대하여 가지고 있는 유익은 한마디로 말해서 없다!"고 말하는 것이나 다름이 없다(Seow 1997c: 168). 여기서 유익을 가리키는 낱말은 '모타르'이다. 이 용어는 더 잘 알려진 '이트론'과 동일한 어근에서 비롯된 낱말이다. 인간과 짐승 모두를 포괄하는 죽음의 보편성에 비추어 그는 참으로 모든 것이 '헤벨'이라는 결론을 내린다.

20절은 모든 인간과 짐승이 티끌로부터 와서 티끌로 돌아간다고 말함으로써 앞 절들의 관찰을 확대시킨다. 창세기 2:7과 3:19를 분명하게 언급하고 있는(Anderson 1998b: 113) 코헬렛은 해 아래에서의 관점에 기초하여, 인간이 한시적인 삶을 사는 동안에 짐승과 공유하는 하나의 물질 요소가 존재한다고 주장한다. 그는 인간과 짐승 모두가 티끌로부터 왔으며, 죽는 순간에 똑같이 동일한 티끌로 돌아간다고 주장한다. 코헬렛은 하나님과 영원함에 의존하지 않은 채로 이러한 형이상학적인 물음을 살펴봄으로써, 인간을 유일하게 하나님의 형상을 따라 만들어진 존재로, 그리고 짐승보다 우월한 본연의 존엄성과 가치를 가지고 있는 존재로 묘사하는 성서 구절들과 크게 상반된 결론에 도달하게 된다. 롱맨(Longman 1998: 129)은 이 구절에 반영되어 있는 코헬렛의 입장을 다음과 같이 비판한다: "이 구절은 앞 절들의 생각을 부연 설명하면서 그 절들의 주장을 확증한다. 인간과 짐승의 운명에는 차이가 없다. 둘 다 동일한 곳에서 왔고 동일한 최종 목적지로 돌아간다. 짐승과 인간은 똑같이 창조의 한 부분이다. 이러한 관찰은 인간이 짐승보다 우월하다는 주장을 의심하게 만들며, 인간이 짐승을 다스려야 한다는 하나님의 가르침(시 8:6-8)에 이의를 제기한다."

학자들은 21절을 두 가지 대조적인 방식으로 번역한다. 어떤 이들은 맛소라 본문을 따라서 '하올라'와 '하이요레데트'를 능동 분사로 읽음으로써, 3:21이 앞 절들의 내용을 바로잡는 역할을 수행한다고 본다. 예로서 류폴드(Leupold 1952: 100)는 이를 다음과 같이 추론한다: "확실히 본절은 앞 절들의 잘못된 판단을 교정하는 역할을 수행한다. 참으로 인간은 어떤 점에서 보면 짐승과도 같다. 그러나 다른 한편으로는(설교재[코헬렛을 가리키는 표현임 — 역자 주]는 그것을 어느 정도 서글픈 어조로 말한다) 그 반대의 진리, 곧 인간의 혼은 위로 올라가는 반면에 짐승의 혼은 땅 아래로 내려간다는 진리를 아는 사람은 매우 적다. 이러한 생각은 삽입구 형식으로 들어와 있으며, 그 후로 저자는 실제적인 적용을 통하여 (22절) 신속하게 앞의 주장(16-20절)을 마무리한다." 그러나 대부분의 해석자들은 위에서 말한 용어들을 의문문 형태로 보는 초기 번역본들의 해석을 받아들인다. 더 믿음직한 이 해석에 의하면 21절은 다음과 같은 수사학적인 질문을 던지는 본문이 된다: "인생들의 혼은 위로 올라가고 짐승의 혼은 아래, 곧 땅으로 내려가는 줄을 누가 알랴?" 이러한 질문 형식은 부정적인 답변을 암시한다: 아무도 모른다는 얘기다. 코헬렛이 자신의 탐구 작업을 해 아래에서의 삶에 한정시킨 까닭에, 죽음 이후의 차이들에 대한 모든 주장은 허락 가능한 자료들의 범위를 넘어선다. 그러한 추론은 부적절한 것이다. 따라서 사람들이 검증할 수 없는 불멸성에 대한 암시로부터 희망을 이끌어낸다는 것은 무의미한 일이다 (Crenshaw 1987: 104). 코헬렛의 세계관에 의하면, 인간의 운명이 짐승의 운명과 다르다는 것을 뒷받침할 만한 경험상의 증거는 없다. 그러나 마지막 결론 부분 앞에서 코헬렛은 이 문제와 관련하여 상이한 입장을 취하는 바, 12:7에서 그는 사람이 죽게 되면 "흙은 여전히 땅으로 돌아가고 영은 그것을 주신 하나님께로 돌아간다"고 말한다.

   3:18-21에서 제기한 문제에 대한 답변으로 코헬렛은 22절의 훈계로 본 단락을 끝맺는다: "그러므로 나는 사람이 자기 일에 즐거워하는 것보다 더 나은 것이 없음을 보았나니, 이는 그것이 그의 몫이기 때문이라. 아, 그의 뒤에 일어날 일이 무엇인지를 보게 하려고 그를 도로 데리고 올 자가 누구이랴?" 2:24-26과 3:12-13에서와 마찬가지로 코헬렛은 독자들에게 눈을 열어 현재 얻을 수 있는 것들을 즐길 것을 촉구한다. 인간의 삶이 온갖 당혹스러운 것들로 가득 차 있는 상황 속에서 하나님은 사람들에게 즐거움을 제공할 수 있는 기회들을 하나의 몫으로 배정해 주셨다. 이러한 몫('헬레크')은 한시적인 삶을 사는 사람들로 하여금 죽음 이전에 즐거움을 누릴 수 있도록 하나님께서 주신 것이다(참조. 3:13). 어느 누구도 죽음 이후에는 어떠한 일이 있는지를 알지 못하기 때문에, 사람들은 불확실한 미래로 즐거움을 밀쳐놓아서는 안 된다. 시아오(Seow 1997c: 176)는 이를 다음과 같이 설명한다: "그 몫은 사람들이 일구어야 하는 상속 지분과도 같은 것이다. 사람이 하는 수고는 그

러한 유산의 필연적인 한 부분에 해당한다. 그러나 바로 그 동일한 몫으로부터 사람들은 즐거움을 누릴 수도 있다. 그 몫은 한정되어 있으며, 인간의 일을 포함한다. 그러나 사람들은 삶이라는 그 한정된 몫에서 즐거움을 발견할 수도 있다. 사람이 죽고 나면 그러한 몫도 사라지고 만다." 코헬렛은 죽음 이후의 세계를 알지 못함으로 인하여 삶의 중심점인 현재로 되돌아온다. 오직 하나님만이 미래가 무엇을 주는지를 아신다. 그러나 현재의 상황 속에서 하나님은 사람들에게 즐거움을 누릴 수 있고 또 마땅히 그렇게 해야 하는 몫을 삶 속에 허용하셨다.

학대 받는 사람들이 있다(4:1-3)

이 짤막한 단락에서 코헬렛은 자신을 괴롭히는 세 번째 사례를 소개한다. 그가 아무런 평가도 내리지 않은 채로 자신이 관찰한 것을 서술하고 있음에도 불구하고, 이 단락은 그가 자신이 목격한 학대를 달갑게 생각하지 않는다는 것을 분명하게 암시하고 있다. 코헬렛은 해 아래를 바라보는 중에 강한 자들이 약한 자들에게 휘두르는 온갖 학대에 충격을 받는다(4:1). 권력과 불의의 결탁은 학대를 낳으며, 온갖 고통이 그에 뒤따른다. 코헬렛은 '아샤크' 어근으로부터 비롯된 형태를 세 번이나 반복함으로써 인간이 처한 서글픈 상황을 강조한다. 크렌쇼(Crenshaw 1987: 105)는 이 용례들이 제각기 본절에서 서로 구별되는 의미를 가지고 있다고 본다: "첫 번째 것은 학대라는 추상적인 개념을 가리키는 것으로 보인다. 그리고 세 번째는 학대하는 자들을 향한 비난의 손가락질을 가리키며, 두 번째는 그들의 악행 대상에 대해서 언급한다."

어떤 이들은 자신이 목격한 학대에 대하여 초연하고도 냉정한 입장을 견지하는 코헬렛을 비난한다: "그는 순전히 학대하는 자들이 권력을 가지고 있는 상황에 자신을 내맡기고 있을 뿐이다. 권력을 갖지 못한 자들은 그들의 처분에 내맡겨진 채로 있다"(Longman 1998: 133-34). 그러나 그는 학대 받는 자들의 눈물에 초점을 맞춤으로써 그들의 상황에 동정심을 보인다. 그가 사용하는 '디마'라는 용어는 성서의 다른 구절들에서도 사용되는 것으로서(사 16:19; 렘 14:17; 애 2:18), 깊고 지속적인 슬픔을 가리킨다. 더 나아가서

"그들에게는 위로자가 없도다"라는 구절의 반복은 그가 동료들에 의해 무시당하는 자들을 잘 알고 있음을 암시한다. 뿐만 아니라 본절의 어조는 그 강한 감성에 비추어볼 때 만가(輓歌)에 비견될 만한 것이다(Hubbard 1991: 118-19).

학대 현상에 대한 응답으로 코헬렛은 아이러니컬하게도 살아있는 자들보다 죽은 자들을 더 축하한다(4:2). 본절의 문맥에서 그는 죽음을 통하여 지상의 압제로부터 해방된 자들이 여전히 살아있으면서 학대를 경험하는 자들보다 훨씬 낫다고 말한다. 욥기 3:11-19에 있는 욥의 탄식과 매우 유사한 어조로 코헬렛은 죽음이 사람들을 해 아래에서 이루어지는 불의와 학대의 고통으로부터 자유케 해준다고 생각한다. 시아오(Seow 1997c: 187)가 지적한 바와 같이, 코헬렛은 "죽음을 간절히 기대해야 하는 행복한 미래로 보지는 않는다. 그는 장차 있을 죽음에 대해서 긍정적으로 말하지 않는다. 도리어 그는 이미 죽은 사람들에 대해서 긍정적으로 말한다. 본절의 요점은 이렇다: 살아있는 자들은 삶 속에 있는 불의한 일들을 여전히 목격하면서 세상을 살아야 하지만, 죽은 자들은 이미 그 일을 다 겪었기에 이제는 더 이상 그렇게 할 필요가 없다."

3절에서 코헬렛은 자신의 사유에서 그 다음 단계의 논리를 전개한다. 만일에 살아 있는 동안의 학대가 살아 있는 것보다는 죽는 것이 더 낫다는 것에 의미를 던져준다면, 무엇보다도 좋은 것은 아예 세상에 태어나지 않는 것이다. 그러나 서글프게도 그것은 사람들이 이용할 수 있는 대안이 못 된다. 삶 속에서 필연적으로 이루어질 수밖에 없는 온갖 학대를 피하려는 갈망 속에서, 코헬렛은 이미 세상을 살고 있는 사람들에게 무엇보다도 좋은 것은 살아 있지 않는 것이라고 말한다. 그가 이 단락에서 보고 있는 바와 같이, 학대는 인간의 삶에 대하여 너무도 파괴적인 것이어서, 한시적인 인간 실존은, 그가 생각하기에, 부정적인 의미 — 결코 존재한 적이 없는 삶을 특징짓는 가치 부재의 상황보다는 덜한 — 를 갖는 것으로 바뀌고 만다.

사람들은 서로 경쟁한다(4:4-6)

삶에 대한 코헬렛의 관찰에서 드러나는 네 번째 역설은 사람들 사이에 만연해 있는 경쟁 심리에 초점을 맞추고 있다: "내가 또 본즉 사람이 모든 수고와 모든 재주로 말미암아 이웃에게 시기를 받으니, 이것도 헛되어 바람을 잡는 것이로다." 의심할 여지 없이 경쟁이라는 것은 상당한 진보와 성취와 번영을 가능케 한다. 그러나 코헬렛은 많은 인간 활동을 충동질하는 경쟁 심리의 대가에 관하여 문제를 제기한다. 그는 시기심('키나')에 초점을 맞춤으로써, 어떤 사람으로 하여금 다른 사람들의 권리를 짓밟거나 그들에게 상처를 입히게 하는 이기적인 분노심에 주의를 기울인다. 달리 말해서, 시기심 때문에 사람들은 더 나은 동기들을 위하여 자신이 시도하지 않으려 하는 것들을 행하게 될 것이다. 실제적인 용어를 빌려 표현하자면, 그들은 많은 일들을 성취할 것이지만, 개인적으로 많은 희생을 치르게 된다. 왜냐하면 최고가 되려고 시도하는 중에 그들은 선한 것의 원수가 되기 때문이다. 롱맨(Longman 1998: 171)은 이를 다음과 같이 설명한다: "인간의 마음을 살펴본 코헬렛은 부지런히 일하는 삶의 배후에 이웃을 앞지르려는 이기적인 동기만이 작용하고 있음을 확인한다. 이러한 동기는 결코 만족함을 느끼지 못한다. 그 까닭에 그것은 사람들로 하여금 끊임없이 일하게 만들고 좌절감에 사로잡히게 만든다. 이렇듯이 코헬렛은 마음속의 동기들을 살핀 후 불편함을 느끼게 된다." 그리하여 코헬렛은 시기심에서 비롯되는 이러한 경쟁 심리가 헛되어 바람을 잡으려는 것의 또 다른 사례에 해당한다는 결론을 내린다.

4:5-6의 두 격언은 4절에 있는 코헬렛의 두 가지 부정적인 평가를 뒷받침하는 역할을 수행한다. 경쟁 심리의 내적인 동기를 의문시하면서도 그는 게으름을 적극 권장하지 않는다. 왜냐하면 "우매자는 팔짱을 끼고 있으면서 자기의 몸만 축내기" 때문이다(4:5). 전통적인 지혜문학에서 보듯이 어리석은 자는 부정적인 사례에 해당하는 인물이다. 어리석은 자의 게으름은 단지 자기 파멸에 이를 뿐이기 때문이다. 어리석은 자에 대한 코헬렛의 묘사는 잠언 6:10; 24:33을 연상시킨다. 게으름이 확실하게 가난을 초래한다고 가르치는 지혜 격언들도 마찬가지이다. 자기 자신을 갉아먹는 행동을 생생한 과장법 언어로 묘사하는 그는 어리석은 자들이 단지 자신을 파멸에 빠뜨릴 뿐이라고 가르친다(Seow 1997c: 187-88). 5절은 경쟁 심리의 치유책을 게으름에서 찾을 수는 없는 노릇이라고 말한다는 점에서 4절과 균형을 이룬다. 경쟁 심

리에 사로잡힌 사람(4:4)은 너무도 많은 야심을 가지고 있는 까닭에 충분한 만족감을 누리지 못한다. 그리고 게으른 사람(4:5)은 너무도 많은 만족감을 누리고 있는 까닭에 충분한 야심을 가지고 있지 않다.

6절은 세 번째 대안을 제시하는 바, 이는 앞의 두 가지 사례보다 더 뛰어난 것이다. 코헬렛은 휴식과 노동 또는 만족감과 야심 사이에 적절한 균형을 이룰 필요가 있다는 결론을 내린다. "두 손에 가득하다"는 표현은 자신이 할 수 있는 모든 노력을 경주하는 행동을 가리킨다. 강한 추진력은 사람들이 한 손에 가득한 휴식을 통하여 얻을 수 있는 정도의 만족감을 제공하지 못한다. 바로 여기에서 코헬렛은 잠언 15:16; 16:8; 17:1 등과 같은 격언들에 동의한다. 이 구절들에 의하면 지혜 교사는 "갈등에 수반되는 정갈한 식사보다는 한 조각의 작은 평화를 더 좋아한다"(Crenshaw 1987: 109).

코헬렛이 휴식을 일보다 더 귀하게 여기고 있음은 분명하다. 그러나 이러한 비교는 절대적이지 않고 상대적이다. 어떤 의미에서는 양 손으로 휴식을 움켜쥐려 하는 5절의 어리석은 자와는 달리, 6절은 적당한 양의 휴식을 이상으로 삼는 바, 이는 그것이 지나친 수고보다는 더 큰 유익을 가져다주기 때문이다. 4절과 5절의 양 극단이 6절의 적절한 균형을 통하여 종합을 이루는 4:4-6을 한 단위로 읽고 있는 코헬렛은 다음과 같은 중요한 교훈을 가르치고 있는 셈이다: "사실 우리는 그 모든 것을 다 가질 수 없다(4절). 그리고 어느 누구도 아무 일도 하지 않는 채로 지낼 수는 없는 노릇이다(5절). 그러나 조금만 가질 수는 있다. 사람들은 삶을 다스리지 못할 수도 있고, 자신이 가져야만 하는 것을 갖지 못할 수도 있지만, 자신이 할 수 있는 최선을 다하여 그러한 상황을 헤쳐 나갈 수 있으며, 현재의 순간에 얻을 수 있는 것을 이용할 수도 있다"(Seow 1997c: 188).

인간은 고립되어 있다(4:7-12)

코헬렛은 힘들게 일하고 수고하여 모은 재산을 물려줄 부양가족이나 친척을 갖지 못한 사람의 힘들게 일하는 상황을 소개하면서 네 번째 문제를 제시한다. 그는 자신에게 필요한 만족감을 얻지 못한 상태여서 결코 다음과 같이 묻지 않는다: "내가 누구를 위하여 이같이 수고하고 나를 위하여는 행복을 누리지 못하게 하는가?" 그는 더 많이 얻기 위하여 쉼 없이 달려왔지만, 자신의 수고를 정당화시켜 줄 아무런 명분도 가지고 있지 못하다. 코헬렛은 이러한 종류의 삶을 '헤벨'로, 그리고 불행한 일로 평가한다. 왜냐하면 그것은 "어리석은 일이요, 죽을 수밖에 없는 인간에게는 감당키 어려운 집착에 해당하기 때문이다"(Seow 1997c: 188).

이것은 오직 한마음으로 부를 추구하는 그 사람이 다른 모든 사람들을 자신에게서 멀리하면서 재산만을 축적한 구두쇠가 되어감을 의미한다. 말하지는 않지만 코헬렛은 아마도 다음과 같은 질문을 던지고 싶었을 것이다: "만일 당신 곁에 그것을 함께 나눌 사람이 한 명도 없다면 부자 됨이 무슨 유익이 있겠는가?" 류폴드(Leupold 1952: 109)는 그의 통탄할 만한 상황을 다음과 같이 설명한다: "그 구두쇠는 자신이 그토록 힘겹게 모아 놓은 것으로부터 어느 누구도 이득을 얻지 못하게 막는다. 그는 자신의 영혼이 탐하는 것들을 위해 계속해서 자신의 영혼을 거부하지 않으면 안 된다. 이러한 자기부정은 삶에 불편함을 가져다준다. 그리하여 다음과 같은 질문이 계속해서 마음에 떠오른다: '누구를 위하여 나는 이토록 즐거움을 멀리하는 것일까?' 어느 누구도 이득을 얻지 못하며, 그 자신도 그러하기 때문에(그의 눈들이 만족감을 느낄 수 없으므로), 그의 모든 노력은 '헛되어 불행한 노고'가 되고 만다."

4:9-12에 제시되어 있는 코헬렛의 해결책은 친구를 갖는 일의 실제적인 유익을 입증할 세 가지 그림을 보여주는 바, 이는 구두쇠의 취약한 고립 상황과 뚜렷한 대조를 이룬다. 9절에 소개된 도입부의 원리는 이렇게 말한다: "두 사람이 한 사람보다 나음은 그들이 수고함으로 좋은 상을 얻을 것임이라." 앞의 두 절은 독립적인 경쟁이 불행에 이른다는 점을 보여준 바가 있지만, 이제 그는 상호의존적인 동료관계가 그들의 수고에 좋은 보상을 가져다준다고 가르친다. 옥덴(Ogden 1987: 69)이 지적하는 바와 같이, "부를 축적하려는 일념으로 지각없이 일에만 몰두하게 되면 삶의 의미가 사라지고 만다. 반면에 경계선을 지키고 그 열매를 다른 사람들과 나눈다면, 일의 가치가 있게 마련이다." 함께 일하는 것은 경쟁 의식(4:4)이나 개인적인 강박관념(4:8)에 사로잡힌 채로 무엇인가를 이루는 것보다 더 큰 보상을 가져다준다.

이 원리를 입증하기 위하여 코헬렛은 먼저 함정에 빠진 사람을 예로 든다 (4:10). 만일에 동료가 그 자리에 있다면, 어느 한 사람이 다른 사람을 구덩이로부터 건져낼 수 있다. 그러나 주위에 동료가 한 사람도 없다면, 넘어진 사람의 곤경은 그대로 남는다. 본절은 짐승들을 잡기 위해 덫으로 위장한 함정에 빠진 자를 구체적으로 가리키는 것으로 보인다(Seow 1997c: 189). 이 경우에는 확실히 두 사람이 한 사람보다 낫다.

두 번째 사례는 바깥에서 잘 때 몸을 따뜻하게 만들기 위하여 서로 몸을 움츠리는 두 여행객을 가리키는 것으로 보인다(4:11). 다윗이 노년에 아비삭에 의해 몸을 따뜻하게 한 것처럼(왕상 1:1-2), 본절에 언급된 두 사람은 몸의 열기로 서로를 따뜻하게 할 수 있다. 반면에 혼자 여행하는 사람은 동일한 상황 속에서 몸을 따뜻하게 만들 수가 없다.

세 번째 사례는 다른 사람의 공격을 받는 동안에 동료가 제공하는 안전에 초점을 맞추고 있다(4:12). 혼자 여행하는 사람들은 쉽게 강도들의 먹이가 된다. 그러나 동료와 함께 여행을 하면 강도들을 피할 수 있다. 코헬렛은 이러한 원리에 기초하여, 한 사람 이상의 친구를 두는 것이 더 많은 유익을 가져다준다고 주장한다. 고대 근동에서 널리 유통되던 듯한 격언 — 수메르의 길가메쉬 서사시에서 발견되는(Longman 1998: 143) — 을 사용하여 그는 이렇게 말한다: "세 겹줄은 쉽게 끊어지지 아니하느니라." 그것이 절대적으로 안전을 보증해주는 것은 아니다. 그렇지만 그것은 혼자 있음으로부터 비롯되는 온갖 슬픔과 위험을 무릅쓰고서 삶의 다양한 위험들을 혼자서 맞이하기보다는, 동료들의 도움에 힘입어 그러한 위험들을 맞이하는 것이 더 낫다는 암시를 준다. 브라운(Brown 2000: 52)은 이를 다음과 같이 날카롭게 설명한다: "코헬렛에게 있어서 수고로 인한 고통은 궁극적으로 공동체 안에서 해결된다. 현자는 다른 사람들과의 관계를 배제한 일이 지나치게 소모적이면서 쉼이 없는 일과 마찬가지로 헛되고 비인간적임을 깨닫는다. 그것은 헛된 것이다. 오로지 공동체 안에서만 일을 하라. 그리하면 그들과의 깊은 관계가 보상으로 주어질 것이다. 이렇듯이 공동체는 수고에 대한 '보상'에 해당하는 것이다. 그리고 공동체 안에서 사람들은 참된 쉼과 후원을 얻을 수 있다."

인기는 덧없는 것이다(4:13-16)

이 단락이 앞에서 언급된 다섯 가지 문제점들과 마찬가지로 구체적이지 않은 언어로 서술되어 있지만, 많은 해석자들은 코헬렛이 요셉이나 다윗 같은 성서의 한 인물을 염두에 두고 있다고 본다. 탈무드의 시대 이후로 오늘에 이르기까지, 학자들은 어떤 역사적인 인물을 본문에서 찾아내려고 노력하였다. 그러나 성서의 어떠한 인물을 갖다 대어도 이 본문에 완전하게 들어맞지 않는다. 설령 코헬렛이 자신의 청중이 알고 있는 당대의 어떤 사건을 가리키고자 했다 할지라도, 전도서의 불확실한 역사적 배경은 그가 의도한 지시 대상을 알지 못하게 만들었을 것이다(Seow 1997c: 190). 우리가 보기에 이 본문은 지혜를 가르치기 위하여 만들어진 가공의 이야기로 보는 것이 현명할 것으로 보인다(참조. 잠 7:6-23).

4:13-16은 친구나 보조자를 데리고 있는 것이 유익이라고 가르치는 4:9-12의 논지를 수정하려는 의도를 가지고 있는 듯하다(Wright 1997: 150). 13절에서 코헬렛은 두 인물을 대비시킨다: 지혜를 잊어버린 노쇠한 왕과 가난하지만 지혜로운 소년이 그렇다. 그 왕은 신분과 경험을 소유하고 있음에도 불구하고, 경고를 받아들이지 않은 태도로 인하여 가난하지만 지혜로운 소년보다 못한 사람으로 비쳐진다. 이러한 대립 쌍을 통하여 코헬렛은 지혜문학의 일반적인 기대감을 역전시킨다.

크렌쇼(Crsnshaw 1987: 112-13)는 이를 다음과 같이 설명한다: "옛 지혜에서는 가난과 젊음이 성숙함과 왕권보다 훨씬 덜 매력적인 것이었다. 젊음은 세속적인 유혹에 약했으며, 가난은 게으름의 결과로 생겨난 것이었다(옛 지혜는 이렇게 가르쳤다). 이와는 대조적으로 노년은 지혜와 명예를 가져다주었다. 그리고 왕권은 모범적인 행동의 궁극적인 보상에 해당하는 것이었다. 물론 가난과 젊음의 모든 사례들이 부정적인 평가에 적합한 것은 아니었고, 왕권과 노년의 모든 사례들이 그 반대의 결과를 가져다준 것은 아니었다. 이제 코헬렛은 젊음을 찬미하고 노년을 비난함으로써 사실상 전통적인 가치를 뒤집어 놓는다. 이것은 우리를 놀라게 한다. 우리가 마지막의 수식하는 형용사들(지혜롭고 어리석은)을 만나기 전까지는 말이다. 맨 처음의 대조, 곧 가난한 젊은이와 노쇠한 왕의 대조는 모호하기는 해도 예상되는 반응을 염두에 두고 있다." 그 지혜 없는 왕은 무수한 자연스러운 이점들을 가지고 있음에도 불구하고, 그 젊은이와 비교될 때 상세한 조사를 피하지 못한다.

젊은이의 성공은 4:14에서 특히 그가 누구인지에 대한 많은 생각들을 불러일으키는 두 가지 특징들을 가진 것으로 묘사된다. 첫째로 그 소년은 감옥에서 나와 왕이 되었다. 옥덴(Ogden 1987: 71-72)은 느헤미야 5:7의 '말라크'라는 어근이 상담자의 활동을 가리키는 것에 착안하여, 코헬렛이 여기서 감옥에서 나와 파라오의 왕실로 간 요셉을 염두에 두고 있다고 주장한다. 그는 이 허약한 주장을 뒷받침하려고 시도하는 중에 전도서 7:19; 8:8; 10:5가 '샬리트'라는 용어를 사용하고 있다는 점을 주목한다. 이 용어는 창세기 42:6에서 요셉의 직위를 가리키는 데 사용되고 있다. 루드맨(Rudman 1997a: 62-65)은 옥덴과 같은 결론을 내세우지만, 맛소라 본문의 '리믈록'을 '라멜렉'으로 바꿀 것을 제안하는 그의 주장은 설득력 있는 증거가 되지 못한다.

두 번째 특징은 그 젊은이가 그 나라에서 가난하게 태어났다는 데 있다. 그것은 확실히 사무엘 이야기에서 다윗이 유복하지만은 않은 가정 출신으로 묘사되어 있는 것에 잘 들어맞는다. 그러나 그러한 사실로 인하여 반드시 본절이 다윗을 염두에 두고 있다고 말할 수는 없는 노릇이다. 도리어 14절에 묘사되어 있는 두 가지 특징은 서로 관련된 것으로 읽어야만 한다. 성서 시대에는 감옥이 흔히 죄수들을 가두는 곳이 아니라, 경제적인 의무를 이행하지 못한 자들을 가두는 곳으로 사용되었다. 본절의 두 행은 완곡하게 요셉과 다윗에 대한 암시를 포함하고 있다기보다는, "왕이 되면서 가난을 뒤로 던져버린 빈민의 이야기"로 보는 것이 더 나을 것이다(Seow 1997c: 191).

그는 주목할 만한 성취 ― 옛날의 사회적인 기대감이나 전통적인 지혜의 가르침들을 훨씬 뛰어넘는 ― 를 이루었지만, 그 지혜로운 소년은 나중에 제3의 인물, 곧 "해 아래에서 다니는 인생들이 따르던"(4:15) 자에게 왕위를 빼앗긴다. 이 두 번째 젊은이는 첫 번째 젊은이가 누렸던 갈채를 받는 바, 이는 대중적인 인기가 대단히 변덕스러운 것임을 잘 보여준다. 허바드(Hubbard 1991: 125)는 이 점을 다음과 같이 정확하게 잘 지적하고 있다: "이 단락은 전체적으로 보아 지혜의 이득이 단지 상대적일 뿐이라는 메시지를 전하고 있다. 그러한 이득은 왕으로 하여금 자신의 통치 기간 동안에 잘 처신하도록 도와주기는 하지만, 나라의 안정이나 사람들의 환호를 보증해주지는 못한다. 일단 그의 후계자가 왕위를 물려받고 난 후에는 말이다. 지혜나 부와 마찬가지로(2:12-23), 정치 권력 역시 의장대가 바뀜에 따라 보잘것없는 것으로 시들어버릴 수도 있다." 지혜가 한순간의 성공을 가져다줄 수는 있겠지만, 해 아래에서는 사람들의 영속성이나 후손을 보증해주지 못한다.

이 비유적인 이야기로부터 코헬렛은 4:16의 원리를 이끌어내되, 그것을 풍자적이거나 아이러니컬한 어조로 표현하고 있다(Weisman 1999: 552; Spangenberg 1996: 64). 그의 짤막한 이야기가 보여주듯이, 정치적인 인기는 해 아래 있는 다른 모든 것들과 마찬가지로 오래가지 못한다. 따라서 그것은 '헤벨'이요, 바람을 잡으려는 것과도 같다. 해가 움직이고 바람이 불며 물이 순환하는 것이 별다른 발전 없이 무정한 리듬을 계속 되풀이하는 것처럼(1:5-7), 인간 세계 안에서도 정치 지도자들이 인기를 얻었다가 잃는 일을 되풀이한다. 다시금 코헬렛은 해 아래에서의 온갖 성취들 — 설령 그것들이 지혜를 통하여 이루어진 것들이라 할지라도 — 이 지속적인 이득을 제공하지 못하는 냉정한 현실을 지적한다.

화이브레이(Whybray 1989: 91)는 이 점을 다음과 같이 올바르게 설명한다: "이 단락은 지혜의 의심스러운 가치를 보여주는 또 다른 사례로 여겨질 수도 있다. 젊은이에게 있는 명철이 그에게 이득을 가져다줄 수도 있겠지만, 그것은 이제 진정한 이득이 아닌 것으로 밝혀진다."

관점(5:1-17)

코헬렛은 이 여섯 가지 역설들을 염두에 둔 채로, 어리석음과 불의를 특징으로 갖는 세계 안에서 사람들로 하여금 이득을 얻을 수 있도록 인도하기 위한 관점을 제공하려고 노력한다. 그는 아직 최종적인 권고를 하지 않은 상태이지만, 여기서는 독자들을 위해 몇 가지 암시적인 원리들을 제공한다.

하나님 앞에서 진지해질 필요가 있음(5:1-7)

이 단락은 어리석은 자들에 대한 강한 강조점(1, 3, 4절)과 언어생활(2-7절)을 특징으로 가지고 있다. 뿐만 아니라 이러한 윤리적인 가르침의 말들은 분명한 예배의 맥락에 속해 있다. 코헬렛이 여기서 해 아래에 있는 삶의 경계선을 넘어서서 하나님을 무대에 이끌어들이고 있다는 것 역시 중요한 의미를 갖는다. 따라서 "이 단락은 전체적으로 보아 인간과 하나님 사이의 차이를 고려해야 할 필요성을 강조하고 있는 바, 이러한 강조점은 '네 발을 삼갈지어다'(5:1 [히 4:17])라는 훈계와 '하나님을 경외할지니라'(5:7 [히 5:6])는 훈계 속에 잘 요약되어 있다"(Seow 1997c: 197). 코헬렛은 3:16-4:16의 역설들이 논리적으로 보아 견고한 무신론으로 연결될 수 있다는 점을 잘 알고 있다. 그러나 그러한 무신론은 자신이 해 아래에서의 삶을 관찰하면서 제기한 문제점을 복잡하게 만들 뿐이다. 사람들은 하나님을 포기하는 대신에 하나님의 말씀에 귀를 기울이고 그것에 순종하려는 정중한 자세를 가지고서 성전으로 가야 한다(5:1). 코헬렛은 신명기 5:27에서 발견되는 것과 동일한 언어를 사용하여, 그들에게 어리석은 태도로 제물을 드리기보다는 가까이 가서 말씀에 귀를 기울이라고 조언한다. 언어생활을 크게 강조하는 그 다음 절들에 비추어볼 때, 1절의 강조점은 말하는 대신에 들을 것을 훈계하는 내용에 있다.

어리석은 자들의 제물은 잠언 15:8의 지혜 격언에 비교될 수도 있을 것이다: "악인의 제사는 야웨께서 미워하셔도 정직한 자의 기도는 그가 기뻐하시느니라." 코헬렛이 말하는 어리석은 자들은 "아마도 자신의 제물이 회개할 필요 없이 자동으로 자신의 죄를 소멸시켜 줄 것이라고 믿고서, 본질적으로 악하고 하나님의 진노를 받아 마땅한 제물을 드리는 자들을 가리킬 것이다"(Whybray 1989: 93). 야웨께서는 이처럼 불성실한 예배 행위를 받지 않으신다. 이사야 1:10-15와 같은 본문들이 분명하게 보여주듯이 말이다. 하나님을 향한 예배가 순전히 기계적인 행동으로 변질될 경우에, 사람들은 진리에 대하여 무감각해진 나머지 사실상 도덕적인 무질서에 빠져들게 된다. 왜냐하면 "그들은 너무도 어리석은 탓에 자신의 제물이 악한 것이요 하나님을 대적하는 것임을 알지도 못하기 때문이다"(Longman 1998: 151).

불성실한 제물(5:1)은 불성실한 언어(5:2)와 쉽게 짝을 이룬다. 여기서 코헬렛은 다음과 같이 조언한다: "너는 하나님 앞에서 함부로 입을 열지 말며 급한 마음으로 말을 내지 말라. 하나님은 하늘에 계시고 너는 땅에 있음이니

라. 그런즉 마땅히 말을 적게 할 것이라." 잠언 10:9의 전통적인 격언을 연상시키는 이 말에서 그는, 지혜로운 자는 생각을 먼저 한 다음에 말을 하는 반면에, 어리석은 자는 하나님의 세계 안에 있는 인간의 위치를 충분히 생각하지 않은 채로 말을 한다고 본다. 초월자이신 하나님은 인간이 생각하고 느끼고 원하는 모든 것들을 아신다. 그 까닭에 그들은 자신의 말로 그를 속이지 못한다. 폭스(Fox 1999: 231)는 이를 다음과 같이 잘 설명하고 있다: "하나님의 높은 지위와 땅에 매인 인간의 비천함 사이에 있는 큰 불일치야말로 말 — 특히 서원하는 말 — 을 아껴야 할 이유에 해당한다. 하나님은 하늘이라는 유리한 자리에 계시기 때문에 세계 안에서 이루어지는 모든 것을 보실 수 있다(시 33:13; 102:20; 113:6; 욥 28:24). 반면에 인간의 시야는 한정되어 있어서 자신의 서원을 막을 수도 있는 최종적인 결과를 전혀 알지 못한다."

롱맨(Longman 1998: 151)은 하나님과 인간 사이에 있는 이러한 차이로 인하여 하나님이 사람들에게 무관심할 수도 있다고 보나 그다지 설득력 있는 주장은 아니다. 5:2에 있는 코헬렛의 언어는 시편 115:3과 매우 비슷하다. 이 노래에서 시인은 다른 민족들에게 있는 우상들의 무익함과 초월자이신 야웨의 신실하심을 대비시킨다. 이와 마찬가지 방식으로 이곳 전도서 5:1-7에서 코헬렛은 하나님 경외의 필요성을 강조한다. 인간에 대한 하나님의 탁월성을 그를 향한 어리석은 행동을 경계하는 이유로 삼기보다는 말이다.

시아오(Seow 1997c: 198-99)의 다음과 같은 설명은 진실에 아주 가까운 것이라 할 수 있다: "이것은 하나님의 내재성에 관한 오해를 교정함과 아울러, 하나님과 사람 사이의 차이를 강조하려는 시도에 해당하는 것이다. 하나님과 인간은 동일한 영역에 속해 있지 않다. 따라서 사람들은 경솔하게 모든 공허한 문제들을 그에게 가지고 나오면 안 된다. 마치 하나님이 모든 인간의 변덕과 공상에 응답할 수 있는 지상 대리인인 것처럼 생각하고서 말이다 … 하나님은 사람들의 기도에 무관심한 분이 아니다. 그는 초월적인 분이시요, 전적인 타자(他者)이시기에, 이 외의 다른 방식으로 대우해서는 안 되는 분이시다." 따라서 기도는 하나님을 조종하려는 수단으로 여겨져서는 안 된다. 도리어 기도는 온 세상을 주관하시는 하나님께 진지하게 말할 수 있는 기회로 여겨져야 한다.

3절은 당시에 유행하던 격언의 특징들을 가지고 있는 것으로 보인다. 코헬렛은 5:1-2에 있는 자신의 훈계를 뒷받침하기 위해 이 격언을 인용한다. 이 유비 격언의 두 번째 부분만이 본 단락의 논지와 직접적으로 관련되어 있다. 그러나 이 격언의 의미를 알기 위해서는 그 안에 모종의 비교를 담고 있는 격언 전체를 살펴볼 필요가 있다: "걱정이 많으면 꿈이 생기고 말이 많으면 우매한 자의 소리가 나타나느니라." 이 격언은 많은 일을 한 탓에 극심한 피곤에 사로잡힌 자에게 찾아오는 꿈에 관해서 말하는 것일 수도 있다. 그러나 이사야 29:7-8에서 보듯이 꿈들이 종종 실제 현실보다는 환각에 해당하는 것들을 비유적으로 나타내는 데 사용된다고 보는 시아오(Seow 1997c: 199-200)의 추론이 더 정확할 것이다. 사실 이 단락의 마지막 구절은 꿈과 말을 '헤벨'과 관련시킨다(5:7). 따라서 이 격언은 많은 일이 사람을 환각 상태에 빠뜨리는 것처럼 많은 말이 어리석음을 초래한다고 말하고 있는 셈이다. 이것은 2절 마지막 행의 금지 명령을 뒷받침하는 근거로 사용된다: "그런즉 마땅히 말을 적게 할 것이라." 코헬렛은 사람의 일이 항구적인 이득을 가져다주지 못한다는 것을 이미 입증한 것과 마찬가지로, 여기서도 "너무도 어리석은 나머지 자신의 많은 말들이 하나님께 분명한 영향을 미칠 수 있다고 생각하는 자들 역시 환상의 세계 안에서 살고 있다"고 가르친다(Longman 1998: 152).

5:4-5에서 코헬렛은 하나님께 불성실한 서원을 하지 말라고 주의를 줌으로써, 하나님 앞에서의 언어생활에 대한 경고를 구체적으로 설명한다. 구약성서에서 서원은 의무적인 것이 아니라 선택적인 것이다. 그러나 일단 약속이 된 서원은 구속력을 갖는다. 코헬렛은 신명기 23:21-23의 규정들을 거의 그대로 인용함으로써, 하나님 앞에서 경솔한 약속을 하지 말 것을 경고할 필요가 있음을 강조한다. 서원을 지키지 않거나 늦게 지키는 일은 없어야 한다. 왜냐하면 하나님께서는 그처럼 어리석은 행동을 즐거워하지 않으시기 때문이다. 사실 "서원하고 갚지 아니하는 것보다 서원하지 아니하는 것이 더 낫다"(5절). 이러한 대조 방식은 코헬렛 시대의 사람들이 경솔한 태도로 하나님 앞에서 헌신을 다짐했음을 암시한다. 그러나 그들은 나중에 그러한 다짐을 성실하게 이행하지 못한다. 그렇게 하는 것은 하나님을 함부로 대하는 것

이나 다름이 없다. 마땅히 그를 경외해야 함에도 불구하고 말이다.

6절은 서원을 이행하지 못하는 태도를 경고하는 5:4-5과 논리적인 연속선상에 있다. 코헬렛은 두 가지의 잘못들에 대해서 설명한다. 첫째로 사람들은 경솔하게 서원을 하고서는, 성전의 천사(아마도 제사장 [참조. 말 2:7-8]) 앞에서 그것이 단지 의도하지 않은 말의 실수였다고 주장함으로써 서원을 이행하지 못한 책임을 면하려고 한다. '셰가가' 라는 용어는 레위기 4:22-35; 민수기 15:22-31과 같은 법률 문서에서 부지중에 범한 잘못을 가리키는 데 흔히 쓰이는 낱말이다. 모세의 율법에 의하면, 부지중에 범한 잘못은 제사장의 중재를 통하여 용서받을 수 있으나, 고의적으로 또는 고압적인 태도로 범한 죄는 용서받지 못한다. 코헬렛은 서원을 하는 것이 의도적인 행동임을 강조한다. 따라서 그것을 이행하지 못하는 것은 의도적인 범죄이다. 그러기에 경솔한 서원은 그 서원을 한 자의 손으로 한 일에 하나님의 진노와 심판을 불러일으킬 것이다.

5:7의 요약 진술과 권고는 하나님 앞에서 진지해질 필요가 있다고 가르치는 본 단락을 마무리한다. 코헬렛은 이렇게 결론을 내린다: "꿈이 많으면 헛된 일들이 많아지고 '하발림'] 말이 많아도 그러하니 오직 너는 하나님을 경외할지니라." 본절의 구문은 난해하지만, 롱맨(Longman 1998: 155)은 그 일반적인 의미를 다음과 같이 정확하게 잘 밝히고 있다: "꿈은 현실과의 접촉으로부터 비롯되는 것이다. 그리고 코헬렛이 주장하는 바와 같이, 제의적인 배경에서 발하는 많은 말들도 마찬가지이다. 코헬렛은 자신의 청중들에게 하나님과 친숙해지는 것을 멀리하고 두려움을 특징으로 갖는 관계를 가질 것을 장려한다." 하나님을 경외하라는 이 권고는 12:13-14에 있는 전도서의 마지막 결론을 예견케 한다. 코헬렛은 하나님을 말로써 감화시키려고 하거나 구두 서원 이행의 책임을 피하려고 교활하게 머리 쓰는 대신에, 독자들에게 하나님을 경외할 것을 강하게 권고한다. 카마노(Kamano 2002: 135)는 이 점을 다음과 같이 잘 설명하고 있다: "코헬렛에 의하면, 하나님 경외는 주권자이신 그분 앞에서 인간이 취해 마땅한 태도를 가리킨다. 자신의 피조성과 연약함을 인정하고 하나님을 인간에 대하여 절대적인 힘을 가지신 분으로, 그리고 하나님 앞에서의 인간의 태도가 부적절할 경우에는 인간을 멸하실

수도 있는 분으로 존중히 여기는 태도가 그렇다."

사회적인 불의의 문제(5:8-9)

이 짤막하고 난해한 구절은 코헬렛이 앞서 3:16과 4:1에서 언급한 바 있는 사회적인 불의의 주제로 되돌아온다. 다시금 그는 권력을 장악하고 있는 자들이 가난한 자들을 경제적인 힘으로 난폭하게 학대하는 모습을 본다. 8절의 의미에 대해서는 두 가지의 다수 의견이 있다. 첫 번째 견해는 관료 조직 안에 필연적으로 존재하는 불의는 참는 게 상책이라고 냉소적인 태도로 말한다. 이러한 해석에 따르면, 코헬렛은 관리들의 계급질서 안에서는 위로 올라갈수록 학대의 정도도 강해진다고 말하는 것이나 다름이 없다. 예로서 허바드(Hubbard 1991: 136-37)는 이렇게 추론한다: "'정의의 왜곡'은 행정부 관리들이 있음에도 불구하고 발생하는 것이 아니라 그들 때문에 발생하는 것이다. 그들은 법을 지키고 시민들의 권리를 수호하도록 서로를 견제해야 할 자들이다. 그런데도 그들은 서로를 지켜주면서, 상대방의 잘못을 덮어주고 있다. 여기서 '감찰하다'는 낱말은 바로 그러한 행동을 가리키는 것이다. 이러한 악이 사회 체제 전반에 퍼져 있다 보니, 행정부의 모든 계층 구성원들이 마음껏 불의를 행하고 있다." 어원상으로 볼 때 정의의 자리('메디나')가 있는 지방, 곧 정의가 지배해야 할 곳에서 불의가 만연해 있는 셈이다(Seow 1997c: 202).

8절에 대한 두 번째 견해는 코헬렛이 인간 정부에 대한 현실적인 견해를 제시하고 있다고 본다. 그는 눈에 보이는 통탄할 만한 학대와 불의가 지극히 높은 통치자이신 하나님에 의해 극복될 수 있다고 생각한다(Ogden 1987: 80-81). 이처럼 긍정적인 해석은 탈굼의 지지를 받고 있기는 하지만, 본문 안에서 하나님의 개입을 너무 많이 강조하는 것으로 보인다(Longman 1998: 158; Murphy 1992: 51).

그런가 하면 9절은 8절보다 더 해석하기가 어렵다. 사실 시아오(Seow 1997c: 204)는 이 본문의 의미를 밝히려는 작업을 거의 포기한 채로 있다: "현재 형태의 9절 전체는 구문상의 어색함과 내적인 일관성의 결여로 인하여, 그리고 앞뒤 구절의 사상과 연결되기 어렵다는 것으로 인하여, 많은 문제점을 안고 있다. 9절 본문은 심하게 훼손되어 있는 것으로 보인다. [맛소라 본문은] 사실상 옛 번역본들의 지지를 받고 있기는 해도, 의미 전달이 잘 되지 않는다. 문자적으로 본다면 이렇다: '그러나 땅의 이득은 모든 것 안에 있고, 왕은 경작된 밭을 위한다.'"

본문상의 난해함에도 불구하고 또는 그러한 난해함 때문에 5:9를 이해하려는 학자들의 노력은 세 가지 견해로 압축된다. 첫 번째 견해는 아모스 7:1을 평행 본문으로 보면서, 사회적인 불의가 너무도 만연해 있어서, 왕조차도 그것에 편승하고 있다고 말한다. 왕은 농작물의 첫 수확물을 받겠다고 고집함으로써, 하위 통치자들에게 자기들의 지위를 이용하여 일반 대중을 희생시키고서 치부할 수 있게 하는 선례를 남겨 놓는다. 두 번째 견해는, 명백하게 드러나는 불의에도 불구하고 정부가 여전히 땅을 위해 약간의 '이트론'을 제공하고 있다고 본다. 개릿(Garrett 1993: 312)은 본절의 의미를 다음과 같이 설명한다: "정부 전체를 대표하는 왕은 결국 국가에 대하여 책임을 지려고 하기보다는 사적인 이득을 얻으려는 생각에 사로잡혀 있다. 코헬렛은 이 점을 분명하게 밝히기 위한 사례로 농업을 선택한다. 무정부 사회에서는 재산권의 경계선이 유지되지 못하며, 우물을 비롯한 공동 재산에 대한 접근권도 공정하게 조절되지 않는다. 그리고 도수관(導水管)과 제방은 늘 잘 수리된 채로 놓여져 있지 않으며, 약탈하는 군대에 대한 조직적인 저항도 불가능하다. 간단히 말해서, 농업 경제가 무너지고 만다. 정부가 악할 수도 있겠지만, 그것은 일종의 필요악이다." 세 번째 견해는 왕이 자신의 사적인 목적을 위하여 부를 축적하려고 하기보다는 농업 경제를 활성화시키기 위하여 땅을 사용함으로써 생겨나는 이득에 초점을 맞춘다. 시아오(Seow 1997c: 219)는 이 격언을 양식을 조달하기 위하여 땅을 사용하기보다는 땅을 넓히는 데 혈안이 되어 있는 자들을 비난하는 이사야 5:8과 비교한다. 이 견해에 의하면, 전도서 5:9는 포괄적인 행복을 제공하기 위해 땅을 사용함으로써 정의를 행하는 왕이야말로 백성에게 이득을 가져다준다고 말하고 있는 셈이다(참조. 잠 29:4). 이 세 가지의 가능한 해석들 중 하나를 선택한다는 것은 쉬운 일이 아니다. 왜냐하면 본절의 격언적인 언어는 해석하기가 대단히 어렵기 때문이다.

부로 인하여 생기는 불이익(5:10-17)

코헬렛은 해 아래에서 이득을 찾아내려고 애쓰는 중에, 그 이득을 가지고 서 사들일 수 있는 부와 소유물이 '헤벨'일 뿐이요 바람을 잡으려는 것임을 이미 입증한 바가 있다(2:4-11). 부에 대한 이처럼 부정적인 평가는 성서의 다른 진술들에 이의를 제기하는 것이라 할 수 있다. 예로서 신명기 7:13에서 야웨께서는 순종하는 자들에게 넘치는 복을 주겠다고 약속하신다. 전통적인 지혜문학의 경우, 잠언 10:22는 이렇게 말한다: "야웨께서 주시는 복은 사람을 부하게 하고 근심을 겸하여 주지 아니하시느니라." 그러나 코헬렛은 해 아래를 살피는 중에 부가 이득을 가져다주지 않는다는 결론을 내리면서, 부의 획득을 삶의 목표로 삼는 것은 어리석은 일이라고 조언한다. 이 조언을 상세하게 설명하기 위하여 그는 5:10-17에서 다섯 가지 원리들을 제시한다.

5:10에 명시되어 있는 첫 번째 원리는 사람들이 항상 자신이 가지고 있는 것보다 더 많은 것을 원한다는 데 있다. 그가 이미 1:8과 4:8에서 설명한 바와 같이, 물질주의는 만족을 모르는 욕망을 가지고 있다. 크렌쇼(Crenshaw 1987: 121)가 잘 지적한 바와 같이, "돈을 사랑하는 자는 결코 소유욕으로부터 비롯된 부에서 만족감을 느끼지 못한다." 돈이 일시적인 즐거움을 줄 수는 있어도, 인간의 깊은 내적인 갈망을 채워주지는 못한다. 따라서 성취될 수 없는 돈을 향한 사랑은 '헤벨'로 간주되지 않을 수 없다.

5:11에서 코헬렛은 두 번째 원리를 설명한다: 사람은 누구나 많이 가지면 가질수록 더 많이 가질 필요성을 느낀다. 따라서 자신의 소유물을 늘리는 일에서는 참된 유익을 발견할 수 없다. 그는 이렇게 말한다: "재산이 많아지면 먹는 자들도 많아지나니 그 소유주들은 눈으로 보는 것 외에 무엇이 유익하랴?" 이 원리는 오늘날의 세계에서도 찾아볼 수 있다. 누군가가 집을 사게 되면 각종 유지비와 보험료, 세금, 가구 등이 늘어나기 때문이다. 코헬렛의 옛 문화권에서는 재산이 늘어날수록 그것을 보살필 종들이 더 많이 필요했고, 궁핍한 확대 가족을 보살필 사회적인 의무도 요구되었을 것이다. 이것은 곧 부요한 자들이 자신의 소유물을 바라볼 수 있다는 것에서 유일한 낙을 찾았을 것이라는 아이러니컬한 결론에 도달하기에 이른다. 그러나 1:8이 말한 바와 같이, "눈은 보아도 족함이 없다." 재산을 모으는 일이 칭찬할 만한 성

취임에는 틀림이 없지만, 실제로는 겉으로 드러나는 것보다 못한 것이 현실이다. 왜냐하면 재물은 단지 일시적이고 피상적인 즐거움만을 제공하기 때문이다.

세 번째 원리는 재산을 더 많이 소유하면 할수록 근심도 늘어난다는 것이다(5:12). 코헬렛은 일하는 자의 잠 — 적게 먹건 많이 먹건 달콤한 — 을 부자의 불면증과 대비시킨다. 부자가 잠을 충분히 자지 못하는 이유는 그가 너무 풍족하게 많이 가지고 있기 때문이다. 그의 '사바'가 문제인 것이다. 코헬렛은 일부러 애매하게 이 용어를 사용함으로써, 그것이 재산을 넉넉하게 갖지 못한 자들과는 대조적으로 부자를 괴롭히는 소화불량과 근심을 가리킬 수도 있다고 본다. 시아오(Seow 1997c: 206)는 이를 다음과 같이 설명한다: "두 가지 의미가 다 가능하다. 아마도 저자는 그러한 의도를 가지고 있었을 것이다. 부자는 너무도 많은 음식을 먹기 때문에 몸이 불편하여 잠을 제대로 자지 못한다. 이는 그들이 배부름으로 인하여 잠을 충분히 자지 못함을 의미한다. 이와 아울러 그들은 너무도 많은 재산을 투자한 탓에 지나친 근심 걱정에 사로잡힌 나머지 잠을 제대로 자지 못한다. 그들의 물질적인 풍족함이 그들로 하여금 잠을 자지 못하게 만드는 셈이다." 부자는 유리한 지위를 누리고 있는 것처럼 보이지만, 잠을 제대로 자지 못하는 그들의 모습은 그들의 부요함이 사실은 불리한 것임을 분명하게 보여준다. 이렇듯이 코헬렛은 경제적인 부요함에 이점이 있다고 보는 대신에 '이트론'이 물질적인 소유와 무관함을 구체적으로 보여주고 있다(Ogden 1987: 83).

5:13-15에는 네 번째 원리가 서술되어 있다. 많이 가지면 가질수록 더 많이 잃는다는 원리가 그렇다. 13절에서 코헬렛은 자신이 해 아래에서 관찰한 통탄할 만한 악에 관해서 말한다. 어떤 사람이 부를 쌓아올리지만 결국에는 상처를 입을 뿐이라는 것이 그렇다. 코헬렛은 이처럼 절망스러운 상황을 다양한 구체적 상황들 — 도난이나 사업 실패로 인한 상실을 포함하는 — 에 적용될 수 있는 일반적인 언어로 묘사한다. 시아오(Seow 1997c: 221)가 지적한 바와 같이, "코헬렛은 비극적인 현실에 대하여 어느 누군가에게 또는 어떤 사건에 책임을 지우려고 시도하지 않는다. 우리는 단지 객관적인 사실, 곧 실제로 일어난 일에 관해서만 들을 뿐이다. 인간의 삶은 예측할 수 없는

것이다. 부의 축적은 사람들에게 어떠한 보증도 해주지 않는다. 그 반대로 크게 쌓은 부의 상실은 고통을 안겨줄 뿐이다."

어떤 불행한 일로 인하여(5:14) 부자는 자신이 쌓아 올린 부를 잃는다. 그 결과 그는 자기 아들을 부양하지 못한다. 그는 자신이 모아 놓은 것들로부터 얻은 이익을 자기 아들에게 전해주는 대신에 아무것도 그에게 주지 못한다. 그는 힘들게 수고하였음에도 불구하고 처음에 세상에 나왔던 때와 마찬가지로 자기 삶을 벌거벗은 채로 남기게 될 것이다(5:15). 코헬렛은 욥기 1:21을 연상시키는 언어를 사용하여, 어느 누구도 삶 속에서 모든 것들을 죽음 안으로 가져가지 못한다고 말한다. 그가 세상을 사는 동안에 얻은 것들은 예상치 못한 요인들로 인하여 사라질 수도 있다. 그리고 확실히 그는 그것을 죽음의 경계선을 넘어서는 곳까지 가져가지 못한다.

다섯 번째 원리는 아무리 많은 부를 축적한 사람이라 할지라도 죽음을 피하지는 못한다는 사실을 가리킨다(5:16-17). 코헬렛은 항상 임박한 죽음이라는 정해진 기준으로 유리한 지위를 평가한다. 어떤 것이 항구적인 이득을 제공하기 위해서는 죽음을 초월하지 않으면 안 된다. 이러한 현실을 마음에 두고서 그는 16절에서 이렇게 말한다: "이것도 큰 불행이라. 어떻게 왔든지 그대로 가리니." 이로 인하여 그는 다음과 같은 수사학적인 질문을 던질 수밖에 없다: "바람을 잡는 수고가 그에게 무엇이 유익하랴?" 이 바람의 은유는 정신이 번쩍 들게 하는 것이다. "왜냐하면 부자가 힘들게 모은 부가, 마치 바람이 그것을 자기 손에 쥐고자 하는 자들을 피해가는 것처럼, 그의 손가락 사이로 빠져나가기 때문이다"(Crenshaw 1987: 123). 그는 수고로 얼룩진 자신의 생애를 보여줄 아무것도 가지고 있지 않다. 그가 평생 동안 모아 놓은 모든 것을 죽음이 그에게서 빼앗아가기 때문이다. 설상가상으로 "일평생을 어두운 데에서 먹으며 많은 근심과 질병과 분노가 그에게 있다"(5:17). 부에 대한 집착이 그에게 행복을 가져다주는 것은 아니다. 그것은 도리어 끝없는 좌절감과 절망감을 안겨준다. 식구들과 즐거운 마음으로 식사를 하는 대신에 그는 어둠과 흑암에게 사로잡히고 만다(Hubbard 1991: 147). 그는 현재의 상황 속에서 아무런 즐거움도 누리지 못하며, 미래에 대한 약속도 전혀 얻지 못한다. 부에 대한 부질없는 그의 욕심은 그저 고통과 염려를 가져다줄 뿐이다.

두 번째의 잠정적인 결론(5:18-20)

첫 번째의 연속적인 관찰 마지막에서와 마찬가지로 코헬렛은 이제 두 번째의 연속적인 관찰 마지막에 또 다른 잠정적인 결론을 내리는 바, 이 결론은 12:9-14의 최종 결론을 예비하는 효과를 갖는다. 이 긍정적인 훈계에서 그는 하나님께서 주신 것들을 기쁨으로 받아들일 것을 권한다(5:18). 부가 진정한 이득을 가져다주지 못하는 타고난 한계를 가지고 있지만, 하나님께서는 한시적인 삶을 사는 사람들에게 먹고 마시고 일하는 기쁨을 하나의 몫('헬레크')으로 주신다. 폭스(Fox 1998: 237)는 이를 다음과 같이 설명한다: "코헬렛은 '이트론'이라는 용어를 노동을 투자함으로써 얻게 되는 잉여분이라는 엄격한 의미로 사용한다. 반면에 '헬레크'는 코헬렛과 다른 곳에서 단순히 무엇인가로부터 얻게 되는 소유물을 의미한다. 그것이 적절한 것이건 만족스러운 것이건 당연한 것이건 항구적인 것이건 관계없이 말이다." 코헬렛은 확실히 삶으로부터 생겨나는 좌절감이나 수수께끼 같은 현실에 무지하지 않다. 왜냐하면 그는 그것들에 대해서 상당히 길게 논의하고 있기 때문이다. 그러나 그와 동시에 그는 절망하기를 거부한다. 그 까닭은 하나님께서 생명을 주셨다는 확신을 그가 굳게 붙들고 있기 때문이요, 삶을 즐기기 위해서는 하나님이 사람들에게 주신 것들을 믿음으로 받아들일 필요가 있기 때문이다(Ogden 1987: 86). 인간의 얼굴에 담긴 긴장감은 확실히 인생이 짧다는 것을 보여준다. 그러나 동시에 인생은 하나님께서 즐기도록 주신 것이다(Enns 2004: 133). 따라서 삶 — 그 한계까지도 — 을 기쁨으로 받아들인다는 것은 선할 뿐만 아니라 적절한('야페' [참조. 3:11]) 것이기도 하다.

코헬렛은 19절에서 이를 확대시켜 다음과 같이 말한다: "사람이 하나님께서 그에게 주신 바 그 일평생에 먹고 마시며 해 아래에서 하는 모든 수고 중에서 낙을 보는 것이 선하고 아름다움을 내가 보았나니 그것이 그의 몫이로다." 부가 인간의 부지런함을 통하여 생겨난다고 가르치는 전통적인 지혜의 잦은 강조점과는 다르게 코헬렛은 하나님이야말로 부의 근원이라고 생각한다. 사실 하나님께서는 사람들에게 부를 주실 뿐만 아니라, 자신이 주는 부를 즐길 수 있는 능력도 주신다(Whybray 1989: 102-3). 프레데릭스(Fredericks 1989: 35)는 이와 관련하여 적절하게도 다음과 같은 결론을 내린

다: "적어도 부의 부정적인 가치라는 주제에 더하여, 절대 주권자인 하나님의 뜻에 의해 부를 소유할 수 있게 된 자들이 부를 누린다는 긍정적인 주제 역시 똑같이 다룰 필요가 있다. 전도서의 나머지 부분들 역시 확실히 이와 비슷한 균형을 장려하고 있다. 전도자는 저주받은 인간 실존의 비극적인 측면들에 대해서 깊이 생각할 뿐만 아니라, 어떠한 좋은 것들을 얻든 간에 그것들로부터 기쁨을 얻을 것을 조언하기도 한다."

20절은 흔히 직설법 문장으로 간주되지만, 시아오(Seow 1997c: 223)는 전도서 11:7-10에 있는 평행 구절에 근거하여 그것을 부정적인 명령문으로 읽을 것을 제안한다: "그들은 자기의 생명의 날을 깊이 생각하지 말아야 한다." 분사 '마아네'는 아마도 히브리어 동사 '아나'로부터 비롯된 것으로 여겨질 수도 있을 것이다. 이 낱말은 1:13과 3:10에서처럼 무엇인가에 몰두한 상태를 가리킨다. 이것은 머피(Murphy 1992: 53)가 설명하듯이 조롱하는 듯한 어조를 만들어낸다: "이것은 하나님께서 주신 기쁨이 궁극적으로는 죽음으로 끝날 수밖에 없는 짧은 인생의 비참함으로부터 사람들을 건져주신다(그들을 만족시키기보다는)는 의미를 가지고 있다. 그런데도 그들은 코헬렛을 사로잡고 있는 무거운 문제들에 정신을 집중하지 못한다." 그러나 본절의 분사는 히브리어 '아나'의 동음이의어 — "대답하다"는 뜻을 가진 보통명사 — 로부터 비롯된 형태로 보아야 옳을 것이다. 본절을 이렇게 읽는다면, 하나님이 주신 기쁨의 선물은 그를 떠난 부의 불만족스러운 성격에 대한 그의 응답에 해당하는 것이다(Seow 2000b: 108). 화이브레이(Whybray 1989: 103)는 이를 다음과 같이 설명한다: "본절의 결론은 이 단락 전체의 중심 생각들을 하나로 묶는 역할을 수행한다. 흔히 부와 관련되어 있는 다양한 악들 — 탐욕, 불만족, 재물 상실에 관한 염려, 과도한 노동에 대한 부담감, '선한 삶'을 끝장내는 죽음에 대한 생각 등 — 에 대해서는, 현재를 중심으로 하여 살면서 자신 앞에 다가오는 행복을 충분히 활용하는 것이야말로 올바른 대응 방법이다. 사람들은 생명을 하나님의 선물로 즐길 때, 자신의 죽음을 끊임없이 의식하고 있으면서도, 그에 대한 생각으로 괴롭힘을 당하지는 않는다. 이러한 즐거움은 사람들로 하여금 삶과 죽음을 적절한 시각에서 관찰할 수 있게 해준다. 코헬렛이 2:1-11에서 구체적으로 보여준 바와 같이, 즐거움은 궁극인 이득을 가져다주지 못한다. 궁극적으로는 그것도 '헤벨'일 따름이다. 그러나 다른 한편으로 "즐거움은 지상의 실존이 계속되는 동안에 늘 존재하는 것이다 … 따라서 할 수 있는 때에 그것을 지금 누리도록 하라"(Longman 1998: 169).

삶에 대한 세 번째 관찰(전도서 6:1-8:15)

코헬렛이 반복적으로 다루는 중요한 주제들 중의 하나는 해 아래에서 겉으로 드러나 보이는 것들이 사람들을 현혹시킬 수도 있다는 점이다. 하나님의 세계에는 사람들이 식별할 수도 없고 이해하지도 못하는 신비로움이 있다. 삶에 대한 이 세 번째의 연속적인 탐구 작업에서 코헬렛은 하나님의 창조 세계 안에 있는 역설들 중의 일부와 명백한 불의들을 계속해서 다룬다.

형통함은 항상 겉으로 드러나는 것만큼 좋은 것이 아니다(6:1-12)

6장은 여러 가지 점에서 5:10-17의 분석을 그대로 이어받고 있으면서도, 염세주의적인 경향을 더 많이 보이고 있다. 이 단락에서 세 차례에 걸쳐서 코헬렛은 본문에 언급되는 어떤 사람이 하나님께서 주신 것들을 누리지 못한다고 진술한다(6:2, 3, 6). 옥덴(Ogden 1987: 91)은 코헬렛이 제시하는 가상적인 상황들이 어떻게 전통적인 지혜만으로는 적절하게 설명할 수 없는 인간 경험의 다양한 측면들을 드러내는지를 다음과 같이 설명하고 있다:

> 코헬렛은 사람들이 자신의 소유물로부터 만족감을 누리지 못한다는 문제를 제기함으로써, 새로운 신경망을 건드리고 있다. 잠언 13:21-25과 같은 진술들이나 신명기적인 흐름 속에 있는 진술들(예로서 신 8:10)에 반영되어 있는 지혜 전승의 일부는 물질적인 성공과 유형적인 소유물들이 하나님을 기쁘시게 하는 삶의 결과로서 주어지는 하나님의 복에 대해서 증거하는 것들이라는 개념을 굳게 붙들고 있다. 그것은 하나님이 자신에게 순종하는 자들에게 물질의 복을 주셨다는 견해를 문자 그대로 받아들이며, 이에 대한 논리적인 연장선상에서, 이 세상의 것들을 많이 가진 자는 하나님을 기쁘시게 한 자임에 틀림이 없다고 생각한다. 따라서 지혜자의 충고를 고수함으로써 사람들이 지혜를 발

견할 수 있을 뿐만 아니라 물질적인 유익과 만족 및 즐거움 등을 알 수도 있다는 것은 너무도 당연한 일이다. 코헬렛은 그러한 생각에 큰 물음표를 던지는 일을 하고 있다. 그는 부자가 자신의 소유물로부터 어떠한 기쁨도 이끌어내지 못한다고 보며, 그 까닭에 부자는 어떻게 즐거움을 찾는지를 알지 못하는 어리석은 자와도 같다. 달리 말해서, 코헬렛은 욥처럼 인간의 경험 세계 안에 있는 변칙적인 것들, 곧 신학적으로 볼 때 전통적인 견해에 대하여 당혹감을 안겨주는 것들을 지적하고 있는 것이다.

코헬렛은 인간의 삶 속에 있는 구체적인 사례들을 자세히 살핌으로써, 전통적인 지혜에 의하여 관찰되고 가르쳐지는 일반적인 경향들에 이의를 제기한다.

상황(6:1-2)

코헬렛은 자신이 해 아래에서 발견한 한 가지 불행한 일('라아')에 주의를 기울인다. 그것은 고립된 상황이 아니다. 왜냐하면 이 '라아'는 사람들 사이에 널리 퍼져 있는 것이기 때문이다(6:1). 전통적인 지혜가 기대하는 것들과는 대조적으로, 이 세상에는 부와 재산과 명예를 가지고 있으면서도 하나님께로부터 그것들을 즐길 수 있는 능력을 받지 못한 자들이 있다. 그들은 누구나 기대할 수 있는 즐거움을 맛보기보다는 다른 사람이 그것들을 누리는 모습을 보는 것으로 작정된 자들이다. 코헬렛은 이것이 '헤벨'이요, 통탄할 만한 악이라고 말한다(6:2). 다시금 본절이 사용하는 언어는 역사적인 기록에 남아 있는 솔로몬의 말(참조. 대하 1:11-12)이나 전도서 2:1-8에 있는 코헬렛의 말을 연상시킨다. 본절에서 특히 중요한 것은 코헬렛이 앞 단락에서 말한 내용에 약간의 진전이 있다는 점이다. 5:19에서 그는 기쁨을 누릴 수 있는 능력이 하나님께로부터 오는 선물이라고 긍정적으로 말한 바가 있다. 그런데 여기서는 그것이 부정적인 시각에서 묘사되고 있는 것이다: 하나님께서 기쁨을 누릴 수 있는 능력을 주시지 않는 한, 해 아래에서 얻는 어떠한 양의 물질적인 복도 사람을 만족시키지 못한다. 어떤 사람은 하나님의 선물을 받지 못한 채로 자신이 갖기로 예정된 즐거움을 다른 사람이 누리는 것을 보아야만 한다. 문제를 더욱 악화시키는 것은, 그의 자리를 차지한 사람이 외국인이요, 전혀 지정되지 않은 국외자라는 점이다(Seow 1997c: 210). 코헬렛은 이러한 악을 초래하는 중간의 다양한 원인들을 모르지는 않으면서도, 하나님을 그러한 문제점의 궁극적인 원인으로 지목한다. 하나님의 책임을 약화시키려는 무수한 시도들 — 이를테면 하나님이 부자의 죄에 대하여 벌을 내리신 것이라고 보는 탈굼의 해석 같은 — 이 이루어졌음에도 불구하고, 여기서 코헬렛은 그것이 전적으로 하나님의 손으로부터 비롯된 것이라고 본다. 롱맨(Longman 1998: 170)은 이를 다음과 같이 설명한다: "코헬렛의 설명에서 한 가지 충격적인 것은 그가 이처럼 부정적인 상황을 직접적으로, 그리고 오로지 하나님께만 돌리고 있다는 점이다. 그러한 선물들을 즐기도록 허락하시는 분은 하나님이다. 이것은 그 선물들을 받는 자들과 코헬렛을 좌절감에 빠뜨린다."

두 가지의 상황 설정(6:3-6)

6:1-2의 논지를 분명하게 만들기 위하여 코헬렛은 6:3-6에서 세속적인 복들을 누리지 못하는 문제를 한층 심화시키는 두 가지의 상황을 가정한다. 3-5절에 언급된 첫 번째 상황은 6:1-2의 상황에 두 가지의 이점(利點)을 추가한다. 이 단락에서 코헬렛은 백 명의 자녀들을 낳고서 장수하는 한 사람을 예로 든다. 이 두 가지 요소는 전통적인 지혜문학에서 큰 기쁨을 가져다주는 하나님의 복으로 간주된다(참조. 시 127:4; 잠 3:2). 그러나 코헬렛의 견해에 의하면, 다소 과장된 가족 규모라 할지라도 삶 속에서 아무런 즐거움도 누리지 못하는 비극을 보상해주지 못한다. 특히 그의 시신이 제대로 매장되지 못하는 경우가 그렇다. 시아오(Seow 1997c: 211)가 성서 안팎의 증거를 통하여 분명하게 보여준 바와 같이, 이곳에 나오는 '케부라'의 용례는 매장 행위를 가리키기보다는 매장의 장소를 가리키는 것으로 보인다: "이 경우에 그 부자는 다가올 자신의 날들에 대해서 미리 걱정하며, 매장지를 확보하지 못한 것에 대하여 불평한다."

코헬렛은 이 사례를 살핀 후에 다음과 같이 서글픈 어조로 결론을 내린다: "나는 이르기를 낙태된 자가 그보다는 낫다 하나니, 낙태된 자는 헛되이 왔다가 어두운 중에 가매 그의 이름이 어둠에 덮이니, 햇빛도 보지 못하고 또 그것을 알지도 못하나 이가 그보다 더 평안함이라"(6:3b-5). 이처럼 서글픈 평가는 아무런 즐거움도 없는 삶을 견디기보다는 처음부터 삶을 전혀 누리지 못하는 것이 더 낫다고 추론하는 5:15; 욥기 3:16; 시편 58:8 등을 연상시킨다. 옥덴(Ogden 1987: 92)은 다음과 같은 점을 지적한다: "코헬렛이 여기서 언급하는 것은 삶의 질이지, 그것의 길이가 아니다. 만일에 누군가가 자신의 삶을 즐길 기회를 전혀 얻지 못한다면, 그는 처음부터 이 세상에 들어서지 않는 것이 더 나을 것이다(참조. 4:2). 인간의 삶 속에는 물질적인 것들이 자리를 잡고 있지만, 종종 그러하듯이 그것들이 즐거움을 가져다주지 못한다면, 그것들은 아무런 가치도 없는 것들이 아닐 수 없다." 낙태된 자는 해 아래 있는 삶의 '헤벨'을 그냥 지나친다는 점에서, 사실상 큰 가족 집단과 함께 풍족한 부를 누리면서 장수하되 즐거움을 누리지 못하는 자보다 더 바람직한 경험을 갖는다. 악인을 향한 시인의 저주가 "만삭 되지 못하여 출생한 아이가 햇빛을 보지 못함 같게 하소서"(시 58:8)라는 악담으로 끝을 맺는 시편 58편과는 대조적으로, 이 단락에서 코헬렛은 다음과 같은 결론을 내린다: "아직 태어나지 않은 자의 운명이 하나님께서 부와 장수와 많은 자녀들을 주셨으나 그것들을 전혀 누리지 못하는 자의 삶보다 더 낫다"(Longman 1998: 171). 이러한 상황 설정에 언급되는 자는 불만족의 고통을 알고 있는 반면에, 낙태된 자는 그러한 것을 전혀 알지 못한다. 해 아래에 있는 삶의 불행에 대한 개인적인 경험은 그대로 남아있지만 말이다. 코헬렛은 이 짤막한 평가로 아주 강한 논지를 전달하고 있다. "코헬렛은 상세한 설명을 보태지 않고서도 이러한 비교를 통하여 부자의 곤경을 대단히 실감나게 표현한다. 아직 태어나지 않은 아이는 안식을 누리고 있지만, 부자는 여전히 절망감 속에 빠져 있기 때문이다"(Crenshaw 1987: 127).

6:6에 있는 두 번째의 사례는 한층 과장된 상황을 가정한다. 코헬렛은 문자 그대로 "그가 비록 천 년의 갑절을 산다 할지라도 행복을 보지 못한다고 가정해 보자"라고 말한다. 므두셀라의 수명(창 5:27)보다 두 배나 더 긴 이 수명은 해 아래에서 인간이 생각할 수 있는 기대치를 한참 넘어선다. 전통적인 지혜에서 장수는 흔히 복의 증거로 이해된다. 그러나 여기서는 그렇지 않다:

"코헬렛은 이제 장수가 복이요, 덕행에 대한 보상이라는 전통적인 믿음에 이의를 제기한다. 코헬렛이 볼 때 장수는 어떤 상황 아래에서는 절망감을 안겨주는 것일 수도 있다. 상상할 수 없을 정도로 긴 수명이 반드시 좋은 것은 아니라는 얘기다"(Crenshaw 1987: 128). 현재의 상황에서 코헬렛은 다음과 같은 수사학적인 질문을 던진다: "마침내 다 한 곳으로 돌아가는 것뿐이 아니냐?" 모든 인간에게 똑같이 닥치는 죽음의 불가피성에 비추어볼 때, 코헬렛이 던지는 이 질문은 사람이 누리는 어떠한 수명도 세상을 사는 동안에 즐거움을 누리지 못하는 것을 보상해주지 못함을 암시한다. 카이저(Kaiser 1979: 81)는 코헬렛의 질문 속에 담긴 아이러니를 다음과 같이 표현한다: "만일에 매우 긴 수명이 아무런 즐거움도 남기지 못한 채로, 그리고 그 뒤에 이어지는 것에 대한 아무런 전망도 없이 끝을 맺는다면, 그 모든 세월이 무슨 유익이 있으며 어떠한 이득이 되겠는가? 다른 사람들은 그를 부러운 눈으로 바라볼 수도 있겠지만, 사실은 장수함이 겉으로 드러나는 것과 같지 않다. 그것은 참으로 복잡한 슬픔이다." 6장 전체가 가르치는 바와 같이, 해 아래에서의 형통함은 항상 겉으로 드러나는 것만큼 좋은 것이 아니다.

만족(6:7-9)

"사람의 수고는 다 자기의 입을 위함이나 그 식욕은 채울 수 없느니라"는 코헬렛의 말(6:7)에 대해서는 다양한 해석들이 가능하다. 어떤 학자들은 본 절을 6절의 죽음에 대한 언급과 관련시키고서는, 인간의 모든 수고가 스올의 탐욕에 삼킴을 당한다는 의미가 그 안에 내포되어 있다는 결론을 내린다(Hubbard 1991: 154). 그러나 그 다음에 이어지는 절들은 6:7이 만족을 모르는 부자들의 탐욕을 가리킨다고 보는 견해를 뒷받침한다. 시아오(Seow 1997c: 226-27)는 시편 73:9와 하박국 2:5와 같은 구절들에 근거하여, 죽음을 탐욕스러운 식욕을 가진 괴물로 보는 언어 — 가나안의 신화 문헌들에서도 발견되는 — 가 "인간 압제자들의 만족을 모르는 탐욕을 묘사하는 데 자주 사용된다"는 것을 설득력 있게 주장한다. 코헬렛의 핵심 논지는 아무리 많은 수고를 하여도 만족을 향한 갈망을 충족시키지 못한다는 것이다.

이러한 불만족감은 모든 인간 계층에게 똑같이 영향을 미친다(6:8). 코헬렛이 이미 1:16-18과 2:12-17에서 밝힌 바와 같이, 지혜는 기껏해야 어리석음에 대하여 상대적으로 우월할 뿐이다. 그 어느 것도 해 아래에서는 참된 유익을 가져다주지 못한다. 지혜로운 자와 어리석은 자는 똑같이 동일한 죽음의 자리로 내려갈 뿐만 아니라(6:6), 똑같이 탐욕스러운 부자의 학대에 시달린다(6:7). 가난한 자들의 경우, 세상 속에서 어떻게 행동할 것인가에 대한 그들의 깨달음이 그들의 성공을 보증해주지 못한다는 것은 불문가지의 일이다(Crenshaw 1987: 129). 성서 본문들에서 종종 가난한 자들이 하나님의 특별한 돌보심을 받는 자들로 간주되지만, 코헬렛은 해 아래에서 그들이 겪는 곤궁을 살핀 끝에, 그들의 가난이 그들에게 특별한 이득을 가져다주지 못한다는 결론을 내린다.

그가 느꼈을 수수께끼 같은 좌절감은 이렇다: "눈으로 보는 것이 마음으로 공상하는 것보다 나으나 이것도 헛되어 바람을 잡는 것이로다"(6:9). 코헬렛은 인간의 삶이 만족을 모르는 사람들의 욕심을 채워주지 못하는 찰나적인 즐거움들로 가득 차 있다고 본다. 이 격언은 자신이 가지고 있지 않은 것을 탐하기보다는 지금 가지고 있는 것에 만족하는 것이 더 낫다는 뜻을 함축하고 있다. 허바드(Hubbard 1991: 155)는 그러한 의미를 다음과 같이 설명한다: "당신의 일, 당신의 음식물, 당신의 가족 등 당신이 지금 가지고 있는 것에 만족하라. 당신이 가질 수 없는 것을 기대하지 말라. 당신이 눈으로 보는 것은 당신이 다룰 수 있지만, 당신의 영혼이 탐하는 것을 당신은 얻지 못할 수도 있다." 달리 말해서, 인간은 누구나 인간 존재의 한계에 만족하는 법을 배우지 않으면 안 된다. "대단히 탐스럽지만 자신이 얻을 수 없는 것들을 가지려고 애쓰기보다는" 말이다(Crenshaw 1987: 129). 마지막 격언이 보여주듯이, 해 아래의 이러한 상황은 크게 불만족스럽고 수수께끼 같은 것이다.

주권자이신 하나님(6:10-12)

여기에서 코헬렛은 인간 창조에 대해 언급함으로써, 다시금 독자들에게 주권자이신 하나님의 통치에 주목할 것을 지시한다. 창세기 2:19-20에서 아담은 동물들의 이름을 지어줄 수 있는 권한을 하나님께로부터 받는다. 이로써 그는 그들에 대한 자신의 통치권을 분명하게 보여준다. 하나님께서 창조

의 다양한 차원들, 곧 낮과 밤과 하늘과 땅과 바다 등의 이름을 지어주신 것
(창 1:5-10)을 모방함으로써 말이다. 이사야 40:26에 의하면, 야웨의 우주적
인 통치 주권은 별들의 이름을 지어줄 수 있는 그의 권세에 의해 확립된다.
화이브레이(Whybray 1989: 110)이 지적한 바와 같이, "히브리적인 사유에서
는 이름을 주는 행동이 그것을 받는 자의 성격을 결정하는 것으로 간주되었
다. 그리고 이름 짓는 자에게는 이름 지음 받는 자에 대한 지배권이 주어지
는 것으로 여겨졌다."

이름을 짓는 것은 권세를 나타낼 뿐만 아니라, 어떤 사람 또는 어떤 것의
본질을 반영하는 것이기도 하다(Longman 1998: 177). 코헬렛이 "사람이 무
엇인지도 이미 안 바 되었나니"라고 말할 때, 그것은 하나님께서 인간에게
주신 이름('아담')을 가리킨다. 이 이름은 하나님께서 첫 인간을 창조하실 때
재료로 사용하신 "땅"('아다마')이라는 낱말과 관련되어 있다(창 2:7). 코헬
렛은 하나님의 활동을 가리킴에 있어서 간접적인 수동태 구문을 사용하여
다음과 같이 말한다: "이미 있는 것은 무엇이든지 오래 전부터 그의 이름이
이미 [하나님에 의하여] 불린 바 되었으며, 사람이 무엇인지도 이미 [하나님에
의하여] 안 바 되었나니, 자기보다 강한 재[하나님]와는 능히 다툴 수 없느니
라." 인간은 삶 속에서 만족감을 얻을 수 없는 문제에 관하여 주권자이신 하
나님과 논쟁을 벌일 자리에 있지 않다. 도리어 그들은 자신을 향한 하나님의
통치 주권을 받아들일 필요가 있다. 만일에 그들이 삶 속에서 즐거움을 발견
하고자 한다면 말이다. 화이브레이(Whybray 1989: 110)가 지적한 바와 같
이, 코헬렛이 제시하는 이 원리는 욥의 경험 속에서 놀랍도록 확실한 증거를
발견한다: "본절 전체, 특히 보잘것없는 인간이 전능하신 하나님과 논쟁하려
고 시도하는 것의 무익성을 인정하는 하반절은 욥기에 인상적인 방식으로
묘사되어 있는 상황을 상기시키고 있다. 욥기에 의하면, 욥은 자신의 소송을
하나님 앞에 내어놓고서 그와 크게 논쟁을 벌인 끝에 마침내 굴복하는 모습
을 보인다(42:1)."

자신의 생각을 11절에서 계속 이어가고 있는 코헬렛은 많은 말들이 '헤벨'
을 증가시킬 뿐이라고 말한다. 많은 말은 사람들에게 아무런 유익도 가져다
주지 못한다. 따라서 사람들은 하나님과 논쟁하는 일을 중단하고서, 자신의

피조물로서의 한계를 인정해야만 한다. 하나님과 맞서 논쟁하는 일은 긍정적인 이득을 가져다주지 못한다. 도리어 개인적인 상황의 악화를 초래할 뿐이다. 그 까닭에 그들은 주권자이신 하나님 앞에 문자 그대로 굴복해야 한다. 델리취(Delitzsch 1976: 311)는 이를 다음과 같이 잘 추론하고 있다: "하나님의 결정과 섭리에 맞서서 싸우거나 논쟁하는 일은 헛되고 무가치한 일이기 때문에, 인간에게 남아있는 것이라고는 하나님께 굴복하고서 하나님 경외를 통하여 자신의 한계를 인정하는 방법밖에 없다. 그런가 하면 많은 말은 이미 이 세상에 존재하는 헛됨을 증가시킬 뿐이다. 왜냐하면 많은 말은 아무런 효과도 얻지 못하는 것이요, 사람들에게 아무런 유익도 가져다주지 못하기 때문이다." 엘리후가 욥을 비난하면서 말한 것처럼, 지식 없이 말만 많이 한다는 것은 아주 쉬운 일이다(욥 35:16). 따라서 하나님과 더불어 논쟁하지 않는 것이 더 낫다.

코헬렛은 6:12에서 두 개의 날카로운 수사학적인 질문을 던짐으로써 본 단락을 마무리한다: "헛된 생명의 모든 날을 그림자 같이 보내는 일평생에 사람에게 무엇이 낙인지를 누가 알며, 그 후에 해 아래에서 무슨 일이 있을 것을 누가 능히 그에게 고하리요?" 이 두 질문은 두 개의 답변을 전제하고 있다: "어떤 인간도 알지 못하며, 오직 하나님만이 아신다."

지상의 삶을 그림자에 비교하는 직유법은 전도서 8:13; 역대상 29:15; 욥기 8:9; 14:12; 시편 102:11; 109:23; 144:4 등에서도 사용되며, 보다 간접적인 일부 언급들에서도 사용된다. 그림자 표상은 그동안 다양하게 해석되어 왔다. 몇몇 문맥들에서 그림자는 덧없는 삶의 단명하고 덧없는 성격을 암시한다. 이러한 의미는 본절의 직유법을 하나로 묶고 있는 수사학적인 질문들에 잘 들어맞는다. 반면에 화이브레이(Whybray 1989: 111)는 시편 36:7; 91:1의 평행 구절들에 근거하여, 하나님의 그림자 또는 그늘이 즐거운 경험을 가능케 하는 보호의 원천이라고 주장한다. 이러한 해석에 따르면, 코헬렛은 하나님의 통치 주권에 복종하는 자는 비록 짧기는 해도 삶 속에서 즐거움을 누릴 수 있지만, 전도서 8:13에서처럼 하나님을 경외하지 않는 자는 이러한 즐거움을 맛보지 못할 것임을 암시하고 있다. 그림자 표상의 사용과 6:12의 전후 문맥이 이상의 두 가지 의미를 모두 가능케 하기 때문에, 둘 중에 하나를 선택한다는 것은 어려운 일이요, 불필요한 일인 것 같다.

여기서 분명해지는 것은, 사람들이 지상의 삶 속에서 선한 것으로 드러나게 될 사건들과 행동들과 태도들을 결정하지 못한다는 점이다(Schoors 1998a: 698). 그들이 해 아래에서의 삶을 마친 후에 어떠한 일이 벌어질지를 알지도 못하고 그것을 결정하지도 못하는 것처럼 말이다. 시아오(Seow 1997c: 242)는 이를 다음과 같이 설명한다: "인간은, 말하자면, 역사의 흐름이 지속되는 동안에 이 그림자 안에 서 있다. 인간은 단순한 구경꾼일 수도 있으며, 기껏해야 역사의 흐름에 참여하는 자일 뿐이다. 그러나 장차 일어날 일을 결정하는 자는 인간이 아니다. 인간은 장차 어떠한 일이 일어날지를 알지도 못한다. 운명이라는 것은 인간이 붙잡을 수 있는 영역 안에 있지 않다. 도리어 그것은 신비로우신 타자(他者)이신 하나님의 권세 안에 있다. 현재 발생하는 모든 일들이 이미 결정되어 있었던 것처럼(10절), 장차 발생할 모든 일들 역시 인간의 지식이 미치지 못하는 곳에 있다(11절). 현재와 미래 그 어느 것도 인간의 지배 안에 있지 않다." 인간에게 그러한 능력이 없다는 것은 사람들이 하나님께서 인간의 삶을 주관하신다는 것을 받아들이는 것으로 만족해야 함을 의미한다. 코헬렛은 잘못된 만족감을 가져다줄 수도 있는 개인적인 지각 활동들로부터 만족을 찾으려고 하기보다는, 사람들에게 형통함이 항상 겉으로 드러나는 것만큼 좋은 것이 아님을 기억하도록 조언한다. 따라서 사람들은 "하나님을 알려고 노력해야 하며, 그가 [그들에게] 주시는 선물들에 만족함과 아울러 그에 따르는 다른 선물, 곧 그의 손으로부터 비롯되는 즐거움의 선물을 받아야 한다"(Kaiser 1979: 82).

문제점들은 겉으로 드러나는 것만큼 나쁘지 않다(7:1-14)

형통함이 항상 겉으로 드러나는 것만큼 좋지 않다고 주장하는 6장과는 달리, 이 단락은 사람들이 인식하는 문제점들이 겉으로 드러나는 것만큼 나쁘지 않을 수도 있음을 나타내는 증거를 보여준다. 이를 위하여 코헬렛은 보상의 교리를 포함하는 전통적인 지혜의 내용을 살핀다. 그는 그러한 고정된 공식을 받아들이기보다는, 전통적인 지혜의 격언적인 형식을 사용하여 지혜가 생명으로만 이끌고 어리석음이 죽음으로만 이끈다는 가정에 이의를 제기한다. 이 단락의 격언들은 슬픔이 가져다주는 건전한 유익들을 소개한다. "왜냐하면 현재의 슬픔과 고통은 우리에게 미치는 영향력에 있어서, 겉으로 형통함을 누리는 자의 모든 축제 분위기와 즐거움과 명랑한 웃음보다 더 많은 유익을 줄 수도 있기 때문이다"(Kaiser 1979: 83). 시아오(Seow 1997c: 242-43)가 설명하는 바와 같이, 이 단락에서 반복적으로 나타나는 '토브'라는 용어는 이 단락의 내용이 6:12의 수사학적인 질문에 대한 답변의 성격을 갖는 것임을 암시한다: "헛된 생명의 모든 날을 그림자 같이 보내는 일평생에 사람에게 무엇이 낙인지를['토브'] 누가 알며, 그 후에 해 아래에서 무슨 일이 있을 것을 누가 능히 그에게 고하리요?" 전통적인 지혜의 격언적인 형식과 어휘에서 비롯된 언어를 사용함으로써, 코헬렛은 많은 경우들에 있어서 보상 신학의 결론들과 현저하게 다른 상대적인 가치들을 옹호한다. 이로써 그는 "격언의 수사학적인 힘을 사용하여 신비와 모순으로 가득한 삶의 역설적인 성격을 강조한다"(Brown 2000: 71).

1-4절은 죽음에 대한 솔직한 논의를 소개한다. 이 본문은 시편 39편; 49편; 90편 등과 평행을 이루는 방식으로, 죽음이 사람들에게 삶의 진정한 문제들을 직시하게 하는 까닭에 상대적인 유익을 가지고 있다고 주장한다. 사실 인간은 삶에 참된 의미를 부여하는 것들을 이해하기 위하여 죽음의 의미를 붙잡지 않으면 안 된다. 본문의 진술들이 어떤 점에서 보면 전통적인 지혜의 귀에 생소하게 들리기도 하겠지만, 코헬렛은 이로써 현실주의의 분위기를 분명하게 드러낸다. 7:1에 있는 첫 번째 격언은 좋은 명성이 훌륭한 향료에 의해 생겨나는 즐거움보다 낫다는 관찰을 전통적인 지혜로부터 가져온다(참조. 잠 22:1). 에스겔 39:13에서와 마찬가지로 여기에서도 어떤 사람의 이름은 죽음 이후까지 지속되는 명성을 뜻할 수도 있는 바, 이 경우에 그것은 일종의 불멸성을 제공하는 것이나 다름이 없다.

후기 유대교의 지혜문학인 집회서 41:12-14는 이렇게 말한다: "그러니, 너의 명성을 생각하여라. 그것은 천근의 황금보다도 더 오래 남는다. 아무리 행복한 사람이라도 그 생활에는 한정이 있지만 명예는 영원히 남는다. 들어라, 내 가르침을 지켜서 평화롭게 살아라. 가리워진 지혜와 보이지 않는 보물, 이것들을 어떻게 쓸 수 있겠느냐?"(참조. Seow 1997c: 235). 1절의 두 번째 격언은 전통적인 지혜의 주장에 근거하여 "죽는 날이 출생하는 날보다 나으며"라고 말한다. 쿠겔(Kugel 1997: 14-15)은 이 격언의 의미를 다음과 같이 잘 설명하고 있다: "몸과는 달리 인간의 '이름'은 이러한 의미에서 시간의 공격에 대하여 면역성을 가지고 있다. 한 인간의 행동 전체를 가리키는 추상적인 의미에서의 이름은 면역성을 가지고 있기 때문에, 결국 우리의 지상적인 존재로부터 남는 것이라고는 이름뿐이다. 우리가 죽은 후 몇 세기가 지난 후라도, 추상적인 의미에서의 이 이름은 우리가 어떤 존재인지를 가르쳐주며, 우리의 삶이 어떠했는지를 가르쳐준다. 이 때문에 이 격언은 죽는 날이 슬픈 날일 수도 있지만, 출생의 날에 시작되는 이름 세움의 과정이 마침내 끝난다는 점에서 출생의 날보다 더 낫다고 말한다."

죽음을 멀리하는 대부분의 현대 사회와는 대조적으로 코헬렛은 7:2에서 초상집에 가는 것이 잔칫집에 가는 것보다 낫다고 말한다. 왜냐하면 초상집은 사람들에게 죽음의 의미를 깊이 생각하도록 도와주기 때문이다. 조지(George 2000: 288)가 지적한 바와 같이, "일단 죽음을 받아들인 사람은 진지한 삶을 시작할 수 있다. 자신의 삶과 생애 속에서 할 수 있거나 할 수 없는 것들에 관한 망상에 사로잡히지 않은 채로 말이다." 여기서 코헬렛은 때때로 먹고 마시면서 하나님의 선한 선물들을 즐길 것을 권하는 자신의 가르침을 부정하고 있는 것이 아니다. 도리어 그는 7:3-6의 설명을 계속하면서 공허한 즐거움에서 비롯된 웃음 대신에 삶에 대한 진지한 반성을 촉구한다. 크렌쇼(Crenshaw 1987: 134)는 이를 다음과 같이 설명한다: "슬픔을 환락보다 더 좋아하는 이유는 시편 90:12의 사상과 비슷하다. 우리는 삶의 단명함과 죽음의 불가피성이 갖는 의미들을 탐구함으로써, 통찰력을 얻을 수 있으며, 심지어는 참된 지혜까지도 얻을 수도 있다. 코헬렛은 사람들에게 죽음을 똑바로 직시할 것을 충고한다. 끝없이 마시고 잔치하면서 죽음 의식에 사로잡히지 않은 채로 말이다."

그는 3절에서 "슬픔이 웃음보다 나음은 얼굴에 근심하는 것이 마음에 유익하기 때문이니라"고 말함으로써, 웃음이 하나님께서 교훈을 주기 위하여 허락하신 고통을 완화시키는 마취제일 수도 있다고 본다. 허바드(Hubbard 1991: 162)가 지적한 바와 같이, 웃음은 "충분히 생각한 끝에 건전한 결정을 내릴 수 있는 능력을 배양시키는 명상과 묵상의 과정을 차단시켜준다." 이 격언에서 코헬렛은 잠언 14:13에서 하나의 가능성으로 서술된 것을 웃음에 대하여 슬픔이 갖는 상대적인 유익을 표현하는 확정적인 진술로 확대시키고 있다. 전도서 7:3-4에 대한 해설에서 시아오(Seow 1997c: 246)는 이것이 전통적인 지혜의 부적절함을 드러내기 위하여 그것을 희화화한 것이라고 주장한다: "이곳 3-4절에서 그는 전통적인 지혜의 가르침들을 희화화하고 있으며, 그것들의 일반적인 조언을 극단적인 언어로 과장하고 있다: 근심이 즐거움보다 낫고, 슬픈 얼굴은 행복한 마음과 맞먹으며, 지혜로운 자의 마음은 초상집에 있다. 코헬렛은 무엇이 선한 것이며 어떻게 해야 유익을 얻을 수 있는지를 다른 사람들에게 말하는 자의 대담함을 공격한다. 어느 누구도 삶과 죽음의 현실을 일련의 명제들로 축소시키지 못한다. 행복과 슬픔의 경우처럼 말이다."

그러나 전통적인 지혜를 부적절한 것으로 인식하는 태도는 둘 중의 한쪽 방향으로 움직일 수도 있다는 점을 주목하지 않으면 안 된다. 한편으로 보면 그것은 전통적인 지혜를 거부하거나 뒤엎음으로써, 그 안에 있는 오류들을 시정하고자 한다. 다른 한편으로 전통적인 지혜의 본질적인 한계는 추가적인 통찰들에 의해 보충될 수 있다. 그러한 통찰들의 결합은 삶이 어떻게 운행되는지에 관한 한층 포괄적인 이해를 가능케 할 것이다. 루드맨(Rudman 1998: 467-68)은 7:3에서 슬픔이 지혜를 만들어냄으로써 정신을 고양시켜준다는 가르침을 얻을 수 있다고 설득력 있게 주장한다. 그는 이를 다음과 같이 설명한다: "슬픔은 지혜를 얻게 해주기 때문에 기쁨보다 더 나은 것이다. 이것은 삶을 즐기라는 코헬렛의 조언과 충돌하지 않는다. 하나의 역설을 보여주기는 하겠지만 말이다: 슬픔을 통하여 얻은 지혜는 사람들로 하여금 삶이 제공해주어야 하는 적절한 유익을 얻을 수 있게 해줄 것이다." 전도서를 전체로서 볼 경우에, 그것은 보상의 공식만으로는 쉽게 설명하지 못하는 쟁점들을 대화 속으로 이끌어들임으로써 잠언을 보충하는 것으로 보인다.

4-6절은 7:2-3의 진술을 확대한 것이다. 코헬렛은 이렇게 말한다: "지혜자의 마음은 초상집에 있으되 우매한 자의 마음은 혼인집에 있느니라"(7:4). 그는 지혜가 죽음을 정직하게 마주보게 하지만, 어리석음은 그처럼 냉엄한

현실을 진지하게 생각하기를 거부한다고 말한다. 이 때문에 지혜로운 자의 책망은 어리석은 자의 많은 즐거움보다 더 가치 있는 것이다(7:5). 참으로 어리석은 자의 웃음은 가시나무의 불타는 소리보다 더 유용하다(7:6). 이처럼 사실적인 묘사는 가시나무가 소리를 내면서 빨리 타지만 정작 요리에 필요한 열은 거의 제공하지 못한다는 사실을 빗댄 것이다. 이와 마찬가지로 어리석은 자들의 웃음은 건설적인 목적에 거의 이바지하지 못한다. 그것은 단지 공허한 '헤벨'일 따름이다. 옥덴(Ogden 1987: 104)이 지적한 바와 같이, "물론 웃음은 나쁜 것이 아니다. 그러나 코헬렛의 마음이 경험과 슬픔 및 책망 등의 교훈적인 가치에 초점을 맞추고 있는 한, 그것은 현재의 순간에는 부정적인 의미를 가질 수밖에 없다. 따라서 나뭇가지가 탈 때 나는 소리와 마찬가지로, 어리석은 자의 칭찬이나 아첨은 교훈적인 가치를 전혀 가지고 있지 않다. 그의 말은 그의 정신의 필터를 거치지 않은 것이다."

앞서 몇 차례에 걸쳐서 자신이 제기한 주제로 되돌아간 코헬렛은 7:7에서 지혜로운 조언과 행동이 불의에 의하여 쉽게 뒤집어진다고 말한다. 지혜가 어리석음보다 낫기는 하지만, 삶 속에서 여러 차례 그것은 남을 타락시키기 위하여 사용하는 권력과 돈에 의하여 저항에 직면한다. 본절이 특별하게 염두에 두면서 표현하고 있는 것은 강탈과 뇌물이다. 롱맨(Longman 1998: 187)은 이를 다음과 같이 설명한다: "강탈은 침묵의 대가로 누군가에게서 보상을 요구하며, 뇌물은 어떤 원하는 행동의 대가로 영수증을 요구한다. 전자는 삶에 대한 통제권을 다른 사람에게 넘기게 함으로써 지혜로운 자를 어리석은 자로 만들며, 후자는 선입견을 주입시킴으로써 사람들의 판단력을 흐리게 만든다."

8절에서 코헬렛은 겉으로 드러나는 것들이 참된 성공을 평가하는 훌륭한 기준이 되지 못한다는 점을 강조한다. 운동 경기에서 보듯이, 유일하게 중요한 의미를 갖는 기준은 결승선이다. 인간의 삶 속에서 지혜로운 자의 길이 올바른 것임을 입증하려면 종종 상당한 시간이 필요하다. 그 까닭에 "일의 끝이 시작보다 낫고 참는 마음이 교만한 마음보다 나은" 것이다. 이것을 5-6절과 연결시켜 생각한다면, 코헬렛은 지혜로운 자의 고통스러운 책망이 어리석은 자들의 기분 좋은 말 — 항구적인 이득을 제공하지 못하는 — 을 좋아한다는 이유로 거부해서는 안 되는 장기적인 유익을 안겨준다는 자신의 논지를 강조하고 있는 셈이다. 지혜의 상대적인 유익은 어리석음에 의해 뒷받침되는 고집스런 충동 대신에 인내심을 가지고서 행동할 것을 선택하는 행동을 정당화시켜준다.

    7:9의 가르침은 앞절을 논리적으로 뒤잇고 있다. 코헬렛은 자신의 독자들에게 이렇게 조언한다: "급한 마음으로 노를 발하지 말라. 노는 우매한 자들의 품에 머무름이니라." 이 격언은 어리석음의 징후에 해당하는 성급한 기질에 대해서 경고한다. 사람들은 성급함을 참지 못한 나머지 화를 내는 대신에 짜증거리 앞에서 인내심을 유지함으로써 자신의 지혜로운 모습을 보여주어야 한다.

    10절은 과거가 현재보다 낫다고 생각하는 어리석은 자의 선택적인 기억에 대해서 경고한다. 사실 인간은 항상 불의와 불평등을 상대로 한 싸움을 해왔기 때문에, 역사의 어느 순간도 이상적인 시기로 여겨질 수가 없다. 롱맨(Longman 1998: 189)은 이를 다음과 같이 설명한다: "그가 인용하고 있는 질문은 왜 과거가 현재보다 나은지를 묻는다. 삶에 대한 향수에 젖은 자들은 자신의 삶이 다른 사람들의 삶보다 좋지 않다고 믿는다. 그는 청중들에게 이러한 태도를 경계할 것을 주문한다. 왜냐하면 그것은 지혜로부터 생겨난 것이 아니기 때문이다. 도리어 그것은 질문하는 자를 어리석은 자로 만들어버린다. 일례로 현재가 과거보다 더 나쁘다고 믿는 것은 역사에 대한 완전한 무지를 드러낸다." 전통적인 지혜는 과거 세대들의 축적된 관찰들을 전승해온 과거의 전통을 존중하였다. 이처럼 보수적인 성향은 코헬렛이 여기에서 거부하는 입장을 취할 수밖에 없다. 그는 진정한 지혜가 무비판적으로 과거에 매달려서는 안 되며, 과거의 격언들로 쉽게 설명되지 않는 현재의 상황들에 비추어 과거의 전통을 검토하고 다듬는 자신의 사례를 따라야 한다고 말한다. 시아오(Seow 1997c: 248-49)는 과거의 지혜를 잘못된 방식으로 사용하는 자신의 학생들을 책망하는 교사의 흥미로운 모습을 보여준다. 그는 이를 다음과 같이 설명한다:

    우리가 단지 추측할 수 있을 뿐인 문제점은 지나간 날들의 규칙들이 더 이상 통용되지 않는다는 데 있다. 한때 당연한 것으로 여겨졌던 격언들이 이제는 더 이상 그렇게 여겨지지 않는다. 격언들에 반영되어 있는 지혜의 신빙성은 삶의 모순들로 이루어진 바위에 맞아 산산이 부서지고 만다. 정말 좋은 시절에는 지혜로운 자의 경험들과 관찰들이 일반 사람들에게 무엇이 좋고 나쁜지에 관한 널리 통용될 수 있는 지침을 제공하기도 하였다. 그러나 다른 시절, 특히 중대한 사회적·경제적·정치적 격변의 시대에는 지혜의 신빙성이 크게 의심을 받는다. 그리하여 사람들은 흥분한 나머지 우리가 오늘날 종종 그러하는 것처럼 이렇게 묻는다: "왜 세상일이 보통 때와 다를 수도 있는 것일까? 우리가 지금 알고 있는 것보다 더 많이 알고 있는데도 말이다." 이것은 코헬렛의 청중들이 직면한 문제점이었다. 삶의 모순들로 인하여 사람들은 삶을 통제할 수가 없었고, 그들이 전통으로부터 받은 삶의 지침들은 더 이상 통용되지 않는 것으로 보였던 것이다.

코헬렛은 전통에 대한 이러한 경고의 메시지를 통하여, 사람들이 과거에 관찰했던 것으로 설명할 수 없는 삶의 다양한 측면들이 있음을 다시금 구체적으로 보여준다. 그 까닭에 사람들은 참된 지혜가 신비나 수수께끼의 요소를 포함하지 않으면 안 된다는 점을 인식해야만 한다.

다음 절은 계속해서 전통적인 지혜의 상대적인 유익을 평가한다(7:11). 지혜와 물려받은 부는 공히 해 아래에서 유익을 가져다주는 것으로 이해된다. 이것이 겉으로 보기에는 전통적인 지혜의 주장들을 무조건 인정하는 것으로 보일 수도 있겠지만, 11절에 있는 두 가지의 특징들은 이것이 사실은 아주 약한 칭찬일 뿐임을 암시한다. 첫째로, 흔히 "함께"를 뜻하는 전치사 '임'은 2:16에서처럼 " … 처럼 좋은"이라는 뜻을 가지고 있는 것으로 여겨진다. 만일에 그렇다면, 7:11은 지혜가 유산처럼 좋은 것이라고 진술하는 셈이 된다. 그런데 그 유산은 5:10-17이나 6:1-9와 같은 단락에서 신뢰하기 어려운 소유물로 간주된다(Hubbard 1991: 165). 둘째로, '임'을 그 전형적인 의미인 "함께"로 이해한다고 해도, 이러한 가치 진술은 지혜가 모든 물질적인 소유물보다 더 낫다고 가르치는 잠언 3:14; 8:11, 19; 16:16 등의 반복적인 비교에 크게 미치지 못한다(Seow 1997c: 249). 이 두 가지의 특징은 지혜가 전통적인 지혜 안에 있는 확실하고도 절대적인 가치보다 덜한 것이라고 본다.

12절은 지혜가 긍정적이면서도 한정된 유익을 가지고 있다고 본다는 점에서 7:10-11과 평행을 이루는 것일 수도 있다. 반복적으로 사용되는 '베첼'이라는 표현은 지혜와 돈을 "그늘 아래" 있는 것으로, 또는 창세기 19:8; 민수기 14:9; 예레미야 48:45 등의 용례가 암시하듯이 일정한 보호를 제공하는 것으로 묘사한다(Longman 1998: 190-91). 그러나 전도서의 메시지에 비추어볼 때, 지혜와 돈이 제공하는 그늘은 어떤 확실한 실재보다는 신뢰할 수 없는 것으로 보는 것이 더 나을 것이다. 시아오(Seow 1997c: 250)는 6:12의 용례에 기초하여 이러한 의미를 옹호하는 주장을 내세운다: "이 경우에, 그가 본절에서 얘기하는 모든 것, 특히 '그늘'이라는 낱말이 앞 단락(6:12)에서 이미 나왔다는 사실을 염두에 둔다면, 그는 지혜와 돈의 보호 능력을 강조하는 것이 아니라 그것들의 신뢰할 수 없음을 강조하고 있음에 틀림이 없다. 만일에 누군가가 이것들을 항구적인 피난처로 생각한다면, 그들은 지혜와 부가 단지 그늘 — 그림자와도 같은 — 을 제공할 수 있을 뿐임을 배우지 않으면 안 된다. 그것들은 항구적인 피난처가 아니다(6:12와 비교하라). 그것들은 항구적인 보호를 제공하지 못한다." 지혜와 돈은 삶에 대하여 한정된 이득을 준다. 그림자가 자신의 실체가 없으면서도 어느 정도 강한 햇빛을 피할 수 있도록 도와주는 것처럼 말이다. 그러나 이러한 유익은 진정한 '이트론'에 크게 미치지 못한다.

코헬렛은 7:10-12의 아주 약한 지혜 찬미에 비추어, 7:13-14에서 독자들의 관심사를 하나님께서 하시는 일로 돌린다. 그는 13절에서 이렇게 말한다: "하나님께서 행하시는 일을 보라. 하나님께서 굽게 하신 것을 누가 능히 곧게 하겠느냐?" 하나님은 세상 안에서 활동하시는 분으로 묘사되는 바, 이는 해 아래에서의 삶을 평가하는 일에 한계가 있다고 보는 코헬렛의 입장과 차이를 보인다. 전도서 전체의 주장에 비추어 본다면, 하나님은 세상 안에서 활동하시는 창조주로 간주된다(참조. 3:11, 14; 12:1). 창조주 하나님에 대한 설명과는 대조적으로, 코헬렛은 어느 누구도 하나님께서 하시는 일을 방해하지 못한다는 수사학적인 질문을 통하여 인간의 유한성을 암시한다. 굽은 것에 대한 언급은 불의하거나 부패한 것을 가리키지 않는다. 도리어 그것은 하나님의 신비스러운 길들을 알지 못하는 인간의 한정된 시각을 암시한다.

옥덴(Ogden 1987: 111)은 이를 다음과 같이 설명한다: "그것은 우리에게 두 가지를 말해준다. 첫째로 세상일들은 본래부터 그런 것이요, 우리에게는 그 것들을 바꿀 힘이 없다. 둘째로 인간의 시각에서 볼 경우에 우리가 보는 것 들은 왜곡된 것들로 나타난다. 이 두 번째의 문제점은 의심할 여지 없이 우 리가 전체를 보지 못하기 때문에 생겨나는 것이다. 그렇지만 그것은 삶이 수 수께끼들로, 즉 우리가 설명하거나 이해할 수 없는 상황들로 가득 차 있어서 '엉망으로 찌그러진' 것처럼 보인다고 말하는 코헬렛의 인식과 완전히 일치 한다. 우리가 묵상해야 하는 대상은 부서지거나 뒤틀린 현실이다."

하나님께서는 헤아리기 어려운 계획을 통하여 형통함과 곤고함을 제정하 신다(7:14). 코헬렛은 반복해서 독자들에게 하나님께서 선물로 주시는 좋은 유익들을 붙잡을 것을 촉구하면서(참조. 2:24-26; 5:18-20; 8:15; 9:7-10), 본절에서 다음과 같이 조언한다: "형통한 날에는 기뻐하고." 그러나 다음 구 절에서 그는 전혀 다른 어조로 말한다: "곤고한 날에는 되돌아보아라. 이 두 가지를 하나님이 병행하게 하사 사람이 그의 장래 일을 능히 헤아려 알지 못 하게 하셨느니라." 역경은 이해하거나 받아들이기 어려운 것일 수도 있다. 그러나 코헬렛은 그것 역시 하나님의 계획에 속한 것이라고 주장한다. 이것 은 사실 암묵적으로 하나님을 믿으라고 청하는 것이나 다름이 없다. 인간은 미래를 알거나 예측할 수 없기 때문에, 그것을 하나님의 수중에 있는 그대로 받아들이지 않으면 안 된다. 달리 말해서, 관찰 가능한 삶의 다양한 유형들 — 전통적인 지혜가 가르치는 — 은 주권자이신 하나님을 유한한 인간이 개 발한 공식들에 제한시키지 못한다는 인식에 의하여 보충되지 않으면 안 된 다는 얘기다. 이와 관련하여 크렌쇼(Crenshaw 1987: 139)는 다음과 같은 결 론을 내린다: "전능하신 하나님 앞에서 인간은 인생살이의 성쇠에 관한 자신 의 무지를 인정하지 않으면 안 된다. 그들은 좋은 것들을 즐길 수 있으며, 불 행이 닥쳐올 때 현실의 실체를 파악할 수도 있다. 그 어떤 것도 하나님의 주 권적인 힘에 도전하지 못하며, 인간 존재의 안전을 확보해주지 못한다." 따 라서 삶의 온갖 문제점들은, 무한하신 하나님의 계획 안에서 살펴볼 때, 사 람들로 하여금 자신이 삶을 이해할 수 있다는 망상에 계속 빠져 있는 대신에 하나님을 믿게 하려는 선한 목적에 이바지할 수 있다. 겉보기에 역경으로 보이는 것이 사실은 주권자이신 하나님의 엄숙한 은총 — 보다 깊고 풍성한 복을 받을 수 있게 하는 — 일 수도 있다.

지혜는 선하지만 드문 것이다(7:15-29)

전도서 전체에서 코헬렛은 해 아래에 있는 인간 지혜에 이의를 제기한다. 그는 지혜를 완전히 거부하지는 않지만, 그것의 한계에 계속해서 주의를 기울인다. 이 단락에서 그는 비록 지혜가 선한 것이요 약간의 유익을 주는 것이면서도 드문 것이라고 말한다. 이로써 그는 전통적인 지혜만으로 삶을 설명하거나 안전하게 한다는 것은 불가능함을 다시금 구체적으로 보여주고자 한다.

지혜의 강조점(7:15-18)

삶에 대한 자신의 포괄적인 관찰에 대해 묵상하는 중에, 코헬렛은 자신이 본 바에 근거하여 이 세상이 엄격한 도덕적인 결정주의에 따라 움직이지 않는다고 말한다: "내 허무한 날을 사는 동안 내가 그 모든 일을 살펴보았더니, 자기의 의로움에도 불구하고 멸망하는 의인이 있고 자기의 악행에도 불구하고 장수하는 악인이 있으니"(7:15). 이것은 전통적인 지혜가 보상의 신학을 통하여 가르치는 것과 정반대되는 것이다. 시아오(Seow 1997c: 266)는 코헬렛이 잠언의 가르침을 반박할 뿐만 아니라 신명기의 율법 부분에 예외를 두고 있다고 본다:

> 전통적인 지혜는 의인이 시련이나 죽음으로부터 구원받는 반면에(잠 10:2; 11:4, 8, 21; 12:21; 18:10), 악인은 자신의 소망과 더불어 망한다고 가르친다(잠 11:5-8; 12:12; 14:32). 신명기에서 땅에서의 장수는 자주 바르게 행하는 자들, 곧 율법 규정들에 순종하는 자들의 몫으로 얘기된다(신 4:26, 50; 5:16; 6:2; 11:9; 22:7; 25:25; 32:47; 30:18). 지혜로운 자의 가르침들에 따르면, 장수는 지혜 — 올바른 행동을 함축하는 — 로부터 얻는 유익들 중 하나이다(잠 3:2, 16; 28:2, 16). 지혜자들은 의로운 자들이 장수하는 반면에, "악인의 수명은 짧아진다"고 말한다(잠 10:27). 그러나 코헬렛은 실제 현실에 있어서는 이러한 규칙이 모순에 부닥친다고 말한다. 삶 속에는 참으로 온갖 종류의 예외들이 존재한다.

선한 사람들이 젊어서 죽는 실제 현실 속에서 보상의 공식은 무너지고 만다. 15절에 있는 코헬렛의 관찰을 뒤잇는 7:16-17의 권고들과 수사학적인 질문들은 본 단락의 전후 문맥 속에서 읽지 않으면 안 된다. 그는 이렇게 조언한다: "지나치게 의인이 되지도 말며 지나치게 지혜자도 되지 말라. 어찌하여 스스로 패망하게 하겠느냐? 지나치게 악인이 되지도 말며 지나치게 우매한 자도 되지 말라. 어찌하여 기한 전에 죽으려고 하느냐?" 2:15의 경우와 마찬가지로 이곳 7:16 역시 의와 지혜에 대한 자만심 내지는 과신 — 마치 자신이 의롭고 지혜로운 일들을 행함으로써 삶을 안전하게 할 수 있는 것처럼 생각하는 — 에 초점을 맞추고 있는 것으로 보인다(Seow 1997c: 267). 바로 앞에서 코헬렛은 의로운 사람이 의를 행했음에도 불구하고 일찍 죽은 것을 본 적이 있다고 말한 바가 있다. 그 결과 그는 어느 누구도 자신의 의로운 행동으로 성공을 보증하지 못한다는 결론을 내릴 수밖에 없다. 이와 아울러 악함이나 어리석음의 다른 극단으로 치우침으로써 하나님의 질서를 대적하는 것 역시 좋지 않다(7:17). 일부 악한 사람들이 장수와 형통을 누린다는 사실을 부정하기는 어렵지만, 누구나 악을 행하고서 잘 지낼 수 있다고 가정하는 것은 어리석은 일이다. 사실 악함과 어리석음은 사람들을 일반인들보다 더 일찍 죽게 만들 가능성이 높다. 16절과 17절을 한데 묶어 생각해 보건대, 코헬렛은 "지혜나 어리석음 또는 정의와 악함의 어느 쪽도 삶에 대한 특권을 주장할 수 없음을 보여주려는 의도를 가지고 있음이 분명하다. 그것들 중의 어느 것도 사람들을 안전하게 해주지 못한다"(Murphy 1992: 70).

18절에서 코헬렛은 사람들이 어떻게 부적절한 보상의 공식에 따라 세상을 살아야 하는지를 긍정적인 언어로 서술한다: "너는 이것도 잡으며 저것에서도 네 손을 놓지 아니하는 것이 좋으니, 하나님을 경외하는 자는 이 모든 일에서 벗어날 것임이니라." 롱맨(Longman 1998: 196)이 주장하는 바와 같이, 이것은 중용의 중간 길을 가라거나 지혜와 어리석음 또는 의로움과 악함의 양 극단에 치우치지 않는 삶을 살라는 지시가 아니다. 도리어 그것은 사람들이 자신의 노력으로 자기 삶을 안전하게 만들 수 있다고 생각하는 대신에, 하나님 앞에서 겸손하게 자신의 피조성을 받아들이라는 충고라 할 수 있다. 시아오(Seow 1997c: 268)는 이를 다음과 같이 날카롭게 잘 지적하고 있다:

"하나님을 경외하는 자'는 하나님과 인간 사이의 차이를 인정하는 사람이요, 하나님과의 관계 속에서 자신의 올바른 자리를 분간할 줄 아는 사람이다. 하나님 경외는 자신이 인간이요, 따라서 덜할 수도 없고 더할 수도 없는 존재임을 깨닫는 것을 포함한다. 코헬렛에게 있어서, 삶의 모순적인 현실들을 있는 그대로 받아들이는 것이야말로 사람이 해야 할 본분이다. 인간은 누구나 의로움이나 지혜를 맹신하면 안 된다." 삶이 유한한 인간에게 종종 수수께끼 같은 것으로 경험된다는 점에서 '헤벨'을 특징으로 가지고 있기 때문에, 사람들은 주권자이신 하나님을 경외하면서 그에게 순복할 필요가 있음을 인정하지 않으면 안 된다.

지혜의 유익(7:19-22)

코헬렛은 지혜자 한 사람의 힘이 많은 유명한 사람들의 단합된 힘보다 낫다고 말함으로써 지혜에 대한 자신의 평가를 계속한다(7:19). 전통적인 지혜는 많은 모략가들로 인하여 승리를 얻게 된다고 말하지만(잠 11:14), 지혜가 그것 없는 다른 인간적인 자원들보다 더 낫다고 주장하기도 한다. 열 명의 지도자들에 대한 언급은 아마도 그들을 능가하는 한 명의 지혜자와 대비시키기 위해 막연하게 사용한 숫자일 것이다. 요점은 이렇다: "하나님의 지시를 따르는 사람은 옳고 그른 것에 관한 결정을 내림에 있어서 하나님을 경외하지 않는 유능한 정치가 집단의 합의보다도 더 나은 결정을 내릴 수도 있다"(Hubbard 1991: 71).

그러나 다시금 코헬렛은 바로 뒤의 구절에서 지혜의 한계를 지적한다. 비록 지혜가 유익을 제공하기는 하지만, 그것은 의로움에 기초한 경우에 국한된다. 궁극적으로는 "선을 행하고 전혀 죄를 범하지 아니하는 의인은 세상에 없다"(7:20). 그 결과 어떤 사람도 승리를 보증하는 지혜를 안전하게 붙들지 못한다(참조. 15절). 따라서 사람들은 자신의 의로움이 잠재적인 파멸의 위험으로부터 자신을 지켜줄 것이라고 과신해서는 안 된다. 도리어 그들은 하나님을 경외해야 한다. 코헬렛은 인간이 이처럼 줄기차게 의를 지키면서 살지 못하는 것을 분명하게 보여주기 위하여, 다른 사람들에 대하여 악담하는 버릇이 인간에게 있음을 한 예로 든다. 그는 독자들에게 자신의 종이 말할 수도 있는 비난의 말을 들었을 때 흥분하지 말라고 조언한다. 왜냐하면 그처럼 잡스러운 언어는 매우 보편적인 현상이기 때문이요, 그들 자신 역시 의심할 여지 없이 바로 그러한 잘못을 늘 저지르고 있기 때문이다(7:21-22).

지혜의 희소성(7:23-29)

이 단락에서 코헬렛은 지혜를 하나님 경외 — 자신이 7:18에서 언급한 바 있는 — 라는 의미에서 사용하고 있는 것으로 보인다. 그는 자신이 제한된 가치만을 가지고 있는 것으로 판단한 전통적인 지혜에 의한 앞의 탐구 작업(1:16-18; 2:13-16)을 뒤로 둔 채로, 이제 하나님께로부터 비롯되는 참된 지혜를 찾고자 노력한다. 참된 지혜는 사람들 사이에서 찾기가 어렵다. 그리하여 그는 누가 그것을 발견할 수 있는지를 수사학적인 질문을 통하여 표현한다(7:23-24). 여전히 해 아래에서 유익을 찾으려고 애쓰고 있는 그는 전통적인 지혜의 통찰들과 방법론들을 가지고서 작업하는 것조차도 자신이 추구하는 목표에 훨씬 못 미친다고 말한다. 그 까닭을 그는 이렇게 표현한다: "이미 있는 것은 멀고 또 깊고 깊도다. 누가 능히 통달하랴?"

옥덴(Ogden 1987: 118)은 본절에서 지혜의 두 가지 의미를 구별한다: "이 문맥에서 코헬렛은 모든 종류의 지혜가 인간의 손이 미치지 않는 곳에 있다고 말하는 대신에, 모든 한계를 뛰어넘는 지혜, 곧 지혜자로 하여금 모든 인간의 사유와 경험의 경계선을 넘을 수 있게 해주는 지혜는 얻을 수 없는 것이라고 말한다. 상황이 이러하기에, 그것은 지혜의 본래적인 역할에 조금도 손상을 입히지 않으며, 지혜를 따라 살려는 결심이나 지혜의 명분을 장려하려는 결심에도 손상을 입히지 않는다." 따라서 코헬렛은 욥기 28:12-28에서 발견되는 것과 동일한 불일치에 직면하게 된다: 지혜는 궁극적으로 하나님을 제외한 어느 누구도 얻을 수 없는 것이지만, 인간은 그것을 찾으려고 노력하지 않으면 안 된다. 포괄적인 의미에서의 지혜는 인간이 찾아낼 수 있는 영역을 넘어선다. 그 까닭에 사람들은 그것을 소유하신 하나님을 통해서만 그것을 얻으려고 하지 않으면 안 된다.

코헬렛이 지혜의 궁극적인 의미를 발견하지 못한 것은 그의 노력 부족 때문이 아니다. 왜냐하면 그는 7:25에서 이렇게 말하기 때문이다: "내가 돌이켜 전심으로 지혜와 명철을 살피고 연구하여 악한 것이 얼마나 어리석은 것이요 어리석은 것이 얼마나 미친 것인 줄을 알고자 하였더니." 이처럼 세심하고 철저한 지혜 탐구는 잠언 2:4-6에 있는 지혜 교사의 훈계를 연상시킨다. 코헬렛은 자신의 탐구 작업이 "그러한 모든 지혜, 곧 가장 깊은 차원에서 운행되는 삶의 길에 대한 통찰을 넘어서는 궁극적인 지혜를 목표로 하고 있다고 말한다. 그것은 곧 하나님께서 인간 공동체를 어떻게 보상하시고 심판하시는지에 관한 신비들을 붙잡으려는 노력이요, 하나님의 행동의 적절한 시기와 목적을 이해하려는 시도에 다름 아니다"(Hubbard 1991: 174). 이러한 탐구 작업은 미친 것으로부터 지혜에 이르기까지의 모든 영역을 포함하고 있다. 이는 그것이 모든 지식의 총합('헤슈본')을 어떻게든 이해하려고 노력한다는 점에서 그렇다. 코헬렛은 이처럼 상업적인 용어를 사용함으로써 자신이 우주 안에 있는 사건들을 알기 쉽게 설명하려고 애썼음을 보여주고 있다.

그는 폭넓은 탐구 작업을 진행한 결과, 죄인들을 유혹하여 사로잡는 한 여인이 있다는 서글픈 현실을 발견한다(7:26). 어떤 해석자들은 이것이 자기 아내의 즐거움 — 코헬렛이 9:9에서 장려하는 — 에 대한 문자적인 반정립(反定立)에 해당한다고 본다. 잠언에서 요부(妖婦) 은유가 지혜와 대조되는 어리석음을 의인화하는 방식으로 자주 사용되는 것을 보면(참조. 잠 9:1-6, 13-18), 전도서 7:26의 여인은 하나님의 길을 따르지 않는 자들을 파멸에 빠뜨리는 어리석음의 유혹을 가리키는 것으로 보인다(Brown 2000: 83; Frydrych 2002: 167). 시아오(Seow 1997c: 272)는 지혜와 어리석음의 대조를 설명하는 중에, 다음과 같이 말한다: "이 두 여인은 지혜와 어리석음 사이의 긴장 관계를 생생하게 보여준다. 한 여인은 생명을 대표하고, 다른 여인은 죽음을 대표한다. 그리고 한 여인이 의로움을 대표하는 반면에, 다른 여인은 악함을 대표한다. 따라서 여기서 말하는 요부는 한 개인으로서의 여인을 가리키지 않는다. 그녀는 반드시 어떤 특수한 유형의 여자 내지는 모든 일반적인 여자일 필요가 없다. 도리어 그녀는 어리석음 자체의 복합적인 모습을 대표한다(잠 9:13-18). 어리석음은 말하자면 밖에서 사냥하는 중에 사람들을 유혹하여 사로잡은 다음, 그들을 죽음의 길로 인도하고자 한다.

7:27-28에서 코헬렛은 자신이 삶에 대한 세심한 귀납법적인 탐구 작업 —

관찰과 추리를 통하여 수행하는 — 을 통하여 발견한 것들을 계속해서 밝힌다. 삶 속에 있는 모든 것들을 전통적인 지혜의 유서 깊은 방법론을 사용하여 체계적으로 살핀 후에 그는 완전한 결론에 도달할 수 없음을 깨닫는다. 귀납법의 본래적인 한계는 삶이 너무도 짧아서 그 모든 경우들을 완전하게 탐구할 수 없다는 데 있다. 그 까닭에 사람들은 잠정적인 평가에 만족하지 않으면 안 된다. 그는 참으로 지혜를 발견한 사람들을 찾는 중에 지혜가 너무도 파악하기 어려운 것이어서 그것을 얻은 자가 거의 없다는 사실을 발견한다. 어떤 이들은 "천 사람 가운데서 한 사람을 내가 찾았으나 이 모든 사람들 중에서 여자는 한 사람도 찾지 못하였느니라"(28절)는 코헬렛의 말이 고대 세계의 특징을 이루는 여성차별적인 편견을 드러내고 있다고 본다. 이러한 주장을 뒷받침하기 위해 그들은 "1천"이라는 숫자가 아이러니컬하게도 솔로몬의 후궁들을 빗댄 것일 수도 있다고 본다(Crenshaw 1987: 147-48). 그러나 그러한 숫자를 남자에게 사용하고 있다는 것은 코헬렛이 불특정한 다수를 가리키기 위해 대략적인 숫자를 사용한 것임을 암시한다. 욥기 9:3에서 보듯이 말이다. 7:27-29의 문맥에서 본다면, 28절은 모든 인간을 비판한 것으로 읽는 것이 가장 나을 듯하다. 왜냐하면 남자들과 여자들 중에서 코헬렛이 그토록 부지런히 찾던 지혜를 발견한 자는 거의 없기 때문이다. 시아오(Seow 1997c: 274)는 코헬렛이 그 모든 사람들 중에서 여자는 한 사람도 찾지 못했다고 말하는 마지막 행이 아마도 이른 시기에 서기관에 의해 본문 안에 삽입된 해설일 것이라고 본다. 시아오가 그 나름의 논리적인 근거를 들어 그처럼 훌륭한 제안을 한 것이겠지만, 그의 주장을 뒷받침할 만한 본문상의 증거는 없다. 파크(Pahk 1998: 381-82)는 28절이 전통적인 지혜가 여자들에 관하여 가르치는 것을 코헬렛이 검증하지 못했음을 나타내는 것이라고 한층 설득력 있게 주장하고 있다. 그는 이렇게 말한다: "사람들이 많은 격언들을 말하였지만, 그것들은 단지 의심스러운 노력들일 뿐이다. 왜냐하면 그것들 중에는 이해되지 않는 것들이 있기 때문이다. 코헬렛 자신의 실험은 여자를 함정으로 보는 그 자신의 견해를 입증하고 있을 따름이다. 이러한 견해는 전통적인 지혜에 상응하는 것이다: '깊은 함정'이라 할 수 있는 여인 — 더 적절하게 표현하자면 악한 여인(잠 6:24) — 은 남자의 타락을 초래할 수도 있다."

코헬렛이 이 단락에서 설명하는 세 번째의 발견은 7:29에 서술되어 있다: "내가 깨달은 것은 오직 이것이라. 곧 하나님은 사람을 정직하게 지으셨으나 사람이 많은 꾀들을 낸 것이니라." 그는 지혜의 희소성이 하나님의 잘못이 아니라, 도리어 사람들의 선택에 그 책임이 있다고 말한다. 코헬렛은 하나님께서 인간을 자신의 형상을 따라 만드시고 자신의 피조 세계 전체를 선한 것으로 선포하셨다고 보고하는 창세기 1-2장의 창조 이야기에 대해서 언급하면서, 하나님께서 그들을 도덕적으로 똑바른 존재로 만드셨다고 말한다. 그러나 죄를 범하여 타락한 이후에 인간은 하나님의 올바른 기준에 맞추어 살 수 없는 존재가 되고 말았다. 그 대신에 그들은 도덕적인 타락의 많은 형태들을 선택하였다(Seow 1997c: 31). 그 결과 거룩하신 하나님과 범죄한 인간이 서로 엇갈린 방향을 향해 움직이는 결과가 초래되었다. 인간은 하나님께서 굽게 하신 것을 똑바르게 만들지 못하는 것(7:15)과 마찬가지로, 하나님께서 똑바르게 만드신 것을 구부러지게 만들고 말았던 것이다(7:29). 크렌쇼(Crenshaw 1998: 219)는 인간이 한 개의 절대적인 삶의 원리('헤슈본' [25, 27절])를 이해하는 대신에 다양한 대안들('힛쉐보네트' [29절])을 추구하였다고 말한다.

지혜로운 자는 하나님의 사회 구조에 복종한다(8:1-14)

인간 지혜의 본래적인 한계는 코헬렛으로 하여금 자신의 관심을 하나님께로 돌리게 만든다. 해 아래에서의 삶을 이해하려는 그의 탐구 작업은 그를 어떤 곳으로도 데려가지 못한다. 그리하여 그는 다시금 하나님을 관심의 대상으로 삼는다. 이 단락에서 그는 지혜로운 자는 하나님께서 자신의 창조 질서 안에 심어 두신 구조에 복종한다는 추론을 전개한다.

가르침(8:1-3)

1절의 첫 번째 행은 7:29와의 연결 부분에 해당하는 것으로 보인다. 왜냐하면 이곳의 수사학적인 질문들은 어느 누구도 삶을 어떻게 해석해야 하는지를 알 수 있는 지혜자와 같지 않다는 부정적인 답변을 가정하고 있기 때문이다. 7:27-28이 이미 가르친 바와 같이, 사람들 중에서는 지혜가 지극히 드물게 나타난다. 그 까닭에 삶에 대한 올바른 해석 — 대단히 많은 사람들을 피해가는 — 을 제공할 수 있는 사람은 거의 없다고 볼 수밖에 없다.

1절의 두 번째 행은 지혜에 대하여 한층 긍정적인 입장을 취한다: "사람의 지혜는 그의 얼굴에 광채가 나게 하나니 그의 얼굴의 사나운 것이 변하느니라." 학자들은 이것을 다양한 방식으로 해석하였다. 화이브레이(Whybray 1989: 129)는 이 구절이 편집자의 해설이거나 본 단락의 주장을 약화시키는 전통적인 지혜를 인용한 것이라고 생각한다. 크렌쇼(Crenshaw 1987: 149)는 그것이 사람들로 하여금 웃는 얼굴 배후에 있는 자신의 진정한 감정을 숨기게 만드는 지혜의 특징을 가리키는 것이라고 해석한다. 롱맨(Longman 1998: 209)은 임시적인 견해이기는 하지만 이 두 번째 행이 빈정대는 투로 인간의 지혜를 거부하는 것이라고 본다. 그러나 수수께끼와도 같은 이 두 번째 행에 대한 최선의 해석은 시아오(Seow 1997c: 277)의 견해에서 찾아볼 수 있다. 그는 성서 안에서 항상 이 관용구가 사람들에게 은총을 베푸셔서 그들을 즐겁게 하시는 하나님께 대하여 사용된다는 점을 주목한다. 만일에 이 두 번째 행의 배후에 이러한 의미가 감추어져 있는 것이라면, 코헬렛은 하나님 안에 인간의 헛된 탐구 작업을 초월하는 지혜가 있다고 말하는 것이 된다. 하나님의 이러한 지혜는 본 단락의 배후 의미로서 작용하는 바, 이 점은 하나님 경외에 대하여 세 번씩이나 언급하는 8:12-13에서 분명하게 드러난다.

8:2에서 코헬렛은 독자들에게 다음과 같이 행할 것을 촉구한다: "왕의 명령을 지키라. 이미 하나님을 가리켜 맹세하였음이니라." 하나님의 맹세에 대해서는 여러 가지 해석이 가능하다. 왜냐하면 "거룩한 맹세(하나님의 맹세)는 목적격 소유격일 수도 있고 주격 소유격일 수도 있기 때문이다. 그것은 하나님의 이름으로 왕에게 충성을 맹세한 것을 가리킬 수도 있고, 왕권에 대한 하나님 자신의 맹세일 수도 있다"(Crenshaw 1987: 150). "야웨의 맹세"라는 한층 일반적인 표현(참조. 출 22:10; 삼하 21:7; 왕상 2:43)과 평행을 이루는 이 표현은 고대 이스라엘 사람들이 사용하던 지극히 엄숙한 맹세를 가리키는 것으로 보인다. 시편 89:19-21과 같은 본문들은 하나님이 왕에게 권세를 부여해 주셨음을 분명하게 보여준다. 따라서 누군가가 지혜로우면서 하나님을 경외하는 자라면, 그는 하나님의 질서를 대변하는 자인 왕의 권세에

복종하지 않을 수 없다. 달리 말해서, 이 훈계는 사람들에게 하나님께 서원한 엄숙한 맹세를 지킬 때와 똑같은 방식으로 왕의 명령을 지키라고 명하고 있는 것이다(Seow 1997c: 277).

코헬렛은 하나님의 주권적인 계획을 성취해야 하는 왕의 이처럼 고상한 역할에 근거하여, 독자들에게 잠언 24:21-22을 연상시키는 언어로 하나님께서 정하신 권세에 성급하게 맞서지 말라고 경고한다. 지혜로운 자는 왕의 권세에 맞서는 모의에 가담하지 않는다. 도리어 그는 그것에 복종한다. 왕은 인간 주권자로서 다스리는 영역에서 자신이 원하는 일들을 하나님과 유사한 방식으로 그대로 행한다. 따라서 "왕과 더불어 논쟁을 벌이는 것은 신중하지 못한 일이다. 차라리 그의 앞을 떠나 그의 뜻을 실행하는 것이 더 낫다"(Longman 1998: 212).

이유들(8:4-8)

코헬렛은 3절의 조언을 입증하기 위하여 왕의 권세에 복종해야 하는 몇 가지 이유들을 8:4-8에서 제시한다. 그는 먼저 4절에서 왕이 순종을 요구하는 권세자의 자리에 있다고 말한다. 그는 하나님의 주권에 관해 말하는 다른 몇몇 본문들(참조. 욥 9:12; 사 45:9; 단 4:32)에서 발견되는 수사학적인 질문들을 사용하되, 지혜로운 자는 하나님의 행동들을 비판하지 않는 것과 마찬가지로 왕에게도 이의를 제기하지 않는다고 본다. 옥덴(Ogden 1987: 130)은 이를 다음과 같이 설명한다: "본절에 있는 수사학적인 질문은 분별 있는 자라면, 특히 그가 지혜자라고 한다면(1절), 결코 왕권에 맞서지 않을 것(참조. 사 45:9)이라는 의미를 가지고 있다. 왕들은 자신이 원하는 바를 행할 수 있는 힘을 가지고 있을 뿐만 아니라(3b절), 그 힘은 그가 어떠한 행동을 해도 신하들이 이의를 제기하지 못하게 만든다(참조. 잠 16:14-15)."

8:5에 언급된 이유는 왕의 명령에 순종하는 것이 지혜로운 자를 불행으로부터 건져준다고 말한다. "명령"('미츠봐')을 가리키는 데 사용되는 용어는 종종 하나님의 계명들을 가리키는 데 사용된다. 이 때문에 일부 해석자들은 이것이 인간 정부가 하나님의 권세의 연장선상에 있다고 말하는 신약성서의 가르침(롬 13:1-7)과 평행을 이룬다고 생각한다(Seow 1997c: 292). 바울과는

달리 코헬렛은 이 점을 분명하게 밝히고 있지 않지만, 하나님의 질서 있는 세계 안에서는 인간 권세자들에 의해 확립된 규정들에 순종하는 것이 지혜롭다는 뜻이 함축되어 있다. 지혜로운 자는 권세에 저항하기보다는 하나님께서 정하신 시간과 방법을 따라 행동하는 것이 중요하다는 것을 알고 있다.

하나님의 계획에 따르면, 삶 속에서 즐거움을 발견하는 데 필요한 적절한 때와 방법이 있다. 그러나 사람들은 자신을 무겁게 짓누르는 불행으로 인하여 한계에 직면해 있다. 그 까닭에 그들은 즐거움을 찾는 데 필요한 적절한 때와 방법을 알지 못한다(8:6). 사실 모든 인간은 똑같이 장차 무슨 일이 벌어질지 예견하지 못하기 때문에, 즐거움이 언제 찾아올지를 예견할 수도 없다(8:7). 따라서 하나님께서 정하신 권력 구조에 복종하는 태도야말로 지혜로운 것이다. 왜냐하면 어떤 개인도 삶을 안전하게 만들 충분한 지혜를 가지고 있지 못하기 때문이다. 롱맨(Longman 1998: 214)은 이를 다음과 같이 설명한다: "이곳에 언급된 구체적인 한계는 미래에 대한 지혜자의 무지를 가리킨다. 지혜로운 자는 특정 상황에 적합한 올바른 결정을 내릴 줄 아는 사람이다. 그러한 능력을 구성하는 한 가지 중요한 요소는 어떤 결정을 내렸을 때 그것이 장차 어떠한 결과를 가져올지를 아는 직관이다. 그러나 여기서는 그러한 가능성이 부정된다." 인간이 삶을 통제할 수 있는 능력을 가지고 있지 못하다는 자신의 논지를 뒷받침하기 위해 코헬렛은 삶 속에서 발견한 네 가지의 사례들을 언급한다(8절): 인간은 생명을 유지하는 호흡을 주관하지 못하며, 죽음의 때를 주관하지도 못한다. 그들은 또한 군사적인 의무를 피하지 못하고, 자신이 행한 악의 결과들로부터 도망하지도 못한다. 이 네 가지 사례들을 한데 묶으면, 인간의 어떠한 노력도 자신이 의도한 결과를 보증하지 못한다는 결론이 도출될 수밖에 없다.

크렌쇼(Crenshaw 1987: 153)는 이를 다음과 같이 설명한다: "코헬렛의 논지는 가치 있는 일이건 의심스러운 일이건 그 일을 이루기 위해 투자하는 어떠한 에너지도 사실상 원하는 결과를 성취하지 못한다는 데 있는 것으로 보인다. 지식은 성공을 가져다주지 못한다. 왜냐하면 인간의 삶 속에는 항상 헤아릴 수 없는 일들이 존재하기 때문이다. 그 핵심이 죽음임은 물론이다."

불공평해 보이는 일들에 대한 적용(8:9-14)

코헬렛은 해 아래 있는 삶의 모든 차원들을 계속하여 검토하는 중에, 자신이 관찰한 것들을 불공평해 보이는 것들에 적용한다. 그는 인간 정부 안에서 불의가 발생한다는 사실을 금방 인정한다. 왜냐하면 "사람이 사람을 주장하여 해롭게 하는 때가 있기" 때문이다(8:9). 그러나 현실이 이처럼 서글프다고 해서 그것이 하나님께서 확립하신 질서 있는 사회 구조를 포기하도록 하는 이유가 되지는 못한다. 도리어 인간은 그러한 체제 안에서 움직여야 한다.

10절은 난해한 구절이다. 학자들은 맛소라 본문에 대한 몇 가지의 수정 작업을 제안한다. 가장 바람직한 본문 수정은 '이슈타케후'("잊혀졌다")를 '이슈탑베후'로 읽어 "칭송받았다"는 뜻으로 사용하는 70인역의 번역이다. 롱맨(Longman 1998: 219)은 이를 다음과 같이 설명한다: "본절을 이렇게 읽게 되면(NIV, NRSV 및 무수한 현대 주석들), 코헬렛의 좌절감 배후에 있는 논리적인 이유가 강조되는 효과가 발생한다. 악인들은 참으로 죽음을 맛보게 되겠지만, 그러할 때조차도 그들은 악을 행하고 신앙적인 허세를 부리던 성읍에서 매장되어 칭송을 받기에 이른다. 경건한 자들에게 마땅히 돌려져야 할 칭송을 악인들이 계속해서 받는다는 사실이야말로 코헬렛을 절망감에 사로잡히게 만들며, 그로 하여금 '이것도 헛되도다'라는 결론을 내리게 한다." 전도서의 앞 부분에서 코헬렛은 몇 차례에 걸쳐서 죽음을 일컬어 거대한 평형 장치라고 말한 바가 있다. 그런데 여기서는 악인들이 이생과 내생에서 영광을 받을 수도 있다고 말한다. 이와는 달리 10절에 있는 '이슈타케후'를 수정하지 않고 그대로 둔 다음, 첫 번째 절에 있는 악인의 매장에 대한 대구의 주어로 '차띠킴'을 삽입한다면, 악인에게 돌려지던 영광은 잊혀진 바 된 의인과 대조를 이루게 된다. 어느 경우에든 코헬렛은 이것을 '헤벨'로 간주한다. 왜냐하면 선과 악이 죽음 앞에서는 구별되지 않기 때문이다.

11절은 악행이 신속한 처벌을 받지 않는다는 서글픈 사실에 초점을 맞춘다. 단기적 관점에서 보면, 하나님께서 주관하시는 세상에는 명백한 불의가 존재한다. 악에 대한 시의적절한 처벌의 결여는 하나님의 정의에 대한 혼란을 초래할 뿐만 아니라 인간에 의한 법의 시행을 느슨하게 만들고 만다. 허바드(Hubbard 1991: 193)는 이를 다음과 같이 설명한다: "하나님께서 사람들의 악행을 내버려 두신다면, 국가의 처벌과 제재 역시 느슨해질 것이다. 성서적인 사유의 틀에서 본다면, 하나님의 법과 인간의 법은 오늘날 유행하는 대부분의 법률 이론들이 생각하는 것보다 훨씬 더 긴밀하게 서로 관련되어 있다 … 처벌을 정당화하는 이론들 중에서 가장 보편적인 지지를 받는 이론은 처벌이 죄를 저지시킨다는 논리를 전개한다. 범죄와 판결 및 처벌 사이의 시간 간격이 크면 클수록, 사람들의 마음이 더 악해질 가능성은 높아져간다." 미루어진 정의의 집행은 냉소주의와 도덕적인 파탄을 초래한다. 왜냐하면 사람들은 악을 행하여도 고통을 당하지 않은 채로 지낼 수 있다고 생각하기 때문이다. 적어도 당장은 말이다.

코헬렛은 상습적으로 죄를 범하는 자들이 백 번이나 악을 행하고도 처벌을 받기는커녕 장수의 복을 누리는 것처럼 보일 수도 있음을 인정한다(8:12a). 전통적인 지혜는 장수를 지혜로운 자들에게 주어지는 하나님의 복으로 간주한다(참조. 잠 3:16). 따라서 겉으로 보기에 악인들의 장수는 보상의 교리를 배척하는 것으로 여겨질 수밖에 없다. 그러나 이러한 진술을 8:12b-13과 연결시켜 생각해 보면, 코헬렛이 전통적인 지혜를 정면에서 거부하기보다는 변증법적인 문체를 사용하여 그것을 보충하고 있음이 분명하게 드러난다(Farmer 1998: 140-41). 그는 자신이 바로 전에 당혹스런 상황들에 대해 언급한 바가 있으면서도, 다시금 다음과 같이 단언한다: "또한 내가 아노니 하나님을 경외하여 그를 경외하는 자들은 잘 될 것이요, 악인은 잘되지 못하며 장수하지 못하고 그 날이 그림자와 같으리니 이는 하나님을 경외하지 아니함이니라." 10절과 14절에서 보듯이 그는 예외가 되는 것들을 정확하게 잘 알고 있으면서도, 하나님 경외에 기초하고 있는 전통적인 지혜의 기본 전제에 동의하고 있다. 옥덴(Ogden 1987: 137)이 지적한 바와 같이, "코헬렛은 기본적으로 하나님의 정의에 대한 전통적인 견해를 지지한다. 그렇다고 해서 그가 사람들이 마땅히 직면해야만 하는 심각한 문제들을 하나님 앞에 내놓지 않는 것은 아니다 … 악인이 의인에게 돌아가야 마땅한 보상을 받는 것처럼 보일 때도 있지만(7:15; 8:10), 그것은 결코 전통을 뒤엎지 못한다." 반대 증거가 많이 있음에도 불구하고 코헬렛은 하나님의 세계 안에 궁극적인 도덕 질서가 있다는 것을 확신하고 있다.

본 단락의 결론 부분 쪽으로 가까이 옴에 따라, 코헬렛은 '헤벨'이 지상에서 행해지고 있다는 결론을 내린다. 그는 하나님의 도덕 질서가 항상 눈에 보이는 것이 아니라는 것을 그 이유로 든다(8:14). 보상의 신학이 악인들에게 적합한 것으로 예견한 처벌을 의인들이 받는가 하면, 의인들에게 갈 것으로 예상되던 복을 악인들이 누리는 경우가 수없이 많다. 그리하여 14절은 악인이 때때로 상급을 받고 의인이 상급을 받지 못하는 경우가 있음을 코헬렛이 지적하던 8:10의 관찰로 되돌아간다. 이 구절들과 8:12b-13에 있는 그의 기본적인 보상 신학 사이의 불일치는, 코헬렛으로 하여금 해 아래에서 정의가 잘 실현되지 않는다는 관찰에 도달하게끔 만든 수수께끼 같은 현실이 세상에 존재함을 분명하게 보여준다(Seow 2000a: 11). 그는 보상의 법칙이 적용되지 않는 듯한 상황이 분명히 존재함을 부인하지 않지만, 궁극적인 도덕 질서에 대한 근본적인 믿음을 기꺼이 포기하려고 하지도 않는다.

맥커비(McCabe 1996: 103)는 이를 다음과 같이 설명한다: "그는 하나님이 자신의 섭리에 기초하여 삶의 온갖 측면들을 정해진 시간표를 따라 운행하신다는 것을 확신하고 있으면서도, 하나님의 섭리가 종종 베일에 가려져 있다는 것을 알고 있다. 의인과 악인 모두가 하나님의 통제 하에 있고 그의 섭리는 종종 베일에 가려져 있기 때문에, 어느 누구도 자신의 미래가 좋아질지 나빠질지를 알지 못한다." 해 아래에 있는 온갖 제약들로 인하여 그는 이처럼 상반된 상황들을 일치시키지 못한다. 하나님과 죽음을 논의의 장에 이끌어 들일 때에야 비로소 코헬렛은 겉으로 드러나 보이는 삶과, 주권자이신 하나님의 지배를 받는 세계 안에서 마땅히 이루어져야 할 삶 사이에 얽힌 문제를 해결할 수 있다.

세 번째의 잠정적인 결론(8:15)

세 번째의 연속적인 관찰을 마무리하는 결론은 2:24-26과 5:18-20에 있는 두 개의 잠정적인 결론을 간단히 재진술하는 모양을 취하고 있다. 자신이 관찰한 것들을 정리한 끝에 코헬렛은 8:15에서 이렇게 말한다: "이에 내가 희락을 찬양하노니, 이는 사람이 먹고 마시고 즐거워하는 것보다 더 나은 것이 해 아래에는 없음이라. 하나님이 사람을 해 아래에서 살게 하신 날 동안 수고하는 일 중에 그러한 일이 그와 함께 있을 것이니라." 그가 사용하는 '샤바흐'라는 동사는 정당한 즐거움을 앞의 권고보다 더 강조하는 효과를 가져다 준다. 허바드(Hubbard 1991: 195)는 이 용어가 죽음을 찬미하던 4:2에서도 사용된 것임을 지적하면서, 이곳의 의미가 어떠한지를 다음과 같이 밝힌다: "정의의 신비로움이나 다른 어떤 신비로움이 우리 앞에 저항할 수 없는 모습으로 다가올 때에는 우리가 확실하게 알고 있는 것들, 곧 먹고 마시고 즐기는 일에 우리의 마음을 쏟는 것보다 더 나은 기분 전환 내지는 그보다 더 건전한 재적응 방법도 없을 것이다." 이 세상은 확실히 불완전한 곳이다. 그러나 사람들은 그처럼 냉정한 현실에 짓눌린 나머지 하나님께서 삶 속에 허락하신 즐거움들을 무시해서는 안 된다. 하나님께서는 삶 속에 구체적인 복들을 주셨다. 한시적인 인간 실존의 광야 한복판에 기쁨을 주는 오아시스와도 같은 역할을 하는 복들을 말이다. 그것들은 절망감을 안겨주는 신기루가 아니다. 도리어 그것들은 하나님을 경외하는 자들에게 허락된 참된 유익들이다. "하나님의 선물들은 사람들의 눈 앞에서 아슬아슬하게 매달려 있다가 손으로 잡을 정도의 거리가 되면 순식간에 쏙 들어가 버리는 그런 것들이 아니다. 하나님은 자신의 선한 계획 속에서 그것들이 자기를 경외하는 자들을 뒤따를 것임을 약속하셨다. 하나님은 참으로 사람들이 자신에 의해 세상 속에 심겨진 선한 물질적인 선물들을 적절하게 즐기기를 원하시며, 그 선물들과 그것의 사용자들이 그것을 주신 분이신 하나님과 올바른 관계를 유지할 경우에는 그것들이 끊임없는 만족의 원천이 되기를 원하신다"(Kaiser 1979: 79).

이러한 즐거움의 포용은 초상집에 가는 것이 잔칫집에 가는 것보다 낫다고 가르치는 7:2의 조언을 정면에서 거부하는 것이 아니다. 코헬렛은 확실히 즐거움을 경험 세계의 온갖 고통스러운 차원들을 잊게 하려는 마취제로 사용하려는 사람이 아니다. 도리어 그는 삶에 대한 건전한 접근을 칭송하는 자이다. 그러나 불완전한 세계에서는 하나님께서 주신 즐거움, 곧 먹고 마시면서 명랑해지는 것이야말로 인간이 붙들 수 있고 또 마땅히 붙들어야 하는 복들이다. 시아오(Seow 1997c: 215)는 이를 다음과 같이 적절하게 잘 설명하고 있다: "통제 불가능한 이 '헛됨' 앞에서 저자는 즐거움을 추천한다(15절). 확실히 수고는 인간이 원하는 어떤 것이 아니라, 삶 속에 있는 하나의 현실일 뿐이다. 그 까닭에 코헬렛은 살아있는 동안 즐거움과 수고가 함께 가게 할 것을 조언한다. 전도서의 다른 부분들에서처럼 이 조언 역시 하나님께서 사람들에게 그 즐거움을 주셨다는 신학적인 근거를 놓지 않고 있다."

삶에 대한 네 번째 관찰(전도서 8:16-12:8)

세 번째의 연속적인 관찰은 제각기 다른 문체로 된 몇 개의 세부 단락들을 특징으로 가지고 있다. 코헬렛은 이 전체 단락을 일련의 가르침들로 시작하며, 그 다음에는 전통적인 지혜의 격언적인 구조를 사용하고, 마지막으로는 좀 더 설교적인 문체로 되돌아간다.

가르침(8:16-9:18)

문제점(8:16-9:6)

코헬렛은 절망감의 어조로 이 단락을 시작한다. 그는 해 아래에서 지혜를 알고 인간의 삶을 이해하려고 온갖 노력을 기울였으나, 끝없는 탐구 작업에도 불구하고 하나님의 길들에 대한 참된 이해에 도달하지 못했다고 말한다(8:16-17). 지혜는 쉽게 파악되지 않는 것이다. 왜냐하면 "하나님의 신비로운 활동을 이해하려고 온전히 헌신한 자들이라 할지라도 자기들이 알고 싶어 하는 것들을 발견하지 못하기 때문이다"(Seow 1997c: 295). 철저한 탐구 작업을 벌인 끝에 코헬렛은 아무리 지혜롭거나 부지런한 사람이라 할지라도 해 아래에서의 한계 안에서는 하나님께서 자신의 세계 안에서 행하시는 것들을 알 수 없다는 결론을 내린다. 파머(Farmer 1991: 183)는 다음과 같은 점을 지적한다: "전도서 후반부를 흐르는 논리의 실타래는 사람들이 하나님께서 무슨 일을 염두에 두고 계신지를 정확하게 알지 못한 채로 삶을 살 수밖에 없다는 코헬렛의 확신으로부터 짜여져 나온다. 인간은 자신의 행동이 궁극적으로 어떤 결과를 만들어낼지를 알지 못한 채 행동하기로 선택하는 모험을 감행하지 않으면 안 된다."

만일에 어떤 인간도 해 아래에서 이루어지는 것들을 이해할 수 없다고 한다면, 그들은 삶을 이해하려고 노력하는 중에 벽에 머리를 부딪치려고 할 것이 아니라, 도리어 자신이 하나님께로부터 비롯되는 삶을 이해할 수 없다는 사실을 받아들이지 않으면 안 된다. 코헬렛은 자신의 탐구 활동을 통하여 인간이 한계를 가진 존재요, 그들이 하나님의 세계 안에 있는 피조물로서의 자신의 한계를 인정하지 않으면 안 된다는 것을 깨닫게 되었다. 따라서 지혜는 세상이 어떻게 운행되는가를 이해할 수 있는 능력을 가리키지 않는다. 도리어 그것은 오직 하나님만이 자신이 최고 주권자로서 창조하시고 통제하시는 세계를 이해하신다는 사실을 올바로 인식하는 능력을 가리킨다.

허바드(Hubbard 1991: 196-97)가 지적하는 바와 같이, 코헬렛은 여기서 자신이 1:13에서 시작한 탐구 작업 — 하늘 아래에서 이루어지는 모든 일들에 관하여 지혜를 써서 탐구하고 연구하고자 애를 쓰던 — 을 마무리한다: "이러한 최종 결론은 그 문제점이 해결책을 허용하지 않는다는 사실을 우리에게 가르쳐준다. 더 충분한 시간과 더 많은 명철, 더 나은 방법, 새로운 연구 집단 등에서 그 어느 것도 해답이 될 수 없다. 그 문제점은 하나님과 사람, 그리고 하나님과 그의 가장 똑똑하고 가장 훌륭한 피조물 사이의 차이에 있다. 1:13에서 드러나는 열정적인 탐구의 시작과 8:17에서 드러나는 불만족스러운 결론은 전도서의 본질적인 메시지를 둘러싸고 있는 울타리 역할을 수행한다: 우리는 자신과 하나님 사이의 근본적인 차이에 의하여 우리 자신에게 부과된 한계 안에서 가능한 한 최선을 다하여 살아야 한다. 그러한 한계를 넘어서려는 시도는 교만할 뿐만 아니라 위험스러운 것이기까지 하다." 전도서의 마지막 단락에서 코헬렛은 독자들에게 그 혼자만이 유일하게 인간의 삶을 아시고 통제하시는 하나님을 바라볼 것을 점점 강조하기에 이른다.

9:1에서 코헬렛은 삶의 모든 것들을 지시하시는 하나님의 주권적인 손과 자기 앞에 닥친 일들을 전혀 알지 못하는 인간의 무력함을 대비시킨다. 어떤 학자들은 "하나님의 손"이 시편 31:5에서처럼 하나님의 돌보심과 보살핌을 가리킨다고 보지만, 그 다음에 이어지는 두 절은 하나님의 손이 "위안을 주려는 생각이나 애정의 한 표시가 아니라 단순히 인간이 빠져나갈 수 없는 하나님의 권능을 가리킨다"는 점을 분명하게 드러내고 있다(Murphy 1992: 90). 모든 것을 아시고 통제하시는 하나님과는 달리 인간은 거의 아무것도

제대로 이해하거나 바꾸지 못한다. 인간은 하나님께서 하시는 일들을 바라보면서 그가 예측할 수 없는 분이라는 사실을 고백하지 않으면 안 된다. 왜냐하면 그의 행동들은 잘 정리된 공식에 들어맞지 않기 때문이다. 의롭고 지혜로운 자들의 경우라 할지라도, 자신이 하나님의 손으로부터 형통함을 경험할지 아니면 역경을 경험할지를 정확하게 예견하지 못한다. 전통적인 지혜의 다양한 범주들과 그 핵심을 이루는 보상의 신학은 하나님께서 자신의 세계 안에서 어떻게 일하시는지를 충분히 설명하지 못한다. 세심한 관찰을 통하여 행위와 결과 사이의 일반적인 상응관계를 눈치챌 수는 있겠지만, 코헬렛이 나열한 삶의 수수께끼들은 하나님께서 자신의 세계를 다스리실 때 사용하시는 엄격하면서도 포괄적인 인과율의 법칙을 이끌어낸다는 것이 부적절하다는 것을 분명하게 보여준다. 하나님께서 때때로 인간의 명철을 뛰어넘는 방식들로 자신의 피조 세계를 이끌어 가시기 때문에, 그들은 자신 앞에 어떠한 일들이 놓여 있는지를 확신할 수가 없다.

코헬렛이 인식할 수 있는 유일한 확실성은 죽음이 모든 인간에게 닥치는 공통의 운명이라는 점이다. 그들의 도덕적인 품성에 관계없이 말이다(9:2). 2:14-15의 논지를 반복하면서 그는 죽음이 보편적인 것임을 강조하기 위하여 다섯 가지의 대립 쌍들을 사용한다. 시아오(Seow 1997c: 304)는 이를 다음과 같이 설명한다: "이제 저자는 모든 인간에게 똑같이 찾아오는 운명이 있다는 사실을 되풀이한다. 의로운 자나 악한 자, 선한 자나 불량한 자, 경건하여 하나님의 계명에 순종하는 자나 그렇지 않은 자는 모두 똑같이 죽는다. 죽음이 닥쳐오면, 제사장들이나 예언자들이나 지혜자들에게서 배운 모든 것이 쓸모없는 것이 되고 만다. 결국에는 사람들의 문화적인 행동이나 윤리적인 행동 또는 실천적인 행동 모두가 아무런 차이도 없게 된다. 왜냐하면 모두에게 동일한 운명이 찾아오기 때문이다." 이것은 심각한 신학적인 문제점을 불러일으킨다. 만일에 의인과 악인이 똑같은 종착역에서 만난다면, 그것은 하나님께서 자신의 세계를 정의로 다스리신다는 전통적인 지혜의 기본 전제에 이의를 제기하는 것이나 다름이 없기 때문이다. 코헬렛이 관찰한 바에 따르면, "한 개인의 행동은 하나님께서 그를 다루시는 방식에 영향을 미치지 않는다. 의인이나 악인, 도덕적인 자, 제의적으로 정결한 자와 부정한 자, 희생제사를 드리는 자와 그러한 의무를 소홀히 여기는 자, 죄 없는 자와 죄인, 맹세하는 자와 맹세를 피하는 자 등 모두가 똑같은 취급을 받는다. 이러한 태도는 사실상 코헬렛의 유산 — 인간의 행동과 죽음의 때 및 죽음의 방식 사이에 상관관계가 존재한다고 가르치는 — 에 담긴 모든 것과 모순되는 모습을 보인다"(Crenshaw 1987: 160).

신체적인 죽음이 해 아래에서 아무런 차이를 드러내지 않는다는 것은 고통스러운 현실이 아닐 수 없다(9:3). 코헬렛은 이것을 악한 것이라 부른다. 왜냐하면 죽음은 개개인의 도덕적인 품성을 전혀 고려하지 않기 때문이다. 이러한 불의는 사람들 사이에 대대적인 악과 미친 짓을 장려할 뿐이다. 신속한 처벌이 이루어지지 않음으로 인하여 사람들이 계속해서 악에 머무는 것과 마찬가지로(참조. 8:11), 죽음이 주목할 만한 차이를 드러내지 않는다는 사실 역시 사람들에게서 죄에 대한 두려움을 제거하는 효과를 갖는다. 사실 "사람들은 죽음의 의미에 대해서 깊이 생각하기보다는 자신의 삶을 기분 전환을 가져다주는 열정과 낭비로 가득 채운다"(Garrett 1993: 331).

전도서 전체에서 코헬렛은 반복적으로 죽음의 불가피성이라는 시각으로 해 아래에서의 삶을 관찰한다. 그에게 있어서 삶은 수수께끼와도 같은 것이요, 종종 헛되다는 느낌을 갖게 하지만, 죽음이 모든 것을 끝장낸다는 사실에 비추어본다면, 살아있음이 더 좋은 것이다. 왜냐하면 그것은 어느 정도의 확실성을 보여주기 때문이다(9:4). 이 점을 강조하기 위하여 그는 아이러니컬한 격언을 사용한다: "산 개가 죽은 사자보다 낫다." 고대 세계에서 개는 집에서 키우는 애완 동물이 아니라 길들여지지 않은 거리 청소부였다. 브라운(Brown 2000: 92)은 이를 다음과 같이 설명한다: "싸울 때의 제왕적인 힘이나 용맹성과 관련되어 있는 사자는 원형적인 약탈자로, 야생동물의 왕국에서 비롯되는 왕의 모델로, 그리고 '짐승들의 왕'으로 간주된다. 그러나 코헬렛이 보기에 사자의 제왕적인 몸집도 죽음 앞에서는 아무 쓸모가 없다. 죽은 사자는 시체에 지나지 않기 때문이다. 이와는 대조적으로 개는 흔히 고대 근동 문화권에서 오물이나 죽음과 관련된다." 한시적인 삶은 개처럼 보잘것없는 것이지만, 설령 그렇다 할지라도 그것은 그 맞은편에 있는 죽음보다는 낫다.

코헬렛은 산 자와 죽은 자를 비교하면서, 산 자가 임박한 죽음에 대한 인식을 가지고 있는 반면에 죽은 자는 삶이나 그것의 즐거움에 대한 기억을 갖지 못한다고 말한다(9:5-6). 머피(Murphy 1992: 92)가 지적하는 바와 같이, "본절의 아이러니는 불가피한 것이다. 산 자가 죽은 자에 대하여 가지고 있는 이득은 그들이 곧 죽을 것임을 알고 있다는 점이다!" 그러나 죽은 자의 곤경은 서글픈 것이다. 왜냐하면 죽음 이후 그들은 자신이 살아 있을 때 가지고 있던 몫을 잃게 되고, 더 이상 보상 받을 기회를 얻지 못하기 때문이다.

명령(9:7-10)

죽음의 절박함을 가르치던 앞 단락에 비추어 코헬렛은 지금의 삶을 즐기는 일이 아주 중요하다고 말한다. 일련의 명령법들을 사용하여 그는 독자들에게 긍정적인 조언을 주며, 그들에게 삶을 충분히 즐길 것을 장려한다. 삶을 하나님의 선물로 받아들임으로써 말이다. 조언의 말로부터 명령법으로의 이러한 변화(참조. 2:24-26; 5:18-20; 8:15)는 독자들이 자신이 전달한 모든 것에 비추어 행동해야만 하는 것들을 코헬렛이 여기에서 한층 권위 있는 목소리로 선포하고 있음을 암시한다. 화이브레이(Whybray 1989: 143)는 이를 다음과 같이 설명한다: "이 절들의 내용과 문맥은 전도서의 앞부분에 나오는 긍정적인 진술들 — 사람에게 무엇이 가장 좋은지에 관한 — 과 비슷한 점을 가지고 있다. 그러면서도 그 형식과 내용에 있어서는, 선생이 학생에게 주는 긍정적인 권고가 명령법으로 표현되어 있다는 점에서, 그리고 삶을 즐기는 방식이 보다 구체적으로 서술되어 있다는 점에서 차이를 보인다." 6절과 9절에 반복되는 '헬레크'라는 용어는 이 명령들이 한시적인 인간의 삶 속에서 지금 즐길 수 있는 몫을 구성하고 있음을 암시한다. 설령 해 아래에 있다 할지라도 사람들이 붙들어야 하고 또 붙들 수 있는 삶이 있게 마련이다.

7절에서 코헬렛은 이렇게 권고한다: "너는 가서 기쁨으로 네 음식물을 먹고 즐거운 마음으로 네 포도주를 마실지어다. 이는 하나님이 네가 하는 일들을 벌써 기쁘게 받으셨음이니라." 삶에 대한 세심한 관찰이 많은 절망감과 수수께끼들을 밝혀주기는 하지만, 그렇다고 해서 사람들이 삶에 대한 환멸감에 사로잡혀야 한다는 것은 아니다. 하나님께서는 삶을 즐기라고 창조하신 것이지 견뎌내도록 창조하신 것이 아니다. 따라서 본절은 삶의 즐거움들을 적극적으로 붙잡을 것을 권하고 있다. 류폴드(Leupold 1952: 213)는 이를 다음과 같이 설명한다: "'너는 가서'라는 표현은 맨 처음 들었을 때 드러나는 것보다 더 많은 의미를 함축하고 있다. 그것은 일어나서 움직일 것을 명하고 있으며, 저자와 독자들의 시대를 특징짓는 난처한 문제들에 대하여 깊이 생각하려는 경향을 겨냥하고 있다. '음식물을 먹고 포도주를 마시라'는 명령은 슬픔에 자신을 내맡기려는 생각을 겨냥하고 있으며, 바로 이 때문에 '기쁨으로'와 '즐거운 마음으로'라는 두 개의 수식 어구가 추가되어 있다."

9:7의 마지막 구절은 '라싸'라는 동사를 사용하고 있는 바, 이 용어는 다른 곳에서 종종 희생제사를 받으시는 하나님의 행동을 가리킨다(참조. 신 33:11; 암 5:22). 그러나 이곳의 문맥에서 '라싸'는 사람들에게 즐거움을 주시는 하나님의 은혜와 자비를 가리킨다. 사람들에게 그것을 주장할 수 있는 권리가 없음에도 불구하고 말이다(Murphy 1992: 92). 이 구절에는 또한 하나님께서 자신의 뜻과 성품에 부합되는 것만을 허락하신다는 의미가 함축되어 있다. 이러한 매개 변수들 안에서 인간은 하나님께서 이미 허락하신 것을 붙잡아야만 한다. 옥덴(Ogden 1987: 152)은 이를 다음과 같이 잘 설명하고 있다: "코헬렛은 하나님이 우리가 하고자 하는 모든 것을 기쁘게 허락하실 것이라고 말하지 않는다. 전후 문맥을 살펴보면, 코헬렛은 즐거움이 하나님의 뜻 안에 있다고 보고 있음이 분명하다. 하나님은 자신이 기본적으로 공급해 주시는 것들을 우리가 즐기기를 원하신다. 왜냐하면 그는 그것들을 공급해 주시는 분이기 때문이다(참조. 2:24 등). 코헬렛은 이 점을 기본적으로 전제하고 있기에 나아가서 하나님이 원하시는 대로 행하라고 명하고 있는 것이다. 이러한 반응은 지혜로운 것이요, 우리가 가진 모든 것이 하나님께로부터 비롯된 것이라는 인식의 한 표현이기도 하다."

9:8에서 한층 구체적인 언어를 사용하는 그는 독자들에게 자신의 옷을 항상 희게 만들고 항상 그들의 머리에 기름을 바를 것을 권한다. 고대 세계에서 흰옷과 기름은 축제의 날에 사용되었다. 이 명령의 핵심은 기쁨과 축제의 정신을 계속 유지하라는 데 있다. 전도서 전체의 맥락 속에서 코헬렛은 삶이 그 나름의 고통을 가지고 있지만 즐거움 역시 가지고 있다고 가르친다. 인간

은 삶의 수수께끼들에게 굴복할 것이 아니라 삶을 최대한으로 즐길 필요가 있다. 그들은 삶의 축제적인 측면을 맛볼 줄 알아야 하며, 삶을 가능한 한 많이 경축할 줄 알아야 한다. 이것은 코헬렛이 앞서 거부한 바 있는 쾌락주의의 윤리가 아니다. 도리어 그것은 삶을 소중히 간직해야 할 하나님의 선물로 받아들이는 것을 뜻한다.

하나님께서 주신 가장 귀한 선물들 중 하나는 결혼의 기쁨이다. 아가 7:10을 창세기 3:16과 비교해 보면, 남편과 아내 사이의 친밀한 관계가 부분적이긴 하지만 타락의 파괴적인 효과를 상쇄시킨다는 것을 알 수 있다. 코헬렛은 인간의 한시적인 삶이 덧없는 것이요, 수수께끼 같은 것이요, 종종 해 아래에서 사람들에게 좌절감을 안겨주는 것이지만, 결혼을 매개로 한 사랑이 하나님께서 사람들로 하여금 수고로운 삶을 거치는 동안에 누리도록 허용하신 큰 즐거움들 중의 하나임을 분명하게 보여준다(Pahk 2001: 378-79). 그는 이것이 "네가 평생에 해 아래에서 수고하고 얻은 네 몫"이라고 말한다.

삶의 수수께끼들을 해설하는 중에 코헬렛은 사람들이 행하는 일들이 중요하지 않다는 오해를 주고 싶어하지 않는다. 인간은 한시적인 실존의 '헤벨'로 인하여 수동적인 사람이 되기보다는 활동적인 삶을 살아야 한다(9:10). 카이저(Kaiser 1979: 101)는 이를 다음과 같이 설명한다: "인간은 전력을 다하여 성실하고도 헌신적인 자세로 자신의 일에 몰두하는 특권으로부터 손을 떼어서는 안 된다. 그들은 악의 존재와 임박한 죽음이 하나님께서 인간의 모든 삶을 위하여 선한 계획을 가지고 계신다는 사실을 믿는 데 큰 장애가 된다고 생각할 수도 있다. 그리하여 그들은 그 문제에 관하여 더 많은 것들이 드러날 때까지 아무 일도 하지 않으려고 할 수도 있다. 그러나 이처럼 아무 일도 하지 않으려는 태도는 잘못된 것이다. 지혜 교사는 이렇게 명한다: '네 뼈에 아직 생명이 붙어 있는 한 하나님의 영광을 위하여 열심히 일할지어다.'"

7절에서처럼 전도서 전체의 맥락에 비추어볼 때 이 명령은 무엇이든지 원하는 대로 행할 것을 허용하는 것으로 해석할 것이 아니라, 하나님께서 선하게 여기시는 일을 위하여 전력을 다할 것을 명하는 것으로 해석해야 한다. 이러한 한계 내에서 인간은 삶 속에서 얻는 기회를 최대한으로 잘 사용해야 하지만, 하나님께서 모든 행동을 심판하실 것이라는 사실을 한시도 잊어서는 안 된다(참조. 12:14).

코헬렛의 명령은 현재의 기회를 사용하라는 데 초점을 맞추고 있다. 왜냐하면 "네가 장차 들어갈 스올에는 일도 없고 계획도 없고 지식도 없고 지혜도 없기" 때문이다. 죽음의 불가피성(참조. 9:2-6)과는 대조적으로 개인적인 종말론에 관한 구약성서의 가르침은 일부 논쟁의 여지가 있는 내용들에 한정된다. 죽음 이후의 실존에 관한 이 소량의 계시에만 의존하고 있는 코헬렛은, 독자들에게 하나님께서 한시적인 삶 속에 허용하신 기회들을 붙잡을 경우에는, 죽음 이후에도 생산적인 활동을 할 적지 않은 기회들을 갖게 될 것이라고 생각하지 말고, 도리어 오늘의 삶에 자신을 내던질 것을 간청한다. 코헬렛에게 있어서 죽음은 신체적이고 정신적인 삶의 과정을 완전히 끝장내고 마는 것이다(Longman 1998: 231). 따라서 만일에 무엇인가 가치 있는 일을 성취하고자 한다면, 그러한 때가 오기 전에 그 일을 마무리해야 한다. 레빈(Levine 1997: 80)은 이 점을 다음과 같이 날카롭게 지적한다: "모든 일들 중에 가장 어리석은 것은 게으름으로 삶을 허비하는 것이다 … 어리석은 자들의 전시관에서는 어떠한 이유에서건 삶의 잠재적인 만족을 흘려보내는 수동적인 사람보다 더 불쌍한 자가 없다."

경고(9:11-18)

독자들에게 기쁨으로 힘차게 삶에 매진할 것을 권한(9:7-10) 코헬렛은 이제 다음 단락에서 두 마디 경고의 메시지를 전달한다. 9:11-12에서 그는 삶에 대한 자신의 관찰을 통하여 인간의 능력과 노력이 성공을 보증하지 못한다는 사실을 배웠다고 말한다. 빠른 자가 항상 경주에서 승리하는 것은 아니며, 강한 자가 항상 전쟁에서 이기는 것도 아니다. 그리고 지혜로운 자가 항상 음식물을 얻는 것이 아니요, 분별 있는 자가 항상 경제적인 번영을 누리는 것이 아니요, 능력 있는 자가 항상 은총을 입는 것이 아니다. 왜냐하면 시기와 기회가 그들 모두에게 똑같이 임하기 때문이다(9:11). 다시금 삶에 대한 세심한 관찰을 통하여 코헬렛은 전통적인 지혜의 가르침들에 이의를 제기한다. 허바드(Hubbard 1991: 203)는 이를 다음과 같이 설명한다: "여기서 다시금 전도서는 다른 지혜자들의 견해에 도전장을 내민다. 그들의 가르침은 선행이 좋은 결과를 가져다준다는 결론에 기초하고 있다. 학생들에 대한 그들의 권위는 근본적으로 어떤 행동의 결과로서 무슨 일이 발생할지를 예견할 수 있는 그들의 능력에 있다. 선한 동기는 선한 결과를 가져온다. 빠른 속도는 경주에서 승리하게 하며, 강한 힘은 전쟁에서 승리를 거두게 한다. 부지런함과 명철함은 안전과 부를 가져다준다. 그러나 코헬렛은 그렇지 않다고 주장한다. 하나님의 행동 양식들은 예측이 불가능하다. 기회는 종종 인간의 행동 못지않게 우리의 행복에도 큰 영향을 미친다."

코헬렛은 인간의 삶이 수수께끼 같은 것이라고 말한다. 왜냐하면 그것은 항상 예측 불가능한 것이기 때문이다. 가장 빠른 자가 보통은 경주에서 승리를 거두지만, 거북이가 토끼를 이기는 경우도 있다. 3:1-8이 주장하는 바와 같이, 삶 속에서 발생하는 모든 사건들은 주권자이신 하나님께서 정하신 때에 이루어진다. 해 아래에서 사람들에게 우연히 발생한 것처럼 보이는 일들은 사실 세계에 질서를 부여하신 하나님의 활동을 드러내는 것이라 할 수 있다. 루드맨(Rudman 2001: 40)은 이를 다음과 같이 설명한다: "전도서 9:11은 인간의 노력을 괴롭히는 불가해한 삶의 역경들이 삶의 무질서로부터 비롯된 것이 아니라 삶의 질서정연함으로부터 비롯된 것이라는 뜻을 함축하고 있다. 만일에 지혜자가 생존을 가능케 할 만큼 충분한 소득을 얻지 못하고, 또 빠른 자가 경주에 이기지 못한다면, 그것은 그러한 결과가 하나님에 의하여 의도된 것이기 때문이다."

12절에서 코헬렛은 죽음이 확실한 것이긴 하지만 그 때는 예측 불가능한 것이라고 말한다. 죽음은 사람들이 기대할 때 찾아오는 것이 아니라 갑자기 그들을 사로잡는 그물이나 올무와도 같은 것이다. 고기잡이와 사냥으로부터 실례들을 이끌어온 그는 죽음이 사전 경고 없이 갑자기 침투해 들어올 수 있다고 말한다. 크렌쇼(Crenshaw 1987: 164)는 이를 다음과 같이 설명한다: "코헬렛에 따르면, 기회는 인간의 삶을 지배하며, 좋은 결과가 뒤따를 것이라는 믿음을 가지고서 뛰어난 사람이 되려고 노력하는 것에 아무런 유익도 제공하지 않는다. 어느 누구도 예측 불가능한 것을 위해 계획을 세울 수는 없으며, 무질서한 것을 위해 보상할 수 없는 노릇이다. 결국에는 반갑지 않은 손님이 갑자기 삶을 끝장낼 것이다. 그 결과 인간은 그물에 걸린 물고기나 올무에 걸린 새와도 같은 신세가 되고 말 것이다." 죽음의 이러한 예측 불가능성은 왜 인간의 능력이 성공을 보증하지 못하는지를 설명해 주는 또 다른 이유가 된다.

두 번째 경고에서 코헬렛은 이 세상에서 쉽게 지혜를 맛보지 못한다고 경고한다(9:13-18). 그는 여기서 자신의 맨 처음 청중들에게 잘 알려진 어떤 사건을 가리키고 있는지도 모른다. 그러나 그가 사용하는 일반적인 언어는 현재의 독자들에게 그 구체적인 사건이 무엇인지를 확인할 수 없게 만든다. 반면에 다양한 대립 쌍들의 사용은 이 단락이 역사적인 보고가 아니라 하나의 비유로 만들어졌음을 암시한다(Ogden 1987: 158). 여기서 한 가지 확실한 것은 권력도 지혜도 항구적인 성공과 번영을 보증하지 못한다는 핵심적인 가르침이다.

코헬렛은 "내가 또 해 아래에서 지혜를 보고 내가 크게 여긴 것이 이러하니"(9:13)라는 말로 경고의 도입부를 연다. "크게 여긴 것"이라는 표현은 '게돌라' 라는 용어를 번역한 것이다. 이 낱말은 14절의 '가돌' 과 '게돌림' 을 예감하고 있다. 이 단락에서 그는 작은 것과 큰 것, 중요한 것과 중요하지 않은 것, 소중히 여겨지는 것과 소중히 여겨지지 않은 것 사이에 있는 일련의 대립 관계를 소개한다.

그의 설명은 소수의 거주민들을 거느리고 있는 한 작은 성읍이 큰 왕의 공격을 받은 것에 초점을 맞추고 있다(9:14). 상당히 불리한 조건 속에서도 그 작은 성읍은 한 가난하고 지혜로운 자의 지혜에 힘입어 구원을 얻는다(9:15). 이 사람의 구체적인 조언이 본문에 언급되어 있지 않지만, 그의 지혜는 군사적인 힘보다 더 강한 것임이 입증된다. 그런가 하면 시아오(Seow 1997c: 310, 321-22)는 '자카르' 동사에 근거하여 이 동사의 완료 시제가 완료된 행동보다는 가정된 상황을 가리킬 수도 있다고 설득력 있게 주장한다. 만일에 그렇다면, 모든 것을 알고 있는 해설자는 만일에 그 성읍 사람들이 그 가난한 지혜자의 의견만을 물었다면 어떠한 일이 벌어졌을지를 암시하고 있는 셈이다. 어느 경우에든 지혜는 소중한 것으로 여겨진다. 그것이 항상 사람들에게 인정을 받거나 보상을 받지는 못한다 할지라도 말이다. 이에 대해서 9:15의 마지막 진술은 이렇게 말한다: "그러나 그 가난한 자를 기억하는 사람이 없었도다." 와이즈맨(Wiseman 1999: 559)은 이 점을 다음과 같이 날카롭게 지적한다: "이러한 역설은 그 작은 성읍이 포위당했으나 큰 왕의 공격으로부터 건짐받았다는 이야기에 수반되는 아이러니를 비극적인 아이러니로 바꾸고 만다. 그 구원자는 정복자의 손길로부터 그가 구원해준 성읍의 사람들에 의해 잊혀진다. 그의 지혜가 그들을 구원함에 있어서 큰 힘을 발휘했음에도 불구하고, 그는 여전히 가난한 채로 있으며 그들에 의해 잊혀지고 만 것이다." 이것은 그가 그 성읍에 실제적으로 준 유익이 잊혀졌다고 할 수도 있고, 그에게 있는 잠재적인 유익이 성취되지 못했다고 할 수도 있다.

9:16에서 코헬렛은 자신이 묘사한 사건으로부터 결론을 이끌어낸다: "그러므로 내가 이르기를, '지혜가 힘보다 나으나 가난한 자의 지혜가 멸시를 받고 그의 말들을 사람들이 듣지 아니한다' 하였노라." 코헬렛은 전통적인 지혜의 일부 측면들에 이의를 제기하면서도, 그것을 정면에서 거부하지는 않는다. 도리어 그는 "줄기차게 확고한 입장을 견지하며, 지혜를 옹호하는 태도에 있어서 조금도 망설이는 모습을 보이지 않는다. 우리가 직접 경험하고 또 그에 관해 우리가 거의 알지 못하는 삶의 한복판에서, 코헬렛은 지혜 추구의 자세를 결코 버려서는 안 된다고 계속 조언하면서 요청한다"(Ogden 1987: 160). 그러나 실제 현실에 있어서는 사람들이 종종 지혜자를 멸시하고 그의 말에 귀를 기울이지 않음으로써 지혜를 배척한다. 지혜는 무력을 물리칠 수도 있지만, 그것을 사용하지 않음으로 인하여 뒤집어질 수도 있다.

이러한 원리는 9:17-18에서 한 쌍의 격언에 의해 한층 강조된다. 17절은 이렇게 말한다: "조용히 들리는 지혜자들의 말들이 우매한 자들을 다스리는 자의 호령보다 나으니라." 코헬렛은 여기에서 조용한 지혜의 말이 어리석은 백성에게 전해지는 통치자의 시끄러운 외침에 비해 상대적인 이득을 가지고 있다고 말한다. 여기에서 "외침"을 가리키는 용어가 다른 곳에서는 시련의 때에 열광적으로 도움을 호소하는 모습을 가리킨다. 만일에 본절이 9:14-15의 비유를 가정된 상황으로 보는 견해와 관련되어 있다면, 그것은 가난한 자가 그 성읍을 구원하였을 지혜로운 조언을 제공했다 할지라도 이 잠재적인 유익이 그를 무시한 어리석은 자들에 의해 봉쇄되고 말았다는 점을 뒷받침하는 셈이 된다.

18절은 앞의 진술들을 그대로 뒤잇는다. 왜냐하면 그것은 지혜가 전쟁 무기보다 낫다고 말하면서도 그것이 소량의 어리석음으로 인하여 침식될 수도 있다고 말하고 있기 때문이다. 실제로 지혜가 이룰 수 있는 선은 종종 무시당하거나 배척된다. 시아오(Seow 1997c: 323)가 지적한 바와 같이, "지혜는 어리석음에 의하여 부정될 수도 있으며, 많은 선이 재주 없는 한 사람에 의하여 부정될 수도 있다."

격언들(10:1-20)

7:1-14에서와 마찬가지로 코헬렛은 격언들을 모아 놓은 10장에서 실천적인 지혜의 격언적인 형식을 사용한다. 그는 바로 앞의 9:17-18에서 지혜가 선한 것이라는 점을 지적한 바가 있다. 실제로는 그것이 종종 무시되거나 배척되기도 하지만 말이다. 프로반(Provan 2001: 198)은 이를 다음과 같이 설명한다: "코헬렛은 이 단락에서 지혜를 무시하는 태도와 그로부터 비롯되는 결과에 주로 관심을 기울이고 있다. 인간 실존의 한가운데에는, 소중히 여기지 않아야 할 것을 소중히 여기게 하고 참으로 가치 있는 것을 무시하게 하는 미친 짓(10:13)이 자리잡고 있다." 이 단락에 있는 격언들은 지혜가 유익을 주는 다양한 방식들을 구체적으로 보여준다. 많은 요인들이 그것을 뒤엎을 수도 있고, 그것의 잠재적인 영향력을 무시할 수도 있지만 말이다. 전도서의 보다 큰 맥락에서 코헬렛은 실천적인 지혜가 유익을 주기 때문에 그것을 배워야 한다는 점을 암시하고 있는 것으로 보인다. 그러나 이와 동시에 그는 실천적인 지혜가 한계를 가지고 있는 까닭에 놀라운 일을 기대할 필요가 있다는 주의를 주기도 한다.

10:1에서 그는 작은 어리석음이 많은 지혜와 영광을 없앨 수도 있다고 가르친다: "죽은 파리들이 향기름을 악취가 나게 만드는 것 같이, 적은 우매가 지혜와 존귀를 난처하게 만드느니라." 본절의 요지는 지혜가 본질적으로 결함을 가지고 있다는 데 있지 않고, 도리어 그것이 어리석음의 공격을 받아 쉽게 무너질 수 있다는 데 있다. 사실 머피(Murphy 1992: 100)가 지적한 바와 같이, "지혜가 쉽게 무너질 수도 있다는 개념 자체는 코헬렛이 그토록 자주 당혹감을 느끼고 있는 지혜 전승을 칭송하는 것이나 다름이 없다 … 10장

이후에 나오는 많은 격언들은 지혜 전승을 옹호하는 긍정적인 견해를 담고 있다. 그가 결코 어리석음을 칭찬하지 않는다는 사실은 되풀이해서 강조할 필요가 있다. 지혜에 무엇인가 부족한 것이 있음에도 불구하고 말이다."

2절에서 코헬렛은 지혜로운 자의 마음이 오른쪽을 지향하는 반면에 어리석은 자의 마음은 왼쪽을 지향한다고 말한다. 시아오(Seow 1997c: 323)는 신명기 문헌과 잠언 4:25-27 모두에서 오른쪽과 왼쪽이 똑바른 길에서 벗어난 것을 가리킨다고 주장한다. 이러한 해석은 지혜와 어리석음이 똑같이 의로움에 대하여 적대적인 것임을 암시한다. 그러나 인접한 전후 문맥(9:17-10:3)에서 지혜는 어리석음보다 나은 것으로 묘사되며, 어리석음은 파괴적인 것으로 간주된다. 따라서 오른쪽은 시편 16:8; 121:5에서 보듯이 긍정적인 의미를 가진 것으로, 그리고 왼쪽은 마태복음 25:33에서 보듯이 불명예와 나쁜 운명의 자리로 보아야 할 것이다. 지혜는 사람들에게 유익을 안겨주지만, 어리석음은 다른 사람들이 보기에 분별력이 없는 것으로 여겨지는 행동을 유발시킨다(10:3). 3절의 마지막 구절은 어리석은 자가 다른 모든 사람들을 어리석은 자로 판단하는 행동을 가리키는 것으로 이해될 수도 있지만, 도리어 그 반대로 다른 사람들이 그를 어리석은 자로 판단하는 행동을 가리킨다고 보아야 옳을 것이다. 시아오(Seow 1997c: 323)는 이를 다음과 같이 잘 설명하고 있다: "어리석은 자들은 자신의 행동을 통하여 자신이 어떠한 존재인지를 드러낸다. 그들은 다른 사람들이 어리석은 자들인 것처럼 말할지도 모르지만, 실제로는 그들 자신의 행동을 통하여 자기들이야말로 참으로 어리석은 자들이라는 사실을 드러낸다(잠 12:23; 13:16)."

10:4의 다음 격언은 이렇게 조언한다: "주권자가 네게 분을 일으키거든 너는 네 자리를 떠나지 말라. 공손함이 큰 허물을 용서 받게 하느니라." 8:3에서와 마찬가지로 코헬렛은 독자들에게 통치자를 향한 모반 행동에 가담하지 말 것을 조언한다. 설령 그가 화를 낸다고 할지라도 말이다. 사람들은 누구나 난처한 상황에 의해 압도당하기보다는 공손함으로 그것을 극복해야 한다. 잠언 15:1; 16:14와 같은 본문을 연상시키는 방식으로 그는 부드러운 대답이 심한 말보다 더 많은 일들을 성취한다고 조언한다. 크렌쇼(Crenshaw 1987: 170)는 이를 다음과 같이 설명한다: "본절의 논지는 난처한 상황 아래

에서 공손함의 덕목을 지키는 행동을 칭송한다. 진노에 대한 최선의 응답은 자신을 억제하는 것이요, 분노하는 통치자를 진정시키는 것이기 때문이다."

코헬렛은 해 아래에는 파괴적인 결과를 초래하는 과오들이 있다는 것을 잘 알고 있다. 통치자의 부주의한 허물들이 그가 다스리는 땅에 좋지 않은 결과를 가져다줄 수 있는 것처럼 말이다(10:5). 특히 그는 6-7절에서 통상의 사회적인 역할들이 뒤바뀌고 있는 현실을 지적하는 바, 이는 사회적인 혼란이나 붕괴를 암시하는 상황이 아닐 수 없다(참조. 사 3:1-12). 자신이 속한 상류층의 가치들을 반영하는 듯한 어조로 그는 어리석음의 자기 높임을 비난한다. 그는 부자들이 종의 신분으로 떨어짐으로써 특권과 권세를 잃어버리는 일이야말로 어리석은 것이라고 말한다. 고대 세계에서 부자는 흔히 성공적인 통치를 통하여 자신의 전문적인 식견을 드러낸 세련된 통치 가문에 속해 있었다. 코헬렛이 재난으로 여기는 것은 "무능한 자들이 권세 있고 영향력 있는 자리에 앉아 있는 반면에 똑똑한 자들은 낮은 자리에 앉아 있는 뒤집힌 세계이다"(Seow 1997c: 315). 이스라엘에서는 말들이 자생하지 않기 때문에, 그것들은 흔히 부요한 군부 관리들을 위한 것으로 따로 비축해 두었으며(참조. 잠 21:31), 종종 일반 백성에 의해 사용되는 법이 없었다. 그럼에도 불구하고 코헬렛은 자신의 뒤틀린 세계에서 종들이 말들을 타는 반면에 관리들은 가난해진 종들처럼 걷는 모습을 본다. 이것을 5절과 연결시켜 보면 "통치자의 단순한 판단 착오가 완전히 혼란스러운 사회를 초래한다"는 것을 암시한다(Longman 1998: 242).

지혜의 또 다른 한계는 인간의 모든 행동이 어느 정도의 위험을 수반한다는 관찰에서 발견된다(10:8-9). 본절들에 나오는 네 개의 평행 구절들은 판에 박은 일들이 예상치 못한 위험 — 열심히 일함으로써 얻고자 했던 유익들을 얻지 못하게 막는 — 을 초래할 수도 있음을 암시한다. 짐승을 사냥하기 위해 함정을 파는 자가 그것에 빠질 수도 있는 바, 그것은 악한 의도에 대한 처벌로서가 아니라(시 7:15와는 반대됨) 피할 수 없는 재난으로 여겨진다. 어떤 사람은 벽을 뚫고 지나가려다가 회반죽으로 메워지지 않은 돌들 사이의 틈새에 숨어 있는 뱀에 물릴 수도 있다(참조. 암 5:19). 이와 마찬가지로 돌을 떼어내고 나무를 쪼개는 일 역시 신체에 상해를 입히는 위험을 동반한다. 머피

(Murphy 1992: 102)가 지적한 바와 같이, "이러한 격언들은 삶의 온갖 수고들이 불확실성과 의외성을 가지고 있음을 분명하게 보여준다. 지극히 평범한 활동 중에서조차 사고가 발생할 가능성은 항상 있는 법이다."

10절은 정확하게 해석하기가 어렵지만, 그 일반적인 의미는 분명하다. 10:1-9에 표현되어 있는 지혜의 한계들은 독자들로 하여금 지혜를 무익한 것으로 배척하게 만들 수도 있다. 그러나 코헬렛은 전반적으로 지혜가 잘 사용하기만 하면 사람들에게 유익('이트론')을 가져다주는 긍정적인 측면을 가지고 있다고 본다. 그는 만일에 도끼날이 무디어진다면 그것을 사용하는 자가 본래의 목적을 성취하기 위하여 별도의 노력을 추가해야 한다고 말한다. 지혜는 도끼날을 날카롭게 가는 것과도 같은 효과를 가지고 있다. 사람들로 하여금 다른 방도로는 이룰 수 없었을 더 큰 성공을 삶 속에서 거둘 수 있게 한다는 점에서 말이다.

사람들은 반드시 지혜의 잠재적인 유익을 사용해야 한다. 왜냐하면 사용되지 않는 지혜는 아무런 유익도 가져다주지 않기 때문이다(10:11). 뱀을 사용하는 마법사가 자신의 기술을 사용하기 전이라면 자신이 통제해야 하는 뱀에게 물릴 수도 있다. 사람들은 지혜를 무시해서는 안 된다. 왜냐하면 그것이 온갖 위험을 제거하지는 못한다 할지라도, 적절하게 잘 사용되기만 하면 유익을 얻을 수 있겠다는 기대감을 갖게 해주기 때문이다. 프리드리치(Frydrych 2002: 196)는 이를 다음과 같이 설명한다: "지혜는 폭력 대신에 명철을 사용하여 위험을 인식하며, 잠재적인 문제점들을 해결하기보다는 피하고자 한다. 뱀이 이미 사람을 물었을 때에는, 뱀을 마법으로 잘 다스려 사람을 물지 못하게 할 수 있는 능력을 과연 가지고 있느냐 그렇지 않느냐는 것은 아무 의미가 없다. 중요한 것은 그러한 기술을 가지고 있을 뿐만 아니라 적절한 때에 그 기술을 펼칠 수 있어야 한다는 데 있다."

그런가 하면 롱맨(Longman)과 시아오(Seow)는 11절이 숙련된 기술조차도 효과를 보지 못하는 상황들을 가리킨다고 주장하는 바, 이는 본절을 앞 절과 반의적인 평행법 관계에 있는 것으로 간주한다. 확실히 코헬렛은 인간의 지혜가 삶 속에 있는 위험을 제거할 수 있을 만큼 충분하지 않다고 가르친다. 그러나 이곳의 문맥에서는 10:11의 격언이 지혜를 통하여 얻을 수 있는 유익

을 거부하기보다는 지혜가 제한적이기는 하지만 진정한 유익을 가져다준다
는 의미로 해석하는 것이 더 나을 것이다.

9:17에서와 마찬가지로 10:12-15의 격언들은 성공이나 실패가 어떻게 종
종 인간의 말에 의하여 결정되는지에 초점을 맞추고 있다. 다시금 말의 지혜
가 어리석음보다 상대적으로 우월한 것으로 묘사된다. 12절에서 지혜로운
자는 은혜로운 말을 하는 자이다. 이것은 적어도 "그의 말들이 은혜로운 내
용과 매력적인 분위기, 다정다감한 호소, 상냥하고 붙임성 있는 어조 등으로
이루어져 있음"을 암시한다(Kaiser 1979: 110). 그러나 "우매자의 입술들은
자기를 삼키나니"라는 반의적인 평행법에 해당하는 두 번째 구절은 지혜로
운 자가 좋은 말을 통하여 은총을 입게 된다는 점을 암시한다. 그러나 시아
오(Seow 1997c: 319)는 옳게도 10:12을 9:11-18을 배경으로 하여 읽어야 한
다는 점을 지적한다. 그는 이를 다음과 같이 설명한다: "코헬렛에게 있어서
지혜로운 자들이 은총을 입을 수도 있다는 점은 틀린 것이 아니다(10:12). 그
러나 그들이 그럴 것임을 보증하는 것은 어디에도 없다(9:11, 17). 이와 마찬
가지로 어리석은 자들의 말들은 그들을 파괴할 수도 있다. 그럼에도 불구하
고 사람들은 지혜로운 자들의 말보다는 어리석은 자들의 말들에 더 귀를 기
울일 수도 있다." 지혜로운 자들과는 대조적으로, 어리석은 자들은 궁극적으
로는 자기 파괴적인 방식으로 말을 한다. 이러한 생각을 13절까지 연장시키
고 있는 코헬렛은 어리석은 자의 말이 어리석음으로 시작했다가 심히 미친
짓으로 끝난다고 말한다.

10:14의 다음 격언은 어리석은 자들이 자신도 모르는 일들을 말한다고 가
르친다(참조. 잠 12:23). 이처럼 수다스러운 태도로 어리석은 자들은 미래에
관하여, 그리고 자신이 죽은 후에 어떠한 일이 벌어질지에 관하여 확신에 찬
어조로 말한다. 코헬렛이 해 아래에 있는 사람이라면 어느 누구도 장차 어떠
한 일이 벌어질지를 정확하게 말하지 못한다고 반복적으로 진술하고 있음에
도 불구하고 말이다(참조. 6:12; 7:14; 8:7). 델리취(Delitzsch 1976: 384)는 어
리석은 자의 주제넘은 말 속에 무수한 결함이 있다고 말한다: "이렇듯이 첫
째로 인간에게는 미래에 관한 지식이 거부된다. 그리고 그의 죽음 이후에 어
떠한 일이 벌어질지에 관한 지식이 거부되며, 일반적으로는 어떠한 일이 행

해질지에 관한 지식이 거부된다. 어리석은 자는 인간의 무지함을 전혀 알지 못하기 때문에 마치 자신이 모든 것을 다 아는 것처럼 행동하며, 모든 것에 관하여 많은 말들을 늘어놓는다. 무익하게도 그는 인간이 알 수 있는 지식 너머에 있는 것에 대한 무지함으로 자신을 피곤하게 만든다." 코헬렛이 어리석은 자의 말을 헛되고 지혜로운 자의 말보다 한층 뒤떨어지는 것으로 보고 있음은 분명하다.

15절의 모호한 격언은 어리석은 자의 말과 더 일반적으로는 어리석은 자의 행동 모두를 포함하고 있는 것으로 보인다. 그의 행동 역시 똑같이 무익하며, 삶 속에 있는 아주 쉬운 재주조차도 터득하지 못하게 막는다. 어리석은 자는 심지어 성읍으로 들어가는 길도 찾지 못한다. 확신에 찬 어조로 말하고 있음에도 불구하고, 어리석은 자는 사실상 매우 부적절한 자요, 길을 잃지 않은 채로 성읍으로 들어가는 법을 모르는 자이다.

16절과 17절은 어리석은 지도자들과 지혜로운 지도자들을 비교한다. 한편으로 미숙하거나 무능한 지도자는 자신이 다스리는 나라에 불이익을 가져다 준다(10:16). "어리고"로 번역된 낱말('나아르')은 광범위한 연령층을 포함할 수 있지만, 이사야 3:4에서처럼 그것은 "훈련과 경험 부족으로 인하여 권세를 휘두르기에 부적절한 자"를 암시한다(Hubbard 1991: 219). 열왕기상 3:7에서 솔로몬이 자신을 일컬어 이스라엘의 통치자로서 출입할 줄을 알지 못하는 '나아르'로 칭한 것은 나름대로 중요한 의미를 가질 것이다. 미숙한 왕은 관리들을 통제하지 못할 것이요, 그 결과 그들은 사회적으로 해로운 방종과 폭음폭식의 습관에 빠지고 말 것이다. 정치적인 책임을 지는 신실한 청지기가 되는 대신에 그들은 방탕한 짓들을 일삼기 위하여 자신의 의무를 소홀히 여길 것이다(Whybray 1989: 156)(참조. 사 5:11-12, 22-23).

반면에 어떤 나라는 성숙하고 책임감 있는 지도자들로 인하여 복을 받는다(10:17). 고귀한 가문 출신인 왕들을 칭송하는 중에 저자는 자신의 귀족 신분에 대하여 묵상하고 있는 것일 수도 있다. 그러나 그의 주요 논지는 "그 나라가 귀족 출신이면서도, 그 땅에서 최고의 자리를 잡은 한 종이 그러하듯이 (참조. 잠 30:22), 새롭게 잡은 권력을 남용하려는 유혹에 휘둘리지 않는 한 통치자에 의하여 복을 받는다"는 데 있다(Crenshaw 1987: 176). 먹고 마시는 일에 있어서 방종보다는 자기 억제에 익숙한 지도자들이라야 예법에 따라 나라를 잘 섬길 수 있다.

10:18의 격언은 방치해둔 집에 관한 은유를 사용함으로써 앞의 두 절에 담긴 일반적인 사상을 계속 잇고 있다: "게으른즉 서까래가 내려앉고 손을 놓은즉 집이 새느니라." 건축물이나 행정 조직 모두 태만은 붕괴를 초래하게 된다. 전통적인 지혜가 가르치고 있듯이, 어리석음은 근시안적이기 때문에 파괴적인 결과를 초래할 수도 있다. 여기에서 코헬렛은 게으름과 빈둥거림을 자주 경고하는 잠언의 메시지(잠 6:6-11; 10:4; 12:27)를 연상시키고 있다. 롱맨(Longman 1998: 251)은 이를 다음과 같이 설명한다: "훌륭한 실천적인 지혜를 전달하는 방식으로 코헬렛은 게으름에 대해서 경고하되 그 좋지 않은 결과들을 지적함으로써 그리한다. 아무 일도 하지 않으면서 앉아 지내는 사람들은 마침내 자기 손에 재앙을 만나게 될 것이다. 특히, 만일에 그들이 게으름으로 인하여 자신의 집을 정기적으로 돌보지 않는다면, 일정한 시간이 지난 후에 그 집은 무너지기 시작할 것이다. 잠언은 은연중에 그처럼 게으른 자들을 어리석은 자들로 간주한다." 코헬렛이 방치해 둔 집에 관한 은유를 선택한 것은 "집"이라는 용어가 종종 정치적인 왕조를 가리키는 의미로 사용되기도 하기 때문이었을 것이다. 만일에 이러한 의미가 10:18의 의도에 포함되어 있다고 한다면, 코헬렛은 지도자들이 나라에 미치는 영향에 관해 말하는 앞의 관심사를 이어가고 있는 것이 된다. 미숙하고 방종에 빠진 통치자들(10:16)은 자신의 책임을 소홀히 여김으로써 나라를 붕괴에 빠뜨린다(Seow 1997c: 340).

19절은 다양한 해석을 가능케 했다. 한편으로 만일에 본절이 10:16, 18과 관련되어 있다면, 그것은 음식물을 먹고 포도주를 마시며 돈을 낭비하는 무책임한 부자들을 가리키는 부정적인 표현으로 볼 수 있다. 반면에 만일 본절이 책임감 있는 관리들의 절제된 음식 문화(10:17)와 관련되어 있을 뿐만 아니라, 먹고 마시며 삶을 즐기는 것을 하나님의 선물로 여기라는 코헬렛의 잦은 훈계와도 관련되어 있다면, 그것은 긍정적인 의미를 가진 표현으로 볼 수 있다. 만일에 전후 문맥의 지지를 받는 이 두 번째 견해가 옳다면, "돈은 범사에 이용되느니라"라는 마지막 구절은 아이러니컬하게도 일정 액수의 돈이 즐거움의 수단을 제공하는 데 유용하고도 필수적으로 쓰인다고 말하는 것으로 읽어야 한다. 시아오(Seow 2001: 241)의 견해처럼, 이 진술은 본래의 격언("돈은 범사에 이용되느니라")이 "돈은 모든 사람들을 사로잡느니라"라는 뒤집혀진 상투적 표현으로 바뀌었다고 보는 것이 가장 나을 것이다. 이로써 코헬렛은 자기 시대의 지배적인 윤리를 비판하고 있는 셈이다.

이 단락의 마지막 격언은 7:21-22의 경고와 짝을 이루는 것이다. 10:20에서 코헬렛은 독자들에게 강한 자들을 비판할 때에는 신중한 태도를 취할 것을 주문한다. 왜냐하면 왕이나 부자를 향하여 발한 저주가 그들의 주의를 끌 수도 있기 때문이다. 지혜로운 자들은 자신의 말을 조심한다. 가장 은밀한 곳에서조차도 말이다. 이는 비판적인 언어가 쉽게 반역을 꾀하는 것으로 해석될 수 있고, 말하는 자에게 재앙을 가져다줄 수도 있기 때문이다(Ogden 1987: 180). 지혜로운 자들은 어리석은 자들처럼 말을 많이 하는 대신에(10:14), 자신의 혀를 조심한다(참조. 잠 10:19).

지혜로운 삶(11:1-12:8)

코헬렛은 자신이 해 아래에서의 삶에 대한 폭넓은 관찰로부터 얻은 것들을 상세하게 진술한 후에, 지혜로운 삶을 위한 어떤 기본적인 원리들을 세우려고 노력한다. 그는 지혜의 한계를 부정하지 않지만, 한시적인 인간 실존의 수수께끼들 속에서 지혜로운 자가 어떠한 역할을 수행하는지를 개괄적으로 서술한다. 특히 그는 지혜로운 자의 일과 기쁨 및 미래 의식 등에 관해서 말한다.

일(11:1-6)

1-2절에서 코헬렛은 인간의 모든 활동에 위험이 뒤따른다고 말한다. 왜냐하면 인간의 삶이라는 것 자체가 수수께끼 같은 것이기 때문이다. 삶의 어떤 측면들을 우리가 깨달을 수 있는 것은 사실이다(1절; 참조. 7:23-29). 그러나 최선을 다하여 삶에 대하여 관찰하고 탐구하는 작업을 진행한다고 할지라도 삶에 속한 모든 것들을 다 알 수는 없다. 그러기에 위험이라는 요소가 늘 따르는 것이다(2절). 옥덴(Ogden 1987: 184-85)이 설명한 바와 같이, 이 두 개

의 절들은 반의적인 평행법을 이루는 쌍이어서, 서로 연결하여 읽으면, 인간의 경험 세계 전반을 포괄하게 된다: "비슷한 행동들이 두 가지의 상반된 결과를 초래할 수도 있다. 다른 사람들에게 나누어주는 어떤 행동은 우리가 '발견할'('마차') 수 있는 결과들을 초래하는 반면에, 그와 똑같은 어떤 행동은 우리가 알 수 없는('로 테다') 결과를 초래한다. 지혜문헌에서는 반의적인 또는 상반되는 진술들이 자주 발견된다(참조. 잠 26:4-5). 그 까닭은 세계에 대한 경험과 그에 수반되는 조언이 한 마디의 간결한 말로써 다 표현할 수 없을 만큼 복잡하기 때문이다."

많은 해석자들은 떡을 물 위에 던지는 행동(11:1)이 자선을 베푸는 행동을 가리킨다고 본다. 예로서 카이저(Kaiser 1979: 113-14)는 이 표현의 의미를 다음과 같이 설명한다: "마찬가지로 남자들과 여자들은 친절과 자선을 베풀 때에 현명하고도 용감하게 행동해야 한다. 왜냐하면 그러한 도움은 세계 안에, 그리고 신뢰할 수 있는 질서와 계획이 있고 또 '모든 일을 행하시는 하나님'이 계시다는 확신과 더불어 행해져야 하기 때문이다." 초기의 많은 랍비 문헌들은 빵을 물 위에 던진다는 은유가 어떤 몰상식하고도 자발적인 행동을 가리킨다고 이해한다. 반 데어 투른(van der Toorn 2000: 26-27)은 이집트 문헌(*Instructions of Ankhsheshonq* 19.10)에 있는 아주 가까운 평행 구절을 인용한다: "선을 행하고 그것을 물 속에 던져라. 그 물이 마르면 너는 그것을 발견할 것이다." 시아오(Seow 1997c:343)는 이 증거에 동의하면서 다음과 같이 설명한다: "물 위에 떡을 던진다는 것은 자발적인 선행의 위험을 무릅쓰는 행동을 뜻하는 것으로 보인다. 이와 관련하여 언급되는 떡은 아마도 레반트 지역의 가볍고 납작한 떡들 중의 하나를 가리킬 것이다. 어쨌든 떡을 물 위에 던진다는 것은 보상을 바라지 않는 선행을 가리키는 은유이다. 인간은 누구나 대가를 기대하지 않고서 선행을 밖으로 내보내야 한다." 그러나 1절의 마지막 구절은 이러한 해석과 상충되는 것으로 보인다. 왜냐하면 그 구절은 여러 날이 지난 후에 그 떡을 찾게 될 것이라고 말하기 때문이다.

11:1과 11:2를 연결시켜 읽어보면, 이 두 절은 과감한 해상 무역 투자 사업에 관해 말하는 것으로 이해될 수 있다. 이러한 해석에 따른다면, 떡은 무역 용품을 가리키는 환유법에 해당할 것이다. 상인들은 화물을 여러 개의 탁송

품으로 나눔으로써 전체 물품에 따르는 위험을 줄일 수 있으며, 재난으로 인한 손실 효과를 최소화할 수 있다. 롱맨(Longman 1998: 256)은 이에 대하여 다음과 같은 결론을 내린다: "그와 관련된 손실의 위험이 따름에도 불구하고 상인들은 적극적으로 해상 무역에 투자해야 한다 … 본절의 의미는 사람들이 무역 사업에 투자할 때 그로 인한 이득이 되돌아올 것이라는 데 있다. 위험이 따르지만 소득이 있을 것이라는 얘기다." 만일에 이러한 해석이 옳다면, 코헬렛은 지혜로운 자들이 위험 때문에 무관심으로 움츠러들기는커녕 도리어 과감하게 모험을 감행한다고 말하는 것이 된다. 성공이 보증되지 않는다 할지라도, 그들은 기꺼이 장차 예상되는 위험을 무릅씀으로써 그로부터 생겨날 유익을 얻게 될 것이다.

2절에 있는 숫자상의 표현("일곱이나 여덟")은 무한히 큰 수를 의미한다. 한시적인 인간의 삶 속에서 발생할 수도 있는 예측 불가능한 재난 앞에서 지혜로운 자는 투자 대상을 분산시킬 것이다. 물에 대한 1절의 언급이 해상 무역을 주된 권고의 배경으로 설정하고 있는 것이라면, 코헬렛은 한 척 내지는 몇 척의 배가 파손할지라도 다른 배들이 성공적인 거래를 완수할 것이라고 말하는 것이 된다. 본절이 사용하고 있는 언어의 일반적인 성격이 최종적으로 상업 활동을 가리키고 있지는 않지만, 그래도 그것이 가장 유력한 의미일 것으로 보인다.

11:3-5에서 코헬렛은 재난의 위험이 있음에도 불구하고 용감하고 지혜롭게 행동하라고 장려하는 이유를 밝힌다. 3절에서 그는 인간이 삶 속에서 어떤 일반적인 원리들을 발견할 수 있다고 본다. 예로서 이스라엘에서는 지중해를 떠난 무거운 구름을 보면 상대적으로 비가 올 가능성이 높다고 예측할 수 있다. 이 진술은 실천적인 지혜가 인간 삶의 일반적인 원리들을 관찰함에 있어서 전반적인 유익을 준다고 말한다. 반면에 삶 속에 있는 모든 상황들을 정확하게 예측한다는 것은 불가능하다. 어떤 나무가 뽑힐 경우, 그것은 남쪽으로 쓰러질 수도 있고 북쪽으로 쓰러질 수도 있다. 이것은 실천적인 지혜를 넘어서서 사변적인 지혜와 믿음이 필요함을 암시한다.

이러한 보충적인 통찰들을 염두에 두고 있는 코헬렛은 사람이라면 누구나 자신이 알 수 있는 것에 대해서 지혜롭게 행동해야 할 책임을 안고 있다고 본다(11:4). 그는 바람과 구름을 살피는 농부가 결코 농사짓는 데 적합한 때를 결코 알 수 없다고 말한다. 실천적인 지혜의 기초를 이루는 인간의 관찰 행동은 모든 현실을 이해하는 능력에 있어서 한계를 가지고 있다. 따라서 어느 정도의 위험을 받아들이지 않으면 안 된다. 그렇지 않으면 확실히 어떠한 일도 성취하지 못할 것이다. 크렌쇼(Crenshaw 1987: 180)는 이를 다음과 같이 잘 설명하고 있다: "지나치게 세심한 사람은 실패하게 되어 있다. 왜냐하면 최선의 상황이 반드시 그대로 현실화되어 나타나는 것은 아니기 때문이다. 바람이 씨앗을 사방으로 흩어버릴 것을 두려워한 나머지 파종 시기를 늦추는 사람은 비현실적인 사람이다. 왜냐하면 모든 행동은 어느 정도의 위험과 불확실성을 포함하기 때문이다. 이 점은 구름을 살피면서 농작물을 망치는 변칙적인 비를 두려워하지 않은 채로 완전한 수확의 때를 기다리는 자에게도 똑같이 적용된다." 4절의 의미는 분명하다: 인간은 삶 속에 있는 온갖 요인들을 관찰하거나 통제하지 못하기 때문에, 모든 것이 확실해질 때까지 기다리기보다는 주어진 삶에 잘 적응할 필요가 있다.

이러한 생각은 11:5에서 계속된다. 본절은 인간에게 있는 제한된 지식을 만물의 창조자이신 하나님의 활동과 대비시킨다. 인간은 최선의 노력을 경주함에도 불구하고 바람의 길이나 임산부의 태중에 있는 뼈의 자람(태아의 몸을 가리키는 듯함 [Seow 1997c: 337]) 같은 것들을 이해하지 못한다. 그들은 하나님께서 만드신 세계의 일부 측면들을 관찰할 수는 있겠지만, 그들의 지식은 포괄적이지 않으며 단지 부분적일 뿐이다. 다시금 코헬렛은 간접적으로 사람들로 하여금 자신이 인식할 수 있는 것들에 대한 신뢰심을 버리고서 세상 만물을 창조하시고 지탱하시는 하나님께 대한 신뢰심을 갖도록 유도한다. 인간은 자신이 단지 부분적으로만 관찰할 수 있는 것들의 모든 측면들을 다 알지 못하는 것과 마찬가지로, 하나님의 포괄적인 활동 역시 완전하게 알지 못한다.

이에 근거하여 류폴드(Leupold 1952: 263)는 다음과 같은 결론을 내린다: "우리 인간이 대체적으로 순리를 따라 움직이는 모든 일상적인 것들을 예견하거나 이해하지 못한다는 것이 지극히 자연스럽다는 것을 깨닫는 순간, 우리는 차원 높은 일들 역시 올바르게도 하나님의 관리 하에 있음이 분명하다는 것을 알게 될 것이다. 우리가 그것들을 완전하게 알지 못한다는 사실은 차치하고라도 말이다. 우리의 역할은 단순히 자신의 의무를 이행하고 하나님으로 하여금 그 결과를 보살피시도록 하는 데 있다." 자신의 한정된 지식 용량으로 인하여 인간은 하나님이 흔히 어떻게 일하시는지에 관한 자신의 부족한 인식 능력보다는 전지하신 하나님을 신뢰하지 않으면 안 된다. 만일에 그들이 삶의 모험을 붙들고자 한다면, 그러한 위험 정도는 감수해야만 한다.

5절에서 "네가 알지 못한다"는 구절을 반복한 코헬렛은 11:6에서 자신의 권고 내용을 제시한다. 그는 다시금 농사와 관련된 언어를 사용하여 이렇게 말한다: "너는 아침에 씨를 뿌리고 저녁에도 손을 놓지 말라. 이것이 잘 되는지, 저것이 잘 되는지, 혹 둘이 다 잘 되는지 알지 못함이니라." 인간은 그러한 일의 결과를 정확하게 알지 못함으로 인하여 무기력함에 빠지는 것이 아니라, 도리어 11:1-2의 다양한 상업적인 탁송 방법 사용에서와 마찬가지로 지혜를 발휘하여 다양한 노력을 경주하게 된다. 어느 한 방법이 잘 되는 반면에 다른 방법은 잘 안 될 수도 있고, 두 가지 방법이 다 성공을 거둘 수도 있다. 지혜로운 사람들은 자신의 삶에 헌신적으로 뛰어들되 자신의 본래적인 한계를 무시하고 계속 전진함으로써, 궁극적으로는 하나님의 재량에 맡겨져 있는 성공을 맛볼 수도 있을 것이다. 옥덴(Ogden 1987: 190)은 11:1-6에서 코헬렛이 지혜로운 삶 속에서 일이 차지하는 역할을 어떻게 보고 있는지를 다음과 같이 잘 요약하고 있다: "인간의 활동이 하나님의 활동과 교차할 때마다 우리는 그 결과를 전혀 미리 알지 못한다(5b절). 참으로 우리의 지식은 크게 제한되어 있다. 만일에 우리가 이러한 무지로 인하여 무기력함에 빠져든다면, 우리는 어리석은 사람들이 되고 만다. 지혜로운 사람은 사람들에게 알려질 수 있는 것들에 기초하여 앞으로 나아가는 자이다. 하나님 앞에서는 우리의 정신이 크게 한정될 수밖에 없다는 격언을 확증하면서 말이다."

기쁨(11:7-10)

지혜로운 자가 어떻게 일해야 하는지에 대해서 언급한 후에 코헬렛은 인간의 삶에 수반되기 마련인 기쁨에 초점을 맞춘다. 그는 인간의 경험 세계 안에 있는 많은 좌절들과 수수께끼들을 상세하게 설명하면서도, 자신의 독자들이 냉소적인 태도로 삶을 부정하는 것을 원치 않는다. 도리어 그는 11:7-8에서 삶이 빛과 마찬가지로 즐거운 것이요, 따라서 경축해야 하는 것이라고 말한다. 7절의 "해를 보는 것"이라는 표현은 6:5; 7:11이나 욥기 3:16과 마찬가지로 세상 속에서의 삶을 가리키는 것이다. 옥덴(Ogden 1987: 194)이 말하는 바와 같이, "코헬렛은 이 단락의 서두에서 살아있다는 것이 참으로 선한 것이라고 운을 떼며, 삶의 온갖 좌절들과 고통들에도 불구하고 그것이 사실임을 강조한다." 코헬렛은 삶이 달콤한 것('마토크')이라고 말한다. 왜냐하면 삶이 있는 곳에는 희망이 있기 때문이다(참조. 9:4).

이와 아울러 코헬렛은 사람들이 삶을 즐거워하면서도 노화(老化)와 죽음이 낮의 빛을 몰아내는 어둠과도 같은 것들임을 기억해야 한다고 경고한다(11:8). 이 피할 수 없는 현실은 그들로 하여금 냉정한 성찰을 하게 만든다. 7절과 8절을 하나로 묶어서 이해할 경우, 이 두 절은 코헬렛이 상세하게 설명하고자 하는 것과 균형을 이루게 된다. 한편으로 인간은 현재의 삶을 즐겨야 하는 바, 이 주제는 11:9-10에까지 이어진다. 다른 한편으로 인간은 노화와 죽음이 장차 자신에게 찾아올 것임을 기억해야만 하는 바, 이 경고의 메시지는 12:1-7에서 다시금 되풀이된다. 지혜로운 사람은 지상에서 한정된 삶을 사는 동안에 즐거워하며 기억하는 자이다. 듈린(Dulin 2001: 266)은 이를 다음과 같이 잘 설명하고 있다: "책임 의식은 젊은이의 활동에 균형 감각을 가져다준다. 만일 누군가가 선한 삶이 즐기고 성취하게 하는 하나님의 선물임을 확신하고 있다면, 그는 매 순간을 충실하게 살아야 한다(11:10). 이와 동시에 만일 누군가가 모든 행동에 대하여 하나님 앞에서 책임을 져야 한다는 데 동의한다면, 그리고 하나님의 행동이 예측할 수 없는 것이라는 데 동의한다면(4:1; 5:1; 8:14), 그는 하나님을 경외하는 중에 책임감 있는 행동을 취하는 수밖에 없다. 그러기에 젊은 사람들에게는 즐거움과 책임감의 균형을 잘 이루면서 살라는 조언이 주어지는 것이다. 이러한 균형은 젊은이의 덧없는 경험에 특별한 의미를 부여하게 된다."

삶이 즐거운 것이기에(11:7-8), 인간은 젊은 시절에 자신의 삶을 즐겁게 하는 법을 배우지 않으면 안 된다(11:9-10). 코헬렛은 9절에서 이렇게 조언

한다: "청년이여, 네 어린 때를 즐거워하며 네 청년의 날들을 마음에 기뻐하여, 마음에 원하는 길들과 네 눈이 보는 대로 행하라." 인간은 늙을 때까지 즐거움을 늦추기보다는 현재야말로 생기 있는 삶을 시작해야 하는 순간임을 인식할 필요가 있다. 코헬렛은 청년('바후르')을 향하여 말을 하는 바, 그는 특히 병역을 위하여 선택된 자를 가리킬 것이다(참조. 사 40:30). 젊은 장년층은 한창 나이 때에 지상에서의 삶을 유지하는 동안에 지킬 수 있는 선한 모범들을 확립시켜야 한다. 류폴드(Leupold 1952: 270)가 지적한 바와 같이, "저자는 젊은이들이 자신의 젊음을 즐기기보다는 젊을 때에 기쁨의 미덕을 개발하기 시작할 것을 원한다. 그렇지 않다면 그는 그들에게 빨리 지나가는 젊은 시절이 존속하는 동안에만 의미를 갖는 행동을 취하라고 장려하는 것이 되기 때문이다."

젊은이들은 마음의 충동과 눈의 욕심을 따르되, 하나님이 그들의 모든 행동을 심판하실 것임을 기억할 필요가 있다(참조. 12:14). 많은 해석자들은 9절의 마지막 행을 편집자의 경건한 추가문으로 간주하지만, 이 구절은 사실 전도서에 있는 코헬렛의 시작에 잘 들어맞는다. 여기서 중요한 것은 삶을 즐겁게 하라는 명령이 인간에게 자신이 원하는 것을 마음대로 하라고 주는 백지 수표가 아니라는 점을 인식하는 일이다. 도리어 그것은 하나님을 기쁘시게 하는 것들을 충분히 즐기라는 조언이라 할 수 있다. 삶이라는 것은 하나님께서 인간에게 주신 몫이기 때문에, "인간은 삶을 충분히 즐겨야만 한다. 그 까닭은 그것이 하나님께서 정해주신 몫이요, 하나님은 삶을 즐기지 못한 책임을 물으시는 분이기 때문이다. 아니면 탈무드에 있는 한 구절이 지시하는 대로 하면 된다: '인간은 누구나 하나님 앞에서 자신이 삶 속에서 보기만 하고 즐기지 못한 모든 선한 것들에 대해서 책임을 져야 한다'(y. Qidd. 4:12). 코헬렛에게 있어서 즐거움은 단순히 허용되는 것이 아니라, 권장되는 것이다. 그것은 기회일 뿐만 아니라 하나님의 명령이기도 하다"(Seow 1997c: 371).

코헬렛은 독자들에게 기쁨의 태도를 가질 것을 촉구함으로써 지혜로운 삶에 대해 교훈하는 본 단락을 마무리한다. 그는 이렇게 말한다: "그런즉 근심이 네 마음에서 떠나게 하며, 악이 네 몸에서 물러가게 하라. 어릴 때와 검은 머리의 시절이 다 헛되니라"(11:10). 그는 한시적인 인간의 삶이 종종 슬픔과 고통의 감정을 불러일으킨다는 것을 분명하게 밝힌 바가 있다. 그러면서도 그는 그들에게 삶의 난제들과 고통들로 인하여 그들 자신이 즐길 수 있고 또 마땅히 즐겨야 하는 기쁨을 빼앗겨서는 안 된다고 훈계한다. 삶은 그 안에서 발생하는 문제점들에만 신경을 쓰기에는 너무도 짧다. 기력을 쇠하게 만드는 노년의 세월이 냉혹하게 죽음의 길로 향해 치닫기 전(참조. 12:1-7), 짧은 젊음의 시절에 인간은 책임감을 가지고서 삶을 경축하는 법을 배워야 한다. 브라운(Brown 1996: 147)은 이를 다음과 같이 잘 설명하고 있다: "코헬렛에게 있어서 가장 중요한 것은 현재의 순간이다. 과거는 죽은 것이요 잊혀진 것이다. 그리고 죽음의 확실성을 제외한다면 미래는 영원히 불확실성 속에 가려져 있다. 자신의 개인적인 욕심을 성취하고 미래를 장악하려는 인간의 모든 계획들은 필연적으로 실패할 수밖에 없다. 오직 현재만이 관심의 대상이다."

미래 의식(12:1-8)

전도서 전체에서 코헬렛은 해 아래에서 유익을 얻으려고 온갖 노력을 기울였지만, 그의 시도는 성공을 거두지 못했다. 그는 마지막 장에 이르러 독자들에게 12:1에서 이렇게 훈계한다: "너는 청년의 때에 너의 창조주를 기억하라. 곧 곤고한 날이 이르기 전에, '나는 아무 낙이 없다' 고 할 해들이 가깝기 전에 그리하라." 이 훈계에서 코헬렛은 해 아래에서의 삶, 곧 한시적인 인간 실존만을 관찰의 대상으로 삼던 태도를 포기한다. 대신에 그는 관찰의 범위를 넓혀 해 위에 계신 하나님과 해 너머에 있는 죽음을 포함시킨다. 이처럼 확대된 의식은 지혜로운 삶에 필수적으로 요구되는 것이다.

기억할 것을 촉구하는 메시지는 정신적인 회상을 위한 간청 이상의 의미를 갖는다. 창세기 8:1과 사무엘상 1:19에서와 마찬가지로 기억한다는 것은 행동을 의미한다. 데이비스(Davis 1991: 303)는 전도서 12:1이 의도하는 '제코르'의 의미를 다음과 같이 잘 설명하고 있다: "이 구절(과 전도서 전체)의 맥락은 정신적인 활동 이후에 그에 상응하는 행동을 취해야 한다는 것을 암시하고 있다. 독자들은 추억에 잠기기 위해서가 아니라 자신의 삶을 혁신하고 그것을 하나님의 영원하고도 주권적인 계획에 일치시키기 위해서 기억하라는 요청을 받는다." 하나님을 창조주로 인식하는 이러한 태도는 필연적으로 삶의 예측 불가능한 측면들에 전심전력하게 만든다(Bartholomew 1998: 251).

전도서는 야웨 하나님과 특별한 계약 관계 속에 있는 이스라엘을 향해 말하고 있는 책이 아니라 보편적인 인간을 향해 말하고 있는 책이기 때문에, 하나님을 "창조주"로 칭할 수밖에 없다. 이러한 묘사는 전도서 전체에 나오는 "엘로힘"의 용례와 잘 들어맞는다. 구약 지혜의 근본적인 원리들 중의 하나는 하나님이 세상을 창조하셨고, 그 세계 안에서 그가 삶의 질서를 정하셨다는 사실이다(전 3:1-11). 종종 랍비 문헌(m. 'Abot 3:1)에 있는 마할렐릴(Akabya ben Mahaleleel)의 견해를 따르는 몇몇 해석자들은 '보레에카'가 이와 유사한 히브리어 낱말들, 곧 자신의 근원, 자신의 무덤, 자신의 창조자를 가리키는 낱말들을 염두에 두고 있는 일종의 말놀이에 해당한다고 본다. 시아오(Seow 1997c: 375)는 자음 본문이 명백하게 "창조주"를 일차적인 의미로 제시하고 있다고 말하면서도, 전후 문맥의 강조점들을 하나로 묶기 위하여 그처럼 다양한 의미들을 계산에 넣은 것일 수도 있다고 본다:

> 그러나 이 호칭을 선택한 것은 일종의 말놀이를 염두에 둔 것일 수도 있다. 왜냐하면 히브리어 '보레에카'는 "너의 창조주"를 뜻하기 때문이다. 그러나 그것은 "너의 물탱크"('보레카')나 "너의 구덩이"('보레카')와 가까운 동음이의어이기도 하기 때문이다. 다수의 주석가들은 저자가 11:7-10의 사상 및 자신의 아내를 즐거워하라는 가르침(참조. 9:9)을 이어가고 있다고 주장한다. 그 까닭은 '보르'("구덩이")가 다른 곳에서는 누군가의 아내를 가리키는 은유로 사용되기 때문이다: "너는 네 우물('보레카')에서 물을 마시며 네 샘('베에레카')에서 흐르는 물을 마시라"(잠 5:15). 잠언의 이 본문은 바로 이어서 "네 샘으로 복되게 하라 네가 젊어서 취한 아내를 즐거워하라"(잠 5:18)고 말한다는 점에서 시사하는 바가 크다. 이와 동시에 우리는 여기서 12:6에 언급된 '합보르'("구덩이")에 대해서 생각할 수도 있는 바, 이 낱말은 무덤을 가리킬 수도 있다. 코헬렛의 말놀이 취미를 염두에 둔다면, 많은 의미를 가질 수도 있는 낱말이 선택된다는 것은 거의 놀라운 일이 아니다. 12:1의 기억하라는 명령은 뒤

로 돌아서서 가능한 때에 삶을 즐기라는 명령(11:7-10)을 지적하는 것일 수도 있지만, 앞을 향하여 본 단락의 마지막에 있는 죽음(12:6b)과 인간에게 생명의 호흡을 주시고 그것을 다시 가져가시는 하나님(12:7)을 가리키는 것일 수도 있다.

롱맨(Longman 1998: 268)은 하나님을 창조주로 칭하는 표현을 부자연스러운 것으로 무시하지만, 그럴듯한 본문 수정을 통하여 그 문제를 말끔히 해결하려고 하지는 않는다. 대신에 그는 '보레에카'가 "경건하면서도 상당히 공허하고 비인격적이며 객관적인 하나님 호칭"에 해당한다고 본다. 이와는 달리, 만일에 결론 부분의 메시지를 코헬렛이 전도서에서 추구하고 있는 방향과 일치하는 것으로 받아들인다면, 12:1은 사실상 저자의 논지와 크게 관련된 것일 수밖에 없다. 반 데어 발(van der Wal 1998: 418)은 "너의 창조주"라는 호칭이 전도서에서 종종 멀리 떨어져 계신 분으로 묘사되는 하나님(5:1; 8:17; 11:5)과 인간 사이의 간격을 이어준다는 점을 날카롭게 지적한다: "이스라엘의 예언에서처럼 전도서에서도 하나님과 인간 사이의 인격적인 관계가 암시되어 있다. 단지 한 곳에서만 그럴 뿐이지만 말이다. 인간은 자신의 힘에 의존하여 사는 존재가 아니다. 경외의 대상이신 하나님은 인간의 창조주이시다. 그리하여 코헬렛은 인간을 위한 기본적인 안전에 대해서 가르친다. 그 까닭에 자기 나름의 목소리를 가지고 있는 이 익명의 저자를 구약신학의 중심 흐름으로부터 너무 멀리 떨어뜨려 놓아서는 안 된다."

코헬렛은 11:9-10에서 이미 말한 내용에 기초하여 노년과 죽음이 삶을 제한하기 전인 젊은 시절이야말로 하나님을 기억할 때임을 분명하게 밝힌다. 화려한 젊은 시절은 필연적으로 각종 난관들을 수반하는 노년의 시대를 향해 시들어갈 것이다. 그 때가 되면 기쁨이나 즐거움의 감정이 사라질 것이기에, 코헬렛은 절박한 심정으로 삶의 방향을 바꿀 것을 훈계한다. 허바드(Hubbard 1991: 238)는 이를 다음과 같이 설명한다: "그는 즐거움을 더 이상 느끼지 못하는 불편한 날들이 온다고 경고한다. 노화 과정에 비추어볼 때 지금 삶의 즐거움을 취하는 것이 좋다."

12:2-6의 설명은 죽음의 예비 단계라 할 수 있는 노년의 그림을 몇 장 보

충한다. 이 구절들을 노년에 대한 풍유(Seow 1997c: 372)로 보거나 묵시론적인 퇴화 과정(Krüger 1998: Beal 1998)로 보려는 오랜 시도가 있었음에도 불구하고, 이 본문은 엄밀하게 말해서 풍유적이지 않으며, 도리어 젊은이들이 하나님을 기억해야 할 필요성을 강조하는 인상적인 콜라주(인쇄물이나 오려낸 것, 눌러 말린 꽃, 헝겊 등을 화면에 붙이는 추상 미술의 한 기법을 가리킴 — 역자 주)의 성격을 더 강하게 가지고 있다. 여기서 우리는 이 단락에 대한 화이브레이(Whybray 1989: 163-64)의 분석을 주목할 필요가 있다: "이 본문에 대한 최근의 많은 연구들은 알레고리가 본질적으로 일관된 전체를 이루는 일련의 통일된 은유들로 이루어져 있다는 점을 알고 있기에 이 본문이 알레고리가 아니라고 본다. 도리어 이 본문에 담긴 표상들은, 인상적인 효과를 만들어내기는 하지만, 서로 다른 다양한 자료들로부터 비롯된 것들이다. 따라서 각 표상을 개별적으로 다루되, 그 특수한 지시 대상을 결정지으려는 노력을 기울일 필요가 있다. 그러나 그것들이 어떤 식으로든 한결같이 노년을 가리키고 있다는 사실은 거의 의심하기 어렵다."

해와 빛과 어둠 등을 가리키는 12:2의 언어는 11:7-8에 있는 삶과 죽음의 표상을 연상시킨다. 죽음에 이르는 노년의 시작됨에 따라서 매일같이 반복해서 해가 떠오르는 일(1:5)이 중단될 때가 곧 온다. 비가 온 후에 구름이 되돌아오는 모습이 이러한 표상과 결합되어 있다. 이스라엘의 겨울은 흐리고 비오는 날씨를 특징으로 갖기 때문에, 이 은유는 죽음의 다가옴에 관해 말하는 것에 어울린다. 허바드(Hubbard 1991: 239)가 설명한 바와 같이, "성서의 땅에서 한 해의 대부분은 날마다 해를 볼 수 있다. 그러나 가을비가 온 후의 겨울에는 구름 끼고 추운 날들이 올 것이다. 이 날들, 곧 각종 열매들과 포도를 풍성하게 거두는 가을의 수확기와 봄의 전령사인 아몬드 꽃이 나타나는 시기 사이의 날들은 자연이 잠을 자는 시기이다. 잎이 없는 나무와 노래 부르지 않는 새, 열매 없는 포도나무, 구름 낀 하늘 등은 겨울을 나타내는 표지들이다. 그것들은 또한 어두운데다가 지식과 감정도 없는 죽음의 상태를 상징한다." 젊은 시절이 노년기에 접어들게 되면, 삶은 희망 없는 어둡고 추운 겨울로 바뀐다. 뿐만 아니라 다가오는 폭풍우의 표상은 에스겔 30:3; 시편 18:11-12에서처럼 전쟁 용사이신 하나님의 행진을 뒤따르는 어둠을 가리킬 수도 있다(Seow 1997c: 353; 참조. Fox 1999: 340).

3-4절에서는 파손된 큰 집으로 무대가 바뀐다. 많은 해석자들은 이 본문의 상세한 묘사들이 상징적인 의미들을 가지고 있다고 보았다. 그러나 그들 사이에 의견의 일치가 없는 것으로 보아, 어느 정도는 자기들 마음대로 그러한 결론에 도달한 것으로 여겨진다(Murphy 1992: 118). 그보다 더 확실한 것은 여기에 인용된 네 종류의 사람들이 상류층과 하류층의 남녀를 포함하고 있다는 점이다(Longman 1998: 269-70). 이들을 한데 묶어 보면, 모든 종류의 사람들이 마음속에 생각하는 파멸에 이를 수밖에 없다는 사실이 분명하게 드러난다. 시아오(Seow 1997c: 354, 376)는 단수 '욤'의 사용이 12:1의 복수형 '예메'와는 대조적으로 야웨의 날이라는 종말론적인 언어를 사용하여 점차적인 노화 과정을 가리키기보다는 최종적인 죽음의 날을 가리키고 있다는 점을 설득력 있게 주장하고 있다. 이로 인하여 사람들은 단순히 허약해지는 경험을 넘어서서 공포감에 사로잡힌 채로 움츠러들 것이다.

시장에서의 일상적인 업무를 보지 못하게끔 큰 집의 문이 닫히며, 맷돌을 가는 정기적인 경제 활동이 중단되는 바(12:4), 이는 재앙이 올 것임을 나타내는 불길한 징조를 뜻한다. 공동체 안에서의 일이 줄어들기 때문에, 먹을 것을 찾아 헤매는 새들이 남아 있는 약한 자들을 공격하면서 내는 소리가 더 크게 들릴 수도 있다(Seow 1999: 210).

5절의 설명은 종종 노년을 암시하는 표현으로 간주된다. 높은 곳에 대한 두려움과 길에서 경험하는 공포심은 "노인들이 몸이 둔하고 걸음이 느림으로 인하여 높은 곳에서 떨어지거나 다른 사람들에게 밀침 당하는 것을 두려워하는 것"을 가리킬 수도 있다(Kidner 1976: 103). 특징적이게도 흰 꽃을 피우는 아몬드 나무(개역은 살구나무로 번역하나 살구꽃은 연한 홍색 — 역자 주)는 노년의 백발을 가리킬 것이다. 일부 해석자들이 사람들에게 더 친숙한 "꽃이 피다"는 표현보다는 케레(Qere)를 따라 "멸시하다"로 읽을 것을 제안하고 있기는 하지만 말이다. 만일에 아몬드 나무가 멸시를 당한다는 쪽으로 본문을 이해한다면, 그것은 아몬드 열매의 기분 좋은 맛을 즐길 수 있는 세월이 줄어든다는 것을 암시할 것이다. '하가브'라는 용어는 메뚜기나 쥐엄나무 열매를 가리킬 수도 있을 것이다. 만일 본문이 곤충을 염두에 두고 있는 것이라면, 본문에 묘사되어 있는 그림은 나이 많은 사람의 경직된 걸음걸이를 가리킨다. 그러나 만일 본문이 쥐엄나무를 염두에 두고 있는 것이라면, 축 처진 열매의 모습은 성적인 무기력함을 암시할 수도 있을 것이다(Seow 1997c: 379-80). 마지막 표상인 야생딸기는 최음제를 가리킬 것이요, 그것이 효과를 보지 못한다는 것은 성적인 즐거움이 끝났음을 뜻한다. 타르굼이 이해하듯이 말이다(Crenshaw 1987: 187-88). 본절의 마지막 행은 이렇게 말한다: "이는 사람이 자기의 영원한 집으로 돌아가고 조문객들이 거리로 왕래하게 됨이니라." 노화 과정을 담은 12:2-5의 그림은 냉혹한 죽음의 결말에서 정점에 도달한다. 죽음을 통하여 인간은 해 아래에서의 실존을 마감하며, 영원한 집으로 거주지를 옮긴다. 피할 수 없는 이 현실은 코헬렛이 왜 1절에서 노년기가 독자들을 죽음으로 내몰기 전의 젊은 시절에 창조주를 기억하라고 명했는지를 설명해준다.

폭스(Fox 1999: 349)는 코헬렛이 이 그림을 어떻게 사용하고 있는지를 다음과 같이 날카롭게 잘 설명하고 있다: "시인의 목표는 정보를 전달하는 데 있지 않고, 도리어 노년과(더 중요한 의미를 갖는) 죽음에 대한 올바른 태도를 가르치는 데 있다. 독자들, 특히 외견상 본 단락에서 언급되는 청년과 같은 젊은이들은 노년기에 접어든 많은(거의 모든) 사람들 — 코헬렛도 그들 중의 한 명이다 — 의 몫인 두려움이나 외로움 또는 회복이 불가능한 과거에 대한 향수 등을 거의 가지고 있지 않다. 우리는 누구나 코헬렛이 언급하는 온갖 수수께끼들로 가득한 어두운 유리 속을 들여다볼 경우, 그 너머에 무엇이 있는지를 알고 싶어한다. 우리는 당혹스러운 장면을 보게 된다. 그 상세한 내용을 다 이해하지는 못하지만 말이다. 참으로, 우리가 그 상징들을 어떻게 해석한다 할지라도, 우리는 동일한 통찰들과 동일한 불편함에 이르게 될 것이다. 우리는 마침내 어렴풋하게나마 깨닫게 된다. 우리는 자신의 죽음을 본다. 코헬렛은 우리가 그것으로부터 시선을 돌리지 못하게 할 것이다."

코헬렛은 망가져서 쓸모가 없게 된 사치품과 실용적인 물품 네 가지를 가지고서 죽음이라는 재앙에 대해서 묘사한다(12:6). 키드너(Kidner 1976: 103-4)는 이 네 가지 실례가 갖는 의미를 다음과 같이 세련된 언어로 설명한다: "6절의 그림들은 무엇보다도 가장 기억하기 쉽게 인간의 몸의 아름다움과 연약함에 대해서 묘사한다. 인간의 몸은 어떠한 예술 작품 못지않게 정교하게 빚어 만든 걸작품이지만, 질그릇처럼 깨뜨려져서 마침내 부서진 바퀴처럼 쓸모없는 것이 되고 만다. 본절의 전반부는 은줄로 매단 황금 등잔을 묘사하고 있는 것으로 보인다. 고리를 살짝 풀기만 해도 그 등잔은 떨어져서 깨지고 만다. 그리고 만일 이것이 우리가 잘 알고 있는 인간의 모습을 매우 잘 묘사한 것이라면, 그것은 버려진 우물 — 가장 단순하고 기본적인 것들의 덧없음을 실감나게 보여주는 — 의 모습과 균형을 이루고 있다. 모든 익숙한 여행과 일상적인 일에는 마지막 때가 있는 법이다." 본질적인 가치를 지니고 있는 인간의 삶은, 그럼에도 불구하고, 죽음에 의하여 확실한 파멸에 이르게 된다. 인간은 죽음 앞에서 연약한 존재이기에, 자신의 창조주를 기억할 필요가 있다.

해 아래의 삶을 이해하려고 노력하던 전도서의 앞부분에서 코헬렛은 다음과 같이 주장하면서 수사학적인 질문을 던진 바가 있다(3:20-21): "다 흙으로 말미암았으므로 다 흙으로 돌아가나니 다 한 곳으로 가거니와, 인생들의 혼은 위로 올라가고 짐승의 혼은 아래 곧 땅으로 내려가는 줄을 누가 알랴?" 이제 결론에 도달한 12:7에서 그는 인간의 죽음을 유신론적인 세계관의 시각에서 재해석한다. 창세기 2:7과 3:19를 언급하면서 그는 사람이 죽을 때에는 "흙은 여전히 땅으로 돌아가고 영은 그것을 주신 하나님께로 돌아간다"고 말한다. 요컨대 인간은 다른 모든 짐승이 죽는 것처럼 죽어야 하는 단순한 물질적인 유기체가 아니다. 도리어 인간은 하나님께로부터 선물로 받은 영적인 측면을 가지고 있다.

인간의 삶 속에 무수히 많은 수수께끼들이 있음에도 불구하고 코헬렛은 삶이 하나님의 선한 선물이라고 주장한다. 화이브레이(Whybray 1998: 262)는 이를 다음과 같이 설명한다: "우리는 하나님이 인간을 죽음에 이르도록, 그리고 상대적으로 짧은 기간 동안에만 살도록 하셨다는 사실을 있는 그대로 받아들여야지 유감으로 생각해서는 안 된다. 모든 인간에게는 하나님께서 태어나게 하신 때('에트')가 있고, 죽게 하신 때도 있다(3:2). 그 때는 인간이 존재하는 경계선 안에 있다. 그 경계선 안에서 그는 자신의 힘이 다할 때까지 최선을 다하여 삶을 즐기라는 명을 받는다(허락을 받는 것이 아님)." 하나님께서 인간에게 영을 주신 까닭에, 그 영은 창조주에게로 돌아간다. 따라서 인간은 해 아래에서 살면서 한시적인 실존 속에서 의미를 발견해야만 하는 독립적인 존재가 아니다. 도리어 인간은 창조주에게 의존하는 존재요, 하나님과의 관계 속에서 자신의 의미를 발견해야 한다. 코헬렛이 이 점을 분명하게 밝히고 있지는 않지만, "해 아래에서 수고하는 모든 수고가 사람에게 무엇이 유익['이트론']한가"(1:3)라는 전도서의 포괄적인 질문에 대해서는, '이트론'이 해 아래에서는 발견되지 않는다는 답변이 함축되어 있다. 사람이 죽은 후에 영이 하나님께로 돌아간다는 사실은 '이트론'에 대한 코헬렛의 희망이 하나님과 무관한 인간의 성취에 있는 것이 아니라, 인간과 하나님의 관계 안에 있음을 암시한다.

12:8의 선언은 1:2와 거의 동일하며, 이 본문과 함께 전도서 전체를 둘러싸고 있다. 코헬렛은 해 아래에서 살핀 인간의 삶이 '헤벨'을 특징으로 갖는다는 자신의 주장을 충분히 확인한 바가 있다. 그러나 그가 오랜 탐구 작업 끝에 배운 것은 이것만이 아니다. 그는 인간의 한시적인 실존을 넘어서서 창조주와의 관계 속에 있는 삶의 실재 역시 살펴보았다. 삶 속에는 그것을 자주 무의미해 보이게 만드는 많은 좌절들이 있지만, '헤벨'이라는 판결에는 그 이상의 것이 있다. 인간의 삶은 궁극적으로 초월자이신 하나님의 선물이기 때문에, 그 안에는 수수께끼의 요소가 널리 퍼져 있다. 그러기에 12:8의 '하벨 하발림' 공식은 코헬렛이 오랜 탐구 작업을 진행한 결과 얻은 좌절감을 잘 요약해주고 있으며, 독자들로 하여금 삶을 무한하신 창조주의 신비로운 선물로 보게 하기도 한다.

이와 관련하여 옥덴(Ogden 1987: 207)은 다음과 같은 결론을 잘 내리고 있다: "'하벨'이 '헛됨'을 뜻하고 또 염세주의적인 세계관을 대표하는 말이라는 생각은 우리가 오랜 길을 걸은 끝에 얻은 진리이다. 코헬렛은 우리가 인간 실존의 수수께끼 같은 속성을 깨달음과 동시에 삶을 하나님의 선물로 인식하고서 그 모든 신비로움을 즐기기를 원한다. 이처럼 정직하고 신학적인 접근법만이 참으로 현명한 방법임을 알기에 그는 그것을 듣는 모든 이들에게 그것을 전심으로 당부하고 있는 것이다." 이렇게 볼 경우에 12:1-8은 결론 부분의 최종 권고를 준비하는 역할을 수행하고 있는 셈이다. 결론 부분은 전도서의 핵심 논지로부터 비롯된 것이지, 정통 교리의 입장에서 잘못된 이단 사상을 바로잡으려는 것은 아니다.

결론(전도서 12:9-14)

전도서의 마지막 단락에 대해서는 매우 다양한 해석이 이루어져 왔다. 옥덴(Ogden 1987: 208)은 9절과 12절의 '웨요테르' 용례와 직설법(12:9-11)으로부터 명령법(12:12-14)으로의 변화, 두 하부 단락의 상이한 주제 등을 주목하면서, 결론 부분이 코헬렛이 아닌 다른 저자에 의해 추가된 주해의 성격을 갖는다고 주장한다. 다수의 주석가들은 12:9-11이 코헬렛의 긍정적인 권고를 담고 있는 반면에, 12:12-14는 성서의 정통 교리에 맞추기 위한 후대의 교정 작업에 해당하는 것이라고 본다(Murphy 1992: 127; Whybray 1989: 169; Crenshaw 1987: 189-90).

여기서 한 가지 의심의 여지가 없는 것은 결론 부분이 전도서의 중심부가 1:2와 함께 전도서 전체를 둘러싸고 있는 12:8의 '헤벨' 공식에 의해 마무리된 이후에 추가된 자료에 속한다는 점이다. 뿐만 아니라 코헬렛에 관해 말하는 결론 부분의 목소리는 코헬렛 자신이 말하는 전도서 중심부의 목소리와 대조를 이루고 있다. 이러한 차이는 독자들을 보다 전통적인 지혜의 결론으로 인도함으로써 전도서를 한층 입맛에 맞게 하려고 애쓰던 편집자 또는 편집자들의 추가 판단에서 비롯된 것일 수도 있다. 그러나 우리가 진지하게 받아들일 필요가 있는 또 다른 견해가 있다. 만일에 전도서의 저자가 코헬렛이라는 인물을 내세워 어떤 시범 사례를 검토하려는 의도 — 해 아래에서 이득을 얻으려고 노력했으나 성공하지 못하고서 결국에는 창조주 하나님을 기억함으로써만 참된 유익을 얻을 수 있음을 보여줄 수밖에 없었던 — 를 가지고 있었다면, 결론 부분은 저자가 이제껏 독자들을 이끌어온 것의 결론에 해당한다고 볼 수 있다. 이는 폭스(Fox)가 일부 출판물들을 통하여 제시한 바로 그 입장이다. 허바드(Hubbard 1991: 248)는 폭스의 주장을 다음과 같이 요약한다:

폭스가 말하는 "코헬렛"은 실제 인물이 아니라 연극이나 드라마에 나오는 가상 인물로서, 저자의 옷을 입고 저자의 과격한 생각들을 대변하는 자요, 다른 한편으로는 지혜자 집단에서 저자를 위기에 빠뜨리는 자이기도 하다. 12:8의 포괄적인 결론에 이어서 저자는 가면을 벗어던지고서 자신의 목소리를 사용하여 코헬렛의 작업에 감사를 표하며, 코헬렛의 사상이 정통파 지혜 가르침의 범위를 넘어서는 것이라고 비판하는 자들로부터 그것을 지켜주고자 한다(9-11절). 이와 동시에 폭스가 말하는 편집자는 결론 부분(12-14절)을 추가할 수 있는 자유를 가지고 있는 바, 그 결론 부분은 코헬렛이 가르친 것을 넘어서며, 코헬렛이 그러했던 것보다 하나님의 계시를 더 중요하게 생각한다.

온갖 수수께끼들로 이루어진 삶을 하나님의 선물로 받아들이라는 반복적인 훈계는, 결론 부분을 저자의 실제 입장으로 보는 까닭에, 그것이 코헬렛의 파괴적인 교리를 정통 교리의 입장에서 교정하기 위해 추가한 것이 아니라 전도서의 실제 결론에 해당한다고 본다.

지혜자의 믿음직한 가르침(12:9-11)

9절에서 코헬렛은 자신을 지혜자로 칭송하는 바, 이는 그가 지혜 교사 모임의 한 구성원임을 의미하는 것으로 보인다(참조. 렘 18:18). '하캄'이 전도서와 잠언에서 자주 도덕적인 범주로 사용되지만, 이곳의 문맥에서는 지혜 교사의 도덕적인 품성보다는 그의 전문적인 활동이 더 강조된다. 류폴드(Leupold 1952: 289)는 이를 다음과 같이 잘 설명하고 있다: "유대인들 사이에 '지혜' 문학이라는 것이 있었던 것과 마찬가지로, 그것을 개발한 자들 역시 '지혜로운 자들'로 불렀다. 이 낱말은 문학에 종사하는 특정 집단에 속한 자를 가리키는 전문 용어가 된다."

그의 활동에 대한 설명은 고대 이스라엘에 있었던 지혜 교사들의 활동을 눈여겨볼 수 있게 해준다. 왜냐하면 그는 듣고 관찰하고 편집하고 가르치는 일에 몰두했기 때문이다. 잠언 1:20-21; 8:1-3에서 의인화된 지혜의 외침이 보여주듯이, 대중적인 가르침은 고대 이스라엘의 지혜자들이 하는 일의 필수적인 구성 요소였다(Seow 1997c: 383). 이러한 가르침에 앞서 탐구, 평가, 지혜 격언들과 원리들의 정리 등과 같은 작업이 선행하였다. 옥덴(Ogden 1987: 209)은 지혜자인 코헬렛의 활동을 대변하는 동사들 ― 12:9에 있는 ―

의 의미를 다음과 같이 잘 밝혀주고 있다:

전통을 보존하고 전수하는 과정의 다양한 측면들에 관한 중요한 정보가 이 세 개의 동사들에 감추어져 있다: '아잔'은 종종 시가(詩歌)에서 비교하거나 세밀하게 살핀는 행동을 묘사하는 데 사용되는 아랍어 '와잔'("무게를 재다")과 연결되며, '하카르'("찾다"; 피엘 형태로는 이곳에서만 사용됨)는 다양한 삶의 정황들을 살핀 다음에 닮은꼴 격언들을 한데 모으는 행동을 가리킨다. 그리고 '타칸'은 코헬렛 자신이 1:15와 7:13에서 사용한 적이 있던 동사이다. 물론 그곳에서는 그것이 곧게 만든다는 다른 의미를 가지고 있는 것으로 보이지만 말이다. 이곳의 편집 본문에서는 그것이 "배열하다, 정리하다"는 뜻으로 사용됨으로써, 잠언의 다른 수집물들(잠 22:17-23:11)을 통하여 알 수 있는 편집 과정을 가리키고 있다. 여기서 우리는 지혜자가 지혜를 보존하고 가르치며 전수하는 자임을 알 수 있다.

코헬렛이 종종 전통적인 지혜의 한계를 드러내고 있기는 하지만, 여기서는 지혜 운동의 배경 속에 자신을 포함시키고 있다.

코헬렛은 저술하고 가르치는 활동을 통하여 높은 수준의 전문 기술을 습득하려고 노력하였다(12:10). 그는 자신이 한 말들의 심미적인 특성에 특별한 주의를 기울였다. 왜냐하면 "말의 정확성과 세련됨이야말로 고대 근동 전역의 지혜 전통에서 높이 평가하는 특징들이었기 때문이다(예로서 잠 15:23; 16:24)"(Seow 1997c: 392). 이와 동시에 그의 격언들이 갖는 적절성은 그가 한 말들의 정확성과 조화를 이룬다. 그 까닭은 코헬렛이 진리의 말들을 정확하게 기록하려고 노력하였기 때문이다. 그는 엄하게 가르치려고 노력하는 중에 세련된 형식을 사용하여 훌륭한 내용을 만들어내려고 애를 썼다. 키드너(Kidner 1976: 105)는 이를 다음과 같이 잘 설명하고 있다: "그 일을 제대로 하기 위해서는 예술가와 학자로서의 재주와 성실함, 매력과 용기 등이 필요하다." 이러한 이상을 이루려고 노력하는 중에 코헬렛은 자신이 참으로 지혜자라는 점을 분명하게 보여준다. 왜냐하면 잘 말하여진 선한 말들이야말로 고대 세계 전역의 지혜 교사들이 추구하던 목표였기 때문이다(참조. 잠 8:6-9).

11절에서 저자는 지혜의 말들 전체가 유용함을 인정하며(참조. 9:17; 잠

1:6; 22:17), 전도서에 기록되어 있는 지혜의 특별한 수집물 역시 유용한 것임을 은연중에 암시한다. 그는 지혜로운 자들의 말씀들이 가축을 모는 막대기들과도 같다고 말한다. 이는 그것들이 독자들로 하여금 바르게 행동하도록 이끌어주기 때문이다. 마치 소의 몸에 단 박차가 소 떼를 원하는 방향으로 이끌고 가는 것처럼 말이다. 화이브레이(Whybray 1989: 172)가 지적한 바와 같이, "그들은 이렇듯이 설득을 통하여 자신의 청중이나 독자들로 하여금 행동을 하게끔 자극하는 역할을 수행한다. 달리 말해서 자기들의 조언에 기초하여 그들이 행동하게끔 한다는 얘기다." 지혜로운 말들은 또한 잘 박힌 못들과도 같다. 이 표상의 의미는 확실치가 않다. 머피(Murphy 1992: 125)는 그 안에 안정감이라는 의미가 포함되어 있다고 본다: "그것들은 힘과 견고함을 주는 것으로, 그리고 삶 속에서 이루어지는 다양한 활동들의 기초 내지는 책임성 있는 생활양식의 기초를 제공하는 것으로 여겨질 수도 있다." 이와는 달리 시아오(Seow 1997c: 387)는 '마스메르'가 막대기의 끝에 붙여 찌르는 꼬챙이로 사용되는 못들을 가리킨다고 보는 라쉬밤(Rashbam)의 견해를 취한다. 이러한 의미는 가축을 모는 막대기 직유와 크게 평행을 이루는 것으로 보인다. 가축을 모는 막대기와 못의 표상들을 하나로 묶어 보면, 이들은 적어도 사람들을 선한 행동으로 이끌 수 있는 지혜 격언들의 힘을 가리키는 것으로 보인다. 그리고 못은 지혜로운 가르침이 그것을 받는 사람들에게 안정감을 가져다준다는 것을 암시할 수도 있다. 더 나아가서 여기에는 학습자가 삶의 올바른 방향으로 인도함을 받는 데에는 어느 정도의 고통이 뒤따른다는 의미도 함축되어 있는 것으로 보인다(Seow 1997c: 135).

11절의 마지막 구절("다 한 목자가 주신 바이니라")이 무엇을 가리키는지에 대해서는 다양한 견해들이 제시된 바가 있다. 목자 은유는 구약성서에서 자주 인간 왕들의 통치를 가리키는 데 사용된다(시 78:71-72). 만일에 11절이 12:9-10의 코헬렛이나 전도서 앞부분에서 사용된 솔로몬이라는 가상 인물과 연결되어 있다면, 아마도 이것은 왕실의 지혜 후원자인 솔로몬을 간접적으로 가리키는 것으로 읽을 수도 있을 것이다. 다른 주석가들은 숫자 '에하드'를 구체적인 숫자로 보지 않고 부정관사로 간주한다. 만일에 이러한 해석이 옳다면, "목자"는 지혜 교사 일반을 가리킬 것이다. 시아오(Seow

1997c: 388)는 이를 다음과 같이 설명한다: "이 문맥에서 '에하드' 는 어떤 한 사람의 목자를 가리키지 않는다. 그 강조점은 단일함에 있지 않다. 도리어 이 낱말은 여기서 부정관사에 상응하는 것으로 사용되며, '일부' 또는 '모든' 의 의미로 사용되는 것일 수도 있다."

만일에 11절을 12:13-14와 연결지어 읽는다면, 목자 은유는 야웨를 가리킬 수도 있을 것이다. 시편 23:1; 80:1을 포함하는 많은 본문들은 야웨를 궁휼히 여기는 마음으로 자기 백성을 돌보시는 이상적인 목자로 표현한다. 키드너(Kidner 1976: 106)가 지적한 바와 같이, 이것은 하나님을 창조주로 묘사하는 12:1을 충실하게 보충하는 것으로 여겨진다: "모든 곳에 서신을 보내시는 '멀리 계신' 하나님은 '가까이 계신' 하나님, 곧 모든 것을 알고 계시고 모든 사람들에게 알려져 있으며 인간의 목소리로, 그러나 확고한 어조로 우리에게 말씀하시는 하나님과 동일하신 분이다." 만일에 이것이 본문의 의도하는 바라면, 이는 지혜 교사의 인간적인 노력의 배후에 하나님의 계시와 영감이 감추어져 있다는 뜻이 된다. 지혜문학에서 야웨는 지혜의 근원으로 묘사된다(잠 2:6). 따라서 "유대인 지혜 교사들이 창조와 역사의 하나님을 자기들이 배우고 가르치는 것들의 궁극적인 근원으로 인식한다는 것은 대단히 적절한 주장이라 하겠다"(Hubbard 1991: 251).

지혜자의 마지막 훈계(12:12-14)

12절은 잠언 1-9장에 있는 지혜 교사를 연상시키는 언어로 "내 아들"이라는 표현을 사용한다. 이것이 생물학적인 아들을 가리킬 수도 있지만, 고대 근동의 지혜문학은 종종 아버지 — 아들 관계를 사용하여 교사 — 학생의 관계를 표현한다. 교사는 자신의 "아들"에게 다음과 같이 경고한다: "많은 책들을 짓는 것은 끝이 없고 많이 공부하는 것은 몸을 피곤하게 하느니라." 암묵적으로 그는 자신의 권위 있고 명확한 가르침을 자신이 이미 언급한 바 있는 질문들에 답하기 위하여 제시한 다수의 본문들과 대비시킨다. 전도서의 맥락에 비추어볼 때, 여기서 그는 해 아래에서의 탐구가 소모적인 것이요, 그러한 탐구 작업을 통하여 의미를 찾으려는 추가 노력 역시 불필요한 것임을 암시하고 있는 것이 된다. 그러한 노력은 헛된 목표를 따라 움직이는 학생들을 피곤하게 만들 뿐이다.

이 경고는 확실히 지성적인 활동을 배척하는 것으로 이해되어서는 안 된다. 코헬렛은 삶을 이해하려는 노력이 고된 탐구 작업을 수반한다는 것을 충분히 보여준 바가 있다. 그렇지만 그는 자신의 학생이 자신에게서 배운 진리를 받아들이지 않음으로써 그것을 한층 고되게 만들기를 원치 않는다. 책들은 많고 시간은 별로 없는 세계에서 코헬렛은 자신의 젊은 학생에게 자기가 연구한 것들의 충실한 청지기가 되는 법을 배우라고 촉구한다(Shields 2000: 125-26). 그는 혹독한 배움의 과정에 헌신할 필요가 있지만, 겸손과 분별력을 가지고서 그렇게 하지 않으면 안 된다.

12:13-14에서 코헬렛은 자기 책의 논지에 대한 결론을 분명하게 진술하고 있다. 코헬렛이 8절에서 말한 것은 그가 전달하기 원하는 최종 메시지가 아니다. 도리어 그것은 해 아래에 있는 삶에 대한 그의 평가일 뿐이다. 그는 죽음과 하나님을 매개로 하여 인간의 삶을 평가하는 중에, 이제 최종 결론에 도달함으로써 자기 책의 끝부분에 놓인 종결 양식을 분명하게 보여주고 있다. 이 마지막 훈계는 저자의 탁월한 수사학적인 재능을 드러내고 있다. 샤프(Sharp 2004: 66)는 이 점을 다음과 같이 날카롭게 지적하고 있다:

> 전도서의 저자는 "코헬렛"이라는 가상 인물을 통하여, 죽음에 관한, 그리고 일생에 걸친 인간적인 노력의 헛됨, 역사적인 시각에서 본 온갖 노력의 헛됨, 의인과 악인의 불평등한 운명, 모든 것에 대한 기회와 하나님의 변덕의 승리 등에 관한 다소 위험스러워 보이는 이단적 정서를 표현하기로 결심한다. 이렇게 함에 있어서 수사학자로서의 저자의 탁월함이 눈에 띄게 드러난다. 그는 자신의 입장 ― 하나님께 순종하는 것이 올바른 삶의 본질이라는 ― 을 더욱 분명하게, 그리고 더욱 설득력 있게 제시하기 위하여 놀라울 정도로 깊은 차원에 속한 모종의 허구적인 상황을 만들어낸다. 그가 보여주는 아이러니컬한 풍경은 사람들을 속이는 듯한 색상과 불안정하면서도 변화하는 윤곽선들과 함께, 그가 그리는 지도의 성격을 결정함과 아울러 그 지도의 필요성을 한층 강화시켜주기도 한다. 전도서의 말미에 이르러서는 순종을 선택하지 않는다는 것이 수사학적으로 불가능한 일이 되고 만다.

코헬렛은 광범위한 청중을 대상으로 하여 말하고 있는 까닭에, "하나님을 경외하고 그의 명령들을 지킬지어다"라고 훈계할 때, "야웨"라는 계약적인 용어보다는 "엘로힘"이라는 포괄적인 용어를 사용한다. 하나님 경외와 그의 계명들에 대한 순종을 이렇게 병렬시킨 것은 모세의 율법(참조. 신 13:4)과 전통적인 지혜(참조. 잠 3:7) 모두를 연상시킨다. 전도서의 몸통 부분에서 하나님 경외에 대한 언급들(3:14; 5:7; 7:18; 8:12)은 계명들에 대한 순종과 직접 연결되어 있지 않지만, 삶 속에서 항구적인 의미를 찾고자 하는 노력에 대하여 도움을 주지 못하는 것들을 자주 경계하는 메시지 안에 그러한 관련성이 함축되어 있다고도 볼 수 있다. 이 점에 기초하여 허바드(Hubbard 1991: 253)는 12:13-14의 결론이 전도서의 내용을 논리적으로 적용한 것에 해당한다고 본다: "하나님 경외와 그의 계명들을 지키는 것은 전도자가 자신의 책을 통하여 말하고자 한 것에 비추어 이해될 수 있을 것이다. 그는 우리가 지혜와 부와 명성과 욕망 등에 기초하여 자신의 삶을 세우지 않는 것이 바로 하나님의 뜻이라고 우리에게 말한다. 도리어 우리는 온갖 문제점들과 신비들을 가진 삶을 있는 그대로 받아들여야 하며, 할 수 있는 대로 삶을 적절하게 즐겨야 한다. 그렇게 하는 것이야말로 하나님을 경외하는 것이요, 그에게 순종하는 것이다. 더 많이 붙잡으려고 하거나 적게 가졌다는 이유로 안달하는 것은 헛된 일이다. 하나님은 우리의 운명을 결정할 수 있는 권리를 가지고 계신 분이다. 그것을 최대한으로 많이 이용하는 것이야말로 우리가 마땅히 보여야 할 반응이다."

코헬렛의 문학적인 전략에 비추어볼 때, 결론 부분은 삶이 '헤벨'이라는 가르침에 대한 정통 교리의 반박이 아니다. 도리어 그것은 삶에 대한 저자의 포괄적인 관찰에서 제기된 문제점들에 대한 해답에 해당하는 것이다. 그는 하나님을 경외하고 그에게 순종하는 일이야말로 모든 인간에게 주어진 의무라는 결론을 내린다. 시아오(Seow 1997c: 140-41)는 이 점을 다음과 같이 잘 지적하고 있다: "편집자는 코헬렛에게 반론을 제기하기보다는 모든 것이 다 말해지고 행해진 다음에 고찰해야 할 한 가지 중요한 차원에 주의를 기울인다. 그것은 곧 이스라엘의 핵심적인 신앙 항목들을 그대로 간직한 채로 코헬렛과 같은 지혜자들의 시각을 견지하는 일이 가능하다는 점이다. 회의적인 지혜는 결국 순종을 향한 요구와 상반되는 것으로 볼 필요가 없는 것이다."

이러한 결론의 근거는 14절의 동기절에 잘 서술되어 있다: "하나님은 모든 행위와 모든 은밀한 일을 선악 간에 심판하시리라." 하나님을 배제한 채로 해 아래 있는 삶을 이해하려고 했던 모든 시도가 실패한 것과는 대조적으로, 하나님께서는 사실상 인간의 모든 행동을 심판하실 것이다. 이와 관련하여 베이컨(Bakon 1998: 175)은 다음과 같은 결론을 내린다: "때가 되면 하나님께서는 최고 재판관의 자격으로 정의를 요구하실 것이요, 잘못된 것들을 바로잡으실 것이다. 왜냐하면 인간은 자신의 모든 행동에 대하여 그에게 책임을 져야 하기 때문이다." 사람들에게서 감추어진 일들조차도 하나님의 상세한 조사로부터 벗어나지 못하기 때문에, 이는 삶 속에서 발견되는 온갖 불공평한 일들이 하나님에 의하여 바로잡혀질 것임을 의미한다. 하나님께서는 사람들이 '헤벨'로, 기껏해야 수수께끼 같은 것으로 느낄 수 있는 것들을 완전하게 아시는 분이다. 그는 그 모든 것들을 선악 간에 심판하신다. 이러한 결론은 하나님께서 통치하시는 세계 안에 도덕적 불명료함이 조금도 있을 수 없음을 분명하게 보여준다.

뿐만 아니라 모든 인간은 하나님의 도덕적인 통치 아래에 서 있다. 그 까닭에 그들은 창조주이신 그에게 개인적으로 책임을 져야 한다(참조. 11:9). 하나님의 심판에 대한 초기의 언급들은 해 아래에서 보았을 때 그 안에 어느 정도 불명료한 점이 있음을 암시한다. 12:14의 분명한 도덕적인 범주들과는 다르게 말이다. 그러나 전도서의 최종 진술은 하나님을 분명하게 염두에 두고 있는 까닭에, 자신의 메시지를 율법에 대한 순종을 강조하는 태도와 밀접하게 관련시킨다. 결론 부분을 구성하는 본절은 "모든 것이 다 말해지고 행해진 다음에 한 가지 중요한 차원에 주의를 환기시킨다. 그것은 곧 이스라엘의 핵심적인 신앙 항목들을 그대로 간직한 채로 코헬렛과 같은 지혜자들의 시각을 견지하는 일이 가능하다는 점이다"(Seow 1997c: 396).

폭스(Fox 1999: 96)도 비슷한 얘기를 한다: "이 후기 부분은 마지막 말에 경건의 요소를 덧붙임으로써 인간 지성의 오랜 방랑 속에 내재해 있는 가시들을 무디게 만들어버리며, 이와 동시에 코헬렛 — 다른 지식인들도 마찬가지임 — 에게 마음껏 탐구할 수 있는 자유를 허용한다. 어떠한 지혜건 간에 그것이 자신이 태도와 행동에 있어서 경건의 지배를 받기로 작정하는 한, 그것은 사람들이 귀담아 들을 수 있고 존중할 수 있는 것이 된다. 코헬렛은 지혜를 마지막까지 끌고 간다. 전도서의 마지막 절은 그 경계선에 해당하는 곳이다." 전도서는 처음에는 정통 교리를 뒤엎는 것처럼 보이지만, 사실은 율법과 예언 및 지혜 전통에 담겨 있는 전통적인 성서 신앙을 보충하고 뒷받침하는 역할을 수행한다.

참고문헌

주석

Brown, William P. 2000. *Ecclesiastes*. Interpretation. Louisville: John Knox.
Crenshaw, James L. 1987. *Ecclesiastes*. Old Testament Library. Philadelphia: Westminster.
Davis, Ellen F. 2000. *Proverbs, Ecclesiastes, and the Song of Songs*. Westminster Bible Companion. Louisville: Westminster John Knox.
Delitzsch, Franz. 1976 [1875]. *Commentary on the Song of Songs and Ecclesiastes*. Trans. M. G. Easton. Edinburgh: T&T Clark.
Eaton, Michael A. 1983. *Ecclesiastes*. Tyndale Old Testament Commentaries 16. Leicester: Inter-Varsity Press.
Farmer, Kathleen A. 1991. *Who Knows What Is Good? A Commentary on the Books of Proverbs and Ecclesiastes*. International Theological Commentary. Grand Rapids: Eerdmans.
Fox, Michael V. 2004. *Ecclesiastes*. JPS Bible Commentary. Philadelphia: Jewish Publication Society.
Garrett, Duane A. 1993. *Proverbs, Ecclesiastes, Song of Songs*. New American Commentary 14. Nashville: Broadman.
Ginsburg, Christian David. 1970 [1857]. *The Song of Songs and Coheleth*. New York: Ktav.
Glenn, Donald R. 1985. "Ecclesiastes." Pp. 975–1007 in *The Bible Knowledge Commentary*, vol. 1. Ed. John F. Walvoord and Roy B. Zuck. Chicago: Victor.
Gordis, Robert. 1955. *Koheleth—The Man and His World*. New York: Bloch.
Hubbard, David A. 1991. *Ecclesiastes, Song of Solomon*. Communicator's Commentary 15B. Dallas: Word.
Huwiler, Elizabeth. 1999. "Ecclesiastes." Pp. 157–218 in *Proverbs, Ecclesiastes, Song of Songs*. By Roland E. Murphy and Elizabeth Huwiler. New International Biblical Commentary 12. Peabody, MA: Hendrickson.

Kaiser, Walter C. 1979. *Ecclesiastes: Total Life*. Chicago: Moody.
Kidner, Derek. 1976. *A Time to Mourn, and a Time to Dance: Ecclesiastes and the Way of the World*. Downers Grove, IL: InterVarsity Press.
Krüger, Thomas. 2004 [1999]. *Qoheleth: A Commentary*. Trans. O. C. Dean. Hermeneia. Minneapolis: Fortress.
Leupold, H. C. 1952. *Expositions of Ecclesiastes*. Grand Rapids: Baker.
Loader, J. A. 1986. *Ecclesiastes: A Practical Commentary*. Text and Interpretation. Grand Rapids: Eerdmans.
Lohfink, Norbert. 2003 [1980]. *Qohelet*. Continental Commentaries. Trans. Sean McEvenue. Minneapolis: Fortress.
Longman, Tremper. 1998. *The Book of Ecclesiastes*. New International Commentary on the Old Testament. Grand Rapids: Eerdmans.
Moore, T. H. 2001. *Ecclesiastes: Ancient Wisdom When All Else Fails*. Downers Grove, IL: InterVarsity Press.
Murphy, Roland E. 1992. *Ecclesiastes*. Word Biblical Commentary 23A. Dallas: Word.
Ogden, Graham S. 1987. *Qoheleth*. Readings. Sheffield: JSOT Press.
Provan, Iain. 2001. *Ecclesiastes, Song of Songs*. NIV Application Commentary. Grand Rapids: Zondervan.
Seow, Choon-Leong. 1997c. *Ecclesiastes*. Anchor Bible 18C. New York: Doubleday.
Towner, W. Sibley. 1997. "The Book of Ecclesiastes." Pp. 265–360 in *The New Interpreter's Bible*, vol. 5. Ed. Leander E. Keck. Nashville: Abingdon.
Whybray, R. N. 1989. *Ecclesiastes*. Old Testament Guides. Sheffield: JSOT Press.
Wright, J. Stafford. 1991. "Ecclesiastes." Pp. 1135–97 in *The Expositor's Bible Commentary*, vol. 5. Ed. Frank E. Gaebelein. Grand Rapids: Zondervan.

논문들

Anderson, Bernhard W. 1986. *Understanding the Old Testament*. 4th ed. Englewood Cliffs, NJ: Prentice-Hall.
Anderson, William H. U. 1998a. "Philosophical Considerations in a Genre Analysis of Qoheleth." *Vetus Testamentum* 48:289–300.
———. 1998b. "The Curse of Work in Qoheleth: An Exposé of Genesis 3:17–19 in Ecclesiastes." *Evangelical Quarterly* 70:99–113.
———. 1998c. "The Poetic Inclusio of Qoheleth in Relation to 1,2 and 12,8." *Scandinavian Journal of the Old Testament* 12:203–13.
———. 1999. "What Is Scepticism and Can It Be Found in the Hebrew Bible?" *Scandinavian Journal of the Old Testament* 13:225–57.
———. 2000. "Ironic Correlations and Scepticism in the Joy Statements of Qoheleth?" *Scandinavian Journal of the Old Testament* 14:67–100.
Archer, Gleason L. 1974. *A Survey of Old Testament Introduction*. Rev. ed. Chicago: Moody.
Bakon, Shimon. 1998. "Koheleth." *Jewish Bible Quarterly* 26:168–76.

Bartholomew, Craig G. 1998. *Reading Ecclesiastes: Old Testament Exegesis and Hermeneutical Theory*. Analecta biblica 139. Rome: Pontificio Istituto Biblico.

———. 1999. "Qoheleth in the Canon?!: Current Trends in the Interpretation of Ecclesiastes." *Themelios* 24:4–20.

Beal, Timothy K. 1998. "C(ha)osmopolis: Qohelet's Last Words." Pp. 290–304 in *God in the Fray: A Tribute to Walter Brueggemann*. Ed. Tod Linafelt and Timothy K. Beal. Minneapolis: Fortress.

Berger, Benjamin Lyle. 2001. "Qohelet and the Exigencies of the Absurd." *Biblical Interpretation* 9:141–79.

Bianchi, Francesco. 1993. "The Language of Qohelet: A Bibliographical Survey." *Zeitschrift für die alttestamentliche Wissenschaft* 105:210–23.

Blenkinsopp, Joseph. 1995. "Ecclesiastes 3.1–15: Another Interpretation." *Journal for the Study of the Old Testament* 66:55–64.

Brindle, Wayne A. 1985. "Righteousness and Wickedness in Ecclesiastes 7:15–18." *Andrews University Seminary Studies* 23:243–57.

Brown, William P. 1996. *Character in Crisis: A Fresh Approach to the Wisdom Literature of the Old Testament*. Grand Rapids: Eerdmans.

———. 2001. "'Whatever Your Hand Finds to Do': Qoheleth's Work Ethic." *Interpretation* 55:271–84.

Bullock, C. Hassell. 1988. *An Introduction to the Poetic Books of the Old Testament*. Rev. ed. Chicago: Moody.

Caneday, Ardel B. 1994. "Qoheleth: Enigmatic Pessimist or Godly Sage?" Pp. 81–113 in *Reflecting with Solomon: Selected Studies on the Book of Ecclesiastes*. Ed. Roy B. Zuck. Grand Rapids: Baker.

Carasik, Michael. 2003. "Qohelet's Twists and Turns." *Journal for the Study of the Old Testament* 28:192–209.

Castellino, George R. 1968. "Qohelet and His Wisdom." *Catholic Biblical Quarterly* 30:15–28.

Chia, Philip P. 1995. "Wisdom, Yahwism, Creation: In Quest of Qoheleth's Theological Thought." *Jian Dao* 3:1–32.

Childs, Brevard S. 1979. *Introduction to the Old Testament as Scripture*. Philadelphia: Fortress.

Clemens, David M. 1994. "The Law of Sin and Death: Ecclesiastes and Genesis 1–3." *Themelios* 19:5–8.

Crenshaw, James L. 1998. "Qoheleth's Understanding of Intellectual Inquiry." Pp. 205–24 in *Qohelet in the Context of Wisdom*. Ed. Antoon Schoors. Bibliotheca ephemeridum theologicarum lovaniensium 136. Leuven: Leuven University Press.

Davis, Barry C. 1991. "Ecclesiastes 12–8: Death, an Impetus for Life." *Bibliotheca Sacra* 148:298–318.

de Jong, Stephan. 1992. "A Book on Labour: The Structuring Principles and the Main Theme of the Book of Qohelet." *Journal for the Study of the Old Testament* 54:107–16.

———. 1994. "Qohelet and the Ambitious Spirit of the Ptolemaic Period." *Journal for the Study of the Old Testament* 61:85–96.

전도서 참고문헌 541

———. 1997. "God in the Book of Qohelet: A Reappraisal of Qohelet's Place in Old Testament Theology." *Vetus Testamentum* 47:154–67.

Dell, Katharine J. 1994. "Ecclesiastes as Wisdom: Consulting Early Interpreters." *Vetus Testamentum* 44:301–29.

———. 2000. *Get Wisdom, Get Insight: An Introduction to Israel's Wisdom Literature*. Macon, GA: Smith & Helwys.

Dillard, Raymond B., and Tremper Longman. 1994. *An Introduction to the Old Testament*. Grand Rapids: Zondervan.

Dulin, Rachel Z. 2001. "'How Sweet Is the Light': Qoheleth's Age-Centered Teachings." *Interpretation* 55:260–70.

Eissfeldt, Otto. 1965 [1964]. *The Old Testament: An Introduction*. Trans. Peter R. Ackroyd. New York: Harper & Row.

Enns, Peter. 2004. "כל־האדמ and the Evaluation of Qohelet's Wisdom in Qoh 12:13 or 'The "A Is So, and *What's More*, B" Theology of Ecclesiastes.'" Pp. 125–37 in *The Idea of Biblical Interpretation: Essays in Honor of James L. Kugel*. Ed. Hindy Najman and Judith H. Newman. Supplements to the Journal for the Study of Judaism 83. Leiden: Brill.

Farmer, Kathleen A. 1994. "Piety or Heresy?" Pp. 223–26 in *Reflecting with Solomon: Selected Studies on the Book of Ecclesiastes*. Ed. Roy B. Zuck. Grand Rapids: Baker.

———. 1998. "The Wisdom Books: Job, Proverbs, Ecclesiastes." Pp. 129–51 in *The Hebrew Bible Today: An Introduction to Critical Issues*. Ed. Steven L. McKenzie and M. Patrick Graham. Louisville: Westminster John Knox.

Fischer, Stefan. 2002. "Qohelet and 'Heretic' Harpers' Songs." *Journal for the Study of the Old Testament* 98:105–21.

Fletcher, Douglas K. 2001. "Ecclesiastes 5:1–7." *Interpretation* 55:296–98.

Fox, Michael V. 1993. "Wisdom in Qoheleth." Pp. 115–31 in *In Search of Wisdom: Essays in Memory of John G. Gammie*. Ed. Leo G. Perdue, Bernard Brandon Scott, and William Johnston Wiseman. Louisville: Westminster John Knox.

———. 1998. "The Innerstructure of Qohelet's Thought." Pp. 225–38 in *Qohelet in the Context of Wisdom*. Ed. Antoon Schoors. Bibliotheca ephemeridum theologicarum lovaniensium 136. Leuven: Leuven University Press.

———. 1999. *A Time to Tear Down and a Time to Build Up: A Rereading of Ecclesiastes*. Grand Rapids: Eerdmans.

Fredericks, Daniel C. 1988. *Qoheleth's Language: Re-Evaluating Its Nature and Date*. Ancient Near Eastern Texts and Studies 3. Lewiston, NY: Edwin Mellen.

———. 1989. "Chiasm and Parallel Structure in Qoheleth 5:9–6:9." *Journal of Biblical Literature* 108:17–35.

———. 1993. *Coping with Transience: Ecclesiastes on Brevity in Life*. Biblical Seminar 18. Sheffield: JSOT Press.

Frydrych, Tomáš. 2002. *Living under the Sun: Examination of Proverbs and Qoheleth*. Supplements to Vetus Testamentum 90. Leiden: Brill.

George, Mark K. 2000. "Death as the Beginning of Life in the Book of Ecclesiastes." Pp. 280–93 in *Strange Fire: Reading the Bible after the Holocaust*. Ed. Tod Linafelt. New York: New York University Press.

Gianto, Agustinus. 1992. "The Theme of Enjoyment in Qohelet." *Biblica* 73:528–32.

Harrison, C. Robert. 1997. "Qoheleth among the Sociologists." *Biblical Interpretation* 5:160–80.

Harrison, Roland Kenneth. 1969. *Introduction to the Old Testament*. Grand Rapids: Eerdmans.

Hill, Andrew E., and John H. Walton. 2000. *A Survey of the Old Testament*. 2nd ed. Grand Rapids: Zondervan.

Hirshman, Marc. 2001. "Qohelet's Reception and Interpretation in Early Rabbinic Literature." Pp. 87–99 in *Studies in Ancient Midrash*. Ed. James L. Kugel. Cambridge, MA: Harvard University Center for Jewish Studies.

Homan, Michael M. 2002. "Beer Production by Throwing Bread into Water: A New Interpretation of Qoh. XI 1–2." *Vetus Testamentum* 52:275–78.

Jarick, John. 1995. "Theodore of Mopsuestia and the Interpretation of Ecclesiastes." Pp. 306–16 in *The Bible in Human Society: Essays in Honour of John Rogerson*. Ed. M. Daniel Carrol R., David J. A. Clines, and Philip R. Davies. Journal for the Study of the Old Testament: Supplement Series 200. Sheffield: Sheffield Academic Press.

Johnston, R. K. 1976. "Confessions of a Workaholic: A Reappraisal of Qoheleth." *Catholic Biblical Quarterly* 38:14–28.

Kaiser, Otto. 1995. "Qoheleth." Pp. 83–93 in *Wisdom in Ancient Israel: Essays in Honour of J. A. Emerton*. Ed. John Day, Robert P. Gordon, and H. G. M. Williamson. Cambridge: Cambridge University Press.

Kamano, Naoto. 2002. *Cosmology and Character: Qoheleth's Pedagogy from a Rhetorical-Critical Perspective*. Beihefte zur Zeitschrift für die alttestamentliche Wissenschaft 312. Berlin: de Gruyter.

Kruger, H. A. J. 1998. "Old Age Frailty versus Cosmic Deterioration? A Few Remarks on the Interpretation of Qohelet 11,7–12,8." Pp. 399–411 in *Qohelet in the Context of Wisdom*. Ed. Antoon Schoors. Bibliotheca ephemeridum theologicarum lovaniensium 136. Leuven: Leuven University Press.

Kugel, James. 1997. "Wisdom and the Anthological Temper." *Prooftexts* 17:9–32.

LaSor, William Sanford, et al. 1996. *Old Testament Survey: The Message, Form, and Background of the Old Testament*. 2nd ed. Grand Rapids: Eerdmans.

Levine, Étan. 1997. "The Humor in Qohelet." *Zeitschrift für die alttestamentliche Wissenschaft* 109:71–83.

Longman, Tremper. 2003. "Israelite Genres in Their Ancient Near Eastern Context." Pp. 177–95 in *The Changing Face of Form Criticism for the Twenty-First Century*. Ed. Marvin A. Sweeney and Ehud Ben Zvi. Grand Rapids: Eerdmans.

Machinist, Peter. 1995. "Fate, *miqreh*, and Reason: Some Reflections on Qohelet and Biblical Thought." Pp. 159–75 in *Solving Riddles and Untying Knots: Biblical, Epigraphic, and Semitic Studies in Honor of Jonas C. Greenfield*. Ed. Ziony Zevit, Seymour Gitin, and Michael Sokoloff. Winona Lake, IN: Eisenbrauns.

McCabe, Robert V. 1996. "The Message of Ecclesiastes." *Detroit Baptist Seminary Journal* 1:85–112.

McKenna, John E. 1992. "The Concept of *Hebel* in the Book of Ecclesiastes." *Scottish Journal of Theology* 45:19–28.

Miller, Douglas B. 1998. "Qohelet's Symbolic Use of הבל." *Journal of Biblical Literature* 117:437–54.

———. 1999. "Power in Wisdom: The Suffering Servant of Ecclesiastes 4." Pp. 145–73 in *Peace and Justice Shall Embrace: Power and Theopolitics in the Bible*. Ed. Ted Grimsrud and Loren L. Johns. Telford, PA: Pandora.

———. 2000. "What the Preacher Forgot: The Rhetoric of Ecclesiastes." *Catholic Biblical Quarterly* 62:215–35.

———. 2002. *Symbol and Rhetoric in Ecclesiastes: The Place of Hebel in Qohelet's Work*. Academia biblica 2. Atlanta: Society of Biblical Literature.

Mills, Mary E. 2003. *Reading Ecclesiastes: A Literary and Cultural Exegesis*. Heythrop Studies in Contemporary Philosophy, Religion and Theology. Burlington, VT: Ashgate.

Murphy, Roland E. 1993. "Recent Research on Proverbs and Qoheleth." *Currents in Research: Biblical Studies* 1:119–40.

Newsom, Carol A. 1995. "Job and Ecclesiastes." Pp. 177-94 in *Old Testament Interpretation: Past, Present, and Future; Essays in Honor of Gene M. Tucker*. Ed. James Luther Mays, David L. Petersen, and Kent Harold Richards. Nashville: Abingdon.

Pahk, Johan Yeong Sik. 1998. "The Significance of אשר in Qoh 7,26: 'More Bitter Than Death Is the Woman, *If* She Is a Snare.'" Pp. 373–83 in *Qohelet in the Context of Wisdom*. Ed. Antoon Schoors. Bibliotheca ephemeridum theologicarum lovaniensium 136. Leuven: Leuven University Press.

———. 2001. "A Syntactical and Contextual Consideration of *ʾŠH* in Qoh. IX 9." *Vetus Testamentum* 51:370–80.

Parsons, Greg W. 2003a. "Guidelines for Understanding and Proclaiming the Book of Ecclesiastes, Part 1." *Bibliotheca Sacra* 160:159–73.

———. 2003b. "Guidelines for Understanding and Proclaiming the Book of Ecclesiastes, Part 2." *Bibliotheca Sacra* 160:283–304.

Perdue, Leo G. 2003. "Proverbs and Ecclesiastes." Pp. 209–21 in *Chalice Introduction to the Old Testament*. Ed. Marti J. Steussy. St. Louis: Chalice.

Perry, T. A. 1993. *Dialogues with Kohelet: The Book of Ecclesiastes*. University Park: Pennsylvania State University Press.

Reitman, James S. 1997. "The Structure and Unity of Ecclesiastes." *Bibliotheca Sacra* 154:297–319.

Rudman, Dominic. 1997a. "A Contextual Reading of Ecclesiastes 4:13–16." *Journal of Biblical Literature* 116:57–73.

———. 1997b. "Woman as Divine Agent in Ecclesiastes." *Journal of Biblical Literature* 116:411–27.

———. 1998. "The Anatomy of the Wise Man: Wisdom, Sorrow and Joy in the Book of Ecclesiastes." Pp. 413–18 in *Qohelet in the Context of Wisdom*. Ed. Antoon Schoors. Bibliotheca ephemeridum theologicarum lovaniensium 136. Leuven: Leuven University Press.

———. 1999. "A Note on the Dating of Ecclesiastes." *Catholic Biblical Quarterly* 61:47–52.

———. 2001. *Determinism in the Book of Ecclesiastes*. Journal for the Study of the Old Testament: Supplement Series 316. Sheffield: Sheffield Academic Press.

Ryken, Leland. 1974. *The Literature of the Bible*. Grand Rapids: Zondervan.

———. 1992. *Words of Delight: A Literary Introduction to the Bible*. 2nd ed. Grand Rapids: Baker.

———. 1993. "Ecclesiastes." Pp. 268–80 in *A Complete Literary Guide to the Bible*. Ed. Leland Ryken and Tremper Longman. Grand Rapids: Zondervan.

Salyer, Gary D. 2001. *Vain Rhetoric: Private Insight and Public Debate in Ecclesiastes*. Journal for the Study of the Old Testament: Supplement Series 327. Sheffield: Sheffield Academic Press.

Schoors, Antoon. 1998a. "The Word *twb* in the Book of Qoheleth." Pp. 685–700 in *"Und Mose schreib dieses Lied auf": Studien zum Alten Testament und zum alten Orient; Festschrift für Oswald Loretz zur Vollendung seines 70. Lebensjahres mit Beiträgen von Freunden, Schülern und Kollegen*. Ed. Manfried Dietrich and Ingo Kottsieper. Alter Orient und Altes Testament 250. Münster: Ugarit-Verlag.

———. 1998b. "Words Typical of Qohelet." Pp. 17–39 in *Qohelet in the Context of Wisdom*. Ed. Antoon Schoors. Bibliotheca ephemeridum theologicarum lovaniensium 136. Leuven: Leuven University Press.

———. 2000. "The Verb *hāyâ* in Qoheleth." Pp. 229–38 in *Shall Not the Judge of All the Earth Do What Is Right? Studies on the Nature of God in Tribute to James L. Crenshaw*. Ed. David Penchansky and Paul L. Redditt. Winona Lake, IN: Eisenbrauns.

Seow, Choon-Leong. 1995. "Qohelet's Autobiography." Pp. 275–87 in *Fortunate the Eyes That See: Essays in Honor of David Noel Freedman in Celebration of His Seventieth Birthday*. Ed. Astrid B. Beck et al. Grand Rapids: Eerdmans.

———. 1996a. "Linguistic Evidence and the Dating of Qohelet." *Journal of Biblical Literature* 115:643–66.

———. 1996b. "The Socioeconomic Context of 'The Preacher's Hermeneutic.'" *Princeton Theological Bulletin* 17:168–95.

———. 1997a. "'Beyond Them, My Son, Be Warned': The Epilogue of Qohelet Revisited." Pp. 125–41 in *Wisdom, You Are My Sister: Studies in Honor of Roland E. Murphy, O. Carm, on the Occasion of His Eightieth Birthday*. Ed. Michael L. Barré. Catholic Biblical Quarterly Monograph Series 29. Washington, DC: Catholic Biblical Association of America.

———. 1997b. "Dangerous Seductress or Elusive Lover? The Woman of Ecclesiastes 7." Pp. 22–33 in *Women, Gender, and Christian Community*. Ed. Jane Dempsey Douglass and James F. Kay. Louisville: Westminster John Knox.

———. 1999. "Qohelet's Eschatological Poem." *Journal of Biblical Literature* 118:209–34.

———. 2000a. "Beyond Moral Grasp: The Usage of *Hebel* in Ecclesiastes." *Australian Biblical Review* 48:1–16.

———. 2000b. "Rehabilitating 'The Preacher': Qohelet's Theological Reflections in Context." Pp. 91–116 in *The Papers of the Henry Luce III Fellows in Theology*, vol. 4. Ed. Matthew Zyniewicz. Series in Theological Scholarship and Research. Pittsburgh: Association of Theological Schools in the United States and Canada.

전도서 참고문헌 545

———. 2001. "Theology When Everything Is out of Control." *Interpretation* 55:237-49.
Shank, H. Carl. 1994. "Qoheleth's World and Life View." Pp. 67-80 in *Reflecting with Solomon: Selected Studies on the Book of Ecclesiastes*. Ed. Roy B. Zuck. Grand Rapids: Baker.
Sharp, Carolyn J. 2004. "Ironic Representation, Authorial Voice, and Meaning in Qohelet." *Biblical Interpretation* 12:37-68.
Shead, Andrew G. 1996. "Ecclesiastes from the Outside In." *Reformed Theological Review* 55:24-37.
———. 1997. "Reading Ecclesiastes 'Epilogically.'" *Tyndale Bulletin* 48:67-91.
Sheppard, Gerald T. 1977. "The Epilogue to Qoheleth as Theological Commentary." *Catholic Biblical Quarterly* 39:182-89.
Shields, Martin A. 1999. "Ecclesiastes and the End of Wisdom." *Tyndale Bulletin* 50:117-39.
———. 2000. "Re-examining the Warning of Eccl. XII 12." *Vetus Testamentum* 50:123-27.
Shnider, Steven, and Lawrence Zalcman. 2003. "The Righteous Sage: Pleonasm or Oxymoron?" *Zeitschrift für die alttestamentliche Wissenschaft* 115:435-39.
Slemmons, Timothy Matthew. 2001. "Ecclesiastes 12:1-13." *Interpretation* 55:302-4.
Smelik, K. A. D. 1998. "A Re-Interpretation of Ecclesiastes 2,12b." Pp. 385-89 in *Qohelet in the Context of Wisdom*. Ed. Antoon Schoors. Bibliotheca ephemeridum theologicarum lovaniensium 136. Leuven: Leuven University Press.
Smith, David L. 1992. "The Concept of Death in Job and Ecclesiastes." *Didaskalia* 4:2-14.
Sneed, Mark. 1998. "The Social Location of the Book of Qoheleth." *Hebrew Studies* 39:41-51.
———. 2002. "(Dis)closure in Qohelet: Qohelet Deconstructed." *Journal for the Study of the Old Testament* 97:115-26.
Spangenberg, Izak J. J. 1996. "Irony in the Book of Qohelet." *Journal for the Study of the Old Testament* 72:57-69.
Tamez, Elsa. 1996. "When Horizons Close: A Reflection on the Utopian *Ratio* of Qoheleth." Pp. 207-20 in *The Future of Theology: Essays in Honor of Jürgen Moltmann*. Ed. Miroslav Volf, Carmen Krieg, and Thomas Kucharz. Grand Rapids: Eerdmans.
———. 1997. "When the Horizons Close upon Themselves: A Reflection on the Utopian Reason of Qohelet." Pp. 53-68 in *Liberation Theologies, Postmodernity, and the Americas*. Ed. David Batstone et al. London: Routledge.
———. 2000 [1998]. *When the Horizons Close: Rereading Ecclesiastes*. Trans. Margaret Wilde. Maryknoll, NY: Orbis.
———. 2001. "Ecclesiastes: A Reading from the Periphery." *Interpretation* 55:250-59.
van der Toorn, Karel. 2000. "Did Ecclesiastes Copy Gilgamesh?" *Bible Review* 16:22-30.

van der Wal, A. J. O. 1998. "Qohelet 12,1a: A Relatively Unique Statement in Israel's Wisdom Tradition." Pp. 413–18 in *Qohelet in the Context of Wisdom*. Ed. Antoon Schoors. Bibliotheca ephemeridum theologicarum lovaniensium 136. Leuven: Leuven University Press.

von Rad, Gerhard. 1972 [1970]. *Wisdom in Israel*. Trans. James D. Martin. London: SCM.

Weeks, Stuart. 1999. "Whose Words? Qoheleth, Hosea and Attribution in Biblical Literature." Pp. 151–70 in *New Heaven and New Earth: Prophecy and the Millennium*. Ed. P. J. Harland and C. T. R. Hayward. Supplements to Vetus Testamentum 77. Leiden: Brill.

Weisman, Ze'ev. 1999. "Elements of Political Satire in Koheleth 4,13–16; 9,13–16." *Zeitschrift für die alttestamentliche Wissenschaft* 111:547–60.

Whitley, Charles F. 1979. *Koheleth: His Language and Thought*. Beihefte zur Zeitschrift für die alttestamentliche Wissenschaft 148. Berlin: de Gruyter.

Whybray, R. N. 1981. "Ecclesiastes 1:5–7 and the Wonders of Nature." *Journal for the Study of the Old Testament* 41:105–12.

———. 1998. "Qoheleth as a Theologian." Pp. 239–65 in *Qohelet in the Context of Wisdom*. Ed. Antoon Schoors. Bibliotheca ephemeridum theologicarum lovaniensium 136. Leuven: Leuven University Press.

Wilson, Lindsay. 1998. "Artful Ambiguity in Ecclesiastes 1,1–11: A Wisdom Technique?" Pp. 357–65 in *Qohelet in the Context of Wisdom*. Ed. Antoon Schoors. Bibliotheca ephemeridum theologicarum lovaniensium 136. Leuven: Leuven University Press.

Wood, David. 1999. "Ecclesiastes: Millennium Gospel?" *Epworth Review* 26:25–33.

Wright, Addison G. 1997. "The Poor but Wise Youth and the Old but Foolish King (Qoh 4:13–16)." Pp. 142–54 in *Wisdom, You Are My Sister: Studies in Honor of Roland E. Murphy, O. Carm, on the Occasion of His Eightieth Birthday*. Ed. Michael L. Barré. Catholic Biblical Quarterly Monograph Series 29. Washington, DC: Catholic Biblical Association of America.

Wright, J. Stafford. 1972. "The Interpretation of Ecclesiastes." Pp. 133–50 in *Classical Evangelical Essays in Old Testament Interpretation*. Ed. Walter C. Kaiser. Grand Rapids: Baker.

Zuck, Roy B., ed. 1994. *Reflecting with Solomon: Selected Studies on the Book of Ecclesiastes*. Grand Rapids: Eerdmans.

아가서

아가서는 성서 안에서 가장 아름답고 신비스러운 책들 중 하나이다. 수 세기 동안 학자들은 이 책의 해석에 관하여 논하였으며, 설교자들은 그것이 기독교인들에게 어떠한 관련성을 가지고 있는지를 설명하기 위해 노력하였다. 그리고 학생들은 이 책의 언어를 놓고서 씨름하였다. 사실상 이 노래의 모든 부분들이 논쟁을 유발한다. 각종 주석들을 일견해 보면 이러한 사실을 금방 확인할 수 있다.

저자와 연대

"누가 언제 아가서를 기록했는가?"라는 질문조차도 대단히 다양한 답변을 만들어낸다. 전통적인 견해는 이 책이 주전 10세기경에 솔로몬에 의해 기록되었다고 주장한다. 표제가 암시하는 것처럼 말이다(1:1). 아가서 안에는 솔로몬에 대해 언급하는 몇몇 본문들이 있으며(1:1, 5; 3:7, 9, 11; 8:11-12), 더 일반적으로 왕에 대해 언급하는 본문들도 있다(1:4, 12; 3:9, 11; 7:5). 구약성서의 역사 이야기는 솔로몬이 많은 노래들을 저작했다고 묘사한다(왕상 4:32). 시편 72편과 12편의 표제들은 그를 작곡가로 언급한다. 뿐만 아니라 문법적인 특징들의 일부와 언어는 초기 이스라엘과 가나안 및 이집트 등지의 시가에서 발견되는 것들과 평행을 이루고 있다(Carr 1984: 18). 고이타인

(Goitein 1993: 58)은 이를 다음과 같이 설명한다: "이집트에서는 이미 주전 1200년경에 사랑에 관한 서정시 작품들이 존재했었다. 그러나 이집트의 작품들이 기계적인 또는 외적인 수단들에 근거하여 하나로 묶어지는 반면에 … 아가서는 줄거리에 초점을 맞추고 있다. 물론 그것이 아주 특별한 줄거리인 것은 아니다. 그러한 줄거리는 이스라엘 안에서 비교적 자주 발견되었던 듯하다." 뿐만 아니라 아가서는 통일왕국 시대의 번성하는 이스라엘을 배경으로 하고 있는 것으로 보이는 바, 이는 솔로몬의 영화로운 통치에 잘 들어맞는다.

바벨론 탈무드에 반영되어 있는 초기 유대교 전승은 아가서가 주전 700년 무렵의 히스기야와 그의 서기관들에 의해 만들어졌다고 본다. 이 무렵의 역사적인 상황에서는 북왕국 이스라엘이 이미 앗수르에 포로로 잡혀간 이후였다. 그 결과 다른 나라들로부터 유입되어 온 피난민들은 아마도 아가서가 왜 고대 근동의 국제어인 아람어의 많은 흔적들을 보여주는지를 설명하는 데 도움을 줄 것이다. 이 연대 역시 거의 같은 시기의 이집트와 메소포타미아에서 발견된 비슷한 사랑 노래들과 일치한다(Keel 1994: 5; Nissinen 1998: 586).

많은 학자들은 아가서가 이스라엘 역사의 매우 늦은 시기에 속한 책이라고 주장함으로써 솔로몬을 저자로 인정하지 않는다. 그들은 아가서가 솔로몬에 의해 1인칭으로 기록된 것이 아니라 솔로몬에 관하여 3인칭으로 기록된 것임을 지적한다. 이러한 견해는 저자가 솔로몬의 시대를 전설적인 황금시대로 되돌아보고 있다고 본다(Bloch and Bloch 1995: 22). 이 견해에 따르면, 아가서는 포로기 이후의 페르시아 통치시대 또는 더 늦은 헬레니즘 시대에 만들어진 책으로서, 국제적인 성격을 강하게 드러내는 어휘와 문법을 사용하고 있다.

최근의 몇몇 연구들은 아가서가 여성의 시각에 대한 특별한 관심을 드러내고 있다는 점을 주목한다. 이는 절반 이상의 절들이 여성에 의해 말하여지고 있기 때문이다. 특히 중요한 것은, 브렌너(Brenner 1985: 50)가 지적한 바와 같이, 1:2-6; 3:1-4; 5:1-7, 10-16 등과 같은 구절들은 너무도 철저하게 여자의 감정을 대변하고 있어서 어떻게 남자가 그것들을 기록할 수 있었겠는지를 이해하기가 쉽지 않다. 라코크(Lacocque 1998: 41)는 다음과 같이 주

장한다: "이 시에 나오는 술람미 여인의 배후에는 여성 저자가 숨어 있다. 예로서 다수의 이야기들이 그녀의 입에서 나오고 있을 뿐만 아니라, 남자 연인이 종종 길게 말하기도 하지만 그의 말들이 때때로 그녀의 말들로부터 인용한 것들로 이루어져 있다는 사실은 놀라운 일이 아닐 수 없다. 그녀는 아가서에서 맨 처음과 맨 나중에 말하는 자로 나타난다. 그녀는 그를 일깨우는 자이다(8:5). 여성이 이처럼 우세한 지위를 차지하는 경우는 성서에서 유일하다. 고대 근동 지역(이스라엘 포함)에서 여자들에 의해 시가 만들어지는 경우가 종종 있기도 하지만 말이다." 그러한 증거가 확정적이지는 않으나 해석자는 그 점을 고려하지 않으면 안 된다.

아가서의 구체적인 저자와 연대에 관하여 학자들 사이에 의견의 일치가 이루어져 있지는 않지만, 많은 이들이 솔로몬에 대한 언급을 성서의 지혜 전통과 관련된 것으로 이해한다(Gledhill 1994: 22). 지혜 교사는 삶에 대한 예리한 관찰을 통하여 하나님께서 어떻게 세계를 구성하셨는지를 깨달은 사람이다. 남녀 사이의 사랑이라는 주제는 이스라엘에서 지혜를 배우고 가르치는 데 있어서 대단히 중요한 요소이다. 솔로몬은 성서에서 지혜의 모범으로 여겨지고 있는 까닭에(왕상 3:12), 그의 이름이 사랑을 하나님께서 작용하도록 만드신 것으로 칭송하는 이 노래와 관련되어 있다는 것은 놀라운 일이 아니다(Childs 1979: 574; Saebø 1996: 270).

아가서의 연대를 결정짓는 일은 쉽지가 않다. 왜냐하면 아가서와 비교될 만한 노래가 성서 안에 거의 없기 때문이다. 어떤 이들은 디르사 성읍 — 북왕국의 초기 수도인 — 에 대한 6:4의 언급과 같은 본문상의 자료들에 근거하여 아가서의 연대를 결정하려고 하지만(Garrett 2004: 20, 228), 그러한 결론은 확정적이지 않다. 아가서의 언어는 학자들 사이에 서로 일치하지 않는 결론들을 만들어냈을 뿐이다. 왜냐하면 초기 연대(아마도 솔로몬 저작설을 뒷받침하는)를 가리키는 증거를 제시할 수도 있고, 후기 연대(솔로몬 저작설을 인정할 수 없음)를 가리키는 증거를 제시할 수도 있기 때문이다. 이처럼 다양한 증거에 근거하여 많은 학자들은 아가서가 여러 세기에 걸쳐 만들어진 노래들의 모음집이라고 주장한다. 그것은 솔로몬의 시대에 맨 처음 만들어졌을 수도 있다. 그러다가 오랜 기간 동안 여러 차례에 걸쳐서 편집 작업이 이루어졌을 것이다(Fox 1985: 190). 허바드(Hubbard 1991: 257)는 다음과 같은 주장을 내세운다: "아가서는 잠언과 마찬가지로 수집물이다. 아가서의 사랑 서정시들과 결혼 노래들은 상당수가 솔로몬 시대(주전 930년)에 속한 것인 바, 그것들은 여러 세기에 걸쳐서 전승되었고 다양한 외부 영향을 받아 변형되었다. 그것들은 문화 속에서 사용되던 살아있는 노래들이었다. 메소포타미아와 이집트의 평행 자료들이 보여주듯이 말이다. 바로 그러한 사용에 의하여 그것들은 보존되었고, 혁신적인 생각을 가진 사람들에 의하여 즉흥적으로 새로운 내용이 추가되기도 하고 변화를 겪기도 하였다. 그러한 즉흥적인 추가 자료들은 사람들에게 인정을 받으면서 오랫동안 전승되었다. 따라서 개별 단락들의 연대는 이스라엘 역사와 거의 맞먹는 기간에 걸쳐 있을 것이다." 여기서 한 가지 확실한 것은 아직까지는 어느 누구도 아가서를 누가 언제 기록하였는지에 관한 합의를 이끌어낼 만큼 충분히 설득력 있는 주장을 내세운 적이 없다는 점이다.

정경성

아가서는 사랑 노래라는 뚜렷한 성격으로 인하여, 별다른 논쟁 없이 유대교 정경에서 배제되었다(Bakon 1994: 212-13). 그러나 바벨론 탈무드(주후 6세기경)는 랍비들이 아가서가 히브리 성서의 한 부분을 구성하고 있다는 점에 합의했다고 본다. 유대교 정경 안에 들어온 덕택에 아가서 역시 기독교인들의 성서에 속한 책으로 인식되었다. 주후 2세기의 이른 시기에 이미 아퀼라(Aquila), 심마쿠스(Symmachus), 테오도티온(Theodotion), 멜리토(Melito) 주교 등과 같은 유대인 학자들은 거룩한 책들의 수집물에 아가서를 포함시켰다.

통일성

아가서는 한 개의 노래를 이루고 있는 것일까, 아니면 오랜 세월 동안 서로 다른 상황 속에서 만들어진 많은 노래들의 모음집인 것일까? 많은 학자들은 성서 안에 있는 시편이나 잠언 같은 책들이 오랜 기간 동안 발전되어 온 노래들이나 지혜 격언들의 수집물들을 포함하고 있다고 본다. 예로서 고르디스(Gordis 1974: xii)는 아가서가 이스라엘 역사의 5세기 동안 만들어진 노래들의 모음집이라는 결론을 내린다. 포크(Falk 1990: xiv)는 아가서가 오로지 고대 히브리 시의 문학적인 관습에 의해서만 하나로 통일된 31개의 시들로 이루어져 있다고 주장한다. 그러나 아가서를 시편이나 잠언과 비교한다고 하지만, 사실상 아가서는 이 두 권의 책들보다 더 강한 통일성을 가지고 있다. 아가서의 각 부분들은 사랑의 주제를 다루고 있다. 따라서 아가서 전체를 하나의 통일된 작품으로 주장할 만한 합당한 근거가 있는 것으로 보인다. 머피(Murphy 1990: 3)는 이를 다음과 같이 설명한다: "개별적인 시들 자체는 다양한 심상, 문학적인 스타일과 형식, 정념(情念) 등의 세계를 보여주는 바 이들은 아가서가 단순한 노래 모음집이 아니라 통일된 작품임을 드러내준다." 사실 아가서는 전체적으로 언어와 분위기 및 주제 등에 있어서 많은 연속성을 보이고 있는 까닭에, 솜씨 좋은 어떤 문학 전문가가 다양한 조각들을 세심하게 잘 정리하여 현재의 아름다운 본문으로 만들었으리라는 결론을 피하기가 어렵다(Carr 1993: 290-91).

구체적으로 말해서 아가서 본문은 전체적으로 보아 다양한 심상들과 후렴구들을 되풀이하고 있다. 더 나아가서 두 명의 주요 인물이 처음부터 끝까지 자리를 지키고 있다. 아가서 안에 있는 언어나 문법은 다수의 노래들 — 상이한 시기의 여러 사람들에 의하여 만들어진 — 이 합쳐져서 만들어진 것치고는 그렇게 큰 변화를 보이고 있지 않다. 뿐만 아니라 구애로부터 시작하여 결혼으로 열매를 맺기까지의 전반적인 주제상의 발전 과정(Deere 1985: 1010)은 아가서가 정리되지 않은 노래들의 모음집이라기보다는 하나의 단일 작품임을 암시한다.

그럼에도 불구하고 우리는 아가서가 서정시라는 점을 기억해야만 한다. 따라서 이 책은 그러한 내용에 맞추어서 읽지 않으면 안 된다. 아가서는 현실주의적인 표현법을 사용하는 역사 이야기가 아니다. 도리어 이 책은 암시법을 통하여 자신의 메시지를 전달하기 위해 시적인 이미지들을 사용한다. 시가의 성격을 가지고 있는 아가서는 단순히 어떤 한 가지의 경험에 대하여 보고하기보다는 독자들로 하여금 그러한 경험을 재창조하게 하려는 목적을 가지고 있다.

아가서는 사랑과 결혼 — 하나님께서 인간의 삶을 부요하게 하기 위하여 허락하신 — 을 경축하기 위한 노래 모음집이나 서정적인 민요라고 할 수도 있다. 이와 관련된 노래들은 포괄적인 전체 줄거리를 드러내면서도 모든 상세한 부분들까지 다루지는 않는다. 그 이유는 아마도 본래의 청중이 이야기 형식에 더 친숙했기 때문일 것이다. 오늘날의 독자는 아가서의 세계 안으로 들어가기 위하여 상상력을 활용할 필요가 있다. 이처럼 상상력에 기초한 독서를 통하여 독자들은 아가서의 중심인물들이 실제로 경험한 것을 대신하여 즐길 수 있을 것이다.

해석 방법들

학자들은 놀라울 정도로 다양한 방법들을 통하여 아가서를 관찰하고자 했다. 해석의 역사 전체를 통틀어 보면, 유대인 학자들과 기독교 학자들 모두 아가서에 대한 대단히 다양한 이해를 발전시켜 왔는 바, 이는 포프(Pope 1977: 89-229)에 의하여 유용하게 잘 정리되어 있다.

아마도 아가서를 은유(allegory)로 보는 견해야말로 아가서에 대한 가장 지배적인 해석법일 것이다. 그리스의 호메로스(Homer) 이야기를 은유로 해석한 테오게네스(Theogenes)의 전례를 따르는 은유적 해석은 문자적인 지시 대상을 넘어서는 좀 더 깊은 의미를 추구한다(Louth 1994: 242-43). 그 결과 아가서 안에 있는 남녀 관계는 유대인 해석자들에 의하여 야웨와 이스라엘 사이의 관계를 가리키는 비유적이고 영적인 차원의 것으로 이해되었다. 예로서 아람어의 아가서 탈굼(Targum of the Song of Songs [Neusner 1993; Menn 2000: 425])이 그렇다. 그리고 아가서 안의 남녀 관계는 주후 200년경의 히폴리투스(Hippolytus)를 필두로 하는 초기 기독교 저자들에 의하여 그리스도와 교회 사이의 관계를 나타내는 것으로 이해되었다.

은유는 상당한 양의 주관주의를 해석 작업에 이끌어 들인다. 그리하여 오리겐(Origen)과 같은 학자는 아가서 본문의 세부적인 내용들을 전부 해독함으로써(Corney 1998: 502) 그리스도와 교회 사이의 사랑을 설명하는 열 권짜리의 연속적인 아가서 주석서를 집필할 수 있었다(Carr 1998b: 177). 이와 마찬가지로 닛사의 그레고리(Gregory of Nissa)는 아가서에 근거하여 완전을 향해 나아가는 영혼의 순례 과정을 진술하였으며(Norris 1998: 518; Laird 2002: 511-20), 중세의 주석가인 니콜라스(Nicholas of Lyra)는 아가서가 하나님과 교회 사이의 관계를 연대순을 따라 역사적으로 서술한 책이라고 주장하였다(Dove 2000: 135-36). 이로써 아가서에 대한 문자적인 해석의 기초가 종종 흐려지거나 배척당하기도 한다는 것은 놀라운 일이 아니다. 은유적인 해석은 순전히 아가서 본문에 신학적인 내용들을 추가한 것에 지나지 않기 때문이다.

중세 시대를 거쳐서 현대에 이르기까지 은유는 유대교 학자들이나 기독교 학자들의 아가서 해석을 지배하였다(Norris 2003). 대체적으로 해석자들은 아가서에 있는 이미지들이 자신의 신학적인 믿음을 잘 드러내 준다고 보았다. 주석가들은 오늘날의 포스트모던(postmodern) 해석 이론과 크게 평행을 이루는 방식을 취함으로써, 본문의 본래적인 의도를 주석하기보다는 그들 자신의 선입견을 활용하여 아가서를 해석하려고 했다. 보통은 본문의 문자적인 의미를 엄격하게 고수하던 루터(Kiecker 2001: 126)나 칼빈조차도 아가서를 은유로 해석하였다. 라쉬(Rashi)나 이븐 에즈라(Ibn Ezra)와 같은 유명한 유대교 주석가들이 그러했던 것처럼 말이다(Blumenthal 1995: 83; Alexander 1996: 16-29). 버건트(Bergant 2001: x)는 기독교인들의 아가서 주석에 있는 은유가 몇 가지 상이한 형태를 가지고 있다는 점을 지적한 바가 있다: "기독교 쪽의 은유는 그리스도와 교회 사이의 관계를 서술한다는 점에서 교회론적인 성격을 가지거나, 도덕적인 의미에 초점을 맞춘다는 점에서 비유적인 성격을 가지고 있다. 아니면 처녀 마리아를 교회의 탁월한 모범으로 본다는 점에서 마리아론적인 성격을 갖기도 한다."

기독교의 설교학 서적이나 경건 서적들에서 아가서는, 다른 경우에는 성서를 문자적으로 읽어야 한다고 주장하는 일부 복음주의자들에 의하여 여전히 은유적인 해석의 대상으로 여겨지고 있다. 그러나 은유적인 해석의 잦은 사용이 필연적으로 그 정확성을 보증해 주는 것은 아니다. 현재의 경우 대부분의 학자들은 몇 가지 이유들에 근거하여 은유가 무언가 부족한 것이라고 본다. 성서 안에서 진정한 은유는 이사야 5:1-7; 에스겔 16장; 23장 등에서처럼 저자들에 의하여 분명하게 무언가 부족한 것으로 사용된다. 뿐만 아니라 은유의 정확성을 입증할 만한 객관적인 수단이 없다. 그 까닭에 이러한 해석법은 주석가들의 상상력에 전적으로 의존하는 다수의 서로 다른 해석들을 만들어내기에 이른다(Garrett 2004: 74).

아가서의 특수한 경우, 은유가 본문의 정밀한 언어를 만족스럽게 설명해 주지 못한다. 특히 서술적인 성격을 갖는 노래들에 있어서 그렇다. 도리어 은유적인 해석은 인간의 몸과 성(性)을 죄악스러운 것으로 간주하며, 그것들을 비신체적인 거룩한 평행 요소들로 대체해 버린다. 더 나아가서 아가서에 대한 은유적인 해석은 남녀의 사랑을 시작함에 있어서 여성의 적극적인 역할을 충분히 설명해주지 못하며(Nielsen 1998: 183), 남녀 양성의 평등함에 대한 강조점도 제대로 설명해주지 못한다(Fox 1985: 237). 이것은 아가서에 대한 은유적인 해석에 의해 가르쳐지는 것들이 반드시 나쁜 신학이라고 말하는 것은 아니다. 종종 그러한 해석은 성서의 다른 곳에서도 합법적으로 가르쳐지는 숭고한 진리를 드러내기도 하지만, 그것은 해석자 자신에 의하여 아가서 안으로 유입되는 경우가 대부분이다.

두 번째의 중요한 해석법은 모형론이다. 모형론적인 해석은 여러 가지 점에서 은유적인 해석법을 따라 영적인 평행 요소들을 찾아나가고자 하지만, 문자적인 의미를 고수함으로써 한층 더 객관적인 입장을 견지하려고 노력한다(Parsons 1999: 402). 카아(Carr 1984: 24)가 설명한 바와 같이, "은유가 구약 성서 본문의 역사성이나 사실성을 부정하거나 무시하고서 좀 더 깊고 감추어진 의미 또는 영적인 의미를 본문에 부과하는 반면에, 모형론은 구약 본문의 가치를 그 자체로서 인정하되, 구약 본문이 예시하는 신약의 특정 사건이나 가르침과 평행을 이루는 요소를 그 본문 안에서 찾고자 노력한다."

아가서에 대한 모형론적인 해석은 남자와 여자 사이의 사랑을 아가서의 기본적인 의미로 간주한다. 그러나 좀 더 광범위한 정경적인 맥락에서 볼 경우에, 성서는 인간 세상의 사랑과 결혼이라는 표상을 하나님과 그의 백성 사이의 관계를 전하는 데 사용한다. 여기서 말하는 그의 백성은 구약의 경우 이스라엘을 가리키며(Lyke 1999: 211-12), 신약의 경우에는 교회를 가리킨다. 뿐만 아니라 웬란드(Wenland 1995: 48)가 추론한 바와 같이, "지나치게 많은 비유적 표현은 본문의 메시지에 남녀의 사랑을 경축하는 것 이상의 무언가가 있다는 암시를 준다." 이러한 시각에서 본다면 아가서는 하나님에 의해서 좀 더 큰 신학적인 의미를 전달하려는 의도를 갖게 된 책으로 이해된다. 이러한 해석 방법은 본문의 문자적인 의미를 진지하게 받아들인다는 장점을 가지고 있지만, 신속하게 좀 더 큰 모형론적인 의미를 향해 움직임으로써, 은유의 폐단인 주관주의를 이끌어들이는 결과를 초래한다.

많은 해석자들, 특히 19세기에 속한 해석자들은 아가서를 한 편의 드라마로 보려는 견해를 취한다. 델리취(Delitzsch)는 아가서 안에 두 중심인물이 있다고 보았지만, 좀 더 대중적인 드라마적 해석을 대표하는 이븐 에즈라(Ibn Ezra)와 에발트(Ewald), 드라이버(S. R. Driver) 및 일부 현대 주석가들(Hill and Walton 2000: 375; Provan 2000: 158)은 세 명의 등장인물들이 사랑의 삼각관계를 이루고 있다고 주장한다. 이 해석에 의하면, 솔로몬은 종종 술람미 여인(6:13)으로 불리는 젊은 여성을 따라다니지만, 그녀를 꾀어내려는 그의 온갖 노력은 목자 연인을 향한 그녀의 사랑을 뒤엎지 못한다. 마침내 그녀는 왕을 물리치고서 자신의 진정한 사랑을 가슴에 안는다.

드라마적인 해석은 많은 독자들의 관심을 끌고 있음에도 불구하고 상당한 난관에 부닥친다. 아가서는 드라마적인 가르침을 전혀 포함하고 있지 않다. 따라서 줄거리와 등장인물들을 책 안으로 이끌어들여 읽어서는 안 된다(Brenner 1989: 71). 특히 어려운 일은 남자의 말을 왕의 말과 목자의 말로 나누는 일이다. 이 견해는 또한 여인을 솔로몬의 말에 답변하면서 자신의 참된 목자 연인에 관하여 그에게 말하는 특별한 상황 속에서 찾지만, 아무리 잘 보아주어도 어색하기 짝이 없다(Garrett 1993: 359). 셈족 사람들 전체에 걸쳐서 참된 드라마 작품이 있음을 나타내는 증거는 거의 없다. 특히 히브리 백성 사이에 있어서 그렇다. 드라마적인 해석은 당대의 알려진 문헌들에 있는 평행 자료들에 의존하지 않는다. 이 해석을 주장하는 자들이 때때로 아가서 안에서 발견했다고 말하는 연애 이야기는 너무 현대적인 것이 아닌가 하는 의심을 불러일으킨다. 뿐만 아니라 드라마적인 해석 방법이 사람에 따라 다양한 차이를 보인다는 사실은 이 해석이 본문의 분명한 실제 내용을 반영한 것이 아니라 해석자들의 천재성을 반영하는 것일 수도 있음을 암시한다.

더욱 최근에는 풍요 의례를 다루는 고대 근동 문헌들에서 수메르의 두무지(Dumuzi)와 이난나(Inanna), 악카드의 탐무스(Tammuz)와 이슈타르(Ishtar), 가나안의 바알(Baal)과 아낫(Anat), 앗수르의 나부(Nabu)와 타슈메투(Tasmetu) 등이 발견됨에 따라서, 일부 학자들은 아가서에 대한 제의적인 해석 내지는 신화론적인 해석을 제안한다. 그러나 이것은 원 저자의 의도라고 보기 어렵다. 그 까닭은 이스라엘의 야웨 신앙이 이교 제의들에 대하여 대단히 적대적이기 때문이요, 아가서가 고대의 풍요 제의의 특징을 이루는 애곡의 주제를 포함하지 않고 있기 때문이다(Nielsen 1998: 182). 풍요 제의를 칭송하는 노래가 고대 이스라엘의 정경에 포함되기에 이르렀다는 것은 받아들이기 어려운 견해이다. 사실 화이트셀(Whitesell 1995: 94-98)은 아가서가 두무니/이난나 신화에 대한 언급을 어떻게 뒤엎고 배척하는지를 잘 보여주고 있다. 머피(Murphy 1990: 57)의 다음과 같은 결론은 정당한 것이다: "이렇듯이 설형문자 자료들을 개관해 보면, 아가서의 기원과 문학적인 내용에 관한 제의적인 해석을 뒷받침할 만한 증거가 부족하다는 것을 알 수 있다. 현재로서는 본문을 가장 가능성 있는 쪽으로 해석하는 것이 가장 안전하다. 아가서가 인간의 성적인 사랑을 매우 즐거운 시적인 언어로 설명한 책이라는 해석이 그렇다. 신화론적인 드라마나 결혼 성례전 또는 풍요 의례 등과 같은 것들의 방해를 받음이 없이 말이다."

아가서에 대한 유대교와 기독교의 지배적인 해석 방법론이 은유적인 해석이기는 하지만, 여전히 아가서를 남녀 사이의 사랑이나 결혼을 축하하는 노래로 보는 문자적인 해석이 오랜 지지를 받고 있다. 초기 유대교의 주석은 아가서의 문자적인 의미를 부정하지 않지만, 은유적인 의미를 그 위에 덮어씌운다(Phipps 1988: 9). 중세 학자인 이븐 에즈라(Abraham Ibn Ezra)는 본문의 문자적이면서도 은유적인 의미를 찾아내고자 노력하였다(Murphy 1990:

31-32).

초기 교회의 테오도루스(Theodore of Mopsuestia)는 아가서에 대한 문자적인 해석으로 인하여 제2차 콘스탄티노플 공의회에서 이단으로 규정되었다. 종교개혁 시기에는 카스텔리오(Sebastian Castellio)가 은유적인 해석보다는 문자적인 해석을 취하여 아가서의 성적인 언어를 부각시킨 결과 그에 반대하는 분위기 속에서 1544년에 제네바에서 추방당했다(Bloch and Bloch 1995: 32-33).

아가서가 구약성서 안에서 사랑의 노래라는 장르로서는 유일하게 큰 사례에 해당하는 책임은 사실이다. 그러나 구약성서 안에는 결혼 축제에서 사용된 노래들을 가리키는 몇몇 본문들이 존재한다(렘 33:10-11; 시 45편). 더 나아가서 사랑의 노래는 고대 근동 문화권에서 널리 사용되던 장르이다. 이집트나 바벨론의 경우가 그렇다. 주제와 이미지 및 서술 내용 등에 있어서 아가서와 주변 나라들의 유사 본문들 사이에 있는 평행 관계는 놀라울 정도이다(Nissinen 1998: 624). 머피(Murphy 1990: 46)는 이를 다음과 같이 설명한다: "성서의 아가서와 마찬가지로 이집트의 사랑 노래는 인간의 성적인 매력이나 연애 감정과 관련된 일상적인 일들을 생생하게 묘사하고 있다. 연인의 아름다움과 매력에 도취하는 일, 연인이 함께 있기를 바라는 열망, 상사병, 두 연인의 함께 있음을 방해하는 자연적이고 사회적인 장애물들을 극복하는 일, 신체적인 결합의 즐거움 등이 그렇다. 뿐만 아니라 이집트의 작품들과 성서의 아가서는 관능적인 즐거움의 분위기를 공유하고 있다. 눈으로 보고 귀로 듣고 손으로 만지고 냄새를 맡고 맛을 보는 일 등이 그렇다. 그리고 이들 작품은 똑같이 연인들의 주변 환경이 향료와 향기, 열매, 꽃, 나무, 정원 등으로 가득 차 있다고 묘사한다."

근대에 이르러서는 18세기의 헤르더(Herder)가 아가서에 대한 문자적인 해석을 대표한다. 그는 아가서를 성애적인 사랑의 노래들을 모아 놓은 책이라고 보았다(Baildam 1999). 1873년에는 베츠슈타인(Wetzstein)이 아가서와 근대 시리아의 결혼식 축가(wasfs) 사이에 있는 유사성을 주목한 바가 있다. 아가서처럼 남녀의 신체 일부를 묘사하는 목록이 그 축가의 특징을 이루고 있기 때문이다.

최근의 주석가들은 좀 더 일반적인 용어로 아가서를 남녀의 사랑을 경축하는 데 초점을 맞추고 있는 사랑 노래들의 모음집으로 보려는 경향을 보이고 있다(Childs 1979: 572; Carr 1998a: 415-16). 많은 학자들은 아가서가 서로 관련성이 없는 본문들을 모아 놓은 책이라고 주장하지만, 반복되는 후렴구와 주제 및 핵심 어휘 등이 존재한다는 것은 이 노래집 안에 상당히 높은 정도의 의도적인 통일성이 존재할 수도 있음을 암시한다. 아가서의 내용이 인상적인 방식으로 진술되고 있기는 하지만, 본문 안에는 등장인물들의 관계가 구애로부터 시작하여 결혼식을 거쳐 신혼 생활로 이어지고 있음을 분명하게 나타내는 충분한 단서가 있는 것으로 보인다(Alexander 1996: 15). 라이켄(Ryken 1992: 272)은 이를 다음과 같이 설명한다: "아가서는 현대 문학에서 우리가 의식의 흐름이라고 부르는 것을 기본 구조로 가지고 있다. 이 구조는 아가서가 실제적인 생각과 감정의 흐름을 따르고 있음을 의미한다. 빠른 변화, 회상, 뚜렷한 내용 진전의 결여 등으로 인하여 우리는 아가서가 사랑 서정시 모음집이라는 생각을 하게 되는 것이다."

목적

   아가서를 문자적으로 하나의 통일된 노래 모음집으로 해석하게 되면, 주목할 만한 목적이 그 모습을 드러낸다. 아가서는 성서 본문에서 아주 가끔 드러나는 방식(참조. 잠 5:15-19)으로 인간의 성적인 사랑이 하나님의 선물로서 귀한 것이라고 찬미해마지 않는다. 라코크(Lacocque 1998)는 아가서가 결혼 관계 이외의 자유로운 성적 표현을 옹호함으로써 예언 메시지들을 뒤집고 있다고 강하게 주장한다. 그러나 4:1-5:1이 두 연인의 결혼을 가리키는 것이라면, 아가서가 결혼 관계 안에서의 성적인 친밀함을 경축하는 책이라는 강한 주석적 입장이 유지될 수 있다. 물론 이것은 성서의 다른 부분과 일치하는 견해이다. 결혼 관계 안에서의 성적인 사랑은 하나님께서 의도하신 복의 영역 밖에 있는 것이 아니다. 도리어 그것은 사람들이 기쁨으로 받아들여 즐겨야 하는 하나님의 선물이다. 개럿(Garrett 1993: 366)은 이를 다음과 같이 잘 설명하고 있다: "결혼 관계는 가장 깊은 차원의 협력 관계와 우정을 뜻하는 것이지만, 그렇다고 해서 남녀 사이의 사랑이 갖는 성적이고 감정적인 측면들 자체가 성서의 주목을 받을 가치가 없는 것들임을 뜻하는 것은 아니다. 성과 사랑은 인간 경험의 기초를 이루는 것이요, 독자들에게 행복하고 선한 삶을 어떻게 살 것인지를 가르치는 책인 성서가 이 문제와 관련하여 말하고자 하는 것과 완전히 일치하는 것이기도 하다."

문학 작품

아가서는 성서에 있는 모든 책들 중에서 가장 시적인 언어와 형식을 가지고 있다. 시문체로 된 이 책은 단순히 등장인물들의 경험에 대해서 보고하는 대신에, 그들의 경험을 독자들의 삶 속에 재현시키기 위해 노력한다. 아가서는 불가능해 보이는 일, 곧 "언어를 넘어서는 것을 언어로 전달하려는" 일에 매달리고 있다(Landy 1983: 140). 아가서의 언어는 주로 현실주의적인 묘사가 아니다. 아가서는 도리어 독자의 감각적이고 감정적인 반응을 이끌어내기 위하여 광범위한 시적 이미지들을 사용한다(Exum 1999b: 74; Bergant 2001: xiv).

시인의 정교한 솜씨는 아가서의 드문 어휘들, 인상적인 은유들, 음성학적인 특징 등을 통하여 확인할 수 있다(Falk 1990: 106; Nielsen 1998: 181). 시인의 예술적인 재능은 혼인날 밤의 장면에 관한 4:12-5:1의 묘사에서 정점에 도달한다. 교묘한 상징들을 사용함으로써 시인은 외설적인 표현으로 기울어지는 것을 막는다(Walsh 2000: 45). 혼인 첫날밤에 대하여 언급할 때조차도 말이다. 아가서는 좀 더 약한 필체로 성애적인 사랑을 약화시킬 수도 있었겠지만, 현재의 본문은 예술적인 기교를 통하여 그것을 고상하게 표현하고 있다.

아가서는 정교하게 다듬어진 시로 기록된 작품이기 때문에, 그 문학성을 제대로 해석하기 위해서는 상상력과 시적인 감수성이 요구된다. 라보이(Lavoie 2000: 75)가 말한 바와 같이, "아가서를 올바로 읽으려면 먼저 그 낱말들을 해석하려고 할 것이 아니라 두운법이나 동음이의어, 각운법, 반복, 말놀이, 리듬 등의 음악적인 특징들에 주의를 기울여 귀로 들으려고 해야 한다." 독자들은 상상력을 동원하여 저자의 문학적인 세계 안으로 들어가지 않으면 안 된다. 기꺼이 저자의 관념적인 세계 안으로 들어가고자 하는 사람들만 이 노래를 만들어낸 감정들을 새롭게 경험할 수 있을 것이다.

주제

성서는 종종 결혼 이외의 성적인 활동을 죄로 정죄하지만, 혼인 관계 안에서의 성적인 사랑에 대해서는 거의 그렇게 말하지 않는다. 아가서는 특징적이게도 하나님께서 성적인 사랑을 순수하고 성숙한 부부 관계의 본질적인 내용으로 보신다는 이상적인 사랑관에 초점을 맞추고 있다. 문자적으로 해석하자면, 아가서는 혼인 관계 안에서의 순수하고 성적인 사랑이 즐기고 키우고 보호해야 할 하나님의 선하고 거룩한 선물임을 강조하고 있는 셈이다. 롱맨(Longman 2001: 61)은 이를 다음과 같이 잘 설명하고 있다: "아가서는 인간의 모든 감정들 중에서 가장 강렬하면서도 연약한 감정인 열정적인 사랑과 그것의 구체적인 표현인 성적인 결합을 찬미하면서도 경고한다."

고대 근동 세계의 다양한 풍요 종교들에서 발견되는 거룩한 창기 제도는 도덕적인 기준을 전반적으로 약화시키는 결과를 초래했다. 이 제도는 하나님께서 세우신 규범과는 어긋나게 성적인 활동을 혼인 관계와 무관한 것으로 만들게 하였다. 이와는 달리 아가서는 성적인 사랑을 소중하게 간직해야지 왜곡시켜서는 안 된다고 가르친다. 아가서가 성적인 사랑을 열정적으로 찬미하고 있다는 것은, 결혼 밖의 성이 천박한 진부함으로 이해되는 것과는 대조적으로, 혼인 관계가 하나님의 계획 안에서 매우 소중한 의미를 갖는 것임을 의미한다. 슈왑(Schwab 2002: 132)은 이 점을 다음과 같이 날카롭게 잘 지적하고 있다: "성적인 순결함과 결혼에 대한 히브리 사람들의 태도는 아가서의 독자들로 하여금 이 책이 결혼 전의 성이 아니라 신혼의 행복을 칭송하고 있음을 느끼게 해줄 것이다 … 히브리 사람들은 혼인 관계 밖에서 순결을 잃는 행동을 칭송하지 않는다."

　아가서의 마지막 가까이에 있는 두 구절은 좀 더 폭넓은 신학적인 의미를 거기서 찾을 수 있음을 암시한다. 솔로몬이 자기를 원하고 있다는 술람미 여인의 외침(7:10)은 여자가 남편을 사모하게 될 것이라고 예언하는 창세기 3:16의 저주를 변형시킨다. 이 외침은 하나님께서 의도하신 사랑이 부분적으로나마 인간의 타락과 범죄라는 치명적인 결과를 되돌릴 수 있음을 암시한다(Davis 2000: 232; Longman 2001: 63-67). 이렇듯이 사랑은 남편과 아내가 결혼을 통하여 하나가 되게 하는 하나님의 본래 의도를 되찾게 해준다(참조. 창 2:24). 뿐만 아니라 사랑이 죽음처럼 강하다는 진술(8:6)은 사랑이 하나님의 저주에 의하여 풀려난 죽음의 파괴적인 영향력 못지않은 건설적인 힘을 가지고 있음을 의미한다(Brenner 1989: 83-84). 많은 사람들이 하나님에 대한 명시적인 언급이 없다 하여(하나님의 이름이 형용사적으로 사용되는 8:6의 경우와는 별도로) 아가서의 주제를 세속적인 것으로 보지만, 사실 아가서는 인간을 위한 하나님의 종합적인 계획에 담긴 핵심 주제에 관해 말하고 있다.

구조

　일부 해석자들이 아가서를 단일한 구조를 갖지 못한 개별적인 사랑 서정시들의 모음집으로 보고 있기는 하지만(Keel 1994: 17), 본문을 주의 깊게 읽어보면 상당한 정도로 공들인 예술적인 기교가 그 안에 담겨 있음을 알 수 있다. 다섯 개의 후렴구들은 중간 중간에 이 노래 모음집의 매듭을 지어줌으로써 그 중심 주제들을 강조하며, 아가서 전체의 구조적인 틀을 제공한다.

　그러나 아가서의 구조는 뚜렷한 줄거리를 구성하고 있지 않다. 도리어 그것은 등장인물들의 감정을 구체적으로 표현하고 있다는 점에서 한층 인상적인 모습을 보이고 있다(Walsh 2000: 28-29). 개별적인 노래들은 매우 다양한 방식으로 두 중심인물들의 친밀한 관계가 진전되는 모습을 보여줌으로써 사진첩의 스냅 사진들과도 같은 역할을 수행한다(Glickman 1976: 28-29). 그

관계의 전반적인 전개 과정은 정확하고도 상세한 자료들에 의해서가 아니라 이처럼 회화적(繪畵的)인 형식을 통하여 간접적으로 전달된다.

아가서의 세부 구조는 솔로몬과 술람미 여인의 결혼과 신혼의 성적인 결합에 특별한 의미를 부여하는 몇 가지 방식들에 잘 반영되어 있는 것으로 보인다. 카아(Carr 1984: 68-69)는 아가서의 구조가 결혼에 초점을 맞춘 교차대구 형식으로 되어 있다고 본다.

　　표제와 소속(1:1)
　I. 기대감(1:2-2:7)
　II. 찾았다가 잃은 후 다시 찾음(2:8-3:5)
　III. 완성(3:6-5:1)
　IV. 잃었다가 찾음(5:2-8:4)
　V. 확인(8:5-14)

데이빗슨(Davidson 2003: 50-64)과 개럿(Garrett 2004: 32)은 아가서의 이러한 교차대구 구조를 한층 상세하게 설명하고 있다. 웬란드(Wenland 1995: 35-46)는 상세한 문학-구조적인 분석을 제시한다. 아가서를 4:16-5:1의 동산 장면과 사랑의 최고 가치에 관해 노래하는 8:5-7의 정점을 향해 움직이는 여덟 개의 독립적인 단락들로 나눔으로써 말이다. 훨씬 더 간단한 구조를 찾아낸 글릭맨(Glickman 1976)은 이 노래 모음집을 인상적인 드라마로 보면서, 구애로부터 시작하여 결혼식을 거쳐 혼인 관계의 진전에서 정점에 이른 다음 노년을 향해 나아가는 일련의 과정을 추적한다.

　I. 구애(1:1-3:11)
　　결혼식에 이르기까지의 사랑의 발전을 드러내는 열 개의 장면들
　II. 결혼식(4:1-5:1)
　III. 부부 간의 사랑의 성장(5:2-8:14)
　　혼인 관계 안에서의 사랑의 발전을 드러내는 네 개의 장면들

구애(아가서 1:1-3:11)

표제(1:1)

아가서의 표제(1:1)는 이 책을 노래들 중의 최고로 묘사하며, 그것을 솔로몬에게 귀속시킨다. 히브리어 용례에서 최상급은 종종 "지성소"(the holy of holies)와 같은 구절을 통하여 표현된다. 여기서는 "노래들 중의 노래"(the song of songs)라는 구절이 그에 해당한다. 이 책은 세련된 찬미가를 포함하고 있다. 그것은 그 내용에 있어서나 예술적인 기교에 있어서 비교를 허락하지 않는 서정시이다.

'아셰르 리솔로모'라는 애매한 표현은 히브리어에서 몇 가지의 상이한 것들을 뜻할 수도 있다. 저작권을 나타내는 표시로서 그것은 시편이나 하박국 3:1과 같은 본문의 무수한 표제들과 평행을 이루는 것일 수 있다. 그러나 그것은 솔로몬에게 바쳐진 노래를 가리킬 수도 있고, 솔로몬을 모방한 노래를 가리킬 수도 있으며, 솔로몬에 관한 노래를 가리킬 수도 있다. 특히 '쉬르' 동사를 시편 59:16처럼 '아쉬르'("내가 노래하리라")로 발음한다면 말이다 (Goitein 1993: 65). 어느 경우에든 솔로몬에 대한 언급은 이 노래를 지혜문학과 연결시켜주는 역할을 수행한다. 왜냐하면 모세가 율법을 대표하고 다윗이 시편을 대표하는 것처럼 솔로몬은 히브리 지혜의 후원자로 간주되기 때문이다. 지혜와의 이러한 관련성은 아가서가 단순히 세속적인 사랑의 노래가 아니요, 도리어 인간의 사랑에 대한 하나님의 관점이라는 영역에 속한 것임을 뜻한다.

장면 1: 솔로몬의 성품(1:2-4)

이 노래 모음집은 왕궁에 있는 술람미 여인에 관한 인상적인 묘사와 더불어 시작한다. 이는 아가서를 지배하는 여성의 시각이 처음부터 나타나고 있음을 의미한다(Lavoie 2000: 77). 이것은 실제적인 이야기가 아니라 상상력에 기초한 문학 작품이기 때문에, 그녀가 어떻게 하여 왕궁에 있게 되었는지를 전혀 설명하지 않는다. 그 대신에 이 첫 번째 노래는 그녀의 감정에 초점을 맞춘다.

술람미 여인의 독백은 대명사들의 묘한 병렬과 더불어 시작한다. 그녀는 솔로몬을 3인칭으로 칭하다가("그가 내게 입맞추기를 원하니") 나중에는 2인칭으로 칭한다("네 사랑이 포도주보다 나음이로구나"). 카아(Carr 1984: 72)는 이러한 대명사 변화 현상이 다른 곳의 성서 본문들뿐만 아니라 페니키아 문헌과 우가릿 문헌에서도 발견된다는 점을 주목한다. 더 나아가서 블로흐 부부(Bloch and Bloch 1995: 137)는 이곳의 수사학이 더 높은 사회적 신분의 사람을 칭하는 창세기 44:7의 양식을 따르고 있다는 점을 지적한다. 이렇듯 이 술람미 여인은 상상력에 의지하여 자신의 왕 솔로몬에게 말하고 있다.

술람미 여인은 솔로몬에 관해 생각하면서, 자기 마음의 두 가지 소원을 언급한다. 그의 입맞춤에 대한 그녀의 갈망(2절)은 그녀가 친밀한 관계를 바라고 있음을 의미한다. 4절에서 그녀는 자기들이 함께 달려갈 수 있도록 왕이 자기를 이끌어주기를 원한다. 이것은 그녀가 그와 교제하기를 원한다는 점을 분명하게 보여준다. 친밀한 관계와 교제에 대한 이 두 가지 욕망 사이에서 그녀는 솔로몬에 대한 자신의 평가를 세 가지 방식으로 표현한다. 이 세 가지 진술들은 그녀가 그의 성품을 어떻게 인식하고 있는지를 잘 보여준다. 그러한 인식은 그를 향해 그녀가 가지고 있는 존경심의 기초를 이루고 있다. 그녀는 그의 사랑이 포도주보다 더 즐거운 것이라고 말함으로써(2절) 그를 감정적으로 평가한다. 포도주는 그것을 마시는 자의 태도에 영향을 미치는 것으로 알려져 있다. 이와 마찬가지로 술람미 여인을 향한 솔로몬의 사랑 역시, 아직은 둘의 관계가 초기 단계에 속해 있다 할지라도, 그녀의 마음속에 즐거운 감정을 불러일으킨다.

그녀가 "사랑"을 가리키는 데 사용하는 용어('도딤')는 사랑 나눔 — 성관계를 포함하는 — 을 가리키는 포괄적인 낱말이다. 그러나 이 용어가 사용될 때마다 그것의 전체적인 의미가 드러나기를 바라는 것은 적절치 않다. 아가서에서 발견되는 친밀한 관계의 전반적인 진행 과정에 비추어볼 때, 이러한 언급은 사랑 나눔의 초기 단계 — 입맞춤을 포함하는 것으로 보이는 — 에 속한 것으로 한정시킬 필요가 있을 것이다. 입맞춤으로 인하여 술람미 여인은 솔로몬에 대하여 한층 깊은 감정을 느끼게 된다.

솔로몬에 대한 그녀의 평가는 단순히 신체적인 감정에 뿌리를 둔 열망에서 비롯된 것이 아니다. 3절에서 그녀는 그의 기름이 즐거운 향내를 가지고 있다고 말하며, 그의 이름이 쏟아 부은 향기름 같다고 말한다. 이러한 직유법은 그에 대한 그녀의 심미적이고 윤리적인 평가를 분명하게 보여준다. 자신을 어떻게 나타낼지에 관한 그의 관심사는 그녀를 자기에게로 끌려오게 만들며, 그녀는 그의 이름과 명성을 대단히 높게 평가한다. 이 때문에 궁중의 다른 여인들, 곧 결혼 가능한 시기의 처녀들 역시 그를 좋게 생각한다. 그가 특별한 존재라는 결론은 술람미 여인 혼자만이 내린 것이 아니다. 처음부터 술람미 여인의 사랑은 맹목적인 것이 아니다. 도리어 그것은 솔로몬의 성품에 대한 평가에 확고하게 기초하고 있는 것이다.

왕이 자기를 그의 방들로 이끌었다는 술람미 여인의 진술(4절)은 그녀의 상상력 속에서 두 사람이 은밀한 장소에 있음을 암시한다. '헤데르'라는 용어는 침실을 가리키는 데 사용될 수 있는 바(3:4에서처럼), 이는 이 노래집의 처음부터 성적인 교제를 강하게 암시하는 것으로 보인다. 그러나 이 낱말이 항상 그렇게 구체적인 의미를 갖는 것은 아니다. 아가서 전체의 맥락은 이곳의 '헤데르'를 개인적인 방을 가리키는 좀 더 일반적인 용례로 보는 것이 더 나을 것임을 암시한다. 뿐만 아니라 이 단락이 청중들에게 그 순간에 어떠한 일이 실제로 벌어지는지를 말해주기보다는 그 이야기가 결국에는 어디에서 진행될 것인지를 말해준다는 점에서 예변법적(豫辯法的, proleptic; 앞일을 예견케 하는 수사학의 한 기법을 가리킴 — 역자 주)이라는 개럿(Garrett 2004: 127)의 지적이 어쩌면 옳을지도 모른다.

솔로몬에 대한 술람미 여인의 평가는 4절 후반부에서 예루살렘의 딸들에 의해 강하게 승인을 받는다. 그들은 술람미 여인의 풋풋한 첫 사랑에 대하여 그녀와 함께 즐거워하며, 솔로몬이 그녀의 평가와 애정의 대상이 될 가치가 있는 사람이라는 것에 대하여 그녀와 같은 의견을 보인다(Longman 2001: 94).

아가서의 이 첫 장면은 올바른 사랑이 좋은 성품에 대한 평가에 기초한 것이라는 원리를 가르쳐준다. 성품이야말로 진정한 친교관계를 세울 수 있는 기초가 된다.

장면 2: 술람미 여인의 성품(1:5-8)

두 번째 장면에서도 술람미 여인이 여전히 말을 하지만, 이제는 그녀가 자신에 대한 평가를 내린다. 그녀는 자신의 외모에 대하여 대단히 자의식이 강하다. 그녀가 자신을 "검으나 아름다우니"(5절)라고 묘사하는 것을 보아서는 말이다. 이러한 묘사는 인종적인 특징을 가리키는 것이 아닌 듯하다. 왜냐하면 그것이 다음 절에서는 다르게 설명되기 때문이다(Fox 1985: 101). 그녀는 도시의 세련된 소녀들인 예루살렘의 딸들과 자신을 비교해 보면서, 자신이 시골 출신의 하층민이라는 사실을 뼈저리게 느낀다. 왕실의 방자한 소녀들과는 달리 그녀는 가족 소유의 포도원에서 일해야만 했다. 햇볕에 탄 그녀의 피부는 안락한 환경 속에서 자란 소녀들의 고운 외모와 뚜렷한 대조를 이룬다(Davis 2000: 344). 그녀의 형제들은 그녀를 거칠게 다루었으며, 그녀로 하여금 자기들의 포도원을 돌보게 만들었다. 그리하여 그녀는 자신의 포도원 — 그녀 자신의 몸 — 을 보살필 기회를 얻지 못하였다. 그 결과 술람미 여인은 다른 여인들이 자신을 하층민 출신이라고 깔본다고 느낀다(Ogden 1996: 444). 그녀는 자신을 귀족들 틈바구니 속에 있는 평민으로 느끼면서도 미안해하지 않으며, 도리어 다른 사람들이 겉으로 드러나 보이는 것을 피하여 자신의 참된 아름다움을 보기를 원한다(Falk 1990: 168).

블로흐 부부(Bloch and Bloch 1995: 137)는 이를 다음과 같이 설명한다: "햇볕에 탄 피부는 하층민 신분과 관련되어 있으며, 고운 외모는 밖에서 일하지 않아도 되는 자들의 특징을 드러낸다. 고대 이집트와 그리스의 예술 작품들에 의하면, 여인들은 남자들보다 더 밝은 피부를 가지고 있다. 이는 아마도 여인들이 실내에서 일하기 때문일 것이다. 술람미 여인이 자신의 검은 피부에 대하여 설명할 필요를 느낀 것은 변명하기 위한 목적에서였을 것이다. 반면에 그녀의 검은 피부는 그녀의 특이한 매력을 드러내는 것일 수도 있기에, 그녀는 변명하기보다는 자랑하고 있다고 볼 수도 있다."

7절에서 술람미 여인은 짜증내는 듯한 어조로 솔로몬에게 심각한 질문을 던진다. 정오에 양을 쉬게 하는 곳이 어디인지를 그에게 물음으로써 그녀는 그를 은밀하게 만나려는 의도를 내비친다. 솔로몬은 그녀의 영혼 또는 그녀의 존재 전체가 사랑하는 자이다. 그는 "그녀의 모든 욕망과 열정적인 갈망이 한데 모이는 지점"이다(Keel 1994: 52). 그러나 그를 은밀하게 만나기 위해서는 상당한 모험이 필요하다. 왜냐하면 고대 이스라엘에서는 얼굴을 가린 창기들이 정오 쉬는 시간에 목장을 종종 방문했기 때문이다. 만일에 그녀가 솔로몬을 찾기 위해 정처 없이 헤맨다면, 그녀는 부도덕한 사람으로 오해받기 십상일 것이다. 그가 어디에 있는지를 정확하게 알 때에야 비로소 그녀는 발각되거나 추문에 시달리는 일 없이 은밀하게 그를 만날 수 있을 것이다.

대부분의 번역본들이 "얼굴을 가린 여인"이라는 번역을 선호하지만, 에머튼(Emerton 1993: 138-39)은 새영어성서(New English Bible)의 번역이 적절함을 설득력 있게 주장하고 있다: "내가 쓰레기 같은 인간이나 만나게 되지 않도록." 이 표현은 그녀가 그의 답변을 받지 못한 탓에 하릴없이 시간이나 보내려고 솔로몬을 만나려고 하는 것이 아님을 암시한다. 어쩌면 이러한 번역이 여기서는 더 적절한 것일지도 모른다.

솔로몬은 그녀가 자신에게 말할 때 사용하는 짜증내는 듯한 어조를 그대로 모방하여 답변한다(8절). 그는 그녀에게 부드러운 칭찬의 말을 하면서, 그녀가 관심을 가지고 있는 부분에 대한 확실한 답변을 준다. 그녀를 "여인 중에 어여쁜 자"로 칭함으로써 솔로몬은 햇볕에 탄 그녀의 외모를 무시한 채로 그녀의 견줄 데 없는 아름다움을 칭송한다. 이어서 그는 상상력이 가미된 언어로 술람미 여인에게 목자들의 장막 곁에서 염소 새끼를 먹일 때 양 떼의 발자취를 따라가라고 말한다. 이렇게 말함으로써 솔로몬은 자기들이 적법한 만남을 가지고 있음을 지적한다. 그녀의 야외 노동 경험 — 왕실 소녀들과 대비되는 — 은 두 사람의 만남을 가능케 하는 공통분모로 작용한다.

모든 연인들은 서로의 관계에 대하여 제각기 나름대로 기여할 수 있는 두 사람으로 이루어질 필요가 있다. 이와 동시에 이 두 번째 장면이 암시하는 바와 같이, 올바른 사랑은 합법적인 공통분모에 기초하는 것이어야 한다. 반대되는 사람들이 서로에게 매력을 느낄 수도 있겠지만, 그래도 공통의 책임과 관심사가 있어야 서로의 관계가 안정성을 누릴 수 있을 것이다.

장면 3: 술람미 여인의 확신(1:9-11)

5-6절에 있는 술람미 여인의 말에서 분명하게 드러나는 것은, 그녀가 예루살렘의 딸들, 곧 특권층 교육을 세련된 소녀들에게서 협박을 받은 듯한 느낌을 준다는 점이다. 세 번째 장면에서, 솔로몬은 8절의 칭찬에서 한 걸음 더 나아가 술람미 여인에게 그녀가 두려워하는 부분에 대해 걱정하지 말라는 확증의 말을 전한다. 그녀에게는 그녀가 참으로 아름답다는 그의 부드러운 말로 확신을 심어줄 필요가 있었다. 왜냐하면 그녀의 자기 인식은 그녀에게 이러한 사실을 확신시키지 못하고 있었기 때문이다.

  솔로몬은 그녀를 "내 사랑"이라고 부른다. 이 표현은 그녀의 아름다움을 뜻하기도 하지만, 그녀를 보호하려는 그의 사랑을 나타내기도 한다(Carr 1984: 82). 그는 술람미 여인에게 그녀가 자신에게 대하여 파라오의 전차들 중 하나에 매여 있는 그의 암말과도 같다고 말한다. 10절까지 이어지는 이 특별한 이미지는 그녀를 이집트로부터 수입한 값비싼 전차들을 이끄는 정교하게 장식된 왕실 암말로 묘사한다. 솔로몬은 여기서 그녀의 아름다움이 그가 왕실로 데려온 다른 여인들보다 낫다고 말하는 것일 수도 있다. 그러나 그가 이 표현을 통하여 좀 더 깊은 의미를 전달하려고 했을 수도 있다. 종마들 가운데 풀어놓은 암말이 성적인 흥분을 유발하는 것처럼(Hubbard 1991: 282), 술람미 여인 역시 솔로몬의 연애 감정을 자극했을 것이다. 왕실 소녀들에 뒤지지 않는 그녀는 그들이 하지 못한 방식으로 솔로몬의 마음을 사로잡았을 것이다.

  11절의 화자("우리")는 예루살렘의 딸들을 가리키는 복수형일 수도 있고, 장엄의 복수형으로 표현된 솔로몬의 연속적인 말일 수도 있다. 어느 경우에든 술람미 여인은 뛰어난 자연미를 더 돋보이게 하기 위해 아름다운 보석류로 치장한다.

  술람미에게 확신을 심어주는 말을 통하여 솔로몬은 올바른 사랑이 칭찬을 먹고 자란다는 것을 분명하게 보여준다.

장면 4: 솔로몬에 대한 평가(1:12-14)

  네 번째 장면은 바로 앞 장면과 짝을 이루고 있다. 왜냐하면 이곳에서 술람미 여인은 솔로몬에 대한 자신의 평가를 표현하고 있기 때문이다. 이 노래는 궁중에서의 식사 자리를 배경으로 가지고 있다. 사람들이 많이 모여 있는 그곳에서조차 술람미 여인의 관심은 온통 그에게만 집중되어 있다.

솔로몬은 9-10절에서 술람미 여인에 대한 자신의 평가를 표현하면서 시각적인 이미지들을 사용한 바가 있다. 반면에 술람미 여인은 솔로몬을 향한 자신의 사랑을 전달하기 위하여 향기 이미지들을 활용한다(12-14절). 그녀는 자신의 나도 기름(perfume) 또는 향수 내지는 값비싼 감송향(甘松香)이 널리 향기를 전하고 있다고 말한다. 오늘날과 마찬가지로 옛날에도 사랑을 나눌 때에 향수가 사용되었다(참조. 아 4:14; 잠 7:17). 그러나 이곳의 문맥에서는 그것이 실제적인 사랑 나눔을 가리키기보다는 상상력 속에서의 기대감을 가리킨다. 이로써 솔로몬은 식탁에 앉은 채로 그녀의 향기를 즐길 수 있다.

몰약은 종종 헝겊 조각들로 만들어 핀으로 묶은 향낭(香囊) 안에 담겨 있다(Keel 1994: 65). 솔로몬이 육체적인 관계를 맺지 않을 때조차도 자신을 향한 술람미 여인의 영향을 받는 것처럼(2절), 그녀가 밤중에 혼자 잠들 때에도 그녀의 사랑의 향기는 그녀의 상큼함과 기쁨을 계속해서 전달해준다.

14절은 솔로몬의 사랑이 그녀에게 미치는 영향을 계속해서 비유적인 언어로 묘사한다. 그의 사랑은 엔게디 — 최고 품질의 초목을 생산해내는 곳(Carr 1984: 85) — 의 왕실 정원에서 자라는 고벨화 송이와도 같다. 유다의 황무지에 둘러싸인 엔게디는 숲이 무성한 오아시스이다. 술람미 여인에게 있어서 솔로몬의 사랑은 삶에 비난과 학대의 황무지를 견디게 해주는 생기를 가져다준다. 이로써 아가서는 올바른 사랑이 기쁨의 향기를 키워 준다는 사실을 전하고 있다.

장면 5: 서로에 대한 칭찬(1:15-2:3)

바로 앞 장면에 이르기까지 솔로몬과 술람미 여인은 거의 전적으로 상대방에 대해서만 언급하였다. 상대방에게 직접 말하기보다는 말이다. 그런데 이제 다섯 번째 장면에서는 두 연인이 정성을 다한 친밀한 대화를 주고받는다. 그들의 재치 있는 즉답은 그들의 관계가 점차 친밀해지고 있음을 암시한다. 술람미 여인이 사랑이 가득 담긴 어조로 솔로몬을 "나의 사랑하는 자"로 칭하면, 솔로몬은 "내 사랑"이라는 애칭으로 화답한다. 다시금 그녀의 아름다움을 칭송하는 부드러운 그의 말은 그녀가 부족함을 느끼는 그 부분을 어루만져준다. 솔로몬은 그녀의 두 눈을 주목하면서, 그것을 비둘기에 비교한다(15절). 어떤 주석가들은 이 직유법이 계란 같이 생긴 그녀의 눈을 가리킨다고 보지만, 그것은 너무 평범한 표현이어서 이곳의 문맥에 적절치 않은 것으로 보인다. 도리어 그러한 비유적인 언어는 솔로몬을 향한 그녀의 사랑에 의해 생기를 얻은 두 눈이 감동에 젖어 빛나는 모습을 가리킬 것이다. 왜냐하면 4:9와 6:5에서 그녀의 눈은 그를 일깨우거나 황홀하게 만드는 것으로 묘사되기 때문이다.

술람미 여인은 다음과 같이 말하는 16절의 칭찬에서 솔로몬 못지않은 모습을 보인다: "나의 사랑하는 자야, 너는 어여쁘고 화창하다." 이어서 그녀는 사랑 노래의 특징인 전원 이미지를 사용하여 둘 사이의 관계를 표현한다. 그녀는 복수 대명사를 사용하여 이렇게 말한다: "우리의 침상은 푸르고 우리 집은 백향목 들보, 잣나무 서까래로구나"(16-17절). 술람미 여인은 산문체의 언어가 아니라 시문체의 언어로 말한다. 그녀는 자기들이 문자 그대로 실제의 침상을 함께 사용하고 있다고 말하지 않는다. 그럴 경우 그것은 4장의 결혼식 이전에 신체적인 관계를 맺었음을 강하게 암시할 것이기 때문이다. 도리어 그녀는 자기들의 사랑이 왕실에 한정되지 않는다고 말한다. 그 까닭은 그것이 자연 만물을 포함하기 때문이다. 고대 이스라엘에서 남녀 사이에 있는 공적인 친밀감의 표현은 명예롭지 못한 것으로 간주되었다. 설령 결혼한 부부일지라도 말이다(참조. 8:1). 반면에 솔로몬과 술람미 여인 사이의 순수한 관계는 적절하고 또 바람직한 것으로 칭송을 받는다.

1:16-2:1에 있는 술람미 여인의 말은 솔로몬에게 말하는 내용(1:16a)으로부터 자기들을 연인으로 묘사하는 내용(1:16b-17절)으로 발전하며, 그 다음에야 비로소 자신에 대한 분석으로 넘어간다(2:1). 솔로몬이 술람미 여인에게 준 확신의 말은 그녀가 그녀 자신을 어떻게 이해하고 있는지에 영향을 미친다. 더 이상 그녀는 1:6에서 그러했던 것처럼 자신의 외모를 나쁘게 평가하지 않는다. 도리어 2:1에서 그녀는 자신을 사론의 수선화로, 또는 골짜기의 백합화로 묘사한다.

술람미 여인이 오늘날 이러한 이름으로 알려진 꽃들을 언급하고 있는 것은 아니다. 왜냐하면 그것들은 이스라엘 고유의 식물들이 아니기 때문이다. 도리어 그녀는 자신이 사랑스러운 보통 꽃이라고 말하고 있다. 이를테면 지중해 내륙지방의 비옥한 해안 평야지대에서 자라는 크로커스나 수선화 같은 꽃이 그렇다. 블로흐 부부(Bloch and Bloch 1995: 148-49)는 시온이 이전의 영광을 회복할 것이라는 메시지, 곧 이사야 35:1-2와 호세아 14:6-8에서도 동일한 두 꽃이 언급되고 있음을 지적하면서(Davis 2000: 250), 이것은 그녀가 활짝 핀 꽃처럼 아름다운 여인임을 가리키는 것이라고 설득력 있게 추론하고 있다. 이러한 추론이 옳다면, 술람미 여인은 자신이 많은 다른 꽃들 중에서도 특히 사랑스러운 꽃이라고 생각하면서도, 자신의 성숙한 아름다움이 장차 더욱 발전될 것이라는 것도 인정하고 있다.

다시금 솔로몬은 그녀의 말에 기초하여 그녀에게 자신의 외모에 자신을 가질 것을 격려한다(2:2). 술람미 여인은 주저하는 듯한 태도로 자신에 관해 묘사한 바가 있다. 왜냐하면 그녀에게는 궁중의 여인들과 비교했을 때 과연 자신이 자격을 가진 사람인지에 관한 확신이 없었기 때문이다. 솔로몬은 자신이 그 문제를 어떻게 보는지에 관해서는 아무런 관심도 기울이지 않는다. 그녀의 이미지를 백합화로 묘사한 그는 술람미 여인이 가시나무 가운데 있는 백합화와도 같다고 말한다. 솔로몬이 그녀의 아름다움을 높게 평가함에 따라서, 그녀는 자신에게서 부족함을 느끼게 했던 다른 여인들을 훨씬 능가하게 된다.

솔로몬을 사랑하는 다른 여인들의 신속한 조롱은 3절에서 금방 끝나고 만다. 왜냐하면 술람미 여인이 솔로몬의 칭찬에 대하여 자기 자신의 칭찬으로 응답하기 때문이다. 그녀가 솔로몬을 모든 젊은 남자들과 비교한 바에 따르면, 그는 원기를 북돋아 주는 사과나무나 살구나무(Fox 1985: 107) — 숲속의 다른 모든 나무들보다 훨씬 더 탐나는 — 와도 같다. 옛날에는 수풀이 들짐승이 자주 출몰하던 곳이어서 사람들에게 호감을 주지 못했다. 그런데 이와는 달리 솔로몬은 그늘을 짓는 나무와 마찬가지의 안식과 보호를 제공한다. 그늘을 짓는 나무를 그녀가 과거에 가족 포도원에서 일하던 경험(1:6)과 비교하여 보면, 몇 가지 차이점들이 드러난다. 솔로몬은 그녀의 이전 노고를 대신할 안식을 제공할 것이다. 뜨거운 태양을 참는 대신에 이제 그녀는 서늘한 그늘을 즐길 수 있다. 형제들의 거친 대접 대신에 이제 그녀는 그의 보호 아래 앉아 있음으로 인하여 큰 즐거움을 맛본다.

이 다섯 번째 장면은 솔로몬과 술람미 여인의 건설적인 대화에 초점을 맞춘다. 이 장면은 또한 둘의 관계가 지속되는 과정 속에서 그 대화가 특히 술람미 여인에게 주는 유익들에 초점을 맞춘다. 페인(Payne 1996: 333)은 이를 다음과 같이 설명한다: "여기에는 다른 사람의 가치와 중요성을 객관적으로 확증하는 내용과 다른 사람 안에 있는 선함과 아름다움에 대한 갈망이 담겨 있다. 이러한 확증은 모든 인간관계의 중요한 구성 요소요, 사랑 나눔의 좋은 모델에 속한 것이다." 그것은 올바른 사랑이 말로 서로를 칭찬하는 중에 즐거워하는 것임을 분명하게 보여준다.

장면 6: 친밀한 관계의 발전(2:4-7)

이 장면에서는 친밀한 관계에 대한 술람미 여인의 갈망이 타는 듯한 갈망으로 발전했음이 분명하다. 어떤 주석가들은 두 연인이 여기서 성적인 결합을 이룬 것이라고 주장한다. 4절의 '데겔'이라는 용어는 깃발과도 같이 사람들이 바라보는 대상을 가리킬 수도 있고, 바라보는 행동이나 어떤 의도를 가리킬 수도 있다. 이 표현이 "그는 사랑을 나누려는 의도를 가지고 있었다"는 뜻을 가지고 있다는 카아(Carr 1984: 91)의 주장은 올바르게도 블로흐 부부(Bloch and Bloch 1995: 150)에 의해 거부되고 있다. 이들은 5:10의 평행을 이루는 용법을 주목한다. 이 구절은 술람미 여인을 향한 솔로몬의 공적인 반응이 그녀를 향한 그의 사랑을 선포하는 것임을 뜻하는 것으로 번역하는 것이 더 낫다.

술람미 여인은 그의 사랑의 행동에 대하여 폭넓은 고대 근동의 문화권에서 이끌어낸 용어들을 빌려서 응답한다(2:5). 이러한 배경에서 건포도 과자는 르우벤이 발견한 합환채(창 30:14-16)와 마찬가지로 최음제 역할을 하는 것으로 간주되었다. 그러한 건포도 과자가 이방 종교의 풍요 제의에서 사용되었다는 사실(호 3:1; 사 16:7; 렘 7:18)은 그것들이 성적인 능력을 향상시키는 것으로 여겨졌음을 암시한다. 술람미 여인이 표현한 갈망은 이방 종교의 개념들로 오염된 것이 아닌 것으로 보인다. 도리어 예언자들이 정죄한 풍요

제의는 어떤 음식물이 신체적인 힘이나 성적인 능력을 향상시킨다는 보편적인 믿음을 극대화시킨 것이다. 이곳 본문의 경우 술람미 여인은 친밀한 관계에 대한 갈망이 그녀 자신을 약하게 만들기에, 자신을 지탱하기 위해서라도 신체적인 원기를 회복해야겠다고 생각한 것이다. 이와 동시에 일종의 최음제로서 건포도 과자는 그녀 자신이 통제하고자 하는 감정들을 고양시킬 수도 있었다(Snaith 1993: 31).

그녀가 여기서 가리키는 사과나무는 3절에서와 마찬가지로 살구나무를 가리킬 가능성이 높다. 살구나무와 건포도 과자는 그녀의 기운을 돋으려는 목적을 가지고 있다. 술람미 여인은 자신이 느끼는 사랑이 자신을 아프게 또는 약하게 한다는 것을 거리낌 없이 인정하며, 자신의 신체적이고 감정적인 기운을 돋우는 데 도움을 줄 수 있는 수단을 요청한다.

6절은 성적인 욕구에 맞서려는 그녀의 마지막 보루를 흔들리게 만드는 강한 사랑의 감정을 구체적으로 묘사한다. 그녀의 사랑은 그녀의 상상력에 불을 붙인다. 그녀는 자신과 솔로몬이 성관계를 갖기 위한 자세로 누워 있다고 묘사한다. 스네이스(Snaith 1993: 32)는 본절이 성관계를 맺기 전에 서로 껴안는 모습을 사실적으로 묘사한 것이라고 보지만, 이 구절의 전후 문맥에 의하면 그것은 그녀의 간절한 희망을 반영하는 것임이 분명하다. 사랑에 빠진 모든 연인들이 그러하듯이 솔로몬과 술람미 여인 역시 결혼하기 전의 강한 성적인 욕망과 충동에 맞서 싸워야 한다.

7절에서 솔로몬의 목소리는 주체할 길 없는 그녀의 감정을 가로막는다. 예루살렘의 딸들이 동료로서 술람미 여인에게 긍정적이거나 부정적인 압박을 가할 수도 있다는 것을 알고 있는 솔로몬은 그들에게 그녀의 상상력에 불을 붙이지 않도록 주의해 달라고 요청한다. 그는 그들에게 적절한 때가 이르기도 전에 성관계를 맺도록 유도함으로써 자기들의 사랑이 정상적으로 진행되는 것을 방해하지 말라고 부탁한다(Schwab 2002: 49). 솔로몬은 왕실 여인들이 술람미 여인을 자극하여 그녀의 감정이 부도덕한 행동으로 빗나가게 되는 일이 없게 해달라고 부탁한다. 간접적으로 야웨 하나님께 호소하는 언어를 사용함으로써 말이다(Gordis 1974: 28; Fox 1985: 110).

라코크(Lacocque 1998: 63-64)는 다음과 같이 주장한다: "이 노래를 듣는 이스라엘 사람들 중에 어느 누구도 이처럼 솔직한 말을 놓칠 수 없을 것이다. 그가 한 이 간단한 말은 잘못 발하여진 말로 이해되어서는 안 되며, 흔히 신앙적인 내용으로 이루어지는 맹세를 시적인 언어로 대체한 것으로 이해되어서도 안 된다. 뿐만 아니라 그러한 말을 하게 된 계기는 우연이나 억지에 의해서 만들어진 것이 아니다." 하나님의 계획 속에서 남녀의 친밀한 관계는 그 적절한 때와 장소를 가지고 있다. 그것의 전개 과정은 결혼 전의 성적인 활동으로 더럽혀져서는 안 된다(Garrett 1993: 393). 아가서가 분명하게 보여주고 있듯이, 순결함과 친밀한 관계 사이의 긴장은 오로지 결혼을 통해서만 해결될 수 있다. 이 장면이 가르치는 바와 같이, 올바른 사랑은 열정과 순결함을 잘 지켜나가게 마련이다.

장면 7: 사랑이 넘치는 대화(2:8-14)

일곱 번째 장면은 날마다 새로운 것을 발견하고 신선한 기쁨을 느끼는 구애의 시기를 배경으로 가지고 있다. 8절의 히브리어 본문 구조는 세 개의 분사를 이끌어들이는 명령형 "들으라!"("힌네")로 시작하며, 숨가쁘게 돌아가는 현장 상황을 보고하는 듯한 느낌을 준다(Longman 2001: 119). 술람미 여인이 그의 도착을 손꼽아 기다리는 중에, 솔로몬은 그녀를 만나고 싶은 열망에 사로잡힌 나머지 그녀에게 달려간다. 9절은 솔로몬의 흥분하는 모습을 계속 묘사하되, 술람미 여인을 보려고 안달하는 그의 모습을 익살스럽게 표현하고 있다. 솔로몬은 자기가 사랑하는 여인을 가장 먼저 보기 위하여 노루나 어린 사슴처럼 힘을 다하여 창틈으로 엿본다.

10절과 13절에 있는 기본 틀("나의 사랑, 내 어여쁜 자야 일어나서 함께 가자")은 2:10-13이 술람미 여인을 향한 솔로몬의 청혼 제안에 해당하는 말임을 암시한다. 솔로몬은 오랜 전원적인 사랑의 이미지에 기초한 아름다운 언어를 사용하여 그녀에게 봄철에 자기와 함께 갈 것을 청한다. 이스라엘에서 겨울철은 잦은 비를 특징으로 가지고 있다. 그리고 봄은 햇볕이 비치는 날씨의 시작을 알리는 계절이다. 솔로몬에게 있어서 이제까지의 삶 전체는 겨울과도 같은 것이었다. 그러나 이제는 사랑을 나누기에 적합한 계절이 왔다. 이 점을 염두에 두고서 그는 술람미 여인에게 겨울비가 끝났고 봄철이 가까이 왔다고 말한다.

12절과 13절의 서술은 봄이 전개되고 있는 모습을 그리기 위한 목적에서 하나로 합하여진 것이다. 이스라엘에서 대부분의 꽃들은 여기저기 옮겨 다니는 비둘기의 노래 소리가 들리는 4월에 핀다. 5월은 흔히 첫 무화과와 이른 포도나무의 꽃이 피는 시기를 가리킨다. 고대 게제르(Gezer) 달력이 구체적으로 보여주는 바와 같이, 6월은 포도나무 가지를 두 번째 잘라내는 시기이다(Snaith 1993: 38). 솔로몬이 술람미 여인에게 청혼한 때는 자연이 기쁨과 즐거움의 기운으로 충만하여 생동감이 넘치기 시작하는 때이다. 이처럼 인상적인 계절의 배경은 그들의 사랑이 모습을 드러내고 있음을 잘 반영하고 있다. 버건트(Bergant 2001: 30)는 이 점을 다음과 같이 잘 설명하고 있다: "새로운 생명의 정교함과 그로 인하여 생겨나는 기대감, 그리고 봄철이 인간의 감각기관에 가져다주는 매력 등은 이 두 연인의 열정을 한층 강화시켜주고 그 위대함을 반영해 주는 역할을 수행한다. 그 여인을 봄철로 초대한다는 것은 참으로 그녀를 사랑에로 초대하는 것이나 다름이 없다."

솔로몬은 술람미 여인과 은밀하고도 친밀하며 여유로운 대화를 즐기고 싶어한다(14절). 그러나 그녀는 접근이 불가능한 바위 틈 낭떠러지 은밀한 곳에 있는 비둘기와도 같다(Murphy 1990: 141). 개럿(Garrett 2004: 160)은 이를 다음과 같이 설명한다: "여인의 접근 불가능성이라는 주제는 남자의 노래 속에서 반복적으로 나온다. 그는 그녀에게 다가갈 수가 없다. 그들이 함께 가기 위해서는 그녀가 그에게로 다가가거나 그에게 문을 열거나 그에게로 내려가야 한다." 그들이 혼자 있으면서도 상대방으로 인하여 충분한 즐거움을 느낄 때가 올 것이다. 그러기 위해서는 결혼식 날까지 기다릴 필요가 있다. 현재로서는 올바른 사랑을 이루기 위해서는 적절한 때를 기다려야만 한다. 그들은 솔로몬이 청혼하던 봄철에 이르기까지 친근한 관계를 유지해 왔다. 그러나 아직은 그들이 나누는 사랑의 열매를 맛볼 시기가 아니다.

장면 8: 키워나가는 사랑(2:15-17)

부드러운 어린 포도나무가 여우에 의해 망가질 수 있는 것처럼, 솔로몬과 술람미 여인이 느끼는 위험들도 마찬가지이다. 그들은 열매 맺을 때가 오기 전에 자기들의 자라가는 사랑을 잠재적으로 위협하는 요소들이 있음을 알고 있다. 15절에 언급된 작은 여우들은 술람미 여인의 순결함을 더럽히려고 위협하는 젊은 남자들을 일차적으로 가리킬 것이다. 8:12이 보여주는 바와 같이, 이것은 고대 이스라엘의 가정들로 하여금 젊은 여자들의 순결함을 지키기 위해 특별한 주의를 기울이게끔 하는 진정한 위협을 의미한다. 아가서에서 포도원 이미지는 자주 사람을 가리키는 데 사용된다. 이와 밀접하게 관련된 정원 이미지, 곧 4:12-5:1의 결혼식 밤 장면에 묘사되어 있는 정원 이미지가 그러하듯이 말이다. 두 연인은 장차 성적인 결합이 있을 것을 기대하는 마음으로 자기들의 사랑을 조심스럽게 잘 지켜야 한다는 것을 알고 있다. 그렇지 않을 경우에는 그것이 예쁜 도자기의 정교한 조각들처럼 부서질 수도 있기 때문이다. 이와는 달리 태너(Tanner 1997b: 149)는 술람미 여인이 솔로몬의 관심을 끌기 위해 다투는 다른 왕실 여인들을 가리키기 위해 작은 여우들이라는 은유를 사용했을 것이라는 주장을 설득력 있게 제시하고 있다.

좀 더 일반적인 의미에서 본다면, 그 여우들은 여물기 전의 사랑을 파멸시킬 수 있는 파괴적인 요인들을 뜻할 수도 있다. 그러한 요인들에는 둘 사이의 관계를 희생시킨 채로 자신의 개인적인 독립성과 욕심을 채우려는 이기주의가 포함될 것이다. 또 다른 요인으로는 자아에 상처를 입힐 수도 있는 자존심이나 완악함 또는 용서하지 않는 마음 등이 있을 것이다. 뿐만 아니라 동료들의 압박과 범죄 행위 역시 성숙해지기 전의 사랑에 치명적인 상처를 입힐 수 있다.

16절에서 술람미 여인은 6:3과 7:10에서 작지만 중요한 변화를 준 채로 되풀이하는 한 마디의 후렴구를 사용한다. 이 후렴구는 아가서 전체를 하나로 묶어주며, 그녀가 솔로몬과의 관계 속에서 경험하는 사랑의 증진을 판단하는 기준이 되기도 한다. "내 사랑하는 자는 내게 속하였고 나는 그에게 속하였도다"라고 말함으로써 술람미 여인은 상호 관계의 언어를 사용한다. 그녀는 자신이 어떤 상급자에게 예속되기보다는 솔로몬에 의해 자신이 소중히 여김을 받고 그에 의해 자신이 완성된다는 것을 느낀다(Keel 1994: 114).

이와 동시에 그녀는 솔로몬을 백합화 가운데에서 양 떼를 먹이는 목자로 묘사하기도 한다. 이러한 이미지는 그녀가 그의 성품을 온유함과 예민함, 겸손함, 부드러움 등을 특징으로 가지고 있는 것으로 보고 있음을 암시한다. 왜냐하면 고대 이스라엘에서는 이러한 특징들이야말로 양 떼를 먹이는 자들에게 필수적으로 요구되는 덕목이었기 때문이다.

술람미 여인이 신체적인 결합을 분명하게 원한 후에(2:6) 솔로몬이 섣불리 신체적 결합에 관하여 표현하는 것을 경계하고 있음에도 불구하고(2:7), 그녀의 열정은 점점 더 강렬해져간다. 17절에서 그녀는 자신의 사랑하는 자가 자기와 함께 밤중에 사랑을 나누어주기를 갈망한다. 아침의 서늘함 속에서 어두운 밤이 사라지기 전에 말이다(Garrett 2004: 162). 그녀는 자기 나름의 상상력을 동원하여 그를 베데르(Bether)의 산에서 열심히 힘차게 뛰어다니는 노루나 어린 사슴으로 묘사한다. 그런데 여기에 나오는 '베데르'라는 용어는 다양하게 해석되어 왔다. 어떤 이들은 그것이 특정한 산악지대를 가리키는 고유명사라고 생각하며, 또 어떤 이들은 그것이 나누어진 두 개의 산봉우리, 곧 술람미 여인의 양가슴 사이에 있는 오목한 곳을 가리킨다고 본다. 4:16의 평행구절에 비추어 본다면, '베데르'는 향료나 향수를 가리킬 수도 있다 (Keel 1994: 115, 117).

그녀가 갈망하는 사랑은 아가서의 이 지점에서는 아직 성취되지 않은 채로 있지만, 4장의 첫날 밤에는 충분하게 경험된다. 이렇듯이 아가서는 성적인 관계에 대한 갈망이 합법적이기는 해도 그러한 갈망을 결혼 이전의 성관계로 표현하는 것은 하나님의 뜻에 어긋나는 것이라고 가르친다. 올바른 사랑은 파괴적인 요인들을 극복해야만 한다. 그것들이 외적인 위협들로부터 생겨난 것이건 내적인 충동에 의하여 생겨난 것이건 관계없이 말이다.

장면 9: 상사병(3:1-5)

사람들은 종종 참된 사랑에 이르기 위한 길이 쉽지 않다고 말한다. 솔로몬과 술람미 여인이 결혼식과 그로 인한 성적인 결합의 시작을 향해 나아감에 따라서, 술람미 여인은 악몽을 되풀이하게 만드는 잠재적인 두려움을 경험한다(Garrett 2004: 174). 이 단락은 만화경을 보는 것과도 같은 한 편의 꿈 — 장면이 빠르게 바뀌기는 하지만 각 장면이 느슨하게 연결되어 있는 — 을 가리키는 것으로 보인다. 그녀는 밤마다 꾸는 이 꿈 속에서 열심히 솔로몬을 찾지만, 그를 발견하지 못한다(3:1). 그녀는 전심을 다하여 사랑하는 자에게 나아갈 수 없다는 것을 두려워한다. 포크(Falk 1990: 148)가 설명하는 바와 같이, 솔로몬을 찾는 이 꿈은 술람미 여인이 자기가 사랑하는 자가 곁에 있지 않음을 느낄 때마다 경험하는 상실감을 묘사하려는 의도를 가지고 있는 것으로 보인다.

그녀는 상상력의 세계 속에서 밤중에 황량한 성 안을 돌아다니면서 자기가 사랑하는 자를 찾지만 성공을 거두지 못한다(3:2). 그녀는 성 안을 순찰하는 자들에게 나아가서 그를 보았는지를 묻는다(3:3). 아무런 설명도 하지 않은 채로 장면은 그녀가 솔로몬과 재결합하는 것으로 바뀐다. 그녀는 마음속으로 그를 붙들고서는 그를 안전하고 은밀한 자기 어머니의 집으로 인도한다(3:4)(Provan 2000: 152).

다시금 솔로몬은 5절에서 예루살렘의 딸들에게 말하면서, 술람미 여인의 갈망을 일깨우지 말 것을 당부한다. 앞서 언급된 2:7의 금지령과 마찬가지로 여기서도 아직은 그들의 사랑이 성적인 결합이 이루어지기에는 이른 때이다. 적절한 때가 곧 오겠지만, 결혼 계약을 통하여 합법적으로 성적인 결합을 이룰 수 있기 전까지는 사랑을 성적인 결합으로 발전시켜서는 안 된다.

한 편의 꿈을 담고 있는 이 장면은 올바른 사랑이 큰 기쁨을 가져다줌과 동시에 큰 고통을 가져다주기도 한다는 점을 가르쳐준다. 술람미 여인을 괴롭히는 두려움은 그녀가 사랑하는 자와의 성적인 결합을 점점 더 많이 갈망하게 됨으로써 생겨나는 것이다. 이는 그러한 두려움이 "성취 직전의 상황에서 느끼는 열망"으로 인하여 생겨남을 뜻한다(Exum 1998: 246). 이렇듯이 사랑은 어느 정도의 위험을 수반한다. 루이스(Lewis 1960: 169)는 이를 다음과 같이 날카롭게 지적한다: "사랑한다는 것은 쉽게 상처를 받는다는 것을 뜻한다. 무엇인가를 사랑해 보라. 그리하면 당신의 마음이 확실히 뒤틀릴 것이요, 아마도 부서질 것이다. 만일에 당신이 그것을 본래의 상태로 간직하기 원한다면, 당신은 당신 자신의 마음을 어느 누구에게도 주어서는 안 된다 … 그리하면 그것은 부서지지 않을 것이다. 그것은 부서질 수도 없고, 꿰뚫을 수도 없고, 되살 수도 없다." 고통을 기꺼이 견뎌내지 못하는 자들은 사랑해서는 안 된다. 반면에 불가피하게 찾아오는 사랑의 고통을 기꺼이 받아들이는 자들이라면 그 풍성한 즐거움을 누릴 수 있을 것이다.

장면 10: 결혼식 행렬(3:6-11)

청혼 사진첩의 마지막 장면은 술람미 여인이 부요한 옷차림으로 결혼식 장소를 향해 나아가는 모습을 담고 있다. 어떤 이들은 이 단락이 솔로몬을 묘사하고 있는 것이라고 주장하지만(Provan 2000: 152-53), 이와 평행을 이루는 6:10과 8:5의 외침은 이 단락이 술람미 여인을 가리키고 있음을 분명하게 보여준다. 따라서 3:6 역시 그녀를 가리키고 있음에 거의 틀림이 없다(Exum 2003: 309는 이에 반대함). 결혼식 행렬은 광야를 지나고 먼지 기둥을 일으키며 솔로몬이 폭넓은 무역 활동을 통하여 구한 각종 향품의 향기를 풍기는 것으로 묘사된다.

술람미를 여행길에서 지키기 위하여 솔로몬은 그녀가 탄 가마를 이중으로 둘러싸게 한다. 다윗의 개인 호위병은 30명의 용사들로 이루어져 있었고(삼하 23:13, 18-19, 23-37), 삼손은 자신의 결혼식에 30명의 동료들을 거느린다(삿 14:11-20). 솔로몬은 술람미 여인을 위해 준비하면서 이스라엘 용사 60명으로 하여금 들짐승과 강도 무리의 위협으로부터 그녀를 보호할 것을 지시한다(3:7-8).

솔로몬은 또한 가마를 만들면서 그녀의 안락함과 즐거움을 배려하기도 한다(3:9-10). 그 가마를 만드는 데에는 오로지 최상급 재료들만 사용된다: 레바논 나무와 금은 기둥들 및 왕실용 자주색 옷감 등이 그렇다. 가마의 내부 장식은 사랑 나눔의 장면을 고스란히 드러내고 있는 바(Carr 1984: 112-13), 이는 결혼식 행렬의 기회에 적합한 것이다.

신부가 결혼식 장소로 옮겨감에 따라서, 예루살렘의 딸들이 대표하는 공동체에게 기쁨의 잔치 자리에 증인으로 참석해줄 것을 바라는 초청장이 전달된다(3:11). 솔로몬은 보통 때 착용하던 국가 수장용 왕관을 쓰는 대신에 자기 어머니가 준 축제용 왕관을 머리에 쓴다. 그 왕관은 나뭇가지로 만든 화관일 수도 있지만, 귀금속으로 만든 금속제 왕관이었을 가능성이 더 높은 편이다(참조. 시 21:3). 그 결혼식은 굉장한 축제의 때이다. 왜냐하면 그 날은 솔로몬의 마음이 쾌한 날이요, 기쁨이 충만한 날이기 때문이다.

이 마지막 장면은 아가서 첫 번째 단락의 정점에 해당한다. 이 장면은 열 개의 장면들을 마무리하면서 올바른 사랑은 최선의 것을 제공한다는 것을 가르쳐준다. 사랑은 선물 주는 것을 아까워하지 않는다. 도리어 사랑은 사랑받는 자를 보호하고 그를 즐겁게 하기 위해 모든 것을 아낌없이 제공한다.

결혼식(아가서 4:1-5:1)

아가서의 처음 세 장들에서 솔로몬과 술람미 여인은 서로의 사랑을 발전시킨다. 서로를 향한 감정이 깊어감에 따라서, 성적인 결합을 향한 그들의 갈망 역시 증가한다. 그럼에도 불구하고 그들은 자기들의 갈망이 합법적으로 결혼이라는 울타리 안에서 성취될 수 있을 때까지 기다린다. 마침내 그 날이 이르게 되자, 그들은 자기들이 바라던 것을 즐길 수 있게 된다.

아가서의 두 번째 막은 그들의 결혼식을 반영하고 있다. 저자는 심한 외설을 피하는 대단히 시적인 언어를 사용하여 그들의 관계가 성적으로 완성되는 모습을 비유적으로 묘사한다.

감상(4:1-11)

아가서의 처음에서부터 솔로몬은 술람미 여인을 안심시키는 말을 한 바가 있다. 이제 처음으로 그들이 성적인 결합을 이루게 되자, 솔로몬은 다시금 그녀의 신체적인 아름다움을 칭송한다. 시리아의 결혼식 축가와 비슷한 이 확대된 진술은 고대 근동 문헌에서 사용된 오랜 역사를 가지고 있다(Bernat 2004: 328-34). 이러한 표현들을 통하여 솔로몬은 첫날밤에 신부의 아름다움을 경축함으로써 그녀의 뛰어남을 강조한다. 그러나 감각적인 언어의 사용은 술람미 여인에 대한 시각적인 묘사를 제공하려는 의도에서 비롯된 것이 아니요, 독자들로 하여금 신부를 향한 솔로몬의 즐거운 감정을 느끼게 하려는 의도에서 비롯된 것도 아니다(Brenner 1990: 251-52). 소울렌(Soulen 1967: 190)은 이를 다음과 같이 설명한다: "저자는 자신의 청중으로 하여금 그 여인의 특징들이나 외모를 서술적인 언어로 다시 말할 수 있게 하는 데 관심을 가지고 있지 않다. 도리어 그는 그들로 하여금 그의 기쁨과 두려움과 즐거움을 공유하게 하는 데 한층 깊은 관심을 가지고 있다. 시인은 사랑하는 자의 아름다움에 대한 자신의 경험과 삶의 보편적인 경이로움에 대한 자신의 경험이 감정적으로 서로 일치한다는 것을 잘 알고 있다. 그는 이 점을 염두에 두고서 자신이 발견한 것을 서정적인 이미지를 빌려서 전달하고자 한다. 청중들로 하여금 사랑하는 자 앞에서 자신과 똑같은 감정을 느끼게 함으로써 말이다."

1:15에서와 마찬가지로 솔로몬은 "내 사랑, 너는 어여쁘고도 어여쁘다"라고 외친다. 그러나 이처럼 친숙한 표현을 사용한 후에 그는 술람미 여인의 아름다움이 갖는 다양한 측면들을 새로운 방식으로 상세하게 묘사한다. '참마' 라는 용어는 일반적인 의미에서의 머리털을 가리킬 수도 있는 바, 그것은 다음 행에서 좀 더 구체적으로 묘사된다. 그러나 이 용어는 오랫동안 얼굴을 가리는 너울로 이해되어 왔다. 만일에 이러한 번역이 옳다면, '참마' 는 4장이 참으로 첫날밤의 광경을 담고 있는 것이라는 결론을 강하게 뒷받침하는 증거가 된다. 구약성서에서 너울은 특별한 경우에 사용하는 것으로 정해져 있다. 특히 약혼식(창 24:65)이나 결혼식(창 29:23-25) 같은 경우가 그렇다. 그러나 본문의 일차적인 의미는 그녀의 빛나는 두 눈이 머리털이나 너울을 통하여 비침으로써 솔로몬을 눈부시게 만든다는 데 있다.

솔로몬은 계속하여 그녀의 머리털을 길르앗 산에서 내려온 염소 떼에 비교한다. 이것이 오늘날의 독자들에게는 거의 칭찬으로 들리지 않지만, 술람미 여인에게 있어서 그것은 그녀의 빛나는 검은 머리털이 어깨를 거쳐 등 뒤로 흘러내리는 모습을 실감나게 묘사하는 것으로 여겨졌을 것이다.

2절의 정교한 그림은 그녀가 한 쌍의 완벽한 흰 치아를 가지고 있다고 말한다. 사람들이 치열 교정술을 통하여 외모를 가꾸기 오래 전의 시대에는 치아가 특별한 칭송의 대상이 된다는 것은 드문 일이었다(Garrett 2004: 189).

그녀의 입술에 대한 솔로몬의 언급(4:3)은 입술 색깔을 가리킬 수도 있다. 왜냐하면 당시에는 입술에 색깔을 입히는 데 홍색 실이 사용되었기 때문이다. 다음에 이어지는 "네 입은 어여쁘고"라는 표현은 입술의 아름다움을 강조하는 것일 수도 있다. 아니면 그것은 아마도 그녀의 목소리를 가리킴으로써 시각적인 요소와 청각적인 요소를 결합시키는 복합적인 칭찬의 내용을 구성하였을 것이다(Bloch and Bloch 1995: 170). 그녀의 관자놀이를 석류에 비교한 것은 다양한 의미를 가진 이미지인 듯하다. 열매의 색깔과 짜임새뿐만 아니라(Falk 1982: 84) 최음제로서의 일반적인 사용이 그렇다.

술람미 여인의 목을 다윗의 망대에 비교하는 4절의 이미지는 솔로몬에게 친숙한 세계관으로 해석하지 않으면 안 된다. 이 망대는 그 인상적인 모습으로 인하여 사람들에게 커다란 자부심을 느끼게 하던 군사 요새였음이 분명하다. 이처럼 일반적인 관련성에 더하여 솔로몬은 그녀의 아름다움을 칭송하면서 몇몇 구체적인 것들을 비교 대상으로 삼는다. 길게 이어진 돌들(개역은 "무기를 두려고"로 번역함 — 역자 주)은 술람미 여인의 목걸이를 가리킬 수도 있을 것이다. 그 둘의 모습이 비슷한 데가 있기 때문이다(Fox 1985: 130-31). 축제의 날에 용사들의 방패들을 망대에 걸어둠으로써(참조. 겔 27:11) 그것들을 바라보는 자들로 하여금 기쁨을 느끼게 하던 것처럼, 첫날 밤에 느껴지는 술람미 여인의 아름다움은 솔로몬에게 동일한 효과를 가져다 준다.

그녀의 가슴을 백합화 가운데서 꼴을 먹는 두 마리의 쌍둥이 어린 사슴으로 묘사하는 4:5-6의 부드러운 모습(Bascom 1994: 101)은 앞 절의 군사적인 이미지와 뚜렷한 대조를 이룬다. 솔로몬은 그녀의 가슴에 초점을 맞추면서 누구나 이해하듯이 그것을 애무하려는 욕구를 느낀다. 아가서의 앞 부분에서 술람미 여인은 그에게 바로 그러한 일을 하도록 허용했지만(2:17), 솔로몬은 결혼식 이전에 신체적인 관계를 맺으려는 충동을 물리친 바가 있다. 그러나 이제는 두 사람이 결혼을 통하여 결합된 까닭에, 그는 그녀의 말을 그대로 인용하여 자신의 결심을 밝힌다: "날이 저물고 그림자가 사라지기 전에 내가 몰약 산과 유향의 작은 산으로 가리라." 마침내 그는 그녀와 사랑을 나누는 중에 그녀의 향내 나는 가슴을 애무함으로써 그녀가 바라던 것을 성취할 것이다.

7절은 1절과 함께 수미쌍관(首尾雙關) 구조를 이루며, 솔로몬의 눈에 비친 술람미 여인의 아름다움을 강조한다. "너는 어여쁘고도 어여쁘다"(4:1)라는 표현이 이제는 "너는 어여쁘고 아무 흠이 없구나"(4:7)라는 표현으로 바뀐다. 여러 가지 점에서 그녀는 흠이 없는 사람이다. 야웨께 드릴 예물로 적합한 희생제물(참조. 레 22:20-21)과 마찬가지로, 그녀는 신체적으로나 도덕적으로 흠이 없는 사람이다. 그녀의 외적인 아름다움은 그녀가 첫날밤에 이르기까지 간직해 온 처녀의 순결함하고만 잘 어울린다.

두 연인이 성적인 결합을 통하여 자기들의 결혼을 완성하려고 준비하는 중에, 솔로몬은 자신이 그녀의 감정에 예민하게 반응하는 자임을 분명하게 밝힌다. 아가서에서 처음으로 그는 그녀를 자신의 신부('칼라')로 칭하는 바, 이 용어는 본 단락에서 자주 발견된다(4:8, 9, 10, 11, 12; 5:1). 이 용어가 "누이"라는 낱말처럼 경의를 표하는 의미로 사용될 수도 있겠지만, 본 단락에서의 첫 사용은 그녀가 3:6-11과 4장 사이에 암시된 결혼식을 치른 후에 솔로몬의 아내가 되어 누리는 새로운 법적인 지위에 잘 들어맞는다.

"레바논"이나 "아마나," "스닐," "헤르몬" 등의 지명들은 한결같이 이스라엘의 북쪽 꼭대기 부근에 있는 지역들을 가리킨다. 그녀가 6절에서 솔로몬의 다가옴을 기꺼이 받아들이던 것과는 대조적으로, 솔로몬이 그녀와 성적인 결합을 시작하는 시점에 이제는 그녀가 그에게 가까이 갈 수 없는 자리에 있는 것으로 보인다. 그는 상상력의 세계 속에서 그녀에게 자기들의 첫 번째 성적인 결합 이전에 사자와 표범처럼 그녀의 마음을 지배하던 두려운 생각들을 떨쳐버리라고 말한다. 솔로몬은 그녀와의 성적인 결합을 시작하면서, 그녀가 강한 매력과 분명한 위험을 동시에 가지고 있는 새로운 세계로 들어섬에 따라, 그녀의 감정에 예민하게 반응하는 모습을 보인다. 그는 순전히 자신의 욕구를 충족시키기 위해 그녀에게 달려들지 않고, 도리어 그녀를 세심하게 배려한다.

9-11절에서 솔로몬은 사랑스러운 태도로 술람미 여인에게 말하면서, 그녀의 두려움을 해소시키려고 노력한다. 고대 근동의 연인들이 흔히 사용하는 언어를 통하여 그는 그녀를 "내 누이, 내 신부"로 칭함으로써, 둘 사이에 있는 완전한 친근감에 그녀의 생각이 집중되게 한다(Davis 2000: 269). 다시금 솔로몬은 그녀의 아름다움과 그것이 자신에게 주는 강한 효과를 강조한다. 그는 그녀의 아름다운 두 눈과 반짝거리는 목걸이가 자기에게 성적인 매력으로 작용했다고 말한다. 그러면서도 솔로몬은 술람미 여인 자신이야말로 그녀의 향기와 기름이 주는 온갖 매력들을 넘어서는 것임을 조심스럽게 지

적한다(4:10). 그녀 자신이 솔로몬을 취하게 만드는 까닭에, 그녀의 사랑은 포도주보다 훨씬 더 좋은 것이다.

그녀의 입술에서 꿀방울이 떨어지고 그녀의 혀 밑에 꿀과 젖이 있다고 말하는 11절의 내용은 그들의 사랑 나눔이 지금에 이르기까지 얼마나 많이 진행되었는지를 분명하게 보여준다. 이 장면에서는 눈으로 보고 손으로 만지고 귀로 듣고 코로 냄새를 맡고 혀로 맛을 보는 등 인간의 모든 감각들이 동원된다. 솔로몬과 술람미 여인은 그 다음 장면에서 첫 번째 성적인 결합을 이루기 위하여 서로에게 다가가는 중에 열정적으로 입맞춤을 한다. 술람미 여인은 아가서의 첫 번째 장면에서 그토록 원하던 것(1:2-4)을 이제야 즐기게 된 것이다(Exum 1999a: 61).

순결함(4:12-15)

신부와 신랑이 말과 몸으로 전희(前戲)를 계속하는 동안에 솔로몬은 문이 닫힌 동산과 입구를 덮은 우물 이미지를 사용하여 술람미 여인의 순결함을 언급한다. 이 순간에 이르기까지 어떤 남자도 그녀를 성적으로 접촉한 적이 없었다. 솔로몬조차도 첫날밤이 이르기 전까지는 그처럼 보호받는 공간에 들어선 적이 없었다. 술람미 여인은 모든 다른 사람들로부터 자신을 지킴으로써 자신의 더럽혀지지 않은 몸을 자기 남편에게 선물로 줄 수 있었다. 솔로몬은 결혼식 후에 그녀에게 나아간 후에 어느 누구도, 심지어는 자신조차도 그녀의 우물 입구를 열지 않았으며, 그녀의 순결함의 동산을 열지 않았다는 사실을 발견한다. 개릿(Garrett 2004: 196)은 이를 다음과 같이 설명한다: "본절에서 주목할 만한 은유의 특징은 그녀가 '문이 닫힌' 동산이요, '입구를 덮은' 우물로 비유된다는 데 있다. 여기서 중요한 것은 그녀가 다른 모든 사람들에게는 닫혀 있으나 오직 그에게만은 열려 있다는 사실이 아니다. 도리어 중요한 것은 그녀가 지금껏 처녀로서의 순결함을 지키고 있었고, 심지어는 그의 손이 닿지 않는 곳에 있었다는 점이다." 솔로몬의 이러한 선언은, 1-3장의 장면들이 그들의 점증하는 욕망에 근거하여 그들의 신체적인 결합을 예상하고 있으면서도, 그들의 갈망이 결혼 전의 성적인 활동으로 이어지지 못한다는 것을 분명하게 보여주는 해석상의 열쇠 역할을 수행한다.

아가서 585

고대 근동 전역에서와 마찬가지로 고대 이스라엘에서도 물이 귀했기 때문에 당시 사람들은 정성을 다하여 물을 지켰다. 물 공급이 잘된 동산, 특히 개인 전용 우물을 가지고 있는 동산은 아주 드문 사치품이었다. 솔로몬이 술람미 여인에게 말하면서 사용하는 이미지들은 그가 오직 자신만을 위해 준비된 보물이라 할 수 있는 신부를 갖게 되어 얼마나 큰 기쁨에 사로잡혀 있는지를 잘 반영하고 있으며, 여러 가지 점에서 잠언 5:15-23의 정서적인 분위기와 평행을 이루고 있다(Kaiser 2000: 111-12).

솔로몬은 동산 안에서 발견되는 희귀종 외래 식물들에 대하여 상세하게 설명함으로써 동산 그림을 가득 채워나간다. 그는 그 동산을 '파르데스'로 묘사한다. 이 용어는 의심할 여지 없이 '파라다이아'라는 페르시아어에서 빌려 온 것으로서, 솔로몬이 건축한 것과도 같은 울타리 쳐진 동산을 가리킨다(전 2:5). 그곳에 있는 식물들은 석류나무 같은 특산품과 보통은 흔히 인도, 중국, 아프리카 등지의 먼 곳에서 수입되는 극상품 열매들을 포함하였다(Keel 1994: 180). 그가 언급하는 물품들 중의 몇몇은 예배(출 30:24-25)나 왕실 결혼식(시 45:8)에서 사용된 것으로 여겨지며, 창기에 의하여 사용된 것으로 간주되기도 한다(잠 7:17). 이로써 솔로몬은 첫 번째 성적인 결합을 이루려는 차에 사랑하는 자의 순결함에 관해 묘사하면서, 사치품과 관능적인 욕구의 의미를 담고 있는 그림을 그리고 있음이 분명한 것으로 보인다.

15절은 12절의 언어를 연상시킨다. 그러나 이제 솔로몬은 동산이 닫히고 우물이 막혔다는 사실을 강조하지 않는다. 도리어 그는 잘 준비된 동산 우물의 무한한 가능성에 초점을 맞춘다. 술람미 여인은 처녀이기는 해도 풍부한 성적인 매력으로 균형을 이루고 있다. 그녀의 성적인 잠재력은 무한하여 계속 새로워질 수 있다. 마치 레바논에서부터 흐르는 시냇물이 산악 지대의 끊임없이 녹아내리는 눈으로 인하여 마르지 않는 것처럼 말이다.

성적인 결합(4:16-5:1a)

이 단락은 전체 행수에 있어서나 전체 주제에 있어서 아가서의 중심을 이루는 부분이다. 첫날밤의 성적인 결합을 다루는 이 장면 앞의 내용은 모두 점증하는 사랑과 욕망에 의하여 그것을 예견하는 역할을 수행한다. 이 장면후로 두 연인은 결혼 관계 안에서 성적인 결합의 기쁨과 자극들을 찾아 나서기 시작한다.

오로지 대단히 재능 있는 저자만이 성을 학대하는 방식이 아니라 도리어 성을 찬미하는 방식으로 성적인 결합에 대해서 묘사할 수 있을 것이다. 노골적인 성 묘사를 특징으로 갖는 고대 근동의 신화적인 문헌들과는 대조적으로 아가서의 저자는 위엄과 순수함을 잃지 않는 정교한 이미지들을 사용함으로써 외설 작품이라는 비난을 잘 피해간다. 성적인 결합을 묘사할 때조차도 말이다(Whitesell 1995: 98).

술람미 여인이 16절의 마지막 두 행에서 자신의 동산에 솔로몬을 초청하여 함께 그 아름다운 열매를 먹자고 제안한 것은 그녀가 자신의 입으로 직접 한 말임에 틀림이 없다. 그런데 그녀의 제안은 하와가 아담에게 제안한 것(창 3:6)을 넌지시 빗대고 있는 듯한 느낌을 준다. 그러나 해석자들은 4:16의 첫 부분을 말하는 자가 누구인지에 대해서는 의견이 갈린다. 어떤 이들은 "나의 동산"에 불어서 향기를 날리라고 바람에게 명하는 것이 4장에 나오는 솔로몬의 말의 절정에 해당하는 것이라고 본다(Keel 1994: 181; Murphy 1990: 161). 그런가 하면 어떤 이들은 16절 전체가 솔로몬에 대한 술람미 여인의 응답이라고 본다(Carr 1984: 127; Bloch and Bloch 1995: 178). 말하는 자가 누구인지를 정확하게 알 길은 없지만, 그 말의 내용은 분명하다. 앞에서 연기되었던 신체적인 결합의 때(2:6-7; 3:5)가 이제 도달한 것이다. 이제 솔로몬이 숲이 우거진 술람미 여인 개인의 순결한 동산에 들어가서 그녀가 자신을 위해 준비해 놓은 온갖 성적인 즐거움을 만끽할 적절한 때가 되었다는 얘기다.

바람이 동산에 분다는 이미지는 에스겔 37:9와 평행을 이루는 것일 수도 있다. 에스겔의 이 본문에 의하면, 네 바람이 마른 뼈들에 불어서 그것들에 생명을 불어넣어준다. 아가서 4:16에서는 바람이 술람미 여인의 잠을 깨워서 그녀의 연인으로 하여금 그녀와 성적인 결합을 즐길 수 있게 해주는 은유적인 역할을 수행한다. 이처럼 상상력에 기초한 잠에서 깨어난 그녀는 자신의 연인에게 그의(his) 동산 — 그녀가 열린 마음으로 이제 그에게 주고자 하는 그녀의 몸 — 으로 오라고 청한다. 사람들이 잘 알고 있는 완곡한 성행위 암시 표현(참조. 창 16:2)을 사용함으로써 그녀는 기꺼이 솔로몬이 앞서 기대감을 가지고서 묘사한 바가 있던 것(4:12-15)을 실제로 즐길 수 있게 한다(Keel 1994: 181-82).

4:16과 5:1의 사이에서 독자들의 눈을 피한 두 연인은 처음으로 성적인 결합의 즐거움을 맛본다. 술람미 여인의 초청을 받아들인 솔로몬은 이렇게 말한다: "내 누이, 내 신부야 내가 내 동산에 들어와서"(5:1). 이것이 성적인 결합을 뜻하는 것임을 강하게 암시한 그는 자기가 몰약과 향 재료를 모았고, 자신의 꿀송이와 꿀을 먹었으며, 자신의 포도주와 우유를 마셨다고 말한다. 이러한 이미지들은 고대 근동의 사랑 노래에서 흔히 발견되는 것들이다. 특히 꿀은 종종 여성의 성기를 가리키는 것으로 사용된다(Carr 1984: 129). 문학적인 차원에서 본다면, 솔로몬은 술람미 여인의 동산을 묘사함에 있어서 자신이 앞서 4:10-15에서 사용한 바 있던 용어들을 많이 반영하고 있다. 그러나 이제 그녀의 동산은 "나의 동산"이 된다. 그녀가 자신에게 제공한 선물을 그가 그대로 받아들이게 됨에 따라서 말이다. 이제 솔로몬과 술람미 여인이 대단히 기쁜 마음으로 아무런 죄책감도 느낄 필요 없이 성적인 결합을 즐길 수 있는 적절한 때가 된 것이다.

승인(5:1b)

1절의 마지막 구절은 학자들 사이에 많은 해석을 불러일으켰다. 키일(Keel 1994: 184)은 솔로몬이 발언을 계속하는 중에 동료들에게 자기와 함께 즐거워하면서 먹고 마실 것을 청하고 있다고 본다. 굴더(Goulder 1986: 39)는 이 구절이 신혼방에 있는 두 사람을 보고서 축복하는 공동체의 말이라고 주장한다. 이러한 견해들은 가능해 보이기는 하지만, 아가서의 정점에 비추어볼 때 다소 평범한 듯한 느낌을 준다. "친구들"이라는 용어는 두 연인을 가리킬 수도 있다. 이렇게 본다면 1절의 마지막 구절은 그들이 한 말이 아니라 도리어 그들에게 한 말이라고 보아야 할 것이다. 그러나 이러한 확증과 축하의 말을 하기에 가장 적절한 인물은 하나님이다(Davidson 2003: 61-62). 이렇게 본다면 하나님은 그들이 처음으로 맛본 성적인 결합을 충분히 즐기도록 허락하신 것이라고 볼 수 있다. 마치 아담과 하와에게 에덴 동산의 열매들을 마음껏 먹을 수 있도록 허락하신 것처럼 말이다(창 2:16). 하나님께서는 그들에게 즐거움을 주기 위해 허용한 성적인 결합을 충분히 맛볼 것을 그들에게 명하신 것이다(Hubbard 1991: 311). 이러한 복은 아가서의 이 부분에 매우 정교하게 제시되어 있는 부드러운 장면에 정말 어울리는 결론이라 할 수 있다.

부부 간에 자라는 사랑(아가서 5:2-8:4)

동화들은 대개의 경우 "그리고 그들은 그 후 계속해서 행복하게 살았다"라는 이상주의적인 말들로 끝을 맺는다. 만일에 아가서가 이러한 문학적인 유형에 속한 것이라면, 이 책은 5:1에서 끝을 맺어야 정상일 것이다. 그러나 아가서의 목적은 결혼에 의하여 성적인 결합이 이루어지는 상황을 넘어선다. 아가서의 후반부는 두 사람의 결합이 결혼을 통하여 계속 자라가면서 어떻게 불안정함을 극복하고자 하는지를 아주 인상적인 방식으로 추적하고 있다(Tanner 1997b: 159). 성적인 결합의 길은 시인이 몇몇 일반적인 장면들을 그려나가는 중에 아가서의 전반부에서처럼 명확하게 서술되기보다는 넌지시 암시되는 방식으로 서술된다.

장면 1: 자기중심적인 무관심을 극복함(5:2-6:13)

이 확대된 장면은 결혼 관계 안에서 자기중심주의가 뒤집어지는 모습에 초점을 맞춘다. 이 장면은 앞서 술람미 여인이 경험했던 악몽(3:1-4)을 연상시키는 꿈의 연속으로 시작하는 것으로 보인다. 그것은 꿈이나 마찬가지로 술람미 여인의 상상력에 의하여 만들어진 것이다. 따라서 우리는 그것을 문자적으로 해석할 것이 아니라, 인상적인 메시지를 전달하고자 하는 것으로 해석해야 한다. 아울러 일부 내용이 실제 현실을 묘사하지 않으려는 의도를 가지고 있다 해도, 이 장면은 결혼 관계 안에서 흔히 부닥치는 일부 문제들을 그리고 있다는 점에서 생생한 삶의 모습을 반영하고 있다.

여기서 특히 주목할 필요가 있는 것은, 거의 전적으로 솔로몬의 입을 통하여 말하는 4장과는 달리 이 장면이 술람미 여인의 관점에서 말하여지고 있다는 점이다. 사실 아가서의 후반부는 거의 전적으로 여성의 시각을 담고 있다. 111개의 행들 중에 80개의 행들이 술람미 여인의 말과 이야기 또는 생각 등으로 이루어져 있기 때문이다.

장면이 시작되자, 술람미 여인이 잠을 자면서 꿈을 꾸는 모습이 눈에 들어온다(5:2). 그녀는 잠결에 솔로몬이 문을 두드리면서 그 문을 열어달라고 외치는 소리를 듣는다. 이 본문에 나오는 솔로몬의 의도는 확실치 않다. 왜냐하면 그의 말들은 문자 그대로 밤늦게 집으로 돌아온 그에게 문을 열어달라고 요청하는 것으로 이해될 수 있지만, 그녀와 사랑을 나누기 위한 그의 성적인 도발로 볼 수도 있기 때문이다. 여기서 분명한 것은 솔로몬이 아가서의 다른 곳에서 사용한 것보다 더 많은 사랑의 용어들을 결합시킴으로써 열정적인 언어로 그녀에게 말하고 있다는 점이다: "나의 누이, 나의 사랑, 나의 비둘기, 나의 완전한 자야 문을 열어다오"(Glickman 1976: 62).

앞 절에 나오는 솔로몬의 열정적인 말에 비추어볼 때 3절에 있는 술람미 여인의 말처럼 크게 대조를 이루는 것은 거의 없을 것이다. 머피(Murphy 1990: 170)는 "내가 옷을 벗었으니 어찌 다시 입겠으며 내가 발을 씻었으니 어찌 다시 더럽히랴마는"이라는 그녀의 말이 아가서의 일부 다른 본문들에서 보는 것처럼 서로를 놀려대는 말에 해당한다고 본다. 만일에 그녀가 솔로몬을 놀려대려는 의도를 가지고 있다면, 그것은 도리어 역효과를 불러일으키고 있음이 확실하다. 그 까닭은 6절에서 그가 그녀에게서 물러가버리고 말았기 때문이다.

병렬되어 나오는 솔로몬의 말과 술람미 여인의 말은 그녀가 분노하는 태도는 아닐지라도 무신경한 태도로 그를 대하고 있음을 암시한다. 그녀의 빤히 들여다보이는 변명은 그녀가 불편을 느끼고 싶어하지 않는다는 것을 뜻한다. 그녀는 몸을 씻고서 침대에 누운 탓에, 어떠한 이유로도 다시 일어나고 싶지 않다. 그녀의 남편이 방으로 들어온다고 할지라도 말이다. 이는 앞서 3:1-2에 묘사되어 있는 꿈의 연속과는 얼마나 큰 대조를 이루는 것인가! 그 때에 그녀는 멀리 떨어져 있는 연인을 찾기 위해 한밤중에 밖으로 나서지 않았던가!

4절과 5절은 종종 성적인 의미를 갖는 것으로 이해된다. 솔로몬은 그녀의 희망에 반하여 자신의 입장을 강요함으로써 그녀의 무신경함에 대응하는 모습을 보인다. "문을 열 때"나 "몰약" 또는 "문빗장" 등과 같은 낱말들은 솔로몬이 술람미 여인에게 성적으로 접근하고 있음을 의미한다. 이러한 해석은 그를 향한 자신의 마음이 움직였다고 말하는 그녀의 말에 잘 들어맞는 것일 수도 있다. 그러나 그것이 본문 안에 분명하게 드러나 있는 것은 아니다. 이 두 절의 언어는 그녀의 무신경한 반응에도 불구하고 솔로몬이 문 앞에서 자신의 사랑을 부드럽게 표현하고 있음을 암시하는 것으로 보인다. 어느 경우에든, 술람미 여인의 무신경함이 마침내 녹아내리고, 그녀는 자신의 연인을 반갑게 맞아들이기로 하지만, 그녀는 결국 그의 심령에 상처를 주고 만다(5:6). 그녀는 자신이 의도했던 바를 또는 자신이 참으로 그에게 대하여 느끼던 것을 그에게 전하지 못했음을 깨닫는다. 그녀의 마음은 강한 감정의 파도를 주체하지 못한 채로 그를 따라가지만, 솔로몬은 이미 가버리고 없다. 그녀는 그를 찾지 못한다.

3:1-5을 연상시키는 한 장면에서 술람미 여인은 솔로몬을 찾으려고 성읍 안으로 가보지만, 모든 것이 그녀에게 불리하게 돌아가기 시작한다. 이전에 성 안을 순찰하는 자들을 만나던 때(3:3)와는 달리 그녀는 이제 거칠게 다루어진다. 그들이 그녀를 쳐서 상하게 한 것이다(5:7). 아마도 그들은 밤중에 배회하는 이 여인이 창녀일 것이라고 잘못 판단했을 것이다(참조. 잠 7:10-21)(Deckers 1993: 191-92). 파수꾼들은 그녀의 '레기드'를 가져가 버린다. 그런데 이 '레기드'는 이사야가 예루살렘의 바람난 여인들이 걸치고 있는 의상들 중의 하나인 가벼운 옷을 가리키는 낱말이다(사 3:23)(Bloch and Bloch 1995: 182). 솔로몬의 신부에게 있어서 이러한 대접을 받는다는 것은 참으로 악몽과도 같은 것이다.

술람미 여인은 자신의 곤경 중에 예루살렘의 딸들에게 도움을 청하는 가운데, 그들에게 자신이 진정으로 그를 향한 사랑으로 인하여 병이 났다는 사실을 솔로몬에게 알려달라고 부탁한다(5:8). 이렇게 말하면서 그녀는 자신의 무신경한 태도를 고치려는 한 방편으로 솔로몬을 향한 자신의 사랑에 다시금 초점을 맞춘다. 바로 전에 그녀는 자신의 입장을 고집함으로써 남편에게 무신경한 태도를 보이고 말았었다. 그녀의 다시 일깨워진 사랑은 자신보다 솔로몬에게 우선권을 두게 만들어준다.

9절에서 합창단은 술람미 여인에게 솔로몬이 어떤 종류의 사람인지를 설명해 달라고 부탁한다. 그렇게 해야만 자기들이 그녀의 진정한 감정을 그에게 전달함으로써 그녀의 요구를 들어줄 수 있다는 것이다. 그들은 그녀에게 "너의 사랑하는 자가 남의 사랑하는 자보다 나은 것이 무엇인가?"라고 묻는다. 달리 말해서 그녀를 가장 우선적으로 그에게 이끌리게 한 그의 품성이 대체 어떠하냐는 것이다. 이 물음은 술람미 여인에게 자기 남편에 관하여 알고 있는 것들을 낱낱이 열거할 것을 촉구한다. 5:10-16에 이어지는 칭찬의 말은 드물게 보는 노래로서, 솔로몬의 칭찬할 만한 다수의 품성들에 대하여 묘사하고 있다. 그녀의 아름다움을 칭송하는 솔로몬의 첫날밤 노래(4:1-8)의 형식을 모방한 이 서술적인 노래는 그가 그녀를 즐거워하는 것처럼 그녀도 그를 즐거워한다는 것을 암시한다.

여기서 솔로몬에 대한 그녀의 칭송은 그가 희고도 붉어 많은 사람 가운데에 뛰어난 자라는 요약 진술과 더불어 시작한다(5:10). 그녀의 눈으로 볼 때 그는 남자다움의 전형에 해당하는 자이다. 그녀는 그의 머리에서 발까지 옮겨가면서 그림 같은 언어로 그를 묘사해 나가는 바, 이는 앞 장에서 그가 그녀에 대하여 묘사하는 것과 평행을 이루고 있다.

그녀가 사용하는 은유들은 다양한 개념들을 결합시키고 있다. 그것들 중의 일부만이 문자적인 의미에서 구체성을 띠고 있을 뿐이다. 11-12절은 주로 눈에 보이는 이미지들에 초점을 맞추고 있다. 그의 머리는 순금 같이 화려하여 위엄이 있고, 그의 머리털은 까마귀 같이 검다. 그의 눈은 술람미 여인의 눈과 마찬가지로 비둘기와도 같아서(1:15; 4:1), 그녀를 향한 사랑의 빛으로 반짝인다(Keel 1994: 71). 13절에서 술람미 여인은 솔로몬의 탁월함을 강조하기 위하여 냄새와 관련된 이미지들을 사용한다. 그의 뺨과 입술은 그녀에게 향기로운 꽃밭과 향기로운 풀언덕, 백합화, 몰약 등과도 같은 효과를 안겨준다.

14-15절의 이미지들은 사치품들로부터 빌려온 것들이다. 그러한 이미지들을 통하여 술람미 여인은 자기가 솔로몬을 얼마나 소중히 여기고 있는지를 전하기 위해 노력한다. 금과 황옥과 상아와 홍옥과 화반석과 백향목 등과

같이 값비싼 품목들은 일차적으로 시각적인 효과를 노리는 이미지들이 아니다. 그것들은 도리어 굉장히 가치 있는 것을 드러내는 데 사용된다. 예루살렘의 딸들이 던진 질문, 곧 "너의 사랑하는 자가 남의 사랑하는 자보다 나은 것이 무엇인가?"(5:9)라는 질문에 대한 술람미 여인의 답변은 왜 자신이 그를 사모하는지에 관해 묵상할 수 있는 기회를 제공한다. 어떠한 개별적인 은유도 그녀의 마음속에 있는 그의 소중함을 다 표현하지 못한다. 그 까닭에 그녀는 자신의 답변에서 시각과 후각 및 물질적인 부 등과 관련된 은유들을 결합시킨 것이다. 그러나 솔로몬에 대한 그녀의 칭송이 솔로몬을 인간적인 친밀함으로부터 비롯되는 따뜻함보다는 차갑고 생명 없는 조각상의 아름다움으로 묘사함으로써 끝을 맺고 있다는 사실은 중요한 의미를 가지고 있는 것으로 보인다(Brenner 1990: 259). 왜냐하면 그것은 이 시기에 두 사람의 관계가 심리적인 거리를 두고 있었음을 암시하고 있기 때문이다.

16절에 있는 술람미 여인의 결론적인 요약문은 다양한 이미지들이 제각기 부분적으로 묘사하던 것들을 하나로 묶는다. 그녀는 솔로몬의 입이 달다고 말한다. 여기서 입은 입에서 나오는 말들을 가리키는 환유법 역할을 수행한다. 따라서 그녀는 사실상 그가 말하는 모든 것이 달다고 말하는 것이나 다름이 없다. 더 일반적으로 말한다면, 그는 대단히 매력적인 사람이요, "그의 존재 전체가 즐거움을 주는" 사람이다(Bloch and Bloch 1995: 188). 솔로몬이 앞서 술람미 여인에 대한 칭송을 "나의 사랑 너는 어여쁘고 아무 흠이 없구나"(4:7)라는 요약 진술로 마무리한 것처럼, 술람미 여인 역시 그의 매력에 대한 포괄적인 진술로 답례한다. 그녀는 예루살렘의 딸들에게 "이는 내 사랑하는 자요 나의 친구로다"라고 말한다.

이 서술적인 노래가 성적인 매력에 대한 언급으로 끝나지 않고 우정에 대한 언급으로 끝난다는 것은 중요한 의미를 갖는다. 아가서는 성적인 결합이 사랑의 신체적인 표현이요, 사랑은 고아한 품격과 우정에 기초한 것임을 반복해서 가르친다. 결혼 관계 안에서조차 솔로몬과 술람미 여인은 무신경함의 고통스런 결과들을 극복하려고 노력하는 중에 우정이라는 기준으로 되돌아온다.

다시금 합창단은 6:1에서 술람미 여인에게 한 가지 질문을 던진다. 앞의 질문(5:9)과 평행을 이루고 있는 이 질문은 술람미 여인에게 어떻게 자신이 다시금 좋게 평가하는 자와 화해할 것인지를 묻는다. 개럿(Garrett 2004: 224)은 이를 다음과 같이 설명한다: "이 본문의 요지는 한 여인이 문자 그대로 자기 친구들에게 수색팀에 가담하여 빈둥거리는 남편을 찾아달라고 요청하는 데 있지 않다. 도리어 이 질문은 그녀에게 자기를 향한 남편의 사랑을 충분히 깨달음으로써 변화의 과정을 완성할 것을 주문하고 있다." 솔로몬에 대한 그녀의 칭송(5:10-16)은 두 사람 사이의 관계가 부자연스럽기는 해도 순전한 것임을 암시한다. 예루살렘의 딸들은 그 두 연인을 한데 묶는 일에 적극적으로 관여한다.

그러나 술람미 여인은 그들의 도움을 필요로 하지도 않고 원하지도 않는다. 왜냐하면 그녀는 자기들이 어떻게 재결합할 수 있는지를 암묵적으로 알고 있기 때문이다. 그녀는 6:2에서 솔로몬이 그의 동산으로 내려갔다고 말한다. 이 진술은 문자적으로 이해되어서는 안 된다. 그 까닭은 4:16과 5:1에 의하면 솔로몬의 동산은 곧 술람미 여인의 동산이기도 함이 분명하기 때문이다(Keel 1994: 209-10). 그의 부재 상황은 그녀가 두려워하는 것일 뿐이지, 실제 사실이 아니다. 그녀의 무신경함이 그들의 친밀한 관계를 뒤틀리게 만들었음에도 불구하고, 그녀를 향한 솔로몬의 사랑과 헌신은 사라지지 않은 채로 있다. 그는 그녀를 위하여 항상 그 자리에 있다.

이 새로운 깨달음을 통하여 술람미 여인은 3절에서 2:16의 후렴구를 반복하지만, 그 내용이 크게 바뀐다. 이전에 술람미 여인이 한 말은 솔로몬의 청혼에 대한 응답에 해당하는 것이었다. 그 때에 그녀는 먼저 자신의 사랑하는 자가 자기 것이라는 사실에 초점을 맞추었고, 이어서 이차적으로 그녀 자신이 그에게 속하였다는 사실을 얘기하였다. 6:3에서 술람미 여인은 다시금 상호관계의 언어를 사용하지만, 이번에는 말의 순서를 바꾼다. 자신이 솔로몬을 소유하고 있음을 먼저 말하는 대신에, 자기 자신이 자신의 사랑하는 자에게 속해 있다는 사실에 초점을 맞춘 것이다. 이 후렴구는 솔로몬이 청혼하던 당시에 그를 향하여 그녀가 보이던 사랑을 그대로 반영하고 있다. 그리고 그것은 5:2-6의 균열에도 불구하고 그들의 관계가 아직 그대로임을 암시한다, 이와 동시에 그녀의 강조점 변화는 사심 없는 친밀함이 증가했음을 뜻한다.

6:4-10에서 솔로몬은 술람미 여인을 향한 자신의 사랑을 재확증한다. 그녀의 아름다움과 고아한 품격을 다시금 칭송함으로써 말이다. 그는 그녀의 무신경함에 대하여 보복하려는 태도를 보이는 대신에, 도리어 모든 것이 용서되었음을 그녀에게 다시금 확신시킨다. 솔로몬은 술람미 여인의 아름다움을 북왕국의 수도요 그 아름다움으로 널리 알려진 디르사에 비유함으로써 이 서술적인 노래를 시작한다. 학자들은 디르사에 대한 언급이 과연 아가서의 초기 연대를 가리키는 확정적인 단서이냐 아니냐를 놓고서 의견의 차이를 보인다. 사마리아가 주전 880년경에 디르사를 밀치고서 이스라엘의 수도가 되었기 때문이다. 4절의 다음 행이 술람미 여인을 예루살렘처럼 사랑스러운 자로 묘사하고 있음에도 불구하고, 두 성읍의 병렬이 반드시 그들의 정치적인 지위를 나타내는 것은 아니다. 디르사와 예루살렘은 둘 다 똑같이 그 아름다움으로 유명한 성읍들이었다. 솔로몬이 술람미 여인을 위한 직유법으로 이 두 성읍을 사용한 것은 바로 그 성읍들의 아름다움이다. 두 성읍의 이름들 역시 중요한 문자적인 의미를 담고 있는 것으로 보인다. "디르사"는 "즐거운" 또는 "매력적인"이라는 뜻을 가지고 있다. 이러한 뜻은 술람미 여인의 신체적인 아름다움을 잘 반영하는 것일 수 있다(Fox 1985: 151). "예루살렘"은 평화 개념의 근원지인 '샬렘'이라는 동사 어근("완전하다, 안전하다")으로부터 생겨난 낱말이다. 솔로몬과 술람미 여인 두 사람이 그녀의 무신경함으로 인하여 생겨난 갈등을 이겨내고서 서로 화해하게 됨에 따라서, 솔로몬은 그녀에 관한 묘사에서 평화에 초점을 맞춘 것이다.

4절의 마지막 행은 문자 그대로 "깃발을 세운 군대 같이 당당하구나"로 읽힌다. 이것은 종종 군대가 깃발을 펼쳐 들고서 전진하는 모습을 가리키는 것으로 해석된다. 그리고 흔히 하박국 1:7이 이와 평행을 이루는 구절로 인용된다(Keel 1994: 215; Murphy 1990: 175). 그러나 아가서 6:4에 있는 이 낱말은 여성 복수형인 '니드갈로트'로 되어 있다. 이 낱말은 전후 문맥에 비추어 볼 때 두 성읍 디르사와 예루살렘을 가리킬 가능성이 매우 높다(Carr 1984: 147). 만일에 이러한 견해가 옳다면, 4절의 마지막 행은 두려움의 감정이나 신비감보다는 술람미 여인의 매력을 가리키고 있는 것이 된다(Murphy 1990: 177은 이에 반대함).

5-7절은 첫날밤에 솔로몬이 술람미 여인에게 했던 부드러운 말(4:1-7)과 크게 평행을 이룬다. 이 친숙한 내용은 술람미 여인의 무신경함으로 인하여 균열이 생겨났음에도 불구하고 그녀를 향한 그의 사랑이 변하지 않았음을 그녀에게 알리는 역할을 수행한다. 그는 첫날밤에 함께 있을 때에 자신이 표현한 것과 동일한 즐거움의 감정을 가지고서 그녀를 대한다. 그러나 솔로몬이 앞의 노래처럼 대단히 성애적인 표현들을 조심스럽게 피하고 있다는 것은 흥미로운 일이 아닐 수 없다(Snaith 1993: 86-87). 솔로몬은 여기서 자신이 단순히 그녀를 성적인 즐거움의 대상으로만 삼고자 한다는 그릇된 인상을 주지 않기 위해 애쓰고 있는 것으로 보인다. 아가서에서 성은 참된 사랑에 불을 붙이거나 다시 불을 붙이는 올바른 방법이 아니다. 이 확대된 장면이 보여주듯이, 사랑에 다시 불을 붙이는 것은 화해이다. 그 후에야 비로소 사랑은 성적인 친근함으로 흘러넘칠 수 있다.

4:1에서처럼 솔로몬의 술람미 여인 칭송은 그녀의 눈에 대한 언급으로 시작한다. 솔로몬은 앞서 그녀의 눈빛이 자신에게 준 강한 효과에 관하여 언급한 바가 있다(4:9). 이제 그는 6:5에서 더욱 강한 언어로 그녀의 눈이 매혹적이고 강렬하며 강한 기대감을 갖도록 자신을 자극한다고 말한다(Carr 1984: 147-48). 5절의 나머지 부분은 다음에 이어지는 두 절과 마찬가지로 사실상 그녀의 머리털과 이와 몸통에 관하여 묘사하는 4:1b-3과 거의 같다. 그러나 6:7에는 술람미 여인의 입술과 입에 관한 묘사(4:3)가 누락되어 있다. 그 까닭은 솔로몬이 결혼식 첫날밤에 불렀던 지극히 성애적인 요소들의 반복을 의도적으로 피하고 있기 때문이다.

이제껏 술람미 여인을 2인칭으로 표현하던 솔로몬은 6:8에서 3인칭으로 그녀를 칭송한다. 그는 이제 그녀를 왕궁의 다른 모든 여인들과 비교한다. 세 가지 등급의 여인들이 언급된다. 왕의 공식적인 아내들(왕비들), 왕을 위하여 성적이고 사회적인 역할을 수행하는 첩들(후궁들), 왕의 여인들을 섬기는 젊은 처녀들(시녀들) 등이 그렇다(Hubbard 1991: 326; Murphy 1990: 178). 일반적으로 왕은 왕실에서 많은 사랑스러운 여인들에 둘러싸여 있었지만, 솔로몬은 술람미 여인이 그들 모두를 능가하는 자임을 분명하게 밝힌다.

솔로몬은 술람미 여인에게 다가가려다가 실패한 경험을 서술하던 5:9와 동일한 표현을 사용하여 "내 비둘기, 내 완전한 자는 하나뿐이로구나"라고 말한다(6:9). 그녀는 다른 모든 여인들을 완전히 능가하는 여인이다. 사실 그녀의 뛰어남은 왕실의 모든 여인들조차도 인정하고 있을 정도이다. 그들은 술람미 여인을 축하하며 칭찬한다. 10절은 그들의 멋진 칭찬의 말을 수사학적인 질문의 형태로 인용하고 있다: "아침 빛 같이 뚜렷하고 달 같이 아름답고 해 같이 맑고 깃발을 세운 군대 같이 당당한 여자가 누구인가?" 이 칭찬의 말은 점차 강해지는 빛의 이미지를 사용하고 있다. 술람미 여인은 새벽과도 같고, 보름달과도 같으며, 태양과도 같고, '니드갈로트'와도 같다. 6:4에서도 사용되는 마지막 낱말은 여기서 하늘의 군대, 곧 별들을 가리키는 것으로 보인다(Keel 1994: 220; Murphy 1990: 178). 왕실 여인들의 평가에 의하면 술람미 여인은 참으로 그들 모두를 무색케 하는 자이다.

해석자들은 11절의 화자(話者)가 누구인지에 관하여 의견이 갈린다. 머피(Murphy 1990: 178-79)는 술람미 여인이 이제 과거에 있었던 솔로몬과의 만남을 회상하고 있다고 보면서, 술람미 여인이 말하고 있음이 분명한 7:12의 동일한 언어를 그러한 주장의 근거로 제시한다. 글릭맨(Glickman 1976: 76)은 6:11을 술람미 여인의 무신경한 모습을 담고 있는 5:2-8과 연결짓는다. 그는 술람미 여인이 그 때가 여전히 사랑을 나누기에 적합한 봄철인지를 알아보기 위해 동산으로 내려갔다고 본다. 솔로몬의 구애 장면(2:10-13)에 나오는 봄철 이미지를 회상하면서 말이다.

그러나 솔로몬을 6:11-12의 화자로 보게 하는 몇 가지의 설득력 있는 이유들이 있다. 아가서의 비유적인 표현들에서 술람미 여인은 자주 동산으로 묘사되며(4:12, 16; 5:1), 그녀는 종종 성적 매력을 상징하는 포도나무나 석류나무와 관련되기도 한다(1:6; 4:13; 7:8, 12; 8:2)(Bloch and Bloch 1995: 192; Deckers 1993: 195). 뿐만 아니라 솔로몬은 6:4-10의 화자이기도 하다. 따라서 이 절들은 술람미 여인을 칭송하는 노래를 잇는 갈망의 노래일 수도 있다. 이는 솔로몬이 4:1-5에 있는 칭송의 노래 다음에 사랑 나눔을 시작하려는 의도를 보이는 것과 비슷하다(Hubbard 1991: 328). 만일에 이러한 해석이 옳다면, 솔로몬은 이제 앞서 술람미 여인이 자신을 거부했으나 그 후 그녀와 화해한 다음에 다시금 그녀와 사랑을 나누려고 애쓰고 있는 것이 된다.

아가서 597

학자들은 6:12이 아가서에서 가장 해석하기 어려운 구절이라는 데 동의한다. 맛소라 본문은 제대로 해석하기가 거의 불가능하다. 왜냐하면 문자적으로 본다면 이 구절은 "나는 알지 못하였다. 내 영혼/생명이 나를 두었다. 암미나답의 전차들"로 읽히기 때문이다(Murphy 1990: 176). 이 문제는 70인역의 시대 이후로 많은 번역자들과 주석가들 모두를 괴롭혀 왔다.

사실 히브리어 사본상의 증거는 맛소라 본문의 "암미나답"과 70인역이나 불가타역의 다른 번역인 "암미나답" 사이에 차이가 있다. 이러한 증거에 기초하여 키일(Keel 1994: 228)은 시인이 의도적으로 "암미나답"("나의 삼촌은 귀족이다")을 선택함으로써 화자가 결코 매력적인 허풍선이가 아니라는 점을 나타내고자 했을 것이라고 주장한다. 반면에 블로흐 부부(Bloch and Bloch 1995: 194)는 이것이 '네딥 암미'("내 백성의 아주 존귀한 자")의 낱말 바꿈 사례에 해당하는 것임을 설득력 있게 주장하고 있다. 그들은 야웨께서 가난한 자들을 귀족들과 함께 앉게 하신다고 말하는 시편 113:7-8과 사무엘상 2:8을 이와 평행을 이루는 본문들로 제시한다. 만일에 아가서 6:12이 정말로 이러한 뜻을 가지고 있는 것이라면, 솔로몬은 술람미 여인과의 화해가 완료된 까닭에 이제 자신이 감정적으로 최고의 상태에 도달해 있음을 드러내고 있는 셈이다.

13절도 이와 마찬가지로 해석상의 어려움을 안고 있다. 본절의 첫 번째 행은 합창단이 말하고 있는 것이다. 그들은 솔로몬이 6:4-10에서 묘사한 것처럼 그녀가 정말로 아름다운지를 알기 위하여 술람미 여인을 바라보고 싶어 한다. 그들은 그녀가 솔로몬이 칭송한 아름다움에 미치는지를 직접 확인하고 싶어한다(Carr 1984: 154). "돌아오라"로 번역된 낱말은 히브리어에서 흔하게 사용되는 '슈브' 동사이다. 이 낱말은 상당수의 경우 "돌아서다"를 뜻하는 바, 이는 그녀가 마치 떠났던 것과도 같은 느낌을 준다. 그러나 이곳의 문맥에는 '슈브' 동사의 또 다른 친숙한 용법이 더 잘 어울리는 것으로 보인다. 많은 경우들에 있어서 '슈브'는 "계속하다"는 뜻을 가지고 있다. 그럴 경우 여기서 그것은 술람미 여인에게 그녀가 지금 하고 있는 일을 계속하라고 요청하는 것이 된다. 만일에 이 첫 번째 행이 본절의 두 번째 행 및 다음에 이어지는 7:1-10과 밀접하게 관련되어 있다면, 술람미 여인은 솔로몬 앞에서 춤을 추고 있고, 합창단은 그녀에게 그녀의 아름다움을 볼 수 있게끔 계속해서 춤을 추라고 요청하는 셈이 된다.

"술람미 여자야!"라는 호칭은 많은 해석을 가능케 한다. 어떤 이들은 그것이 아비삭의 고향인 수넴 성읍(왕상 1:1-3) 출신의 한 여인을 가리킨다고 보면서, 그 이유로 신약 시대에 그것이 술렘(Shulem)으로 알려져 있었다는 것을 든다(Carr 1984: 154). 다른 이들은 이 용어가 사전적인 의미에서 볼 때 어근 slm에서 파생한 것임을 한층 설득력 있게 제시한다. 이 어근은 "평화로운 자 또는 완전한 자"라는 뜻을 가질 수도 있다(Fox 1985: 158). 이렇게 본다면, 저자는 두 사람 사이의 친밀한 관계를 묘사하는 이 노래에서 솔로몬의 짝이 되는 여주인공을 사전적인 의미에서 술람미 여인으로 칭하고 있는 것일 수도 있다.

6:13의 두 번째 행 역시 그 뜻하는 바가 무엇인지에 대해서 논란이 많다. 쌍수 형태로 되어 있는 '마하나임'의 춤은 특정 동네를 가리키는 이름이라기보다는 무희들이나 구경꾼들의 두 집단이 사용하는 특별한 종류의 춤을 가리키는 것으로 보인다(Bloch and Bloch 1995: 199). 키일(Keel 1994: 229)은 사무엘하 2:14-16에 근거하여 때때로 전쟁에 앞서 투박한 경연대회가 열린다는 점을 주목한다. 그는 6:13이 합창단에게 부적절한 눈으로 술람미 여인을 바라보지 말 것을 질책하는 것이라고 본다. 만일 그렇다면, 6:13b의 화자는 솔로몬이라 할 수 있는 바, 그는 6:13a에 있는 합창단의 요청을 거부하고 있는 셈이 된다. 그 다음에 이어지는 7:1-10의 장면은 술람미 여인이 솔로몬 앞에서 춤을 춘 다음 그들이 사랑을 나누는 모습을 담고 있는 것으로서, 오로지 솔로몬만 볼 수 있는 것으로 제한된다. 머피(Murphy 1990: 185)는 6:13b가 귀찮은 듯한 어조로 합창단에게 답변하는 술람미 여인의 말을 담고 있다고 주장하지만 설득력이 약하다. 이 견해가 덜 그럴 듯해 보이는 이유는 그것이 '마하나임'의 춤이 갖는 의미에 대해서 설명하지 않을 뿐만 아니라 솔로몬의 확대된 두 가지 발언(6:4-12; 7:1-9a)을 방해하는 것으로 보이기 때문이다.

장면 2: 즐거움을 추구함(7:1-8:4)

최근 몇 년 동안에 자유로운 사랑과 성적인 해방에 관한 많은 논의가 있었다. 특히 젊은 성인들 사이에 결혼이라는 굴레로부터 벗어나려는 강한 열망이 있었다. 그럼으로써 자기들이 원하는 사람을 자기들이 원하는 시간에 사랑할 수 있게끔 말이다. 그로 인하여 생겨난 전례 없는 혼전 성관계와 혼외 정사는 난교(亂交)와 성병 및 높은 이혼율 등과 같은 파괴적인 결과를 초래하고 말았다. 그 결과 성적인 해방은 사실상 질병과 범죄와 고통과 가정 파괴 등의 새로운 굴레를 만들어낸 셈이다. 아가서는 결혼 관계 안에서의 올바른 사랑이야말로 참된 성적인 해방을 가능케 한다는 것을 분명하게 가르치고 있다. 이것은 결혼으로부터의 해방이 아니라 결혼 안에서의 해방을 일컫는다. 아가서 전체에서 가장 성애적인 모습을 드러내고 있는 이 장면은 결혼 관계에 들어선 솔로몬과 술람미 여인의 흥분 넘치는 성적인 친밀감에 대해서 묘사하고 있다. 여기서 그들은 결혼 관계의 테두리 안에서 자기들의 사랑의 열매를 즐기고 있다.

솔로몬은 결혼날 밤에 술람미 여인의 아름다움을 찬미하는 노래(4:1-5)에서 그녀를 머리에서 가슴에 이르기까지 상세하게 묘사한 바가 있다. 그런데 여기서 그는 그녀를 발에서부터 머리에 이르기까지 상세하게 묘사한다. 평행을 이루는 이 두 개의 찬미가를 비교해 보면, 두 번째의 노래가 한층 더 육감적이고 농익은 것임이 분명하게 드러난다(Glickman 1976: 82-83). 특히 솔로몬은 그녀의 사랑스러운 모습을 찬미하면서 그녀의 가장 성적인 특징들에 관심의 초점을 맞춘다.

7:1-5은 합창단이 한 말일 수도 있다. 신체의 가장 은밀한 부분들에 대한 구체적인 묘사는 여성들로 이루어진 합창단원들이 여성의 신체 구조를 잘 알고 있기에 자기들이 실제로 보지 않은 부분들조차도 잘 알고 있는 듯이 말할 수 있다는 사실로 설명할 수 있을 것이다(Hubbard 1991: 332). 그러나 7:1-9a 단락 전체는 자신 앞에서 춤을 추는 술람미 여인의 모습에 대한 솔로몬의 생생한 묘사로 보는 것이 더 나을 것이다. 그는 6-9절의 화자(話者)임이 분명하며, 이 단락 전체에 줄기차게 나오는 2인칭 서술은 말하는 자가 합창단으로부터 솔로몬에게로 옮겨가는 것이 아니라 한 사람의 말하는 자를 전제하고 있음을 암시하고 있다.

머피(Murphy 1990: 185)는 이 장면에서 술람미 여인이 춤을 추고 있다는 개념을 인정하지 않지만, 신발을 신은 그녀의 발에 대한 맨 처음의 언급(7:1)은 춤추는 장면을 소개하는 것으로 여길 필요가 있을 것이다. 블로흐 부부(Bloch and Bloch 1995: 200)가 지적한 바와 같이, '파암'이라는 복수형의 사용은 대개의 경우 발을 가리키기보다는 발로 하는 행동을 가리키는 바, 이 때문에 70인역과 불가타역은 이를 "너의 걸음걸이"로 번역한다. 술람미 여인이 신고 있는 신발은 그녀의 높은 지위를 암시한다. 에스겔 16:10에서 신발은 사치품들 중의 하나이다. 이와는 대조적으로 맨발인 사람은 슬픔에 잠긴 사람이거나 가난한 사람이거나 포로가 된 자이다(Keel 1994: 231). 이러한 사실은 "귀한 자의 딸"이라는 표현과 함께 술람미 여인이 사회적인 신분이 높은 사람임을 암시하며, 그녀가 귀족적인 품위를 가진 사람임을 암시하는 것일 수도 있다. 솔로몬은 그녀의 넓적다리의 둥근 모습에 대해 언급함으로써 앞의 노래들(4:1-5; 6:4-7)에서보다 한층 더 성적인 표현들로 그녀를 묘사하고 있다. 결혼식 이후로 그는 그녀의 가장 은밀한 신체 부위들의 예술적인 아름다움을 눈으로 볼 수 있는 충분한 기회를 가졌었다. 그 결과 그는 이제 그녀의 아름다움이 갖는 이러한 측면을 분명하게 말할 수 있다.

2절의 묘사는 이어서 그녀의 성기가 있는 복부 하단 부위를 칭송한다. 그는 그녀의 허리 내지는 사사기 13:5, 7에서 보듯이 아마도 그녀의 자궁(Keel 1994: 234-35)을 도리깨질한 밀의 부드러운 단에 비교한다. 고대 이스라엘에서 쌓아올린 밀단은 가시 울타리로 보호하였다. 그런데 솔로몬은 그녀의 허리가 백합화에 둘러싸여 있다고 묘사하는 바, 이는 그녀의 신체적인 아름다움에 훨씬 더 어울리는 부속물이 아닐 수 없다(Snaith 1993: 102). 그녀의 유방을 두 마리의 새끼 사슴으로 묘사하는 7:3의 내용은 솔로몬이 결혼식날 밤에 한 말(4:5)을 그대로 되풀이한 것이다. 그러나 솔로몬은 바로 앞의 화해하는 장면에서 이러한 성적인 언급을 조심스럽게 생략한 바가 있다(6:4-7).

술람미 여인의 아름다움을 칭송하는 노래가 그녀의 신체 상부로 계속 옮겨감에 따라, 4절은 그녀의 목과 얼굴을 찬미하기에 이른다. 그녀의 목은 상아 망대에 비교된다. 이러한 직유법은 몇 가지의 관련 요소들을 결합시킨 것으로 보인다. 4:4에서와 마찬가지로 그녀의 목은 품위가 있다. 그것은 솔로몬에게 그녀를 향한 확신과 자신감을 안겨준다. 뿐만 아니라 상아가 자주 사치품으로 사용되고 있다는 사실(참조. 왕상 10:18; 시 45:8)은 그녀가 상류층 출신임을 암시한다(Keel 1994: 235). 그리고 상아의 흰색은 햇볕에 탄 그녀의 피부 — 그녀가 이전에 고민해마지 않던(1:6) — 와 대비시키려는 의도에서 선택된 것일 수도 있다.

솔로몬은 그녀의 눈을 아모리 족속의 옛 수도였던 헤스본(참조. 민 21:21-30)의 연못에 비유한다. 헤스본은 물이 풍부한 곳이어서 다양한 농작물을 생산하는 도시로 유명했다(사 16:8-9). 따라서 헤스본은 충분한 물 공급을 원하던 주변의 건조한 초원 지대로부터 대단히 많은 사람들을 이끌어들였다(Keel 1994: 236). 솔로몬은 술람미 여인을 바라보는 중에, 헤스본의 연못이 그곳에서 갈증을 해결하던 자들에게 하던 것과 똑같이, 그녀의 사랑스러운 눈 속에 사람들을 안정시켜주고 활기를 돋우어주는 효과가 있다는 것을 발견한다.

술람미 여인의 코를 다메섹을 향한 레바논 망대에 비유한 것은 "희다"(to be white)는 뜻을 가진 어근 '라벤'에 기초한 것으로 보인다. 이스라엘에서는 흰색 석회암이 폭넓게 사용되었기 때문에, 예루살렘에서 북쪽을 바라보는 이 망대는 그 밝은 색으로 인하여 사람들의 이목을 끌었을 수도 있다(Carr 1984: 159). 만일에 그렇다면, 그것은 바로 앞에서 그녀의 목을 상아 망대에 비유한 것에 잘 들어맞는다. 왜냐하면 아가서의 서두에서 햇볕에 탄 피부를 가지고 있던 모습과는 대조적으로 이제는 술람미 여인이 왕실의 여유로운 여인들 중의 한 명으로 묘사되고 있기 때문이다.

5절에서 솔로몬은 술람미 여인에게 그녀의 머리가 갈멜산처럼 그녀를 뛰어나 보이게 만든다고 말한다. 갈멜산은 인상적이게도 이스라엘 해안 지대에서 가장 높은 곳에 자리한 채로 지중해를 내려다보고 있다. 이와 마찬가지로 술람미 여인의 위엄 있는 모습은 그녀를 아름다움이나 우아함에 있어서 동료 여인들보다 한층 뛰어나 보이게 만든다. 이와는 달리 이븐 야나(Ibn Janah)와 이븐 에즈라(Ibn Ezra)는 '갈멜'(히브리어의 실제 발음은 '카르멜'임 — 역자 주)의 모음을 '카르밀'로 표기함으로써, 이 용어가 그녀의 심홍색 머리털을 가리킨다고 보는 바, 이는 그 다음 행의 설명과 평행을 이룬다

(Brenner 1990: 268).

   그녀의 머리털이 자주색 실타래처럼 흘러내린다는 표현은 다양한 해석을 불러일으킨다. 술람미 여인의 머리털을 가리키는 데 사용되는 '달라' 라는 용어는 그녀가 춤을 출 때 자유롭게 움직이는 그녀의 길고도 물결치는 머리털을 가리키는 것으로 보인다. 다른 상황 속에서 이 동일한 용어는 베 짜는 사람의 베틀에 매달려 있는 실타래를 가리키는 데 사용된다(사 38:12). 그녀의 머리털을 자주색 실타래에 비유한 것은 앞에서 그녀의 머리털을 검은 색으로 표현한 것과 대조를 이룬다(4:1; 6:5). 머피(Murphy 1990: 186)와 키일(Keel 1994: 238)은 술람미 여인이 값비싼 자주색 염료를 사용했을 것이라고 보지만, 그들은 자주색이 에스더 1:6; 8:15에서 왕의 색깔로 사용된다는 것 이상의 다른 증거를 거의 제공하지 못한다. 자주색에 대한 이곳의 언급은 오히려 그녀가 춤을 춤에 따라서 그녀의 머리털이 달빛에 가물거리는 모습을 가리킨다고 보는 것이 더 나을 것이다(Carr 1984: 160). 여기서 분명한 것은 솔로몬이 그녀의 아름다운 머리털에 완전히 매료되어 있다는 점이다. 이러한 진술 속에는 익살스러운 아이러니의 요소가 감추어져 있다. 왕은 강한 외부 침략자에게 사로잡힌 것이 아니라 술람미 여인의 아름다움에 사로잡혀 있는 것이다(Wheedbee 1998: 266)!

   솔로몬은 1:15와 4:10을 연상시키는 언어로 술람미 여인의 아름다움을 칭송하지만, 이제는 앞의 표현들을 넘어서서 그녀의 성적인 매력에 대해서도 말하기 시작한다. '아하바' 라는 용어는 술람미 여인을 직접 지칭한다기보다는 사랑 나눔을 가리키는 추상명사인 듯하다. 이러한 의미는 여기서 성적인 매력과 즐거움을 가리키는 '타아누김' 의 의미에 잘 들어맞는다.

   다음에 이어지는 구절은 7:6의 성적인 수사학을 논리적으로 자연스럽게 잇고 있다. 7-9a절에서 솔로몬은 해석하기 어려운 확대된 이미지를 사용함으로써 그녀와 사랑을 나누기로 결심한다. 그는 그녀의 몸이 종려나무 같고 그녀의 유방이 그 열매송이 같다고 말한다. 그는 종려나무에 올라가서 그 열매를 붙잡고 싶어한다. 그녀를 애무하면서 말이다. 잠언 5:19의 권고를 따라서 그는 그녀의 성적인 매력의 열매를 즐길 것이다. 그는 그녀와의 성적인 결합을 기대하면서 특히 그녀의 숨결에서 느껴지는 향기 또는 더 문자적으로 표현하자면 그녀의 코에서 느껴지는 향기를 마음속에 그린다. 키일(Keel 1994: 246-47)이 설명한 바와 같이, 이것은 그녀가 성적인 자극에 힘입어 열정적인 숨을 내쉬고 있음을 가리킬 수도 있다. 뿐만 아니라 솔로몬은 그녀의 입맞춤을 기대하는 바, 그것은 그를 취하게 만드는 최상품 포도주와도 같은 것이다.

RSV(Revised Standard Version)나 NEB(New English Bible)의 번역과는 대조적으로 9절의 두 번째 행에서 술람미 여인은 솔로몬의 말을 끊고서 그의 포도주 은유를 계속 이어받는다. 9절의 나머지 부분이 히브리어 여성 형태를 사용하고 있다는 것이나 술람미 여인이 솔로몬을 칭할 때 사용하는 "사랑하는 자"라는 친숙한 표현이 나온다는 것은 이제 그녀가 그에게 말하고 있음을 암시한다(Carr 1984: 163). 이처럼 자연스러운 가로막음 행동은 첫날밤의 성적인 결합을 나누던 때 이후로 그녀의 확신이 얼마나 많이 강화되었는지를 잘 보여준다. 이제 그녀는 서로 간에 사랑을 주고받는 일에 자유롭게 참여할 수 있게 된 것이다. 폭스(Fox 1985: 163)가 지적한 바와 같이, "그의 사모함과 그녀의 사모함이 너무도 잘 조화를 이룬 탓에 두 사람의 말은 한 문장으로 표현될 수 있다." 4:16-5:1a에서와 마찬가지로 시인은 명백한 외설적 언어에 의존하지 않은 채로 비유적인 언어를 사용하여 성적인 결합을 암시하고 있다. 두 연인은 성적인 결합의 흥분 상태를 즐기며, 사랑을 나눈 후에는 잠에 빠져든다.

10절에 있는 술람미 여인의 말은 그녀가 사랑을 나눈 후에 잠에서 깨어나 한 말인 듯한 것으로, 2:16과 6:3에 있는 비슷한 후렴구를 연상시킨다. 그녀는 이렇게 말한다: "나는 내 사랑하는 자에게 속하였도다. 그가 나를 사모하는구나." 그러나 두 후렴구 사이의 미세한 차이는 우연히 생겨난 것이 아니다. 시어(詩語)는 대단히 압축된 언어이기 때문에, 아가서의 저자가 의도적으로 상세한 내용들을 조금씩 바꾸었다는 결론을 내리는 것이 이치에 맞는다. 2:16의 첫 번째 후렴구에서 술람미 여인은 이렇게 말한다: "내 사랑하는 자는 내게 속하였고 나는 그에게 속하였도다." 6:3의 두 번째 후렴구는 앞뒤의 순서를 바꾼다: "나는 내 사랑하는 자에게 속하였고 내 사랑하는 자는 내게 속하였으며." 앞서 설명한 바와 같이, 이것은 그녀가 솔로몬과의 관계에 있어서 점차 사심 없는 태도를 보이고 있음을 암시한다. 그런데 이제 7:10에서 술람미 여인은 "나는 그에게 속하였도다"는 두 번째 구절을 "그가 나를 사모하는구나"라는 표현과 병렬시킨다. 자기들이 서로에게 속해 있다는 사실을 언급하는 대신에 그녀는 자기를 사모하는 그의 마음에서 발견한 안전함에 초점을 맞춘다(Glickman 1976: 86-87).

"사모함"이라는 뜻으로 번역된 히브리어 낱말은 '테슈카'이다. 이 낱말은 구약성서의 다른 곳에서는 오로지 창세기 3:16; 4:7에서만 발견된다. 창세기 본문들에서 '테슈카'는 명백하게 부정적인 문맥에서 죄의 결과들과 관련되어 나타난다. 죄에 대한 하나님의 저주로 인하여 남자는 여자를 다스리게 되고, 여자는 남자를 크게 사모하는 마음을 갖게 된다. 라보이(Lavoie 2000: 79)가 주장한 바와 같이, 아가서 7:10의 언어는 저주를 복으로 바꾼 것이다: "아가서의 본절은 드물게 나오는 이 낱말을 선택함으로써 창세기 본문의 방향을 바꿈과 아울러 그것을 완전히 변형시키고 있다. 창세기 3:16의 저주가 복으로 바뀐 것이다. 사모함은 즐거움이지 심판이 아니다. 사랑의 관계는 더 이상 일방적이지 않고 상호적이다. 뿐만 아니라 이제는 더 이상 여자가 남자를 사모하지 않는다. 창세기 3:16의 가부장제적인 본문에서처럼 말이다. 도리어 남자가 여자를 사모한다." 술람미 여인은 자신이 솔로몬에게 속해 있고, 그의 '테슈카'가 자신을 위한 것이라고 말한다. 아가서의 이상적인 언어에서는 결혼에 의한 성적인 결합이 부분적이나마 저주의 파괴적인 결과들을 뒤엎는 효과를 갖는다. 하나님의 계획 속에서 결혼은 죄가 인간관계 안으로 이끌어들인 파멸로부터 인간을 구원하려는 수단들 중의 하나이다. 사랑 안에서의 이러한 상호성의 회복은 어떤 점에서는 낙원으로 되돌아가기 위한 한 걸음이 될 수도 있다(Trible 1978: 160; Keel 251-52; Goitein 1993: 59).

술람미 여인은 아가서의 첫 장면들에 맨 처음 나타났을 때에 자신을 보잘것없는 자로 간주하였었다. 그러나 솔로몬의 사랑은 점차 그녀로 하여금 더 큰 확신과 안전을 느끼도록 도와주었다. 7:11에서 그녀는 그와 더불어 사랑 나누는 일을 시작할 수 있을 만큼 충분히 안전하다는 것을 느낀다. 처음으로 술람미 여인은 솔로몬에게 자기들이 사적으로 만날 수 있는 마을 밖의 야외에서 만나자고 청한다(Keel 1994: 254). 솔로몬을 향한 이 말 속에서 그녀가

2:10-14에 있는 그의 제안과 의미가 비슷한 언어를 사용하고 있다는 것은 놀라운 일이다. 술람미 여인은 오랫동안 존중되어 오던 봄의 은유를 사용하여, 그에게 새롭게 일깨워진 본능적인 즐거움들 속에서 특히 성적인 즐거움을 맛보자고 청한다.

종종 사무엘상 6:18; 역대상 27:25; 느헤미야 6:2 등과 같은 구절들에서 "마을들"로 번역되는 '케파림'이라는 용어는 성벽을 가진 성읍들과는 달리 성벽이 없는 촌락들을 일컫는다(Carr 1984: 165). 이것은 그와 평행을 이루는 7:11의 '사데' — 술람미 여인이 자신의 연인을 이끌고자 하는 들판 내지는 야외를 가리키는 — 와 상충된다. 아가서 1:14와 4:13에서 고벨화를 가리키는 데 사용되는 '코페르'는 이곳의 이러한 번역을 뒷받침한다. 고대 이스라엘에서 자라는 야생 고벨화 덤불은 야외에서 사랑을 나누는 데 적합한 향기로운 장소를 제공해 주었을 것이다. 술람미 여인은 6:11과 2:13-15에 있는 솔로몬의 말들을 되풀이하면서, 그에게 아침 일찍 만나자고 청한다. 자기들의 사랑이 잘 자라고 있는지를 알아봄으로써 그와 더불어 사랑을 나눌 수 있게끔 말이다.

성적인 결합이라는 주제는 13절까지 이어진다. 이곳에서 술람미 여인은 합환채가 향기를 내뿜는다는 것을 알아챈다. 창세기 30:14-17에 비추어 보면 고대 근동 지역에서 합환채가 최음제 내지는 다산을 촉진하는 것으로 여겨졌음이 분명하다. 카아(Carr 1984: 165)가 지적하는 바와 같이, 이 두 연인은 그 이상의 자극을 거의 필요로 하지 않았던 것으로 보인다. 따라서 술람미 여인은 그저 단순히 사랑 나눔의 자연스러운 열매인 자녀를 원한다는 자신의 의도를 내비친 것일 수도 있다. 이와 동시에 그녀는 결혼 관계 안에서 성적인 즐거움, 곧 그들이 이미 경험한 바가 있는 즐거움에 더하여 그녀가 솔로몬과 더불어 갖기 원하는 새로운 성적인 즐거움까지 충분하게 누릴 것을 기대한다. 그녀는 자신의 연인을 위하여 이 모든 보화들을 감추어 두었었지만, 이제는 그에게 그것들을 자신과 더불어 즐기자고 열심히 청하고 있다(Keel 1994: 260).

술람미 여인은 8:1-2에서 계속 가정법 형태로 자신의 소원을 밝힌다. 고대 근동 문화권에서 공개적인 애정 표현은 가족 구성원들 사이에서만 적절한 것으로 받아들여졌고, 배우자나 연인 사이에서는 그렇지 못했다. 그녀는 솔로몬을 향한 자신의 사랑을 입맞춤을 통하여 공개적으로 표현하려는 사회적인 자유를 누리고 싶어한다. 잠언 7:13에서처럼 창기나 음녀로 간주되지 않고서도 말이다(Keel 1994: 261). 만일에 그가 자신의 오라비라면, 사회 관습이 그녀에게 그렇게 하도록 허용했을 것이다.

가족 주제를 계속 사용하는 그녀는 상상력의 세계 속에서 솔로몬을 자기 어머니의 집에 초청하려는 의사가 있음을 밝힌다. 안전과 비밀의 장소인 그곳에서 그들은 자유롭게 그들의 성적인 결합을 즐길 수 있을 것이다(참조. 3:4). '텔람메데니'라는 용어는 해석하기가 어렵다. 왜냐하면 그 형태를 2인칭 남성으로 볼 경우에는 그것이 그녀에게 사랑하는 법을 가르치는 솔로몬을 가리키겠지만, 3인칭 여성으로 볼 경우에는 그녀의 어머니가 성적인 결합에 관한 것들을 그녀에게 가르치는 것으로 여길 수 있기 때문이다. 만일에 그것이 솔로몬을 가리키는 것이라면, 술람미 여인은 자신이 여전히 아내로서 배워야 할 것을 많이 가지고 있음을 뜻하는 것이 된다(Keel 1994: 261). 그러나 7:13에서 술람미 여인이 확신에 찬 어조로 성적인 용기를 표현하는 것을 본다면, 그것이 '텔람메데니'의 뜻일 것 같지는 않다. 여기서 술람미 여인은 결혼 관계의 친밀함을 즐기는 일을 준비함에 있어서 자신의 어머니가 크게 도움을 주는 역할을 수행하고 있음을 밝힌 것이라 할 수 있다. 그녀의 오라비들이 그녀의 결혼을 위해 그녀가 처녀로서의 신분을 유지하도록 도움을 준 것과 마찬가지로(8:8-9), 그녀의 어머니 역시 그녀에게 사랑하는 법을 가르쳐준 것이다(또는, 가능성이 덜하기는 하지만, 그녀의 어머니가 그녀를 가르쳐줄 것이다). 마치 룻기 3:1-5에서 나오미가 보아스에게 접근하는 법을 룻에게 가르치는 것처럼 말이다(Bloch and Bloch 1995: 210). 술람미 여인은 전문가의 이러한 가르침을 염두에 두고서 자신의 성적인 매력으로 솔로몬을 유혹하리라 생각하는 바, 이는 그에게 향기로운 석류주 — 그녀의 젖가슴을 가리킬 것이다(Carr 1984: 167) — 를 제공하겠다는 말 속에 상징적으로 암시되어 있다.

3절은 2:6에 표현된 술람미 여인의 성적 결합 갈망을 되풀이하고 있다. 그녀와 솔로몬이 결혼을 하기 전에는 그 갈망을 합법적으로 충족시킬 수가 없었다. 그런데 지금 결혼 관계 속에 있는데도 그녀의 성적인 갈망은 여전히 육체적인 결합을 추구하고 있다. 판에 박은 결혼생활이 계속됨에도 불구하고 그들의 열정은 사라지지 않고 도리어 계속 밝게 불타오른다.

8:4의 후렴구는 2:7과 3:5의 말들을 조금 변형시킨 채로 반복하고 있다. 머피(Murphy 1990: 189)는 이 세 번째의 후렴구 반복에서 발견되는 세부적인 내용의 변화를 중요하지 않은 것으로 간주하지만, 약간의 미묘하면서도 중요한 의미 변화가 이 세 번째 후렴구에 가미된 것으로 보인다. 이전의 후렴구들에서는 '임'이라는 용어가 예루살렘의 딸들을 향한 맹세나 서약을 가리키는 데 사용된다. 그러나 8:4에서는 '임'이 "왜"를 뜻하는 것으로 보이는 '마'로 바뀐다. 2:7과 3:5의 경우에는, 결혼식 전에 성적인 열망을 일깨우는 일이 금지된다. 그러한 일은 술람미 여인과 솔로몬을 부도덕한 자들로 만들 것이기 때문이다. 그러나 결혼식이 지난 후에 그들은 성적인 결합의 열매를 맛보았다. 그들은 이제 사랑을 나누면서 즐거움을 만끽할 수 있다. 따라서 동료들의 격려가 더 이상 필요하지 않다(Carr 1984: 168). 사실 자기들이 느끼는 강한 열정을 가지고서 논다는 것은 쉽게 통제할 수 없는 불을 가지고서 노는 것이나 마찬가지이다(Hubbard 1991: 337-38).

장면 3: 사랑의 성장(8:5-7)

8:5에서부터 아가서의 끝에 이르기까지 등장인물들과 이미지들이 마지막 모습을 드러내고 있다. 머피(Murphy 1990: 195)와 다른 학자들이 주장하는 바와 같이, 이 단락은 일관성 없는 단편들을 결합시켜 놓은 것이라기보다는 아가서 앞 내용의 상당 부분들을 종합한 것이라 할 수 있다.

5절의 "그의 사랑하는 자를 의지하고 거친 들에서 올라오는 여자가 누구인가?"라는 질문은 3:6과 6:10의 비슷한 질문들을 연상시킨다. 솔로몬에게 기대고 있는 술람미 여인의 매력적인 모습에 대한 언급은 이 단락이 그들의 노년기를 묘사하고 있다는 암시를 준다. 그녀가 남편의 몸에 기대고 있는 것을 보아서는 말이다. 만일에 그렇다면, 아가서의 끝부분은 과거를 추억하는 단계의 성숙한 사랑을 대표하고 있는 셈이다.

히브리어 대명사들과 대명 접미사들은 이 장면에서 술람미 여인이 솔로몬에게 말하고 있다는 암시를 준다. 2:3에서처럼 그녀는 성적인 결합을 나타내기 위해 사과나무나 살구나무의 이미지를 사용한다. 2:7; 3:5; 8:4 등을 연상시키는 언어를 사용하여 그녀는 자신이 과거에 솔로몬의 잠을 깨워 그에게 성적인 자극을 주고자 했다고 말한다. 그녀는 매우 강한 확신을 가지고 있었던 탓에 그와 더불어 사랑을 나누는 일을 주도할 수 있었다(참조. 8:1-3).

언뜻 보기에는 솔로몬의 어머니가 그를 낳을 때 고생한 것에 대한 술람미 여인의 언급은 술람미 여인이 자기들의 성적인 결합을 찬미하는 이곳의 문맥에 어울리지 않는 듯한 느낌을 준다. 그러나 그녀가 자기들의 관계를 한층 더 큰 맥락에서 이해하려고 했을 수도 있다. 결혼에 의한 결합이 독점적인 것이기는 해도 그것이 다른 사람들을 완전히 배제하는 것은 아니다. 남녀 사이의 성적인 결합에는 결혼한 짝이 부모에 의해 양육을 받고 이어서 그들 자신이 이제는 자녀들을 위해 모든 것을 투자하는 식의 사회적인 차원이 포함되어 있게 마련이다. 해산과 분만의 고통을 통하여 솔로몬의 어머니는 그를 세상에 태어나게 하였다. 그녀의 사랑의 수고, 곧 성적인 결합의 열매는 고통과 기쁨을 합한 것이다. 모든 사랑은 다 그러한 것이다. 희생적인 모성애를 통하여 그녀는 사랑의 씨앗을 심었고, 그것은 때가 되어 솔로몬과 술람미 여인이 즐기게 된 성적인 결합으로 꽃을 피우게 된 것이다.

6-7절은 네 가지 비유들을 사용하여 사랑을 꽃피우는 데 필요한 특징들과 노력들에 대해서 묘사한다. 고대 문화권에서는 도장을 손에 끼우거나(창 41:42) 목걸이에 매다는(잠 3:3) 관습이 있었다. 이 중요한 물품은 어떤 물건들을 누군가의 소유물로 표시하는 데 사용할 만큼 대단히 소중한 가치를 가지고 있었다(학 2:23). 사랑이 그 잠재력을 발휘하도록 하기 위해서는 반드시 다른 사람을 소중히 여기고 지극히 존중하는 태도 — 한층 친밀한 관계를 갈망하게 하는 — 로 그를 마음에 품어야 한다(Watson 1995: 263).

둘째로 사랑은 죽음처럼 강한 것이다. 진정한 사랑은 죽음과 마찬가지로 지속적이요 불가항력적이며, 굳게 붙든 것을 결코 포기하지 않는다. 이 점은 연이어 사랑이 스올처럼 잔인한 질투심 또는 완전히 바쳐진 열정(Carr 1984: 170; Walsh 2000: 165)에 비유됨으로써 한층 강화된다. 오늘날의 많은 남녀 관계들을 특징짓는 쉽고도 고통 없는 "사랑"과는 대조적으로 아가서는 인간의 모든 감정을 충분히 포괄하는 사랑에 대해서 묘사한다. 그것은 사랑하는 대상을 위해 싸운다는 점에서 완강한 것이요, 한 번 붙잡은 것을 결코 포기하지 않는다는 점에서 무덤처럼 냉혹한 것이다(Keel 1994: 275). 사실 왓슨(Watson 1997: 386)이 주장한 바와 같이, 자녀 생산의 힘을 가진 인간의 사랑은 실제로 죽음에 맞서는 대담한 것이다.

6-7절에서 사랑의 세 번째 이미지는 도저히 끌 수 없는 불로 묘사된다. 그것은 "야웨의 불"과도 같은 것인 바, 이는 강한 번개를 가리키는 히브리어의 최상급 표현에 해당한다(Keel 1994: 275). 이 불은 많은 물을 가지고서도 끌 수 없다. '마임 랍빔'이라는 어구는 이사야 43:2에서 삶 속에서 경험하는 모진 시련 — 참된 사랑을 없애지 못하는 — 을 가리키는 데 사용된다. 몇몇 학자들이 제안한 바가 있듯이, 여기에는 한층 더 심오한 뜻이 감추어져 있을 수도 있다. 창세기 1:2; 이사야 51:10; 시편 93:4 등과 같은 본문들에서 물들은 야웨께서 물리치신 태곳적의 혼돈 세력들을 가리킨다(Murphy 1990: 198; Snaith 1993: 122). 이와 마찬가지로 강들은 때때로 삶을 위협하는 지하계의 죽음을 상징한다(Keel 1994: 276). 7:10이 사랑을 인류에게 임한 저주에 대한 부분적인 승리를 뜻하는 것으로 보는 것처럼, 8:6-7도 하나님의 계획 속에서 사랑이 생명을 없애려고 위협하는 파괴적인 혼돈의 세력에 맞서는 역할을 수행한다고 보는 듯하다.

7절의 마지막 이미지는 물질적인 부(富)로 묘사된다. 사랑을 사들이기 위해 바친 한 개인의 전 재산이 효과를 보지 못할 수도 있다. 사랑은 값으로 환산할 수 있는 것이 아니다. 왜냐하면 그것은 돈으로 살 수 없는 것이기 때문이다(Hubbard 1991: 343). 결혼이 흔히 복잡한 경제적인 준비를 수반하는 고대 사회에서 이것은 놀랍도록 반문화적인 진술이었을 것이다. 시인은 사랑이 아낌없이 주는 것이어야 하기에(참조. 8:12) 물물교환이나 협상의 대상이 될 수 없다고 주장한다. 사랑을 사들이려는 시도는 크게 배척당할 것이요, 멸시당할 것이다(Murphy 1990: 198).

장면 4: 사랑을 위한 준비(8:8-14)

아가서는 술람미 여인의 가정을 배경으로 하여 시작한 바가 있다(1:6). 그 때에 그녀의 오라비들은 그녀를 거칠게 다루면서 강제로 포도원에서 일하게 했다. 그런데 아가서의 마지막은 한 바퀴를 완전히 돌고나서 다시금 그녀의 가정으로 되돌아온다. 8-9절은 그녀의 어린 시절을 회상하고 있다. 오라비들은 술람미 여인을 아직 성적으로 성숙한 단계에 이르지 못한 작은 누이로 간주한다. 미슈나(Mishnah)에 따르면, '케탄나'라는 용어는 12세가 되어 하루가 지난 나이에 아직 이르지 못한 법적인 미성년자를 가리킨다(Bloch and Bloch 1995: 215).

창세기 24장의 이야기는 고대 근동에서 오라비들이 누이에게 적합한 남편을 마련해주는 일에 관여하고 있었음을 암시한다. 아가서 8:8-9에서 술람미 여인의 오라비들은 그녀의 결혼 가능성이 순결함의 유지와 직결되어 있다는 것을 날카롭게 인식하고 있다. 오라비들은 어떤 남자가 그녀에게 말할 날 — 그녀를 신부로 청할 날(참조. 삼상 25:39) — 을 기다리면서, 결혼 전의 성적인 결합으로부터 그녀를 어떻게 지킬 수 있는지에 대해서 의논한다. 그들은 자기들이 계획하는 행동을 나타내기 위해 성벽과 문이라는 두 가지 은유를 사용한다.

일부 해석자들은 이 두 이미지들이 동의적인 평행법 관계 속에서 서로의 의미를 강화시켜준다고 주장하지만(Garrett 2004: 260), 오라비들의 상반된 계획은 성벽과 문을 반의적인 평행법 관계 속에 있는 것으로 보아야 함을 강하게 암시한다. 성벽은 움직일 수 없는 것이다. 따라서 그것은 순결함을 지키기 위한 그녀의 확고한 노력을 암시한다. 만일에 그것이 그녀의 진심에서 비롯된 것이라면, 오라비들은 그에 대한 보상으로 그녀의 성벽 위에 은 망대를 세워줄 것이다(Murphy 1990: 192-93). 반면에 만일에 그녀가 움직일 수 있는 문처럼 자신의 순결함을 위협하는 불장난에 빠져든다면, 오라비들은 그녀의 성적인 순결을 지키기 위하여 분명한 행동을 취할 것이다. 강한 백향목 판자로 그녀를 가로막음으로써 말이다. 오라비들은 누이를 성적인 불륜행동으로부터 지키기 위하여 자기들이 할 수 있는 모든 대책을 강구함으로써, 그녀를 결혼으로 이끌어야 하는 책임을 진지하게 받아들인다.

8:8-9에서 오라비들의 말을 인용한 후에 술람미 여인은 10절에서 자신의 목소리를 낸다. 그녀는 자신의 유방이 망대 같았을 때에 자신이 성벽이었다

고 보고한다. 그러다가 술람미 여인은 마침내 처녀로서 성적인 성숙의 단계에 이르게 된다. 8절의 망대 이미지에 기초하여 그녀는 망대와도 같은 자신의 유방이 난공불락의 요새와도 같은 것이라고 말한다. 그녀는 신체적으로 성숙한 여인일 뿐만 아니라 성적인 흠이 없는 순결한 자이기에, 결혼할 준비가 충분히 되어 있다.

망대에 대한 언급을 계속하던 그녀는 자신이 솔로몬의 눈에 평화를 얻은 또는 평화를 추구하는 자로 여겨졌다고 말한다. 술람미 여인은 사랑하는 자가 자신의 삶 속에 들어오자 그에게 자신의 마음을 열었으며, 그를 통하여 온전한 삶('샬롬')을 발견하였다. 10b절이 솔로몬에 대해서 언급하는 다음 절과 병렬되면서 교묘한 말놀이 현상이 생겨난다. 술람미 여인은 '셸로모'(솔로몬)를 발견하는 순간 '샬롬'(평화)을 발견한 것이다. 오라비들의 보호와 보살핌보다 훨씬 더 나은 솔로몬의 사랑은 술람미 여인에게 완전히 만족스러운 관계를 제공해준다(Murphy 1990: 199).

바알-하몬에 있는 솔로몬의 포도원에 대하여 언급하는 11절은 다양한 해석을 가능케 했다. 대부분의 주석가들은 첫 번째 행이 문자 그대로 이스라엘의 훌륭한 왕을 가리키고 있다는 데 동의한다. 이 구절을 문자적으로 이해한다면, 바알-하몬은 솔로몬이 매우 귀하게 여기던 포도원의 위치를 가리키는 고유명사일 것이다. 어떤 이들은 그것이 "거대한 부의 소유자"라는 뜻을 가진 표현에 대한 말놀이일 것이라고 보지만 말이다. 그렇다면 이것은 술람미 여인의 사랑을 자신의 부로 사들이는 데 실패한 왕을 가리킬 것이다(참조. 8:7)(Bloch and Bloch 1995: 218-19). 그러나 이러한 입장을 견지하기 위해서는, 위에서 주장한 것처럼 아가서 전체를 인상적인 사랑의 노래로 보기보다는 3인칭 드라마로 간주하지 않으면 안 된다.

솔로몬의 포도원이 은 1천 세겔의 수입을 올렸다는 사실로 인하여, 키일(Keel 1994: 281-82)과 머피(Murphy 1990: 194)는 8:11이 7백 명의 왕비들과 3백 명의 첩들을 솔로몬이 거느린 것에 대한 언급(참조. 왕하 11:3)을 포함하고 있다는 결론을 내린다. 그러나 전후 문맥에 의하면, 그러한 입장을 견지하기가 어렵다. 왜냐하면 다음 절에서 술람미 여인이 1천 세겔이 솔로몬의 몫인 반면에 2백 세겔은 열매를 지키던 자들, 곧 솔로몬의 후궁들을 감독한 자들의 몫이라고 말하고 있기 때문이다. 그들이 자기들 마음대로 사용할 수 있는 후궁들을 수고에 대한 대가로 받았을 것 같지는 않다. 따라서 8:11-12에 대한 해석은 다른 방향에서 그 해답을 찾는 것이 더 낫다.

아가서가 술람미 여인에 대하여 포도원 이미지나 이와 관련된 동산 은유를 자주 사용하고 있는 것은 사실이다(참조. 1:6; 2:15; 4:12-5:1; 6:11; 7:12). 그러나 아가서에 맨 처음 나오는 "포도원"(1:6)이 나란히 나오는 문자적인 의미와 비유적인 의미를 결합하고 있다는 것은 중요한 의미를 갖는다. "포도원"에 대한 8:11-12의 이중적인 언급은 1:6과 더불어 아가서 전체의 앞뒤를 연결하는 기본 틀일 수도 있다. 11절의 "포도원"이 문자 그대로 솔로몬의 풍부한 포도나무들을 가리킨다면, 12절의 "포도원"은 술람미 여인의 몸을 비유적으로 가리킨다. 한 사람의 관리인당 1천 세겔의 수입을 올리는 포도원은 대단히 수지맞는 장사가 아닐 수 없다. 이사야 7:23의 예언이 분명하게 보여 주듯이 말이다. 아가서의 첫 장면에서와 마찬가지로 이곳에서도 솔로몬은 대단히 뛰어난 왕으로 묘사된다.

12절에서 술람미 여인은 계속하여 포도원 언어를 사용하지만, 문자적인 포도원에서 은유적인 포도원으로 그 대상을 바꾼다. 그녀는 자기 마음대로 할 수 있는 자신만의 포도원에 관해 말하면서 1:6에서처럼 그 포도원이 곧 자기 자신임을 밝힌다. 제각기 1천 세겔을 포도원 주인에게 상납해야 하는 솔로몬의 관리인들과는 달리, 술람미 여인은 자유롭게 기꺼이 자신을 솔로몬에게 바친다. 술람미 여인은 사랑하는 자에게 자신을 완전히 바치면서도, 포도원의 열매를 보살핀 자들을 칭찬한다. 전후 문맥에 비추어볼 때 이것은 그녀의 오라비들이 솔로몬과의 결혼을 위해 그녀를 지켜준 대가로 받은 보상을 가리킬 것이다(8:8-9). 성숙함이라는 유리한 관점에서 자신의 젊은 시절을 되돌아보던 술람미 여인은 자신의 가족이 장차 있을 일종의 성적인 결합 — 나중에 진정한 만족을 얻게 될 — 을 위해 자신을 지켜주면서 수행한 역할을 소중하게 생각한다.

아가서의 서두 부분이 성적인 갈망에 대한 언급(1:2)으로 시작하고 또 자주 솔로몬과 술람미 여인의 갈망에 대한 표현들을 강조하고 있는 것과 마찬가지로, 마지막 두 절도 이 친숙한 논조를 그대로 유지하고 있다(Hubbard

1991: 347). 8:13에서 솔로몬은 이전에 자신이 그녀에게 구애하면서 하던 말(2:14, "네 소리를 듣게 하라")을 다시금 언급한다. 어떤 점에서 보면 이 사랑 노래는 끝이 없다. 왜냐하면 사랑의 노래는 마지막 종착역에 도달하지 않고, 도리어 기쁨의 궤도를 통하여 빠른 속도로 계속 올라가기 때문이다(Snaith 1993: 129).

솔로몬은 또한 자신의 동료들이 술람미 여인의 목소리에 귀를 기울이고 있음을 지적한다. 이 불확실한 표현은 그들의 관계가 그들 주변의 다른 사람들에게 기쁨의 근원임을 암시한다. 하나님의 계획 속에서 결혼을 통한 성적인 결합은 그 결혼한 부부를 넘어서서 그들이 속한 공동체에까지 유익을 끼친다. 그들의 사랑은 이미 그들이 속한 대가족의 범주 안에 자리잡고 있었던 까닭에, 그것의 잔물결이 이제는 그들 주변의 공동체에게 기쁨을 가져다준다.

14절에 있는 술람미 여인의 부드러운 말은 그녀의 성적인 결합에 대한 갈망(2:17)을 연상시킨다. 그를 향한 그녀의 갈망은 오랜 결혼생활을 겪었는데도 가라앉지 않는다. 왜냐하면 그녀는 자기들이 맨 처음 사랑에 빠졌던 때와 동일한 열심을 가지고 있기 때문이다. 그녀는 솔로몬에게 자기들의 사랑을 충분히 경축하고, 그럼으로써 하나님께서 본래 남편과 아내를 위하여 준비하신 성적인 결합을 즐기는 일에 동참할 것을 청한다(Trible 1978: 152; Cainion 2000: 256)(참조. 창 2:24).

가장 아름다운 노래인 아가서는 바로 이처럼 고상한 갈망의 화음에서 결론에 도달한다. 엑섬(Exum 1999a: 63)은 이를 다음과 같이 잘 설명하고 있다: "이 모든 표상들의 결합은 그 이미지들 중 어떤 하나로도 이룰 수 없는 목표를 달성한다. 그녀의 음성을 듣기 원하는 남자의 요청 — '나로 그것을 듣게 하라'는 그의 명령 — 에 답하려는 듯이 아가서의 마지막 부분은 여자가 말하는 것으로 끝맺음으로써 이 노래가 한 바퀴를 완전히 돌아 '그로 하여금 내게 입맞추게 하라'는 맨 처음의 갈망 — 결국에는 원점으로 되돌아오기에 결코 만족함을 얻지 못하는 — 으로 되돌아오게 만든다."

참고문헌

주석

Bergant, Dianne. 2001. *The Song of Songs*. Berit Olam. Collegeville, MN: Liturgical Press.

Bloch, Ariel, and Chana Bloch. 1995. *The Song of Songs*. New York: Random House.

Brenner, Athalya. 1989. *The Song of Songs*. Old Testament Guides. Sheffield: JSOT Press.

Carr, G. Lloyd. 1984. *The Song of Solomon*. Tyndale Old Testament Commentaries 17. Downers Grove, IL: InterVarsity Press.

Davis, Ellen F. 2000. *Proverbs, Ecclesiastes, and the Song of Songs*. Westminster Bible Companion. Louisville: Westminster John Knox.

Deere, Jack S. 1985. "Song of Songs." Pp. 1009–25 in *The Bible Knowledge Commentary*, vol. 1. Ed. John F. Walvoord and Roy B. Zuck. Wheaton, IL: Victor.

Delitzsch, Franz. 1976 [1875]. *Commentary on the Song of Songs and Ecclesiastes*. Trans. M. G. Easton. Edinburgh: T&T Clark.

Falk, Marcia. 1990. *The Song of Songs*. New York: HarperCollins.

Garrett, Duane A. 1993. *Proverbs, Ecclesiastes, Song of Songs*. New American Commentary 14. Nashville: Broadman.

———. 2004. "Song of Songs." Pp. 1–265 in *Song of Songs, Lamentations*. By Duane A. Garrett and Paul R. House. Word Biblical Commentary 23B. Nashville: Thomas Nelson.

Ginsburg, Christian D. 1970 [1857]. *The Song of Songs and Coheleth*. New York: Ktav.

Gledhill, Tom. 1994. *The Message of the Song of Songs*. The Bible Speaks Today. Leicester: Inter-Varsity Press.

Gordis, Robert. 1974. *The Song of Songs and Lamentations*. Rev. ed. New York: Ktav.

Goulder, Michael D. 1986. *The Song of Fourteen Songs*. Journal for the Study of the Old Testament: Supplement Series 36. Sheffield: JSOT Press.

Hubbard, David A. 1991. *Ecclesiastes, Song of Solomon*. Communicator's Commentary 15B. Dallas: Word.

Huwiler, Elizabeth. 1999. "Song of Songs." Pp. 219–90 in *Proverbs, Ecclesiastes, Song of Songs*. By Roland E. Murphy and Elizabeth Huwiler. New International Biblical Commentary 12. Peabody, MA: Hendrickson.

Keel, Othmar. 1994. *Song of Songs*. Trans. Frederick J. Gaiser. Continental Commentaries. Minneapolis: Fortress.

Kinlaw, Dennis F. 1991. "Song of Songs." Pp. 1199–1244 in *The Expositor's Bible Commentary*, vol. 5. Ed. Frank E. Gaebelein. Grand Rapids: Zondervan.

Knight, George A. F. 1988. *Revelation of God: A Commentary on the Books of the Song of Solomon and Jonah*. International Theological Commentary. Grand Rapids: Eerdmans.

Longman, Tremper. 2001. *Song of Songs*. New International Commentary on the Old Testament. Grand Rapids: Eerdmans.

Murphy, Roland E. 1990. *The Song of Songs*. Hermeneia. Minneapolis: Fortress.

아가서 참고문헌 615

Pope, Marvin H. 1977. *The Song of Songs*. Anchor Bible 7C. Garden City, NY: Doubleday.
Provan, Iain. 2001. *Ecclesiastes, Song of Songs*. NIV Application Commentary. Grand Rapids: Zondervan.
Snaith, John G. 1993. *Song of Songs*. New Century Bible Commentary. Grand Rapids: Eerdmans.
Stadelmann, Luis. 1992. *Love and Politics: A New Commentary on the Song of Songs*. New York: Paulist Press.
Weems, Renita J. 1997. "The Song of Songs." Pp. 363–434 in *The New Interpreter's Bible*, vol. 5. Ed. Leander E. Keck. Nashville: Abingdon.

논문들

Alexander, Philip S. 1996. "The Song of Songs as Historical Allegory: Notes on the Development of an Exegetical Tradition." Pp. 14–29 in *Targumic and Cognate Studies: Essays in Honour of Martin McNamara*. Ed. Kevin J. Cathcart and Michael Maher. Journal for the Study of the Old Testament: Supplement Series 230. Sheffield: Sheffield Academic Press.
Alter, Robert. 1988. "The Garden of Metaphor." Pp. 121–39 in *The Song of Songs*. Ed. Harold Bloom. Modern Critical Interpretations. New York: Chelsea House.
———. 1998. "The Poetic and Wisdom Books." Pp. 226–40 in *The Cambridge Companion to Biblical Interpretation*. Ed. John Barton. Cambridge: Cambridge University Press.
Archer, Gleason L. 1974. *A Survey of Old Testament Introduction*. Rev. ed. Chicago: Moody.
Baildam, John D. 1999. *Paradisal Love: Johann Gottfried Herder and the Song of Songs*. Journal for the Study of the Old Testament: Supplement Series 298. Sheffield: Sheffield Academic Press.
Bakon, Shimon. 1994. "Song of Songs." *Jewish Bible Quarterly* 22:211–20.
Bascom, Robert A. 1994. "Hebrew Poetry and the Text of the Song of Songs." Pp. 95–110 in *Discourse Perspectives on Hebrew Poetry in the Scriptures*. Ed. Ernst R. Wendland. UBS Monograph Series 7. Reading and New York: United Bible Societies.
Bergant, Dianne. 1994. "'My Beloved Is Mine and I Am His' (Song 2:16): The Song of Songs and Honor and Shame." *Semeia* 68:23–40.
Bernat, David. 2004. "Biblical *Wasfs* beyond Song of Songs." *Journal for the Study of the Old Testament* 28:327–49.
Bloom, Harold, ed. 1988. *The Song of Songs*. Modern Critical Interpretations. New York: Chelsea House.
Blumenthal, David R. 1995. "Where God Is Not: The Book of Esther and Song of Songs." *Judaism* 44:80–92.
Brenner, Athalya. 1985. *The Israelite Woman: Social Role and Literary Type in Biblical Narrative*. Biblical Seminar 2. Sheffield: JSOT Press.
———. 1990. "'Come Back, Come Back the Shulammite' (Song of Songs 7.1–10): A Parody of the *Wasf* Genre." Pp. 251–75 in *On Humour and the Comic in the Hebrew Bible*. Ed. Yehuda T. Radday and Athalya Brenner. Journal for the Study of the Old Testament: Supplement Series 23. Sheffield: Almond.

―――, ed. 1993. *A Feminist Companion to the Song of Songs*. Feminist Companion to the Bible 1. Sheffield: JSOT Press.

―――. 1999. "The Food of Love: Gendered Food and Food Imagery in the Song of Songs." *Semeia* 86:101-12.

―――. 2003. "Gazing Back at the Shulammite, Yet Again." *Biblical Interpretation* 11:295-300.

Bullock, C. Hassell. 1988. *An Introduction to the Poetic Books of the Old Testament*. Rev. ed. Chicago: Moody.

Cainion, Ivory J. 2000. "An Analogy of the Song of Songs and Genesis Chapters Two and Three." *Scandinavian Journal of the Old Testament* 14:219-59.

Carr, David M. 1998a. "Rethinking Sex and Spirituality: The Song of Songs and Its Readings." *Soundings* 81:413-35.

―――. 1998b. "The Song of Songs as a Microcosm of the Canonization and Decanonization Process." Pp. 173-89 in *Canonization and Decanonization*. Ed. A. Van der Kooij and K. Van der Toorn. Studies in the History of Religions 82. Leiden: Brill.

―――. 2000a. "Ancient Sexuality and Divine Eros: Rereading the Bible through the Lens of the Song of Songs." *Union Seminary Quarterly Review* 54:1-18.

―――. 2000b. "Gender and the Shaping of Desire in the Song of Songs and Its Interpretation." *Journal of Biblical Literature* 119:233-48.

Carr, G. Lloyd. 1979. "Is the Song of Songs a 'Sacred Marriage' Drama?" *Journal of the Evangelical Theological Society* 22:103-14.

―――. 1993. "Song of Songs." Pp. 281-95 in *A Complete Literary Guide to the Bible*. Ed. Leland Ryken and Tremper Longman. Grand Rapids: Zondervan.

Childs, Brevard S. 1979. *Introduction to the Old Testament as Scripture*. Philadelphia: Fortress.

Corney, Richard W. 1998. "What Does 'Literal Meaning' Mean? Some Commentaries on the Song of Songs." *Anglican Theological Review* 80:494-516.

Crenshaw, James L. 1986. *Story and Faith: A Guide to the Old Testament*. New York: Macmillan.

Davidson, Richard M. 2003. "The Literary Structure of the Song of Songs *Redivivus*." *Journal of the Adventist Theological Society* 14:44-65.

Deckers, M. 1993. "The Structure of the Song of Songs and the Centrality of *nepeš* (6.12)." Pp. 172-96 in *A Feminist Companion to the Song of Songs*. Feminist Companion to the Bible 1. Ed. Athalya Brenner. Sheffield: JSOT Press.

Dillard, Raymond B., and Tremper Longman. 1994. *An Introduction to the Old Testament*. Grand Rapids: Zondervan.

Dove, Mary. 2000. "Literal Senses in the Song of Songs." Pp. 129-46 in *Nicholas of Lyra: The Senses of Scripture*. Ed. Philip D. W. Krey and Lesley Smith. Studies in the History of Christian Thought 90. Leiden: Brill.

Eissfeldt, Otto. 1965 [1964]. *The Old Testament: An Introduction*. Trans. Peter R. Ackroyd. New York: Harper & Row.

Elliott, Mark W. 1994. "Ethics and Aesthetics in the Song of Songs." *Tyndale Bulletin* 45:137-52.

Emerton, J. A. 1993. "Lice or a Veil in the Song of Songs 1.7?" Pp. 127-40 in *Understanding Poets and Prophets*. Ed. A. Graeme Auld. Journal for the Study of the Old Testament: Supplement Series 152. Sheffield: JSOT Press.

Emmerson, Grace I. 1994. "The Song of Songs: Mystification, Ambiguity and Humour." Pp. 97–111 in *Crossing the Boundaries: Essays in Biblical Interpretation in Honour of Michael Goulder*. Ed. Stanley E. Porter, Paul Joyce, and David E. Orton. Biblical Interpretation Series 8. Leiden: Brill.

Exum, J. Cheryl. 1998. "Developing Strategies of Feminist Criticism/Developing Strategies for Commentating the Song of Songs." Pp. 206–49 in *Auguries: The Jubilee Volume of the Sheffield Department of Biblical Studies*. Ed. David J. A. Clines and Stephen D. Moore. Journal for the Study of the Old Testament: Supplement Series 269. Sheffield: Sheffield Academic Press.

———. 1999a. "How Does the Song of Songs Mean? On Reading the Poetry of Desire." *Svensk Exegetisk Årsbok* 64:47–63.

———. 1999b. "In the Eye of the Beholder: Wishing, Dreaming, and *Double Entendre* in the Song of Songs." Pp. 71–86 in *The Labour of Reading: Desire, Alienation, and Biblical Interpretation*. Ed. Fiona C. Black, Roland Boer, and Eric Runions. SBL Semeia Studies 36. Atlanta: Society of Biblical Literature.

———. 2003. "Seeing Solomon's Palanquin (Song of Songs 3:6–11)." *Biblical Interpretation* 11:301–16.

Falk, Marcia. 1982. *Love Lyrics from the Bible: A Translation and Literary Study of the Song of Songs*. Bible and Literature Series 4. Sheffield: Almond.

Fox, Michael V. 1985. *The Song of Songs and the Ancient Egyptian Love Songs*. Madison: University of Wisconsin Press.

Glickman, S. Craig. 1976. *A Song for Lovers: Including a New Paraphrase and a New Translation of the Song of Solomon*. Downers Grove, IL: InterVarsity Press.

Godet, Frederick. 1886. *Studies in the Old Testament*. 4th ed. London: Hodder & Stoughton.

———. 1972. "The Interpretation of the Song of Songs." Pp. 151–75 in *Classical Evangelical Essays in Old Testament Interpretation*. Ed. Walter C. Kaiser. Grand Rapids: Baker.

Goitein, S. D. 1993. "The Song of Songs: A Female Composition." Pp. 58–66 in *A Feminist Companion to the Song of Songs*. Feminist Companion to the Bible 1. Ed. Athalya Brenner. Sheffield: JSOT Press.

Grossberg, Daniel. 1994. "Two Kinds of Sexual Relationships in the Hebrew Bible." *Hebrew Studies* 35:7–25.

Hill, Andrew E., and John H. Walton. 2000. *A Survey of the Old Testament*. 2nd ed. Grand Rapids: Zondervan.

Holmyard, Harold R. 1998. "Solomon's Perfect One." *Bibliotheca Sacra* 155:164–71.

Hwang, Andrew. 2003. "The New Structure of the Song of Songs and Its Implications for Interpretation." *Westminster Theological Journal* 65:97–111.

Kaiser, Walter C. 2000. "True Marital Love in Proverbs 5:15–23 and the Interpretation of Song of Songs." Pp. 106–16 in *The Way of Wisdom: Essays in Honor of Bruce K. Waltke*. Ed. J. I. Packer and Sven K. Soderlund. Grand Rapids: Zondervan.

Kiecker, James G. 2001. "Comparative Hermeneutics: The *Glossa ordinaria*, Nicholas of Lyra, and Martin Luther on the Song of Songs." Pp. 104–29 in *Ad fontes Lutheri: Toward the Recovery of the Real Luther*. Ed. Timothy Maschke et al. Marquette Studies in Theology 28. Milwaukee: Marquette University Press.

Lacocque, Andre. 1998. *Romance, She Wrote: A Hermeneutical Essay on Song of Songs.* Harrisburg, PA: Trinity Press International.
Laird, Martin. 2002. "Under Solomon's Tutelage: The Education of Desire in the *Homilies on the Song of Songs.*" *Modern Theology* 18:507–25.
Landy, Francis. 1983. *Paradoxes of Paradise: Identity and Difference in the Song of Songs.* Bible and Literature Series. Sheffield: Almond.
LaSor, William Sanford, et al. 1996. *Old Testament Survey: The Message, Form, and Background of the Old Testament.* 2nd ed. Grand Rapids: Eerdmans.
Lavoie, Jean-Jacques. 2000. "Woman in the Song of Songs." Pp. 75–81 in *Women Also Journeyed with Him: Feminist Perspectives on the Bible.* Collegeville, MN: Liturgical Press.
Lewis, Clive Staples. 1960. *The Four Loves.* New York: Harcourt & Brace.
Louth, Andrew. 1994. "Eros and Mysticism: Early Christian Interpretation of the Song of Songs." Pp. 241–54 in *Jung and the Monotheisms: Judaism, Christianity, and Islam.* Ed. Joel Ryce-Menuhin. London and New York: Routledge.
Lyke, Larry. 1999. "The Song of Songs, Proverbs, and the Theology of Love." Pp. 208–23 in *Theological Exegesis: Essays in Honor of Brevard S. Childs.* Ed. Christopher Seitz and Kathryn Greene-McCreight. Grand Rapids: Eerdmans.
Matter, E. Ann. 1990. *The Voice of My Beloved: The Song of Songs in Western Medieval Christianity.* Philadelphia: University of Pennsylvania Press.
Menn, Esther M. 2000. "*Targum of the Song of Songs* and the Dynamics of Historical Allegory." Pp. 423–45 in *The Interpretation of Scripture in Early Judaism and Christianity: Studies in Language and Tradition.* Journal for the Study of the Pseudepigrapha: Supplement Series 33. Ed. Craig A. Evans. Sheffield: Sheffield Academic Press.
Meyers, Carol. 1987. "Gender Imagery in the Song of Songs." *Hebrew Annual Review* 10:209–23.
Moore, Stephen D. 2000. "The Song of Songs in the History of Spirituality." *Church History* 69:328–49.
Neusner, Jacob. 1993. *Israel's Love Affair with God: Song of Songs.* Bible of Judaism Library. Valley Forge, PA: Trinity Press International.
Nielsen, Kirsten. 1998. "Song of Songs." Pp. 179–85 in *The Hebrew Bible Today: An Introduction to Critical Issues.* Ed. Steven L. McKenzie and M. Patrick Graham. Louisville: Westminster John Knox.
Nissinen, Martti. 1998. "Love Lyrics of Nabû and Tašmetu: An Assyrian Song of Songs?" Pp. 585–634 in *"Und Mose schreib dieses Lied auf": Studien zum Alten Testament und zum alten Orient; Festschrift für Oswald Loretz zur Vollendung seines 70. Lebensjahres mit Beiträgen von Freunden, Schülern und Kollegen.* Ed. Manfried Dietrich and Ingo Kottsieper. Alter Orient und Altes Testament 250. Münster: Ugarit-Verlag.
Norris, Richard A. 1998. "The Soul Takes Flight: Gregory of Nyssa and the Song of Songs." *Anglican Theological Review* 80:517–32.
———. 2003. *The Song of Songs Interpreted by Early Christian and Medieval Commentators.* The Church's Bible. Grand Rapids: Eerdmans.
Ogden, Graham. 1996. "'Black but Beautiful' (Song of Songs 1.5)." *The Bible Translator* 47:443–45.
Parsons, Greg W. 1999. "Guidelines for Understanding and Utilizing the Song of Songs." *Bibliotheca Sacra* 156:399–422.

Payne, Robin. 1996. "The Song of Songs: Song of Woman, Song of Man, Song of God." *The Expository Times* 107:329–33.

Pecknold, C. C. 2003. "The Readable City and the Rhetoric of Excess." *Crosscurrents* 52:516–20.

Phipps, William E. 1988. "The Plight of the Song of Songs." Pp. 5–23 in *The Song of Songs*. Ed. Harold Bloom. Modern Critical Interpretations. New York: Chelsea House.

Provan, Iain W. 2000. "The Terrors of the Night: Love, Sex, and Power in Song of Songs 3." Pp. 150–67 in *The Way of Wisdom: Essays in Honor of Bruce K. Waltke*. Ed. J. I. Packer and Sven K. Soderlund. Grand Rapids: Zondervan.

Ryan, Thomas F. 2001. "Sex, Spirituality, and Pre-Modern Readings of the Song of Songs." *Horizons* 28:81–104.

Ryken, Leland. 1974. *The Literature of the Bible*. Grand Rapids: Zondervan.

———. 1992. *Words of Delight: A Literary Introduction to the Bible*. 2nd ed. Grand Rapids: Baker.

Sæbø, Magne. 1996. "On the Canonicity of the Song of Songs." Pp. 267–77 in *Texts, Temples, and Traditions: A Tribute to Menahem Haran*. Ed. Michael V. Fox et al. Winona Lake, IN: Eisenbrauns.

Schwab, George M. 2002. *The Song of Songs' Cautionary Message concerning Human Love*. Studies in Biblical Literature 41. New York: Peter Lang.

Soulen, Richard N. 1967. "The *Wasfs* of the Song of Songs and Hermeneutic." *Journal of Biblical Literature* 86:183–90.

Tanner, J. Paul. 1997a. "The History of Interpretation of the Song of Songs." *Bibliotheca Sacra* 154:23–46.

———. 1997b. "The Message of the Song of Songs." *Bibliotheca Sacra* 154:142–61.

Trible, Phyllis. 1978. *God and the Rhetoric of Sexuality*. Overtures to Biblical Theology. Philadelphia: Fortress.

Walsh, Carey Ellen. 1999. "A Startling Voice: Woman's Desire in the Song of Songs." *Biblical Theology Bulletin* 28:129–34.

———. 2000. *Exquisite Desire: Religion, the Erotic, and the Song of Songs*. Minneapolis: Fortress.

Watson, Wilfred G. E. 1995. "Some Ancient Near Eastern Parallels to the Song of Songs." Pp. 253–71 in *Words Remembered, Texts Renewed: Essays in Honour of John F. A. Sawyer*. Ed. Jon Davies, Graham Harvey, and Wilfred G. E. Watson. Journal for the Study of the Old Testament: Supplement Series 195. Sheffield: Sheffield Academic Press.

———. 1997. "Love and Death Once More (Song of Songs VIII 6)." *Vetus Testamentum* 47:385–87.

Wendland, Ernst R. 1995. "Seeking the Path through a Forest of Symbols: A Figurative and Structural Survey of the Song of Songs." *Journal of Translation and Textlinguistics* 7:13–59.

Whedbee, J. William. 1998. *The Bible and the Comic Vision*. Cambridge: Cambridge University Press.

Whitesell, Connie J. 1995. "Behold, Thou Art Fair, My Beloved." *Parabola* 20:92–99.

Wirt, Sherwood Eliot. 1990. "Some New Thoughts about the Song of Solomon." *Journal of the Evangelical Theological Society* 33:433–36.

역자 후기

　한글 개역판 구약성서에서 토라(오경)와 역사서 다음에 나오는 책들은 이른바 '시가서'(詩歌書)라고 불린다. 이 범주에 속하는 책들에는 욥기, 시편, 잠언, 전도서, 아가서 등이 있다. 이들은 히브리 성서에서 세 번째 부분인 '크투빔'(聖文書; Holy Writings)에 속해 있다. 이들을 '시가서'라고 부르는 이유는 이 책들이 전부 다 시문체(詩文體)로 기록되어 있기 때문이다. 그리고 이들 시가서는 다시금 지혜서와 시편으로 나누인다. 여기서 지혜서는 욥기, 잠언, 전도서, 아가서 등을 지칭하고 시편은 문자 그대로 시편을 말한다.
　이들 다섯 권의 책, 곧 지혜서와 시편을 개관하는 책이 베이커 출판사(Baker Book House)의 핸드북(Handbook) 시리즈를 마무리하는 네 번째 책으로 2005년도 말에 출판되었다. 이 시리즈는 그동안 오경 개론(Victor P. Hamilton, 1982; 2005)을 필두로 하여, 역사서 개론(Hamilton, 2001)과 예언서 개론(Robert B. Chisholm, 2002)을 차례대로 독자들에게 선보였다. 물론 이 세 권의 책들은 그동안 본 번역자에 의해 역사서 개론과 예언서 개론 및 오경 개론의 순서로 크리스챤다이제스트 출판사를 통하여 번역·출판된 바가 있다. 이어서 이 핸드북 시리즈의 마지막에 해당하는 본서가 이렇게 번역 완료되어 세상에 빛을 보게 되었다. 본 번역서는 2005년 12월에 출판된 영어판을 그대로 옮긴 것이다.
　본서의 저자인 에스테스(Daniel J. Estes)는 미국 오하이오 주에 있는 세다

빌 대학교(Cedarville University)에서 구약학을 가르치고 있는 교수로서, 국내에는 잘 알려져 있지 않으나 20년이 넘는 기간 동안 지혜문학과 시편을 줄기차게 연구해 온 중견 구약학자이다. 대표적인 저서로 잠언 1-9장에 대한 연구서가 있으며(*Hear, My Son: Teaching and Learning in Proverbs 1-9*; Grand Rapids: Eerdmans, 1997), 시문학에 관한 다수의 논문이 여러 신학 잡지들에 실려 있다.

욥기에서 아가서까지의 다섯 권을 개관하고 있는 본서는, 저자가 머리말에서 밝힌 바와 같이, 학부 상급생과 대학원 학생, 목사, 평신도 성서 교사 등을 위하여 쓴 것으로, 다섯 개의 장들로 이루어져 있다. 그리고 다섯 권의 시가서를 차례대로 고찰하고 있는 각 장은 모두 세 부분들로 이루어져 있다. 첫 번째 부분은 각 책들을 소개하는 데 필요한 핵심 쟁점들 — 이를테면 저자와 연대, 통일성, 정경성, 문학 작품 및 장르, 구조, 목적, 주제, 해석사, 해석 방법, 신학 등 — 을 요약함으로써 독자들에게 중요한 학문적인 논의에 필요한 기본적인 정보를 제공하고 있다.

그리고 두 번째 부분은 각 책에 대한 주해를 담고 있는 바, 욥기와 전도서 및 아가서의 경우에는 주해가 이 책들 전체를 망라하고 있으며, 시편의 경우에는 열 가지 시의 유형들에 대해서 논의한 다음에 각 유형에 속한 사례들에 대한 주해를 제공하고 있다. 그리고 잠언을 다루는 장에서는 각 수집물이 가지고 있는 핵심 주제들을 종합하려는 개괄적인 접근 방식을 시도하고 있다. 그런데 흥미로운 것은, 본서의 몸통이라 할 수 있는 이 두 번째 부분에서 저자가 최근의 연구에서 얻은 해석상의 주요 입장들을 제시하려고 노력하는 중에, 거의 매 페이지에서 본문 해석과 관련된 여러 학자들의 견해를 직접 인용하고 있다는 점이다. 너무도 인용문이 많아서 다소 지루하다는 느낌을 줄 수도 있으나, 독자들로 하여금 학자들 자신의 말을 직접 대할 수 있게 하였다는 점에서 훌륭한 접근 방법이라 생각한다.

마지막으로 본서의 세 번째 부분은 독자들의 추가 연구를 돕는 폭넓은 참고문헌을 소개함으로써 각 장을 마무리하고 있다. 저자는 각 책의 주해를 마친 다음 반드시 일련의 주석들과 표준적인 저작들 및 다수의 논문들과 글들을 참고문헌에 포함시켜, 추가 연구를 원하는 독자들의 편의를 도모하고자 한 것이다. 참고문헌에 소개된 자료들이 전적으로 영어권 자료들에 한정되어 있어서 다른 언어권의 자료들을 접하기 위해서는 직접 도서관을 찾아가야 한다는 번거로움이 뒤따르기는 하지만, 그럼에도 불구하고 독자들은 이 참고 문헌들을 통하여 특정 본문이나 주제들에 대한 연구를 한층 심화시킬 수 있을 것이다.

아무쪼록 이 부족한 번역서가 욥기에서 아가서까지의 책들에 관심을 가진 학자들이나 목회자들, 신학도들 및 평신도들 모두에게 지혜서와 시편의 주요 가르침을 공부하고 주해하는 데 많은 도움을 주었으면 한다. 그리고 궁극적으로는 지혜서와 시편에 기록되어 있는 하나님의 말씀들이 이 번역서를 통하여 한층 은혜롭고 풍요로운 메시지로 사람들에게 전달되는 귀한 역사가 이루어지기를 바라는 마음 간절하다. 끝으로 에스테스의 이 책을 포함한 베이커 출판사의 핸드북 시리즈 전체(4권)를 번역, 출판할 수 있게 해주신 크리스챤다이제스트의 박명곤 사장님께 깊은 감사를 드리며, 부족한 번역 원고를 잘 교정해 주셔서 번역의 빈틈을 훌륭하게 메워 주신 출판사의 모든 분들에게도 동일한 감사의 마음을 전한다.

2007년 3월
광주 양림골 선지동산에서
강성열

● **독자 여러분들께 알립니다!**

'**CH북스**'는 기존 '**크리스천다이제스트**'의 영문명 앞 2글자와
도서를 의미하는 '**북스**'를 결합한 출판사의 새로운 이름입니다.

베이커 구약 개론 시리즈 4
지혜서와 시편 개론

1판 1쇄 발행 2007년 5월 20일
1판 중쇄 발행 2022년 3월 14일

발행인 박명곤 **CEO** 박지성 **CFO** 김영은
기획편집 채대광, 김준원, 박일귀, 이은빈, 김수연
디자인 구경표, 한승주
마케팅 임우열, 유진선, 이호, 김수연
펴낸곳 CH북스
출판등록 제406-1999-000038호
대표전화 070-4917-2074 **팩스** 0303-3444-2136
주소 경기도 파주시 회동길 37-20
홈페이지 www.hdjisung.com **이메일** main@hdjisung.com
제작처 영신사 월드페이퍼

ⓒ CH북스 2007

※ 이 책은 저작권법에 따라 보호받는 저작물이므로 무단 전재와 복제를 금합니다.
※ 잘못 만들어진 책은 구입하신 서점에서 교환해드립니다.
※ CH북스는 (주)현대지성의 기독교 출판 브랜드입니다.